Die internationale Doppelbesteuerung im EU-Binnenmarkt

FINANZ- UND STEUERRECHT IN DEUTSCHLAND UND EUROPA

Herausgegeben von Klaus-Dieter Drüen,
Hanno Kube und Rainer Wernsmann

Band 18

PETER LANG
Frankfurt am Main · Berlin · Bern · Bruxelles · New York · Oxford · Wien

Philipp Riedl

Die internationale Doppelbesteuerung im EU-Binnenmarkt

PETER LANG
Internationaler Verlag der Wissenschaften

Bibliografische Information der Deutschen Nationalbibliothek
Die Deutsche Nationalbibliothek verzeichnet diese Publikation in der Deutschen Nationalbibliografie; detaillierte bibliografische Daten sind im Internet über http://dnb.d-nb.de abrufbar.

Zugl.: Passau, Univ., Diss., 2011

Gedruckt auf alterungsbeständigem,
säurefreiem Papier.

D 739
ISSN 1863-141X
ISBN 978-3-631-62222-3

www.peterlang.de

Vorwort

Diese Arbeit wurde zu Beginn des Sommersemesters 2011 bei der Universität Passau als Dissertation eingereicht. Über diesen Zeitpunkt hinaus wurden die in dem besonders ereignisreichen Jahr 2011 eingetretenen Entwicklungen auf europäischer und nationaler Ebene bis Ende November 2011 so weit wie möglich berücksichtigt.

Mein besonderer Dank gebührt Herrn Professor Dr. Rainer Wernsmann, dem Erstgutachter und Inhaber des Lehrstuhls für Staats- und Verwaltungsrecht, insbesondere Finanz- und Steuerrecht, an der Universität Passau, dem es gelungen ist, mich für die nachfolgend behandelte Thematik zu begeistern. Bei der Anfertigung dieser Arbeit hat er mich vom ersten Moment an bereitwillig und unkompliziert unterstützt. Bei allen Fragen fand ich stets einen geduldigen Zuhörer und konnte mir eines zielführenden Rats sicher sein. Herrn Professor Dr. Hans-Georg Dederer, dem Zweitgutachter, danke ich ebenfalls für seine konstruktiven und wertvollen Hinweise.

Des Weiteren danke ich meiner Familie und allen, deren Geduld ich in den letzten Jahren strapaziert habe, für die ununterbrochene Unterstützung. Ganz herzlich bedanke ich mich bei meinem Vater für seine Unterstützung und Motivation, ihm widme ich diese Arbeit.

München, November 2011

Inhaltsverzeichnis

Abkürzungsverzeichnis

ABl.	Amtsblatt der Europäischen Union
Abs.	Absatz
AEUV	Vertrag über die Arbeitsweise der Europäischen Union, in der Fassung des Vertrags von Lissabon zur Änderung des Vertrags über die Europäische Union und des Vertrags zur Gründung der Europäischen Gemeinschaft v. 13.12.2007, ABl. C 306 v. 17.12.2007
AltEinkG	Alterseinkünftegesetz v. 5.7.2004, BGBl. I 2004, S. 1427
Amtshilferichtlinie	Richtlinie 77/799/EWG des Rates vom 19.12.1977 über die gegenseitige Amtshilfe zwischen den zuständigen Behörden der Mitgliedstaaten im Bereich der direkten Steuern, in ABl. L 336 v. 27.12.1977; in der Fassung der Richtlinie 2006/98/EG des Rates v. 20.11.2006 zur Anpassung bestimmter Richtlinien im Bereich Steuerwesen anlässlich des Beitritts Bulgariens und Rumäniens, ABl. L 363 v. 20.12.2006
AO	Abgabenordnung in der Fassung der Bekanntmachung vom 1.10.2002, BGBl. I 2002, S. 3866, zuletzt geändert durch das Gesetz über die Internetversteigerung in der Zwangsvollstreckung und zur Änderung anderer Gesetze v. 30.7.2009, BGBl. I 2009, S. 2474
Art.	Artikel
AStG.	Außensteuergesetz in der Fassung der Bekanntmachung v. 8.9.1972; BGBl. I 1972, S. 1713, zuletzt geändert durch das JStG 2010 v. 8.12.2010, BGBl. I 2010, S. 1768
BayLfSt	Bayerisches Landesamt für Steuern
BB	Betriebs-Berater (Zeitschrift)
Beitreibungsrichtlinie	Richtlinie 76/308/EWG des Rates v. 15.3.1976 über die gegenseitige Unterstützung bei der Beitreibung von Forderungen im Zusammenhang mit Maßnahmen, die Bestandteil des Finanzierungssystems des Europäischen Ausrichtungs- und Garantiefonds für die Landwirtschaft sind, sowie von Abschöpfungen und Zöllen, ABl. 073/18

	v. 19.3.1976; in der Fassung der Richtlinie 2010/24/EU des Rates vom 16.3.2010 über die Amtshilfe bei der Beitreibung von Forderungen in Bezug auf bestimmte Steuern, Abgaben und sonstige Maßnahmen, ABl. L 84 v. 31.3.2010
BewG	Bewertungsgesetz in der Fassung der Bekanntmachung v. 1.2.1991, BGBl. I 1991, S. 230, zuletzt geändert durch das Steuervereinfachungsgesetz 2011 v. 1.11.2011, BGBl. I 2011, S. 2131
BFH	Bundesfinanzhof
BFH/PR	BFH für die Praxis der Steuerberatung (Zeitschrift)
BFH/NV	Sammlung amtlich nicht veröffentlichter Entscheidungen des BFH
BGBl. I	Bundesgesetzblatt, Band 1
BMF	Bundesministerium der Finanzen
BStBl.	Bundessteuerblatt
BVerfG	Bundeverfassungsgericht
BVerfGE	Amtliche Sammlung der Entscheidungen des Bundesverfassungsgerichts
DB	Der Betrieb (Zeitschrift)
DBA	Doppelbesteuerungsabkommen
ders. / dies.	derselbe / dieselbe(n)
DStR	Deutsches Steuerrecht (Zeitschrift)
DStRE	Deutsches Steuerrecht Entscheidungsdienst (Zeitschrift)
DStZ	Deutsche Steuer-Zeitung
DVBl	Deutsches Verwaltungsblatt
ECOFIN-Rat	Rat „Wirtschaft und Finanzen“
EFG	Entscheidungen der Finanzgerichte (Zeitschrift)
EFTA	Europäische Freihandelszone
EG / EG-Vertrag	Vertrag zur Gründung der Europäischen Gemeinschaft v. 29.7.1992, ABl. C 191, in der Fassung des Vertrags von Nizza v. 26.2.2001, ABl. C 80 v. 10.3.2001
ELR	European Law Review (Zeitschrift)
ErbStG	Erbschaftsteuer- und Schenkungsteuergesetz, in der Fassung der Bekanntmachung v. 27.2.1997, BGBl. I 1997, S. 378, zuletzt geändert durch das Steuervereinfachungsgesetz v. 1.11.2011, BGBl. I 2011, S. 2131
EStG.	Einkommensteuergesetz in der Fassung der Bekanntmachung v. 8.10.2009, BGBl. I 2009, S. 3366, zuletzt geän-

	dert durch das Steuervereinfachungsgesetz v. 1.11.2011, BGBl. I 2011, S. 2131
ET	European Taxation (Zeitschrift)
EU	Europäische Union
EuGH, Gerichtshof.	Gerichtshof der Europäischen Union
EUR	Europarecht (Zeitschrift)
EuRLUmsG.	Entwurf eines Gesetzes zur Umsetzung von EU-Richtlinien in nationales Steuerrecht und zur Änderung weiterer Vorschriften v. 9.12.2004, BGBl. I 2004, S. 3310
EU-UmsG	Gesetz zur Umsetzung steuerlicher EU-Vorgaben sowie zur Änderung steuerlicher Vorschriften v. 8.4.2010, BGBl. I 2010, S. 386 ff.
EUV	Vertrag über die Europäische Union, in der Fassung des Vertrags von Lissabon zur Änderung des Vertrags über die Europäische Union und des Vertrags zur Gründung der Europäischen Gemeinschaft v. 13.12.2007, ABl. C 306 v. 17.12.2007
EuZW	Europäische Zeitschrift für Wirtschaftsrecht
EWG	Europäische Wirtschaftsgemeinschaft
EWG-Vertrag	Vertrag über die Europäische Wirtschaftsgemeinschaft v. 25.3.1957, nicht im Amtsblatt veröffentlicht (Quelle: www.europa.eu/legislation)
EWR-Abkommen	Abkommen v. 2.5.1992 über den Europäischen Wirtschaftsraum, ABl. L 001 v. 03.01.1994
EWS	Europäisches Wirtschafts- und Steuerrecht (Zeitschrift)
FG	Finanzgericht
FR.	Finanzrundschau (Zeitschrift)
Freizügigkeits-abkommen	Abkommen v. 21.6.1999 zwischen der Schweizerischen Eidgenossenschaft einerseits und der Europäischen Gemeinschaft und ihren Mitgliedstaaten andererseits über die Freizügigkeit, ABl. L 114 v. 30.4.2002
FS	Festschrift
Fusionsrichtlinie	Richtlinie 2009/133/EG des Rates v. 19.10.2009 über das gemeinsame Steuersystem für Fusionen, Spaltungen, Abspaltungen, die Einbringung von Unternehmensteilen und den Austausch von Anteilen, die Gesellschaften verschiedener Mitgliedstaaten betreffen, sowie die Verlegung des Sitzes einer Europäischen Gesellschaft oder einer Europäischen Genossenschaft von einem Mit-

	gliedstaat in einen anderen Mitgliedstaat, ABl. L 310 v. 25.11.2009
GA	Generalanwalt/Generalanwältin
GedS	Gedächtnisschrift
GG	Grundgesetz vom 23.5.1949, zuletzt geändert durch das Gesetz zur Änderung des Grundgesetzes (Artikel 91e) v. 21.7.2010, BGBl. I 2010, S. 944
GmbHR	Die GmbH-Rundschau (Zeitschrift)
i.d.F.	in der Fassung
IStR	Internationales Steuerrecht (Zeitschrift)
IWB	Internationale Wirtschaftsbriefe (Zeitschrift)
JStG 2007	Jahressteuergesetz 2007 v. 13.12.2007, BGBl. I 2006, S. 2878
JStG 2009	Jahressteuergesetz 2009 v. 19.12.2008, BGBl. I 2008, S. 2794
JStG 2010	Jahressteuergesetz 2010 v. 8.12.2010, BGBl. I 2010, S. 1768
Kapital verkehrsrichtlinie	Richtlinie 88/361/EWG des Rates v. 24.6.1988 zur Durchführung von Art. 67 des Vertrages, ABl. L 178 v. 8.7.1988
KStG	Körperschaftsteuergesetz in der Fassung der Bekanntmachung v. 15.10.2002, BGBl. I 2002, S. 4144, zuletzt geändert durch das Steuervereinfachungsgesetz v. 1.11.2011, BGBl. I 2011, S. 2131
NJW	Neue Juristische Wochenschrift
Mutter-Tochter-Richtlinie	Richtlinie 90/435/EWG des Rates v. 23.7.1990 über das gemeinsame Steuersystem der Mutter- und Tochtergesellschaften verschiedener Mitgliedstaaten, ABl. L 225, v. 20.8.1990, in der Fassung der Richtlinie 2006/98/EG des Rates v. 1.1.2007 zur Anpassung bestimmter Richtlinien im Bereich Steuerwesen anlässlich des Beitritts Bulgariens und Rumäniens, ABl. L 363 v. 30.12.2006
m. w. N.	mit weiteren Nachweisen
Nr..	Nummer
OECD	Organisation für wirtschaftliche Zusammenarbeit und Entwicklung
OECD-MA	OECD-Musterabkommen zur Vermeidung von Doppelbesteuerung von Einkommen und Vermögen, in der Fassung vom 22.7.2010
OECD-MA (E).	OECD-Musterabkommen zur zwischen (Staat A) und (Staat B) zur Vermeidung der Doppelbesteuerung auf

	dem Gebiete der Nachlaß-, Erbschaft- und Schenkungsteuern, in der Fassung des Jahres 1982
OECD-MK	OECD-Musterkommentar zu den Artikeln des OECD-Musterabkommens zur Vermeidung von Doppelbesteuerung von Einkommen und Vermögen, in der Fassung vom 22.7.2010
OECD-MK (E)	OECD-Musterkommentar zu den Artikeln des OECD-Musterabkommens zur zwischen (Staat A) und (Staat B) zur Vermeidung der Doppelbesteuerung auf dem Gebiete der Nachlaß-, Erbschaft- und Schenkungsteuern, in der Fassung des Jahres 1982
PIS	Praxis Internationales Steuerrecht (Zeitschrift)
ProtErklG	Gesetz zur Umsetzung der Protokollerklärung der Bundesregierung zur Vermittlungsempfehlung zum Steuervergünstigungsabbaugesetz v. 22.12.2003, BGBl. I 2003, S. 2840
RIW	Recht der Internationalen Wirtschaft (Zeitschrift)
Rn.	Randnummer
Rs.	Rechtssache
S.	Seite
Satzung EuGH	Protokoll über die Satzung des Gerichtshofs v. 26.2.2001, Abl. C 80/53, in der Fassung der Änderung v. 20.12.2007, Abl. L 24/42 v. 29.1.2008
Schiedsübereinkommen	Übereinkommen 90/436/EWG über die Beseitigung der Doppelbesteuerung im Fall von Gewinnberichtigungen zwischen verbundenen Unternehmen v. 23.7.1990, Abl. L 225 v. 20.8.1990
SEStEG	Gesetz über steuerliche Begleitmaßnahmen zur Einführung der Europäischen Gesellschaft und zur Änderung weiterer steuerlicher Vorschriften v. 7.12.2006, BGBl. I 2006, S. 2782
Slg.	Amtliche Sammlung der Europäischen Union
StÄndG	Steueränderungsgesetz v. 25.2.1992, BGBl. I 1992, S. 297
StandOG	Standortsicherungsgesetz v. 13.9.1993, BGBl. I 1993, S. 1569
Stbg	Die Steuerberatung (Zeitschrift)
StEntlG 1999/2000/2001	Steuerentlastungsgesetz v. 24.3.1999, BGBl. I 1999, S. 402
StMBG	Missbrauchsbekämpfungs- und Steuerbereinigungsgesetzes v. 21.12.1993, BGBl. I 1993, S. 2310

StSenkG	Steuersenkungsgesetz v. 23.10.2000, BGBl. I 2000, S. 1433
StuW.	Steuer und Wirtschaft (Zeitschrift)
SWI	Steuer und Wirtschaft International (Zeitschrift)
Tz.	Textziffer
u. a.	und andere
UAbs.	Unterabsatz
Ubg	Die Unternehmensbesteuerung (Zeitschrift)
UStRG	Unternehmenssteuerreformgesetz v. 14.8.2007, BGBl. I 2007, S. 1912
v.	vom
verb.	verbundene
VerfO EuGH	Verfahrensordnung des Gerichtshofs der Europäischen Gemeinschaften v. 19.6.1991, Abl. L 176 v. 4.7.1991, in der Fassung der Änderung v. 24.5.2011, Abl. L 162 v. 22.6.2011
Verhaltenskodex.	Verhaltenskodex zur wirksamen Durchführung des Übereinkommens über die Beseitigung der Doppelbesteuerung im Falle von Gewinnberichtigungen zwischen verbundenen Unternehmen, Abl. C 176 v. 28.7.2006
vgl.	vergleiche
WVK	Wiener Übereinkommen über das Recht der Verträge v. 23.5.1969, BGBl. I 1985, S. 927 ff.
Zinsertragsrichtlinie	Richtlinie 2003/48/EG des Rates v. 3.6.2003 im Bereich der Besteuerung von Zinserträgen, ABl. L 157 v. 26.6.2003, in der Fassung der Richtlinie 2006/98/EG des Rates v. 20.11.2006 zur Anpassung bestimmter Richtlinien im Bereich Steuerwesen anlässlich des Beitritts Bulgariens und Rumäniens, ABl. L 363 v. 30.12.2006
Zins- und Lizenzgebührenrichtlinie	Richtlinie 2003/49/EG des Rates v. 3.6.2003 über eine gemeinsame Steuerregelung für Zahlungen von Zinsen und Lizenzgebühren zwischen verbundenen Unternehmen verschiedener Mitgliedstaaten, ABl. L 157 v. 26.6.2003, in der Fassung der Richtlinie 2006/98/EG des Rates v. 20.11.2006 zur Anpassung bestimmter Richtlinien im Bereich Steuerwesen anlässlich des Beitritts Bulgariens und Rumäniens, ABl. L 168 v. 1.5.2004

Einleitung

I.) Einführung

Mit Unterzeichnung der Römischen Verträge am 25.3.1957 haben einige der heutigen Mitgliedstaaten der Europäischen Union erstmals einen Teil ihrer hoheitlichen Aufgaben zugunsten des europäischen Gedankens auf eine supranationale Organisation, die damalige Europäische Wirtschaftsgemeinschaft, übertragen. Das Unionsrecht der heutigen Europäischen Union überlagert die nationale Rechtsordnung der weiterhin souveränen Mitgliedstaaten in vielen Politikbereichen. Wenn auch die Rechtsetzungskompetenz im Hinblick auf die direkten Steuern grundsätzlich bei den Mitgliedstaaten verblieben ist, prägt das Recht der Europäischen Union das nationale Steuerrecht der Mitgliedstaaten in diesem Bereich in zunehmendem Maß. Insbesondere die Rechtsprechung des EuGH zu den Auswirkungen der Grundfreiheiten des EWG-Vertrags, EG-Vertrags und schließlich AEUV auf das System der direkten Besteuerung in den Mitgliedstaaten hat sich in den vergangenen Jahren ständig fortentwickelt. Als judikative Grundsteinlegung für den Einfluss des Unionsrechts auf den Bereich der direkten Steuern lässt sich die Entscheidung aus dem Jahre 1986 in der Rs. *Kommission/Frankreich*, in der es um die als „*avoir fiscal*“ bezeichnete Steuergutschrift nach dem französischen Körperschaftsteuerrecht ging, anführen. Darin stellte der EuGH klar, dass die Grundfreiheiten auch im Bereich der direkten Steuern uneingeschränkten Vorrang genießen und ihre Geltung die Harmonisierung der nationalen Steuerregelungen nicht voraussetzt.[1] Die grundfreiheitsrechtlichen Vorgaben stecken somit auch für den Bereich der direkten Steuern die Grenzen der mitgliedstaatlichen Ausübung hoheitlicher Gewalt ab. Eben jene Vorgaben gewannen in einer Vielzahl von grundfreiheitsinterpretierenden Judikaten nach und nach an Kontur, auch wenn diese Entwicklung nicht stets frei von Paradigmenwechseln und Unstimmigkeiten war. Einige jüngere Entscheidungen des Gerichtshofs im Bereich der direkten Steuern lassen eine, gemessen an der früheren Rechtsprechungslinie, verhältnismäßig mitgliedstaatenfreundlichere Tendenz erkennen. In der Entscheidung in der Rs. *Marks & Spencer*[2] wurde etwa eine Rechtfertigungstrias etabliert, die den Mitgliedstaaten zusätzliche, scheinbar fiskalische Belange berücksichtigende

1 EuGH Urteil v. 28.1.1986, Rs. C-270/83 (*Kommission/Frankreich*), Slg. 1986, S. 273, Rn. 24.
2 EuGH Urteil v. 13.12.2005, Rs. C-446/03 (*Marks & Spencer*), Slg. 2005, S. I-10837, Rn. 45 ff.

Legitimationsansätze für grundfreiheitsrechtliche Eingriffe eröffnet. Die neueren Entscheidungen in den Rs. *SGI*[3] und *X Holding BV*[4] setzen diese Entwicklung fort. Wie noch näher zu zeigen ist, wird der darin aufgegriffene Aspekt der Aufteilung der Besteuerungsbefugnis zunehmend in der Rechtsprechung des EuGH als allgemeingültiger und die verschiedensten Eingriffe rechtfertigender Erlaubnissatz angewendet. Zudem offenbart der EuGH auch bei der Annahme eines Eingriffs in die Grundfreiheiten zunehmend einen restriktiveren Ansatz. So gibt der Gerichtshof zu erkennen, dass dem Steuerpflichtigen aus den Grundfreiheiten kein Anspruch auf eine vollständige Steuerneutralität seiner grenzüberschreitenden Aktivitäten erwachsen soll. Trotz dieser erkennbaren Korrekturen des EuGH bleibt die Überlagerung von nationalen Regelungen über die direkte Besteuerung durch Unionsrecht ein äußerst konfliktträchtiges Spannungsfeld. Schließlich sind die in den Mitgliedstaaten betroffenen fiskalischen Interessen für diese von existenzieller Bedeutung; zugleich sind die Auswirkungen für den binnenmarktaktiven Steuerpflichtigen oftmals erheblich.

Die Problematik der Doppelbesteuerung nimmt in diesem Widerstreit von nationalen Steuerordnungen und Unionsrecht eine besondere Rolle ein. Die Aufteilung des Steuersubstrats zwischen Staaten, sei es durch einseitige Maßnahmen nationalen Rechts, sei es durch den Abschluss von völkerrechtlichen Verträgen, bewirkt auf deren Ebene die Abgrenzung von steuerlichen Hoheitsbefugnissen bei grenzüberschreitenden Sachverhalten. Aus der Warte des Steuerpflichtigen stellt sich die Doppelbesteuerung als eine administrative und monetäre Mehrbelastung anlässlich seines Auslandsengagements dar. Im Sinne eines für den Steuerpflichtigen ökonomisch sinnvollen grenzüberschreitenden Wirtschaftslebens entspricht es deshalb grundsätzlich auch dem Anliegen der involvierten Staaten, die übergebührliche Belastung des Steuerpflichtigen durch einen mehrfachen Steuerzugriff auf Steuersubjekte zu vermeiden. Dennoch hat eine die Doppelbesteuerung restlos vermeidende Aufteilung der Besteuerungsbefugnisse – auch zwischen den Mitgliedstaaten der Europäischen Union – noch längst nicht lückenlos stattgefunden. Zudem führt eine vorhandene Aufteilung der Besteuerungsbefugnisse vielmals nicht zu dem gewünschten Entlastungseffekt, sodass Marktteilnehmer einer höheren kumulativen Steuerlast unterliegen als Steuerpflichtige, die eine rein nationale Wirtschaftstätigkeit in ihrem Mitgliedstaat entfalten. Der EuGH hatte in den Rs. *Block*, *Damseaux* und *CIBA*[5] unlängst erneut die Gelegenheit, sich zu den grundfreiheitsrechtlichen Vorgaben im Hin-

3 EuGH Urteil v. 21.1.2010, Rs. C-311/08 (*SGI*), Slg. 2010, S. I-487.

4 EuGH Urteil v. 25.2.2010, Rs. C-337/08 (*X Holding BV*), DStR 2010, S. 427 ff.

5 EuGH Urteil v. 12.2.2009, Rs. C-67/08 (*Block*), Slg. 2009, S. I-883; Urteil v. 16.7.2009, Rs. C-128/08 (*Damseaux*), Slg. 2009, S. I-6823; Urteil v. 15.4.2010, Rs. C-96/08 (*CIBA*), Slg. 2010, S. I-2911.

blick auf eine solche doppelbesteuerungsbedingte Mehrbelastung bei einem Binnenmarktsachverhalt zu äußern. Bekanntlich blieben diese Entscheidungen in diesem Punkt ohne Erfolg für die Steuerpflichtigen. Auch diese Urteile können sich problemlos in die bereits erwähnte neuere, mitgliedstaatenfreundliche Linie des EuGH einreihen. Die Frage nach den unionsrechtlichen Implikationen bei Doppelbesteuerungskonstellationen hat die Wissenschaft und Rechtsprechung bereits in einer Reihe von Fällen beschäftigt. Dabei rücken insbesondere die Grundfreiheiten ins Blickfeld. Die vertretenen Positionen sind sehr unterschiedlich. Die Entscheidungen haben der Doppelbesteuerungsproblematik nichts an Brisanz genommen. Es drängt sich die Frage auf, inwieweit eine internationale Doppelbesteuerung in einem Konfliktverhältnis mit Unionsrecht und dem Ziel der Schaffung eines einheitlichen Binnenmarkts steht. Diese Thematik gewinnt auch bei Sachverhalten mit Drittstaatenbezug, insbesondere im Hinblick auf das EWR-Abkommen mit Liechtenstein, Norwegen und Island, an Bedeutung.

II.) Gang der Untersuchung

Um die unionsrechtliche Einwirkung auf internationale Doppelbesteuerungssachverhalte zu analysieren, wird in Teil 1 der Arbeit zunächst das Fundament in Form eines kurzen Überblicks über das primär- und sekundärrechtliche „Europäische Ertragsteuerrecht“ gelegt und nachfolgend auf die wesentlichen Vorgaben des Unionsrechts für die mitgliedstaatliche Steueraufteilung eingegangen. Teil 2 der nachstehenden Untersuchung umzeichnet das Phänomen der internationalen Doppelbesteuerung und den Diskussionsstand zur Doppelbesteuerungsproblematik im Binnenmarkt. Darauf aufbauend wird in Teil 3 überwiegend im Wege einer vergleichenden und induktiven Erkenntnisgewinnung versucht, aus den bisherigen Feststellungen analogie- und/oder verallgemeinerungsfähige Lösungsansätze betreffend die internationale juristische Doppelbesteuerung zu gewinnen. Dabei wird untersucht, ob sich aus der bisherigen Kasuistik des EuGH zu dem Bereich der direkten Steuern und der wissenschaftlichen Diskussion zur vorliegend zu erschließenden Frage allgemeingültige Vorgaben für eine Konfliktlösung ergeben. Teil 4 widmet sich schließlich einer grundfreiheitsrechtlichen Würdigung der internationalen wirtschaftlichen Doppelbesteuerung. Einen kurzen Exkurs betreffend den durch den Vertrag von Lissabon v. 13.12.2007 ersatzlos gestrichenen ex-Art. 293 2. Spiegelstrich EG enthält Teil 5. Schließlich werden die gewonnenen Erkenntnisse zusammenfassend gewürdigt. Dabei wird auch kurz auf aktuelle politische Bemühungen zur Lösung der zu untersuchenden Frage eingegangen.

Teil 1: Direkte Steuern und Unionsrecht

Den primär- und sekundärrechtlichen Regelungen des Unionsrechts lassen sich auch für den Bereich der direkten Steuern zunehmend Vorgaben entnehmen, die sich langsam zu einem „Europäischen Ertragsteuerrecht" verdichten. Dieses kann grundsätzlich als ein Teilbereich des internationalen Steuerrechts verstanden werden. Denn anders als im Bereich der indirekten Steuern bezwecken auch die sekundärrechtlichen Vorschriften ausschließlich Harmonisierungs- und Koordinierungseffekte in Bezug auf grenzüberschreitende Sachverhalte. Insbesondere durch die Maßgaben der Grundfreiheiten ist das internationale Sachverhalte betreffende mitgliedstaatliche Steuerrecht dem Einfluss des Unionsrechts auf breiter Front ausgesetzt.

I.) Bestimmungen des primären Unionsrechts auf dem Gebiet der direkten Steuern

Explizit im Zusammenhang mit den direkten Steuern der Mitgliedstaaten stehende Regelungen der Gründungsverträge finden sich nur ganz vereinzelt (vgl. Art. 65 Abs. 1 lit. a) AEUV), ein eigener Abschnitt über direkte Steuern wurde in den EUV und den AEUV nicht aufgenommen. Die Harmonisierung der direkten Steuern ist jenseits der allgemeinen Rechtsangleichung nach Art. 115 AEUV auch nicht als selbstständiges Ziel in EUV oder AEUV verankert worden.

Einen Hinweis auf die direkten Steuern bot ex-Art. 293 2. Spiegelstrich EG, nach dem die Beseitigung der Doppelbesteuerung zumindest als Binnenmarktziel vertraglich fixiert wurde. Zum Zweck der Rechtsvereinheitlichung sah die Regelung in erster Linie den Abschluss multilateraler völkerrechtlicher Verträge zwischen den Mitgliedstaaten vor (sog. ergänzendes oder begleitendes Unionsrecht). In dem AEUV in der Fassung des Vertrages von Lissabon ist eine entsprechende Regelung nicht mehr zu finden.

Verstärkt wurden in letzter Zeit Auswirkungen von nationalen Steuervorschriften auf die im primären Unionsrecht festgelegten Wettbewerbsregeln, insbesondere das Beihilfeverbot nach Art. 107 ff. AEUV, diskutiert.[6] Dagegen

6 EuGH Urteil v. 6.9.2006, Rs. C-88/03 (*Portugal/Kommission*), Slg. 2006, S. I-7115; Urteil v. 11.9.2008, Rs. C-428/06 (*Rioja u.a.*), Slg. 2008, S. I-6747; ausführlich: *Jacobs*, Internationale

verstoßen können steuerliche Sondervorschriften, die im Vergleich zur „Regelbesteuerung" eine Begünstigung bestimmter Steuerpflichtiger bewirken und somit zu Beeinträchtigungen oder Verfälschungen des Wettbewerbs führen.[7]

II.) Grundfreiheiten

1.) Interpretation und Anwendungsvorrang

Einfallstor in die nationalen Steuerrechtsordnungen der Mitgliedstaaten sind die primärrechtlichen Bestimmungen zu den Markt- beziehungsweise Grundfreiheiten. Ihre herausragende Bedeutung auch für den Bereich der direkten Steuern der Mitgliedstaaten wird vom EuGH in ständiger Rechtsprechung betont[8] und dem Grunde nach auch nicht ernsthaft bestritten.[9] Der EuGH formulierte in der Rs. *Wielockx* seinen seither stets wiederholten Hinweis, *„daß die direkten Steuern zwar in die Zuständigkeit der Mitgliedstaaten fallen, daß diese ihre Befugnisse in diesem Bereich jedoch unter Wahrung des Gemeinschaftsrechts ausüben und deshalb jede offensichtliche oder versteckte Diskriminierung aufgrund der Staatsangehörigkeit unterlassen müssen"*[10]. Entsprechend der vom EuGH ausgegebenen Losung muss die Ausübung steuerlicher Hoheitsbefugnisse durch die Mitgliedstaaten im Rahmen der nachfolgend dargestellten Binnenmarktrelevanz unter Wahrung des Unionsrechts, insbesondere der Grundfreiheiten, erfolgen. Die allgemein formulierten Grundfreiheiten des AEUV gewinnen ihre inhaltliche Ausgestaltung und damit auch ihre Bedeutung für die nationalen Ertragsteuerordnungen entscheidend im Wege der richterlichen Auslegung. Für die ganz überwiegend im Wege der Vorabentscheidung (Art. 267 AEUV) ersuchte Interpretation der Grundfreiheiten ist bislang noch keine Zuständigkeit des Gerichts erster Instanz begründet worden, Art. 256 Abs. 1 UAbs. 1 S. 1 und Abs. 3 AEUV i.V.m. Art. 51 Satzung EuGH. Deshalb kommen dem EuGH als Spruchkörper sowie der Kommission als „Hüterin der Verträge" bei der Fortentwicklung der Grundfreiheiten unter den Organen der Europäischen Union eine tragende Rolle zu. Praktisch bedeutendstes Verfahren im Bereich der direkten

Unternehmensbesteuerung, S. 216ff. m.w.N.; zur Gewerbesteuer: *de Werth*, IStR 2008, S. 732ff.

7 Nichtigkeitsklage gegen die Einstufung der Sanierungsklausel gemäß § 8c Abs. 1a KStG als verbotene Beihilfe, Rs. T-205/11 (*Deutschland/Kommission*).

8 EuGH Urteil v. 28.1.1986, Rs. C-270/83 (*Kommission/Frankreich*), Slg. 1986, S. 273, Rn. 24; Urteil v. 14.2.1995, Rs. C-279/93 (*Schumacker*), Slg. 1995, S. I-225, Rn. 23f.

9 Vgl. *Jacobs*, Internationale Unternehmensbesteuerung, S. 191 ff. m.w.N.

10 EuGH Urteil v. 11.8.1995, Rs. C-80/94 (*Wielockx*), Slg. 1995, S. I-2493, Rn. 16.

Steuern war in der Vergangenheit das Vorabentscheidungsverfahren nach Art. 267 AEUV, das über den nationalen Instanzenzug eine Überprüfung von Steuervorschriften auf ihre Unionsrechtskonformität ermöglicht. Der Gerichtshof stellt dabei fest, ob eine Maßnahme, die ihrer Art nach der im nationalgerichtlichen Verfahren angewendeten Steuernorm entspricht, gegen das Unionsrecht verstößt[11]. Nach mittlerweile allgemeiner Ansicht verleihen die Grundfreiheiten subjektive Rechte und sind unmittelbar anwendbar.[12] Die Vorabentscheidung nach Art. 267 AEUV wirkt streng genommen für die Parteien inter partes und bindet das vorlegende Gericht.[13] Weicht ein nationales Gericht von der Auslegung des EuGH ab, ist es fehlerhaft und eröffnet einer Partei Rechtsmittel. Damit ist auch die Anwendung der streitgegenständlichen Steuervorschrift in anderen Fällen faktisch ausgeschlossen.[14] Der EuGH müsste die Vorlage einer gleichgelagerten Frage identisch beantworten. Für Steuervorschriften mit gleichem Inhalt, etwa in anderen Mitgliedstaaten, wird darüber hinaus ebenfalls ein Anwendungsvorrang präjudiziert, soweit keine europarechtskonforme Auslegung möglich ist. [15] Dennoch ist zu beobachten, dass die Finanzverwaltungen der Mitgliedstaaten aus ihrer Sicht nachteilige Interpretationserkenntnisse des EuGH aus Entscheidungen gegen andere Mitgliedstaaten eher zurückhaltend auf die eigenen Steuervorschriften übertragen.[16]

Aus unionsrechtlicher Sicht gilt für die Europäischen Verträge, insbesondere auch die Grundfreiheiten, ein Anwendungsvorrang vor dem nationalen Recht, vgl. die Erklärung Nr. 17 der Schlussakte zum Vertrag von Lissabon v. 13.12.2007.[17] Das Bundesverfassungsgericht betont bei seiner Beurteilung des Anwendungsvorrangs regelmäßig das Erfordernis eines ausreichenden Grund-

---

11 *Wernsmann*, in: Ehlers/Schoch, Rechtsschutz im Öffentlichen Recht, § 11, Rn. 7.

12 Zu Art. 34 AEUV: EuGH Urteil v. 22.3.1977, Rs. 74/76 (*Iannelli u.a.*), Slg. 1977, S. 557, Rn. 13; Urteil v. 29.11.1978, Rs. 83/78 (*Redmond*), Slg. 1978, S. 2347, Rn. 66; zu Art. 43 AEUV: EuGH Urteil v. 8.4.1976, Rs. 48/75 (*Royer*), Slg. 1978, S. 497, Rn. 19/23; Urteil v. 4.4.1974, Rs. 167/73 (*Kommission/Frankreich*), Slg. 1974, S. 359, Rn. 41/42; zu Art. 49 AEUV: EuGH Urteil v. 21.6.1974, Rs. 2/74 (*Reyners*), Slg. 1974, S. 631, Rn. 24/28; zu Art. 56 AEUV: EuGH Urteil v. 3.12.1974, Rs. 33/74 (*Binsbergen*), Slg. 1974, S. 1299, Rn. 24/26; zu Art. 63 AEUV: EuGH Urteil v. 14.12.1995, verb. Rs. C-163/94, C-165/94 und C-250/94 (*de Lera u.a.*), Slg. 1995, S. I-4821, Rn. 41.

13 *Wernsmann*, in: Ehlers/Schoch, Rechtsschutz im Öffentlichen Recht, § 11, Rn. 43.

14 *Classen*, in: Schulze/Zuleeg/Kadelbach, Europarecht, § 4, Rn. 79.

15 *Wernsmann*, in: Ehlers/Schoch, Rechtsschutz im Öffentlichen Recht, § 11, Rn. 43; zur europarechtskonformen Auslegung: Rn. 7, 33.

16 Vgl. Konsequenzen für die deutsche Hinzurechnungsbesteuerung aus dem Urteil des EuGH v. 12.9.2006, Rs. C-196/04 (*Cadbury Schweppes*), Slg. 2006, S. I-7995 gemäß JStG 2008 v. 20.12.2007, BGBl. I 2007, S. 3150, 3185 f.

17 Näher zum Anwendungsvorrang: EuGH Urteil v. 15.7.1964, Rs. 6/64 (*Costa/ENEL*), Slg. 1964, S. 1253, Rn. 3; *Arndt/Fischer/Fetzer*, Europarecht, Rn. 342 ff.; *Streinz*, Europarecht, Rn. 201 ff.

rechtsschutzes und verweist auf den Umfang der verfassungsrechtlichen Ermächtigung.[18] Kommt der EuGH zu dem Ergebnis, dass Maßnahmen nach der Art der verfahrensgegenständlichen Steuervorschrift gegen Unionsrecht, etwa die Grundfreiheiten, verstoßen, hat dies zur Folge, dass diese in Fällen mit unionsrechtlichem Bezug unanwendbar sind. Maßnahmen der Mitgliedstaaten, die dem Unionsrecht entgegenstehen könnten, würden die Ziele der Europäischen Verträge gefährden.[19] Bei der Durchsetzung der EuGH-Entscheidungen auf Basis des nationalen Verfahrensrechts wird die Bestandskraft nach mitgiedstaatlichem Recht grundsätzlich anerkannt. Es gelten jedoch die Grundsätze der Effektivität und der Äquivalenz, nach denen das Unionsrecht in Bezug auf seine Durchsetzbarkeit weder gegenüber rein innerstaatlichen Sachverhalten benachteiligt noch seine Ausübung unmöglich gemacht oder übermäßig erschwert werden darf.[20] So wird etwa mit dem in § 175 Abs. 2 S. 2 AO i.d.F. des EURLUmsG normierten materiellen Bestandsschutz versucht, die befürchteten fiskalischen Auswirkungen aus der Enscheidung in der Rs. *Manninen* abzuschwächen. Der EuGH hat der Schaffung derartiger verfahrensrechtlicher Hindernisse im Hinblick auf das Effektivitätsgebot eine Absage erteilt.[21]

2.) Binnenmarktbezug

An prominenter Stelle des EUV und des AEUV steht das Ziel der Errichtung eines Binnenmarktes (Art. 3 Abs. 3 EUV, Art. 26ff. AEUV). Art. 26 Abs. 2 AEUV führt hierzu aus: *„Der Binnenmarkt umfaßt einen Raum ohne Binnengrenzen, in dem der freie Verkehr von Waren, Personen, Dienstleistungen und Kapital gemäß den Bestimmungen dieses Vertrages gewährleistet ist.“* Die vor dem Vertrag von Lissabon v. 13.12.2007 bestehende begriffliche Differenzierung zwischen dem Binnenmarkt und dem Gemeinsamen Markt wurde zugunsten des

18 BVerfG Urteil v. 30.6.2009, 2 BvE 2/08 – 2 BvE 5/08 - 2 BvR 1010/08 - 2 BvR 1022/08 - 2 BvR 1259/08 - 2 BvR 182/09 (*Lissabon*), EuZW 2009, S. 552ff.; Beschluss v. 22.10.1984, 2 BvR 197/83 (*Solange II*), BVerfGE 73, S. 339ff.; Beschluss v. 8.4.1987, 2 BvR 687/85 (*Kloppenburg*), BVerGE 75, S. 223ff.; Urteil v. 2.3.2010, 1 BvR 256/08, 1 BvR 263/08, 1 BvR 586/08 (*Vorratsdatenspeicherung*), EuR 2011, S. 87ff.

19 EuGH Urteil v. 15.7.1964, Rs. 6/64 (*Costa/ENEL*), Slg. 1964, S. 1253, Rn. 3.

20 EuGH Urteil v. 15.9.1998, Rs. C-231/96 (*Edis*), Slg. 1998, S. I-4951, Rn. 19, 33ff.; Urteil v. 8.3.2001, verb. Rs. C-397/98 und C-410/98 (*Metallgesellschaft u.a.*), Slg. 2001. S. I-1727, Rn. 106; Urteil v. 9.2.1999, Rs. C-343/96 (*Dilexport*), Slg. 1999, S. I-579, Rn. 24ff.; *Wernsmann*, in: Schulze/Zuleeg/Kadelbach, Europarecht, § 30, Rn. 142; *Classen*, in: Schulze/Zuleeg/Kadelbach, Europarecht, § 4, Rn. 107.

21 EuGH Urteil v. 30.6.2011, Rs. C-262/09 (*Meilicke u.a.*), EuZW 2011, S. 642ff., Rn. 55ff.

Erstgenannten aufgegeben.[22] Der EG-Vertrag in der Fassung des Vertrags von Amsterdam statuierte noch, dass der Binnenmarkt *„durch die Beseitigung der Hindernisse für den freien Waren-, Personen-, Dienstleistungs- und Kapitalverkehr zwischen den Mitgliedstaaten gekennzeichnet ist“*, ex-Art. 3 Abs. 1 lit. c) EG. An dieser Erkenntnis ist auch nach ersatzloser Streichung dieses Passus de lege lata festzuhalten. Der Binnenmarkt erfordert die Beseitigung von Markthindernissen. Die Grundfreiheiten des AEUV dienen der partiellen Um- und Durchsetzung der Ziele und Aufgaben der Europäischen Union und somit auch der Errichtung eines Binnenmarkts, Art. 3 Abs. 3 EUV. Sie zielen auf eine Beseitigung der Binnenmarkthemmnisse ab. Die Entscheidung zur Allokation von Investitionen und Aufnahme von wirtschaftlichen Tätigkeiten im Binnenmarkt durch die Marktteilnehmer soll durch Wettbewerbsbeeinflussung der Mitgliedstaaten so wenig wie möglich beeinflusst werden.[23] Die europäischen Verträge deuten nur teilweise an, bis in welche Bereiche einzelstaatlicher Aktivitäten der Binnenmarkt wirkt. Im Sinne einer weiten Auslegung dürften zur Schaffung eines effektiven europäischen Binnenmarkts alle staatlichen Maßnahmen umfasst sein, die für den Austausch von wirtschaftlichen Leistungen bedeutsam sind.[24] Dass in diesem Zusammenhang die indirekte Besteuerung von Leistungen deren grenzüberschreitenden Handel beeinflusst, liegt auf der Hand. Doch auch die direkte Besteuerung und die fiskalischen Vor- oder Nachteile auf der Ebene von Subjekten berühren das grenzüberschreitende Wirtschaftsleben im Binnenmarkt.

Die Grundfreiheiten bestimmen die Reichweite und Effektivität des Binnenmarkts und sind die Werkzeuge zu dessen Schaffung.[25] Umgekehrt ist das Ziel des Binnenmarkts aber auch der Anknüpfungspunkt für die teleologische Auslegung der Grundfreiheiten.[26] Inhalt und Umfang des Binnenmarkts schlagen somit auch auf den grundfreiheitsrechtlichen Schutz durch. Der Binnenmarkt erfordert die Eliminierung von Markthindernissen beziehungsweise Wettbewerbsverzerrungen. Dies betrifft zunächst einmal Hindernisse, die auf einer rechtlichen Differenzierung oder faktisch unterschiedlichen Wirkung basieren. Hierbei gilt es einerseits, Marktteilnehmern aus anderen Mitgliedstaaten den Zugang zu dem inländischen

22 EuGH Urteil v. 5.5.1982, Rs. 15/81 (*Gaston Schul*), Slg. 1982, S. 1409, Rn. 33; Urteil v. 25.2.1988, Rs. 299/86 (*Drexl*), Slg. 1988, S. 1213, Rn. 24.

23 *Randelzhofer/Forsthoff*, in: Grabitz/Hilf, Das Recht der EU, Vor Art. 39-55 EG, Rn. 102.

24 *Schön*, IStR 2004, S.289, 290.

25 EuGH Gutachten v. 14.12.1991, Slg. 1991, S. I-6079, Rn. 18; Urteil v. 7.7.1976, Rs. 118/75 (*Watson u. Belmann*), Slg. 1976, S. 1185, Rn. 16; Urteil v. 31.3.1992, Rs. C-19/92 (*Kraus*), Slg. 1993, S. I-1663, Rn. 29.

26 EuGH Gutachten v. 14.12.1991, Slg. 1991, S. I-6079, Rn. 18; Urteil v. 7.2.1979, Rs. 136/78 (*Auer*), Slg. 1979, S. 437, Rn. 15 f.

Teilmarkt zu ermöglichen und hierbei jegliche Form der Diskriminierung und Ungleichbehandlung, rechtliche und tatsächliche Beschränkungen zu vermeiden. Andererseits ist auch die Betätigung von Inländern am grenzüberschreitenden Leistungsaustausch (Marktaustritt) ein wesentliches Element des Binnenmarkts.[27]

Der in Art. 26 Abs. 2 AEUV postulierte *„Raum ohne Binnengrenzen"* könnte darüber hinaus ein noch weitergehendes Verständnis des Binnenmarktkonzepts zugrunde legen.[28] Nach Art. 119 Abs. 1 AEUV verpflichtet der Binnenmarkt außerdem zu einer Ausgestaltung eines marktwirtschaftlichen Systems ohne Verfälschung des freien Wettbewerbs. Der zu errichtende Binnenmarkt könnte demnach auch dahingehend verstanden werden, dass ein einziger Markt mit einheitlichen Wettbewerbsbedingungen zu fordern ist.[29] Einem solchen Binnenmarktkonzept würde einerseits der Fortbestand einzelner Teilmärkte mit unterschiedlichen Rechtsordnungen entgegenstehen. Andererseits müssten sich aber auch sämtliche, die Wirtschaftstätigkeit der Marktteilnehmer regulierenden nationalen Vorschriften in Widerspruch zu einem solchen Verständnis des freien Wettbewerbs setzen. Die gegenwärtig bestehenden nationalen Steuerrechtsordnungen müssten demnach zu einer Störung des Binnenmarkts führen. Zum einen ist jeder regulatorischen Belastung per se ein wettbewerbsverzerrendes Element inhärent. Zum anderen verzerren die Divergenzen in den unterschiedlichen Steuerrechtsordnungen der Mitgliedstaaten zusätzlich den Wettbewerb.

Ein solch weitgehendes Verständnis des Binnenmarktkonzepts ist jedoch zumindest für den Bereich der direkten Steuern abzulehnen. Dass die Binnenmarktintegration keinen Schutz vor sämtlichen wettbewerbsbeeinflussenden Regularien gebietet, lässt sich bereits aus den Europäischen Verträgen selbst ableiten.[30] EUV und AEUV sprechen eine Vielzahl von Zielen an, die sich in einem völlig ungeregelten Markt nicht verwirklichen lassen würden (Art. 102 AEUV verlangt zur Verwirklichung des Binnenmarkts etwa Regelungen in Bezug auf wettbewerbsbeherrschende Unternehmen). Zudem stellt Art. 26 Abs. 2 AEUV den Binnenmarkt unter den Vorbehalt der Bestimmungen des AEUV, der neben dem Binnenmarkt weitere, zu diesem konträre Aufgaben und Ziele der Europäischen Union nennt. Daneben verlangt der Binnenmarkt für den Bereich der direkten Steuern auch

---

27 EuGH Urteil v. 14.12.2000, Rs. C-141/99 (*AMID*), Slg. 2000, S. I-11619, Rn. 21; Urteil v. 10.5.1995, Rs. 384/93 (*Alpine Investment*), Slg. 1995, S. I-1141, Rn. 29ff.

28 Ausführlich hierzu: *Englisch*, Wettbewerbsgleichheit im grenzüberschreitenden Handel, S. 220ff.

29 *Randelzhofer/Forsthoff*, in: Grabitz/Hilf, Das Recht der EU, Vor Art. 39-55 EG, Rn. 92, 97, 99; EuGH Urteil v. 5.5.1982, Rs. 15/81 (*Gaston Schul*), Slg. 1982, S. 1409, Rn. 33; Urteil v. 25.2.1988, Rs. 299/86 (*Drexl*), Slg. 1988, S. 1213, Rn. 24, *„Verschmelzung der nationalen Märkte zu einem Markt"*; *Schön*, IStR 2004,S. 289, 290; *Englisch*, Wettbewerbsgleichheit im grenzüberschreitenden Handel, S. 222.

30 *Englisch*, Wettbewerbsgleichheit im grenzüberschreitenden Handel, S. 222ff.

nicht die Beseitigung der Unterschiede in den nationalen Rechtsordnungen. Solche Divergenzen zwischen den Steuersystemen der Mitgliedstaaten sind ohne Zweifel wettbewerbsverzerrend. Eine diesbezügliche Rechtsangleichung und -vereinheitlichung, auch für den Bereich der direkten Steuern, wäre durchaus als binnenmarktfördernd anzusehen. Ungeachtet der Frage, ob ein solches Integrationsideal mittels der Grundfreiheiten überhaupt durchgesetzt werden kann, wird man regulatorische Unterschiede in den Mitgliedstaaten, die zu vielzähligen Teilmärkten führen, als Charakteristikum des Binnenmarkts betrachten müssen.[31] Dies gilt zumindest für die Bereiche, in denen die mitgliedstaatliche Zuständigkeit fortbesteht (vgl. Art. 4 Abs. 1 EUV). Soll der mitgliedstaatlichen Kompetenz im Bereich der direkten Steuern Geltung verschafft werden, muss die bestehende Segmentierung auf dem Gebiet der direkten Steuern durch das Binnenmarktkonzept grundsätzlich unberührt bleiben. Uniforme Steuerfolgen innerhalb der einzelnen Teilmärkte sind hier auf Basis des Binnenmarktgedankens nicht zu fordern. Es erwächst aus dem Binnenmarktziel somit auch kein Bedürfnis nach einer einheitlichen Rechts- und Steuerordnung.[32] Ob die grenzüberschreitenden Wirtschaftsteilnehmer die rechtlichen Vorgaben und Steuersysteme des Bestimmungslands annehmen, ist ihre unternehmerische Entscheidung. Eine ausnahmsweise Rechtsangleichung im Bereich der direkten Steuern beschränkt sich nach Art. 115 AEUV auf die Koordinierung steuerlicher Vorschriften bei grenzüberschreitenden Sachverhalten, wenn unmittelbare Auswirkungen auf die Errichtung oder das Funktionieren des Binnenmarkts bestehen.

Die zur Errichtung des gemeinsamen Binnenmarkts mittels der Grundfreiheiten bezweckte Beseitigung von Hemmnissen des Waren-, Personen-, Dienstleistungs- und Kapitalverkehrs bezieht sich dabei auf Wirtschaftstätigkeiten *„zwischen den Mitgliedstaaten*", wie in ex-Art. 3 Abs. 1 lit. c) EG noch explizit genannt. In den grundfreiheitlichen Schutzbereich fallen damit nur solche Sachverhalte, die einen hinreichenden Bezug zu eben dieser Zielsetzung aufweisen. Das Erfordernis der Zwischenstaatlichkeit ist auch bereits im Wortlaut der meisten Grundfreiheitsnormen angelegt (vgl. Art. 34 f., Art. 49 UAbs. 1, Art. 56 UAbs. 1 und Art. 63 Abs. 1 AEUV). Als Folge ist nach allgemeiner Auffassung ein Sachverhalt erforderlich, bei dem eine Person, Ware oder Leistung die Grenze zwischen zwei Mitgliedstaaten überschreitet (grenzüberschreitender Bezug).[33] Rein inländische Sachverhalte fallen hingegen nicht in den Schutzbereich der Grundfreiheiten. Ohne Binnenmarktrelevanz sind schließlich Konstellationen, in denen eine Schlechterbehandlung von eigenen Staatsangehörigen gegenüber

31 *Englisch*, Wettbewerbsgleichheit im grenzüberschreitenden Handel, S. 224, 246.

32 *Franck*, IStR 2007, S. 489, 495 f., Fn. 85.

33 *Pache,* in: Schulze/Zuleeg/Kadelbach, Europarecht, § 10, Rn. 12 ff.

Staatsangehörigen anderer Mitgliedstaaten erfolgt.[34] Da die Grundfreiheiten auf die Schaffung des Binnenmarkts abzielen, bieten sie keinen Ansatz, neben der gebotenen Herstellung einer Inländergleichbehandlung von Ausländern auch eine Inländerdiskriminierung zu unterbinden.[35] Zudem erfassen die Grundfreiheiten aufgrund des Binnenmarktbezugs generell nur solche Grenzübertritte, die auf eine wirtschaftliche Tätigkeit in einem anderen Mitgliedstaat abzielen oder zumindest in hinreichendem Zusammenhang damit stehen. An diesen Zusammenhang sind jedoch keine allzu hohen Anforderungen zu stellen. Zwar verwehrte der EuGH in der Rs. *Werner* dem lediglich aus privaten Gründen seinen Wohnsitz nach Holland verlegenden Zahnarzt den grundfreiheitsrechtlichen Schutz.[36] Etwas anderes soll aber bereits gelten, wenn der Grenzübertrittswillige zugleich eine Tätigkeit in dem Zuzugstaat[37] oder in seinem Herkunftstaat[38] ausübt. In der Entscheidung in der Rs. *Renneberg* stellte der EuGH fest, dass *„jeder Gemeinschaftsangehörige, der in einem anderen Mitgliedstaat als seinem Wohnstaat abhängig beschäftigt ist, unabhängig von seinem Wohnort und seiner Staatsangehörigkeit in den Anwendungsbereich des Art. 39 EG fällt*“[39]. Bei einem Blick auf das allgemeine Freizügigkeitsrecht der Unionsbürger ist außerdem festzustellen, dass der lediglich aus privaten Gründen erfolgende Grenzübertritt ohne wirtschaftliche Tätigkeit zwar keine Binnenmarktrelevanz besitzt, mittlerweile im Rahmen des Art. 21 AEUV aber einen vergleichbaren Schutz genießt.[40]

3.) Persönlicher und territorialer Anwendungsbereich

Ausweislich ihres Wortlauts schützen die Grundfreiheiten diejenigen Personen, die aktiv den Grenzübertritt durchführen. Zumindest der Arbeitnehmer, der sich in den Mitgliedstaaten der Europäischen Union niederlässt, und der eine grenzüberschreitende Dienstleistung erbringende Wirtschaftsteilnehmer werden explizit erwähnt.[41] Dasselbe gilt im Rahmen der Kapitalverkehrsfreiheit etwa

34 EuGH Urteil v. 23.2.2006, Rs. C-513/03 (*Van Hilten*), Slg. 2006, S. I-1957, Rn. 47.

35 *Wernsmann*, in: Schulze/Zuleeg/Kadelbach, Europarecht, § 30, Rn. 82; BFH Urteil v. 15.7.2005, I R 21/04, BStBl. II 2005, S. 716 ff; a.A.: *Gosch*, DStR 2007, S.1553, 1556.

36 EuGH Urteil v. 26.1.1993, Rs. C-112/91 (*Werner*), Slg. 1993, S. I-429, Rn. 16; ebenso für einen Wegzug nach Eintritt in den Ruhestand: EuGH Urteil v. 9.11.2006, Rs. C-520/04 (*Turpeinen*), Slg. 2006, S. I-10685, Rn. 16.

37 EuGH Urteil v. 27.6.1996, Rs. C-107/94 (*Asscher*), Slg. 1996, S. I-3089, Rn. 31 ff.

38 EuGH Urteil v. 16.10.2008, Rs. C-527/06 (*Renneberg*), Slg. 2008, S I-7735.

39 EuGH Urteil v. 16.10.2008, Rs. C-527/06 (*Renneberg*), Slg. 2008, S I-7735, Rn. 36.

40 EuGH Urteil v. 12.7.2005, Rs. C-403/03 (*Schempp*), Slg. 2005, S. I-6421, Rn. 40 ff.; hierzu: *Wernsmann*, in: Schulze/Zuleeg/Kadelbach, Europarecht, § 30, Rn. 85.

41 Art. 45 Abs. 1, Art. 49 UAbs. 1 und Art. 56 UAbs. 1 AEUV.

für Investoren oder Gesellschafter und im Rahmen der Warenverkehrsfreiheit für Personen, die Waren ein- oder ausführen wollen. Die jeweiligen Vertragspartner dieser Personen, also zum Beispiel der Arbeitgeber[42], der die Dienstleistung Empfangende[43] oder die Zielgesellschaft einer Investition im Rahmen der Kapitalverkehrsfreiheit[44], kommen ebenso in den Genuss dieser Freiheiten. Es werden sowohl aktive als auch passive Marktteilnehmer grundfreiheitsrechtlich geschützt. Eine Beschränkung erfährt der persönliche Schutzbereich der Niederlassungs- und Dienstleistungsfreiheit durch das Erfordernis der Staatsangehörigkeit eines Mitgliedstaates des Sich-Niederlassenden oder des Dienstleistungserbringers nach Art. 49 UAbs. 1 S. 1 und Art. 56 UAbs. 1 AEUV, wobei im Fall der Dienstleistungsfreiheit und der sog. sekundären Niederlassungsfreiheit noch zusätzlich die Ansässigkeit in einem Mitgliedstaat erforderlich ist, Art. 56 UAbs. 1 und Art. 49 UAbs. 1 S. 2 AEUV. Bei Gesellschaften ist anstelle der Staatsangehörigkeit im Rahmen der beiden genannten Grundfreiheiten gemäß Art. 54 UAbs. 1, Art. 62 AEUV die Ansässigkeit in einem Mitgliedstaat erforderlich.[45] Die Arbeitnehmerfreizügigkeit gemäß Art. 45 AEUV soll nach ständiger Rechtsprechung des EuGH ebenfalls nur für Unionsbürger (Art. 20 AEUV) gelten.[46]

Der territoriale Geltungsbereich der Grundfreiheiten beschränkt sich gemäß Art. 52 EUV und Art. 355 AEUV grundsätzlich auf das Hoheitsgebiet der Mitgliedstaaten und somit auch für den Bereich der direkten Steuern auf grenzüberschreitende Sachverhalte zwischen Mitgliedstaaten der Europäischen Union. Dabei kann bei Sachverhalten mit Drittstaatenberührung ein mitgliedstaatlicher Bezug genügen, um in den Schutzbereich der Grundfreiheiten zu fallen.[47] Erweiterungen erfährt der territoriale Anwendungsbereich bei Drittstaatensachverhalten durch den passiven Gehalt der Marktfreiheiten, durch die Grundfreiheiten

42 EuGH Urteil v. 7.5.1998, Rs. C-350/96 (*Clean Car*), Slg. 1998, S. I-2521, Rn. 20.

43 EuGH Urteil v. 26.10.1999, Rs. C-294/97 (*Eurowings*), Slg. 1999, S. I-7447, Rn. 32; Urteil v. 31.1.1984, verb. Rs. 286/82 und 26/83 (*Luisi und Carbone*), Slg. 1984, S. 377, Rn. 16; Urteil v. 2.2.1989, Rs. 186/87 (*Cowan*), Slg. 1989, S. 195, Rn. 15; Urteil v. 29.4.1999, Rs. C-224/97 (*Ciola*), Slg. 1999, S. I-2517, Rn. 11; Urteil v. 28.10.1999, Rs. C-55/98 (*Bent Vestergaard*), Slg. 1999, S. I-7641, Rn. 20.

44 EuGH Urteil v. 6.6.2000, Rs. C-35/98 (*Verkooijen*), Slg. 2000, S. I-4071, Rn. 35; Urteil v. 6.3.2007, Rs. C-292/04 (*Meilicke u.a.*), Slg. 2007, S. I-1835, Rn. 24; Urteil v. 15.7.2004, Rs. C-315/02 (*Lenz*), Slg. 2004, S. I-7063, Rn. 21; Urteil v. 24.5.2007, Rs. C-157/05 (*Holböck*), Slg. 2007, S. I-4051, Rn. 30.

45 Vgl. EuGH Urteil v. 25.7.1991, Rs. C-221/89 (*Factortame*), Slg. 1991, S. I-3905, Rn. 30f., wonach dieser Schutz unabhängig von der Staatsangehörigkeit/dem Sitz der dahinterstehenden Anteilseigner gewährt wird.

46 EuGH Urteil v. 29.10.1998, Rs. C-230/97 (*Awoyemi*), Slg. 1998, S. I-6781, Rn. 29; Urteil v. 25.6.1992, Rs. C-147/91 (*Ferrer Laderer*), Slg. 1992, S. I-4097, Rn. 7.

47 Zu einzelnen Konstellationen: *Schnitger*, Die Grenzen der Einwirkung der Grundfreiheiten des EG-Vertrages auf das Ertragsteuerrecht, S. 115ff.

des EWR-Abkommens in Bezug zu Liechtenstein, Norwegen und Island sowie durch den nachstehend noch näher darzulegenden Drittstaatenbezug der Kapitalverkehrsfreiheit.

4.) Freier Warenverkehr

In die Warenverkehrsfreiheit wird im Rahmen der direkten Besteuerung nur in seltenen Fällen eingegriffen werden. Zumindest im deutschen Steuerrecht sind Vorschriften der direkten Besteuerung, die an den Verkehr von Waren anknüpfen und somit in diesen Schutzbereich eingreifen könnten, gegenwärtig nicht ersichtlich. Denkbares Eingriffspotential könnte eine Vorschrift besitzen, die die Abzugsfähigkeit einseitig zu Lasten aus dem Ausland bezogener Wirtschaftsgüter bei einer inländischen Betriebstätte beschränkt.[48]

5.) Freier Personenverkehr

Im Gegensatz hierzu kommt dem freien Personenverkehr, namentlich der Arbeitnehmerfreizügigkeit gemäß Art. 45 AEUV und der Niederlassungsfreiheit nach Art. 49 AEUV, im Bereich der direkten Steuern eine erhebliche Bedeutung zu. Während Art. 45 AEUV die Freizügigkeit des abhängig beschäftigten Steuerpflichtigen schützen soll, gewährleistet Art. 49 AEUV die Aufnahme und Ausübung einer selbstständigen Tätigkeit über die Grenze hinweg. Gefördert werden soll die wirtschaftliche und soziale Verflechtung innerhalb der Europäischen Union. Zusätzlich genießt nach Art. 21 AEUV jeder Unionsbürger Freizügigkeit innerhalb der Europäischen Union und unabhängig von der Aufnahme einer wirtschaftlichen Tätigkeit.

Durch den freien Personenverkehr geschützt werden nicht nur die Tätigkeit und die hieraus erzielten Einkünfte selbst. Generell sollen dem Grenzübertrittswilligen nicht anlässlich des Grenzübertritts zur Aufnahme einer Tätigkeit in einem anderen Mitgliedstaat negative steuerliche Folgen erwachsen. Somit können auch Fälle wie etwa eine Wegzugbesteuerung bezüglich privatem Kapitalvermögen[49] oder Beschränkungen der Verlustnutzungsmöglichkeit für nicht

---

48 Vgl. zu der Abzugsbeschränkung in § 7 Abs. 5 EStG in der bis zum EU-UmsG geltenden Fasung; EuGH Urteil v. 15.10.2009, Rs. C-35/08 (*Grundstücksgemeinschaft Busley/Cibrian*), Slg. 2009, S. I-9807, wobei die Auslandsimmobilien nicht von der Warenverkehrsfreiheit erfasst werden.

49 EuGH Urteil v. 11.3.2004, Rs. C-9/02 (*Lasteyrie du Saillant*) , Slg. 2004, S. I-2409, Rn. 45 f.

in direktem Zusammenhang mit der grenzüberschreitenden Tätigkeit stehende Einkünfte[50] den freien Personenverkehr betreffen.

a) Arbeitnehmerfreizügigkeit

Die Arbeitnehmerfreizügigkeit soll die Ausübung jeder Art von Berufstätigkeit im gesamten Gebiet der Europäischen Union erleichtern und somit nationale Regelungen vermeiden, die einen Arbeitnehmer davon abhalten können, sein Herkunftsland zu verlassen und eine unselbstständige Beschäftigung in einem anderen Mitgliedstaat aufzunehmen.[51] Ziel ist die Abschaffung jeder auf der Staatsangehörigkeit beruhender unterschiedlicher Behandlung in Bezug auf Beschäftigung, Entlohnung und sonstige Arbeitsbedingungen.

Die Auswirkung, die die direkte Besteuerung von Arbeitseinkünften auf deren Entschluss zum Grenzübertritt haben kann, ist evident. Der EuGH hat bereits früh erkannt, dass sich die Besteuerung der Arbeitseinkünfte von in- und ausländischen Arbeitnehmern auf deren gleichmäßige Entlohnung niederschlägt.[52] Arbeitnehmer, die Angehörige unterschiedlicher Mitgliedstaaten sind, dürfen nicht aufgrund ihrer Nationalitäten verschiedenen Steuerbelastungen unterliegen. Auch die steuerliche Ansässigkeit stellt grundsätzlich kein legitimes Differenzierungskriterium dar. Einkünfte aus einer grenzüberschreitenden Tätigkeit können jeweils der Besteuerung im Tätigkeit- und Ansässigkeitstaat unterliegen, sodass eine Doppelbesteuerung auch im Hinblick auf die Arbeitnehmerfreizügigkeit relevant sein könnte.

b) Niederlassungsfreiheit

Der Begriff der Niederlassung ist sehr weit gefasst. Er impliziert die Möglichkeit für einen Marktteilnehmer, in stabiler und kontinuierlicher Weise am Wirtschaftsleben eines anderen Mitgliedstaats als dem seiner Herkunft teilzuhaben und daraus Nutzen zu ziehen.[53] Im Rahmen des gebotenen Schutzes nach Art. 49 AEUV ist es dem wirtschaftlich Tätigen eines Mitgliedstaates möglich, seine selbstständige Tätigkeit in einen anderen Mitgliedstaat zu verlegen beziehungsweise diese dort neu zu begründen und sie dort unter den gleichen Bedingungen, wie sie für die im Aufnahmemitgliedstaat tätigen Wirtschaftsteilnehmer festgelegt wurden, auszuüben (primäre Niederlassungsfreiheit). Mit der Niederlassungsfreiheit ist ebenfalls das Recht verbunden, eine selbstständige Tätigkeit in einem anderen Mitgliedstaat

50 EuGH Beschluss v. 12.9.2002, Rs. C-431/01 (*Mertens*), Slg. 2002, S. I-7073, Rn. 26, 33.

51 Hierzu: *Streinz*, Europarecht, Rn. 877 ff.

52 EuGH Urteil v. 8.5.1990, Rs. C-175/88 (*Biehl*), Slg. 1990, S. I-1779, Rn. 12; Urteil v. 14.2.1995, Rs. C-279/93 (*Schumacker*), Slg. 1995, S. I-225, Rn. 23.

53 Hierzu: *Streinz*, Europarecht, Rn. 886 ff.

durch eine unmittelbare oder mittelbare Tochtergesellschaft, eine Zweigniederlassung oder eine Agentur auszuüben (sekundäre Niederlassungsfreiheit).[54] Damit ist es dem Aufnahmemitgliedstaat verwehrt, eine ungleiche Behandlung, etwa in Form von steuerlichen Nachteilen, allein deshalb vorzunehmen, weil sich der Sitz einer Gesellschaft in einem anderen Mitgliedstaat befindet. Die Niederlassungsfreiheit soll die Inländerbehandlung im Aufnahmemitgliedstaat sicherstellen. Nach ständiger Rechtsprechung des EuGH kann sich eine Grundfreiheitsrelevanz auch ergeben, wenn der Herkunftmitgliedstaat die Niederlassung seiner Staatsangehörigen in einem anderen Mitgliedstaat behindert.[55] Generell soll vor einer nachteiligen steuerlichen Behandlung des Grenzübertritts geschützt werden. Fehlt es an einer dauernden Präsenz des grenzüberschreitenden Wirtschaftsteilnehmers im Aufnahmemitgliedstaat, so ist grundsätzlich der Schutzbereich der Niederlassungsfreiheit nicht eröffnet. So fallen der Erwerb und die Nutzung von Immobilien in einem anderen Mitgliedstaat nur dann unter die Freiheit der Niederlassung, wenn diesbezüglich eine aktive Verwaltung erfolgt.[56]

c) Allgemeines Freizügigkeitsrecht

Art. 21 AEUV gewährleistet den Unionsbürgern ein allgemeines Recht auf Freizügigkeit in der Europäischen Union, ohne einen Bezug zur Aufnahme einer wirtschaftlichen Tätigkeit herzustellen.[57] Die sich aus den Grundfreiheiten ergebenden besonderen Freizügigkeitsrechte gehen der allgemeinen Freizügigkeit als speziellere Regelung vor.[58] Art. 21 AEUV ist damit keine Marktfreiheit, vermittelt nach herrschender Auffassung jedoch subjektive Rechte und ist unmittelbar anwendbar.[59] Gleich den Grundfreiheiten wird das allgemeine Freizügigkeitsrecht jedoch nicht schrankenlos gewährt, vgl. Art. 21 Abs. 1 und 3 AEUV. Da sich mit der Verlegung des Wohnsitzes als möglicheInanspruchnahme des Rechts auf freie Bewegung und freien Aufenthalt innerhalb der Europäischen Union auch Auswirkungen auf die unbeschränkte beziehungsweise beschränkte Steuer-

54 EuGH Urteil v. 21.9.1999, Rs. 307/97 (*Saint-Gobain*), Slg. 1999, S. I-6161, Rn. 35; Urteil v. 15.5.2008. Rs. C-414/06 (*Lidl Belgium*), Slg. 2008, S. I-3601, Rn. 18; Urteil v. 23.2.2006, Rs. C-471/04 (*Keller Holding*), Slg. 2006, S. I-2107, Rn. 29.

55 EuGH Urteil v. 16.7.1998, Rs. C-264/96 (*ICI*), Slg. 1998, S. I-4695, Rn. 21.

56 EuGH Urteil v. 11.10.2007, Rs. C-451/05 (*ELISA*), Slg. 2007, S. I-8251, Rn. 64.

57 *Magiera*, in: Streinz, EUV/EG, Art. 18 EG, Rn. 9; EuGH Urteil v. 17.9.2002, Rs. C-413/99 (*Baumbast*), Slg. 2002, S. I-7091, Rn. 81, 83 f.; a. A.: GA *La Pergola* Schlussanträge v. 30.9.1999, Rs. C-356/98 (*Kaba*), Slg. 2000, S. I-2623.

58 *Kluth*, in: Callies/Ruffert, EUV/AEUV, Art. 21 AEUV, Rn. 16 m.w.N.

59 Zum Streitstand: *Kluth*, in: Callies/Ruffert, EUV/AEUV, Art. 21 AEUV, Rn. 15 f.; EuGH Urteil v. 17.9.2002, Rs. C-413/99 (*Baumbast*), Slg. 2002, S. I-7091, Rn. 84; *Magiera*, in: Streinz, EUV/EG, Art. 18 EG, Rn. 10: „*Grundrecht*“.

pflicht in den Mitgliedstaaten ergeben, kann die allgemeine Freizügigkeit auch im Bereich der direkten Steuern und bei dem Problem einer Mehrfachbelastung mit Steuern Bedeutung erlangen.[60]

6.) Freier Kapital- und Zahlungsverkehr

Die Bedeutung der Kapitalverkehrsfreiheit (Art. 63 Abs. 1 AEUV) für den Bereich der direkten Steuern hat in den vergangenen Jahren durch eine Reihe von Judikaten zugenommen. Die Kapitalverkehrsfreiheit wurde erst durch den Vertrag von Maastricht in den damaligen EG-Vertrag eingeführt.[61] Der AEUV enthält keine Definition des Kapital- und Zahlungsverkehrs. Der EuGH[62] orientiert sich bei der Auslegung des Kapitalverkehrsbegriffs weiterhin an der bis heute nicht aufgehobenen Kapitalverkehrsrichtlinie (vgl. Art. 1 Kapitalverkehrsrichtlinie), die in ihrem Anhang I „*Normenklatur für den Kapitalverkehr gemäß Artikel 1 der Richtlinie*“ eine explizit nicht abschließende Aufzählung von kapitalverkehrsrelevanten Vorgängen enthält. Obwohl die ex-Art. 69 und 70 EWG-Vertrag, auf die die Kapitalverkehrsrichtlinie Bezug nahm, mittlerweile in der Europäischen Union durch Art. 63 ff. AEUV ersetzt wurden, kann wohl insbesondere der genannte Anhang I indiziell weiterhin zur Interpretation herangezogen werden.[63]

Die Kapitalverkehrsfreiheit schützt vor mitgliedstaatlichen Maßnahmen, die den investitionsgeneigten Marktteilnehmer von Anlagen in dem Marktzutritts- oder Marktaustrittsstaat abhalten können oder diese für ihn weniger attraktiv machen. Der Begriff Kapitalverkehr umfasst jeden grenzüberschreitenden Transfer von Werten in Form von Finanz- oder Realkapital,[64] sowohl durch Hingabe als auch durch Aufnahme. Zu den durch die Kapitalverkehrsfreiheit geschützten Handlungen gehören unter anderem Immobilienanlagen und deren Veräußerung,[65] jedoch auch Investitionen in andere Wirtschaftsgüter, wie etwa Gesellschaftsan-

60 Vgl. Vorlagefrage in EuGH Urteil vom 11.12.2003, Rs. C-364/01 (*Erben von Barbier*), Slg. 2003, S. I-15013, Rn. 28, bei dem ex-Art. 18 EG (jetzt: Art. 21 AEUV) jedoch in zeitlicher Hinsicht noch nicht anwendbar war.

61 Hierzu: *Streinz*, Europarecht, Rn. 895 ff.

62 EuGH Urteil v. 23.2.2006, Rs. C-513/03 (*Van Hilten*), Slg. 2006, S. I-1957, Rn. 39.

63 Vgl. EuGH Urteil v. 16.3.1999, Rs. C-222/97 (*Trummer und Mayer*), Slg. 1999, S. I-1678, Rn. 21, Urteil v. 12.2.2009, Rs. C-67/08 (*Block*), Slg. 2009, S. I-883, Rn. 19, jeweils zu Art. 63 AEUV.

64 *Schönfeld*, Hinzurechnungsbesteuerung und Europäisches Gemeinschaftsrecht, S. 47; *Schwenke*, IStR 2006, S. 748, 749.

65 EuGH Urteil vom 11.12.2003, Rs. C-364/01 (*Erben von Barbier*), Slg. 2003, S. I-15013, Rn. 58; Urteil v. 11.10.2007, Rs. C-451/05 (*ELISA*), Slg. 2007, S. I-8251, Rn. 58; Urteil v. 14.9.2006, Rs. C-386/04 (*Stauffer*), Slg. 2006, S. I-8203, Rn. 23.

teile[66] und Geldmarktinstrumente. Dabei kann einerseits der Marktteilnehmer eines Staates davon abgehalten werden, in einem anderen Staat zu investieren (aktive Kapitalverkehrsfreiheit). Andererseits wirkt sich eine Steuerregelung auch gegenüber den Zielgesellschaften beschränkend aus, wenn diese darin behindert werden, grenzüberschreitend Kapital einzusammeln (passive Kapitalverkehrsfreiheit).[67] Im Rahmen diese Schutzes werden auch Dividendenzahlungen erfasst, da die Kapitalverkehrsfreiheit auch dann eine Schutzwirkung entfaltet, wenn steuerliche Bestimmungen nicht die grundfreiheitsrechtlich geschützte Tätigkeit unmittelbar betreffen, sondern ihre belastende Wirkung an die aus dieser Tätigkeit fließenden Erträge knüpfen.[68] Nach der Rechtsprechung des EuGH in der Rs. *Van Hilten*[69] sollen auch grenzüberschreitende Erbschaften grundsätzlich zum Kreis des geschützten Kapitals gehören.[70] Es zeichnet sich bereits aufgrund des umfangreichen Schutzbereichs ab, dass die Kapitalverkehrsfreiheit erhebliches Konfliktpotential in Bezug auf die direkte Besteuerung durch die Mitgliedstaaten bietet, da an die meisten der geschützten Investitionen beziehungsweise deren Erträge eine ertragsteuerliche Konsequenz geknüpft sein wird. Ihr kommt unter anderem bei der Frage der Doppelbesteuerung von Erträgen aus Beteiligungen und Zinsen sowie bei der Mehrfacherfassung von Erbschaften und Schenkungen eine herausragende Bedeutung zu.

Im Hinblick auf die Einbeziehung von Drittstaatensachverhalten, also mit Bezug zu nicht EWR-Staaten, im Rahmen der Kapitalverkehrsfreiheit wird das Konkurrenzverhältnis der Grundfreiheiten bedeutsam. Insbesondere im Hinblick auf Unternehmensbeteiligungen stellt sich die Frage nach dem Verhältnis von Kapitalverkehrs- und Niederlassungsfreiheit. Aus dem AEUV ergibt sich keine eindeutige Erkenntnis hierzu: Art. 49 UAbs. 2 AEUV gewährt die Niederlassungsfreiheit nur vorbehaltlich der Regelungen über den freien Kapitalverkehr, wohingegen Art. 65 Abs. 2 AEUV vorsieht, dass die Bestimmungen des freien Kapitalverkehrs nicht die Anwendbarkeit von Beschränkungen des Niederlassungsrechts, die mit den europäischen Verträgen vereinbar sind, berühren. Nach neuerer Rechtsprechung findet die Niederlassungsfreiheit vorrangig Anwendung bei nationalen Vorschriften, die eine einen sicheren

66 EuGH Beschluss v. 23.4.2008, Rs. C-201/05 (*CFC and Dividend Group Litigation*), Slg. 2008, S. I-2875, Rn. 53; Urteil v. 6.6.2000, Rs. C-35/98 (*Verkooijen*), Slg. 2000, S. I-4071, Rn. 32.

67 EuGH Urteil v. 6.3.2007, Rs. C-292/04 (*Meilicke u.a.*), Slg. 2007, S. I-1835, Rn. 24; Urteil v. 15.7.2004, Rs. C-315/02 (*Lenz*), Slg. 2004, S. I-7063, Rn. 21; Urteil v. 24.5.2007, Rs. C-157/05 (*Holböck*), Slg. 2007, S. I-4051, Rn. 30.

68 EuGH Urteil v. 6.6.2000, Rs. C-35/98 (*Verkooijen*), Slg. 2000, S. I-4071, Rn. 28 ff.; *Ress/Ukrow*, in: Grabitz/Hilf/Nettesheim, Das Recht der EU, Art. 63 AEUV, Rn. 110, 176.

69 EuGH Urteil v. 23.2.2006, Rs. C-513/03 (*Van Hilten*), Slg. 2006, S. I-1957, Rn. 40 ff.; zur bloßen Wohnsitzverlegung: Rn. 49; Urteil v. 12.2.2009, Rs. C-67/08 (*Block*), Slg. 2009, S. I-883, Rn. 22.

70 Näher hierzu: *Schnitger*, IStR 2005, S.493, 495; *Schwenke*, IStR 2006, S.748, 749 f.; für einen Vorrang der Kapitalverkehrsfreiheit: *Bron* IStR 2006, S.296, 299.

Einfluss vermittelnde Beteiligung erfordern, und eine Bestimmung der Unternehmenstätigkeit ermöglichen.[71] Entscheidend ist somit die in der infrage stehenden nationalen Steuervorschrift vorgesehene Beteiligungshöhe. Die genaue Beteiligungshöhe, die eine solche Einflussnahme sichert, hat der Gerichtshof noch nicht abschließend geklärt. Kommt der EuGH somit zur Anwendung des Schutzbereichs der Niederlassungsfreiheit, sieht er von einer weiteren Prüfung der nationalen Vorschrift anhand der Kapitalverkehrsfreiheit ab, sofern beschränkende Auswirkungen auf Letztere die unvermeidliche Konsequenz aus einer Beschränkung der Niederlassungsfreiheit sind.[72] Er geht somit von einem Vorrang der Niederlassungsfreiheit aus. Eine selbstständige, wenn auch konvergente Prüfung der Kapitalverkehrsfreiheit soll hingegen im Verhältnis zur Niederlassungsfreiheit bei einem Beteiligungssachverhalt noch erfolgen, in dem die nationale Steuervorschrift nicht nur auf entscheidungserhebliche Beteiligungen anwendbar ist, sondern unabhängig von der Höhe der Beteiligung an der Gesellschaft die infrage stehende Rechtsfolge anordnet und somit den Schutzbereich der Niederlassungs- (bei einflusssichernder Beteiligung) und der Kapitalverkehrsfreiheit (bei nicht einflusssichernder Beteiligung) eröffnet.[73] Insoweit kommt der Kapitalverkehrsfreiheit noch eine Komplementärfunktion zu.[74] Unklar bleibt, ob im Fall einer solch undifferenzierten Steuervorschrift dann auch bei Vorliegen einer tatsächlichen Mehrheitsbeteiligung eine Prüfung der Kapitalverkehrsfreiheit möglich sein soll oder wiederum die Niederlassungsfreiheit vorrangig ist. Neben der Beteiligungshöhe, der der Vorlagefrage zugrunde liegenden Vorschrift,[75] scheint der EuGH auch des Öfteren ergänzend auf die tatsächliche Beteiligungshöhe in dem vorgelegten Sachverhalt zurückzugreifen, sowohl in Ermangelung eines bestimmten Beteiligungserfordernisses der fraglichen Steuervorschrift,[76] als auch in Ergänzung

71 EuGH Urteil v. 17.9.2009, Rs. C-182/08 (*Glaxo Welcome*), Slg. 2009, S. I-8591, Rn. 47, m.w.N.

72 EuGH Urteil v. 26.6.2008, Rs. C-284/06 (*Burda*), Slg. 2008, S. I-4571, Rn. 74f.

73 EuGH Urteil v. 24.5.2007, Rs. C-157/05 (*Holböck*), Slg. 2007, S. I-4051, Rn. 23f.; Urteil v. 12.12.2006, Rs. C-446/04 (*FII Group Litigation*), Slg. 2006, S. I-11753, Rn 58ff.; Urteil v. 21.11.2002, Rs. C-436/00 (*X und Y*), Slg. 2002, S. I-10829, Rn. 66ff.; ausführlich hierzu: *Wellens*, DStR 2007, S.1852, 1856.

74 *Jacobs*, Internationale Unternehmensbesteuerung, S. 200.

75 EuGH Urteil v. 12.9.2006, Rs. C-196/04 (*Cadbury Schweppes*), Slg. 2006, S. I-7995, Rn. 33; Beschluss v. 10.5.2007, Rs. C-492/04 (*Lasertec*), Slg. 2004, S. I-3775, Rn. 19, 22; Urteil v. 24.5.2007, Rs. C-157/05 (*Holböck*), Slg. 2007, S. I-4051, Rn. 22.

76 EuGH Urteil v. 13.4.2000, Rs. C-251/98 (*Baars*), Slg. 2000, S. I-2787, Rn. 22, in dem die niederländische Vorschrift zwar eine Mindestbeteiligungshöhe von 7 Prozent vorsah, der EuGH jedoch auf die tatsächliche Beteiligung von Herrn *Baars* an der irischen Gesellschaft in Höhe von 100 Prozent abstellte und somit der Niederlassungsfreiheit den Vorrang gab; Urteil v. 12.12.2006, Rs. C-446/04 (*FII Group Litigation*), Slg. 2006, S. I-11753, Rn. 80f.; für einen Vorrang der Niederlassungsfreiheit in diesem Fall: *Wunderlich/Blaschke*, IStR 2008, S. 754, 758f.; a.A.: *Rehm/Nagler*, IStR 2009, S. 244, 248.

eines solchen.[77] Das Abstellen auf die tatsächliche Beteiligungshöhe würde zu dem Ergebnis führen, dass der grundfreiheitsrechtliche Schutz umgekehrt proportional zur Beteiligungshöhe zunähme, Portfolioinvestitionen mithin der zusätzliche Schutz der Kapitalverkehrsfreiheit zugutekäme.[78] Die fehlende einheitliche Linie des EuGH in dieser Frage droht auch den nationalen Gerichten Interpretationsschwierigkeiten zu bereiten[79] und lädt die nationalen Finanzbehörden ein, die für sie günstigste Sichtweise zu beanspruchen.[80] In der Rs. *Fidium Finanz AG*[81], die nicht den Bereich der direkten Steuern betraf, wurden die Abgrenzungsgrundsätze auf das Verhältnis der Kapitalverkehrsfreiheit zur Dienstleistungsfreiheit erweitert, sofern Finanzdienstleistungen betroffen sind.

Ein anhand des Wortlauts dogmatisch schwer zu begründender Vorrang (wenn auch kein absolutes Exklusivitätsverhältnis) zwischen Niederlassungs- beziehungsweise Dienstleistungsfreiheit einerseits und Kapitalverkehrsfreiheit andererseits wirkt sich aufgrund der Grundfreiheitskonvergenz[82] letztlich ausschließlich im Hinblick auf den unterschiedlichen territorialen Anwendungsbereich aus. Während der Schutz der Grundfreiheiten grundsätzlich an der Grenze des Binnenmarkts endet, sind Kapitalverkehrsbeschränkungen ausweislich des Wortlauts von Art. 63 Abs. 1 AEUV generell auch im Hinblick auf Drittstaatensachverhalte verboten. Wie weit der Schutzbereich dieser einseitig begünstigenden Norm reicht und unter welchen konkreten Voraussetzungen sich hieraus subjektive Rechte auch für Angehörige von Drittstaaten ergeben, ist noch nicht abschließend geklärt. Einerseits soll gerade auch der freie Kapitalverkehr im Verhältnis zu Drittstaaten gefördert werden, andererseits fehlt es an einer wechselseitigen Bindungswirkung der Drittstaaten.[83] Im Ergebnis scheint der EuGH

77 EuGH Urteil v. 13.3.2007, Rs. C-524/04 (*Thin Cap Group Litigation*), Slg. 2007, S. I-2107, Rn. 32 f.; Urteil v. 21.3.2007, Rs. C-347/04 (*REWE Zentralfinanz*), Slg. 2007, S. I-2647, Rn. 22 f.; Urteil v. 21.1.2010, Rs. C-311/08 (*SGI*), Slg. 2010, S. I-487, Rn. 33 ff.; wohl ebenso: EuGH Urteil v. 26.6.2008, Rs. C-284/06 (*Burda*), Slg. 2008, S. I-4571, Rn. 69 ff.

78 *Kofler*, Doppelbesteuerungsabkommen und EG-Recht, S. 949.

79 BFH Urteil v. 9.8.2006, I R 95/05, BStBl. II 2007, S. 279 ff., Tz. 24; Urteil v. 26.11.2008, I R 7/08, IStR 2009, S. 244 ff.; Urteil v. 14.1.2009, I R 47/08, IStR 2009, S. 424 ff. der es als Acte claire ansah, dass ausschließlich auf die Beteiligungshöhe der Steuervorschrift abzustellen ist; FG Köln Urteil v. 24.2.2011, 13 K 80/06, IStR 2011, S. 640 ff., Revision beim BFH, I R 40/11.

80 Vgl. BMF Schreiben v. 21.3.2007, IV B7-G 1421/0, BStBl. I 2007, S. 302 ff., das von einer Art absolutem Exklusivitätsverhältnis ausgeht; BayLfSt Verfügung v. 28.3.2007, S 2750a – 17 St 31dN, IStR 2007, S. 716 ff.; zur Missbrauchsgefahr: *Gernelmann*, EuZW 2008, S. 596, 599 f.

81 EuGH Urteil v. 3.10.2006, Rs. C-452/04 (*Fidium Finanz AG*), Slg. 2006, S. I-9521, Rn. 27 ff.

82 Zur Konvergenz allgemein: EuGH Urteil v. 20.5.1992, Rs. C-106/91 (*Ramrath*), Slg. 1992, S. I-3351, Rn. 17; Urteil v. 30.11.1995, Rs. C-55/94 (*Gebhard*), Slg. 1995, I-4165, Rn. 37.

83 *Schnitger*, IStR 2005, S. 493 ff.; *Hindelang*, IStR 2010, S. 443 ff.

einen Eingriff in Art. 63 Abs. 1 AEUV im Drittstaatensachverhalt zu bejahen,[84] nimmt der territorialen Erweiterung der Kapitalverkehrsfreiheit durch das Vorrangverhältnis jedoch ein wenig an Spielraum.[85] Eine Besonderheit im Verhältnis zu Drittstaaten stellt die Einschränkung des Schutzbereichs der Kapitalverkehrsfreiheit in Art. 64 Abs. 1 AEUV dar, die es den Mitgliedstaaten erlaubt, generell ihre diskriminierenden Steuervorschriften im Verhältnis zu Drittstaaten beizubehalten, die am 31.12.1993 bestanden. Bei der Bestimmung der unter die Fortbestandsklausel fallenden Steuervorschriften stellt sich eine Reihe von Folgefragen.[86] In der Rs. *Hölböck*[87] hat der EuGH die steuerliche Benachteiligung von Dividendenzahlungen einer schweizerischen Kapitalgesellschaft auf Grundlage von Art. 64 AEUV als mit der Kapitalverkehrsfreiheit vereinbar angesehen. Im Ergebnis lässt sich jüngst eine restriktivere Tendenz bei der Auslegung des Gewährleistungsumfangs der Kapitalverkehrsfreiheit in Bezug auf Drittstaatensachverhalte feststellen.

Nach Art. 65 Abs. 1 lit. a) AEUV berührt der freie Kapital- und Zahlungsverkehr nicht das Recht der Mitgliedstaaten, die einschlägigen Vorschriften ihres Steuerrechts anzuwenden, die Steuerpflichtige mit unterschiedlichem Wohnort oder Kapitalanlageort unterschiedlich behandeln, und darüber hinaus wird in Art. 65 Abs. 1 lit. b) AEUV den Mitgliedstaaten erlaubt, unerlässliche Maßnahmen unter anderem zur Vermeidung der Zuwiderhandlung gegen steuerliche Vorschriften zu erlassen. Aufgrund der Protokollerklärung der Mitgliedstaaten zum Vertag von Maastricht[88] betrifft diese Ausnahme nur solche beschränkenden Regelungen, die bereits am 31.12.1993 bestanden. Darüber hinaus schließt der EuGH aus Art. 65 Abs. 3 AEUV, dass auch Differenzierungen nach Wohn- oder Kapitalanlageort entweder objektiv nicht vergleichbare Situationen betreffen müssen oder aufgrund eines unionsrechtlich anerkannten Allgemeininteresses und der Anforderungen des Verhältnismäßigkeitsgrundsatzes gerechtfertigt

84 EuGH Urteil v. 10.2.2011, verb. Rs. C-436/08 und C-437/08 (*Haribo und Österr. Salinen AG*), noch nicht veröffentlicht (Quelle: http://eur-lex.europa.eu), Rn. 113 f.

85 EuGH Beschluss v. 10.5.2007, Rs. C-492/04 (*Lasertec*), Slg. 2004, S. I-3775, Rn. 25 f.; Beschluss v. 10.5.2007, Rs. C-102/05 (*A und B*), Slg. 2007, S. I-3871, Rn. 27 f.; Beschluss v. 6.11.2007, Rs. C-415/06 (*Ergste Westig*), Slg. 2007, S. I-151.

86 Zur Frage, wann Vorschriften gemäß Art. 64 AEUV zum 31.12.1993 „*bestehen*" und was im Änderungsfall gilt: *Schnitger*, IStR 2004, S. 635, 636; *Schwenke*, IStR 2006, S. 748, 751 ff.; zu dem sachlichen Umfang der Vorschrift, insbesondere dem Begriff der Direktinvestition: EuGH Urteil v. 24.5.2007, Rs. C-157/05 (*Holböck*), Slg. 2007, S. I-4051, Rn. 33 ff.; zur Frage, ob die Vorschriften explizit Drittstaatensachverhalte erfassen müssen: *Rehm/Nagler* IStR 2005, S. 261, 265.

87 EuGH Urteil v. 24.5.2007, Rs. C-157/05 (*Holböck*), Slg. 2007, S. I-4051.

88 Erklärung zu Art. 73d des Vertrages zur Gründung der EG v. 29.7.1992, Abl. 1992, C 191, S. 99 ff.

sind und die Regelungen in Art. 65 Abs. 1 und 3 AEUV lediglich die bereits bestehende Grundfreiheitsrechtsprechung kodifizieren.[89] Als Folge ergeben sich aus Sicht des EuGH somit für die Kapitalverkehrsfreiheit keine Besonderheiten hinsichtlich des grundfreiheitsrechtlichen Schutzes.

Die Freiheit des Zahlungsverkehrs (Art. 63 Abs. 2 AEUV) soll den Zahlungsverkehr an sich schützen. Sie stellt eine eigenständige Freiheit dar und schützt die mit der Wahrnehmung der anderen Grundfreiheiten verbundenen Zahlungen (zum Beispiel Bezahlung der gelieferten Waren).[90]

7.) Freier Dienstleistungsverkehr

Die Bestimmung über die Dienstleistungsfreiheit in den Art. 56ff. AEUV ergänzt den Schutz der grenzüberschreitenden Wirtschaftstätigkeit im Binnenmarkt im Verhältnis zu den Personenverkehrsfreiheiten hinsichtlich des zeitlichen Elements und im Verhältnis zur Warenverkehrsfreiheit hinsichtlich des Wirtschaftsguts (Dienstleistung). Ihr Schutzbereich umfasst jede grenzüberschreitend erbrachte Dienstleistung nach Art. 57 AEUV, bei der der Dienstleistende, der Empfänger der Dienstleistung oder die Dienstleistung selbstr die Grenze zwischen zwei Mitgliedstaaten überschreitet.[91] Im Kontext der direkten Steuern kann der Schutzbereich der Dienstleistungsfreiheit eröffnet sein, wenn der Dienstleistungserbringer durch Steuervorschriften in seinem Marktzugang behindert wird, da ihn höhere Steuerbelastungen treffen oder dem Dienstleistungsempfänger steuerliche Nachteile dadurch entstehen, dass er Dienstleistungen von einem Ausländer bezogen hat. Die Dienstleistungsfreiheit erfordert zum Beispiel die unterschiedslose Gewährung eines Sonderausgabenabzugs für Schuldgeld an eine ausländische Privatschule.[92] Zudem kann die Dienstleistungsfreiheit betroffen sein, wenn im Sitzstaat des Dienstleistungserbringers der Steuerabzug für solche Wirtschaftsgüter versagt wird, die für im Ausland angebotene Leistungen verwendet wurden.[93] Fälle multipler

---

89 EuGH Urteil v. 6.6.2000, Rs. C-35/98 (*Verkooijen*), Slg. 2000, S. I-4126; Rn. 43ff.; Urteil v. 7.9.2004, Rs. C-319/02 (*Manninen*), Slg. 2004, S. I-7477, Rn. 28ff.

90 *Bröhmer*, in: Callies/Ruffert, EUV/AEUV, Art. 63 AEUV, Rn. 65ff.

91 *Streinz*, Europarecht, Rn. 887ff.

92 EuGH Urteil v. 11.9.2007, Rs. C-318/05 (*Kommission/Deutschland*), Slg. 2007, S. I-6957.

93 EuGH Urteil v. 4.12.2008, Rs. C-330/07 (*Jobra*), Slg. 2008, S. I-9099, Vermietung von LKW im Ausland; Urteil v. 22.12.2010, Rs. C-287/10 (*Tankreederei I SA*), IStR 2011, S. 190ff., Betankung von Schiffen im Ausland; Urteil v. 13.10.2011, Rs. C-9/11 (*Waypoint Aviation SA*), IStR 2011, 848ff.

Steuerbelastung sind auch bei den durch die Dienstleistungsfreiheit geschützten Aktivitäten denkbar.

8.) Eingriff in den grundfreiheitsrechtlichen Schutzbereich

Während nach dem Wortlaut der Art. 49 UAbs. 1 S. 1, 56 UAbs. 1 und 63 Abs. 1 und 2 AEUV die „*Beschränkung*" des geschützten Niederlassungs- und Dienstleistungsrechts sowie des freien Kapital-/Zahlungsverkehrs verboten ist, ist nach Art. 45 Abs. 2 AEUV die „*auf der Staatsangehörigkeit beruhende unterschiedliche Behandlung der Arbeitnehmer*" abzuschaffen. Der AEUV variiert demnach die Begrifflichkeiten: Während die unterschiedliche Behandlung auf eine Schlechterstellung bestimmter Vorgänge hindeutet, ist der Begriff der Beschränkung einer noch weitergehenden Interpretation offen. Die Formulierung kann einerseits Ungleichbehandlungen infolge rechtlicher oder faktischer Differenzierungen aufgreifen, also den gleichheitsrechtlichen Gewährleistungsgehalt der durch den Binnenmarkt geforderten Wettbewerbsneutralität ansprechen. Gemeint sein könnten andererseits auch, aus Sicht des betroffenen Mitgliedstaats, rechtlich nicht differenzierende und zugleich faktisch unterschiedslos wirkende Regularien, sodass die Grundfreiheiten einer Wettbewerbsneutralität in Form einer freiheitsrechtlichen Ausprägung Geltung verschaffen würden. Zum Zwecke der nachfolgenden Ausführungen soll – der im Schrifttum weit verbreiteten Terminologie folgend[94] – eine Ungleichbehandlung, die unmittelbar beziehungsweise mittelbar auf der Staatsangehörigkeit beruht, als offene beziehungsweise verdeckte Diskriminierung bezeichnet werden. Alle weiteren, im Folgenden noch näher zu erörternden Eingriffe in Grundfreiheiten, die keine unmittelbar oder mittelbar an die Staatsangehörigkeit anknüpfende Ungleichbehandlung darstellen, werden als Beschränkung bezeichnet. Der EuGH fasst unter dem Begriff der Beschränkung hingegen teilweise auch einen hier aufgrund der herangezogenen Differenzierungskriterien als verdeckte oder gar offene Diskriminierung charakterisierten Eingriff.[95] Nach dem hier zugrunde gelegten Verständnis stellen sämtliche Grundfreiheiten sowohl Diskriminierungs als auch Beschränkungsverbote dar. Auch wenn die verwendeten Termini technici nicht ganz identisch sind, lässt sich diese generelle und noch näher zu untersuchende Aussage auch der EuGH-Rechtsprechung zu den Grundfreiheiten entnehmen.[96]

---

94 *Jarass*, EuR 2000, S. 705, 709ff.; *Wernsmann*, in: Schulze/Zuleeg/Kadelbach, Europarecht, § 30, Rn. 86ff.

95 EuGH Urteil v. 12.12.2002, Rs. 324/00 (*Lankhorst-Hohorst*), Slg. 2002, S. I-11779, Rn. 32.

96 Zu Art. 49 AEUV: EuGH Urteil v. 30.11.1995, Rs. C-55/94 (*Gebhard*), Slg. 1995, I-4165, Rn. 37; zu Art. 34 AEUV: EuGH Urteil v. 11.7.1974, Rs. 8/74 (*Dassonville*), Slg. 1974, S. 837, Rn. 5;

a) Diskriminierung

Zu einer Beeinträchtigung der Grundfreiheiten führen zunächst alle Diskriminierungen aufgrund der Staatsangehörigkeit. Im Rahmen eines Vergleichs des Inländers mit dem EU-Ausländer zeigt sich eine benachteiligende Ungleichbehandlung des Letztgenannten. Das Verbot einer solchen offenen Diskriminierung lässt sich aus der grundfreiheitlichen Konkretisierung des allgemeinen Diskriminierungsverbots in Art. 18 AEUV ableiten, wonach jede Diskriminierung aus Gründen der Staatsangehörigkeit verboten ist.[97] Eine offene Diskriminierung natürlicher Personen aus anderen Mitgliedstaaten, also anhand der Staatsangehörigkeit, wird im Bereich der direkten Steuern eher die Ausnahme bleiben. Bei Unternehmen tritt anstelle der Staatsangehörigkeit eine Diskriminierung anhand des Unternehmenssitzes (Art. 54 UAbs. 1 AEUV).[98] Die an die Staatsangehörigkeit beziehungsweise den Unternehmenssitz anknüpfende Diskriminierung wird in der Rechtsprechung des Gerichtshofs zunehmend ergänzt durch eine sich auf alternative Differenzierungskriterien beziehende Schlechterstellung, die aber in der Regel nur bestimmte Staatsangehörige treffen und ihrer Wirkung nach ganz überwiegend EU-Ausländer beziehungsweise im Ausland ansässige Unternehmen benachteiligen.[99] Solche Kriterien können etwa der Wohnsitz einer natürlichen Person[100], der Ort der Geschäftsleitung eines Unternehmens[101] oder die Veranlagung zur Steuer im Inland[102] sein. Mit diesen Unterscheidungen geht typischerweise mittelbar eine Differenzierung nach der Staatsangehörigkeit beziehungsweise dem Unternehmens-

---

zu Art. 45 AEUV: EuGH Urteil v. 15.12.1995, Rs. C-415/93 (*Bosman*), Slg. 1995, S. I-4921, Rn. 96f.; zu Art. 56 AEUV: EuGH Urteil v. 25.7.1991, Rs. C-415/93 (Säger), Slg. 1991, S. I-4221, Rn. 12; Urteil v. 10.5.1995, Rs. 384/93 (*Alpine Investment*), Slg. 1995, S. I-1141, Rn. 28, 35 ff.; zu Art. 63 AEUV mit diesbezüglicher Tendenz: EuGH Urteil v. 3.2.1993, Rs. C-148/91 (*Veronica*), Slg. 1993, S. I-487, Rn. 13 ff.; Urteil v. 6.6.2000, Rs. C-35/98 (*Verkooijen*), Slg. 2000, S. I-4071, Rn. 44.

97 *Wernsmann*, in: Schulze/Zuleeg/Kadelbach, Europarecht, § 30, R. 86ff.

98 EuGH Urteil v. 28.1.1986, Rs. C-270/83 (*Kommission/Frankreich*), Slg. 1986, S. 273, Rn. 18; Urteil v. 13.7.1993, Rs. C-330/91 (*Commerzbank*), Slg. 1993, S. I 4017, Rn. 13.

99 EuGH Urteil v. 29.4.2004, Rs. C-387/01 (*Weigel und Weigel*), Slg. 2004, S. I-4981, Rn. 54.

100 EuGH Urteil v. 8.5.1990, Rs. C-175/88 (*Biehl*), Slg. 1990, S. I-1779, Rn. 13; Urteil v. 14.2.1995, C-279/93 (*Schumacker*), Slg. 1995, S. I-225, Rn. 26, 29; Urteil v. 27.6.1996, Rs. C-107/94 (*Asscher*), Slg. 1996, S. I-3089, Rn. 39; Urteil v. 11.8.1995, Rs. C-80/94 (*Wielockx*), Slg. 1995, S. I-2493, Rn. 16; Urteil v. 12.12.2002, Rs. C-385/00 (*de Groot*), Slg. 2002, S. I-11819, Rn. 75.

101 EuGH Urteil v. 13.7.1993; Rs. C-330/91 (*Commerzbank*), Slg. 1993, I-4017, Rn. 15; zu der Frage, ob eine Anknüpfung an den Sitz der Gesellschaft bereits eine offene Diskriminierung darstellt: *Randelzhofer/Forsthoff*, in: Grabitz/Hilf, Das Recht der EU, Vor Art. 39-55 EG, Rn. 223.

102 EuGH Urteil v. 12.12.2002, Rs. 324/00 (*Lankhorst-Hohorst*), Slg. 2002, S. I-11779, Rn. 28.

sitz einher.[103] Dadurch ergibt sich konsequenterweise auch eine Erweiterung zu einem Diskriminierungsverbot gegenüber im Ausland ansässigen eigenen Staatsangehörigen.

Entscheidend zur Feststellung eines tatbestandlichen Eingriffs in die Grundfreiheiten in Form einer Diskriminierung ist die Vergleichspaarbildung. Im Diskriminierungsfall, also bei der offenen oder verdeckten Differenzierung nach der Staatsangehörigkeit, bilden das Vergleichspaar regelmäßig (mittelbar oder unmittelbar) in ihrer wirtschaftlichen Tätigkeit vergleichbare Inländer und EU-Ausländer. Während das Tertium Comparationis des Vergleichspaares regelmäßig eine bestimmte, durch die Marktfreiheiten geschützte Wirtschaftsteilnahme ist, wird als Differenzierungskriterium betreffend den Marktteilnehmer dessen Staatsangehörigkeit beziehungsweise eine mittelbar diese typischerweise abbildende Eigenschaft herangezogen. Folglich findet sich regelmäßig in der Rechtsprechung des Gerichtshofs eine Vergleichspaarprüfung unter Heranziehung beschränkt und unbeschränkt Steuerpflichtiger als Vergleichspaar. Dabei hat die Feststellung einer vergleichbaren Situation von unbeschränkt und beschränkt steuerpflichtigen natürlichen Personen hinsichtlich personenbezogener Steuervergünstigungen bereits zu einer diffizilen Kasuistik geführt.[104] Das Verbot einer Differenzierung zwischen unbeschränkt und beschränkt Steuerpflichtigen vermag insbesondere für Inbound-Sachverhalte einen grundfreiheitsrechtlichen Ausgleich zu begründen, indem es dem Aufnahme- beziehungsweise Zuzugstaat die Inländergleichbehandlung auferlegt.

Ungleichbehandlungen im Bereich der direkten Steuern können sich beispielsweise aus einer höheren Steuerbelastung, aufgrund von nachteiligen Vermutungs- und Beweislastregelungen[105], des Erfordernisses einer gesonderten Buchhaltung[106], der Pflicht zur Erstellung einer Steuererklärung[107], Sicherheitsleistungen[108] und Liquiditätsnachteilen aus einer späteren Berücksichtigung von Abzügen oder Verlusten[109] ergeben.

---

103 Zu Abgrenzungsschwierigkeiten: *Wernsmann*, in: Schulze/Zuleeg/Kadelbach, Europarecht, § 30, Rn. 88.

104 S. u.: Teil 1: V.) 2.) c) bb).

105 EuGH Urteil v. 28.10.1999, Rs. C-55/98 (*Vestergaard*), Slg. 1999, S. I-7641, Rn. 21 f.

106 EuGH Urteil v. 15.5.1997, Rs. C-250/95 (*Futura Participations*), Slg. 1997, S. I-2471, Rn. 23 ff.

107 EuGH Urteil v. 7.9.2006, Rs. C-470/04 (*N*), Slg. 2006, S. I-7409, Rn. 38.

108 EuGH Urteil v. 11.3.2004, Rs. C-9/02 (*Lasteyrie du Saillant*) , Slg. 2004, S. I-2409, Rn. 47.

109 EuGH Urteil v. 21.3.2007, Rs. C-347/04 (*REWE Zentralfinanz*), Slg. 2007, S. I-2647, Rn. 29.

b) Beschränkung

Nach Auffassung des EuGH soll ein den Grundfreiheiten immanentes Beschränkungsverbot so weit zu fassen sein, dass es vor allen mitgliedstaatlichen Maßnahmen schützt, die die Ausübung der Grundfreiheiten behindern oder weniger attraktiv machen können.[110] Der EuGH[111] und die ganz herrschende Meinung in der Literatur[112] stimmen mittlerweile darin überein, dass sämtliche Grundfreiheiten einen über die oben dargelegten Diskriminierungsvarianten hinausgehenden Schutz als Beschränkungsverbot entfalten. Durch die Eingriffsform der Beschränkung wird die Anwendbarkeit der Grundfreiheiten einerseits auf nationale Vorschriften eröffnet, die Differenzierungskriterien jenseits der Staatsangehörigkeit oder deren Ersatztatbestände verwenden. Inwiefern hier noch ein Anwendungsfall neben der verdeckten Diskriminierung verbleibt, hängt nicht zuletzt davon ab, wie weit Differenzierungskriterien noch auf einen mittelbaren Bezug zur Staatsangehörigkeit zurückgeführt werden können. Der EuGH hat den Beschränkungsbegriff im außersteuerlichen Bereich, insbesondere im Hinblick auf eintretende faktische Nachteile aus rechtlich nicht differenzierenden nationalen Regularien, sehr weit interpretiert. So sollen unterschiedslos geltende Handelsregelungen (zum Beispiel Werbeverbot, Verbot des Versandhandels mit Arzneimitteln) Marktteilnehmer im Verhältnis zu inländischen Produktofferenten mit bereits etablierten Produkten de facto stärker belasten.[113] Wie nachstehend noch ausgeführt wird, verfolgt auch die die direkten Steuern betreffende Entscheidung in der Rs. *Futura Participations* diesen Ansatz.[114]

---

110 EuGH Urteil v. 30.11.1995, Rs. C-55/94 (*Gebhard*), Slg. 1995, I-4165, Rn. 37.

111 Zu Art. 49 AEUV: EuGH Urteil v. 30.11.1995, Rs. C-55/94 (*Gebhard*), Slg. 1995, I-4165, Rn. 37; zu Art. 34 AEUV: EuGH Urteil v. 11.7.1974, Rs. 8-74 (*Dassonville*), Slg. 1974, S. 837, Rn. 5 *„[...] Regelung, der Mitgliedstaaten, die geeignet ist, den innergemeinschaftlichen Handel unmittelbar oder mittelbar, tatsächlich oder potentiell zu behindern [...]“*; zu Art. 45 AEUV: EuGH Urteil v. 15.12.1995, Rs. C-415/93 (*Bosman*), Slg. 1995, S. I-4921, Rn. 96f.; zu Art. 56 AEUV: EuGH Urteil v. 25.7.1991, Rs. C-415/93 (*Säger*), Slg. 1991, S. I-4221, Rn. 12; Urteil v. 10.5.1995, Rs. 384/93 (*Alpine Investment*), Slg. 1995, S. I-1141, Rn. 28, 35ff.; zu Art. 63 AEUV mit diesbezüglicher Tendenz: EuGH Urteil v. 3.2.1993, Rs. C-148/91 (*Veronica*), Slg. 1993, S. I-487, Rn. 13ff.; Urteil v. 6.6.2000, Rs. C-35/98 (*Verkooijen*), Slg. 2000, S. I-4071, Rn. 44.

112 *Randelzhofer/Forsthoff*, in: Grabitz/Hilf, Das Recht der EU, Vor Art. 39-55 EG, Rn. 86ff. m.w.N.

113 EuGH Urteil v. 11.12.2003, Rs. C-322/01 (*Doc Morris*), Slg. 2003, S. I-14887, Rn. 74; Urteil v. 15.7.2004, Rs. C239/02 (*Douwe Egberts*), Slg. 2004, S. I-7007, Rn. 53; Urteil v. 8.3.2001, Rs. C-405/98 (*Gourmet International*), Slg. 2001, S. I-1795, Rn. 21, scheint von einer Art Schlechterstellungsvermutung auszugehen.

114 EuGH Urteil v. 15.5.1997, Rs. C-250/95 (*Futura Participations*), Slg. 1997, S. I-2471; s.u.: Teil 2: III.) 1.) b).

Die Eingriffsvariante der Beschränkung ermöglicht zudem andererseits die Symmetrie des gleichheitsrechtlichen Schutzes durch die Grundfreiheiten auch in Outbound-Sachverhalten (Marktaustrittsfälle), in denen grenzüberschreitend tätige Inländer gegenüber rein innerstaatlich tätigen Inländern benachteiligt werden und somit das Gebot der Inländergleichbehandlung weder unmittelbar noch mittelbar eine Wirkung entfalten kann (lässt man den passiven Gehalt des persönlichen Anwendungsbereichs der Grundfreiheiten einmal unbeachtet). Unzweifelhaft hätte ein Hindernis beim Verlassen des Heimatmarktes eine gleichfalls schädliche Auswirkung auf grenzüberschreitende Tätigkeiten und verlangt deshalb nach einem komplementären Schutz im Herkunftsland. Während der EuGH in den Marktzutrittsfällen als Vergleichspaar unbeschränkt und beschränkt Steuerpflichtige heranzieht, abstrahiert er anscheinend die Vergleichspaarbildung in den Marktaustrittsfällen, um die Schlechterstellung erfassen zu können. Zum relevanten Differenzierungskriterium der vertikalen Vergleichspaarprüfung wird dabei die grundfreiheitsrechtlich geschützte Marktteilnahme. Infolgedessen zieht der EuGH grenzüberschreitend Tätige und rein innerstaatlich aktive Steuerpflichtige zur Vergleichspaarbildung heran.[115]

Der letzte Aspekt des Beschränkungsverbots betrifft den freiheitsrechtlichen Gehalt der Grundfreiheiten. Dass das weit interpretierbare Verständnis eines Eingriffs in der Beschränkungsalternative einer Konkretisierung bedarf, um nicht die Grundfreiheiten zum unionsrechtlichen Rechtsangleichungswerkzeug werden zu lassen,[116] lässt sich im Bereich der direkten Steuern gut veranschaulichen. Denn jede Vorschrift, die eine Abgabenlast konstituiert, wird einen Einfluss auf die Entscheidung für oder wider einen Grenzübertritt haben können. Wie bereits ausgeführt, scheint zwar grundsätzlich jeder nationalen regulatorischen Maßnahme eine wettbewerbsverzerrende Wirkung zuteilzuwerden. Es wurde jedoch auch gezeigt, dass dem den Grundfreiheiten zugrunde liegenden Binnenmarktkonzept sowie dem in Art. 119 Abs. 1 AEUV genannten freien Wettbewerb eine bedingungslose freiheitsrechtliche Ausprägung nicht entnommen werden kann.[117] Da sich der grundfreiheitsrechtliche Schutzgehalt teleologisch am Binnenmarktkonzept orientiert, können auch die Grundfreiheiten nicht vor jeder denkbaren Ausprägung einer Wettbewerbsverzerrung schützen. Folglich können nicht alle

115 EuGH Urteil v. 16.7.1998, Rs. C-264/96 (*ICI*), Slg. 1998, S. I-4695, Rn. 23, Urteil v. 14.12.2000, Rs. C-141/99 (*AMID*), Slg. 2000, S. I-11619, Rn. 23, 27; Urteil v. 7.9.2004, Rs. C-319/02 (*Manninen*), Slg. 2004, S. I-7477, Rn. 37; Urteil v. 6.3.2007, Rs. C-292/04 (*Meilicke u.a.*), Slg. 2007, S. I-1835, Rn. 22; Urteil v. 13.12.2005, Rs. C-446/03 (*Marks & Spencer*), Slg. 2005, S. I-10837, Rn. 33; Urteil v. 15.5.2008. Rs. C-414/06 (*Lidl Belgium*), Slg. 2008, S. I-3601, Rn. 25.

116 *Franck*, IStR 2007, S. 489, 495; GA *Mischo* Schlussanträge v. 7.7.1998, Rs. C-255/97 (*Pfeiffer*), Slg. 1999, S. I-2835, Rn. 58.

117 S.o.: Teil 1: II.) 2.).

Beeinträchtigungen der Marktteilnahme von den Grundfreiheiten als binnenmarktverwirklichendes Schutzinstrumentarium erfasst werden.

Dies hat der EuGH erkannt. Eine Eingrenzung des ursprünglich im *Dassonville*-Judikat weit gefassten Beschränkungsverbots ist für die Warenverkehrsfreiheit durch die sog. *Keck*-Formel des EuGH erfolgt. Demzufolge ist die Anwendung nationaler Bestimmungen, die bestimmte Verkaufsmodalitäten beschränken oder verbieten, nicht geeignet, den Handel zwischen den Mitgliedstaaten unmittelbar oder mittelbar, tatsächlich oder potenziell zu behindern, sofern diese Bestimmungen für alle betroffenen Wirtschaftsteilnehmer gleichermaßen gelten.[118] Anders als produktbezogenen Regelungen wird Verkaufsmodalitäten im Sinne der *Keck*-Formel die Eignung abgesprochen, den Marktzugang zu versperren oder zu behindern.[119] Auch wenn der EuGH diese Rechtsprechung nicht wortlautgetreu auf die anderen Grundfreiheiten übertragen hat, so lässt sich die Tendenz erkennen, eine Einengung des Beschränkungseingriffs auch im Rahmen der anderen Grundfreiheiten fruchtbar zu machen.[120] Im Rahmen der Arbeitnehmerfreizügigkeit nach Art. 45 AEUV sollen die unterschiedslos wirkenden Maßnahmen nur dann zu einer Beschränkung führen, wenn sie geeignet sind, den Zugang zum Arbeitsmarkt des Aufnahmestaats oder das Verlassen des Herkunftstaats zu behindern;[121] Gleiches muss auch für die Niederlassungs- und Dienstleistungsfreiheit gelten.[122] Bei letztgenannter Grundfreiheit wurde der Ausschluss vom Markt durch unterschiedslos wirkende Rechtsvorschriften insbesondere auch bei den allgemeinen Tätigkeitsverboten im Aufnahmestaat fruchtbar gemacht.[123] Mit der Gewährung des Marktzugangs ist der Kernbereich der genannten Grundfreiheiten betroffen, der auch nicht durch unterschiedslos geltende Maßnahmen behindert werden darf.[124] Letztlich werden auch für den Bereich der Kapitalverkehrsfreiheit in der

---

118 Für eine Eingrenzung des Eingriffs durch unterschiedslose Beschränkungen bei Art. 34 AEUV: EuGH Urteil v. 24.11.1993, Rs. C-267/91 (*Keck*), Slg. 1993, S. I-6097, Rn. 14 ff.; bei Art. 35 AEUV: EuGH Urteil v. 8.11.1979, Rs. C-15/79 (*Groenveld*), Slg. 1979, S. 3409, Rn. 7 f.

119 EuGH Urteil v. 10.5.1995, Rs. C-384/93 (*Alpine Investments*), Slg. 1995, S. I-1141, Rn. 37.

120 Etwa bei Art. 49 AEUV: EuGH Urteil v. 20.6.1996, Rs. C-418/93 (*Sameraro*), Slg. 1996, S. I-2975, Rn. 32.

121 EuGH Urteil v. 16.2.2006, Rs. C-185/04 (*Öberg*), Slg. 2006, S. I-1453, Rn. 15; Urteil v. 27.1.2000, Rs. C-190/98 (*Graf*), Slg. 2000, S. I-493, Rn. 23; Urteil v. 12.12.2002, Rs. C-385/00 (*de Groot*), Slg. 2002, S. I-11819, Rn. 78; *Franzen*, in: Streinz, EUV/EGV, Art. 39 EG, Rn. 90 ff.

122 *Arndt/Fischer/Fetzer*, Europarecht, Rn. 538, 563; EuGH Urteil v. 30.11.1995, Rs. C-55/94 (*Gebhard*), Slg. 1995, S. I-4165, Rn. 35.

123 EuGH Urteil v. 14.10.2004, Rs. C-36/02 (*Omega*), Slg. 2004, S. I-9609 (Verbot von sog. Laserdromes); Urteil v. 24.3.1994, Rs. C-275/92 (*Schindler*), Slg. 1994, S. I-1039 und Urteil v. 26.4.1994, Rs. C-272/91 (*Kommission/Italien*), Slg. 1994, S. I-1409 (Verbot von Lotterien).

124 *Arndt/Fischer/Fetzer*, Europarecht, Rn. 482 f.; *Randelzhofer/Forsthoff*, in: Grabitz/Hilf, Das Recht der EU, Vor Art. 39-55 EG, Rn. 112.

Literatur Stimmen laut, Eingriffstatbestände auf Grundlage der *Keck*-Rechtsprechung einzugrenzen.[125]

Nach der Rechtsprechung des EuGH lässt sich ein Eingriff in diesen Fällen der unterschiedslosen Behandlung dann bejahen, wenn der Marktaustritt beziehungsweise der Marktzutritt als Kernbereich der Grundfreiheiten zu einem gewissen, spürbaren Grad behindert wird.[126] Teilweise kann die Marktzutritts- beziehungsweise Marktaustrittsrechtsprechung des EuGH einem gleichheitsrechtlichen Ansatz zugeführt werden.[127] Dieses Verständnis basiert im Ergebnis auf einer grenzüberschreitenden Gesamtbetrachtung. Demnach sollen sich zumindest all diejenigen Marktzutritts- beziehungsweise Marktaustrittsfälle gleichheitsrechtlich erfassen lassen, in denen zwar aus isoliertem Blickwinkel eines Mitgliedstaats keine Ungleichbehandlung festgestellt werden kann (und somit ein gleichheitsrechtlicher Ansatz im jeweiligen Teilmarkt ausscheidet), jedoch unter Berücksichtigung der binnenmarktweiten Tätigkeit ein Nachteil feststellbar ist. Als Beispiel lassen sich etwa Berufsqualifikationsanforderungen im Aufnahmestaat anführen, die die bisher erlangten einschlägigen Qualifikationen im Herkunftstaat vollständig ignorieren und vom Grenzübertrittswilligen zwar bei isolierter Sichtweise nicht mehr abverlangen als den inländischen Jobaspiranten. Bei einer staatenübergreifenden Perspektive aufgrund der regulatorischen Vorbelastung entsteht jedoch eine deutliche Benachteiligung im Verhältnis zum Inländer.[128] In den Fällen, in denen auch unter Aufgabe des isoliert einzelstaatlichen Blickpunkts *keine* rechtliche oder faktische Schlechterstellung im Vergleich zum rein inländischen Pendant auszumachen ist, muss der Marktzutritts- beziehungsweise Marktaustrittsrechtsprechung des EuGH hingegen eine freiheitsrechtliche Prägung zukommen. Beispielhaft lässt sich dies an den allgemeinen Tätigkeitsverboten illustrieren, die einen weiteren möglichen Anwendungsfall einer kernbereichsrelevanten Marktaustritts- beziehungsweise Marktzutrittsbeschränkung im oben genannten Sinn darstellen.[129] So werden etwa durch das vollständige Verbot, bestimmte Ver-

---

125 *Arndt/Fischer/Fetzer*, Europarecht, Rn. 582.

126 EuGH Urteil v. 16.2.2006, Rs. C-185/04 (*Öberg*), Slg. 2006, S. I-1453, Rn. 15; *Jarass*, EuR 2000, S. 711 ff.

127 *Englisch*, Wettbewerbsgleichheit im grenzüberschreitenden Handel, S. 227 ff.; *Enchelmaier*, in: Cordewener/Enchelmaier/Schindler, Meistbegünstigung im Steuerrecht der EU-Staaten, S. 93, 100.

128 EuGH Urteil v. 3.10.2000, Rs. C-58/98 (*Corsten*), Slg. 2000, S. I-7919; Urteil v. 17.12.1981, Rs. 279/80 (*Webb*), Slg. 1981, S. 3305; Urteil v. 9.8.1994, Rs. C-43/93 (*Raymond Vander Elst*), Slg. 1994, S. I-3803; Urteil v. 25.7.1991, Rs. C-76/90 (*Säger*), Slg. 1991, S. I-4221; Urteil v. 11.7.2002, Rs. C-294/00 (*Gräbner*), Slg. 2002, S. I-6515.

129 EuGH Urteil v. 14.10.2004, Rs. C-36/02 (*Omega*), Slg. 2004, S. I-9609, zum Verbot des Betriebs von sog. Laserdromes; Urteil v. 24.3.1994, Rs. C-275/92 (*Schindler*), Slg. 1994, S. I-1039 und Urteil v. 26.4.1994, Rs. C-272/91 (*Kommission/Italien*), Slg. 1994, S. I-1409, jeweils zum Verbot

kaufsveranstaltungen oder Glückspiele abzuhalten, in- und ausländische Anbieter gleichsam belastet, und zwar auch unter Berücksichtigung möglicher regulatorischer Vorbelastungen im Herkunftsland.

Ungeachtet der Frage, inwieweit die *Keck*-Formel im Bereich der direkten Steuern aufgrund ihres Bezugs zu den Verkaufsmodalitäten überhaupt weiterführend ist, konstatiert der EuGH in der Entscheidung in der Rs. *Keck* bereits zutreffend, dass die Grundfreiheiten auch nicht zur Beseitigung aller unliebsamen nationalen Steuervorschriften dienen können.[130] Den Mitgliedstaaten darf nicht über den Weg der Grundfreiheiten die Kompetenz streitig gemacht werden, ihre nationalen Steuersysteme autonom auszugestalten, zum Beispiel im Hinblick auf Steuersatz, Abzugsbeträge und Bemessungsgrundlage.[131] Im Bereich der direkten Steuern hat der EuGH bislang in der ganz überwiegenden Anzahl der entschiedenen Fälle eine in der Vorschrift angelegte Benachteiligung des grenzüberschreitenden Sachverhalts beziehungsweise des Marktteilnehmers geprüft.[132] Dies kann neben einer explizit in der Vorschrift vorgesehenen Differenzierung auch bei rechtlich unterschiedslos anwendbaren Vorschriften im Wege einer faktischen Benachteiligung der Fall sein, wenn sich diese stets bei grenzüberschreitenden Sachverhalten einstellt, hingegen nur ganz vereinzelt bei innerstaatlichen Sachverhalten.[133] Zudem ist ein Fall ersichtlich, in dem auch eine faktische Mehrbelastung des Grenzübertritts durch höheren Befolgungsaufwand (bei grenzüberschreitender Betrachtung), trotz einer eigentlich unterschiedslos anwendbaren Steuervorschrift, zu einem Eingriff geführt hat.[134] Das Beschränkungsverbot ist folglich in der Judikatur des Gerichtshofs im Bereich der direkten Steuern durch eine Schlechterstellung gegenüber reinen Inlandssachverhalten charakterisiert. An den Grad der Beeinträchtigung stellt die Judikatur dabei keine hohen Anforderungen. So genügt jede

---

des Abhaltens von Lotterien; Urteil v. 10.5.1995, Rs. C-384/93 (*Alpine Investments*), Slg. 1995, S. I- 1141, Rn. 35, 38, Verbot des sog. Cold Calling; Urteil v. 15.12.1995, Rs. C-415/93 (*Bosman*), Slg. 1995, S. I-4921, Rn. 14, Transferbeschränkung für Profifußballspieler.

130 EuGH Urteil v. 24.11.1993, Rs. C-267/91 (*Keck*), Slg. 1993, S. I-6097, Rn. 14.

131 EuGH Urteil v. 20.5.2008, Rs. C-194/06 (*OESF*), Slg. 2008, I-3747, Rn. 30; Urteil v. 12.12.2006, Rs. C-374/04 (*ACT Group Litigation*), Slg. 2006, S. I-11673, Rn. 50; Urteil v. 12.12.2006, Rs. C-446/04 (*FII Group Litigation*), Slg. 2006, S. I-11753, Rn. 47.

132 Vgl. EuGH Urteil v. 7.9.2004, Rs. C-319/02 (*Manninen*), Slg. 2004, S. I-7477, Rn. 20 ff.; a. A. wohl: EuGH Urteil v. 14.10.1999, Rs. C-439/97 (*Sandoz*), Slg. 1999, S. I-7041, Rn. 19, wobei der EuGH auch hier im Rahmen der Rechtfertigungsprüfung feststellte, dass sich die Steuerpflichtigen nicht über die Grundfreiheiten ihren Verpflichtungen aus den nationalen Steuerregelungen entziehen können (Rn. 24); hierzu: *Baßler*, IStR 2005, S. 822, 823.

133 EuGH Urteil v. 26.10.1999, Rs. C-294/97 (*Eurowings*), Slg. 1999, S. I-7447, Rn. 40.

134 EuGH Urteil v. 15.5.1997, Rs. C-250/95 (*Futura Participations*), Slg. 1997, S. I-2471, Rn. 25 f.

potenzielle Erschwernis beziehungsweise ein Verlust an Attraktivität in Bezug auf das grenzüberschreitende Engagement.[135]

Mit seiner Eingriffsprüfung akzeptiert der Gerichtshof implizit die grundfreiheitsrechtliche Unbedenklichkeit der regulativen Wirkung nationaler Steuervorschriften und die Pluralität der Steuersysteme in den Teilmärkten. Durch die mitgliedstaatliche Ausgestaltung und aufgrund der weitgehend fehlenden Rechtsangleichung auf europäischer Ebene sind unterschiedlich günstige steuerrechtliche Situationen in den Teilmärkten die Folge. Höhere Steuerbelastungen in einem Teilmarkt sind ebenso unbeachtlich wie die Existenz von in anderen Mitgliedstaaten nicht bestehenden Steuern.[136] Abweichungen zwischen den Steuervorschriften der verschiedenen Mitgliedstaaten ergeben sich zwangsweise aufgrund der unterschiedlichen historischen und wirtschaftlichen Entwicklungen. Damit muss auch die faktische Schlechterstellung (unter supranationaler Perspektive) des Marktteilnehmers durch die Befolgung unterschiedlicher Regelungen, die in außersteuerlichen Entscheidungen möglicherweise zu einer Beschränkung der Grundfreiheiten geführt hätte, hingenommen werden. Ein Teil des gleichheitsrechtlichen Gehalts der Grundfreiheiten im Bereich der direkten Steuern ist somit dem Schutzbereich entzogen. Dies betrifft insbesondere faktische Nachteile in Form höherer Befolgungskosten aufgrund divergierender Steuersysteme. Sofern das Binnenmarktkonzept ausnahmsweise eine Nivellierung von Unterschieden in den einzelnen mitgliedstaatlichen Steuerrechtsordnungen beziehungsweise deren Koordination erfordert, lässt sich dies nur im Wege der Rechtsangleichung oder Rechtsvereinheitlichung umsetzen. Der Anwendungsbereich des grundfreiheitsrechtlichen Gleichheitssatzes betrifft zwar auch die Bereiche, die nach wie vor in der mitgliedstaatlichen Kompetenz liegen, wie etwa das Gebiet der direkten Steuern. Die Grundfreiheiten können die Integration im Wege der Rechtsangleichung jedoch nicht ersetzen, schon allein aufgrund ihrer bloß fallweisen gerichtlichen Durchsetzung.[137] Eine Beseitigung der wettbewerbsverzerrenden Wirkung durch die unterschiedliche Ausgestaltung der Steuersysteme ist insbesondere der Harmonisierung nach Art. 115 AEUV vorbehalten, sofern hierfür die Voraussetzungen gegeben sind. Sollen die Grundfreiheiten auch der Beseitigung regulativer Hürden oder von Unterschieden in den Rechtsordnungen der Mitgliedstaaten dienen, ist zumindest für die der Zuständigkeit der Mitgliedstaaten vorbehaltenen Bereiche (vgl. Art. 4 Abs. 1 EUV i.V.m. Art. 3ff. AEUV) eine Ausnahme notwendig.[138] Eine durch die Grundfreiheiten bewirkte negative Inte-

135 EuGH Urteil v. 21.9.1999, Rs. 307/97 (*Saint-Gobain*), Slg. 1999, S. I-6161, Rn. 43.

136 BFH Urteil v. 18.9.2003, X R 2/00, BStBl. II 2004, 17, Tz. 3) bb) (1); *Wernsmann*, in: Schulze/Zuleeg/Kadelbach, § 30, Rn. 89f.

137 *Randelzhofer/Forsthoff*, in: Grabitz/Hilf, Das Recht der EU, Vor Art. 39-55 EG, Rn. 92.

138 *Randelzhofer/Forsthoff*, in: Grabitz/Hilf, Das Recht der EU, Vor Art. 39-55 EG, Rn. 118ff.

gration ist zudem abzulehnen, da sie im Ergebnis zu neuen Wettbewerbsverzerrungen führen würde. Denn innerhalb des jeweiligen Teilmarkts würden sich die steuerlichen Wettbewerbsbedingungen zwischen den von den beschränkenden Steuervorschriften befreiten Marktteilnehmer und den ohne grenzüberschreitenden Bezug tätigen Inländern verzerren, indem unterschiedliche Regulierungsstandards für die grundfreiheitsrechtlich geschützten Marktteilnehmer einerseits und die Inländer andererseits etabliert würden.[139] Auch innerhalb der Gruppe der Marktteilnehmer kann sich die Frage der Beschränkung in Abhängigkeit von den jeweiligen Rechtsordnungen ihrer Herkunftstaaten unterschiedlich beantworten, was je nach Fall zusätzlich den Wettbewerb beeinträchtigen könnte. Steuervorschriften führen deshalb nur dann zu einem Eingriff in die Grundfreiheiten, wenn sie eine Benachteiligung des grenzüberschreitenden Sachverhalts im Vergleich zu einem rein innerstaatlichen Sachverhalt bewirken.[140]

9.) Rechtfertigung eines Grundfreiheitseingriffs

Ergibt sich auf erster Prüfungsebene, dass eine nationale Steuervorschrift nach den zuvor geschilderten Grundsätzen in die Grundfreiheiten eingreift, ist sie unionsrechtswidrig, wenn die Diskriminierung oder Beschränkung nicht gerechtfertigt ist. Die Rechtfertigung von Eingriffen in die Grundfreiheiten erfolgt auf Grundlage eines grundsätzlich für alle Grundfreiheiten und Art. 21 AEUV gleichermaßen geltenden Schrankensystems, das im Bereich der direkten Steuern jedoch durch besondere begriffliche und inhaltliche Ausprägungen gekennzeichnet ist.

a) Allgemeines System der Rechtfertigungsgründe

In Bezug auf die einzelnen Grundfreiheiten sind im AEUV verschiedene Rechtfertigungstatbestände kodifiziert, denen die Rechtfertigungsgründe der öffentlichen Sicherheit und Ordnung sowie der Gesundheitsschutz gemein sind.[141] Im Bereich der Kapitalverkehrsfreiheit gibt es neben einer Rechtfertigungsmöglichkeit durch Gründe der öffentlichen Sicherheit und Ordnung (Art. 65 Abs. 1 lit. a) AEUV) noch die bereits als Schutzbereichsausnahmen erörterten Sondervorschriften des Art. 64 und 65 Abs. 1 lit. b) AEUV. Da die enumerativen ausdrücklichen Schranken durch die ständige Erweiterung des grundfreiheitsrechtlichen

139 *Englisch*, Wettbewerbsgleichheit im grenzüberschreitenden Handel, S. 234, 239ff., 244.
140 *Frank*, IStR 2007, S. 489, 497; *Banks*, ELR 2008, S. 482, 505f.
141 Art. 36 AEUV; Art. 45 Abs. 3 AEUV; Art. 52 Abs. 1 AEUV; Art. 62, 52 Abs. 1 AEUV.

Schutzbereichs und der Eingriffstatbestände keine ausreichende Legitimation bieten, entwickelte der EuGH auch die Rechtfertigungsmöglichkeit fort.[142] Danach sollen Eingriffe in die Grundfreiheiten durch ungeschriebene, systemimmanente Rechtfertigungsgründe legitimiert werden können. Nach der im Urteil des EuGH in der Rs. *Rewe-Zentral* (auch als *Cassis-de-Dijon*-Fall geläufig)[143] maßgeblich formulierten und fortan weiterentwickelten[144] Formel können Maßnahmen durch zwingende Erfordernisse des Allgemeinwohls[145] gerechtfertigt werden, wenn sie nicht diskriminierend wirken, die Verwirklichung des mit der Beschränkung verfolgten Ziels gewährleistet ist und das hierfür erforderliche Maß beachtet wird (Verhältnismäßigkeit).

Die ursprüngliche Beschränkung des immanenten Rechtfertigungsgrundes auf ausschließlich unterschiedslos wirkende Maßnahmen wurde mittlerweile aufgeweicht. Nicht zuletzt hat sich der Gerichtshof aufgrund seiner terminologischen Unschärfe bei der Verwendung des Begriffs der Diskriminierung und dessen Erweiterung auf Differenzierungskriterien jenseits der Staatsangehörigkeit[146] selbst einer Rechtfertigungsmöglichkeit aus zwingenden Gründen begeben. Der EuGH ist wohl aufgrund dieser erheblichen Abgrenzungsschwierigkeiten im Rahmen der durch ihn entwickelten Eingriffsdogmatik bereit, auch verdeckte Diskriminierungen, etwa bei einer Unterscheidung nach dem Wohnsitz, über die immanente Schranke zu rechtfertigen.[147] Um Abgrenzungsschwierigkeiten zwischen offenen Diskriminierungen und Schlechterstellungen, die an andere Kriterien als die Staatsangehörigkeit anknüpfen, zu vermeiden, wird in der Literatur darüber hinaus zu Recht vertreten, dass jede Ausprägung der Diskriminierung

---

142 Ausführlich: *Arndt/Fischer/Fetzer*, Europarecht, Rn. 455 ff.

143 EuGH Urteil v. 20.2.1979, Rs. 120/78 (*Rewe-Zentral*), Slg. 1979, S. 649, Rn. 8; zuvor bereits: EuGH Urteil v. 3.12.1974, Rs. 33/74 (*Binsbergen*), Slg. 1974, S. 1299, Rn. 10/12, zur Dienstleistungsfreiheit.

144 EuGH Urteil v. 30.11.1995, Rs. C-55/94 (*Gebhard*), Slg. 1995, S. I-4165, Rn. 37; Urteil v. 31.3.1993, C-19/92 (*Kraus*), Slg. 1993, S. I-1663, Rn. 32.

145 Aufzählung zwingender Erfordernisse bei: *Randelzhofer/Forsthoff*, in: Grabitz/Hilf, Das Recht der EU, Vor Art. 39-55 EG, Rn. 161.

146 EuGH Urteil v. 14.2.1995, Rs. C-279/93 (*Schumacker*), Slg. 1995, S. I-225, Rn. 30; Urteil v. 11.8.1995, Rs. C-80/94 (*Wielockx*), Slg. 1995, S. I-2493, Rn. 17; Urteil v. 27.6.1996, Rs. C-107/94 (*Asscher*), Slg. 1996, S. I-3089, Rn. 40; Urteil v. 29.4.1999, C-311/97 (*Royal Bank of Scotland*), Slg. 1999, I-2664, Rn. 26; Beschluss v. 12.9.2002, Rs. C-431/01 (*Mertens*), Slg. 2002, S. I-7073, Rn. 32.

147 EuGH Urteil v. 16.1.2003, Rs. C-388/01 (*Kommission/Italien*), Slg. 2003, S. I-721, Rn. 19, 21; GA *Jacobs* Schlussanträge v. 21.3.2002, Rs. C-136/00 (*Danner*), Slg. 2002, S. I-8147, Rn. 32 ff.; GA *Stix-Hackl* Schlussanträge v. 10.4.2003, Rs. C-42/02 (*Lindman*), Slg. 2003, S. I-13519, Rn. 67 ff.; *Arndt/Fischer/Fetzer*, Europarecht, Rn. 459; *Herzig/Wagner*, DStR 2006, S. 1, 3.

einer Rechtfertigung durch zwingende Gründe des Allgemeininteresses zugänglich sein muss.[148]

Die nach der *Cassis*-Formel durchzuführende Verhältnismäßigkeitsprüfung hat sich in der Rechtsprechung mittlerweile zu einem dreistufigen Schema verfestigt. Untersucht wird zunächst, ob die zwingenden Gründe des Allgemeininteresses geeignet sind, die Erreichung des verfolgten Ziels zu gewährleisten (Stufe eins), und ob die nationale Maßnahme nicht über das hinausgeht, was zur Erreichung des Ziels erforderlich ist (Stufe zwei).[149] Schließlich ist eine vorsichtige Tendenz erkennbar, die Grundfreiheiten ähnlich der deutschen Grundrechtsdogmatik mit den zwingenden Erfordernissen des Allgemeinwohls im Wege einer Interessenabwägung in Ausgleich zu bringen (Stufe drei), wenn auch die Rechtsprechung diese Kriterien noch nicht stets terminologisch und argumentativ mit der Prüfung der Erforderlichkeit auseinanderhält und die eigenständige Bedeutung der Angemessenheitsprüfung im Ergebnis in der Praxis somit noch gering ist.[150]

b) Rechtfertigungsgründe im Bereich der direkten Steuern

Zu den ungeschriebenen zwingenden Erfordernissen im Rahmen einer Rechtfertigung hat sich im Bereich der direkten Steuern eine inzwischen recht umfangreiche Kasuistik entwickelt.[151] Dabei hat der EuGH wenig überraschend nicht alle seitens der Mitgliedstaaten vorgebrachte Rechtfertigungsversuche anerkannt.

Erfreulicherweise hat der Gerichtshof den Verhältnismäßigkeitsgrundsatz als wesentlichen Bestandteil seiner Schrankenprüfung auch im Bereich der direkten Steuern zunehmend gefestigt.[152] Insbesondere auf der zweiten Stufe der Verhältnismäßigkeitsprüfung, also bei der Frage, ob eine Steuervorschrift nicht über das hinausgeht, was zur Erreichung des verfolgten Ziels erforderlich ist, wirkt das zur Harmonisierung des Bereichs der direkten Steuern erlassene Sekundärrecht in die Beurteilung hinein. Im Wesentlichen wurden im Bereich der direkten Steuern bislang die folgenden Legitimationsansätze diskutiert:

---

148 *Cordewener*, DStR 2004, S. 6, 8 f.; *ders.*, Europäische Grundfreiheiten und nationales Steuerrecht, S. 150 ff., 237.

149 EuGH Urteil v. 15.5.1997, Rs. C-250/95 (*Futura Participations*), Slg. 1997, S. I-2471, Rn. 26; Urteil v. 11.3.2004, Rs. C-9/02 (*Lasteyrie du Saillant*), Slg. 2004, S. I-2409, Rn. 49.

150 EuGH Urteil v. 11.7.1989, Rs. 265/87 (*Schräder*), Slg. 1989, S. 2237, Rn. 21; Urteil v. 9.7.1997, verb. Rs. C-34/95 bis C-36/95 (*De Agostini*), Slg. 1997, S. I-3843, Rn. 54; *Sutter*, EuZW 2006, S. 85, 87 f.; *Kingreen*, in: Callies/Ruffert, EUV/AEUV, Art. 36 AEUV, Rn. 98.

151 Erstmalig in: EuGH Urteil v. 28.1.1986, Rs. C-270/83 (*Kommission/Frankreich*), Slg. 1986, S. 273, Rn. 19.

152 EuGH Urteil v. 15.5.1997, Rs. C-250/95 (*Futura Participations*), Slg. 1997, S. I-2471, Rn. 26; Urteil v. 13.12.2005, Rs. C-446/03 (*Marks & Spencer*), Slg. 2005, S. I-10837, Rn. 53, 55.

aa) Schutz des Steueraufkommens

Bislang explizit als Rechtfertigungsgrund verworfen wurde das seitens der Mitgliedstaaten regelmäßig mehr oder weniger verschleierte Vorbringen, eine Beseitigung von Eingriffen in die Grundfreiheiten würde empfindliche Steuerausfälle und -mindereinnahmen nach sich ziehen.[153] Zwar kommt der Verdacht auf, dass dieser Umstand möglicherweise bei so mancher jüngeren Entscheidung des EuGH dennoch Eingang in die Urteilsfindung gefunden haben mag und sich letztendlich in der Anerkennung neuer Rechtfertigungsgründe niederschlug.[154] Schließlich hätten eine Reihe mitgliedstaatenfreundlicher Entscheidungen jüngeren Datums, etwa im Bereich der grenzüberschreitenden Verlustnutzung[155], im Fall grundsätzlich fehlender Grundfreiheitskonformität gravierende fiskalische Folgen für die Mitgliedstaaten gehabt. Im Schrifttum sowie aus Kreisen der Rechtsprechung und Politik wurde zuletzt erhebliche Kritik an den zuvor oft folgenschweren Eingriffen des EuGH in das mitgliedstaatliche Besteuerungsrecht und die dadurch verursachten Ausfälle für die Staatskassen laut.[156] Die neue Linie des EuGH ändert aber nichts an der Tatsache, dass es sich bei reinen Steuerausfällen aus juristischer Sicht um kein zwingendes Erfordernis im Sinne der Rechtfertigungsdogmatik handeln kann. Einen entsprechenden Steuervorbehalt in Bezug auf die Grundfreiheiten sieht das Unionsrecht nicht vor.[157]

bb) Steueraufsicht und -beitreibung

Der EuGH hatte bereits früh in der Rechtsprechungsentwicklung zu den immanenten Schranken auf die steuerliche Kontrolle zur effektiven Aufklärung grenz-

---

153 EuGH Urteil v. 7.9.2004, Rs. C-319/02 (*Manninen*), Slg. 2004, S. I-7477, Rn. 49; Urteil v. 6.6.2000, Rs. C-35/98 (*Verkooijen*), Slg. 2000, S. I-4071, Rn. 59; Urteil v. 12.12.2002, Rs. 324/00 (*Lankhorst-Hohorst*), Slg. 2002, S. I-11779, Rn. 36; Urteil v. 21.9.1999, Rs. C-307/97 (*Saint-Gobain),* Slg. 1999, S. I-6161, Rn. 50; Urteil v. 3.10.2002, Rs. C-136/00 (*Danner*), Slg. 2002, S. I-8147, Rn. 56; Urteil v. 16.7.1998, Rs. C-264/96 (*ICI*), Slg. 1998, S. I-4695, Rn. 28; Urteil v. 8.3.2001, verb. Rs. C-397/98 und C-410/98 (*Metallgesellschaft u.a.*), Slg. 2001. S. I-1727, Rn. 59.

154 *Wunderlich*, EuR 2007, Beiheft 3, S. 1, 21.

155 EuGH Urteil v. 13.12.2005, Rs. C-446/03 (*Marks & Spencer*), Slg. 2005, S. I-10837; Urteil v. 15.5.2008. Rs. C-414/06 (*Lidl Belgium*), Slg. 2008, S. I-3601; Urteil v. 23.10.2008, Rs. C-157/07 (*Wannsee*), Slg. 2008, S. I-8061.

156 *Faltlhauser*, in: Kirchhof/Lambsdorff/Pinkwart, FS Solms, S. 153, 155, 164; *Ahmann*, DStZ 2005, S. 75 ff.; *Lasars*, IStR 2006, S. 566 f.; *Tiedtke/Mohr*, EuZW 2008, S. 424, 426; *Hey*, StuW, 2004, S. 193, 196 ff.

157 Zur Berücksichtigung der wirtschaftlichen Folgen außerhalb der Rechtfertigungsgründe: *GA Maduro* Schlussanträge v. 31.5.2006, Rs. C-347/04 (*REWE Zentralfinanz*), Slg. 2007, S. I-2647, Rn. 55; ausführlich, s.u.: Teil 3: IV.) 2.) c).

überschreitender Sachverhalte als zwingendes Erfordernis hingewiesen und dies laufend bestätigt.[158] Zugleich wird das Vorbringen der Mitgliedstaaten, eine funktionierende steuerliche Kontrolle ausüben zu wollen, durch den EuGH unter Verweis auf die Möglichkeiten der Amtshilferichtlinie mit einer gewissen Regelmäßigkeit von der Hand gewiesen.[159] Demnach wird zwar grundsätzlich eine Rechtfertigung auf Grundlage der Wirksamkeit der Steuerkontrolle und -beitreibung anerkannt, im Rahmen der Verhältnismäßigkeitsprüfung ist jedoch darzulegen, warum die im Rahmen der gegenseitigen Amtshilfe zu erlangenden Auskünfte nicht ausreichend sein sollen, eine effektive Kontrolle zu gewährleisten. Dies kann etwa im Verhältnis zu Drittstaaten der Fall sein. Im Zusammenhang mit der Entlastung von Dividendeneinkünften scheint der EuGH trotz Möglichkeit der Amtshilfe eine einseitig belastende Nachweispflicht der Körperschaftsteuervorbelastung zuzulassen.[160] Ob unter Anwendung der Instrumente der Amtshilferichtlinie (zum Beispiel dem Amtshilfeverfahren) in der Praxis stets die erforderliche Absicherung für die Mitgliedstaaten erreicht werden kann, ist zweifelhaft.[161] Die Mitgliedstaaten können sich jedoch nicht auf die Defizite bei der Kooperation ihrer Steuerverwaltungen berufen, um daraus eine Rechtfertigung für Beschränkungen der Grundfreiheiten herzuleiten. Durch eine effektive Steuerkontrolle und -beitreibung gerechtfertigt sein soll etwa die Erhebungsform des Quellensteuerabzugs,[162] wobei die zu beurteilende Rechtsfrage noch die Lage vor Geltung der Amtshilferichtlinie und der Beitreibungsrichtlinie betraf. Bei nicht wegziehenden oder sitzverlegenden unbeschränkt Steuerpflichtigen wird sich ein Mitgliedstaat in der Regel nicht auf Probleme der Steuerbeitreibung berufen können.[163] In der Rs. *Schumacker* stellte der EuGH zudem klar, dass das Argument der Steueraufsicht auch dann nicht greifen kann, wenn der Praxis zu entnehmen ist, dass eine diesbezügliche Beschränkung der Grundfreiheiten zur Verwirklichung des damit verfolgten Ziels nicht erforderlich ist. Dies kann

158 EuGH Urteil v. 20.2.1979, Rs. 120/78 (*Cassis-de-Dijon*), Slg. 1979, S. 649, Rn. 8; EuGH Urteil v. 15.5.1997, Rs. C-250/95 (*Futura Participations*), Slg. 1997, S. I-2471, Rn. 3; Urteil v. 21.3.2007, Rs. C-347/04 (*REWE Zentralfinanz*), Slg. 2007, S. I-2647, Rn. 56.

159 EuGH Urteil v. 28.10.1999, Rs. C-55/98 (*Vestergaard*), Slg. 1999, S. I-7641, Rn. 26; Urteil v. 3.10.2002, Rs. C-136/00 (*Danner*), Slg. 2002, S. I-8147; Urteil v. 14.2.1995, Rs. C-279/93 (*Schumacker*), Slg. 1995, S. I-225, Rn. 45; Urteil v. 14.9.2006, Rs. C-386/04 (*Stauffer*), Slg. 2006, S. I-8203, Rn. 50; im Hinblick auf Auskunftsmöglichkeiten im Verhältnis zu Drittstaaten: *Schnitger*, IStR 2005, S. 493, 494.

160 EuGH Urteil v. 10.2.2011, verb. Rs. C-436/08 und C-437/08 (*Haribo und Österr. Salinen AG*), noch nicht veröffentlicht (Quelle: http://eur-lex.europa.eu), Rn. 100 ff.; Urteil v. 30.6.2011, Rs. C-262/09 (*Meilicke u. a.*), EuZW 2011, S. 642 ff., Rn. 50 ff.

161 Kritisch: *Musil/Fähling*, DStR 2010, S.1501, 1503, m. w. N.

162 EuGH Urteil v. 3.10.2006, Rs. C-290/04 (*Scorpio*), Slg. 2006, S. I-9461, Rn. 36.

163 EuGH Urteil v. 10.2.2011, verb. Rs. C-436/08 und C-437/08 (*Haribo und Österr. Salinen AG*), noch nicht veröffentlicht (Quelle: http://eur-lex.europa.eu), Rn. 73.

etwa der Fall sein, wenn eine Steuervergünstigung entgegen des vorgetragenen zwingenden Erfordernisses des Algemeinwohls im Verhältnis zu Marktteilnehmern in anderen Mitlgiedstaaten gewährt wird.[164] Darüber hinaus steht der EuGH einer Rechtfertigung von materiellen Steuervorschriften, die nicht der verfahrenstechnischen Steuererhebung dienen, sondern eine nachteilige Steuerwirkung konstituieren (höherer Steuersatz, Versagung eines Freibetrags), aus Gründen der Steueraufsicht sehr restriktiv gegenüber. Diese dürften im Sinne der Verhältnismäßigkeitsprüfung oftmals bereits zur Zweckerreichung nicht geeignet sein,[165] zumindest jedoch als nicht erforderlich angesehen werden. Materielle Steuervorschriften sind eher einer Rechtfertigung zur Vermeidung des Steuermissbrauchs zugänglich. Ein thematischer Zusammenhang zwischen den Rechtfertigungsgründen Steueraufsicht/-beitreibung und Missbrauchsbekämpfung ist jedoch evident; eine trennscharfe Abgrenzung nicht immer möglich. Erschwernisse im Steuervollzug können ebenfalls keine Eingriffe rechtfertigen, da der EuGH insoweit mit ähnlicher Argumentation regelmäßig auf die Möglichkeiten der Beitreibungsrichtlinie verweist.[166]

cc) Missbrauchsbekämpfung

Die Bekämpfung des steuerlichen Gestaltungsmissbrauchs ist in der Rechtsprechung des Gerichtshofs grundsätzlich als Rechtfertigungsgrund anerkannt.[167] Der Steuerpflichtige soll sich nicht durch eine missbräuchliche Berufung auf die Grundfreiheiten dem nationalen Steuerrecht entziehen können. Wie im Urteil in der Rs. *Cadbury Schweppes* konkretisiert wurde, können hingegen nationale Maßnahmen, die sich speziell auf rein künstliche Gestaltungen beziehen, gerechtfertigt sein.[168] Diese Rechtsprechung steht auch in Einklang mit dem sekundären Unionsrecht, das es den Mitgliedstaaten erlaubt, Steuermissbrauch zu begeg-

---

164 EuGH Urteil v. 14.2.1995, Rs. C-279/93 (*Schumacker*), Slg. 1995, S. I-225, Rn. 46.

165 EuGH Urteil v. 21.11.2002, Rs. C-436/00 (*X und Y*), Slg. 2002, S. I-10829, Rn. 60ff.; Urteil v. 15.7.2004, Rs. C-315/02 (*Lenz*), Slg. 2004, S. I-7063, Rn. 44ff.

166 EuGH Urteil v. 7.9.2006, Rs. C-470/04 (*N*), Slg. 2006, S. I-7409, Rn. 53; GA *Kokott* Schlussanträge v. 30.6.2006, Rs. C-470/04 (*N*), Slg. 2006, S. I-7409, Rn. 113; EuGH Urteil v. 9.11.2006, Rs. C-520/04 (*Turpeinen*), Slg. 2006, S. I-10685, Rn. 37.

167 EuGH Urteil v. 21.11.2002, Rs. C-436/00 (*X und Y*), Slg. 2002, S. I-10829, Rn. 40, 62; Urteil v. 16.7.1998, Rs. C-264/96 (*ICI*), Slg. 1998, S. I-4695, Rn. 26; Urteil v. 12.12.2002, Rs. 324/00 (*Lankhorst-Hohorst*), Slg. 2002, S. I-11779, Rn. 37; Urteil v. 11.3.2004, Rs. C-9/02 (*Lasteyrie du Saillant*) , Slg. 2004, S. I-2409, Rn. 50; Urteil v. 13.12.2005, Rs. C-446/03 (*Marks & Spencer*), Slg. 2005, S. I-10837, Rn. 57; Urteil v. 8.3.2001, verb. Rs. C-397/98 und C-410/98 (*Metallgesellschaft u.a.*), Slg. 2001. S. I-1727, Rn. 57.

168 EuGH Urteil v. 12.9.2006, Rs. C-196/04 (*Cadbury Schweppes*), Slg. 2006, S. I-7995, Rn. 49ff.

nen.[169] Die beschränkende Steuervorschrift muss demnach vorsehen, dass neben einem subjektiven Streben nach einer günstigeren steuerlichen Behandlung (Steuervorteil) auch objektive Anhaltspunkte vorliegen, aus denen hervorgeht, dass eine rein künstliche, jeder wirtschaftlichen Realität bare Gestaltung vorliegt, die dem Zweck dient, der Steuer zu entgehen, die normalerweise für im Inland erzielte Gewinne geschuldet wird.[170] Die subjektive Missbrauchsabsicht muss sich durch objektive Kriterien, also eine künstliche Gestaltung, nachweisen lassen. Als objektives Kriterium, das einen Missbrauch belegen kann, kommt zum Beispiel ein enger zeitlicher Zusammenhang in Betracht, etwa für den Fall, dass ein Steuerpflichtiger unmittelbar nach einem Grenzübertritt in einem anderen Mitgliedstaat einen günstigeren steuerlichen Vorgang realisiert und seine besteuerungsrelevante Aktivität wiederum im unmittelbaren Anschluss in seinen Herkunftstaat zurückverlagert.[171] In Zusammenhang damit stehen auch das Substanzerfordernis in Bezug auf Personal- und Materialausstattung sowie die Beurteilung der wirtschaftlichen Tätigkeit im Ausland als Indizien für eine tatsächliche Ansiedlung und Betätigung im Ausland und somit für beziehungsweise gegen einen Missbrauch.[172] Allein die Ausnutzung einer günstigeren Besteuerung in einem anderen Mitgliedstaat, die zu einem Steuervorteil führt, sollte bislang keine künstliche Gestaltung sein, die einen Eingriff in die Grundfreiheiten rechtfertigen kann.[173] Vorschriften, denen eine allgemeine Vermutung zugrunde liegt, wonach wegen des Grenzübertritts eine Steuerumgehung vorliegen soll, stellten bislang eine unverhältnismäßige und damit illegitime Schranke dar. Der EuGH scheint jedoch neuerdings die rechtfertigende Wirkung der Missbrauchsbekämpfung wieder etwas weiter interpretieren zu wollen. Im Bereich der Gesellschafterfremdfinanzierung und Verrechnungspreiskorrekturen wurden zuletzt typisierende Vorschriften gegen die Verlagerung von Einkünften in niedrig besteuerte Mitgliedstaaten gerechtfertigt. So wurde eine Steuervorschrift, die einen Fremdvergleich bei im Verhältnis zu ausländischen Anteilseignern gewährten Darlehen vorsieht, auch ohne Bezugnahme auf eine künstliche Gestaltung aus Gründen der

---

169 Vgl. Art. 11 Abs. 1 lit. a der Fusionsrichtlinie; Art. 5 der Zinsertragsrichtlinie.

170 EuGH Urteil v. 12.9.2006, Rs. C-196/04 (*Cadbury Schweppes*), Slg. 2006, S. I-7995, Rn. 55; Urteil v. 12.12.2002, Rs. 324/00 (*Lankhorst-Hohorst*), Slg. 2002, S. I-11779, Rn. 37; Urteil v. 16.7.1998, Rs. C-264/96 (*ICI*), Slg. 1998, S. I-4695, Rn. 26; Urteil v. 17.1.2008, Rs. C-105/07 (*Lammers u. van Cleeff*), Slg. 2007, S. I-173, Rn. 26.

171 EuGH Urteil v. 12.9.2006, Rs. C-196/04 (*Cadbury Schweppes*), Slg. 2006, S. I-7995, Rn. 54.

172 EuGH Urteil v. 12.9.2006, Rs. C-196/04 (*Cadbury Schweppes*), Slg. 2006, S. I-7995, Rn. 66ff.

173 EuGH Urteil v. 12.9.2006, Rs. C-196/04 (*Cadbury Schweppes*), Slg. 2006, S. I-7995, Rn. 49f. m.w.N.; BFH Urteil v. 25.2.2004, I R 42/02, BStBl. II 2005, S. 14ff., Tz. 3c) (*Dublin-Docks-*Entscheidungen), m.w.N.

Missbrauchsbekämpfung für grundfreiheitsrechtlich unbedenklich befunden.[174] Der grundfreiheitsrechtliche Missbrauchsvorwurf soll sich somit im Ergebnis auch gegen eine dem Drittvergleich nicht standhaltende Verlagerung von Steuersubstrat richten. Eine solche Missbrauchstypisierung soll unter Verhältnismäßigkeitsgesichtspunkten jedenfalls dann hingenommen werden, wenn dem Steuerpflichtigen eine Nachweismöglichkeit hinsichtlich der tatsächlichen Ansiedlung und Ausübung einer Tätigkeit eingeräumt wird und im Ergebnis nur die nicht fremdvergleichsüblichen Vorteile beseitigt werden.[175]

dd) Vorteilskompensation und Wahrung der Kohärenz der Steuersysteme

Eine Diskriminierung oder Beschränkung kann grundsätzlich nicht damit gerechtfertigt werden, dass der Nachteil aus der infrage stehenden Vorschrift mit beliebigen anderen steuerlichen Vorteilen innerhalb des nationalen Steuersystems[176] oder in anderen Mitgliedstaaten[177] kompensiert wird. Ein solcher Vorteilsausgleich ist prinzipiell nicht zulässig.

Im Urteil in der Rs. *Bachmann* statuierte der EuGH im Bereich der direkten Steuern den Rechtfertigungsgrund der Kohärenz der Steuersysteme.[178] Danach sollen Regelungen, zwischen denen ein innerer Zusammenhang besteht, nicht einzeln, sondern nur in ihrer Gesamtheit beurteilt werden. In der genannten Entscheidung bestand die Konnexität zwischen der Abzugsfähigkeit von Versicherungsprämien (die im Fall des grenzüberschreitenden Sachverhalts nicht gewährt wurde) und der späteren Versteuerung von Versicherungsleistungen bei demselben Steuerpflichtigen. Der Unterschied zu vorgenannter Konstellation, bei der eine Kompensation aufgrund von steuerlichen Vorteilen nicht als Rechtfertigungsgrund anerkannt werden kann, soll in dem engen Zusammenhang zwischen dem Vorteil der steuerlichen Abzugsfähigkeit und dem Nachteil einer späteren Besteuerung liegen. Das heißt, die dem Inländer gewährten Vorteile werden durch eine direkt damit verbundene Belastung wieder beseitigt, sodass der grenzüberschreitende

174 EuGH Urteil v. 13.3.2007, Rs. C-524/04 (*Thin Cap Group Litigation*), Slg. 2007, S. I-2107, Rn. 80; Urteil v. 17.1.2008, Rs. C-105/07 (*Lammers u. van Cleeff*), Slg. 2007, S. I-173, Rn. 29.

175 EuGH Urteil v. 21.1.2010, Rs. C-311/08 (*SGI*), Slg. 2010, S. I-487, Rn. 71, m. w. N.; ebenso bzgl. Motivtest: BFH Urteil v. 21.10.2009, I R 14/08, DStR 2010, S. 37 ff. (Schlussurteil in der Rs. *Columbus Containers*).

176 EuGH Urteil v. 28.1.1986, Rs. C-270/83 (*Kommission/Frankreich*), Slg. 1986, S. 273, Rn. 21; Urteil v. 18.7.2007, Rs. C-182/06 (*Lakebrink*), Slg. 2007, S. I-6705, Rn. 24.

177 EuGH Urteil v. 26.10.1999, Rs. C-315/02 (*Eurowings*), Slg. 1999, S. I-7447; Rn. 44; Urteil v. 12.9.2006, Rs. C-196/04 (*Cadbury Schweppes*), Slg. 2006, S. I-7995, Rn. 49.

178 EuGH Urteil v. 28.1.1992, Rs. C-204/90 (*Bachmann*), Slg. 1992, S. I249; Urteil v. 28.1.1992, Rs. C-300/90 (*Kommission/Belgien*), Slg. 1992, S. I-305; Urteil v. 8.9.2005, Rs. C-512/03 (*Blanckaert*), Slg. 2005, S. I-7685, Rn. 45, über den Weg der Vergleichspaarbildung.

Sachverhalt nach der zeitversetzten Saldierung beim rein innerstaatlichen Sachverhalt im Ergebnis nicht schlechter gestellt wird. Es sollte kein steuerlicher Kontext gelöst werden, wenn es dadurch zu Widersprüchen oder Gleichgewichtsstörungen innerhalb des nationalen Steuersystems kommt. Die Kohärenz dient damit dem Gedanken der individuellen Einmalbesteuerung.[179] Im Ergebnis wird damit der Fokus auf der Rechtfertigungsebene erweitert und eine legitimierende Gesamtbetrachtung des gesamten Regelungskomplexes hergestellt.

Diese Wechselbeziehung innerhalb des Steuersystems wurde seit der *Bachmann*-Entscheidung jedoch so eng ausgelegt, dass es neben dem Vorabentscheidungsverfahren in der Rs. *Bachmann* und der Klage der Kommission gegen Belgien in Bezug auf dieselben Vorschriften lange Zeit zu keiner Rechtfertigung auf Grundlage dieses Kompensationsgedankens mehr kam.[180] Für diesen restriktiven Ansatz spricht, dass die Mitgliedstaaten durch die kohärente Ausgestaltung ihrer Steuersysteme kein diskriminierendes, legitimiertes Sonderrecht für grenzüberschreitende Sachverhalte schaffen dürfen.[181] Das Kohärenzvorbringen der Mitgliedstaaten wurde in der Vergangenheit etwa dadurch widerlegt, dass die vermeintlich kohärenten Vorschriften entweder nicht alle denkbaren Konstellationen erfassen, sodass das System bereits nicht geeignet ist, einen entsprechenden Zusammenhang herzustellen,[182] oder es wurde im Rahmen der Verhältnismäßigkeitsprüfung dargelegt, dass das Ziel der Wahrung der Kohärenz auch unter Einschluss des grenzüberschreitenden Sachverhalts möglich ist.[183] Schließlich wurde eine Rechtfertigung auf Basis des Kohärenzgedankens auch dann verwehrt, wenn die Mitgliedstaaten den Zusammenhang zwischen Steuervor- und Steuernachteil auf abkommensrechtlicher Ebene anderweitig geregelt hatten und somit ein zwingender Zusammenhang zwischen beiden widerlegt war.[184] Erst in den Rs. *Papillon* und *Wannsee* erkannte der EuGH erneut in sich kohärente Steuersysteme.[185] In der Rs. *Papillon* stellte der EuGH einen Zusammenhang zwischen den Vorteilen einer Konsolidierung innerhalb einer Gruppe auf Ebene der Organmutter und dem Nachteil der Nichtberücksichtigung von Verlusten beziehungsweise Anteilswertminderungen auf Ebene der Organgesellschaften her. Eine entsprechende Nicht-

179 GA *Kokott* Schlussanträge v. 18.3.2004, Rs. C-319/02 (*Manninen*), Slg. 2004, S. I-7477, Rn. 51.

180 EuGH Urteil v. 7.9.2004, Rs. C-319/02 (*Manninen*), Slg. 2004, S. I-7995, Rn. 40 ff.; Urteil v. 12.12.2002, Rs. 324/00 (*Lankhorst-Hohorst*), Slg. 2002, S. I-11779, Rn. 24 ff.; Urteil v. 21.3.2007, Rs. C-347/04 (*REWE Zentralfinanz*), Slg. 2007, S. I-2647, Rn. 59 ff.

181 *Wernsmann*, EuR 1999, S. 754, 775.

182 EuGH Urteil v. 6.6.2000, Rs. C-35/98 (*Verkooijen*), Slg. 2000, S. I-4071, Rn. 60.

183 EuGH Urteil v. 7.9.2004, Rs. C-319/02 (*Manninen*), Slg. 2004, S. I-7995, Rn. 48.

184 EuGH Urteil v. 11.8.1995, Rs. C-80/94 (*Wielockx*), Slg. 1995, S. I-2493, Rn. 24 f.; Urteil v. 3.10.2002, Rs. C-136/00 (*Danner*), Slg. 2002, S. I-8147, Rn. 41.

185 EuGH Urteil v. 27.11.2008, Rs. C-418/07 (*Papillon*), Slg. 2008, S. I-8947, Rn. 49 ff.; Urteil v. 23.10.2008, Rs. C-157/07 (*Wannsee*), Slg. 2008, S. I-8061, Rn. 43.

berücksichtigung war im Fall einer zwischengeschalteten ausländischen Tochtergesellschaft jedoch nicht möglich, sodass die doppelte Verlustnutzung drohte. Der Gerichtshof hielt es aber letztlich für nicht verhältnismäßig, der mittelbar über eine ausländische Tochtergesellschaft gehaltenen Enkelgesellschaft die Vorzüge einer Gruppenbesteuerung deshalb per se vorzuenthalten. So diente die Wahrung der Kohärenz schließlich in der Rs. *Wannsee* erstmals wieder der erfolgreichen Rechtfertigung der früheren Nachversteuerungsregelung gemäß § 2a Abs. 3 S. 3 EStG i.d.F. bis zur Änderung durch das StEntlG 1999/2000/2001.

Die Wirkungen des kohärenten Steuersystems müssen bislang zudem grundsätzlich bei ein und demselben Steuerpflichtigen eintreten.[186] Der Gerichtshof deutet in diesem Zusammenhang jedoch bereits an, dass eine weitere Sichtweise, weg von einem streng personenbezogenen Ansatz und der rein nationalen Betrachtung des Steuersystems, denkbar ist.[187] Damit könnte im Sinne einer grenzüberschreitenden Gesamtbetrachtung auch eine in unmittelbarem Zusammenhang stehende Kompensationswirkung auf abkommensrechtlicher Ebene im Rahmen der Rechtfertigungsmöglichkeit Berücksichtigung finden.[188]

ee) Territorialitätsprinzip

In der Judikatur des Gerichtshofs als Rechtfertigungsgrund anerkannt wird auch das Territorialitätsprinzip. Der EuGH sieht es demnach als mit diesem völkerrechtlichen Grundsatz vereinbar an, die Steuerpflicht von Steuerinländern auf ihr gesamtes Welteinkommen zu erstrecken, zugleich aber Gebietsfremde nur im Hinblick auf Einkünfte, die aus Tätigkeiten auf ihrem Hoheitsgebiet erzielt werden, steuerlich zu erfassen.[189] Demnach ist es auf Grundlage des Territorialitätsprinzips gerechtfertigt, wenn bei beschränkt Steuerpflichtigen, anders als bei

---

186 EuGH Urteil v. 16.7.1998, Rs. C-264/96 (*ICI*), Slg. 1998, S. I-4695, Rn. 29; Urteil v. 26.10.1999, Rs. C-294/97 (*Eurowings*), Slg. 1999, S. I-7447, Rn. 42, Urteil v. 12.12.2002, Rs. 324/00 (*Lankhorst-Hohorst*), Slg. 2002, S. I-11779, Rn. 42; Urteil v. 6.6.2000, Rs. C-35/98 (*Verkooijen*), Slg. 2000, S. I-4071, Rn. 58; Urteil v. 18.9.2003, Rs. C-168/01 (*Bosal*), Slg. 2003, S. I-9409, Rn. 33 f.

187 Noch ablehnend: EuGH Urteil v. 15.7.2004, Rs. C-242/03 (*Weidert und Paulus*), Slg. 2004, S. I-7379, Rn. 25; eine Erweiterung andeutend: EuGH Urteil v. 7.9.2004, Rs. C-319/02 (*Manninen*), Slg. 2004, S. I-7995, Rn. 45 f.; Urteil v. 11.8.1995, Rs. C-80/94 (*Wielockx*), Slg. 1995, S. I-2493, Rn. 24; Urteil v. 13.3.2007, Rs. C-524/04 (*Thin Cap Group Litigation*), Slg. 2007, S. I-2107, Rn. 69, 55 f.; Urteil v. 8.11.2007, Rs. C-379/05 (*Amurta*), Slg. 2007, S. I-9569, Rn. 50; für eine erweiterte, personenübergreifende Sichtweise unter bestimmten Voraussetzungen: GA *Kokott* Schlussanträge v. 18.3.2004, Rs. C-319/02 (*Manninen*), Slg. 2004. S. I-7477, Rn. 61; GA *Léger* Schlussanträge v. 14.4.2005, Rs. C-253/03 (*CLT-UFA*), Slg. 2005, S. I-1831, Rn. 93.

188 *Schnitger*, Die Grenzen der Einwirkung der Grundfreiheiten des EG-Vertrages auf das Ertragsteuerrecht, S. 343 ff.; kritisch: *Scheunemann*, IStR 2005, S. 303, 308 ff.; s.u.: Teil 4: II.) 1.) a).

189 EuGH Urteil v. 21.3.2007, Rs. C-347/04 (*REWE Zentralfinanz*), Slg. 2007, S. I-2647, Rn. 69.

unbeschränkt Steuerpflichtigen, nur Verluste aus bestimmten Quellen, nämlich die im Inland radizierten, berücksichtigt werden.[190]

ff) Wahrung der Aufteilung der Besteuerungsbefugnis / Vermeidung der doppelten Verlustnutzung / Vermeidung der Steuerfluchtgefahr

In der Rechtfertigungsprüfung der Entscheidung in der Rs. *Marks & Spencer* etablierte der Gerichtshof erstmals eine Rechtfertigungstrias, bestehend aus der Wahrung der Aufteilung der Besteuerungsbefugnis zwischen den Mitgliedstaaten, der Gefahr der doppelten Verlustberücksichtigung und der Vermeidung der Steuerfluchtgefahr.[191]

Erste Komponente in der Prüfungsreihenfolge des EuGH der drei in der Rs. *Marks & Spencer* miteinander verknüpften Rechtfertigungsgründe ist die Wahrung der Aufteilung der Besteuerungsbefugnis. Zuvor hatte der EuGH den Mitgliedstaaten bereits in dem Urteil in der Rs. *Gilly* die Befugnis zuerkannt, die Aufteilung ihrer Steuerhoheit untereinander festzulegen, zumindest solange sich diese an der völkerrechtlichen Praxis und den von der OECD erarbeiteten Musterabkommen orientiert, und folglich bereits einen Grundfreiheitseingriff verneint.[192] Ging es in der Rs. *Gilly* noch um die Aufteilung der Steuerhoheit in dem DBA selbst, so knüpft die Aufteilung der Besteuerungsbefugnis in der Form, in der sie erstmalig in der Rs. *Marks & Spencer* vorgebracht wurde, an Eingriffe in die Grundfreiheiten an, die der Wahrung einer solchen Aufteilung dienen sollen. Aufgrund der Befugnis zur Wahrung zwischenstaatlicher Verteilungssysteme soll es anzuerkennen sein, wenn ein Mitgliedstaat seinen Steueranspruch auf bestimmte Einkünfte beschränkt und beispielsweise bestimmte (negative) ausländische Einkünfte von der Bemessungsgrundlage ausnimmt. Dieser Erlaubnissatz ist somit die Weiterentwicklung des bereits dem Territorialitätsprinzips innewohnenden Gedankens der grundfreiheitrechtlichen Anerkennung der zwischenstaatlichen Steuerzuordnung. Im Zusammenhang mit der Verlustberücksichtigung stellt die Beschränkung des mitgliedstaatlichen Steueranspruchs durch konkret getroffene Steuerverteilung dann ebenfalls die Grenze der grundfreiheitsrechtlichen Verpflichtung dar. Die Möglichkeit eines Ergebnistransfers nach Wahl des Steuerpflichtigen in den einen oder den anderen Mitgliedstaat beeinträchtigt die Ausgewogenheit der zwischenstaatlichen Verteilung des Steuersubstrats.[193] Zudem

---

190 EuGH Urteil v. 15.5.1997, Rs. C-250/95 (*Futura Participations*), Slg. 1997, S. I-2471, Rn. 21 f., bereits einen Eingriff verneinend.

191 EuGH Urteil v. 13.12.2005, Rs. C-446/03 (*Marks & Spencer*), Slg. 2005, S. I-10837, Rn. 44 ff.

192 EUGH Urteil v. 12.5.1998, Rs. C-336/96 (*Gilly*), Slg. 1998, S. I-2793, Rn. 30 f.

193 EuGH Urteil v. 13.12.2005, Rs. C-446/03 (*Marks & Spencer*), Slg. 2005, S. I-10837, Rn. 46; Urteil v. 18.7.2007, Rs. C-231/05 (*Oy AA*), Slg. 2007, S. I-6373, Rn. 54; Urteil v. 29.3.2007, Rs.

soll die erfolgte Steuerdistribution auch das Erfordernis einer benachteiligenden Schlussbesteuerung des Marktteilnehmers grundsätzlich rechtfertigen können.[194] Der Rechtfertigungsgrund, den der Gerichtshof mittlerweile auch schon allein einer Rechtfertigung zugrunde gelegt hat,[195] schützt die Verteilung des Steuersubstrats zwischen den Mitgliedstaaten.

Eine weitere Rechtfertigungskomponente ist die Vermeidung der Gefahr einer doppelten Verlustnutzung.[196] Der EuGH hat es gleich der Vermeidung weißer Einkünfte als ein legitimes Ansinnen der Mitgliedstaaten angesehen, die doppelte Verlustnutzung zu unterbinden. Dieser Rechtfertigungsgrund trägt neben dem Schutz der getroffenen Steuerdistribution auch dem Gedanken der unterschiedslosen, leistungsgerechten Einmalerfassung des Marktteilnehmers Rechnung. Dieser hat keinen grundfreiheitsrechtlichen Anspruch auf eine privilegierende Ungleichbehandlung gegenüber dem rein inländischen Wirtschaftsteilnehmer.

Schließlich soll der Rechtfertigungsgrund der Steuerfluchtgefahr dem Interesse der Mitgliedstaaten Vorschub leisten, eine Verlustübertragung seitens der Marktbürger in Richtung Hochsteuerländer zu vermeiden.[197] Die dogmatische Einordnung dieser Rechtfertigungskomponente ist nicht eindeutig. Wie bereits aufgezeigt, stellt der EuGH an diskriminierende Vorschriften zum Zwecke der Vermeidung von Steuermissbrauch bestimmte Anforderungen. Zwar stehen die Grundfreiheiten typisierenden Missbrauchsbekämpfungsvorschriften nicht entgegen, wenn diese nicht über das erforderliche Maß hinausgehen, insbesondere einen entkräftenden Nachweis erlauben. Die neueren Urteile des EuGH deuten wohl darauf hin, als könnten Vorteile einer Verlustnutzung oder einer nicht drittüblichen Gewinnverlagerung bei einer grenzüberschreitenden Tätigkeit im Zusammenspiel mit unterschiedlichen Steuersätzen für sich gesehen bereits einen Missbrauchsvorwurf begründen.[198] Das würde bedeuten, dass die Verrechnung von Verlusten im Ansässigkeitstaat unter Geltung des Welteinkommensprinzips bereits deswegen missbräuchlich ist, weil sie dem Steuerpflichtigen entgegen der zwischenstaatlichen Aufteilung dort steuerlich günstiger gelegen ist.[199] Mittlerweile überlagert die legitimierende Wirkung der Wahrung der Steuerverteilung in der Rechtsprechung zumindest teilweise die Missbrauchsgrundsätze. Es kann bezweifelt werden, dass

---

C-347/04 (*REWE Zentralfinanz*), Slg. 2006, S. I-2647, Rn. 43, 47 f.; Urteil v. 15.5.2008, Rs. C-414/06 (*Lidl Belgium*), Slg. 2008, S. I-3601, Rn. 27 ff.

194 EuGH Urteil v. 7.9.2006, Rs. C-470/04 (*N*), Slg. 2006, S. I-7409, Rn. 41, 46; a.A. noch: EuGH Urteil v. 11.3.2004, Rs. C-9/02 (*Lasteyrie du Saillant*), Slg. 2006, S. I-2409, Rn. 68.

195 EuGH Urteil v. 25.2.2010, Rs. C-337/08 (*X Holding BV*), DStR 2010, S. 427, 27 ff.

196 EuGH Urteil v. 13.12.2005, Rs. C-446/03 (*Marks & Spencer*), Slg. 2005, S. I-10837, Rn. 47 f.

197 EuGH Urteil v. 13.12.2005, Rs. C-446/03 (*Marks & Spencer*), Slg. 2005, S. I-10837, Rn. 43, 49.

198 EuGH Urteil v. 21.1.2010, Rs. C-311/08 (*SGI*), Slg. 2010, S. I-487, Rn. 66.

199 Kritisch: *Kube*, IStR 2008, S. 305, 308; *Hey*, GmbHR 2006, S. 113, 121; GA *Maduro* Schlussanträge v. 31.5.2006, Rs. C-347/04 (*REWE Zentralfinanz*), Slg. 2007, S. I-2647, Rn. 40.

dem Element der Steuerflucht in der EuGH-Judikatur noch eine größere eigenständige Bedeutung im Sinne eines weitergehenden Missbrauchstatbestandes beizumessen ist.[200] Der EuGH scheint in den genannten Entscheidungen vielmehr zu betonen, dass die Aufteilung der Besteuerungsbefugnisse zwischen den Mitgliedstaaten nicht durch die Zuordnungsentscheidung des Steuerpflichtigen ausgehebelt werden darf und somit dessen Willkür untersteht. Die Steuerfluchtgefahr ist folglich im Zusammenhang mit dem Aspekt der Wahrung der Aufteilung der Besteuerungsbefugnisse zu sehen.[201] Fraglich ist, ob die rechtfertigende Wirkung der Wahrung der Aufteilung der Besteuerungsbefugnisse generell noch das Bestehen einer zusätzlichen Missbrauchsgefahr voraussetzt.[202]

Im Rahmen der Verhältnismäßigkeitsprüfung erfahren die genannten Rechtfertigungsgründe eine Einschränkung. So ist etwa eine noch näher zu beleuchtende Möglichkeit der Nutzung finaler Verluste aus ausländischen Quellen vorzusehen.[203]

gg) Sonstige Rechtfertigungsversuche

Nicht als zwingender Grund des Allgemeininteresses anerkannt werden rein volkswirtschaftliche Erwägungen eines Mitgliedstaates. So kommt etwa dem Ziel einer Steuervorschrift, privates Kapital für Investitionen im Inland zu gewinnen, als bloßem ökonomischem Motiv keine legitimierende Wirkung zu.[204]

Den Hinweis auf die fehlende Harmonisierung als eigenständiger Rechtfertigungsgrund lässt der EuGH ebenso wenig gelten[205] wie das Argument, das Fehlen einer Regelung in einem anderen Mitgliedstaat oder einem DBA, oder gar das Fehlen des DBA selbst, erfordere den Eingriff in die Grundfreiheiten.[206]

200 In die Richtung deutet auch die Prüfung in EuGH Urteil v. 29.3.2007, Rs. C-347/04 (*REWE Zentralfinanz*), Slg. 2007, S. I-2647, Rn. 50 ff.

201 *Kokott*, BB 2007, S. 913, 916.

202 Verneinend: *Kube* IStR 2008, S. 305, 307 f.; a. A.: GA *Maduro* Schlussanträge v. 31.5.2006, Rs. C-347/04 (*REWE Zentralfinanz*), Slg. 2007, S. I-2647. Rn. 33; EuGH Urteil v. 18.7.2007, Rs. C-231/05 (*Oy AA*), Slg. 2007, S. I-6373, Rn. 58; Urteil v. 21.1.2010, Rs. C-311/08 (*SGI*), Slg. 2010, S. I-487, Rn. 66; s.u.: Teil 1: V.) 2.) e).

203 EuGH Urteil v. 13.12.2005, Rs. C-446/03 (*Marks & Spencer*), Slg. 2005, S. I-10837, Rn. 53 ff., *Kokott*, BB 2007, S. 913, 914; kritisch im Hinblick auf die Beschränkung der Symmetriethese: GA *Geelhoed* Schlussanträge v. 23.2.2006, Rs. C-374/04 (*Test Claimants in Class IV of the ACT Group Litigation*), Slg. 2006, S. I-11673, Rn. 65; a. A. wohl: EuGH Urteil v. 25.2.2010, Rs. C-337/08 (*X Holding BV*), DStR 2010, S. 427 ff., Rn. 25 ff.

204 EuGH Urteil v. 15.7.2004, Rs. C-242/03 (*Weidert und Paulus*), Slg. 2004, S. I-7379, Rn. 13; GA *Kokott* Schlussanträge v. 12.22004, Rs. C-242/03 (*Weidert und Paulus*), Slg. 2004, S. I-7379, Rn. 38; EuGH Urteil v. 6.6.2000, Rs. C-35/98 (*Verkooijen*), Slg. 2000, S. I-4071, Rn. 48.

205 EuGH Urteil v. 28.1.1992, Rs. C-204/90 (*Bachmann*), Slg. 1992, S. I-249, Rn. 10 ff.

206 EuGH Urteil v. 28.1.1986, Rs. C-270/83 (*Kommission/Frankreich*), Slg. 1986, S. 273, Rn. 24.

c) Rechtfertigung bei Drittstaatensachverhalten

Die Kapitalverkehrsfreiheit wirkt, wie gezeigt, grundsätzlich auch im Verhältnis zu Drittstaaten. In jüngerer Zeit hat der EuGH jedoch auch inhaltliche Modifikationen bei Drittstaatensachverhalten auf Eingriffs- und Rechtfertigungsebene erwogen. Da Drittstaatensachverhalte aufgrund der vergleichsweise fehlenden Integration und Harmonisierung *„in einem anderen rechtlichen Rahmen ablaufen"* und somit nicht stets mit inter se Unionssachverhalten vergleichbar sind, zieht der Gerichtshof eine eingeschränkte Vergleichbarkeit und erweiterte Rechtfertigungsmöglichkeiten im Vergleich zu binnenmarktweiten Vorgängen in Erwägung.[207] Eine unterschiedliche Behandlung in Drittstaatenfällen ist jedoch nicht per se aufgrund der fehlenden wechselseitigen Verpflichtung der Drittstaaten gerechtfertigt, wie auch der EuGH festgestellt hat.[208] Die fehlende Gegenseitigkeit muss sich vielmehr in Form konkreter Umstände auf die Legitimationsmöglichkeit der Mitgliedstaaten auswirken. Ein weitergehendes Rechtfertigungsbedürfnis kann etwa bei fehlenden Amtshilfemöglichkeiten im Zusammenhang mit der Bekämpfung des Steuermissbrauchs anzuerkennen sein. Bereits die Zuordnung bestimmter Investitionsformen, etwa auf Grundlage der Beteiligungshöhe, zu den einzelnen sich eigentlich ergänzenden Marktfreiheiten bei Bestimmung des Schutzbereichsumfangs der Kapitalverkehrsfreiheit stimmt bedenklich. Der EuGH läuft Gefahr, für seine mitgliedstaatschonende Linie bei der Prüfung der Kapitalverkehrsfreiheit im Verhältnis zu Drittstaaten eine Aufweichung der Konvergenz der Grundfreiheiten zu bewirken.

10.) EWR-Abkommen

Der Geltungsbereich der Grundfreiheiten des AEUV beschränkt sich, wie bereits gezeigt, grundsätzlich auf das Hoheitsgebiet der Mitgliedstaaten der Europäischen Union und somit für die direkten Steuern auf grenzüberschreitende Sachverhalte zwischen diesen Mitgliedstaaten. Darüber hinaus hat die Europäische Union gemeinsam mit ihren Mitgliedstaaten und mit Drittstaaten weitere Ver-

---

207 EuGH Urteil v. 20.5.2008, Rs. C-194/06 (*OESF*), Slg. 2008, I-3747, Rn. 89 f.; Urteil v. 18.12.2007, Rs. C-101/05 (*A*), Slg. 2007, S. I-11531, Rn. 31; Urteil v. 12.12.2006, Rs. C-446/04 (*FII Group Litigation*), Slg. 2006, S. I-11753, Rn. 171; GA *Kokott* Schlussanträge v. 18.3.2004, Rs. C-319/02 (*Manninen*), Slg. 2004, S. I-7477, Rn. 79; GA *Stix-Hackl* Schlussanträge v. 16.3.2006, Rs. C-452/04 (*Fidium Finanz AG*), Slg. 2006, S. I-9521, Rn. 183; *Wunderlich/Blaschke*, IStR 2008, S. 754, 760 ff.

208 EuGH Urteil v. 10.2.2011, verb. Rs. C-436/08 und C-437/08 (*Haribo und Österr. Salinen AG*), noch nicht veröffentlicht (Quelle: http://eur-lex.europa.eu), Rn. 127 f.

träge geschlossen, die auch in den Bereich der direkten Steuern wirken (sog. gemischte Abkommen). Diese gemischten Abkommen werden nach Auffassung des EuGH bereits im Moment ihres Inkrafttretens Bestandteil der Unionsrechtsordnung.[209] Sie können somit durch den EuGH ausgelegt werden. Die sich aus diesen Abkommen teilweise ergebenden Schutzrechte zugunsten der Steuerpflichtigen, die nachfolgend noch darzulegen sind, können so etwa im Wege des Vorabentscheidungsverfahrens gemäß Art. 267 AEUV durchgesetzt werden. Die beiden wichtigsten Abkommen dieser Art dürften das EWR-Abkommen und das Freizügigkeitsabkommen mit der Schweiz sein.

Das zwischen der Europäischen Union, ihren Mitgliedstaaten und den EFTA-Mitgliedstaaten, mit Ausnahme der Schweiz, geschlossene EWR-Abkommen übt auf die direkte Besteuerung ebenfalls einen nicht unerheblichen Einfluss aus. Vertragsparteien des EWR-Abkommens unter den EFTA-Mitgliedstaaten sind gegenwärtig noch Island, Liechtenstein und Norwegen. Ziel des EWR-Abkommens ist es, den freien Personen-, Waren-, Dienstleistungs- und Kapitalverkehr zu gewährleisten und somit die Schaffung einer homogenen Handelszone zu fördern, vgl. Art. 1 des EWR-Abkommen. Das EWR-Abkommen dehnt somit das Binnenmarktkonzept des EUV und AEUV auf die vorgenannten EFTA-Staaten aus (erweiterter Binnenmarkt). Eben aus jener Übernahme der Binnenmarktbestimmungen ergibt sich ein Einfluss des EWR-Abkommens, insbesondere der dort verankerten Grundfreiheiten, auf den Bereich der direkten Steuern. Im Hinblick auf die Auslegung der Grundfreiheiten des EWR-Abkommens erkennt dieses eine gewisse Leitfunktion des EuGH bei der Auslegung zu den korrespondierenden Freiheiten des AEUV an, vgl. Art. 6 und Art. 106 EWR-Abkommen. Es deutet sich auch in der Rechtsprechung der Wille zu einer grundsätzlich inhaltsgleichen Grundfreiheitsinterpretation der zuständigen Gerichtshöfe, des EuGH und des EFTA-Gerichtshofs, an.[210] Damit gilt im Ergebnis der genannte Schutz aus den Grundfreiheiten im Bereich der direkten Steuern auch für grenzüberschreitende Sachverhalte zwischen den Mitgliedstaaten der Europäischen Union und den EFTA-Staaten Island, Liechtenstein und Norwegen sowie zwischen den Letztgenannten untereinander.

Da das das direkte Steuerrecht zumindest partiell harmonisierende Sekundärrecht der Europäischen Union für den erweiterten Binnenmarkt keine Geltung besitzt, erlangen die Grundfreiheiten des EWR-Abkommens eine erhebliche Bedeutung für den Bereich der direkten Steuern. Denn aufgrund des noch geringeren Harmonisierungsstandes bei den direkten Steuern ergibt sich bezüg-

209 EuGH v. 30.9.1987, Rs. C-12/86 (*Demirel*), Slg. 1987, S. 3719, Rn. 7ff.; Urteil v. 10.9.1996, Rs. C-61/94 (*Kommission/Deutschland*), Slg. 1996, S. I-3989, Rn. 15.

210 EuGH v. 23.2.2006, Rs. C-471/04 (*Keller Holding*), Slg. 2006, S. I-2107, Rn. 48 m.w.N.; EFTA-Gerichtshof Urteil v. 23.11.2004, Rs. E-1/04 (*Fokus Bank*), IStR 2005, S. 55ff., Rn. 22.

lich der im EWR-Abkommen enthaltenen Grundfreiheiten, denen ebenfalls eine unmittelbare Wirkung zukommt, ein noch größeres Konfliktpotential.[211] Zudem ist zu beachten, dass wie bei Drittstaatensachverhalten im Rahmen der Kapitalverkehrsfreiheit keine sekundärrechtliche Amtshilfe- und Betreibungsmöglichkeiten bestehen und sich somit erweiterte Rechtfertigungsmöglichkeiten ergeben können.

III. Bestimmungen des sekundären Unionsrechts auf dem Gebiet der direkten Steuern

1.) Rechtsangleichung gemäß Art. 115 AEUV

Eine Harmonisierung und Koordinierung mittels sekundärrechtlichen Unionsrechts in Form von Richtlinien (Art. 288 UAbs. 3 AEUV) ist auch für den Bereich der direkten Steuern unter bestimmten Voraussetzungen vorgesehen.[212] Eine entsprechende Rechtsangleichungsmöglichkeit eröffnet Art. 115 AEUV. Nach Art. 115 AEUV können Maßnahmen der Steuerharmonisierung durch europäisches Sekundärrecht nur erfolgen, wenn die unterschiedliche oder mehrfache steuerliche Belastung durch die nationalen Rechtsordnungen unmittelbare negative Auswirkungen auf den Binnenmarkt zeitigt. Im Hinblick auf das Maß der erforderlichen Binnenmarktauswirkungen im Sinne von Art. 115 AEUV wird man ausweislich des Wortlauts der Bestimmung („*Errichtung*", „*Funktionieren*") und im Hinblick auf die Steuerzuständigkeit der Mitgliedstaaten für den Bereich der direkten Steuern eine nicht unerhebliche Marktstörung fordern müssen.[213] Allein der generell bedeutende Einfluss der direkten Steuern auf den Binnenmarkt wird für sich gesehen nicht ausreichen können, um ein zwingendes Gebot zu entnehmen, eine Vereinheitlichung dieses gesamten Bereichs auf Grundlage von Art. 115 AEUV vorzunehmen. Durch die Unterschiede in den Steuersystemen wird es vielmehr zu einer feststellbaren Störung des funktionierenden Binnenmarkts kommen müssen. Ein Mehrheitsbeschluss auf Grundlage von Art. 114 AEUV, als speziellerer Vorschrift der Rechtsangleichung, ist für den Bereich der direkten Steuern nicht vorgesehen (vgl. Art. 114 Abs. 2 AEUV).

Eine Harmonisierung und Koordinierung der direkten Steuern durch sekundärrechtliche Vorschriften sind bislang nur sehr vereinzelt und punktuell erfolgt. Die Mitgliedstaaten einigten sich im Jahr 1990 auf ein erstes „Dreier-

---

211 *Cordewener*, IStR 2008, S. 536, 538.

212 Ausführlich hierzu: *Wernsmann*, in: Schulze/Zuleeg/Kadelbach, § 30, Rn. 62ff.

213 *Wernsmann*, in: Schulze/Zuleeg/Kadelbach, § 30, Rn. 64, m.w.N.; *Kahl*, in: Callies/Ruffert, EUV/AEUV, Art. 115 AEUV, Rn. 7.

paket“, bestehend aus der sekundärrechtlichen Mutter-Tochter-Richtlinie und der Fusionsrichtlinie sowie dem Schiedsübereinkommen.[214] Es folgte ein weiteres „Dreierpaket“, bestehend aus der Zins- und Lizenzgebührenrichtlinie und der Zinsertragsrichtlinie sowie dem Verhaltenskodex im Jahr 2003.[215]

2.) Mutter-Tochter-Richtlinie

Eine Rechtsangleichung erfahren hat bislang unter anderem ein Teilbereich der grenzüberschreitenden Dividendenzahlung zwischen beteiligungsverbundenen Unternehmen. Die Mutter-Tochter-Richtlinie soll der Vermeidung einer übermäßigen Steuerlast und der Steuerverteilung bei Ausschüttungen im grenzüberschreitenden Unternehmensverbund dienen. Zu diesem Zweck stellt sie zwei Entlastungssysteme zur Auswahl: die Freistellungsmethode und die Anrechnungsmethode. Bei erstgenannter Möglichkeit sieht der Sitzstaat der Muttergesellschaft bei einer Mindestbeteiligung der Muttergesellschaft an der ausschüttenden Tochtergesellschaft in Höhe von zehn Prozent von der Besteuerung der erhaltenen Gewinnausschüttungen im Sinne der Mutter-Tochter-Richtlinie ab, Art. 4 Abs. 1 Alt. 1 der Mutter-Tochter-Richtlinie. Alternativ kann unter gleichen Bedingungen eine Besteuerung der Ausschüttungen durch den Sitzstaat der Muttergesellschaft erfolgen, unter Anrechnung der für diesen Gewinn durch die Tochtergesellschaft beziehungsweise durch jede in der Kette nachgeschaltete Gesellschaft entrichteten Steuern, Art. 4 Abs. 1 Alt. 2 der Mutter-Tochter-Richtlinie. Die Umsetzung der Mutter-Tochter-Richtlinie erfolgte im deutschen Steuerrecht unter Verwendung der Freistellungsalternative gemäß § 8b KStG durch das StSenkG. Die im Anwendungsbereich der Mutter-Tochter-Richtlinie ausgeschütteten Gewinne sind vom Steuerabzug an der Quelle befreit (Art. 5 Abs. 1 der Mutter-Tochter-Richtlinie); das gilt gleichermaßen für den Quellenstaat wie für den Ansässigkeitstaat der Muttergesellschaft.[216] Harmonisiert durch die Mutter-Tochter-Richtlinie werden ausschließlich Dividendenzahlungen. Mit der Entscheidung in der Rs. *Burda* scheint der EuGH eine eher formale Sichtweise eingenommen zu haben, nach der nicht nur die Anknüpfung des steuerauslösenden Tatbestandes und der Steuerbemessungsgrundlage an die gezahlte Dividende Voraussetzung für die Anwendbarkeit der Mutter-Tochter-Richtlinie sind, sondern auch, dass die Besteuerungsfolge auf der Ebene des Anteilseigners

214 *Jacobs*, Internationale Unternehmensbesteuerung, S. 154 f.

215 Zur Überarbeitung des Verhaltenskodex: Mitteilung der Kommission v. 14.9.2009, KOM(2009), 472 endg.

216 Zur Quellensteuerbefreiung vor Erlass der Mutter-Tochter-Richtlinie: EuGH Urteil v. 14.12.2006, Rs. C-170/05 (*Denkavit*), Slg. 2006, S. I-11949.

und nicht auf der Ebene der Gesellschaft eintritt (Personenidentität).[217] Demnach wäre auch eine allgemeine Zinsschranke, wie etwa in § 4h EStG, § 8a KStG i. d. F. des UStRG 2008 oder wie sie unter anderem auch in Italien, der Tschechischen Republik und Belgien derzeit angewendet wird, nicht als Quellensteuer im Sinne der Mutter-Tochter-Richtlinie zu qualifizieren.[218] An dem aufgestellten Grundsatz, dass es auf die Bezeichnung der Quellensteuer nicht ankommt, dürfte die Entscheidung des EuGH jedoch nichts ändern.[219] Die Freistellung von der Quellensteuer wurde in Deutschland durch Einführung des § 43b EStG durch das EURLUmsG umgesetzt.

3.) Zins- und Lizenzgebührenrichtlinie

Entsprechend dem Konzept der Mutter-Tochter-Richtlinie, jedoch unter abweichenden Voraussetzungen, bezweckt die auf Art. 115 AEUV gestützte Zins- und Lizenzgebührenrichtlinie die Einmalbesteuerung durch Abschaffung von Steuern im Quellenstaat auf angemessene Zinsen und Lizenzgebühren zwischen verbundenen Unternehmen im europäischen Kontext, Art. 1 Abs. 1 der Zins- und Lizenzgebührenrichtlinie. Dabei ist es unerheblich, ob die im Quellenstaat erhobenen Steuern durch eine Abzugsteuer oder im Wege der Veranlagung erhoben werden. Die Zahlung soll nur einmalig auf der Ebene des Empfängers besteuert werden. Eine fehlende Abzugsfähigkeit von der Bemessungsgrundlage des Zinszahlers soll hingegen nicht gegen das Quellensteuerverbot verstoßen.[220] Die Zins- und Lizenzegebührenrichtlinie zielt vor allem auf die Vermeidung der juristischen Doppelbesteuerung der Zinszahlung selbst ab.[221] Zahlreiche Mitgliedstaaten waren für einen Übergangszeitraum ermächtigt, weiterhin Quellensteuer für Zinsen und/oder Lizenzgebühren zu erheben (Art. 6 der Zins- und Lizenzgebührenrichtlinie), für die eine der Höhe nach beschränkte Anrechnung in dem Ansässigkeitstaat der Muttergesellschaft gewährt werden musste. Die Umsetzung in das deutsche Steuerrecht erfolgte durch § 50g EStG im Rahmen des EG-Amtshilfe-Anpassungsgesetzes.

---

217 EuGH Urteil v. 26.6.2008, Rs. C-284/06 (*Burda*), Slg. 2008, S. I-4571, Rn. 50ff.; vgl. auch: EuGH Urteil v. 12.12.2006, Rs. C-446/04 (*FII Group Lititgation*), Slg. 2006, S. I-11753, Rn. 103.

218 Zur Anwendbarkeit der Mutter-Tochter-Richtlinie auf fingierte verdeckte Gewinnausschüttungen nach § 8a KStG i.d.F. des StandOG v. 13.9.1993: GA *Mischo* Schlussanträge vom 26.9.2002, Rs. C-324/00 (*Lankhorst-Hohorst*), Slg. 2002, S. I-11779, Rn. 105ff.

219 Vgl. EuGH Urteil v. 25.3.2003, Rs. 58/01 (*van Grinten*), Slg. 2003, S. I-9809, Rn. 46ff.; Urteil v. 8.6.2000, Rs. 375/98 (*Epson Europe*), Slg. 2000, S. I-4243, Rn 24.

220 EuGH Urteil v. 21.7.2011, Rs. C-397/09 (*Scheuten Solar*), IStR 2011, 766ff., zu § 8 Nr. 1a) GewStG i.d.F. bis zur Änderung durch das UStRG 2008.

221 EuGH Urteil v. 21.7.2011, Rs. C-397/09 (*Scheuten Solar*), IStR 2011, 766ff., Rn. 28.

4.) Fusionsrichtlinie

Die ebenfalls auf Artikel 115 AEUV beruhende und unlängst neugefasste Fusionsrichtlinie beabsichtigt, die grenzüberschreitende Fusion, Spaltung und Einbringung von Unternehmensanteilen sowie den Austausch von Anteilen unter Beteiligung von mindestens zwei Unternehmen in mindestens zwei Mitgliedstaaten, ohne steuerliche Hemmnisse zu ermöglichen. Der damit einhergehende grenzüberschreitende Übergang von Wirtschaftsgütern soll unter bestimmten Voraussetzungen grundsätzlich steuerneutral, also ohne Aufdeckung der stillen Reserven auf der Ebene des übertragenden Rechtsträgers, möglich sein, Art. 4 Abs. 2 der Fusionsrichtlinie. Eine Besteuerung erfolgt erst im Zeitpunkt einer tatsächlichen Veräußerung oder bei Verwirklichung gleichgestellter Realisierungstatbestände. Allerdings gilt das nur im Hinblick auf solches Vermögen, das im Mitgliedstaat der einbringenden beziehungsweise übertragenden Gesellschaft in einer Betriebstätte der übernehmenden Gesellschaft steuerverstrickt bleibt, Art. 4 Abs. 1 lit. b) der Fusionsrichtlinie. Auch auf der Ebene der Gesellschafter des übernehmenden Rechtsträgers bleiben diese Umwandlungsvorgänge grundsätzlich steuerneutral, Art. 8 der Fusionsrichtlinie. Eine Verlustnutzung ist dann möglich, wenn dies auch bei vergleichbaren, rein nationalen Sachverhalten der Fall wäre, Art. 6 der Fusionsrichtlinie. Durch die Änderung der Richtlinie vom 17.2.2005 wurde zusätzlich die Möglichkeit der steuerneutralen Sitzverlegung in einen anderen Mitgliedstaat geschaffen und somit auf die sekundärrechtlichen Vorgaben zur Societas Europaea und Societas Cooperativa Europaea reagiert. Deren Sitzverlegung oder der Wechsel der steuerlichen Ansässigkeit darf für sich gesehen grundsätzlich zu keiner Besteuerung eines Veräußerungsgewinns führen. Voraussetzung ist jedoch auch hier, dass das Vermögen der Europäischen Gesellschaft oder der Europäischen Genossenschaft in dem Wegzugstaat in einer Betriebstätte steuerverhaftet bleibt, Art. 12 Abs. 1 der Fusionsrichtlinie. Die Umsetzung der erweiterten Fusionsrichtlinie in deutsches Recht wurde im Rahmen des SEStEG abgeschlossen.

5.) Zinsertragsrichtlinie

Ebenfalls im Zusammenhang mit der Zinsbesteuerung und damit den direkten Steuern steht die Zinsertragsrichtlinie. Ihre Regelungen sollen die effektive Besteuerung von bestimmten Zinserträgen von in den Mitgliedstaaten ansässigen natürlichen Personen fördern, indem ein System des Informationsaustauschs vorgesehen wird. Die Richtlinie verleiht im Unterschied zur Mutter-Tochter-Richtlinie und zur Zins- und Lizenzgebührenrichtlinie keine subjektiven Rechte an EU-Steuerbürger. Belgien, Luxemburg und Österreich sind während eines Übergangszeitraums von der Bereitstellung von Informationen über Zinserträge aus ihren Ländern befreit, sofern sie auf diese Einkünfte eine Quellensteuer einbehalten und teilweise an die Sitzstaaten der Zinsempfänger abführen; Belgien nimmt seit dem 1.1.2010 an dem Informationsaustausch teil. Die Zinsertragsrichtlinie wurde in Form von Abkommen auch im Verhältnis zu den Fürstentümern Liechtenstein, Andorra und Monaco sowie zur Republik San Marino und der Schweiz umgesetzt, wobei anstelle eines Informationsaustauschs fast ausschließlich die Variante eines Quellensteuereinbehalts vorgesehen wurde.[222]

6.) Amtshilferichtlinie

Gleichfalls im Bereich des Informationsaustauschs zum Zweck einer effektiven Besteuerung bewegt sich die Amtshilferichtlinie, nach deren Maßgabe sich die Mitgliedstaaten gegenseitig alle Auskünfte erteilen, die für die korrekte Festsetzung der Einkommen- und Vermögensteuern geeignet sind. Die Richtlinie, die ein automatisches Auskunftsverfahren, Auskünfte auf Ersuchen und spontane Auskünfte ohne Ersuchen vorsieht, hat trotz des Fehlens von materiellen steuerlichen Regelungen wesentliche Auswirkungen auf die direkte Besteuerung. Wie gezeigt, spielt die Richtlinie im Bereich der Rechtfertigung von Eingriffen in die Grundfreiheiten durch Gründe der Steueraufsicht und der Wirksamkeit der steuerlichen Kontrolle eine nicht unerhebliche Rolle.[223] Ergänzt wird die Amtshilferichtlinie für den Bereich des Steuervollzugs durch die Beitreibungsrichtlinie. Im Dezember 2010 hat der ECOFIN-Rat eine Überarbeitung der Amtshilferichtlinie, insbesondere im Hinblick auf den automatischen Informationsaustausch, beschlossen.[224]

7.) Rangverhältnis zu den Grundfreiheiten

Sofern ein grenzüberschreitender Sachverhalt nicht in den Anwendungsbereich einer Richtlinie fällt, können die Grundfreiheiten dennoch ihre Schutzwirkung

---

222 Ausführlich hierzu: *Sedemund*, Europäisches Ertragsteuerrecht, S. 123 ff.

223 S. o.: Teil 1: II.) 9.) b) bb).

224 Pressemitteilung des BMF v. 8.12.2010, http://www.bundesfinanzministerium.de/nn_54/DE/Wirtschaft__ und__Verwaltung/Finanz__und__Wirtschaftspolitik/07122010-Ecofin.html?__nnn=true.

entfalten, soweit sie ihrerseits einschlägig sind.[225] Doch selbst im Anwendungsbereich einer erfolgten Harmonisierung ist es nicht ausgeschlossen, dass eine Richtlinienregelung nicht in Einklang mit den Grundfreiheiten steht.[226] Nach der EuGH-Rechtsprechung werden zwar die Grundfreiheiten in einigen Fällen durch sekundärrechtliche Vorschriften präzisiert. So greift der EuGH zur Auslegung des Begriffs „Kapitalverkehr“ und damit zur Schutzbereichsabgrenzung der Grundfreiheit des Art. 63 AEUV auf die Aufzählung in Anhang I der Kapitalverkehrsrichtlinie zurück. Gleichzeitig stellt der Gerichtshof aber fest, dass das Sekundärrecht kein Rechtfertigungsgrund für den Eingriff in Grundfreiheiten sein kann.[227] Das Primärrecht ist vorrangig gegenüber dem Sekundärrecht.[228] Trotz des zugrunde liegenden einstimmigen Beschlusses im Bereich der direkten Steuern können die sekundärrechtlichen Regelungen keine vorrangige Konkretisierung der Grundfreiheiten darstellen.[229] Zwar besteht bei der Steuerharmonisierung nach Art. 115 AEUV hinsichtlich deren Mittel und Ausgestaltung ein weites Ermessen, doch im Hinblick auf die effektive Schaffung eines Binnenmarktes (Art. 26 AEUV, Art. 3 Abs. 3 EUV) sind auch die sekundärrechtlichen Vorschriften letztlich an den Vorgaben der Grundfreiheiten zu messen.[230] Auch wenn die Grundfreiheiten ausweislich ihres Wortlauts in erster Linie dem Schutz vor hoheitlichen Maßnahmen der Mitgliedstaaten dienen, kommt im EUV hinreichend zum Ausdruck, dass auch die Organe der Europäischen Union, insbesondere bei der Schaffung von Sekundärrecht, an diese gebunden sind.[231] Dies ergibt sich auch aus der Überprüfungsmöglichkeit von Sekundärrecht anhand der europäischen Verträge, wie sie etwa die Gültigkeitsklage (Art. 267 UAbs. 1 lit. b) AEUV) und die Nichtigkeitsklage (Art. 263 UAbs. 2 AEUV) eröffnen.

---

225 EuGH Urteil v. 12.12.2006, Rs. C-446/04 (*FII Group Litigation*), Slg. 2006, S. I-11753, Rn. 68 f., in Bezug auf die Mutter-Tochter-Richtlinie.

226 Nachweise bei: *Forsthoff*, IStR 2007, S. 222 ff.; *Lüdicke/Hummel*, IStR 2006, S. 694 ff.

227 EuGH Urteil v. 23.2.2006, Rs. C-471/04 (*Keller Holding*), Slg. 2006, S. I-2107, Rn. 45.

228 EuGH Urteil v. 29.2.1984, Rs. 37/83 (*Rewe-Zentral*), Slg. 1984, S. 1229, Rn. 18; Urteil v. 15.5.1984, Rs. 15/83 (*Denkavit*), Slg. 1984, S. 2171, Rn. 15; Urteil v. 9.9.1994, Rs. C-51/93 (*Meyhui*), Slg. 1994, S. I-3879, Rn. 11; Urteil v. 25.6.1997, Rs. C-114/96 (*Kiefer u. Thill*), Slg. 1997, S. I-3629, Rn. 27.

229 *Lüdicke/Hummel*, IStR 2006, S. 694 ff.; *Schön/Schindler* IStR 2004, S. 571, 575 f.; EuGH Urteil v. 18.9.2003, Rs. C-168/01 (*Bosal*), Slg. 2003, S. I-9409, Rn. 26.

230 *Lüdicke/Hummel*, IStR 2006, S. 694, 695; *Frotscher*, IStR 2006, S. 65, 68 f.

231 Art. 13 EUV: „*Jedes Organ handelt nach Maßgabe der ihm in den Verträgen zugewiesenen Befugnisse nach den Verfahren, Bedingungen und Zielen, die in den Verträgen festgelegt sind*“.

IV.) Multilaterale Abkommen als begleitendes beziehungsweise ergänzendes Unionsrecht

Ex-Art. 293 2. Spiegelstrich EG stellte deklaratorisch fest, dass die Mitgliedstaaten eine Rechtsvereinheitlichung zur Vermeidung der Doppelbesteuerung auch durch multilaterale völkerrechtliche Abkommen zwischen den Mitgliedstaaten herbeiführen können. Diese Abkommen sind kein im Anwendungsvorrang stehendes Unionsrecht, obwohl sie in dessen Ausführung vereinbart wurden und Ziele des Unionsrechts fördern.[232] Sie unterliegen nicht der Judikatur des EuGH nach Art. 267 Abs. 1 lit. a) und b) AEUV,[233] sofern keine Schiedsklausel nach Art. 273 AEUV vereinbart ist. Der Europäischen Union neu beitretende Mitgliedstaaten werden nicht automatisch Partei eines solchen Abkommens.[234] Dennoch werden solche Abkommen auch als „begleitendes" oder „ergänzendes" Unionsrecht bezeichnet. Denn ex-Art. 293 2. Spiegelstrich EG deutete für den Bereich der direkten Steuern die Möglichkeit an, unter Koordinierung der Unionsorgane zwischen sämtlichen Mitgliedstaaten ein multilaterales Abkommen zur Vermeidung der Doppelbesteuerung zu schließen. Auf dieser Grundlage wurde jedoch bislang nur das zuvor als Richtlinie geplante Schiedsübereinkommen geschlossen (sowie der Verhaltenskodex zu dessen Durchführung), das ein verbindliches Verfahren zur Lösung von Divergenzen bei Verrechnungspreisen und bei der Abgrenzung von Betriebstättengewinnen zwischen den Mitgliedstaaten vorsieht. Dem Schiedsübereinkommen sind auch die im Rahmen der EU-Osterweiterung neu hinzugekommenen Staaten beigetreten. Eine Unterwerfung unter die Spruchgewalt des EuGH nach Art. 273 AEUV ist jedoch unterblieben.

V.) Unionsrechtliche Vorgaben bei der zwischenstaatlichen Steuerverteilung

Das Erfordernis eine Doppelbesteuerung mit belastungserhöhender Wirkung zu beseitigen ergibt sich ungeachtet möglicher rechtlicher Vorgaben bereits aus wirtschaftlichen, arbeitsmarktpolitischen und, daran anschließend, nicht zuletzt auch

232 *Schwartz/Mölls*, in: Von der Groeben/Schwarze, EUV und EGV, Art. 293 EG, Rn. 12; *Leible*, in: Streinz, EUV/EGV, Art. 293 EG, Rn. 3; *Schroeder*, in: Streinz, EUV/EGV, Art. 249 EG, Rn. 24.

233 EuGH Urteil v. 14.12.2000, Rs. C-141/99 (*AMID*), Slg. 2000, S. I-11619, Rn. 18; *Lehner*, IStR 2001, S. 329, 330; *Pistone*, in: Cordewener/Enchelmaier/Schindler, Meistbegünstigung im Steuerrecht der EU-Staaten, S. 193, 199; Kommission Mitteilung v. 23.10.2001, KOM(2001)582 endg., Ein Binnenmarkt ohne steuerliche Hindernisse, S. 49, Rn. 62.

234 EuGH Urteil v. 6.10.1976, Rs. 12/76 (*Dunlop*), Slg. 1976, S. 1473, Rn. 6.

wieder aus fiskalischen Gründen. Die Mitgliedstaaten haben teilweise bereits erhebliche Anstrengungen unternommen, um die kumulative Mehrbesteuerung zu vermeiden. Außerhalb der Instrumente der unionsrechtlichen Normsetzung ist es bereits durch bi- und multilaterale Abstimmung, insbesondere in Form von Doppelbesteuerungsabkommen, und unilaterale (nicht durch DBA veranlasste) nationale Gesetzgebung zu einer Beseitigung oder Milderung der internationalen Doppelbesteuerung gekommen. Bevor ein grundfreiheitsrechtliches Doppelbesteuerungsverbot näher untersucht wird, soll der Blick zunächst auf die unionsrechtlichen Vorgaben im Rahmen der zwischenstaatlichen Steuerdistribution gerichtet werden.

1.) Kompetenz der Mitgliedstaaten zur Vermeidung der Doppelbesteuerung

Insbesondere ergibt sich die Notwendigkeit, vor Erörterung der Frage nach einer grundfreiheitsrechtlichen Verpflichtung der Mitgliedstaaten zur Vermeidung der Doppelbesteuerung die Kompetenz zur Vornahme der doppelbesteuerungsvermeidenden Maßnahmen zu klären. Der EuGH judiziert in ständiger Rechtsprechung, dass in Ermangelung unionsrechtlicher Vereinheitlichungs- und Harmonisierungsmaßnahmen im Bereich der direkten Steuern die Mitgliedstaaten hierfür zuständig bleiben.[235] Dies gilt auch in Bezug auf Drittstaaten.[236] Wie bereits erwähnt, haben die europäischen Verträge die mitgliedstaatliche Kompetenz für den Bereich der direkten Steuern grundsätzlich unberührt gelassen, da eine entsprechende Zuständigkeit der Europäischen Union nicht begründet wurde, vgl. Art. 4 Abs. 1, Art. 5 Abs. 1 EUV und Nr. 18 der Erklärungen zur Schlussakte der Regierungskonferenz (Grundsatz der begrenzten Einzelermächtigung). Im Hinblick auf die Beseitigung der kumulativen Belastung mit Steuern im internationalen Wirtschaftsverkehr durch bi- beziehungsweise multilateral geschlossene DBA oder schlicht nationale Regelungen bleiben die Mitgliedstaaten untereinander und auch im Verhältnis zu Drittstaaten unter Geltung des Unionsrechts weiterhin zuständig. Die Mitgliedstaaten sind bereits aufgrund ihrer völkerrecht-

235 EuGH Urteil v. 12.5.1998, Rs. C-336/96 (*Gilly*), Slg. 1998, S. I-2793, Rn. 24; Urteil v. 12.12.2002, Rs. C-385/00 (*de Groot*), Slg. 2002, S. I-11819, Rn. 93; Urteil v. 5.7.2005, Rs. C-376/03 (*D*), Slg. 2005, S. I-5821, Rn. 50f.; Urteil v. 19.1.2006, Rs. C-265/04 (*Bouanich*), Slg. 2006, S. I-923, Rn. 49; Urteil v. 3.10.2006, Rs. C-290/04 (*Scorpio*), Slg. 2006, S. I-9461, Rn. 54; Urteil v. 28.1.1992, Rs. C-204/90 (*Bachmann*), Slg. 1992, S. I-249, Rn. 26.

236 EuGH Urteil v. 21.9.1999, Rs. 307/97 (*Saint-Gobain*), Slg. 1999, S. I-6161, Rn. 56ff.; *Kofler*, Doppelbesteuerungsabkommen und EG-Recht, S. 356; *Schnitger*, IWB 1/2004, Fach 11, Gruppe 2, S. 599, 600, 610.

lichen Hoheitsgewalt befugt, entsprechende bilaterale Abkommen einzugehen. Als unionsrechtliches Einfallstor in die mitgliedstaatliche Steuerverteilung verbleibt die Möglichkeit der Rechtsangleichung nach Art. 115 AEUV bei hinreichenden binnenmarktstörenden Wettbewerbsverzerrungen. Dabei kann bezweifelt werden, dass die auf Grundlage des bestehenden Abkommensnetzes erreichte Beseitigung von Doppelbesteuerungsfällen bereits genügt, um die von Art. 5 Abs. 3 EUV geforderte Effizienz aufzuweisen und weitere Maßnahmen nach Art. 115 AEUV hinfällig werden zu lassen. Solange Harmonisierungsmaßnahmen, möglicherweise trotz bestehender Initiative der Kommission, jedoch noch nicht beschlossen wurden, kann ein völkervertragliches Handeln der Mitgliedstaaten aus Binnenmarktgesichtspunkten nicht beanstandet werden.[237] Dies gilt auch für eine mitgliedstaatliche Rechtsvereinheitlichung in Form von sog. begleitendem Unionsrecht, also durch den Abschluss bi- oder multilateraler Abkommen zur Vermeidung der Doppelbesteuerung im Sinne von ex-Art. 293 2. Spiegelstrich EG.[238] Zumindest solange noch keine vollständige sekundärrechtliche Beseitigung der Doppelbesteuerung seitens der Europäischen Union erfolgt ist, finden Vermeidungsmaßnahmen im Wege weiterer Harmonisierungsbemühungen durch Richtlinien einerseits und seitens der Mitgliedstaaten andererseits statt.[239] Sofern sich bereits existierende sekundärrechtliche Harmonisierungsmaßnahmen und DBA-Regelungen oder nationales Recht inhaltlich widersprechen, handelt es sich um die hiervon zu trennende Frage des materiellen Anwendungsvorrangs des Unionsrechts.

Diesbezüglich sollte auch der durch den Vertrag von Lissabon gestrichene ex-Art. 293 2. Spiegelstrich EG kein abweichendes Kompetenzgefüge festlegen. Ex-Art. 293 EG stellte insbesondere keinen Rechtsetzungsvorbehalt zugunsten der Mitgliedstaaten dar[240] und sollte auch nicht die auf Art. 115 AEUV gestützte unionsrechtliche Harmonisierung im Bereich der direkten Steuern beschränken.[241] Aus dem Erforderlichkeitsvorbehalt in ex-Art. 293 2. Spiegelstrich EG konnte jedoch umgekehrt auch nicht auf einen generellen Vorrang der unionsrechtlichen Harmonisierungsmaßnahmen geschlossen werden, in deren Folge den Mitgliedstaaten nur eine subsidiäre Kompetenz zur Vermeidung mehrfacher

---

237 *Hatje*, in: Schwarze, EU-Kommentar, Art. 293 EGV, Rn. 9.

238 S.o.: Teil 1: IV.).

239 *Schwartz/Mölls*, in: Von der Groeben/Schwarze, EUV und EGV, Art. 293 EG, Rn. 43.

240 EuGH Urteil v. 5.11.2002, Rs. C-208/00 (*Überseering*), Slg. 2002, S. I-9919, Rn. 54; *Hatje*, in: Schwarze, EU-Kommentar, Art. 293 EGV, Rn. 9.

241 Komission Mitteilung v. 9.6.2005, Doppelbesteuerungsabkommen und Recht der Europäischen Gemeinschaft, DOC(2005) 2306, Rn. 14, 38; *Bröhmer*, in: Callies/Ruffert, EUV/EGV, Art. 293 EG, Rn. 4.

Belastungen zugekommen wäre.[242] Schließlich stellte ex-Art 293 2. Spiegelstrich EG auch keine explizite Kompetenznorm zum Abschluss von DBA zugunsten der Mitgliedstaaten dar.[243]

2.) Inhaltliche Vorgaben des Unionsrechts für die Vermeidung der Doppelbesteuerung

a) Unionsrechtliche Vorgaben für die Steuerverteilung

Es wurde bereits verdeutlicht, dass der Steuerpflichtige die Ausgestaltung der unterschiedslos wirkenden nationalen Steuersysteme nicht auf Basis der Grundfreiheiten beeinflussen kann.[244] Die Ausgestaltung etwa von Steuertatbeständen, Steuerbegünstigungen oder Steuertarifen obliegt der alleinigen und grundfreiheitsrechtlich nicht beeinflussbaren Verantwortung des jeweiligen Mitgliedstaats. Im Fall eines durch DBA geregelten Zugriffs des besteuerungsberechtigten Mitgliedstaats kann dem Steuerpflichtigen ein Nachteil dadurch entstehen, dass als Folge der Steuerverteilung die ungünstigere von zwei möglichen Steuerfolgen für ihn eintritt, da dem Staat mit den höheren Abgaben das Besteuerungsrecht zugewiesen wurde. Er könnte versucht sein, sich auf Grundlage der Grundfreiheiten gegen diese aus der zwischenstaatlichen Steuerzuordnung resultierende höhere Belastung zu wenden.

Erstmals in dem Urteil in der Rs. *Gilly* hatte der EuGH die Gelegenheit ergriffen und zu diesen Fragen Stellung bezogen.[245] Die Klägerin vor dem nationalen Gericht, Frau *Gilly*, wohnte in Frankreich, arbeitete jedoch als Lehrerin im öffentlichen Dienst an einer in Deutschland belegenen Schule; aus dieser Tätigkeit erzielte sie Einkünfte. Frau *Gilly* besaß die deutsche und die französische Staatsbürgerschaft. Aufgrund der Steuerverteilungsnorm in dem deutsch-französischen DBA und der fehlenden Vollanrechnung in Frankreich unterlag Frau *Gilly* der höheren Besteuerung in Deutschland. Die einschlägige Steuerverteilung ergab sich aus einer Reihe von Voraussetzungen, die unter anderem an ihre beiden Staatsangehörigkeiten und ihre Tätigkeit für die öffentliche Hand anknüpfte. Das DBA hätte etwa für den Fall, dass Frau *Gilly* ausschließlich die französi-

242 *Schwartz/Mölls*, in: Von der Groeben/Schwarze, EUV und EGV, Art. 293 EG, Rn. 4, 44.

243 *Schweitzer*, in: Grabitz/Hilf, Das Recht der EU, Art. 293 EG, Rn. 5; *Hatje*, in: Schwarze, EU-Kommentar, Art. 293 EGV, Rn. 4; *Leible*, in: Streinz, EUV/EGV, Art. 293 EG, Rn. 1; Komission Mitteilung v. 9.6.2005, DOC(2005) 2306, Doppelbesteuerungsabkommen und Recht der Europäischen Gemeinschaft, Rn. 1.

244 S.o.: Teil 1: II.) 8.) b).

245 EuGH Urteil v. 12.5.1998, Rs. C-336/96 (*Gilly*), Slg. 1998, S. I-2793.

sche Staatsangehörigkeit annimmt oder als Lehrerin im Rahmen eines privatrechtlichen Arbeitsverhältnisses tätig wird, eine anderweitige Zuordnung vorgesehen mit der Folge, dass Frau *Gilly* der gewünschten (niedrigeren) französischen Besteuerung unterlegen hätte. Der EuGH sah in den Verteilungsregelungen des DBA keine Beschränkung der Grundfreiheiten und bestätigte ausdrücklich die Befugnis der Mitgliedstaaten zur Verteilung des Steuersubstrats sowie zur Festlegung der diesbezüglichen Anknüpfungskriterien.[246] Frau *Gilly* hat nur im Rahmen der Besteuerung des jeweiligen Mitgliedstaats einen Anspruch auf gleichmäßige Besteuerung.[247]

Dem *Gilly*-Urteil lassen sich neben der bereits erörterten Zuständigkeit der Mitgliedstaaten zur Aufteilung der Besteuerungsbefugnisse auch im Hinblick auf die inhaltliche Ausgestaltung der Steuerverteilung grundlegende Aussagen entnehmen: Zum einen ist das Ergebnis der Steuerverteilung in Form eines Steuerzugriffs des höher besteuernden Mitgliedstaats kein Eingriff in die Grundfreiheiten. Eine solche Quasibeschränkung ist letztendlich auf die Unterschiede der nationalen Steuerrechtssysteme in den Teilmärkten zurückzuführen.[248] Die bloße Steuerverteilung im Sinne eines völkervertraglichen Verzichts auf das Besteuerungsrecht durch einen Mitgliedstaat unter gleichzeitiger Ausübung des Besteuerungsrechts durch einen anderen Mitgliedstaat ist grundfreiheitsneutral. Auch in der Literatur ist allgemein anerkannt, dass durch die bloße abkommensrechtliche Abgrenzung von Besteuerungsrechten im Sinne eines Steuerverzichts durch einen Mitgliedstaat kein Eingriff in den Schutzbereich der Grundfreiheiten möglich ist.[249] Zum anderen ist auch die Wahlfreiheit bezüglich der Verteilungspara-

---

246 EuGH Urteil v. 12.5.1998, Rs. C-336/96 (*Gilly*), Slg. 1998, S. I-2793, Rn. 30.Urteil v. 12.12.2002, Rs. C-385/00 (*de Groot*), Slg. 2002, S. I-11819, Rn. 93; Urteil v. 14.12.2006, Rs. C-170/05 (*Denkavit*), Slg. 2006, S. I-11949, Rn. 43; Urteil v. 3.10.2006, Rs. C-290/04 (*Scorpio*), Slg. 2006, S. I-9461, Rn. 54; Urteil v. 21.9.1999, Rs. 307/97 (*Saint-Gobain*), Slg. 1999, S. I-6161, Rn. 57; Urteil v. 12.12.2006, Rs. C-374/04 (*ACT Group Litigation*), Slg. 2006, S. I-11673, Rn. 53.

247 Zur sog. „*Kästchengleichheit*" vgl.: *Wernsmann*, in: Schulze/Zuleeg/Kadelbach, Europarecht, § 30, Rn. 6, 81; *ders.*, in: Hübschmann/Hepp/Spitaler, AO/FGO, § 4, Rn. 432.

248 EuGH Urteil v. 5.7.2005, Rs. C-376/03 (*D*), Slg. 2005, S. I-5821, Rn. 52; GA *Colomer* Schlussanträge v. 20.11.1997, Rs. C-336/96 (*Gilly*), Slg. 1998, S. I-2793, Rn. 46; Schlussanträge v. 26.10.2004, Rs. C-376/03 (*D*), Slg. 2005, S. I-05821, Rn. 81; GA *Geelhoed* Schlussanträge v. 23.2.2006, C-374/04 (*ACT Group Litigation*), Slg. 2006, S. I-11673, Rn. 52.

249 *Cordewener*, Europäische Grundfreiheiten und nationales Steuerrecht, S. 592ff.; *Lang*, IStR 2005, S. 289, 294; *Englisch*, in: Cordewener/Enchelmaier/Schindler, Meistbegünstigung im Steuerrecht der EU-Staaten, S. 163, 176; *Lehner*, in: Vogel/Lehner, DBA, Einl., Rn. 265b; *ders.*; IStR 2001, S. 329, 332; *Schön*, IStR 2004, S. 289, 291; *Schönfeld*, in: Debatin/Wassermeyer, Doppelbesteuerung, Vor Art. 1 MA, Rn. 110; *Vogelgesang*, in: Becker/Höppner/Grotherr/Kroppen, DBA-Kommentar, Art. 15 MA, Rn. 65; a.A.: *Randelzhofer/Forsthoff*, in: Grabitz/Hilf, Das Recht der EU, Vor Art. 39-55, Rn. 260.

meter geklärt.[250] Anerkannt ist etwa die Anknüpfung der Besteuerungsbefugnisse an die Ansässigkeit des Steuerpflichtigen.[251] Dies betrifft jedoch nur die Aufteilung der Besteuerungsbefugnis; eine Differenzierung anhand der Ansässigkeit des Steuerpflichtigen bei der Ausübung mitgliedstaatlicher Besteuerungsrechte ist hingegen der grundfreiheitsrechtlichen Überprüfung zugänglich. Treffen den Nichtansässigen im Quellenstaat entsprechend dem vom EuGH anerkannten Territorialitätsprinzip[252] Steuerfolgen, die ihn in eine vergleichbare Situation versetzen, wird ihm aber ein Steuervorteil vorenthalten, liegt eine rechtfertigungsbedürftige Benachteiligung vor.[253] Dementsprechend beanstandete der EuGH auch nicht die an die Staatsangehörigkeit anknüpfende Zuordnung von Besteuerungsrechten in der Rs. *Gilly*[254]. Die von Frau *Gilly* innerhalb der bilateralen Aufteilung als ungerecht oder willkürlich empfundene Differenzierung zwischen wohl tatsächlich objektiv vergleichbaren Sachverhalten (ausschließlich französische oder doppelte Staatsangehörigkeit; Einkünfte aus öffentlichen Kassen oder Vergütung privater Lehrertätigkeit) beeinträchtigt nicht den Schutzbereich der Grundfreiheiten.[255] Dies muss auch dann gelten, wenn die Verteilung von Steuersubstrat nicht an den empfohlenen Verteilungskriterien des häufig in der EuGH-Rechtsprechung als sachgerecht bezeichneten OECD-MA[256] (oder des OECD-MA (E)) ausgerichtet wird, sondern die Mitgliedstaaten eine anderweitige Abgrenzung vornehmen, oder sich die Besteuerungsfolge ausschließlich aus dem Zusammenspiel nationaler Steuervorschriften ergibt. Die zulässige Anknüpfung an die Staatsangehörigkeit eröffnet etwa im Erbschaftsteuerrecht die Möglichkeit, den mitgliedstaatlichen Steuerzugriff weit auszuüben.[257] Beispielhaft lässt sich im deutschen Steuerrecht die fünfjährige erweiterte unbeschränkte Erbschaftsteuerpflicht nach § 2 Abs. 1 Nr. 1 S. 2 lit. b) ErbStG anführen, die an die Staatsbürger-

---

250 Ausführlich: GA *Colomer* Schlussanträge v. 20.11.1997, Rs. C-336/96 (*Gilly*), Slg. 1998, S. I-2793, Rn. 44 f., „*Kriterien*".

251 EuGH Urteil v. 14.9.1999, Rs. C-391/97 (*Gschwind*), Slg. 1999, S. I-5451, Rn. 24.

252 EuGH Urteil v. 15.5.1997, Rs. C-250/95 (*Futura Participations*), Slg. 1997, S. I-2471, Rn. 22; Urteil v. 13.12.2005, Rs. C-446/03 (*Marks & Spencer*), Slg. 2005, S. I-10837, Rn. 39; Urteil v. 7.9.2006, Rs. C-470/04 (*N*), Slg. 2006, S. I-7409, Rn. 41; Urteil v. 21.3.2007, Rs. C-347/04 (*REWE Zentralfinanz*), Slg. 2007, S. I-2647, Rn. 69; Urteil v. 23.2.2006, Rs. C-471/04 (*Keller Holding*), Slg. 2006, S. I-2107, Rn. 44ebenso: GA *Kokott* Schlussanträge v. 30.3.2006, Rs. C-470/04 (*N*), Slg. 2006, S. I-7409, Rn. 92 ff.

253 EuGH Urteil v. 13.12.2005, Rs. C-446/03 (*Marks & Spencer*), Slg. 2005, S. I-10837, Rn. 37.

254 EuGH Urteil v. 12.5.1998, Rs. C-336/96 (*Gilly*), Slg. 1998, S. I-2793, Rn. 30; Urteil v. 21.9.1999, Rs. 307/97 (*Saint-Gobain*), Slg. 1999, S. I-6161, Rn. 59; Urteil v. 23.2.2006, Rs. C-513/03 (*Van Hilten*), Slg. 2006, S. I-1957, Rn. 47.

255 Kommission Arbeitsunterlage v. 9.6.2005, DOC(2005) 2306, Doppelbesteuerungsabkommen und Recht der Europäischen Gemeinschaft, Anhang A, S. 12.

256 EuGH Urteil v. 12.5.1998, Rs. C-336/96 (*Gilly*), Slg. 1998, S. I-2793, Rn. 31.

257 EuGH Urteil v. 23.2.2006, Rs. C-513/03 (*Van Hilten*), Slg. 2006, S. I-1957, Rn. 47.

schaft als Kriterium anknüpft. Freilich birgt dieser Bezug das gesteigerte Risiko einer doppelten unbeschränkten Steuerpflicht im Ansässigkeitstaat und dem Mitgliedstaat der Staatsbürgerschaft.

b) Unionsrechtliche Vorgaben für die Methodenwahl

Sofern die abkommensrechtlichen Verteilungsnormen nicht bereits eine exklusive Besteuerung durch einen Mitgliedstaat vorsehen und dem anderen Mitgliedstaat somit sein Besteuerungsrecht entziehen, kommt das beschränkende Element der Steuerverteilung, der Besteuerungsverzicht, erst im Rahmen des Methodenartikels zum Tragen. Die Methoden zur Vermeidung der Doppelbesteuerung können bei auseinanderfallenden Besteuerungsniveaus zu völlig unterschiedlichen Ergebnissen führen. Während die Anrechnungsmethode – zumindest in ihrer theoretischen, reinen Form – im Sinne der Kapitalexportneutralität dazu führt, dass auch hinsichtlich der Wirtschaftstätigkeiten im Ausland das inländische Steuerniveau Anwendung findet,[258] kommt bei einer Freistellung ausländischer Einkünfte von der inländischen Besteuerung das Steuerniveau des ausländischen Staates für diese grenzüberschreitenden Aktivitäten zum Tragen (Kapitalimportneutralität).[259]

Strittig ist, welche Methode im Hinblick auf die Verwirklichung des Binnenmarkts als besser geeignet anzusehen ist. Dabei wird einerseits betont, dass dies zur Herstellung der Wettbewerbsneutralität im Zielmarkt die Freistellungsmethode sei.[260] Andererseits wird die Ansicht vertreten, die kapitalexportneutrale Besteuerung beseitige Steueranreize der Teilmärkte und sei zur Erreichung des Binnenmarktziels, eine effiziente (besteuerungsunabhängige) Resourcenallokation zu fördern, die vorzugswürdige Methode.[261] Es scheint jedoch, dass die in der Praxis anzutreffende beschränkte Anrechnungsmethode aufgrund ihrer protektionistischen Ausrichtung weniger binnenmarktkompatibel ist. Sie setzt ein etwaig höheres Steuerniveau des Ansässigkeitstaats durch und nimmt somit Wirtschaftsteilnehmern den Anreiz, in einem Mitgliedstaat mit niedrigerem Steuerniveau zu investieren. Es wird stets der höheren Steuerbelastung Geltung ver-

---

258 Im Ansässigkeitstaat greift häufig eine Beschränkung auf Anrechnungshöchstbeträge.

259 *Jacobs*, Internationale Unternehmensbesteuerung, S. 18 f.

260 Kommission Arbeitsunterlage v. 9.6.2005, DOC (2005) 2306/A, Doppelbesteuerungsabkommen und Recht der Europäischen Gemeinschaft, Anhang A, S. 14, Fn. 33; *Randelzhofer/Forsthoff*, in: Grabitz/Hilf, Das Recht der EU, Vor Art. 39-55, Rn. 262; *Lehner*, in: Vogel/Lehner, DBA, Einl., Rn. 267; *ders.*, in: Cordewener/Enchelmaier/ Schindler, Meistbegünstigung im Steuerrecht der EU-Staaten, S. 243; *Thömmes*, in: Cordewener/Enchelmaier/ Schindler, Meistbegünstigung im Steuerrecht der EU-Staaten, S. 243 f.; *Schön*, DB 2001, S. 940, 945; *Kokott*, in: Lehner, Grundfreiheiten im Steuerrecht der EU-Staaten, S. 1, 22.

261 *Jacobs*, Internationale Unternehmensbesteuerung, S. 212.

schafft. Damit ist eine Investition zu den Bedingungen des Zielstaats und somit Wettbewerbsgleichheit in diesem Teilmarkt nicht möglich. Die Gegenmeinung basiert auf einem Binnenmarktverständnis, das einen einheitlichen Wirtschaftsraum zugrunde legt.[262] Im Wege der Kapitalexportneutralität kann dann eine effektivere Investitionsentscheidung getroffen werden. Für den Bereich der direkten Steuern dürfte aufgrund der fehlenden Harmonisierung jedoch, wie gezeigt, der Teilmarktansatz vorzuziehen sein. Die unterschiedlichen Besteuerungsmerkmale sind prägende Standortfaktoren der jeweiligen Teilmärkte, die die Investitionsentscheidung maßgeblich mit beeinflussen. Im Fall negativer Einkünfte im Zielmarkt ermöglicht die Anrechnungsmethode hingegen eine phasengleiche Verlustverrechnung im (evtl. höher besteuernden) Ansässigkeitstaat bei vorhandenen positiven Einkünften; die Freistellungsmethode kann unter Umständen lediglich einen Verlustvortrag im (niedriger besteuernden) Quellenstaat eröffnen.

Entgegen einigen Stimmen in der Literatur[263] hat der EuGH die Methodenwahl bislang jedoch zu Recht als grundfreiheitsneutral erachtet. So wurde etwa in dem unilateralen Wechsel von der abkommensrechtlich vereinbarten Freistellungsmethode zur Anrechnungsmethode keine Beschränkung der Grundfreiheiten gesehen.[264] Denn „*durch die Anwendung der Anrechnungsmethode auf diese ausländischen Gesellschaften unterwirft die betreffende Regelung die Gewinne solcher Gesellschaften in Deutschland lediglich demselben Steuersatz wie die Gewinne von in Deutschland ansässigen Personengesellschaften*“.[265] Im Zusammenhang mit der Vermeidung der Doppelbesteuerung bei Beteiligungseinkünften folgt aus der Judikatur des Gerichtshofs gleichfalls, dass die Verwendung der beschränkten Anrechnungsmethode ein prinzipiell adäquates und im Einklang mit den Grundfreiheiten stehendes Mittel darstellt.[266] Die Schlussanträge der Generalanwälte[267] und finanzgerichtliche Entscheidungen nationaler Gerich-

262 *Hey*, Stuw 2004, S. 193, 202.

263 *Schönfeld*, StuW 2005, S. 158, 161 f.; *Cordewener/Schnitger*, StuW 2006, S. 50, 58 ff.; *Reimer*, in: Lehner, Grundfreiheiten im Steuerrecht der EU-Staaten, S. 39, 89 f., der jedoch von einem gerechtfertigten Eingriff in die Grundfreiheiten ausgeht.

264 Zu Fragen des hierdurch erfolgten Treaty Override, s.u.: Teil 3: VI.) 1.) a).

265 EuGH Urteil v. 6.12.2007, Rs. C-298/05 (*Columbus Containesr*), Slg. 2007, S. I-10451, Rn. 39.

266 EuGH Urteil v. 7.9.2004, Rs. C-319/02 (*Manninen*), Slg. 2004, S. I-7477, Rn. 45 ff.; Urteil v. 6.3.2007, Rs. C-292/04 (*Meilicke u.a.*), Slg. 2007, S. I-1835, Rn. 29; Urteil v. 12.12.2006, Rs. C-446/04 (*FII Group Litigation*), Slg. 2006, S. I-11753, Rn. 47 ff.

267 GA *Kokott* Schlussanträge v. 12.9.2006, Rs. C-231/05 (*Oy AA*), Slg. 2007, 6373, Rn. 55, Fn. 33; GA *Geelhoed* Schlussanträge v. 6.4.2006, Rs. C-513/04 (*Kerkchaert und. Morres*), Slg. 2006, S. I-10967, Rn. 33; *ders.* Schlussanträge v. 23.2.2006, Rs. C-374/04 (*ACT Group Litigation*), Slg. 2006, S. I-11673, Rn. 51; *ders.* Schlussanträge v. 6.4.2006, Rs. C-446/041 (*FII Group Litigation*), Slg. 2006, S. I-11753, Rn. 44 ff.

te[268] gehen ebenfalls von einem Methodenwahlrecht der Mitgliedstaaten aus. Ungeachtet einer unterschiedlichen Binnenmarktverträglichkeit, bestehen somit aus grundfreiheitsrechtlicher Sicht zumindest keine Vorgaben in Bezug auf die Methode zur Vermeidung der Doppelbesteuerung. Vielmehr sind beide Systeme als grundfreiheitskonform anzusehen. Einen entsprechenden Schluss legt die Entscheidung des EuGH in der Rs. *Gilly* nahe.[269] Der Steuerpflichtige kann aus den Grundfreiheiten gerade keinen Schutz vor einer steuerverteilungsbedingten höheren Steuerlast herleiten. Die Annahme einer grundfreiheitsrechtlich nicht zu beanstandenden Steuerverteilung im vorgenannten Sinn ist oftmals nur im Zusammenspiel der für die betreffende Einkunftsart einschlägigen Verteilungs- und Methodenartikel möglich, da erst darin die die Doppelbesteuerung vermeidende Bestimmung getroffen wird. Demnach ist es auch zulässig, im Wege der Aufteilung mittels der Anrechnungsmethode das Steuerniveau des entsprechend dem Welteinkommensprinzip besteuernden Ansässigkeitstaats effektiv werden zu lassen.[270] Eine grundfreiheitsbeschränkende Wirkung kommt dieser Quasi-Beschränkung infolge eines möglichen Heraufschleusungseffekts nicht zu.[271] Eine Pflicht zur Freistellung der ausländischen Einkünfte zu dem Zweck, eine möglicherweise niedrigere Besteuerung im Quellenstaat zu erreichen, besteht nicht. Dies ist die Folge der grundfreiheitsrechtlichen Irrelevanz der unterschiedlich ausgestalteten Steuersysteme. Schließlich stellen auch die Mutter-Tochter-Richtlinie (Art. 4 der Richtlinie) und die Zins- und Lizenzgebührenrichtlinie (Art. 6 der Richtlinie) beide Methoden zur Wahl, was auf Grund der Bindung der Unionsorgane an das Primärrecht zumindest indiziell dafür spricht, dass die Methodenwahl nicht grundfreiheitsrechtlich vorbelastet ist.[272] Da im Ergebnis beide Systeme grundfreiheitlich unbeanstandet bleiben, ist auch eine unterschiedliche Anwendung der Methoden für verschiedene Einkunftsarten in einem DBA keinen Bedenken ausgesetzt.

268 FG Köln Urteil v. 1.7.2002, 7 K 8572/98, DStRE 2002, S. 1445ff., Tz. II. 2 b) aa) .

269 EuGH Urteil v. 12.5.1998, Rs. C-336/96 (*Gilly*), Slg. 1998, S. I-2793.

270 *Schön*, IStR 2004, S. 289, 291 f.; a. A.: *Schönfeld*, StuW 2006, S. 79, 82f., unter Annahme einer Rechtfertigungsmöglichkeit.

271 *Lehner*, in: Vogel/Lehner, DBA, Einl., Rn. 267; *ders.*, IStR 2001, S. 329, 335 f.;*Schön*, DB 2001, S. 940, 945; *Cordewener*, Europäische Grundfreiheiten und nationales Steuerrecht, S. 605ff., 884f.; *Kokott*, in: Lehner, Grundfreiheiten im Steuerrecht der EU-Staaten, S. 1, 22f.; *Jacobs*, Internationale Unternehmensbesteuerung, S. 212f.; *Schnitger*, Die Grenzen der Einwirkungen der Grundfreiheiten des EG-Vertrages auf das Ertragsteuerrecht, S. 252ff.; *Körner*, IStR 2004, S. 697, 703; *Englisch*, in: Cordewener/Enchelmaier/Schindler, Meistbegünstigung im Steuerrecht der EU-Staaten, S. 163, 176ff.; *Hey*, in: Hermann/Heuer/Raupach, EStG, Einf. KStG, Rn. 124.

272 *Jacobs*, Internationale Unternehmensbesteuerung, S. 231.

c) Unionsrechtliche Vorgaben für die Anwendung der Freistellungsmethode

aa) Berücksichtigung negativer Einkünfte

Vermeidet der Ansässigkeitstaat die Doppelbesteuerung durch Freistellung der ausländischen Einkünfte, stellt sich die Frage, ob dennoch eine Berücksichtigung der Verluste aus den freigestellten ausländischen Quellen im Ansässigkeitstaat geltend gemacht werden kann. Dabei ist zunächst entscheidend, ob das konkrete DBA die Freistellung auch auf die negativen Einkünfte erstreckt oder ob einer Verrechnung der Verluste aus freigestellten Einkunftsquellen bereits aus abkommensrechtlicher Sicht vorgesehen ist. Die Abkommenspraxis ist diesbezüglich uneinheitlich. Nach einer Ansicht stützt sich die Versagung der Verlustberücksichtigung auf eine streng symmetrisch verstandene Umsetzung der DBA-Freistellungsmethode für Betriebstätteneinkünfte[273], etwa in Bezug auf Art. 5 und Art. 23 A OECD-MA entsprechende Bestimmungen.[274] Im Ergebnis sollen negative Einkünfte ebenso wie ihr positives Pendant unberücksichtigt bleiben. Die hiervon abweichende Abkommensinterpretation erstreckt die Freistellung nicht auf negative Einkünfte. Die Bestimmung des finanziellen Leistungsvermögens im Zusammenhang mit weltweit radizierten Gewinnen ende nicht an den staatlichen Außengrenzen.[275] Nach dieser Auffassung drohe ansonsten die Besteuerung fiktiver Einkünfte.[276]

Bereits die Frage nach dem grundfreiheitsrechtlichen Eingriff wirft Schwierigkeiten auf. Handelt es sich bei der benachteiligenden Versagung der Berücksichtigung von freigestellten Auslandsverlusten um die Folge einer grundfreiheitsrechtlich unbeachtlichen Steuerverteilung, oder wird die Gleichbehandlung von rein inländischen und grenzüberschreitenden Sachverhalten bei der Ausübung der

---

273 BFH Urteil v. 17.7.2008, I R 84/04, BStBl. II 2009, S. 630 ff., m.w.N.; *Hahn*, IStR 2002, S. 681, 683 f.; *Kube*, IStR 2008, S. 305, 306, 310 ff.

274 Dem OECD-MK lässt sich hingegen keine ausdrückliche Empfehlung entnehmen. Art. 23, Nr. 44 OECD-MK lässt zumindest die Freistellung auch im Fall von Verlusten zu.

275 Österreichischer Verwaltungsgerichtshof Erkenntnis v. 25.9.2001, 99/14/0217-9, IStR 2001, S. 754 ff.; Luxemb. Cour Administrative Urteil v. 10.8.2005, vgl. Bericht von *Winandy*, IStR 2005, S. 594 zum erstinstanzlichen Urteil und *Hahn*, IStR 2010, S. 157.

276 *Schön*, IStR 2004, S. 289, 294; *Balmes/Grammel/Sedemund*, BB 2006, S. 1474, 1474; auch kritisch: *Kessler/Eicke*, IStR 2008, S. 581 f.; *Vogel*, in: Vogel/Lehner, DBA, Art. 23, Rn. 46 ff.; *Wassermeyer*, in: Debatin/Wassermeyer, Doppelbesteuerung, Art. 23 A, Rn. 57 ff.; *Balmes/Grammel/Sedemund*, BB 2006, S. 1474, 1474; *Rehm/Nagler*, IStR 2009, S. 129, 134 f.; Kommission Mitteilung v. 19.12.2006, KOM (2006) 824 endg., Steuerliche Behandlung von Verlusten bei grenzübergreifenden Sachverhalten, S. 6; GA *Léger* Schlussanträge v. 1.3.2005, Rs. C-152/03 (*Ritter-Coulais*), Slg. 2006, S. I-1711, Rn. 110 f.

Besteuerungsrechte gefordert? Für den EuGH folgt der Eingriff in die Grundfreiheiten bei einem nicht zugelassenen Abzug ausländischer Verluste aus zweitgenanntem Umstand, nämlich dem bei entsprechenden Inlandseinkünften nicht existierenden Ausgleichsverbot.[277] In Bezug auf die Verlustnutzung befinden sich rein innerstaatliche und grenzüberschreitend tätige Steuerpflichtige in einer vergleichbaren Lage. In der Literatur wurden hingegen Überlegungen laut, wonach die der Verteilung von Besteuerungsbefugnissen spiegelbildlich folgende Zuordnung der negativen Einkünfte, als Bestandteil der abkommensrechtlichen Aufteilung im Sinne der *Gilly*-Doktrin, ebenfalls jenseits des grundfreiheitsrechtlichen Schutzbereichs liegen müsse.[278] Die unmittelbare Betroffenheit der zwischenstaatlichen Steuerverteilung und die steuerdistributive Wirkung für den Fall, dass in diese Zuordnung mittels der grundfreiheitsrechtlichen Verlustberücksichtigung eingegriffen wird, sind evident. Dennoch ist dem EuGH darin beizupflichten, eine Grundfreiheitsimmunität auf Grundlage der *Gilly*-Doktrin abzulehnen und die Steuerverteilung vielmehr im Rahmen der Rechtfertigungserwägungen entlastend zu berücksichtigen.[279] Die nachteilige Wirkung ist nicht lediglich Folge der unterschiedlich ausgestalteten nationalen Steuerordnungen infolge fehlender Harmonisierung, sondern einer Schlechterstellung innerhalb eines Teilmarkts.

Der EuGH greift zur Rechtfertigung der symmetrischen Nichtberücksichtigung ausländischer negativer Einkünfte auf die bereits erwähnte Rechtfertigungstrias zurück, bestehend aus der Notwendigkeit, die Aufteilung der Besteuerungsbefugnisse zu wahren sowie die Gefahr der doppelten Verlustnutzung und der Steuerflucht zu vermeiden.[280] Im Zusammenhang mit den freigestellten Einkünften ausländischer Betriebstätten wurden insbesondere die beiden erstgenannten Komponenten herangezogen.[281] Die Ausgewogenheit der Aufteilung der Besteuerungsbefugnisse zwischen den Mitgliedstaaten darf nicht durch eine beliebige Zuordnung negativer Einkünfte seitens des Steuerpflichtigen beeinträchtigt werden.[282] Deshalb sind (verhältnismäßige) Vorschriften zu akzeptieren, die der Gefahr entgegentreten sollen, die Besteuerungszuständigkeit an durchgeführten Tätigkeiten im Hoheitsgebiet des betreffenden Mitgliedstaats zu verlieren.[283] Geschützt wird

277 EuGH Urteil v. 14.12.2000, Rs. C-141/99 (*AMID*), Slg. 2000, S. I-11619, Rn. 27; Kommission Mitteilung v. 19.12.2006, KOM (2006) 824 endg., Steuerliche Behandlung von Verlusten bei grenzübergreifenden Sachverhalten, S. 3.

278 *Hahn*, IStR 2002, S. 681, 686 f.; *Altvater*, DB 2009, S. 1201, 1205; andeutungsweise: *Kube*, IStR 2008, S. 305, 310 f.

279 *Rehm*, GmbHR 2008, S. 1174 f.; *Cordewener*, IStR 2003, S. 413, 417.

280 Erstmalig: EuGH Urteil v. 13.12.2005, Rs. C-446/03 (*Marks & Spencer*), Slg. 2005, S. I-10837, Rn. 43 ff.

281 EuGH Urteil v. 15.5.2008. Rs. C-414/06 (*Lidl Belgium*), Slg. 2008, S. I-3601, Rn. 27 ff.

282 EuGH Urteil v. 13.12.2005, Rs. C-446/03 (*Marks & Spencer*), Slg. 2005, S. I-10837, Rn. 46.

283 EuGH Urteil v. 18.7.2007, Rs. C-231/05 (*Oy AA*), Slg. 2007, S. I-6373, Rn. 54.

somit die Verteilung des Steuersubstrats zwischen den Mitgliedstaaten. Zudem wird durch die Vermeidung der doppelten Verlustnutzung dem Gedanken der Belastungsgerechtigkeit auf der Ebene des jeweiligen Steuerpflichtigen Rechnung getragen. Der EuGH sieht es, gleich der Vermeidung weißer Einkünfte, als ein legitimes Ansinnen der Mitgliedstaaten an, die doppelte Verlustnutzung zu unterbinden. Die rechtfertigende Wirkung der Wahrung der Aufteilung der Besteuerungsbefugnisse setzt im Rahmen der Verlustnutzungsbeschränkung wohl nicht (mehr) das Bestehen einer zusätzlichen Missbrauchsgefahr in Form rein künstlicher Gestaltungen nach bisherigem Verständnis voraus.[284]

An der Geeignetheit der pauschalen Versagung des Verlustabzugs zur Erreichung dieser Ziele bestehen zwar keine Zweifel, es stellt sich jedoch die Frage nach der Verhältnismäßigkeit einer Versagung der Verlustnutzung. Der Gerichtshof kam zu dem Ergebnis, dass eine (unterschiedslose) Nutzung finaler Verluste entgegen dem Symmetrieprinzip ausnahmsweise zu erfolgen hat. Eine Sofortberücksichtigung von Verlusten unter der Bedingung, dass spätere steuerbefreite Gewinne in Höhe der vorher verrechneten Verluste wieder hinzugerechnet werden (Nachversteuerungsregelung), sah der EuGH hingegen als grundfreiheitsrechtlich nicht geboten an. Diese Variante sei folglich einer weiteren Integration vorbehalten.[285] Diese Rechtsprechung hat im Schrifttum erhebliche Kritik erfahren. Insbesondere die vorrangig zu berücksichtigende Möglichkeit eines Verlustvortrags im Quellenstaat führe im Vergleich zu einem Sofortabzug zu empfindlichen Liquiditätsnachteilen bei dem grenzüberschreitenden Sachverhalt.[286] Dies treffe auch mögliche Anlaufverluste in der Investitionsphase, wodurch ein grenzüberschreitendes Engagement bereits in der Marktzutrittssituation erschwert werde. Die vermeintliche Unbeachtlichkeit des Liquiditätsnachteils im Rahmen der Verhältnismäßigkeitsprüfung stehe zudem in Widerspruch zur bisherigen Rechtsprechung des EuGH, wonach ein solcher Nachteil einen Verstoß gegen die Grundfreiheiten darstellt.[287] Dem ist zuzustimmen. Die Wirkung der Nachversteuerungslösung stellt sich im Hinblick auf die Vermeidung der Gefahr der doppelten Verlustnutzung und der Steuerflucht als ebenbürtig dar.[288] Die Nachversteuerung würde

284 EuGH Urteil v. 25.2.2010, Rs. C-337/08 (*X Holding BV*), DStR 2010, S. 427 ff., Rn. 25 ff.

285 EuGH Urteil v. 13.12.2005, Rs. C-446/03 (*Marks & Spencer*), Slg. 2005, S. I-10837, Rn. 58; kritisch: Kommission Mitteilung v. 19.12.2006, KOM (2006) 824 endg., Steuerliche Behandlung von Verlusten bei grenzübergreifenden Sachverhalten, S. 6; GA *Sharpston* Schlussanträge v. 14.2.2008, Rs. C-414/06 (*Lidl Belgium*), Slg. 2008, S. I-3601, Rn. 25.

286 *Scheunemann*, IStR 2005, S. 303, 308; zur Verzinsung gemäß § 233a AO bei Erstattung unionsrechtswidrig erhobener Steuern: BFH Beschluss v. 18.9.2007, I R 15/05, BStBl. II 2008, S. 332 ff.

287 EuGH Urteil v. 8.3.2001, verb. Rs. C-397/98 und C-410/98 (*Metallgesellschaft u. a.*), Slg. 2001. S. I-1727, Rn. 44, 54.

288 *Hey*, GmbHR 2006, S. 113, 116; *Rehm*, GmbHR 2008, S. 709, 714.

zudem die abkommensrechtliche Aufteilung mit zeitlicher Versetzung wieder herstellen, sodass der drohende Symmetrieverlust nur vorübergehend wäre.[289] Auch darf bezweifelt werden, dass die Ultima-Ratio-Lösung des EuGH gegenüber dem Korrektiv der Nachversteuerung in puncto Komplexität und Unpraktikabilität im Hinblick auf Gestaltungs- und Umgehungsmöglichkeiten und entsprechende Kontrollmechanismen Vorteile bietet. Die Nachversteuerungsvariante hätte gegenüber dem vom EuGH eingeschlagenen Weg auch nicht zwingend den Nachteil, dass sich die Beweislast zulasten der Finanzbehörden ändern würde. Zwar müsste der Steuerpflichtige zunächst nicht die Finalität der Verluste zum Zwecke des Verlustabzugs nachweisen.[290] Es wäre dann jedoch umgekehrt die Einführung einer Art automatischen Nachversteuerung denkbar, die auf einer Gewinnvermutung basiert und durch den Steuerpflichtigen mittels periodischem Nachweis eines endgültigen Verlusts abgewendet werden müsste.[291] Für die Grundfreiheitskonformität einer Nachweispflicht dürfte sprechen, dass der EuGH in den Rs. *Marks & Spencer* und *Lidl Belgium* ebenfalls die Nachweispflicht im Hinblick auf die Finalität der Verluste dem Steuerpflichtigen auferlegt.[292] Somit stünde in Form der Sofortberücksichtigung von Verlusten mit nachgelagerter Besteuerung der Gewinne ein milderes, da Liquiditätsnachteile des Steuerpflichtigen vermeidendes, Mittel zur Verfügung.

Der EuGH bevorzugt es in Verkennung der Grenzen der grundfreiheitsrechtlichen Integration, die grenzüberschreitende, unterschiedslose Verlustverrechnung nur für endgültige (finale) Verluste zu fordern. Danach ist die Verhältnismäßigkeit dann nicht mehr gewahrt, wenn im Quellenstaat die Verluste weder in anderen Veranlagungszeiträumen noch durch Dritte nutzbar gemacht werden können und sie somit endgültig werden.[293] Es entfällt die Gefahr einer doppelten Verlustnutzung, wenn im Rahmen der grenzüberschreitenden Tätigkeit im anderen Mit-

289 GA *Sharpston* Schlussanträge v. 14.2.2008, Rs. C-414/06 (*Lidl Belgium*), Slg. 2008, S. I- 3601, Rn. 24 ff.

290 EuGH Urteil v. 8.7.1999, Rs. C-254/97 (*Baxter u. a.*), Slg. 1999, S. I-4809, Rn. 19 f., Urteil v. 10.3.2005, Rs. C-39/04 (*Laboratoires Fournier*), Slg. 2005, S. I-2057, Rn. 25, Urteil v. 11.10.2007, Rs. C-451/05 (*ELISA*), Slg. 2007, S. I-8251, Rn. 96; kritisch zu einer Nachweispflicht: *Rehm*, GmbHR 2008, S. 1174 f.

291 *Mayr*, BB 2008, S. 1312, 1316; *Englisch*, Aufteilung der Besteuerungsbefugnisse, S. 30 f.; *Rainer*, IStR 2008, S. 183, 188.

292 EuGH Urteil v. 12.12.2006, Rs. C-446/041 (*FII Group Litigation*), Slg. 2006, S. I-11753, Rn. 53; hingegen kritisch: EuGH Urteil v. 15.5.1997, Rs. C-250/95 (*Futura Participations*), Slg. 1997, S. I-2471, Rn. 23 ff., zur doppelten Rechnungslegung; Urteil v. 3.10.2006, Rs. C-290/04 (*Scorpio*), Slg. 2006, S. I-9461, Rn. 47, 56.

293 EuGH Urteil v. 13.12.2005, Rs. C-446/03 (*Marks & Spencer*), Slg. 2005, S. I-10837, Rn. 53 ff.; Urteil v. 15.5.2008. Rs. C-414/06 (*Lidl Belgium*), Slg. 2008, S. I-3601, Rn. 44 ff.; zur Möglichkeit eines Verlustrücktrags: *de Weerth*, IStR 2008, S. 400, 405; *von Brocke*, DStR 2008, S. 2201 f.

gliedstaat ohnehin keine Verlustnutzung möglich ist. Die Rechtfertigungskomponente „Wahrung der Aufteilung der Besteuerungsbefugnisse“ tritt im Rahmen der Verhältnismäßigkeitsprüfung zurück. In der Entscheidung in der Rs. *X Holding BV* zeichnet sich möglicherweise eine Entwicklung ab, wonach der mitgliedstaatlichen Steuerverteilung im Fall der *Steuersubjektpluralität* bedingungslos Vorrang einzuräumen ist.[294] Legitimiert man auch die einseitige Nichtberücksichtigung *finaler* Verluste mit dem Erfordernis der Wahrung der getroffenen Steuerverteilung, würde man letztendlich die Forderung nach einer Gleichbehandlung bei der Verlustnutzung vollständig aufgeben. Der bejahte Eingriff würde auch bei endgültigen Verlusten stets durch die Steuerverteilung gerechtfertigt werden. Die Zuordnung von negativen Einkünften wäre im Ergebnis ebenso dem grundfreiheitsrechtlichen Schutz entzogen. Dies würde zumindest in Fällen der *Steuersubjektidentität* verkennen, dass der Marktteilnehmer trotz freigestellter ausländischer Einkünfte im Ansässigkeitstaat einer Besteuerung unter Geltung des Welteinkommenssystems unterliegt und folglich die Steuerverteilung einerseits und der Gleichbehandlungsanspruch innerhalb des Teilmarkts andererseits in Ausgleich zu bringen sind. Die Finalität der Verluste bestimmt sich aus der Sicht des Quellenstaates, der Steuerpflichtige ist hierfür nachweispflichtig.[295] Eine definitive Verlustsituation kann sich ergeben, wenn das verlustbringende Engagement in dem Quellenstaat eingestellt wird und die *„vorgesehenen Möglichkeiten zur Berücksichtigung von Verlusten ausgeschöpft“*[296] sind, wozu etwa auch die Übertragung der Verluste der ausländischen Betriebstätte auf Dritte[297] vorrangig wahrgenommen werden muss.[298] Eine ausnahmsweise Berücksichtigung von vagabundierenden, laufenden Verlusten kommt in Betracht, wenn diese denknotwendig nicht bei der Betriebstätte nutzbar gemacht werden können, da sie auf deren Ebene *„naturgemäß nie entstehen“* können und somit ebenfalls endgültig würden.[299] Die nähere Umzeichnung der Binnenmarktfinalität von Verlusten ist gegenwärtig wohl eine der kontroversesten Diskussionen auf dem Gebiet des europäischen Ertragsteuerrechts. In den Rs. *Deutsche Shell, Wannsee* und *Columbus Containers* stellt der EuGH fest, dass die Grundfreiheiten *„nicht dahin verstanden werden [können], dass ein Mitgliedstaat verpflichtet ist, seine*

294 EuGH Urteil v. 25.2.2010, Rs. C-337/08 (*X Holding BV*), DStR 2010, S. 427 ff., Rn. 25 ff.

295 EuGH Urteil v. 13.12.2005, Rs. C-446/03 (*Marks & Spencer*), Slg. 2005, S. I-10837, Rn. 56; kritisch zu einer Nachweispflicht: *Rehm*, GmbHR 2008, S. 1174 f.

296 EuGH Urteil v. 13.12.2005, Rs. C-446/03 (*Marks & Spencer*), Slg. 2005, S. I-10837, Rn. 55.

297 Kritisch zur Einbeziehung Dritter in die Betrachtung: *Hey*, GmbHR 2006, S. 113, 117.

298 Weitere denkbare Möglichkeiten: *Mayr*, BB 2008, S. 1816 f.; *Müller/Müller*, GmbHR, 2006, S. 301, 303.

299 EuGH Urteil v. 28.2.2008, Rs. C-293/06 (*Deutsche Shell*), Slg. 2008, S. I-1129, Rn. 44; der Währungsverlust ließ sich in der Steuerbilanz des Betriebstättenstaates nicht abbilden, da die Buchhaltung in dessen Nationalwährung erfolgte.

Steuervorschriften auf diejenigen eines anderen Mitgliedstaats abzustimmen, um in allen Situationen eine Besteuerung zu gewährleisten, die jede Ungleichheit, die sich aus den nationalen Steuerregelungen ergibt, beseitigt [...]"[300]. Daran anschließend folgerte der EuGH in der Rs. *Wannsee*, dass eine Nachversteuerung nicht deswegen grundfreiheitsrechtswidrig ist, weil der Verlust im Quellenstaat in Ermangelung eines (unbeschränkten) Verlustvortrags endgültig geworden ist.[301] Der Bundesfinanzhof und ein Teil des Schrifttums interpretieren die Ausführungen des Gerichtshofs dahingehend, dass die Finalität der Verluste nicht in einer Weise verstanden werden darf, dass es der Quellenstaat durch restriktive (aber diskriminierungsfreie) Ausgestaltung der Verlustnutzungsmöglichkeiten in seinem Steuersystem[302] in der Hand hat, endgültige Verluste zu schaffen und somit eine Berücksichtigung im Ansässigkeitstaat zu bewirken.[303] So stellte der Bundesfinanzhof fest, dass nur aufgrund tatsächlicher Gegebenheiten definitiv untergehende Verluste grundfreiheitsrechtlich zu berücksichtigen seien,[304] nicht hingegen, wenn Verluste ausschließlich aufgrund rechtlicher Restriktionen im Quellenstaat ungenutzt bleiben. Demgegenüber wird vertreten, dass auch in Fällen, in denen eine Verlustnutzung nach dem Recht des Quellenstaats zum Beispiel an einem zeitlich begrenzten Verlustvortrag, einer Mantelkaufregelungen, einer Steuerbefreiung, einem Steuertarif von null Prozent scheitert oder mangels einer Abzugsmöglichkeit gar nicht erst entsteht, zur Verlustdefinität führen kann.[305] Dies entspreche den grundfreiheitsrechtlichen Vorgaben der *Lidl-Belgium*-Entscheidung, an denen auch das genannte Judikat in der Rs. *Wannsee* nichts geändert habe. Für erstgenannte Auffassung spricht der Schutz der getroffenen Abstimmung zwischen den Steuersystemen als eigentlicher Legitimationsansatz. Die Aufteilung der Besteuerungsbefugnisse bewirkt nämlich auch, dass der Marktteilnehmer den nationalen Regelungen des besteuerungsberechtigten Staates (unterschiedslos) unterliegt. Die Rechtfertigung der strengen Symmetrie erfordert demnach nicht, dass der Marktteilnehmer diesen Regelungen durch eine Verlustberücksichtigung im Ansässigkeitstaat „entkommen" kann. Soll die

300 EuGH Urteil v. 28.2.2008, Rs. C-293/06 (*Deutsche Shell*), Slg. 2008, S. I-1129, Rn. 43; Urteil v. 23.10.2008, Rs. C-157/07 (*Wannsee*), Slg. 2008, S. I-8061, Rn. 50; Urteil v. 6.12.2007, Rs. C-298/05 (*Columbus Containers*), Slg. 2007, S. I-10451, Rn. 51.

301 EuGH Urteil v. 23.10.2008, Rs. C-157/07 (*Wannsee*), Slg. 2008, S. I-8061, Rn. 49ff.

302 Etwa durch die Beschränkung des Verlustabzugs, ggf. unter gleichzeitiger Gewährung großzügiger wirtschaftsfördernder Sonderabschreibungen.

303 *Kube*, IStR 2008, S. 305, 310; *Mayr*, BB 2008, S. 1816, 1817; *Kessler/Philipp*, IStR 2010, S. 865, 866f.; kritsch: *Wernsmann/Nippert*, FR 2006, S. 153, 160.

304 BFH Urteil v. 3.2.2010, I R 23/09, DStR 2010, S. 918ff., Tz. 23; Urteil v. 9.6.2010, I R 100/09, IStR 2010, S. 670ff., Tz. 11f.; Urteil v. 9.6.2010, I R 107/09, IStR 2010, S. 663ff., Tz. 18ff.

305 *Rehm/Nagler* IStR 2008, S. 129, 136; *Wernsmann/Nippert*, FR 2006, S. 153, 160; *Spengel/Matenaer*, IStR 2010, S. 817ff.

eigentlich geschützte Steuerdistribution nicht vollends durch grundsätzlich zu begrüßende Aspekte eines binnenmarktweit geltenden Leistungsfähigkeitsprinzips[306] verdrängt werden, ist der Anwendungsbereich der Finalität zu umgrenzen. Schwierig dürfte an der hier vorgenommenen Unterscheidung zwischen „echten" endgültigen Verlusten und einer aus der Rechtsordnung des Quellenstaats resultierenden Verlustnutzungsbeschränkung jedoch sein, dass das Zusammenfallen beider Ursachen nicht auszuschließen ist.[307] Der Bundesfinanzhof scheint hier seiner Prüfung eine Art Kausalitätvorrang zugunsten der Aufgabe, Umwandlung oder eines anderen tatsächlichen Ereignisses zugrunde zu legen.[308] Es stehen missbräuchliche Gestaltungen einerseits und übermäßiger Nachweispflichten seitens der Mitgliedstaaten andererseits zu befürchten.[309] Auch viele Folgefragen des Abzugs endgültiger Verluste bei Anwendung der DBA-Freistellungsmethode sind noch ungeklärt.[310]

bb) Berücksichtigung von persönlichen Steuerabzugsbeträgen

Bei der Vermeidung der Doppelbesteuerung im Wege der Freistellungsmethode ist auch das Konfliktpotential mit der aus den Grundfreiheiten entwickelten *Schumacker*-Doktrin in Bezug auf die Berücksichtigung von persönlichen, nicht bestimmten Steuereinnahmen unmittelbar zuzuordnenden Steuerabzugsbeträgen zu beachten. Sofern nicht, wie in manchen DBA, die Besteuerung, zum Beispiel im Rahmen von sog. Grenzgängerregelungen, abweichend von Art. 15 OECD-MA ohnehin dem Ansässigkeitstaat zugewiesen wird,[311] kann der grenzüberschreitende Angestellte in eine für ihn nachteilige Situation kommen. Während er im Tätigkeitsstaat als nur beschränkt Steuerpflichtiger nicht in den Genuss von personenbezogenen Steuervergünstigungen kommt, kann (mangels

306 Hierzu: *Seiler*, in: Grabitz/Hilf/Nettesheim, Das Recht der EU, Art. 113 AEUV, Rn. 60 ff.

307 Für eine Ergebnisprognose: *Herzig/Wagner*, DStR 2006, S. 1, 8 f.; vgl. auch: *Hey*, GmbHR 2006, S . 113, 117, die auch im Fall eines Verlustübergangs auf den Käufer dahingehend differenziert, ob die übergegangenen Verluste vergütet wurden.

308 BFH Urteil v. 9.6.2010, I R 107/09, IStR 2010, S. 663 ff., Tz. 18; Niedersächsisches FG Urteil v. 16.6.2011, 6 K 445/09, IStR 2011, 768 ff.

309 BMF Schreiben v. 13.7.2009, BMF IV B 5-S 2118a/07/10004, BStBl. 2009 I, S. 835 ff.; BayLfSt Verfügung v. 19.2.2010, S 1366.1.1-3/10 St 32; DStR 2010, S. 444 ff.

310 Zur maßgeblichen Rechtsordnung für das Entstehen der endgültigen Verluste: EuGH Urteil v. 13.12.2005, Rs. C-446/03 (*Marks & Spencer*), Slg. 2005, S. I-10837, Rn. 22; *von Brocke*, DStR 2006, S. 2201 f.; *Mayr*, BB 2008, S. 1816, 1818 f.; *Watrin/Wittkowski/Lindscheid*, IStR 2008, S. 637, 642; zum maßgeblichen Veranlagungszeitraum einer Berücksichtigung im Ansässigkeitstaat: BFH Urteil v. 9.6.2010, I R 107/09, IStR 2010, S. 663 ff., Tz. 21; *von Brocke*, DStR 2006, S. 2201, 2203; *Englisch*, IStR 2008, S. 400, 405.

311 Zu den Grenzgänger-Regelungen im Lichte des Unionsrechts: *Prokisch*, in: Vogel/Lehner, DBA, Art. 15, Rn. 135.

ausreichend steuerverhafteter Einkünfte) oder will sein Ansässigkeitstaat solche Steuerabzüge nicht vollständig berücksichtigen. Aus der Entscheidung in der Rs. *Schumacker*[312] und einer Reihe von Folgejudikaten[313] entwickelte der EuGH Regeln zur Berücksichtigung von persönlichen und familiären Steuerbegünstigungen bei grenzüberschreitend tätigen natürlichen Personen. Dies gilt zudem für alle Steuerbegünstigungen, die sich auf die Steuerkraft des Marktteilnehmers beziehen und in keinem Mitgliedstaat berücksichtigt werden.[314] Danach befinden sich unbeschränkt und beschränkt Steuerpflichtige aus Sicht des Quellenstaats im Hinblick auf die persönliche Leistungsfähigkeit in keiner vergleichbaren Lage, sodass dieser entsprechende Steuerbegünstigungen grundsätzlich nicht unterschiedslos gewähren muss. Eine Ausnahme greift dann, wenn der beschränkt Steuerpflichtige den wesentlichen Teil seiner Einkünfte aus in diesem Staat radizierten Einkunftsquellen bezieht[315] beziehungsweise eine Berücksichtigung im Ansässigkeitstaat steuerlich nicht möglich ist.[316] Die seitens des EuGH wiederholt verwendete *Schumacker*-Doktrin wirft zwar hinsichtlich einiger Details und ihres Anwendungsbereichs noch Fragen auf, etwa im Hinblick auf die Einkommensschwelle, die zu einer Berücksichtigungspflicht eines Quellenstaats führt.[317] Zudem wird der EuGH wohl auch in Zukunft mit der Frage konfrontiert werden, wann Aufwendungen unmittelbar mit zu versteuernden Einkünften zusammenhängen bzw. durch diese verursacht werden.[318] Die Rechtsprechung trägt jedoch grundsätzlich dem Gedanken der effektiven einmaligen Entlastung von persönlichen Steuerabzugsbeträgen als Ausprägung des Prinzips der Einmalbesteuerung Rechnung. Alternativ bietet sich eine Pro-rata-Allokation persönlicher Steuerbegünstigungen zu den einzelnen Einkunftsbestandteilen in den verschiedenen

---

312 EuGH Urteil v. 14.2.1995, Rs. C-279/93 (*Schumacker*), Slg. 1995, S. I-225.

313 EuGH Urteil v. 1.7.2004, Rs. C-169/03 (*Wallentin*), Slg. 2004, S. I-6443; Urteil v. 27.6.1996, Rs. C-107/94 (*Asscher*), Slg. 1996, S. I-3089; Urteil v. 14.9.1999, Rs. C-391/97 (*Gschwind*), Slg. 1999, S. I-5451; Urteil v. 16.5.2000, Rs. C-87/99 (*Zurstrassen*), Slg. 2000, S. I-3337; Urteil v. 11.8.1995, Rs. C-80/94 (*Wielockx*), Slg. 1995, S. I-2493; Urteil v. 12.5.1998, Rs. C-336/96 (*Gilly*), Slg. 1998, S. I-2793; Urteil v. 12.6.2003, Rs. C-234/01 (*Gerritse*), Slg. 2003, S. I-5933; Urteil v. 25.1.2007, Rs. C-329/05 (*Meindl*), Slg. 2007, S. I-1107.

314 EuGH Urteil v. 18.7.2007, Rs. C-182/06 (*Lakebrink*), Slg. 2007, S. I-6705, Rn. 34.

315 EuGH Urteil v. 27.6.1996, Rs. C-107/94 (*Asscher*), Slg. 1996, S. I-3089, Rn. 44; Urteil v. 14.9.1999, Rs. C-391/97 (*Gschwind*), Slg. 1999, S. I-5451, Rn. 27ff.; Urteil v. 11.8.1995, Rs. C-80/94 (*Wielockx*), Slg. 1995, S. I-2493, Rn. 20f.; Urteil v. 14.2.1995, Rs. C-279/93 (*Schumacker*), Slg. 1995, S. I-225, Rn. 36ff.

316 EuGH Urteil v. 1.7.2004, Rs. C-169/03 (*Wallentin*), Slg. 2004, S. I-6443, Rn. 18, das überwiegend im Ansässigkeitstaat bezogene Einkommen war steuerbefreit.

317 EuGH Urteil v. 14.9.1999, Rs. C-391/97 (*Gschwind*), Slg. 1999, S. I-5451, Rn. 29.

318 EuGH Urteil v. 31.3.2011, Rs. C- 450/09 (*Schröder*), DStR 2011, 664, Rn. 40, 44.

Mitgliedstaaten (Fractional Taxation) an.[319] Diese würde der Wahrung der zwischenstaatlichen Steuerverteilung eher gerecht werden. Der Marktteilnehmer müsste sich dann im Hinblick auf persönliche Steuerbegünstigungen auf die Gegebenheiten des jeweiligen Teilmarkts verweisen lassen. Eine solche Aufteilung wird bei Gewährung einer effektiven Einmalberücksichtigung explizit akzeptiert, wenn sich die Mitgliedstaaten dahingehend abkommensrechtlich verständigt haben.[320]

Im Rahmen der Steuerverteilung von Einkünften aus ausländischen Quellen durch den Ansässigkeitstaat kann es trotz einer vollständigen Berücksichtigung von persönlichen Steuerbegünstigungen entsprechend den Grundsätzen in der Rs. *Schumacker* etwa im Rahmen der Bemessungsgrundlage zu einer partiellen Aufhebung der steuermindernden Wirkung kommen. Zurückzuführen ist dies auf die in der Abkommenspraxis nicht unübliche Proportionalmethode im Rahmen der Freistellung von Einkünften. Dazu werden den Einkünften aus ausländischen Quellen bei der Berechnung des Freistellungsbetrags die persönlichen Steuerentlastungsbeträge pro rata zugerechnet, ungeachtet dessen, ob diese dort tatsächlich zum Abzug gelangen. Ein solches Vorgehen lag auch dem Urteil in der Rs. *de Groot* zugrunde.[321] Herr *de Groot* wohnte in den Niederlanden und war in mehreren Mitgliedstaaten tätig. Vereinfacht ausgedrückt führte die niederländische Regelung dazu, dass die Niederlande als Wohnsitzstaat die persönlichen Verpflichtungen von Herrn *de Groot* bei der Berechnung der freizustellenden ausländischen Einkünfte im Rahmen der Freistellungsmethode anteilig berücksichtigten, nämlich soweit diese nicht auf dessen inländische Einkommensteil in dem Wohnsitzstaat entfielen. Damit wurde letztendlich die steuerliche Begünstigung im Wohnsitzstaat über die Berechnung des Freistellungsbetrages teilweise wieder belastend erfasst. Dieser auf die ausländischen Einkünfte entfallende und somit im Wohnsitzstaat nicht berücksichtigte Teil der subjektiven Steuerabzüge wurde jedoch auch nicht in den Quellenstaaten berücksichtigt. Diese waren weder auf Grundlage der *Schumacker*-Doktrin dazu verpflichtet, da Herr *de Groot* nicht den ganz überwiegenden Teil seiner Einkünfte aus einem der Quellenstaaten bezog, noch auf Basis der geschlossenen DBA. Auf Grundlage dieses Berech-

319 Ausführlich: *Schnitger*, Die Grenzen der Einwirkung der Grundfreiheiten des EG-Vertrages auf das Ertragsteuerrecht, S. 196ff.; *ders.*, IStR 2002, S. 478ff.; ebenso: *Cordewener*, in: Cordewener/Enchelmaier/ Schindler, Meistbegünstigung im Steuerrecht der EU-Staaten, S. 228f.; *Enchelmaier*, in: Cordewener/ Enchelmaier/Schindler, Meistbegünstigung im Steuerrecht der EU-Staaten, S. 225, 229; wohl ablehnend: *Menhorn*, IStR 2002, S. 15ff.

320 EuGH Urteil v. 12.12.2002, Rs. C-385/00 (*de Groot*), Slg. 2002, S. I-11819, Rn. 100.

321 EuGH Urteil v. 12.12.2002, Rs. C-385/00 (*de Groot*), Slg. 2002, S. I-11819; dieselbe Frage hatte sich bereits in der Rs. *Gilly* gestellt, wurde vom EuGH jedoch nicht aufgegriffen; vgl. GA *Colomer* Schlussanträge v. 20.11.1997, Rs. C-336/96 (*Gilly*), Slg. 1998, S- I-2793, Rn. 20, zum diesbezüglichen Vorbringen der Kommission.

nungsmodus droht eine anteilige Nichtberücksichtigung der Abzugsbeträge im Vergleich zu einem rein innerstaatlich tätigen Arbeitnehmer. Da diese Benachteiligung auch nicht gerechtfertigt war, folgerte der EuGH einen Verstoß gegen die Grundfreiheiten. Der in der *Schumacker*-Doktrin niedergelegte Grundsatz der vollständigen Nichtberücksichtigung von persönlichen Abzugsbeträgen im Tätigkeitsstaat mit korrespondierender vollständiger Berücksichtigungspflicht des Ansässigkeitstaats widerspricht einer fiktiven Übertragung der Begünstigungen auf die freigestellten Einkünfte aus ausländischen Quellen im Wege der Proportionalmethode.[322] Den Niederlanden stünde es frei, die teilweise Berücksichtigung der persönlichen Verpflichtungen im abkommensrechtlichen Wege den anderen Mitgliedstaaten zu übertragen.

cc) Progressionsvorbehalt

In der Abkommenspraxis der Mitgliedstaaten anzutreffen ist die Freistellung unter Progressionsvorbehalt, die zur Berücksichtigung der freigestellten Einkünfte bei der Bestimmung des Steuertarifs für die übrigen (inländischen) Einkünfte im Ansässigkeitstaat führt.[323] Dies entfaltet für den Fall freigestellter ausländischer Gewinne eine steuererhöhende Wirkung. Diese Progressionswirkung für die im Ansässigkeitstaat besteuerten (nicht freigestellten) Einkünfte aufgrund der grenzüberschreitenden Wirtschaftstätigkeit stellt nach herrschender Auffassung im Schrifttum für sich gesehen keine Beschränkung der Grundfreiheiten dar.[324] Auch der EuGH sieht diesen Effekt als *„im Einklang mit Gemeinschaftsrecht"* stehend.[325] Bei einem Vergleich des grenzüberschreitend Tätigen mit einem sämtliche Einkünfte im Ansässigkeitstaat erzielenden Steuerpflichtigen kommt es infolge des Progressionsvorbehalts zu einer Beseitigung von Progressionsvorteilen und somit erst zu einer Gleichbehandlung von in- und ausländischen Sachverhalten.[326] Auch die Berücksichtigung von ausländischen Einkünften im Fall des Verlusts der unbeschränkten Steuerpflicht durch Wegzug bei gleichzeitiger Aufnahme einer neuen Tätigkeit in dem Zuzugstaat mittels des Progressionsvor-

322 *Schnitger*, Die Grenzen der Einwirkung der Grundfreiheiten des EG-Vertrages auf das Ertragsteuerrecht, S. 191; zur Parallelproblematik bei der Anrechnungsmethode: *Menhorn*, IStR 2001, S. 15 ff.; a. A.: *Schnitger*, IStR 2002, S. 478 ff.

323 Art. 23, Rn. 14, 20 OECD-MK.

324 *Reimer*, in: Lehner, Grundfreiheiten im Steuerrecht der EU-Staaten, S. 39, 82 f., der von einer gerechtfertigten Beschränkung ausgeht; *Reith*, Internationales Steuerrecht, Rn. 4.968; *Wagner*, in: Blümich, EStG/KStG/GewStG Kommentar, § 32b EStG, Rn. 22.

325 EuGH Urteil v. 27.6.1996, Rs. C-107/94 (*Asscher*), Slg. 1996, S. I-3089, Rn. 47 f.

326 EuGH Urteil v. 12.12.2002, Rs. C-385/00 (*de Groot*), Slg. 2002, S. I-11819, Rn. 91; Urteil v. 6.12.2007, Rs. C-298/05 (*Columbus Containers*), Slg. 2007, S. I-10451.

behalts (vgl. § 32b Abs. 1 S. 1 Nr. 2 EStG i. d. F. bis zur Änderung durch das JStG 2009) entspricht diesem Anliegen.[327]

Die unionsrechtlich geforderte unterschiedslose Berücksichtigung von Definitivverlusten im Ansässigkeitstaat bewirkt im (für den Bundesfinanzhof maßgeblichen[328]) Finalitätsjahr eine Tarifdegression. Darüber hinaus kann sich für den unbeschränkt Steuerpflichtigen durch den negativen Progressionsvorbehalt ebenfalls im Ansässigkeitstaat eine Möglichkeit zur steuertariflichen Berücksichtigung von laufenden Verlusten freigestellter Auslandseinkünfte eröffnen. Ebenso wie bei einer Berücksichtigung auf der Ebene der steuerlichen Bemessungsgrundlage kann sich durch einen niedrigeren Steuertarif infolge einer Berücksichtigung laufender steuerlicher Einkünfte eine Symmetriestörung einstellen, die sowohl im Hinblick auf die Steuerverteilung zwischen den Mitgliedstaaten als auch wegen der Gefahr einer doppelten Verlustnutzung Bedenken begegnet. Eine entsprechende Ungleichbehandlung gegenüber einer rein inländischen Wirtschaftstätigkeit ist jedoch gleich der Versagung der Verlustnutzung durch die Wahrung der mitgliedstaatlichen Steuerdistribution gerechtfertigt. Die Grundsätze der Verlustnutzungsjudikatur müssen auf den negativen Progressionsvorbehalt übertragen werden, sodass man ausschließlich zu einer (unterschiedslosen) Berücksichtigung endgültiger Verluste in Form einer rückwirkenden Tarifdegression im Ansässigkeitstaat gelangt.[329] Dies gilt auch im Fall einer simultanen Ausklammerung von bestimmten (passiven) Tätigkeiten aus der positiven und negativen Progressionswirkung nach § 32b Abs. 1 S. 2 Nr. 2 i. V. m. § 2a Abs. 2 EStG i. d. F. des JStG 2009.

Eine unionsrechtliche Inkonformität des Progressionsvorbehalts steht hingegen dann zur Debatte, wenn sich hieraus eine benachteiligende Behandlung des Auslandssachverhalts gegenüber dem Inlandssachverhalt ergibt, der nicht mehr im Rahmen der Steuerdistribution legitimiert werden kann.[330] Dies ist etwa der Fall bei einer ausschließlich im grenzüberschreitenden Kontext geltenden tariflichen Nichtberücksichtigung unerwünschter Auslandsaktivitäten im Rahmen des negativen Progressionsvorbehalts, wohingegen positive Einkünfte aus derselben Quelle sehr wohl zu einer Tarifprogression führen sollen.[331] Einer solchen asym-

327 BFH Urteil v. 15.5.2002, I R 40/01, DStR 2010, S. 1435 ff., Tz. II.) 2.) c).

328 BFH Urteil v. 9.6.2010, I R 107/09, IStR 2010, S. 663 ff., Tz. 21.

329 *Mayr*, BB 2008, S. 1816, 1818 f.; *de Werth*, IStR 2008, S. 400, 405; *Wagner*, in: Blümich, EStG/KStG/GewStG, § 2a EStG, Rn. 27.

330 EuGH Urteil v. 21.2.2006, Rs. C-152/03 (*Ritter-Coulais*), Slg. 2006, S. I-1711, Rn. 35, entsprechend dem Grundsatz ne ultra petita ließ der EuGH die Frage, ob über den negativen Progressionsvorbehalt hinaus auch negative Einkünfte zu berücksichtigen sind, unbeantwortet.

331 EuGH Urteil v. 21.2.2006, Rs. C-152/03 (*Ritter-Coulais*), Slg. 2006, S. I-1711, betreffend § 2a Abs. 1 S. 1 Nr. 4 EStG i. d. F. StÄndG 1992 v. 25.2.1992.

metrischen Besteuerung ist die Eignung zur Wahrung der symmetrischen Einkünftefreistellung abzusprechen.

Eine Berücksichtigung von Einkünften aus ausländischen Quellen kann dem Quellenstaat aufgrund des in der Rs. *Futura und Singer* postulierten Territorialitätsprinzips zwar nicht abverlangt werden.[332] Innerhalb dessen Teilmarkts führt eine Berücksichtigung von Einkünften, an denen kein Besteuerungsrecht besteht (zum Beispiel aus Quellen im Ansässigkeitstaat oder anderen Quellenstaaten), bei Bestimmung des Steuertarifs des beschränkt Steuerpflichtigen jedoch ebenfalls eine Gleichbehandlung herbei, die aus Sicht der Grundfreiheiten unbedenklich ist.[333] Der Quellenstaat müsste dann in der Regel aufgrund gleichheitsrechtlicher Überlegungen ebenfalls die Verluste aus Einkunftsquellen im Ansässigkeitstaat im Wege einer Tarifdegression nutzbar machen.[334]

Der EuGH scheint die Berücksichtigungspflicht negativer Einkünfte im Rahmen des Progressionsvorbehalts des Quellenstaats neuerdings um den Aspekt der *Schumacker*-Doktrin zu erweitern. In der Rs. *Lakebrink* ist eine für unbeschränkt Steuerpflichtige vorgesehene Tarifdegression bei freigestellten, negativen Auslandseinkünften auf den beschränkt Steuerpflichtigen auch in Bezug auf nicht im Quellenstaat erzielte, freigestellte negative Einkünfte zu erweitern, wenn der Marktteilnehmer seine Gesamteinkünfte ganz überwiegend aus einer Tätigkeit im Quellenstaat erzielt.[335] Schwierig zu begründen ist der persönliche und sachliche Bezug zwischen dem Territorium des Quellenstaats Luxemburg zu den Einkünften der in Deutschland belegenen Immobilie eines deutschen Staatsangehörigen, der in Deutschland ansässig ist. Damit erfährt auch das grundfreiheitsrechtlich anerkannte Territorialitätsprinzip eine Modifikation zugunsten der einmaligen Berücksichtigung von freigestellten Auslandsverlusten im Rahmen der Bestimmung des Steuertarifs im Quellenstaat. Daneben gilt ein grundfreiheitsrechtliches Verbot der Steuersatzdifferenzierung zwischen unbeschränkt und beschränkt Steuerpflichtigen.[336]

---

332 EuGH Urteil v. 15.5.1997, Rs. C-250/95 (*Futura Participations*), Slg. 1997, S. I-2471, Rn. 18 ff.

333 *Reimer*, in: Lehner, Grundfreiheiten im Steuerrecht der EU-Staaten, S. 39, 82 f.; BFH Urteil v. 15.5.2002, I R 40/01, BStBl. II 2002, S. 660 ff., Tz. II.) 2.) c).

334 *Schön*, IStR 2004, S. 289, 295.

335 EuGH Urteil v. 18.7.2007, Rs. C-182/06 (*Lakebrink*), Slg. 2007, S. I-6705, Rn. 30 ff.

336 EuGH Urteil v. 12.6.2003, Rs. C-234/01 (*Gerritse*), Slg. 2003, S. I-5933, Rn. 43 ff.; Urteil v. 23.2.2006, Rs. C-253/03 (*CLT-UFA*), Slg. 2005, S. I-1831, Rn. 31; Urteil v. 29.4.1999, C-311/97 (*Royal Bank of Scotland*), Slg. 1999, I-2664, Rn. 34; Urteil v. 27.6.1996, Rs. C-107/94 (*Asscher*), Slg. 1996, S. I-3089, Rn. 62.

dd) Aktivitätsvorbehalt und Switch-over-Klausel

Wie bereits dargelegt, unterliegt die Vermeidung der Doppelbesteuerung im Hinblick auf die Methodenwahl keiner unionsrechtlichen Vorprägung. Die Mitgliedstaaten sind zudem frei, Steuersubstrat anhand bestimmter Kriterien zu verteilen. Abkommensrechtliche Aktivitätsvorbehalte können ebenfalls einer solchen grundfreiheitsrechtlich unbedenklichen Steuerverteilung dienen. Das Eingriffspotential durch entsprechende Regelungen ist sorgfältig zu untersuchen.[337] Ein unilateraler Wechsel, zum Beispiel wegen eines Aktivitätsvorbehalts oder einer Niedrigbesteuerung, von der Freistellungs- zur Anrechnungsmethode führt letztendlich zu einer Gleichstellung der in- und ausländischen Einkunftsquellen im Ansässigkeitstaat im Hinblick auf die Besteuerungsfolge und ist grundsätzlich nicht zu beanstanden.[338] Eine Beschränkung kann nicht etwa durch eine vermeintlich systeminkonsequente Anwendung der Anrechnungsmethode auf ausländische Betriebstätten oder eine selektive Benachteiligung bestimmter Einkünfte begründet werden.[339] Dennoch kann auch ein Switch-over zu einer Schlechterstellung des grenzüberschreitenden Engagements führen. So benachteiligt etwa der asymmetrisch ausschließlich für Gewinne einer ausländischen Betriebstätte geltende Switch-over zur Anrechnungsmethode im Ansässigkeitstaat gegenüber einer wirtschaftlichen Betätigung mittels einer inländischen Betriebstätte.[340] Eine Rechtfertigung aus Gesichtspunkten der Missbrauchsvermeidung kann nur unter den dargestellten Voraussetzungen, insbesondere der Möglichkeit eines Nachweises tatsächlicher wirtschaftlicher Gründe, erfolgen.[341] Nach der dargestellten Entscheidung in der Rs. *SGI* ist zwar nicht mehr auszuschließen, dass der EuGH solch beschränkende Regelungen auch als zur Wahrung der Steuerverteilung gerechtfertigt erachtet. Eine rein unilateral angeordnete, asymmetrische Besteuerung wird sich jedoch, wie bereits erwähnt, generell nicht zur Wahrung einer getroffenen Steuerverteilung eignen.

337 Ohne Feststellung hierzu: BFH Urteil v. 21.10.2009, I R 114/08, DStR 2010, S. 37ff., Tz. 24ff. (Schlussurteil in der Rs. *Columbus Containers*).

338 EuGH Urteil v. 6.12.2007, Rs. C-298/05 (*Columbus Containers*), Slg. 2007, S. I-10451.

339 So aber: *Rehfeld*, DStR 2010, S. 1809, 1813ff.

340 Vgl. § 20 Abs. 2, 3 AStG i.d.F. des Missbrauchsbekämpfungs- und Steuerbereinigungsgesetzes.

341 BFH Urteil v. 21.10.2009, I R 114/08, DStR 2010, S. 37ff., Tz. 24ff. (Schlussurteil in der Rs. *Columbus Containers*).

d) Unionsrechtliche Vorgaben für die Anwendung der Anrechnungsmethode

aa) Höchstbetragsbegrenzung

Bei konsequenter Umsetzung der Kapitalexportneutralität würde die Anrechnungsmethode dem Steuerniveau des Ansässigkeitstaats Geltung verschaffen, auch wenn die anzurechnende ausländische Steuer höher wäre als die inländischen Steuer und ein Anrechnungsvortrag oder eine Erstattung die Konsequenz wären (Full Credit).[342] Da der Ansässigkeitstaat an einer solchen Steuererstattung und damit „Subventionierung" des Quellenstaats regelmäßig kein Interesse haben dürfte, findet in der überwiegenden Praxis der Mitgliedstaaten eine Beschränkung der Anrechnung auf die für die Einkünfte aus ausländischen Quellen angefallene inländische Steuer statt (Ordinary Credit).[343] Eine auf die anteilige inländische Steuer beschränkte Anrechnung der auf die ausländischen Einkünfte entfallenden Steuern im Quellenstaat und die folglich fehlende Erstattung des überschießenden Teils der ausländischen Steuer sind, wie gezeigt, grundfreiheitsrechtlich jedoch nicht zu beanstanden.[344] Nach den Ausführungen in der Rs. *Gilly* erwachsen dem Steuerpflichtigen aus den Grundfreiheiten keine Rechte auf Besteuerung durch den Mitgliedstaat mit dem für ihn günstigeren Steuersatz.[345] Ebenso wenig, wie er sich gegen die Heraufschleusung auf das Steuerniveau im Ansässigkeitstaat wehren kann, besteht ein Anspruch auf eine Herabschleusung auf dessen möglicherweise niedrigeren Steuerniveaus zur Überwindung der Unterschiede der nationalen Steuersysteme. Dies gilt auch in Bezug auf mögliche Anrechnungsüberhänge, die anstelle eines unterschiedlichen Steuersatzes auf andere disparate Besteuerungsmerkmale in den Mitgliedstaaten bei der Erfassung der betreffenden Einkünfte zurückzuführen sind und im Falle

342 Ausführlich: *Jacobs*., Internationale Unternehmensbesteuerung, S. 23 f.

343 Vgl. in Deutschland § 34c Abs. 1, § 32d Abs. 5 S. 1 EStG, § 26 Abs. 1 KStG, § 21 Abs. 1 S. 1 und 2 ErbStG; *Jacobs*, Internationale Unternehmensbesteuerung, S. 23 f.

344 FG Köln Urteil v. 1.7.2002, 7 K 8572/98, DStRE 2002, S. 1445 ff., Tz. II. 2 b) aa); BFH Beschluss v. 3.12.2003, I S 10/03, IStR 2004, S. 279 ff., Tz. 2; *Cordewener*, Europäische Grundfreiheiten und nationales Steuerrecht, S. 884 f.; *ders*., IStR 2001, S. 329, 335 f.; *Kokott*, in: Lehner, Grundfreiheiten im Steuerrecht der EU-Staaten, S. 1, 22 f.; *Wied*, in: Blümich, EStG/KStG/GewStG, § 34c EStG, Rn. 14; Kommission Arbeitsunterlage v. 9.7.2005, DOC (2005) 2306/A, Doppelbesteuerungsabkommen und Recht der Europäischen Gemeinschaft, Anhang A, S. 14; wohl im Ergebnis ebenso: *Binnewies*, in: Streck, KStG, § 26, Rn. 5; *Högl*, in: Gürsching/Stenger, BewG/ErbStG, § 21 ErbStG, Rn. 36; a. A.: *Wassermeyer*, IStR 2001, S. 113.

345 EuGH Urteil v. 12.5.1998, Rs. C-336/96 (*Gilly*), Slg. 1998, S. I-02793, Rn. 47 f.; Urteil v. 12.12.2006, Rs. C-446/04 (*FII Group Litigation*), Slg. 2006, S. I-11753, Rn. 52, zur Anrechnungsbegrenzung bei der Entlastung zur Vermeidung der wirtschaftlichen Doppelbesteuerung.

einer Harmonisierung nicht auftreten würden. Dies sind etwa Steuerbefreiungen, Abzüge von der Bemessungsgrundlage oder Tarifbegünstigungen.

Die Höchstbetragsbegrenzung unterliegt in der Praxis jedoch noch weiteren Modifikationen, wie etwa einer länderweisen Begrenzung der Anrechnungsmöglichkeit (Per-country-limitation)[346] oder einer Begrenzung auf bestimmte Einkunftsquellen (Per-source-limitation)[347]. Eine im Schrifttum verbreitete Ansicht erhebt gegen die länderweise Beschränkung des Anrechnungshöchstbetrages grundfreiheitsrechtliche Bedenken[348], andere fordern zumindest im Hinblick auf den Binnenmarktgedanken eine Per-community-limitation[349]. Durch die länderweise Begrenzung könne sich der Grenzübertrittswillige gezwungen sehen, seine Aktivitäten auf weniger Mitgliedstaaten zu begrenzen als geplant. Dem ist jedoch entgegenzuhalten, dass ebenso wie in der Zweistaatenkonstellation auch bei einem in mehreren Mitgliedstaaten tätigen Steuerpflichtigen die länderweise Beschränkung des Anrechnungshöchstbetrages Ausdruck der grundfreiheitsrechtlich unbeachtlichen Steuerverteilung ist.[350] Fordert man im Mehrstaatenfall über die Anrechnung auf die inländischen Steuern, die auf die Einkünfte aus dem jeweiligen Mitgliedstaat entfallen, weiteres Potential in Form von Querverrechnungen mit verbliebenen Steuerforderungen für Einkünfte aus Quellen in anderen Mitgliedstaaten, würde dies über die beabsichtigte Vermeidung der bilateralen Doppelbesteuerung hinausgehen und in Richtung der vom EuGH in der Rs. *Gilly* gerade nicht geforderten (teilweisen) Herabschleusung auf das inländische Steuerniveau zielen. Auch die Per-source-limitation innerhalb der Einkünfte eines Mitgliedstaates kann mangels Doppelbesteuerung im Inlandsfall keiner Vergleichspaarbildung zugeführt werden und stellt folglich keine Schlechterstellung der grenzüberschreitenden Tätigkeit dar. Hiervon zu unterscheiden ist die Frage der gleichheitswidrigen Versagung einer Quellensteueranrechnung, wie sie etwa im Bereich der Dividendenbesteuerung auftreten kann.[351]

Kommt es bei der Berechnung des Anrechnungshöchstbetrages zu keiner Bereinigung der aufzuteilenden Gesamtsteuerlast von den allein durch den Ansässigkeitstaat zu berücksichtigenden persönlichen und familienbezogenen

346 Vgl. § 34c Abs. 1 S. 1 EStG; § 26 Abs. 1 KStG; § 21 Abs. 1 S. 3 ErbStG; *Vogel*, in: Vogel/Lehner, DBA, Art. 23 Rn. 152; *Jacobs*, Internationale Unternehmensbesteuerung, S. 238 f.

347 *Jacobs*, Internationale Unternehmensbesteuerung, S. 238 f.; für ein solches Verständnis von § 32d Abs. 5 S. 1 EStG: *Hechtner*, BB 2009, S. 76, 78.

348 *Jacobs*, Internationale Unternehmensbesteuerung, S. 238 f.; *Cordewener/Schnitger*, StuW 2006, S. 50, 74.

349 *Gosch*, in: Kirchhof, EStG, § 34c, Rn. 28.

350 Schleswig-Holsteinisches FG Urteil v. 9.3.2011, 2 K 221/08, EFG 2011, 1528 ff. (in Revision beim BFH unter I R 21/11); *Lieber*, in: Herrmann/Heuer/Rauppach, EStG/KStG Kommentar, § 26 KStG, Rn. 4.

351 S.u.: Teil 3: II.) 1.) a)

Entlastungen,[352] steht die dadurch eintretende Minderung des Anrechnungsvolumens beziehungsweise gleichheitswidrige Kürzung dieser Entlastungspositionen im Konflikt mit der zuvor beschriebenen *Schumacker*-Doktrin, wenn nicht der Quellenstaat eine entsprechende Entlastung vorsieht.[353] Insoweit lassen sich die Erkenntnisse aus dem bereits zitierten Urteil in der Rs. *de Groot* zur Freistellungsmethode übertragen.[354] Der BFH hat eine entsprechende auf den deutschen § 34c Abs. 1 EStG gerichtete Frage dem EuGH vorgelegt.[355] Dem EuGH ist somit die Gelegenheit gegeben, sein Urteil in der Rs. *Gilly* zu präzisieren, in dem er einen Anrechnungsbetrag für im Ausland gezahlte Steuern nicht beanstandet hat, obwohl sich dieser nach der Höhe der inländischen Steuer auf diese Einkünfte ermittelte und folglich noch um Abzugsbeträge wie persönliche und familienbezogene Vergünstigungen oder erbschaftsteuerliche Freibeträge verringert war.[356]

bb) Berücksichtigung negativer Einkünfte

Werden im Rahmen des Welteinkommensprinzips Einkünfte aus ausländischen Quellen erfasst, stellt die einseitige Nichtberücksichtigung von Verlusten aus diesen Quellen eine die Niederlassungsfreiheit beschränkende Benachteiligung der grenzüberschreitenden Sachverhalte dar.[357] Diese ist weder geeignet, die (unter Umständen bilaterale) Aufteilung der Besteuerungsbefugnisse zu wahren[358], noch kann unter Kohärenzgesichtspunkten darauf verzichtet werden, positive und negative Einkünfte gleichfalls einzubeziehen. Aus den EuGH-Urteilen in der Rs. *Grundstücksgemeinschaft Busley/Cibrian*[359] (Nichtberücksichtigung von negativen Immobilieneinkünften nach § 2a Abs. 1 S. 1 Nr. 6 lit. a EStG i. d. F. StÄndG) und der Rs. *REWE Zentralfinanz*[360] (Verbot der Teilwertabschreibung der passive Einkünfte erzielenden Auslandsbeteiligungen nach § 2a Abs. 1 S. 1 Nr. 3 lit. a EStG i. d. F. StÄndG) sowie dem Urteil des Bundesfinanzhofs vom

352 Vgl. § 34c Abs. 1 S. 2 i.V.m. § 2 Abs. 5 S. 1 Hs. 1 EStG.

353 S.o.: Teil 1: V.) 2.) c) bb).

354 *Menhorn*, IStR 2001, S. 15ff.; *Lieber*, in: Herrmann/Heuer/Rauppach, EStG/KStG, § 26 KStG, Rn. 4, m.w.N.; *Cordewener/Schnitger*, StuW 2006, S. 50, 69; für eine quotale Aufteilung: *Schnitger*, IStR 2002, S. 478ff.; *Gosch*, in: Kirchhof, EStG, § 34c, Rn. 28.

355 BFH Beschluss v. 9.2.2011, I R 71/10, DB 2011, 912ff.; beim EuGH als Rs. C-168/11 (*Beker u. Beker*) geführt.

356 EuGH Urteil v. 12.5.1998, Rs. C-336/96 (*Gilly*), Slg. 1998, S. I-2793; ebenso: BFH Urteil v. 5.5.2004, II R 33/02, IStR 2004, S. 759ff., Tz. II.) 1.).

357 *Reichl/Wittkowski*, IStR 2007, S. 385, 387f.; *Schön*, IStR 2004, S. 289, 293.

358 *Rehm/Feyerabend/Nagler*, IStR 2007, S. 7, 11.

359 EuGH Urteil v. 15.10.2009, Rs. C-35/08 (*Grundstücksgemeinschaft Busley/Cibrian*), Slg. 2008, S. I-9807.

360 EuGH Urteil v. 21.3.2007, Rs. C-347/04 (*REWE Zentralfinanz*), Slg. 2007, S. I-2647.

29.1.2008 zum Abzugsausschluss von Verlusten einer freigestellten Betriebsstätte im Zusammenhang mit Fremdenverkehrsleistungen (§ 2a Abs. 3 i.V.m. Abs. 1 Nr. 2, Abs. 2 S. 1 EStG i.d.F. StÄndG)[361] lässt sich auch auf generelle grundfreiheitsrechtliche Bedenken im Hinblick auf einen für grenzüberschreitende Sachverhalte benachteiligenden Ausschluss der Verlustnutzungsmöglichkeit unter Geltung der Anrechnungsmethode schließen. Die einseitige Versagung des Verlustabzugs bestimmter passiver grenzüberschreitender Investitionen, die für die deutsche Volkswirtschaft gemäß § 2a EStG als nicht nutzbringend erachtet werden[362], lässt sich nicht unter dem Gesichtspunkt einer typisierenden Missbrauchsbekämpfung rechtfertigen.[363] Anders als bei einer Verlustberücksichtigung im Rahmen der DBA-Freistellungsmethode droht eine doppelte Verlustberücksichtigung aufgrund der der Anrechnungsmethode inhärenten Nachversteuerung positiver Einkünfte grundsätzlich nicht. Sofern Fälle denkbar sind, in denen sich die Gefahr einer doppelten Verlustberücksichtigung verwirklichen kann, etwa wenn die spätere Besteuerung im Gewinnfall an einem zuvor erfolgten Wegzug des Steuerpflichtigen scheitert, muss ihnen durch gezielte (Missbrauchs-) Vorschriften begegnet werden.

Ist im Ansässigkeitstaat mangels positiver Einkünfte eine Verlustberücksichtigung nicht möglich, soll daneben auch den Quellenstaat unter Rückgriff auf ein erweitertes Verständnis der *Schumacker*-Doktrin eine Pflicht zur Verlustberücksichtigung treffen. In der Rs. *Renneberg*[364] stellte der EuGH fest, dass der Quellenstaat Verluste im Zusammenhang mit Immobilien im Ansässigkeitstaat zur Verrechnung zulassen muss. Wenn bei einem unbeschränkt Steuerpflichtigen Gewinne aus im Ausland belegenen Immobilien mangels Freistellung der Besteuerung[365] unterworfen werden (Anrechnungsmethode) und folglich Verluste verrechenbar sind, soll dies auch im Hinblick auf solche beschränkt Steuerpflichtige gelten, die nach der *Schumacker*-Doktrin den unbeschränkt Steuerpflichtigen gleichzustellen sind.[366] Der Gerichtshof betonte zwar in seiner Entscheidung in der Rs. *Renneberg*, dass die in den DBA getroffene Aufteilung dadurch unberührt bleibe, da das Abkommen für in den Niederlanden ansässige Steuerpflichtige eine Besteuerung von Einkünften aus in Belgien belegenen Immobilien durch die Nie-

361 BFH Urteil v. 29.1.2008, I R 85/06, DStR 2008, S. 917 ff.

362 *Heinicke*, in: Schmidt, EStG, § 2a, Rn. 1.

363 EuGH Urteil v. 21.3.2007, Rs. C-347/04 (*REWE Zentralfinanz*), Slg. 2007, S. I-2647, Rn. 53, damals noch in Bezug auf rein künstliche Gestaltungen.

364 EuGH Urteil v. 16.10.2008, Rs. C-527/06 (*Renneberg*), Slg. 2008, S I-7735; kritisch: *Englisch*, Aufteilung der Besteuerungsbefugnisse, S. 39, 43 f.

365 Zu diesem Unterschied bei Anwendung der Freistellungsmethode: *Lavrelashvili/Müller*, PIS 2008, S. 317, 319.

366 EuGH Urteil v. 16.10.2008, Rs. C-527/06 (*Renneberg*), Slg. 2008, S I-7735, Rn. 63 ff.

derlande aufgrund der vereinbarten Anrechnungsmethode zulasse. Die Benachteiligung rühre daher, dass die Niederlande als Quellenstaat der Arbeitseinkünfte Herrn *Renneberg* nicht wie einen unbeschränkt Steuerpflichtigen behandeln und die negativen Einkünfte aus Herrn Rennnebergs Sitzstaat berücksichtigen.[367] Ähnlich wie in der zuvor erwähnten Rs. *Lakebrink* ist der Genuine Link[368] der ausländischen (negativen) Immobilieneinkünfte des beschränkt Steuerpflichtigen zu dem Hoheitsgebiet des Quellenstaats der Arbeitseinkünfte fraglich. Herr *Renneberg* wies als niederländischer Staatsangehöriger immerhin noch einen denkbaren persönlichen Bezug zum Staatsgebiet des Quellenstaats Niederlande auf, der die Besteuerungsfolgen im Hinblick auf eine außerhalb der Niederlande belegene Immobilie legitimieren könnte.

e) Unionsrechtliche Vorgaben für die Einkünftekorrekturen

Um die Verlagerung von Einkünften oder Ausgaben bei verbundenen Unternehmen oder ausländischen Betriebstätten in bestimmte Mitgliedstaaten zu vermeiden, sehen DBA häufig Regelungen zur Einkünftekorrektur vor (vgl. Art. 9 Abs. 1, Art. 7 Abs. 2 OECD-MA). Zur Vermeidung einer wirtschaftlichen Doppelbesteuerung infolge von Verrechnungspreiskorrekturen erfolgt in Anlehnung an Art. 9 Abs. 2 und Art. 7 Abs. 3 OECD-MA eine korrespondierende Verpflichtung zur Gegenberichtigung. Sofern es durch die bilaterale Vereinbarung zu einer effektiven Vermeidung der kumulativen Belastungswirkung kommt, kann die Grundfreiheitskonformität solcher Regelungen lediglich aufgrund der in einem Teilmarkt einseitig für den grenzüberschreitenden Sachverhalt wirkenden Berichtigung infrage gestellt werden.[369] In den Urteilen in den Rs. *Lankhorst-Hohorst* und *Cadbury Schweppes* ging der EuGH noch von der Grundfreiheitswidrigkeit nationaler Korrekturvorschriften aus.[370] Die in der Rs. *Lankhorst-Hohorst* gewürdigte Vorschrift des § 8a KStG i. d. F. des StandOG wider eine Gewinnabsaugung über Gesellschafterfremdfinanzierungen konnte trotz eines an Art. 9 OECD-MA angelehnten Fremdvergleichsansatzes (ebenso wie bei Verrechnungspreiskorrekturen) auf dem damals gemeinschaftsrechtlichen Prüfstand nicht bestehen.[371] Nach der Entscheidung in den Rs. *Thin Cap Group Liti-*

367 EuGH Urteil v. 16.10.2008, Rs. C-527/06 (*Renneberg*), Slg. 2008, S I-7735, Rn. 56ff.

368 Hierzu, s.u.: Teil 2: I.) 1.).

369 Kommission Arbeitsdokument 23.10.2001, SEK(2001)1161 endg., Unternehmensbesteuerung im Binnenmarkt, S. 284, 303; *Pohl*, in: Blümich, EStG, KStG, GewStG, § 1 AStG, Rn. 6ff.; BFH Beschluss v. 21.6.2001, I B 141/00, IStR 2001, S. 509ff., Tz. II.) 3.).

370 EuGH Urteil v. 12.12.2002, Rs. 324/00 (*Lankhorst-Hohorst*), Slg. 2002, S. I-11779; Urteil v. 12.9.2006, Rs. C-196/04 (*Cadbury Schweppes*), Slg. 2006, S. I-7995.

371 GA *Mischo* Schlussanträge v. 26.9.2002, Rs. 324/00 (*Lankhorst-Hohorst*), Slg. 2002, S. I-11779.

gation, SGI und *OY AA* dürfte dieser Ansatz des EuGH aber wohl Makulatur geworden sein.[372] Nur noch im Hinblick auf die Hinzurechnungsbesteuerung bei beherrschten ausländischen Gesellschaften scheint der Gerichtshof in der jüngeren Entscheidung in der Rs. *CFC and Dividend Group Litigation* weiter auf die eng umgrenzte Rechtfertigungsmöglichkeit aus der Rs. *Cadbury Schweppes* zu bestehen.[373] Die Einkünftekorrekturen (Hinzurechnung fiktiver Zinsen; Abzugsverbot unangemessener Verwaltungsratsvergütungen) dienenden Steuerregelungen des belgischen Rechts in der Rs. *SGI* führen zwar zu einer Beschränkung der Niederlassungsfreiheit, da sie einseitig bei grenzüberschreitenden Sachverhalten Anwendung finden.[374] Sie sind jedoch durch das Erfordernis gerechtfertigt, die Aufteilung der Besteuerungsbefugnisse zwischen den Mitgliedstaaten aufgrund von nicht dem Fremdvergleichsmaßstab entsprechenden Vereinbarungen zwischen verbundenden Unternehmen zu wahren und die Steuerumgehung zu verhindern.[375] Letztendlich soll der Marktteilnehmer nicht in dem Versuch geschützt werden, durch die Gewährung von Vorteilen oder den Abzug von Aufwendungen, die nicht fremdüblich sind, beliebig Einkünfte über die Grenze zu verlagern. Der in der Legitimationskraft der zwischenstaatlichen Steuerverteilung mittlerweile aufgegangene Rechtfertigungsgrund der Missbrauchsbekämpfung findet letztendlich in der Verhältnismäßigkeitsprüfung seinen Ausdruck. Danach können nur solche typisierenden nationalen Korrekturvorschriften gerechtfertigt werden, die aufgrund objektiver und nachprüfbarer Umstände die Fremdunüblichkeit feststellen, die den beteiligten Gesellschaften den Nachweis der Drittüblichkeit gewähren und nicht durch übermäßige Verwaltungszwänge erschweren und deren korrigierende Wirkung nicht über den Fremdvergleichsgrundsatz hinausgehen.[376] Für die generelle unionsrechtliche Zulässigkeit von Regelungen zur Einkünftekorrektur spreche als Indiz das auf Grundlage des ex-Art. 293 2. Spiegelstrich EG geschlossene Schiedsübereinkommen. Dieses geht inhaltlich auf einen Richtlinienvorschlag zurück und ist stark an Art. 9 OECD-MA angelehnt. Zudem obliegt es originär den Mitgliedstaaten, die Aufteilung der Besteuerungsbefugnisse durchzuführen. Dass infolge einer abgestimmten Einkünftekorrektur dem verbundenen Unternehmen in einem anderen Mitgliedstaat Gewinnwir-

---

372 EuGH Urteil v. 13.3.2007, Rs. C-524/04 (*Thin Cap Group Litigation*), Slg. 2007, S. I-2107; Urteil v. 21.1.2010, Rs. C-311/08 (*SGI*), Slg. 2010, S. I-487; Urteil v. 18.7.2007, Rs. C-231/05 (*Oy AA*), Slg. 2007, S. I-6373; restriktiver noch: EuGH Urteil v. 17.1.2008, Rs. C-105/07 (*Lammers & Van Cleeff NV*), Slg. 2008, S. I-173.

373 EuGH Beschluss v. 23.4.2008, Rs. C-201/05 (*CFC and Dividend Group Litigation*), Slg. 2008, S. I-2875, Rn. 77 ff.

374 EuGH Urteil v. 21.1.2010, Rs. C-311/08 (*SGI*), Slg. 2010, S. I-487, Rn. 44.

375 EuGH Urteil v. 21.1.2010, Rs. C-311/08 (*SGI*), Slg. 2010, S. I-487, Rn. 63.

376 EuGH Urteil v. 21.1.2010, Rs. C-311/08 (*SGI*), Slg. 2010, S. I-487, Rn. 71 f.; Urteil v. 13.3.2007, Rs. C-524/04 (*Thin Cap Group Litigation*), Slg. 2007, S. I-2107, Rn. 82.

kungen zugerechnet werden und es dadurch zu einer anderen Steuerbelastung kommt, kann unter Heranziehung der *Gilly*-Doktrin als grundfreiheitskonform angesehen werden.

Nach dieser neuen Linie des EuGH können – innerhalb der genannten Schranken – auch unilaterale Regelungen zur Vermeidung von Unterkapitalisierung und Verrechnungspreiskorrekturen bei kontrollierten ausländischen Gesellschaften generell einer Rechtfertigung zur Wahrung der Aufteilung der Besteuerungsbefugnisse zugänglich sein.[377] Entscheidend ist folglich, inwieweit Vorschriften wie der frühere § 8a KStG i.d.F. des StandOG und § 1 AStG tatsächlich geeignet sind, die konkrete zwischenstaatliche Steuerverteilung zu wahren, und nicht über das zur Zielerreichung Erforderliche hinausgehen. Dies wird man zumindest bei solchen Korrekturvorschriften verneinen müssen, die nicht die Erfassung bereits realisierter, im Inland radizierter Einkünfte bezwecken, sondern einem anderen Mitgliedstaat zugeordnete Einkünfte abschöpfen sollen, wie es bei der Funktionsverlagerung nach § 1 Abs. 1 S. 9 AStG oftmals der Fall sein wird.[378] Obwohl die Besteuerung eines am Ertragswert der Funktion bemessenen Transferpakets die Konkretisierung des Fremdvergleichsmaßstabs bezwecken soll, dürfte der Abkommenspraxis eine derartige Zuweisung von künftigen Ertragschancen unbekannt sein. Eine Sofortbesteuerung bloßer Gewinnpotentiale, also noch nicht realisierter Gewinne, weist zudem Parallelen zur vorgezogenen Gewinnrealisierung im Rahmen der Schlussbesteuerung auf, die der EuGH zumindest bei fehlender (zinsfreier) Stundung ebenfalls für grundfreiheitswidrig erachtet hat.[379] § 1 AStG stößt auch im Hinblick auf fehlende Nachweismöglichkeiten und die teilweise sehr extensive Auslegung des Fremdvergleichsgrundsatzes auf grundfreiheitsrechtliche Bedenken. Dasselbe gilt für Unterkapitalisierungsvorschriften, die, anstatt auf einen Drittvergleich, ausschließlich auf ein Eigen-/Fremdkapital-Ratio abstellen. Nationale Vorschriften über die Hinzurechnungsbesteuerung von kontrollierten ausländischen Gesellschaften, bei denen sich infolge der Durchbrechung der Eigenständigkeit des ausländischen Steuersubjekts die Schlechterstellung letztendlich in Form eines Liquiditätsnachteils einstellt, dürften bei Anwendung der Maßstäbe aus der Rs. *SGI* regelmäßig über das für die Wahrung der Steuerverteilung Erforderliche hinausgehen. Noch bevor dem Steuerpflichtigen ein nicht mit unverhältnismäßigem Aufwand versehener Entlastungsnachweis eingeräumt wird, muss sich nämlich die benachteiligende

---

377 A.A.: BFH Beschluss v. 21.6.2001, I B 141/00, IStR 2001, S. 509ff., Tz. II.) 3.); Urteil v. 21.10.2009, I R 114/08, DStR 2010, S. 37ff., Tz. 24b) (Schlussurteil in der Rs. *Columbus Containers*).

378 *Englisch*, IStR 2010, S. 139ff., 141.

379 EuGH Urteil v. 11.3.2004, Rs. C-9/02 (*Lasteyrie du Saillant*), Slg. 2004, S. I-2409; Urteil v. 7.9.2006, Rs. C-470/04 (*N*), Slg. 2006, S. I-7409.

nationale Regelung auf objektive und nachprüfbare Umstände beziehen, die die Vermutung einer willkürlichen Einkünfteverlagerung begründen können.[380] Zumindest die bloße Ausführung einer passiven Tätigkeit in einem Mitgliedstaat mit niedrigerem Steuerniveau ist kein Umstand, der auf eine Umgehung der mitgliedstaatlichen Steuerverteilung schließen lässt. Die nationalen Hinzurechnungsvorschriften sollten folglich weiterhin auf die Vermeidung rein künstlicher Gestaltungen nach den in der Rs. *Cadbury Schweppes*[381] festgelegten Maßstäben abzielen müssen, um grundfreiheitskompatibel zu sein.

3.) Anwendungsvorrang des Unionsrechts vor DBA

Regelmäßig werden Staaten versuchen, zum Zweck der Vermeidung der Doppelbesteuerung eine Aufteilung der Besteuerung durch den Abschluss eines DBA herbeizuführen. Diese stellen in der Staatenpraxis neben Auskunftsabkommen den Hauptanwendungsfall von steuerlich motivierten völkerrechtlichen Verträgen dar. Die DBA regeln hinsichtlich des jeweiligen Sachverhalts, welcher Staat von seinem Besteuerungsrecht Gebrauch machen darf und welcher Staat darauf verzichtet beziehungsweise sein Besteuerungsrecht beschränkt.[382] Ein Besteuerungsrecht positiv zu begründen vermögen DBA hingegen nicht. Folgt ein Staat der dualistischen Theorie, kann sich der Steuerpflichtige nicht direkt auf die ihm aus den DBA entstehenden Vorteile berufen. Erforderlich ist eine Transformation in nationales Recht. Nach der ebenfalls in der Staatslehre einiger Mitgliedstaaten geltenden monoistischen Theorie darf der Staat auch ohne einfachgesetzliche Transformation nur im Rahmen des völkervertraglich Zulässigen handeln. Das deutsche Staatsrecht trifft diesbezüglich keine ausdrückliche Entscheidung.[383] Das Bundesverfassungsgericht hat in dem *Görgülü*-Beschluss gerichtlich geklärt, dass in Deutschland Völkerrechtsverträge nicht unmittlebar, also nur mit Zustimmungsgesetz nach Art 59 Abs. 2 S. 1 GG, als geltendes Recht zu behandeln sind.[384]

---

380 EuGH Urteil v. 21.1.2010, Rs. C-311/08 (*SGI*), Slg. 2010, S. I-487, Rn. 71; Beschluss v. 23.4.2008, Rs. C-201/05 (*CFC and Dividend Group Litigation*), Slg. 2008, S. I-2875, Rn. 84.

381 EuGH Urteil v. 12.9.2006, Rs. C-196/04 (*Cadbury Schweppes*), Slg. 2006, S. I-7995, Rn. 55 ff.

382 *Vogel*, in: Vogel/Lehner, DBA, Einl., Rn. 43.

383 *Nettesheim*, in: Maunz/Dürig, Grundgesetz, Art. 59 GG, Rn. 169 ff., m. w. N. zum Diskussionsstand.

384 BVerfG Beschluss v. 14.10.2004, 2 BvR 1481/04, BVerfGE 111, S. 307 ff., Tz. 34; ebenso: BVerfG Urteil v. 4.5.2011, 2 BvR 2365/09, 740/10, 2333/08, 1152/10, 571/10, NJW 2011, 1931, ff., Tz. 87.

Es stellt sich die Frage, ob sich auch DBA als Völkervertragsrecht den Vorgaben der Grundfreiheiten zu fügen haben. Dabei ist das inhaltliche Konfliktpotential zunächst nicht offensichtlich, scheinen die Grundfreiheiten im Bereich der direkten Steuern und die DBA doch gleichgerichtete Ziele zu verfolgen. Letztere beabsichtigen idealtypischerweise die Doppelbesteuerung internationaler Steuersachverhalte zu vermeiden und eine Aufteilung des Steuersubstrats festzulegen. Zugleich ist es Ziel des Binnenmarkts, schädliche Wettbewerbsverzerrungen zu beseitigen. Wenn auch das Binnenmarktkonzept im Bereich des Steuerrechts durch seine Forderung nach Gleichbehandlung innerhalb der Teilmärkte noch weiter geht als die bloße Bekämpfung der Doppelbesteuerung, lässt sich dennoch diesbezüglich eine gewisse Schnittmenge finden. Dennoch besteht ein abstraktes Risiko, dass DBA-Regelungen solche mitgliedstaatlichen Interessen reflektieren, die sich konträr zu den Binnenmarktzielen des AEUV und EUV verhalten, da die Europäische Union am Abschluss der DBA nicht mitwirkt.

Wie bereits dargelegt, beansprucht das Unionsrecht, darunter auch die Grundfreiheiten, Anwendungsvorrang vor dem nationalen Recht (Erklärung Nr. 17 der Schlussakte zum Vertrag von Lissabon v. 13.12.2007).[385] Sofern die DBA-Regelungen durch ein Transformationsgesetz in einem Mitgliedstaat mit dualistischem System zum Bestandteil des nationalen Rechts werden, lässt sich der Vorrang des Unionsrechts bereits aus dessen Anwendungsvorrang gegenüber dem nationalen Recht erklären.[386] Schließlich wird das DBA aufgrund der erforderlichen Transformation zu einfachem innerstaatlichen Recht und unterliegt somit dem Vorrang des Unionsrechts. Sofern in einem Mitgliedstaat mit monistischem System das DBA als Völkervertragsrecht bereits Rechtswirkung entfaltet, kann sich der Anwendungsvorrang nur aus dem Völkerrecht selbst ergeben. Die Unanwendbarkeit bereits bestehender DBA löst der EuGH durch das in Art. 30 Abs. 3, Art. 59 Abs. 1 lit. b)WVK niedergelegte völkervertragsrechtliche Prinzip lex posterior derogat legi priori.[387] Danach verzichten die Mitgliedstaaten durch Inkrafttreten der europäischen Verträge beziehungsweise infolge des Beitritts des Mitgliedstaats ex nunc und pro futuro auf die Anwendung bereits bestehender unionsrechtswidriger Regelungen in Völkerrechtsverträgen, soweit dies zur Geltung des Unionsrechts

385 EuGH Urteil v. 15.7.1964, Rs. 6/64 (*Costa/ENEL*), Slg. 1964, S. 1253, Rn. 3; BVerfG Beschluss v. 22.10.1984, 2 BvR 197/83 (*Solange II*), BVerfGE 73, S. 339 ff.; Beschluss v. 8.4.1987, 2 BvR 687/85 (*Kloppenburg*), BVerGE 75, S. 223 ff.; Urteil v. 30.6.2009, 2 BvE 2/08 – 2 BvE 5/08 - 2 BvR 1010/08 - 2 BvR 1022/08 - 2 BvR 1259/08 - 2 BvR 182/09 (*Lissabon*), EuZW 2009, S. 552 ff.; näher zum Anwendungsvorrang: *Arndt/Fischer/Fetzer*, Europarecht, Rn. 342 ff.

386 GA *Mischo* Schlussanträge v. 2.3.1999, C-307/97 (*Saint-Gobain*), Slg. 1999, S. I-6161, Rn. 75 ff.; *Kluge*, Das Internationale Steuerrecht, G, Rn. 5; *Randelzhofer/Forsthoff*, in: Grabitz/Hilf, Das Recht der EU, Vor Art. 39-55, Rn. 256.

387 *Kofler*, Doppelbesteuerungsabkommen und EG-Recht, S. 279.

notwendig ist.[388] Im Ergebnis stellt sich ein Vorrang des Unionsrechts vor den bereits bestehenden Regelungen in DBA ein. Für nach Inkrafttreten des damaligen EGV oder des Beitritts zur Europäischen Union geschlossene DBA ist ein bilaterales Abweichen von dem Unionsrecht ebenfalls ausgeschlossen, wenn es dessen Ziele dadurch gefährden würde (Art. 4 Abs. 3 EUV). Die Mitgliedstaaten haben somit mit ihrem Beitritt zur Europäischen Union nicht nur ihre nationalen Rechtsvorschriften dem Unionsrecht unterworfen, sondern auch die untereinander geschlossenen beziehungsweise im Rahmen ihrer Kompetenz noch zu schließenden völkerrechtlichen Verträge.[389]

Das Unionsrecht bindet die Mitgliedstaaten auch im Verhältnis zu Drittstaaten, soweit sich aus mit diesen geschlossenen DBA unionsrechtswidrige Auswirkungen ergeben können.[390] In Bezug auf mit Drittstaaten eingegangene DBA ist jedoch auf die Bestandsschutzklausel gemäß Art. 351 Abs. 1 AEUV hinzuweisen, nach der bereits vor dem Beitritt eines Mitgliedstaats zur Europäischen Union beziehungsweise vor dem Inkrafttreten des damaligen EGV bestehende DBA-Regelungen weiterhin ihre Gültigkeit behalten, auch wenn sie materiell nicht mit Unionsrecht vereinbar sind. Die Anwendbarkeit des Unionsrechts berührt nicht die völkervertragliche Pflicht der Mitgliedstaaten, die Rechte von Drittstaaten aus einem DBA zu wahren, also den Verpflichtungen hieraus nachzukommen.[391] Es besteht jedoch die Pflicht der Mitgliedstaaten, als Partei des DBA auf mit dem Unionsrecht konforme Regelungen hinzuwirken (Art. 351 Abs. 2 AEUV). Umgekehrt können sich die Mitgliedstaaten hingegen nicht auf Art. 351 Abs. 1 AEUV berufen, um ihrerseits ein unionsrechtswidriges Verhalten zu legitimieren.[392] Insoweit gilt das vorstehend zu den zwischen den Mitgliedstaaten untereinander geschlossenen DBA Gesagte entsprechend. Für nachträglich abgeschlossene DBA mit Drittstaaten ist eine solche unionsrechtliche Ausnahme in Bezug auf den Mitgliedstaat ohnehin ausgeschlossen. Doch auch ein unionsrechtswidriges Verhalten durch Drittstaaten auf Basis von Neuverträgen ist im Umkehrschluss zu Art. 351 Abs. 1 AEUV und im Hinblick auf den Grundsatz der loyalen Zusammenarbeit in Art. 4 Abs. 3 EUV nicht legitimiert. Eine in DBA enthaltene unionswidrige Regelung ist deshalb auch im Hinblick auf das Verhalten des Drittstaats bedenklich. Die Drittstaaten

388 EuGH Urteil v. 27.2.1962, Rs. 10/61 (*Kommission/Italien*), Slg. 1962, S. 3, S. 23; Urteil v. 27.9.1988, Rs. 235/87 (*Matteucci*), Slg. 1988, S. 5589, Rn. 22.

389 GA *Darmon* Schlussanträge v. 17.3.1993, Rs. C-330/91 (*Commerzbank*), Slg. 1993, S. I-4017, Rn. 20f., 60; FG München Beschluss v. 14.2.2005, 1 V 305/04, EFG 2005, S. 928, 930; *Lehner*, in: Vogel/Lehner, DBA, Einl., Rn. 261 f.

390 Ausführlich hierzu: *Kofler*, Doppelbesteuerungsabkommen und EG-Recht, S. 280ff.; *Kluge*, Das Internationale Steuerrecht, G, Rn. 5.

391 EuGH Urteil v. 4.7.2000, Rs. C-84/98 (*Kommission/Portugal*), Slg. 2000, S. I-5215, Rn. 53.

392 *Schmalenbach*, in: Callies/Ruffert, EUV/AEUV, Art. 351 AEUV, Rn. 11.

selbst sind zwar wegen des sich aus Art. 34 bis 36 WVK ergebenden pacta-tertiis-Grundsatzes durch das Unionsrecht nicht gebunden[393] und können daher die abkommensrechtliche Regelung uneingeschränkt anwenden. Es ist jedoch in dem Abschluss beziehungsweise der unterlassenen Anpassung des Völkerrechtsvertrages oder seiner nationalgesetzlichen Umsetzung ein Verstoß des kontrahierenden Mitgliedstaats gegen die Grundfreiheiten zu sehen. Soweit dem Steuerpflichtigen neben der Durchsetzung des Anspruchs auf Gleichbehandlung ein Schaden verbleibt, sprechen gute Gründe für dessen Ersatz durch den vertragschließenden Mitgliedstaat nach den in der Rs. *Brasserie du pêcheur* judizierten Grundsätzen zur mitgliedstaatlichen Haftung bei Verletzung der Grundfreiheiten.[394] Aufgrund der dargestellten Abkommenssouveränität der Mitgliedstaaten im Bereich der direkten Steuern handelt es sich beim EUV und beim AEUV um kein völkerrechtliches Ius cogens, sodass nicht die Unwirksamkeit, sondern nur die Unanwendbarkeit unionsrechtswidriger DBA folgt.[395]

Während sich ein Mitgliedstaat bei der *Ausübung* der ihm abkommensrechtlich zugeordneten Besteuerungsbefugnisse in Widerspruch zum Unionsrecht setzen kann, unterliegt die *Aufteilung* der Besteuerungsrechte in Form eines Steuerverzichts grundsätzlich keiner grundfreiheitsrechtlichen Vorprägung.[396] Dies darf jedoch nicht darüber hinwegtäuschen, dass nicht der Regelungsgehalt sämtlicher DBA-Bestimmungen per se als unionsrechtskonform angesehen werden kann. Aus dem dargestellten Vorrang des Unionsrechts gegenüber bilateralen Abkommen folgt zunächst die Erkenntnis, dass DBA prinzipiell an den Grundfreiheiten zu messen sind, sie deren Vorgaben also zu beachten haben. Der EuGH hat bislang stets eine ausschließliche Prüfung nationaler Vorschriften beziehungsweise der nationalen Rechtsanwendung bevorzugt.[397] Die DBA-Regelungen selbst waren – soweit ersichtlich – noch nicht für mit Unionsrecht unvereinbar erklärt worden.[398] Dies könnte auch der Annahme des EuGH geschuldet sein, dass die Grundfreiheiten auf die Problematik bilateral verursachter Diskriminierungen aufgrund einer

393 *Schmalenbach*, in: Callies/Ruffert, EUV/AEUV, Art. 216 AEUV, Rn. 55.

394 EuGH Urteil v. 5.3.1996, Rs. C-46/93 und C-48/93 (*Brasserie du pêcheur*), Slg. 1996, S. I-1029, Rn. 22, 51 ff.; hierzu: *Böhm*, in: Schulze/Zuleeg/Kadelbach, Europarecht, § 12, Rn. 137 f.

395 Ausführlich zum Streitstand: *Birk*, in: Hübschmann/Hepp/Spitaler, AO/FGO, § 2 AO, Rn. 304 f.

396 EuGH Urteil v. 12.5.1998, Rs. C-336/96 (*Gilly*), Slg. 1998, S. I-2793, Rn. 23 ff., 30.

397 *Cordewener*, Europäische Grundfreiheiten und nationales Steuerrecht, S. 688, „*Sitz der Diskriminierung*".

398 Zu den bilateralen Flugverkehrsabkommen zwischen dem Vereinigten Königreich und den USA („Open Skies"): EuGH Urteil v. 5.11.2002, Rs. C-466/98 (*Kommission/Großbritannien und Nordirland*), Slg. 2002, S. I-9427, Rn. 52 („*Folglich hat das Vereinigte Königreich dadurch, dass es dieses Abkommen geschlossen und angewandt hat, gegen seine Verpflichtungen aus Artikel 52 EG-Vertrag verstoßen.*").

fehlenden Verantwortungszuordnung nicht zugeschnitten sind.[399] Denn ebenso wie die Doppelbesteuerung die Folge parallel ausgeübter Besteuerungskompetenzen durch zwei Mitgliedstaaten ist, liegt dem aus einer bilateralen Vereinbarung resultierenden Grundfreiheitsverstoß das Handeln von zwei Mitgliedstaaten zugrunde. In Drittstaatensachverhalten erfolgt das Zusammenwirken sogar mit einem nicht an die Grundfreiheiten gebundenen Staat. Dennoch hat der EuGH bereits anklingen lassen, dass der Regelungsgehalt von DBA-Regelungen im Hinblick auf das Unionsrecht keinesfalls prüfungsfrei ist. Die Grundfreiheiten können nämlich einer nationalen Steuervorschrift entgegenstehen, „*unabhängig davon, ob sie in ein Doppelbesteuerungsabkommen aufgenommen ist*“[400]. Wenn der EuGH ausführt, dass die „*Aufteilung der Steuerhoheit [...] es den Mitgliedstaaten jedoch nicht [erlaubt], eine gegen die Gemeinschaftsvorschriften verstoßende Diskriminierung einzuführen*“[401], dürfte er auch DBA-Bestimmungen ins Visier nehmen, die über eine bloße Verteilungsfunktion im Wege der Bestätigung des originär völkergewohnheitsrechtlichen Besteuerungsrechts eines Mitgliedstaates und des Besteuerungsverzichts eines anderen Mitgliedstaates (durch Zuordnung des Besteuerungsrechts, Quellensteuerrecht und Methodenartikel) hinausgehen.

Trotz der defensiven Haltung des EuGH in Bezug auf DBA-Bestimmungen lassen sich der Judikatur Anhaltspunkte dafür entnehmen, dass auch Abkommen am Maßstab der Grundfreiheiten überprüft werden können. In der Rs. *Saint-Gobain* urteilte der EuGH, dass eine nationale Rechtsanwendung gegen die Grundfreiheiten verstößt, nach der Deutschland Abkommensvorteile aus dem DBA mit den Vereinigten Staaten von Amerika in Form eines Schachtelprivilegs für Beteiligungen nur inländischen Gesellschaften, nicht jedoch inländischen Betriebstätten ausländischer Gesellschaften gewährte.[402] Da den Betriebstätten ausländischer Unternehmen die Abkommensberechtigung fehlte, konnten sie nicht die Abkommensvorteile des DBA in Anspruch nehmen. Der Gerichtshof stellte fest, dass Deutschland die Freistellungsregelung einseitig auf entsprechende Betriebstätteneinkünfte vergleichbarer beschränkt Steuerpflichtiger aus der Europäischen Union auszuweiten hat.[403] In dem bereits erwähnten Urteil in der Rs. *de Groot* befand der EuGH ebenfalls eine nationale niederländische Regelung zur

399 *Lehner*, IStR 2001, 329, 332; s. u.: Teil 2: III.) 1.) a).

400 EuGH Urteil v. 12.12.2002, Rs. C-385/00 (*de Groot*), Slg. 2002, S. I-11819, Rn. 110; ähnlich: GA *Mischo* Schlussanträge v. 26.9.2002, Rs. C-324/00 (*Lankhorst-Hohorst*), Slg. 2002, S. I-11779, Rn. 80 ff.

401 EuGH Urteil v. 19.1.2006, Rs. C-265/04 (*Bouanich*), Slg. 2006, S. I-923, Rn. 50.

402 EuGH Urteil v. 21.9.1999, Rs. 307/97 (*Saint-Gobain*), Slg. 1999, S. I-6161; ebenfalls im Hinblick auf die Inländergleichbehandlung in Betriebstättenfällen: EuGH Urteil v. 28.1.1986, Rs. 270/83 (*Kommission / Frankreich*), Slg. 1986, S. 273.

403 EuGH Urteil v. 21.9.1999, Rs. 307/97 (*Saint-Gobain*), Slg. 1999, S. I-6161, Rn. 58 ff.; vgl. auch den Gleichbehandlungsgrundsatz für Betriebstätten in Art. 24 Abs. 3 OECD-MA.

Berücksichtigung persönlicher Aufwendungen und Abzugsbeträge, die mit den einschlägigen Abkommensregelungen inhaltlich identisch war, als nicht mit den Grundfreiheiten vereinbar.[404] Die in dem nationalen Steuerrecht und dem DBA vorgesehene Regelung führte dazu, dass die Niederlande als Wohnsitzstaat die persönlichen Verpflichtungen von Herrn *de Groot* bei der Berechnung der freizustellenden ausländischen Einkünfte im Rahmen der Freistellungsmethode anteilig wieder abzogen, nämlich soweit diese nicht auf dessen inländischen Einkommensteil in dem Wohnsitzstaat entfiel. Dieser auf die ausländischen Einkünfte entfallende und somit im Wohnsitzstaat nicht berücksichtigte Teil der subjektiven Steuerabzüge wurde durch das DBA jedoch auch nicht dem Tätigkeitsmitgliedstaat zum Abzug aufgegeben. Auf Grundlage dieser bilateralen Aufteilung drohte eine anteilige Nichtberücksichtigung der Abzugsbeträge im Vergleich zu einem rein innerstaatlich tätigen Arbeitnehmer. Der EuGH hatte zwar die Kompetenz der Mitgliedstaaten, die Berücksichtigung von persönlichen Abzugsbeträgen zu regeln, nicht in Abrede gestellt. Er stellte fest, dass die Berücksichtigung von persönlichen Abzugsbeträgen durchaus im Abkommensweg und abweichend von einer vollständigen Berücksichtigung im Wohnsitzstaat geregelt werden kann.[405] Er führte zu den inhaltlichen Anforderungen an eine solche Regelung aber aus: *„Die zur Vermeidung der Doppelbesteuerung verwendeten Mechanismen oder die nationalen Steuersysteme, die eine Ausschließung oder Milderung der Doppelbesteuerung bewirken, müssen jedoch den Steuerpflichtigen der betreffenden Staaten gewährleisten, dass ihre gesamte persönliche und familiäre Situation im Ganzen gebührend berücksichtigt wird* [...]‘[406]. Voraussetzung für die Akzeptanz einer solchen Aufteilung im Abkommensweg ist jedoch, dass die vollständige Einmalberücksichtigung der persönlichen Abzugsbeträge gewährleistet wird. Die Feststellung einer grundfreiheitsbeschränkenden Wirkung scheitert nicht daran, dass die infrage stehende nationale Vorschrift in einer bilateral getroffenen Regelung ihren Ursprung findet.[407] Einer Abschirmung der benachteiligenden nationalen Steuervorschrift durch das DBA erteilt der Gerichtshof damit zu Recht eine Absage. Setzen nationale Vorschriften wie die in der zitierten Rs. *de Groot* eine DBA-Bestimmung in nationales Recht um, dürfte in deren Unzulässigkeitsverdikt zugleich dennoch eine implizite Aussage über die Grundfreiheitskonformität des Inhalts der abkommensrechtlichen Bestimmungen selbst zu sehen sein.[408] In diesen Fällen sieht der EuGH die Verletzung der Grundfreihei-

404 EuGH Urteil v. 12.12.2002, Rs. C-385/00 (*de Groot*), Slg. 2002, S. I-11819, Rn. 92 ff., 101 f.
405 EuGH Urteil v. 12.12.2002, Rs. C-385/00 (*de Groot*), Slg. 2002, S. I-11819, Rn. 99.
406 EuGH Urteil v. 12.12.2002, Rs. C-385/00 (*de Groot*), Slg. 2002, S. I-11819, Rn. 101.
407 EuGH Urteil v. 12.12.2002, Rs. C-385/00 (*de Groot*), Slg. 2002, S. I-11819, Rn. 110.
408 Kommission Arbeitsunterlage v. 9.6.2005, DOC(2005) 2306/A, Doppelbesteuerungsabkommen und Recht der Europäischen Gemeinschaft, Anhang A, S. 3 f.; a.A. wohl: *Cordewener*,

ten zwar primär im nationalen Recht, er muss dennoch die einschlägigen DBA-Regelungen würdigen, auf deren vermeintlich legitimierende Wirkung sich die Mitgliedstaaten berufen werden. Dies gilt ebenso, wenn der DBA-Regelungen ohne entsprechende nationale Vorschriften Geltung verschafft wird, wie bei der Freistellung in der Rs. *Saint-Gobain*. Dann liegt das Konfliktpotential gerade im Aufeinandertreffen der sekundären Niederlassungsfreiheit mit dem gängigen DBA-rechtliche Konzept der Abkommensberechtigung für Ansässige (vgl. Art. 1 und 4 Abs. 1 OECD-MA). Mit Blick auf die Rs. *Saint-Gobain* lässt sich feststellen, dass eine auf die Staatsangehörigkeit oder die Ansässigkeit Bezug nehmende Abkommensberechtigung im Fall objektiv vergleichbarer beschränkt Steuerpflichtiger inhaltlich nicht mehr den Anforderungen des Diskriminierungsverbots entsprechen dürfte. Schließlich können auch die bereits zuvor herausgearbeiteten Vorgaben im Rahmen der zwischenstaatlichen Steuerverteilung, wie die durch den EuGH unionsrechtlich modifizierte Symmetriethese und die Grundsätze zur Einmalberücksichtigung persönlicher und familienbezogener Abzüge, als ein Schrankenrecht für Abkommensinhalte verstanden werden.[409] Da sich der EuGH vornehmlich auf die nationale Rechtsnorm bezieht, verwundert es auch nicht, dass die Beschränkung nicht auf Abkommensebene zu beseitigen ist, sondern dies im Hinblick auf das nationale Recht gefordert wird.[410] Wie die Entscheidung in der Rs. *Saint-Gobain* zeigt, gilt dies auch für DBA mit Drittstaaten.[411] Der EuGH hat die Mitgliedstaaten im Bereich der direkten Steuern damit zwar noch nicht explizit in die Pflicht genommen, ihre Abkommen in grundfreiheitskonformer Weise abzuschließen oder anzupassen. Aufgrund der zwingenden Korrektur im nationalen Recht ist jedoch faktisch eine Berücksichtigung des Unionsrechts bei Vertragsschluss von DBA geboten.

VI.) Zwischenergebnis zu Teil 1

Der unionsrechtliche Einfluss auf den Bereich der direkten Steuern folgt, neben der partiellen Harmonisierung durch Sekundärrecht, vor allem aus den Grund-

Europäische Grundfreiheiten und nationales Steuerrecht, S. 689 f.; *Kofler*, Doppelbesteuerungsabkommen und EG-Recht, S. 464.

409 Deutlich: Luxemb. Cour Administrative Urteil v. 10.8.2005, vgl. Bericht bei *Hahn*, IStR 2010, S. 157 ff.

410 EuGH Urteil v. 21.9.1999, Rs. 307/97 (*Saint-Gobain*), Slg. 1999, S. I-6161, Rn. 59 ff.

411 EuGH Urteil v. 21.9.1999, Rs. 307/97 (*Saint-Gobain*), Slg. 1999, S. I-6161, Rn. 59 ff.; vgl. auch zu den Limitation-on-benefits-Klauseln des DBA Deutschland-USA: *Schnitger*, Die Grenzen der Einwirkung der Grundfreiheiten des EG-Vertrages auf das Ertragsteuerrecht, S. 169, m.w.N.; *Birk*, in: Hübschmann/Hepp/ Spitaler, AO/FGO, § 2 AO, Rn. 300.

freiheiten des AEUV und des EWR-Abkommens. Jegliche Schlechterstellung eines grenzüberschreitenden Steuersachverhalts im Markteintritts- und im Marktaustrittsfall ist grundsätzlich als grundfreiheitsrechtlich verbotener Eingriff zu werten. Im Rahmen der Ausübung ihres Besteuerungsrechts haben die Mitgliedstaaten innerhalb ihres Teilmarkts auf eine unterschiedslose Besteuerung zu achten (Kästchengleichheit). Einer aus den nationalen Steuervorschriften erwachsenden Beschränkung, die auch unter einer staatenübergreifenden Perspektive zu keiner Benachteiligung des Marktteilnehmers führt, kann hingegen im Bereich der direkten Besteuerung nicht mittels einer Integration durch die Grundfreiheiten beigekommen werden. Ebenso sind Unterschiede in den Steuersystemen der einzelnen Teilmärkte hinzunehmen, auch wenn diese zu höheren Befolgungskosten für den Marktteilnehmer führen. Die uni-, bi- oder multilaterale Verteilung des Besteuerungssubstrats ist auch für den Fall, dass bei einer abweichenden Zuordnung eine günstigere Besteuerung eingetreten wäre, generell unionsrechtlich nicht vorgegeben. Führt die Steuerverteilung zur Benachteiligung innerhalb eines Teilmarkts, etwa bei der Nichtberücksichtigung von Verlusten aus freigestellten ausländischen Betriebstätten, präferiert der EuGH eine andere Lösung. Anstatt die Berücksichtigung negativer Einkünfte als von dem grundfreiheitsrechtlichen Schutzbereich ausgenommene Frage der Steuerverteilung zu behandeln, sucht der Gerichtshof einen Ausgleich auf der Rechtfertigungsebene. Der mitgliedstaatlichen Steuerdistribution wird eine grundfreiheitsrechtliche Legitimationskraft über den Rechtfertigungsgrund der „Wahrung der Aufteilung der Besteuerungsbefugnisse“ verliehen. Dadurch kann auf individueller Ebene zumindest bedingt eine leistungsgerechte binnenmarktweite Einmalberücksichtigung solcher Steuerbegünstigungen zum Tragen kommen. Dennoch müssen die Grundfreiheiten bei der Herstellung einer solchen Gesamtmarktneutralität früher oder später unweigerlich an die Grenzen mitgliedstaatlicher Steuerzuständigkeit stoßen. Denn jeder Mitgliedstaat darf sein Steuersystem *grundsätzlich* ohne Rücksicht auf die Besteuerung in anderen Mitgliedstaaten ausgestalten.[412] Die Beseitigung von Unterschieden in den nicht angeglichenen Rechtsordnungen ist der Integration unter Mitwirkung der Mitgliedstaaten vorbehalten.

Eingriffe in die Grundfreiheiten können bei Vorliegen eines legitimen Zwecks gerechtfertigt werden. Die Judikatur hat viele bereichsspezifische Rechtfertigungsgründe herausgearbeitet; dabei avanciert die Wahrung der Aufteilung der Besteuerungsbefugnis immer stärker zu dem übergeordneten Legitimationsansatz im Bereich der direkten Steuern. Allen Rechtfertigungsgründen ist die Verhältnismäßigkeit als Schranken-Schranke gemein.

412 BFH Urteil v. 18.9.2003, X R 2/00, BStBl. II 2004, S. 17ff., Tz. 3) bb) (1).

Teil 2: Problematik der internationalen Doppelbesteuerung im Binnenmarkt

Mit der Darstellung der unionsrechtlichen Einwirkung auf den Bereich der direkten Steuern und einem Überblick über die Vorgaben für die mitgliedstaatliche Steuerverteilung in Teil 1 ist das Fundament für eine eingehende Untersuchung der Doppelbesteuerungsproblematik im Binnenmarkt gelegt. Dabei wird im Folgenden lediglich die *internationale* Doppelbesteuerung betrachtet. Die internationale Komponente des die Doppelbesteuerung verursachenden kumulativen Steuerzugriffs zeichnet sich dadurch aus, dass dieser aus dem parallelen Agieren von Abgabenhoheiten in mindestens zwei verschiedenen Staaten resultiert.[413]

I.) Entstehung und Formen der internationalen Doppelbesteuerung

Zunächst soll in Kürze die Entstehung der unterschiedlichen Doppelbesteuerungssituationen bei grenzüberschreitenden Sachverhalten zum Zwecke der weiteren Analyse eines grundfreiheitsrechtlichen Doppelbesteuerungsverbots systematisiert werden. Sowohl auf dem Gebiet des Ertragsteuerrechts als auch im Bereich der Erbschaft- und Schenkungsteuern sind Doppelbesteuerungskonstellationen denkbar.

1.) Ertragsteuer

Aus dem völkergewohnheitsrechtlichen Souveränitäts- und Territorialitätsprinzip folgt, dass die einzelnen Mitgliedstaaten aufgrund ihrer völkerrechtlichen Souveränität berechtigt sind, an Sachverhalte mit Bezug zu ihrem Hoheitsgebiet steuerliche Folgen zu knüpfen.[414] Dabei ist es nicht zwingend erforderlich, dass die Sachverhalte in dem Hoheitsgebiet des den Steuerzugriff ausübenden Staates und zugleich in der Person eines Inländers verwirklicht werden. Die völkerge-

413 Zur „*schräge[n] Doppelbesteuerungslage*“ infolge der Mehrfachbesteuerung durch verschiedene Abgabengewalten innerhalb eines Staates: *Bächle/Rupp/Ott/Knies*, Internationales Steuerrecht, S. 9f.

414 *Schaumburg*, Internationales Steuerrecht, Rn. 13.1; *Reith*, Internationales Steuerrecht, Rn. 4.1 ff.

wohnheitsrechtlichen Prinzipien bedingen allerdings, dass bei einem Sachverhalt mit Auslandsbezug ein ausreichend enger Zusammenhang zwischen dem Besteuerungssachverhalt und dem eigenen Hoheitsgebiet des abgabenerhebenden Staates vorhanden ist (Genuine Link).[415] Dieser Bezug wird durch das Bundesverfassungsgericht als „*Mindestmaß an Sachnähe und Einsichtigkeit*" umschrieben und soll vorliegen, wenn als Anknüpfungspunkt entweder eine persönliche Bindung des Steuerpflichtigen zu dem besteuernden Staat vorliegt, wie die Staatsangehörigkeit, die Niederlassung, der (Wohn-)Sitz beziehungsweise der Aufenthalt im Inland, oder wenn eine hinreichende sachliche Beziehung, namentlich die Herbeiführung des wirtschaftlichen Erfolgs im Inland oder die Belegenheit der Einkunftsquelle auf dem Hoheitsgebiet, gewahrt wird.[416] Eine solche persönliche oder sachliche Anknüpfung an das eigene Staatsgebiet stellt die völkerrechtliche Besteuerungsschranke dar.

An diese völkergewohnheitsrechtlichen Grenzen und ihre verschiedenen denkbaren Bezugspunkten knüpft eine weitere Unterscheidung an, nämlich die zwischen unbeschränkt und beschränkt Steuerpflichtigen. Wird als Bezugspunkt für das Besteuerungsrecht eines Staates die persönliche Bindung des Steuerpflichtigen zu dem Hoheitsgebiet (Staatsangehörigkeit, Wohnsitz usw.) gewählt, ist die Besteuerung von Einkünften aus sämtlichen in- und ausländischen Quellen, aus denen diese Person ihr Einkommen bezieht, die regelmäßige Folge. Es ist von der unbeschränkten Steuerpflicht unter Geltung des Welteinkommens-, Wohnsitz- oder Universalitätsprinzips die Rede. Umgekehrt sind Personen ohne eine persönliche territoriale Bindung, die eine Wirtschaftstätigkeit mit sachlichem Bezug zum Hoheitsgebiet eines Staates entfalten, im Verhältnis zu diesem Staat beschränkt steuerpflichtig. Die dargestellte völkergewohnheitsrechtliche Steuersouveränität wird auch grundsätzlich unionsrechtlich anerkannt. Sie spiegelt sich etwa in dem bereits erwähnten, im Rahmen der Grundfreiheitsprüfung zu beachtenden, unionsrechtlichen Territorialitätsprinzip wider.

Die meisten Mitgliedstaaten der Europäischen Union und des EWR besteuern, dem Welteinkommensprinzip folgend, die in ihrem Hoheitsgebiet ansässigen Personen in Bezug auf deren im In- und Ausland erwirtschaftetes Einkommen. Gleichzeitig findet sich mit unterschiedlicher Ausgestaltung auch das auf einen Sachbezug basierende Quellen- und Belegenheitsprinzip im erweiterten Binnenmarkt wieder.[417] Es ist in der mitgliedstaatlichen Praxis insbesondere bei Unter-

415 *Frotscher*, Internationales Steuerrecht, S. 18 f.; *Vogel*, in: Vogel/Lehner, DBA, Einl., Rn. 11.

416 BVerfG v. 22.3.1983, 2 BvR 475/78, BVerfGE 63, S. 343 ff, Tz. A) II.) 4.) b).

417 Mennel/Förster, in: *Mennel/Förster*, Steuern in Europa, Amerika und Asien, Allgemeiner Teil, Rn. 51.

nehmensgewinnen, Dividenden, Zinsen, Lizenzgebühren, Grundbesitzeinkünften und Veräußerungsgewinnen anzutreffen.[418]

Bei grenzüberschreitenden Sachverhalten kann es durch die konkurrierenden Steueransprüche von mehreren Staaten dazu kommen, dass verschiedene Steuerhoheiten denselben wirtschaftlichen Vorgang in demselben Besteuerungszeitraum einer gleichartigen Steuer unterwerfen.[419] Treffen diese kumulierten Steuerfolgen ein und denselben Steuerpflichtigen (Steuersubjektidentität), ist von einer internationalen rechtlichen beziehungsweise juristischen Doppelbesteuerung die Rede.[420]

In der Literatur ist umstritten, ob die internationale Doppelbesteuerung per Definition erfordert, dass aus der doppelten Erfassung derselben Einkunftsquelle eine unangemessen hohe Steuerwirkung folgen muss.[421] Ein kumulativer Steuerzugriff wird zumindest regelmäßig zu einer erhöhten Belastungswirkung in Form einer administrativen Mehrbelastung, etwa durch zusätzliche Erklärungs-, Nachweis- und Informationspflichten, führen. Dies kann wiederum erhöhte Befolgungskosten bedeuten. Ob die internationale Doppelbesteuerung definitionsgemäß auch eine exzessive Steuerbelastung für den Wirtschaftsvorgang als Folge einer ungemilderten Erfassung durch mehrere Staaten erfordert, kann in diesem Zusammenhang offenbleiben. Die Frage nach der nachteiligen Wirkung aus dem doppelten Steuerzugriff für den grenzüberschreitenden Sachverhalt ist im Zusammenhang unionsrechtlicher Schutznormen ohnehin gesondert zu würdigen.

Eine juristische Doppelbesteuerung kann daraus resultieren, dass der Sachverhalt zu einem Mitgliedstaat einen persönlichen Bezug aufweist, etwa aufgrund der Ansässigkeit eines Steuerpflichtigen, und gleichzeitig mit einem anderen Mitgliedstaat in einem sachlichen Kontext steht, beispielsweise wegen der Belegenheit einer Einkunftsquelle. In Dreistaatensachverhalten kann sogar der Zugriff mehrerer nach dem Quellenprinzip besteuernder Staaten drohen. Neben diesem als „klassische" Doppelbesteuerung bezeichneten Zusammentreffen von Wohnsitzstaat- und Quellenprinzip lassen sich weitere Entstehungsursachen anführen. Knüpfen die nationalen Rechtsordnungen der an einem grenzüberschreitenden Sachverhalt beteiligten Staaten bereits die unbeschränkte Steuerpflicht an unter-

---

418 Ausführlich: *Jacobs*, Internationale Unternehmensbesteuerung, S. 6 f.; das Quellenprinzip wird häufig als eigentliche konsequente Umsetzung des Territorialitätsprinzips verstanden und deshalb mit diesem begrifflich gleichgesetzt; zur fehlenden Begriffsschärfe, vgl.: *Vogel*, in: Vogel/Lehner, DBA, Einl., Rn. 2, 11 f.

419 Einl., Nr. 1 OECD-MK; ausführlicher Überblick bei: *Schaumburg*, Internationales Steuerrecht, Rn. 12.2 ff.; *Wassermeyer*, in: Debatin/Wassermeyer, Doppelbesteuerung, Vor Art. 1 MA, Rn. 2.

420 Vgl. Definition bei: Art. 23 A und 23 B, Nr. 1 ff. OECD-MK.

421 *Frotscher*, Internationales Steuerrecht, S. 3 f.; *Kluge*, Das Internationale Steuerrecht, B, Rn. 28; kritisch: *Wassermeyer*, in: Debatin/Wassermeyer, Doppelbesteuerung, Vor Art. 1 MA, Rn. 2.

schiedliche Besteuerungskriterien (zum Beispiel Staatsangehörigkeit einerseits und Wohnsitz andererseits) oder ist ein Steuerpflichtiger in zwei Staaten ansässig beziehungsweise besitzt eine Doppelstaatsbürgerschaft, kann sich eine doppelte unbeschränkte Steuerpflicht ergeben.

Innerhalb der vorgenannten Kategorien lassen sich weitere Differenzierungen nach den Doppelbesteuerungsursachen treffen. Zum einen kann eine Abstimmung der Besteuerungsbefugnisse beziehungsweise eine unilaterale Vermeidung der Doppelbesteuerung schlichtweg fehlen. Zum anderen ist es denkbar, dass im Fall einer völkervertraglichen Steuerverteilung die gewählten Anknüpfungspunkte (etwa Wohnsitz oder Betriebstätte) einem unterschiedlichen nationalen Begriffsverständnis der Staaten unterliegen, sodass schon deshalb zwei Staaten parallel ihr vermeintliches Besteuerungsrecht ausüben.[422] Die Staaten können etwa abkommensautonom zu interpretierende Begriffe oder deren konstituierenden Merkmale unterschiedlich auslegen oder anwenden, da sie ihr Verständnis aus nationalen Steuerregelungen (zum Beispiel „Betriebstätte" beziehungsweise deren konstituierenden Merkmale) zugrunde legen (Qualifikationskonflikt im weiteren Sinne). Auch in Bezug auf die ihrer Steuerrechtsordnung fremden Abkommensbegriffe (zum Beispiel „Künstler") kann es zu einer uneinheitlichen Interpretation kommen (Auslegungskonflikt).[423] Sofern ein DBA mangels eigener Definition explizit Begriffe unter Heranziehung des nationalen Rechts inhaltlich ausfüllt (vgl. Art. 3 Abs. 2 OECD-MA), kann es ebenfalls zu einer uneinheitlichen Auslegung kommen (Qualifikationskonflikt im engeren Sinne).

In Abgrenzung zur juristischen Doppelbesteuerung ist von einer wirtschaftlichen Doppelbesteuerung die Rede, wenn derselbe Wirtschaftsvorgang oder Vermögenswert in zwei oder mehreren Staaten in demselben Zeitraum besteuert wird, jedoch die Doppelerfassung nicht auf der Ebene desselben Steuerpflichtigen erfolgt.[424] Der Begriff der wirtschaftlichen Doppelbesteuerung ist ebenso unbestimmt wie der der Doppelbesteuerung an sich und kann je nach Verständnis die verschiedensten Konstellationen umfassen. Als wirtschaftliche Doppelbesteuerung bezeichnet der EuGH auch die bei Beteiligungssachverhalten auftretende Doppelbelastung ein und derselben Wertschöpfung auf der Ebene der ausschüttenden Kapitalgesellschaft einerseits und auf der Ebene des Gesellschafters andererseits, sodass diese Fälle fortan ebenfalls unter diesem Begriff dis-

---

422 *Reith*, Internationales Steuerrecht, Rn. 4.8.

423 Ausführliche Darstellung der Unterschiede zwischen Qualifikationskonflikt und Auslegungskonflikt bei: *Reith*, Internationales Steuerrecht, Rn. 4.56 ff.; *Vogel*, in: Vogel/Lehner, DBA, Einl., Rn. 151 ff.; Beispiele bei: *Menck*, in: Becker/Höppner/Grotherr/Kroppen, DBA-Kommentar, Grundlagen, Teil 1, Abschn. 6, Rn. 4, 28.

424 *Vogel*, in: Vogel/Lehner, DBA, Einl. Rn. 4.

kutiert werden.[425] Auch wenn bei intransparenten Gesellschaften aufgrund des Trennungsprinzips zwei verschiedene Besteuerungssachverhalte vorliegen, wird ein und derselbe wirtschaftliche Mehrwert erfasst. Dieser Kaskadeneffekt, der bei inländischen und grenzüberschreitenden Sachverhalten auftreten kann, stellt im zweitgenannten Fall ebenfalls eine Ausprägung der internationalen Doppelbesteuerung dar. Exempel einer ausschließlich internationale Sachverhalte treffenden wirtschaftlichen Doppelbesteuerung sind Zurechnungs- und Subjektdivergenzkonflikte. Der Konflikt resultiert im erstgenannten Fall aus einer Zurechnung der Einkünfte zu unterschiedlichen Steuersubjekten (vgl.: § 39 AO; Basisgesellschaften nach § 42 AO). Subjektdivergenzkonflikte basieren hingegen auf der unterschiedlichen Qualifikation der Steuersubjektivität einer Rechtsperson, der bestimmte Einkünfte zugerechnet werden, seitens der beteiligten Staaten. Beispiele für eine subjektdivergierende wirtschaftliche Doppelbesteuerung ist die unterschiedliche Behandlung von Personengesellschaften als steuerlich transparente beziehungsweise intransparente Gebilde mit der Folge, dass die Einkünfte in einem Mitgliedstaat auf der Ebene der Personengesellschaft erfasst werden (Annahme der Steuersubjektivität der Personengesellschaft) und in einem anderen Mitgliedstaat auf der Ebene der Gesellschafter der Besteuerung unterliegen (Ablehnung der Steuersubjektivität der Personengesellschaft).

2.) Erbschaft- und Schenkungsteuer

Unabhängig davon, dass das Gebiet der Ertragsteuer und das der Erbschaft- und Schenkungsteuer begrifflich nicht stets sauber zu trennen sind,[426] kann es bei der Nachlass-, Erbschaft- und Schenkungsbesteuerung zu vergleichbaren „klassischen" Doppelbesteuerungsfällen aufgrund des Zusammentreffens von unbeschränkter und beschränkter[427] Erbschaftsteuerpflicht kommen. Daneben gewinnen insbesondere die Fälle einer parallel eingreifenden unbeschränkten Steuerpflicht an Bedeutung, da neben den Konstellationen des doppelten Wohnsitzes im Bereich der Erbschaft- und Schenkungsteuer zwei weitere Aspekte in der Besteuerungspraxis anzutreffen sind: Zum einen wird die unbeschränkte Erbschaftsteuerpflicht teilweise auch an das Kriterium der Staatsangehörigkeit geknüpft (zum Beispiel die deutsche erweiterte unbeschränkte Erbschaftsteuerpflicht gemäß § 2 Abs. 1 Nr. 1 lit. b) ErbStG), sodass insbesondere im Ausland lebende Staatsbürger (zumindest befristet) einer doppelten Besteuerung im Hin-

425 Zur Doppelbelastung: *Vogel*, in: Vogel/Lehner, DBA, Einl. Rn. 4.

426 Vgl. Schenkungsvariante gemäß dem britischen Taxation of Chargeable Gains Act 1992, www. legislation. gov.uk /ukpga/1992/12/section/38/enacted.

427 Eine deutliche Erweiterung der beschränkten Erbschaftsteuerpflicht findet sich in § 4 AStG.

blick auf Zuwächse ihres Weltvermögens unterworfen sein können. Zum anderen kann es durch die Kollision von Nachlass- und Erbanfallsteuerprinzip zu einer unterschiedlichen Anknüpfung des Besteuerungsrechts kommen, nämlich beispielsweise einerseits an den Wohnsitz des Erblassers/Schenkers und andererseits an den des Zuwendungsempfängers.[428] Als Folge besteuern beide Staaten nach dem Wohnsitzstaatprinzip hinsichtlich desselben Vermögensanfalls mit der Folge einer wirtschaftlichen Doppelbesteuerung.[429]

Schließlich sind auch bei internationalen Erbschaften und Schenkungen Nachteile aus einer Übermaßbesteuerung als Folge des zusammenwirkenden Steuerzugriffs mehrerer Mitgliedstaaten denkbar, die sich aus Divergenzen bei der Auslegung oder Qualifikation von DBA-Bestimmungen ergeben.[430]

II.) Vermeidung der internationalen Doppelbesteuerung

Da die internationale Doppelbesteuerungsproblematik Folge der Ausübung der relativ weitreichenden und miteinander konkurrierenden Besteuerungsbefugnisse auf Grundlage des völkergewohnheitsrechtlichen Souveränitäts- und Territorialitätsprinzips ist, kann auch kein entgegenstehender völkergewohnheitsrechtlicher Grundsatz hergeleitet werden, nach dem die Staaten verpflichtet wären, eine internationale Doppelbesteuerung zu vermeiden oder zu beschränken.[431] Entsprechend dieser völkerrechtlichen Sichtweise ergibt sich die internationale Doppelbesteuerung erst in Kumulation der Steuervorschriften verschiedener Staaten. Sofern sich jeder Staat im Rahmen der völkergewohnheitsrechtlichen Besteuerungsbefugnisse bewegt, ist auch sein Handeln in einer Zusammenwirkung rechtmäßig.[432] Aus dem Völkergewohnheitsrecht ergibt sich kein Grundsatz, welcher der beteiligten Staaten auf sein Besteuerungsrecht zu verzichten hat.

Die Vermeidung der internationalen Doppelbesteuerung im Binnenmarkt findet zurzeit überwiegend in völkerrechtlichen Verträgen ihren Niederschlag. Mitgliedstaatliche Maßnahmen zur Vermeidung der Doppelbesteuerung lassen sich gegen-

428 Art. 1, Nr. 5 f., 8 und Art. 7 Nr. 2 OECD-MK (E); *Jülicher*, in: Debatin/Wassermeyer, Doppelbesteuerung, Vor Art. 1 ErbSt-MA, Rn. 9.

429 Zumindest für den Erbfall dürfte dennoch zumeist eine juristische Doppelbesteuerung vorliegen, da der beziehungsweise die Erben mit der Erbschaftsteuer beider Staaten belastet werden.

430 Beispiele bei: Art. 7, Nr. 15 ff. OECD-MK (E); ausführlich: *Küper*, Doppelbesteuerung und europarechtliche Meistbegünstigung bei Erbschaften und Schenkungen, S. 76 ff.; weitere Beispiele bei: Kommission, Summary of replies to the public consultation on cross-border inheritance tax obstacles within the EU and possible solutions, S. 3 ff., http://ec.europa.eu/taxation_customs/common/consultations/tax/index_de.htm.

431 BFH Urteil v. 14.2.1975, VI R 210/72, BStBl. II 1975, S. 497, 498.

432 *Vogel*, in: Vogel/Lehner, DBA, Einl., Rn. 14.

wärtig insbesondere in Form eines Netzes bi- oder multilateraler DBA zwischen den einzelnen Mitgliedstaaten auf dem Gebiet von Einkommen und Vermögen und – jedoch mit einer eher geringen Abkommensdichte – auf dem Gebiet der Nachlass-, Erbschaft- und Schenkungsteuer erkennen.[433] Von 351 möglichen bilateralen Abkommen zwischen den Mitgliedstaaten wurden im Zusammenhang mit der Besteuerung von Nachlässen, Erbschaften und Schenkungen bislang lediglich in 33 Fällen DBA abgeschlossen[434] und selbst auf dem Gebiet der Einkommen- und Vermögensteuer bestehen Lücken.[435] Auch das multilateral zwischen sämtlichen Mitgliedstaaten geschlossene Schiedsübereinkommen dient der Vermeidung einer verrechnungspreisbedingten internationalen Doppelbesteuerung. Daneben finden sich zahlreiche nationale Steuervorschriften, die eine unilaterale Vermeidung der internationalen Doppelbesteuerung bewirken.

In Zusammenschau der DBA der Mitgliedstaaten lässt sich feststellen, dass durch bilaterale DBA auch im Hinblick auf die unbeschränkte Steuerpflicht das Besteuerungsrecht häufig für ausländische Einkunftsquellen beschränkt und somit das Welteinkommensprinzip zugunsten des Quellensteuerprinzips zurückgedrängt wird. Wie noch näher zu zeigen ist, war nach ex-Art. 293 2. Spiegelstrich EG die Vermeidung der Doppelbesteuerung innerhalb des Binnenmarkts zumindest als ein Ziel des EG-Vertrages explizit niedergelegt. Auf sekundärrechtlicher Ebene bestehen hingegen noch nicht allzu viele die Mitgliedstaaten bindende Maßnahmen seitens der Europäischen Union, die eine umfassende Vermeidung von Doppelbesteuerungskonstellationen innerhalb des Binnenmarkts gewährleisten. Nennenswert sind in diesem Zusammenhang insbesondere die sekundärrechtlichen Harmonisierungsbestrebungen in Form der Mutter-Tochter-Richtlinie und der Zins- und Lizenzgebührenrichtlinie. Auf der Suche nach einem grundlegenden Schutz vor einer multiplen Steuerlast rücken für den Wirtschaftsteilnehmer im Binnenmarkt deshalb die unmittelbar anwendbaren Grundfreiheiten und das allgemeine Freizügigkeitsrecht in den Fokus in der Hoffnung, einen Anspruch auf eine Lösung des Besteuerungskonflikts durchsetzen zu können.

---

433 Dargestellt in: Kommission Mitteilung v. 9.6.2005, DOC(05) 2306/B, Doppelbesteuerungsabkommen und Recht der Europäischen Gemeinschaft, Anhang B; Summary Report, commission's consultation on double taxation conventions and the internal market: Factual examples of double taxation cases, http://ec.europa.eu/taxation_customs/common/consultations/tax/index_de.htm.

434 Kommission Konsultationspapier, http://ec.europa.eu/taxation_customs/resources/documents/common/ consultations/tax/2010/06/inheritance_2010_06_consultation_paper_de.pdf, S. 4.

435 Kommission, Summary Report, commission's consultation on double taxation conventions and the internal market: Factual examples of double taxation cases, S. 17, http://ec.europa.eu/taxation_customs/common/consultations/tax/index_de.htm.

III.) Diskussionsstand zur internationalen Doppelbesteuerung im Binnenmarkt

1.) Beispiele für internationale Doppelbesteuerung im Binnenmarkt, Rechtsprechung

Die vorstehend kategorisierten Fälle der internationalen Doppelbesteuerung können in den unterschiedlichsten Sachverhaltskonstellationen auftreten. Eine abschließende Darstellung aller erdenklichen Doppelbesteuerungsrisiken kann an dieser Stelle nicht erfolgen. Die Europäische Union hat unlängst wieder eine Bestandsaufnahme gewagt. So hat die Kommission mittels öffentlich durchgeführter Online-Konsultationen im Sommer 2010 versucht, „*ein Bild vom wahren Ausmaß der Doppelbesteuerung und ihren finanziellen Auswirkungen für Bürger und Unternehmer zu gewinnen*"[436]. Auch speziell im Hinblick auf die Doppelbesteuerung im Bereich der Nachlässe, Erbschaften und Schenkungen wurde eine entsprechende Befragung 2010 in die Wege geleitet. Die Zusammenfassungen der Konsultationsantworten zeigen, dass die Problematik der internationalen Doppelbesteuerung im Binnenmarkt weiterhin akut ist.[437] In den vergangenen Jahren waren bereits eine Reihe von Doppelbesteuerungsfolgen Gegenstand kontroverser Diskussionen, zum Beispiel hinsichtlich ergangener EuGH-Judikaten oder bestimmter nationaler Steuervorschriften. Die dem EuGH vorgelegten Rechtsfragen führten bislang nur gelegentlich zu einer eingehenden Beschäftigung mit der Problematik der internationalen Doppelbesteuerung. Oftmals war die Doppelbesteuerung einer Schlechterstellung des grenzüberschreitenden Sachverhalts durch die nationalen Steuervorschriften geschuldet, sodass der Fokus auf der benachteiligenden Wirkung innerhalb eines Teilmarkts lag und eine vertiefte Erörterung in Richtung kumulativer Mehrbelastung nicht stattgefunden hat. Ein paar wenige Entscheidungen diesbezüglich gab es jedoch bereits. Die Frage der Doppelbesteuerung wurde zudem gelegentlich als Nebeneffekt aufgegriffen. Es gibt folglich bereits einige markante Aussagen des Gerichtshofs, der Generalanwälte und nationaler Gerichte zu diesem Thema.

---

436 Pressemitteilung v. 27.4.2010, IP/10/469.

437 Kommission, Summary Report, commission's consultation on double taxation conventions and the internal market: Factual examples of double taxation cases; Summary Report, commission's public consultation on possible amendments to the council directive on a common system of taxation applicable to interest an royalty payments made between associated companies of different member states; Summary of replies to the public consultation on cross-border inheritance tax obstacles within the EU and possible solutions, http://ec.europa.eu/taxation_customs/common/consultations/tax/index_de.htm

a) „Klassische" Doppelbesteuerung

aa) Rs. Gilly

Die bereits angesprochene Entscheidung in der Rs. *Gilly* betraf die Aufteilung der Besteuerungsbefugnisse nach dem deutsch-französischen DBA, das dem Kassenstaatsprinzip folgend (vgl. Art. 19 OECD-MA) die Besteuerung von Personen im öffentlichen Dienst grundsätzlich dem Tätigkeitsstaat zusprach. Sie befasste sich nicht unmittelbar mit einer Doppelbesteuerungsfolge, sondern mit einem Fall, in der sich eine *bereits erfolgte* Aufteilung auf dem grundfreiheitsrechtlichen Prüfstand befand. Der seitens Frankreichs gewährte Anrechnungsbetrag zur Entlastung von der Doppelbesteuerung entsprach nicht der in Deutschland gezahlten Steuer, sondern im Prinzip dem Betrag der diesen Einkünften entsprechenden französischen Steuer. Dieser fiel aufgrund der niedrigeren Progression in Frankreich und wegen der Berücksichtigung persönlicher und familiärer Abzugsbeträge im Rahmen der französischen Besteuerung geringer aus als die gezahlte Steuer in Deutschland. Im Ergebnis wirkt dies jedoch wie eine Freistellung der deutschen Einkünfte. Aus dem Urteil lässt sich quasi als argumentatives Fundament die Aussage gewinnen, dass die Mitgliedstaaten ihre nationalen Steuersysteme ungeachtet derjenigen in anderen Mitgliedstaaten ausgestalten können.[438] Außerdem obliegt es ihrer Zuständigkeit, die Doppelbesteuerung zu vermeiden und hierfür die Kriterien festzulegen.[439] Diese Steuerverteilung unterliegt keiner Vorprägung durch die Grundfreiheiten.

bb) Rs. AMID, Anrechnungsvortrag

In den Rs. *AMID* und *Mertens* hätte der Gerichtshof frühzeitig Gelegenheit gehabt, eine ihm vorgelegte Doppelbesteuerungssituation grundfreiheitsrechtlich zu würdigen. Den Rs. *AMID* und *Mertens* lag eine Vorschrift des belgischen Steuerrechts zugrunde, nach der Verluste des inländischen Stammhauses nur insoweit vorgetragen werden konnten und somit im Ergebnis nutzbar waren, wie keine Gewinne in einer ausländischen Betriebstätte vorlagen.[440] Diese Regelung galt auch für den Fall der DBA-Freistellung der ausländischen Gewinne. Bestanden somit im Fall einer defizitären inländischen Tätigkeit (freigestellte) Gewinne aus den ausländischen Betriebstätten, mussten diese phasengleich mit den inlän-

438 BFH Urteil v. 18.9.2003, X R 2/00, BStBl. II 2004, S. 17 ff., Tz. II.) 3.) b) bb).

439 EuGH Urteil v. 12.5.1998, Rs. C-336/96 (*Gilly*), Slg. 1998, S. I-2793, Rn. 24, 30; Urteil v. 5.7.2005, Rs. C-376/03 (*D*), Slg. 2005, I-5821, Rn. 52.

440 EuGH Urteil v. 14.12.2000, Rs. C-141/99 (*AMID*), Slg. 2000, S. I-11619; Beschluss v. 12.9.2002, Rs. C-431/01 (*Mertens*), Slg. 2002, S. I-7073.

dischen Verlusten verrechnet werden, bevor es zu einem Verlustvortrag kommen konnte. Die Stammhausverluste fanden somit in Höhe der Betriebstättengewinne im Stammhausstaat Belgien keine Berücksichtigung. Eine internationale juristische Doppelbesteuerung der ausländischen Betriebstättengewinne war das Ergebnis. Der EuGH ging auf die kumulative Steuerwirkung jedoch nicht explizit ein. Er erblickte in der belgischen Vorschrift eine Schlechterstellung des belgischen Marktteilnehmers mit Auslandsengagement im Vergleich zu einer rein inländischen Wirtschaftstätigkeit des Stammhauses.[441] Einer belgischen Gesellschaft ohne ausländische Betriebstätte war eine Verlustnutzung möglich. Aufgrund dieses Vergleichspaars gelangte der EuGH zu einer Ungleichbehandlung und konnte folglich einem Mitgliedstaat, nämlich Belgien als freistellungsverpflichtetem Staat, die Beseitigung der Doppelbesteuerungswirkung auferlegen. Durch eine modifizierte Vergleichspaarbildung lässt sich die Bedeutung der vorgelegten Frage illustrieren. Hätte der EuGH als Vergleichsobjekt nämlich eine belgische Gesellschaft mit Stammhaus und vergleichbarer inländischer Betriebstätte beziehungsweise entsprechenden inländischen positiven Einkünften gewählt,[442] müsste eine Gleichbehandlung beider innerhalb der belgischen Rechtsordnung festgestellt werden, und er hätte sich inmitten der Problematik der „klassischen" juristischen Doppelbesteuerung wiedergefunden.

Ähnliche Effekte sind auch der Anrechnungsmethode immanent. So können etwa die ausländischen Quellen gewinnbringend sein, sodass sie im Quellenstaat mithin auch einer Besteuerung unterliegen. Ist wegen Verlusten aus inländischen Quellen jedoch das Welteinkommen negativ oder zumindest zu gering, kann die vollständige Anrechnung der Quellensteuer im Ansässigkeitstaat nicht gewährleistet werden; es ergeben sich Anrechnungsüberhänge.[443] Der Nachteil stellt sich dann in Form einer Doppelbesteuerung ein. Die Gewinne unterliegen nicht nur der unentlasteten Besteuerung im Quellenstaat, sondern kompensieren zusätzlich im Ansässigkeitstaat über die Bemessungsgrundlage die angefallenen inländischen Verluste. Sieht sich der Ansässigkeitstaat, zum Beispiel aufgrund einer dahingehenden abkommensrechtlichen Bestimmung in der Pflicht, die Doppelbesteuerung effektiv zu vermeiden, müsste er konsequenterweise einen Anrechnungsvortrag oder eine Erstattung gewähren. Da jedoch beide Mitgliedstaaten bei Betrachtung ihrer nationalen Rechtsordnungen eine unterschiedslose

441 EuGH Urteil v. 14.12.2000, Rs. C-141/99 (*AMID*), Slg. 2000, S. I-11619, Rn. 22f.

442 Vgl. EuGH Urteil v. 6.12.2007, Rs. C-298/05 (*Columbus Containers*), Slg. 2007, S. I-10451, Rn. 49; Urteil v. 14.11.2006, Rs. C-513/04 (*Kerckhaert und Morres*), Slg. 2006 S. I-10967, Rn. 24.

443 *Vogel*, in: Vogel/Lehner, DBA, Art. 23, Rn. 154; *Wassermeyer*, in: Debatin/Wassermeyer, Doppelbesteuerung, Art. 23 A MA, Rn. 107f.; *Schaumburg*, Internationales Steuerrecht, Rn. 15.116ff.

Besteuerung durchführen,[444] könnte ihnen ein unionsrechtlicher Vorwurf letztendlich nur im Zusammenhang mit dem grundfreiheitsrechtlichen Verbot der internationalen Doppelbesteuerung gemacht werden.

cc) Rs. Kerckhaert und Morres

Die Frage der „klassischen", juristischen Doppelbesteuerung erfuhr schließlich erstmals in der Rs. *Kerckhaert und Morres* explizit seitens des Gerichtshofs eine unionsrechtliche Würdigung.[445] Auch wenn dem kumulativen Steuerzugriff auf die Dividenden in dieser Rechtsache aufgrund der Überkompensation durch den zur Vermeidung der juristischen Doppelbesteuerung gewährten Avoir fiscal effektiv keine benachteiligende Wirkung zukam, sind ziemlich eindeutige Aussagen genereller Natur zu einem grundfreiheitsrechtlichen Doppelbesteuerungsverbot ersichtlich, sodass dieser Entscheidung nicht pauschal sämtliche Bedeutung für die Doppelbesteuerungsproblematik abgesprochen werden kann.[446] Die von einer französischen Gesellschaft an ihre belgischen Anteilseigner ausgeschütteten Dividenden unterlagen sowohl einer 15-prozentigen französischen Quellensteuer als auch einer gleichmäßig auf in- und ausländische Dividenden anzuwendenden Dividendenbesteuerung in Belgien in Höhe von 25 Prozent. Eine Anrechnung der französischen Quellensteuer auf die belgische Dividendensteuer war (möglicherweise[447]) im einschlägigen DBA, nicht jedoch nach dem belgischen nationalen Recht vorgesehen (eine Anrechnungsmöglichkeit fehlte wegen der Abgeltungswirkung gleichermaßen bei rein inländischen Sachverhalten). Ergänzend zu der tatbestandlichen Besonderheit, dass der belgische Anteilseigner einer französischen Gesellschaft trotz juristischer Doppelbesteuerung der Dividenden nicht höher belastet wird als bei Dividenden einer inländischen Gesellschaft, da ihm ein Steuerguthaben zur Entlastung von der Körperschaftsteuer gewährt wurde,[448] äußert sich Generalanwalt *Geelhoed* ablehnend zur Grundfreiheitsrelevanz der juristischen Doppelbesteuerung. Ebenso wie sich aus den Unterschieden der nationalen Steuersysteme keine Beschränkung der Grundfreiheiten ergeben kann, soll dies auch für die juristische Doppelbesteuerung als Folge des paralle-

---

444 Zur Vergleichspaarbildung und den diesbezüglichen Unterschieden zu EuGH Urteil v. 14.12.2000, Rs. C-141/99 (*AMID*), Slg. 2000, S. I-11619, vgl: *Lehner*, IStR 2001, S. 329, 335 f.; *Kofler*, Doppelbesteuerungsabkommen und EG-Recht, S. 692 f.

445 EuGH Urteil v. 14.11.2006, Rs. C-513/04 (*Kerckhaert und Morres*), Slg. 2006 S. I-10967.

446 A.A.: *Beiser*, IStR 2009, S. 236 ff., Fn. 5; *Loukota*, SWI 2006, S. 250, 252 f.

447 S.u.: Teil 3: VI.) 1.) b) aa).

448 EuGH Urteil v. 14.11.2006, Rs. C-513/04 (*Kerckhaert und Morres*), Slg. 2006 S. I-10967, Rn. 20 ff.; GA *Geelhoed* Schlussanträge v. 6.4.2006, Rs. C-513/04 (*Kerckhaert und Morres*), Slg. 2006 S. I-10967, Rn. 28 ff.

len Steuerzugriffs mehrerer Mitgliedstaaten gelten.[449] Der Generalanwalt führt weiter aus: „*Nach dem Gemeinschaftsrecht liegt die Befugnis zur Festlegung der Kriterien für die Besteuerungskompetenz und ihrer Verteilung allein bei den Mitgliedstaaten nach Maßgabe des internationalen Steuerrechts. Gegenwärtig lassen sich im Gemeinschaftsrecht keine alternativen Kriterien und keine Grundlage für die Aufstellung solcher Kriterien finden*"[450]. Als Konsequenz beziehungsweise scheinbar logische Fortführung der Erkenntnisse aus der Rs. *Gilly* folge, „*dass die Vertragsbestimmungen über die Freizügigkeit einen Mitgliedstaat nicht verpflichten, die Doppelbesteuerung zu vermeiden*"[451]. Der EuGH lehnte dem Generalanwalt folgend einen Eingriff durch die juristische Doppelbesteuerung ab.[452] Insbesondere sah der EuGH aus Sicht des Ansässigkeitstaates (Belgien) keinen Grund, die Vergleichbarkeit eines belgischen Anteilseigners einerseits mit Beteiligungen an einer französischen Gesellschaft und andererseits mit solchen an einer belgischen Gesellschaft aufgrund der Vorbelastung mit Quellensteuer abzulehnen.[453] Demnach sollen keine unterschiedlichen Situationen vorliegen, die gegebenenfalls eine unterschiedliche Behandlung erfordern würden, sodass sich durch die gleichmäßige Besteuerung aus der Sicht Belgiens trotz der vom EuGH erkannten „*nachteiligen Folgen*"[454] kein Eingriff ergeben könne.[455] Der EuGH betonte, dass das Unionsrecht keine Kriterien für die Aufteilung des Besteuerungssubstrats beziehungsweise der Verantwortungszuweisung unter den Mitgliedstaaten vorsehe.[456]

dd) Rs. Van Hilten

Zwischenzeitlich schienen die Ausführungen des Generalanwalts in der Rs. *Van Hilten* noch einmal neue Impulse zu liefern. Nationale Steuerregelungen können – etwa zu Zwecken der Erbschaftsbesteuerung – vorsehen, dass eine unbeschränkte

---

449 GA *Geelhoed* Schlussanträge v. 6.4.2006, Rs. C-513/04 (*Kerckhaert und Morres*), Slg. 2006 S. I-10967, Rn. 36; Schlussanträge v. 23.2.2006, Rs. C-374/04 (*ACT Group Litigation*), Slg. 2006, S. I-11673, Rn. 52, 55 („*Quasibeschränkung*").

450 GA *Geelhoed* Schlussanträge v. 6.4.2006, Rs. C-513/04 (*Kerckhaert und Morres*), Slg. 2006 S. I-10967, Rn. 31.

451 GA *Geelhoed* Schlussanträge v. 6.4.2006, Rs. C-513/04 (*Kerckhaert und Morres*), Slg. 2006 S. I-10967, Rn. 34; Schlussanträge v. 23.2.2006, Rs. C-374/04 (*ACT Group Litigation*), Slg. 2006, S. I-11673, Rn. 51.

452 EuGH Urteil v. 14.11.2006, Rs. C-513/04 (*Kerckhaert und Morres*), Slg. 2006 S. I-10967.

453 EuGH Urteil v. 14.11.2006, Rs. C-513/04 (*Kerckhaert und Morres*), Slg. 2006 S. I-10967, Rn. 19.

454 EuGH Urteil v. 14.11.2006, Rs. C-513/04 (*Kerckhaert und Morres*), Slg. 2006 S. I-10967, Rn. 20.

455 EuGH Urteil v. 14.11.2006, Rs. C-513/04 (*Kerckhaert und Morres*), Slg. 2006 S. I-10967, Rn. 21 ff.

456 EuGH Urteil v. 14.11.2006, Rs. C-513/04 (*Kerckhaert und Morres*), Slg. 2006 S. I-10967, Rn. 22.

Steuerpflicht auch nach Aufgabe des Wohnsitzes im Inland fortbesteht (vgl. § 2 Abs. 1 Nr. 1 b) ErbStG). Eine entsprechende niederländische Vorschrift wurde in der Rs. *Van Hilten* vorgelegt.[457] Das Doppelbesteuerungsrisiko ergab sich aus dem weiten Verständnis des Welteinkommensprinzips. Generalanwalt *Léger* schloss in seinen Schlussanträgen aufgrund solcher Doppelbesteuerungseffekte auf eine grundsätzlich grundfreiheitsrelevante Schlechterstellung des grenzüberschreitenden Sachverhalts,[458] die im vorgelegten Fall wegen der bilateralen Beseitigung jedoch nicht entscheidungserheblich war. Der EuGH griff diesen Aspekt allerdings nicht auf.

ee) Rs. Block

Die Rs. *Block* warf erneut die Frage der juristischen Doppelbesteuerung auf, dieses Mal jedoch im Zusammenhang mit der kumulativen Erhebung von Erbschaftsteuer.[459] Mit Spannung wurde erwartet, ob der EuGH seine Grundsätze aus der Rs. *Kerckhaert und Morres* wiederholen würde, da die Doppelbesteuerung im Bereich der Nachlassbesteuerung besonders folgenreich ist.[460] Die in Deutschland wohnhafte Erbin Frau *Block,* der Bankguthaben bei spanischen Banken von einer ebenfalls in Deutschland ansässigen Erblasserin zugewendet wurden, unterlag mit diesem Vermögenszuwachs sowohl der spanischen als auch der deutschen Erbschaftsteuer. Ein DBA auf dem Gebiet der Steuern über den Nachlass zwischen den beteiligten Mitgliedstaaten bestand nicht. Eine Anrechnung der spanischen auf die deutsche Erbschaftsteuer scheiterte daran, dass diese für im Ausland belegene Bankguthaben nach den nationalen Vorschriften der § 21 Abs. 2 Nr. 1 ErbStG i. V. m. § 121 BewG nicht vorgesehen war, wenn der Erblasser zur Zeit seines Todes im Inland lebte. Die aus der Doppelbesteuerung resultierende exzessive Steuerlast wurde durch die Möglichkeit, die spanische Erbschaftsteuer als Nachlassverbindlichkeit von der Bemessungsgrundlage für die deutsche Erbschaftsteuer abzuziehen, unilateral abgemildert, jedoch nicht vollständig vermieden. Dem Bundesfinanzhof war die Doppelbesteuerungsfolge eine Vorlage wert. Der EuGH erkannte auch in diesem Fall der nicht vollständig vermiedenen juristischen Doppelbesteuerung im Bereich der Erbschaftsteuer kein Konfliktpotential mit den Grundfreiheiten zu.[461] Das Unionsrecht garantiere *„einem Unionsbürger nicht, dass die Verlegung seines Wohnsitzes in einen ande-*

457 EuGH Urteil v. 23.2.2006, Rs. C-513/03 (*Van Hilten*), Slg. 2006, S. I-1957.

458 GA *Léger* Schlussanträge v. 30.6.2005, Rs. C-513/03 (*Van Hilten*), Slg. 2006, S. I-1957, Rn. 72.

459 EuGH Urteil v. 12.2.2009, Rs. C-67/08 (*Block*), Slg. 2009, S. I-883.

460 Vgl. GA *Kokott* Schlussanträge v. 15.2.2007, Rs. C-464/05 (*Geurts* u. a.), Slg. 2007, S. I-9325, Rn. 60, Fn. 37.

461 EuGH Urteil v. 12.2.2009, Rs. C-67/08 (*Block*), Slg. 2009, S. I-883, Rn. 30.

ren Mitgliedstaat als denjenigen, in dem er bis dahin gewohnt hat, steuerneutral ist. Aufgrund der unterschiedlichen Regelungen der Mitgliedstaaten in diesem Bereich kann eine solche Verlegung für den Bürger je nach dem Einzelfall mehr oder weniger vorteilhaft sein"[462]. Doppelbesteuerungseffekte können sich zudem einstellen, wenn es bei der Festsetzung der Steuer zu einer Zusammenrechnung von mehreren Vorerwerben nach § 14 ErbStG kommt, dabei aber nur die ausländische Schenkungsteuer für den letzten Erwerb, nicht jedoch auch für die Vorerwerbe angerechnet wird. Der BFH sah auf Grundlage der EuGH-Rechtsprechung zur Doppelbesteuerung keine Notwendigkeit, die Anrechnung der niederländischen Schenkungsteuer für die Vorerwerbe bei der Besteuerung des letzten Erwerbs in Deutschland nachzuholen, um somit die Doppelbesteuerung zu vermeiden.[463] Die Konsultationen der Kommission haben weitere Umstände angeführt, die zu einer doppelten Besteuerung im Bereich der Erbschaftsteuern führen können.[464]

ff) Rs. Damseaux, Haribo und Österr. Salinen AG und CIBA

Schließlich wiederholte der EuGH seine Auffassung in der Entscheidung in der Rs. *Damseaux*, der eine der Rs. *Kerckhaert und Morres* ähnlich gelagerte juristische Doppelbesteuerung von Dividendeneinkünften in Belgien und Frankreich zugrunde lag. In Ergänzung der bereits dargelegten Ausführungen zur Grundfreiheitskompatibilität der juristischen Doppelbesteuerung stellte der Gerichtshof fest, dass eine Pflicht des Sitzstaats des Dividendenempfängers (Belgien) zur Vermeidung der Doppelbesteuerung der Dividendeneinkünfte, mit der Folge eines Besteuerungsvorrangs des Quellenstaats, grundfreiheitsrechtlich nicht durchgesetzt werden könne, obwohl eine solche Steueraufteilung den Empfehlungen des OECD-MA entsprechen würde.[465] In der Rs. *Haribo und Österr. Salinen AG* wurde erneut ein Grundfreiheitsverstoß für den Fall einer fehlenden Entlastung von der juristischen Doppelbesteuerung verneint.[466] In der Rs. *CIBA* erachtete der EuGH die als ein Teil der Vorlagefrage problematisierte doppelte Belastung mit einer auf Lohnsummenbasis berechneten Abgabe an verschiedene nationale Aus-

462 EuGH Urteil v. 12.2.2009, Rs. C-67/08 (*Block*), Slg. 2009, S. I-883, Rn. 35; Urteil v. 15.7.2004, Rs. C-365/02 (*Lindfors*), Slg. 2004, S. I-7183, Rn. 34; v. 12.7.2005, C-403/03 (*Schempp*), Slg. 2005, S. I-6421, Rn. 45.

463 BFH Urteil v. 7.9.2011, II R 58/09, IStR 2011, 850 ff., Tz. 31 f.

464 Kommission, Summary of replies to the public consultation on cross-border inheritance tax obstacles within the EU and possible solutions, S. 3 ff., http://ec.europa.eu/taxation_customs/common/consultations/tax/index_de.htm.

465 EuGH Urteil v. 16.7.2009, Rs. C-128/08 (*Damseaux*), Slg. 2009, S. I-6823, Rn. 32 f.

466 EuGH Urteil v. 10.2.2011, verb. Rs. C-436/08 und C-437/08 (*Haribo und Österr. Salinen AG*), noch nicht veröffentlicht (Quelle: http://eur-lex.europa.eu), Rn. 169 ff.

bildungsfonds, die der EuGH als direkte Besteuerung qualifizierte, unter Verweis auf vorgenannte Urteile als ebenfalls grundfreiheitskonform.[467] Das in Ungarn ansässige Unternehmen unterlag auch im Hinblick auf die Lohnsumme der in der tschechischen Betriebstätte beschäftigten Arbeitnehmer der ungarischen Ausbildungsabgabe, obwohl eine entsprechende Ausbildungsabgabe auch seitens der tschechischen Behörden für die dort tätigen Arbeitnehmer erhoben wurde. Damit muss die Rechtsprechung zur grundfreiheitsrechtlichen Unbeachtlichkeit der internationalen juristischen Doppelbesteuerung im Binnenmarkt endgültig als gefestigt angesehen werden.

Im Zusammenhang mit der Besteuerung ausländischer Dividenden ist der Bundesfinanzhof mittlerweile auf die Linie des EuGH eingeschwenkt. Er stellte unter Bezugnahme auf die Entscheidung in der Rs. *Kerckhaert und Morres* fest, dass beim gegenwärtigen Stand der Harmonisierung der direkten Steuern die Nachteile der Doppelbesteuerung unionsrechtlich nicht zu beanstanden sind.[468]

b) Doppelte Buchhaltung (Rs. *Futura Participations*)

Anhaltspunkte dafür, dass der Gerichtshof einer Doppelbelastung im Bereich der direkten Steuern beschränkende Wirkung beimisst, finden sich dennoch ganz vereinzelt. Der Entscheidung in der Rs. *Futura Participations* lässt sich ein diesbezüglicher Hinweis entnehmen.[469] Im Fadenkreuz der Grundfreiheiten stand unter anderem auch das unterschiedslos für beschränkt und unbeschränkt Steuerpflichtige geltende formale Erfordernis einer Buchführung nach dem Recht des Betriebstätten- beziehungsweise Quellenstaats als Voraussetzung zur Geltendmachung von Verlusten. Zur Nutzung der Verluste der Betriebstätte im Quellenstaat musste der beschränkt Steuerpflichtige, ebenso wie der unbeschränkt Steuerpflichtige, die Buchhaltungsgrundsätze des Quellenstaats befolgen. Gleichzeitig hatte er Bücher nach den Regeln seines Sitzstaates zu führen; die Folge war eine Rechnungslegung nach den Regeln beider Staaten. Der EuGH stellte ohne vertiefende Erörterung bei der Frage nach einem Eingriff in die Niederlassungsfreiheit auf die beschränkende Wirkung dieser Doppelregulierung ab.[470] Ein Vergleich mit der Situation eines unbeschränkt Steuerpflichtigen im Betriebstättenstaat dürfte den Erwägungen der Urteilsbegründung zugrunde

467 EuGH Urteil v. 15.4.2010, Rs. C-96/08 (*CIBA*), Slg. 2010, S. I-2911, Rn. 28 f.

468 BFH Beschluss v. 19.12.2007, I R 66/06, DStRE 2008, S. 474 ff., Tz. 3; ebenso: Urteil v. 24.6.2009, X R 57/06, DStR 2009, S. 1799 ff., Tz. II.) 2.) b) dd); anders noch: BFH Urteil v. 15.5.2002, I R 40/01, DStR 2002, S. 1435 ff., Tz. II.) 2.) c) aa).

469 EuGH Urteil v. 15.5.1997, Rs. C-250/95 (*Futura Participations*), Slg. 1997, S. I-2471.

470 EuGH Urteil v. 15.5.1997, Rs. C-250/95 (*Futura Participations*), Slg. 1997, S. I-2471, Rn. 25.

liegen. Eine Rechtfertigung ließ der EuGH nicht zu. Die Verantwortung für die Beseitigung der Doppelbelastung sollte dem Quellenstaat zukommen.

c) Vor- und nachgelagerte Besteuerung, Schlussbesteuerung

Eine kumulative Mehrbelastung kann auch bei einem Zusammentreffen von nachgelagerter Besteuerung und Sofortbesteuerung entstehen, und zwar auch dann, wenn eine mehrfache steuerliche Erfassung streng genommen nicht dieselben Veranlagungszeiträume betrifft.[471] In dem Urteil des Bundesfinanzhofs v. 24.6.2009 konnte die in Deutschland lebende, die französische Staatsbürgerschaft besitzende und in Frankreich tätige Grenzgängerin im Rahmen der Höchstbeträge des § 10 Abs. 3 EStG (i.d.F. bis zur Änderung durch das AltEinkG) systembedingt nur teilweise ihre geleisteten französischen Sozialversicherungsbeiträge abziehen.[472] Die Höchstbeträge entsprachen denen für Aufwendungen an deutsche Sozialversicherungsträger. In dem streitigen Veranlagungszeitraum waren die Arbeitgeberanteile zur Sozialversicherung in Frankreich in voller Höhe von der Bemessungsgrundlage der französischen Einkommensteuer auf vergleichbare Einkünfte abzugsfähig, der Arbeitgeberanteil war steuerbefreit. Nach dem geltenden DBA unterlagen die Einkünfte aus der Grenzgängertätigkeit der deutschen Besteuerung. Das Besteuerungsrecht für das spätere Ruhegehalt besaß nach dem DBA Frankreich, das eine nachgelagerte Besteuerung der Altersbezüge durchführte. Anstelle einer deutschen Besteuerung mit beschränktem Abzug der Aufwendungen und anschließender beschränkter Besteuerung der Rente lediglich mit dem Ertragsanteil oder alternativ einer französischen Besteuerung mit nahezu vollständigem Abzug der Zahlungen in die Rentenkasse und späterer Besteuerung der Bezüge traf die Marktteilnehmerin aufgrund der abkommensrechtlichen Steuerverteilung in Tätigkeits- und Rentenbezugsphase und der Ausgestaltung der nationalen Steuersysteme jeweils die belastungsintensivere Komponente (kein voller Abzug bei voller Besteuerung). Die Wirkung ist eine zeitlich verschobene internationale Doppelbesteuerung bezüglich des nicht abzugsfähigen Teils der Aufwendungen, der der Besteuerung als Einkünfte aus aktiver Tätigkeit und der Besteuerung aus Alterseinkünften unterliegt. Der Bundesfinanzhof stellte fest, dass bei der Frage nach einer Beschränkung der Grundfreiheiten lediglich eine „*isolierte Betrachtungsweise*" der steuerlichen Behandlung in Deutschland (also im Sinne der Kästchengleichheit), ohne Berücksichtigung der Besteue-

---

471 Hierzu: *Wernsmann*, in: Schulze/Zuleeg/Kadelbach, Europarecht, § 30, Rn. 95.

472 BFH Urteil v. 24.6.2009, X R 57/06, DStR 2009, S. 1799 ff.; vgl. auch: BFH Urteil v. 28.5.2009, VI R 27/06, BStBl. II 2009, S. 857 ff.

rungsfolgen in Frankreich, geboten sei.[473] Die steuerlichen Nachteile resultieren somit aus der unterschiedlichen Behandlung der Altersvorsorge durch die nicht harmonisierten Steuersysteme.[474] Der Bundesfinanzhof führt weiter aus, dass weder auf Ebene des nationalen Rechts eine Pflicht zur Harmonisierung der Systeme bestehe noch eine die Doppelbesteuerung effektiv vermeidende Steuerverteilung auf Abkommensebene grundfreiheitsrechtlich geboten sei.[475] Die fehlende Kausalverkettung von aktiven, im Wohnsitzstaat besteuerten Grenzgängereinkünften und Renteneinkünften, die dem Kassenstaatsprinzip unterliegen, mit der Folge einer lebenszeitlichen Doppelbesteuerung findet sich auch im Verhältnis anderer Mitgliedstaaten (vgl. zum Beispiel Art. 15 und Art. 18 DBA Deutschland–Österreich).[476]

Erträge, die nicht laufend besteuert werden, sondern vorerst als stille Reserven steuerneutral bleiben und schließlich im Zeitpunkt der Realisation als Gewinn erfasst werden, können zu ähnlichen Doppelbesteuerungseffekten führen, wenn im Fall der (vermeintlichen) Steuerentstrickung eine Schlussbesteuerung stattfindet. Dies betrifft sowohl den Wegzug von natürlichen Personen oder die Sitzverlegung von Kapitalgesellschaften als auch die Verbringung von Wirtschaftsgütern oder Betriebseinheiten in andere Mitgliedstaaten.[477] Die Schlussbesteuerung führt zu einer Ersatzrealisation im Wegzugstaat aufgrund des Grenzübertritts, wobei infolge einer späteren Realisation im Zuzugstaat, zum Beispiel in Form einer Veräußerung, regelmäßig erneut steuerpflichtige Realisationstatbestände verwirklicht werden. Eine Doppelbesteuerung kann in solchen Fällen eintreten, wenn der Zuzugstaat ohne entsprechende Berücksichtigung der Schlussbesteuerung, zum Beispiel durch eine Aufstockung der Werte, erneut denselben Wertzuwachs versteuert und zusätzlich keine Entlastung von der Schlussbesteuerung im Wegzugstaat gewährt. In den Rs. *Lasteyrie du Saillant* und *N* gingen der EuGH und die Generalanwälte nicht auf die Gefahr einer mehrfachen Erfassung der stillen Reserven ein.[478] Entsprechende Doppelbesteuerungsrisiken wurden aber unter anderem durch die Kommission bereits artikuliert.[479]

---

473 BFH Urteil v. 24.6.2009, X R 57/06, DStR 2009, S. 1799ff., Tz. II.) 2.) b) bb).

474 BFH Urteil v. 24.6.2009, X R 57/06, DStR 2009, S. 1799ff., Tz. II.) 2.) b) cc); Urteil v. 28.5.2009, VI R 27/06, BStBl. II 2009, S. 857ff., Tz. II.) 2.) a) cc).

475 BFH Urteil v. 24.6.2009, X R 57/06, DStR 2009, S. 1799ff., Tz. II.) 2.) b) dd).

476 Für den umgekehrten Fall weißer Einkünfte bezüglich Riester- und Rürup-Rente nach Wegzug: *Wernsmann/ Nippert*, FR 2005, S. 1123ff.

477 Vgl. § 12 KStG, § 6 AStG, § 4 Abs. 1 S. 3, § 6 Abs. 5, § 16 Abs. 3a EStG, teilweise neugefasst durch das JStG 2010.

478 EuGH Urteil v. 11.3.2004, Rs. C-9/02 (*Lasteyrie du Saillant*), Slg. 2004, S. I-2409; Urteil v. 7.9.2006, Rs. C-470/04 (*N*), Slg. 2006, S-7409.

479 Kommission Mitteilung v. 19.12.2006, KOM(2006) 825 endg., Wegzugbesteuerung, S. 8.

d) Nutzung von Verlusten aus ausländischen Quellen, steuerliche Abzugsbeträge

Die bereits erörterten Problematiken der Verrechnung von Verlusten aus ausländischen Einkunftsquellen bei einem Steuersubjekt und der Gewährung steuerlicher Abzugsbeträge wurde in der bestehenden Kasuistik bislang kaum in Verbindung mit der Frage der Doppelbesteuerung gebracht.[480] Da eine bestimmte Ausgestaltung der nationalen Besteuerungsmerkmale in Bezug auf steuerliche Abzüge grundfreiheitsrechtlich nicht gefordert werden kann, betreffen diese Fallgruppen regelmäßig zugleich eine gleichwertige Ausübung der mitgliedstaatlichen Besteuerungsrechte. Eine besondere Situation lag in dem der Rs. *Wansee* zugrunde liegenden Sachverhalt vor, in der sich der EuGH zum wiederholten Mal mit der Frage der Nutzbarmachung negativer Einkünfte aus ausländischen und nach DBA steuerbefreiten Einkunftsquellen (Auslandsbetriebstätten) befasste.[481] Nachdem in der Rs. *Lidl Belgium* grundsätzlich die symmetrische Außerachtlassung von positiven und negativen Einkünften aus ausländischen Betriebstätten bestätigt wurde, für endgültige Verluste aus Gründen der Verhältnismäßigkeit jedoch eine Berücksichtigung eingefordert wurde, würdigte der EuGH in der Rs. *Wannsee* das frühere deutsche System der Nachversteuerung. Dieses System hatte zur Folge, dass die zunächst phasengleich abgezogenen Verluste bei in späteren Veranlagungszeiträumen eintretenden positiven Einkünften trotz Freistellung im Ansässigkeitstaat der Besteuerung unterlagen. Der EuGH sah in dem Entzug des aus dem Sofortabzug entstandenen Steuervorteils mittels der Nachversteuerung eine Beschränkung der Grundfreiheiten, die dann jedoch gerechtfertigt ist.[482] Im Hinblick auf die Freistellung durch das DBA führt das Nachversteuerungssystem zunächst die Gleichbehandlung der grenzüberschreitenden Tätigkeit herbei und stellt schließlich nachträglich die Symmetrie wieder her. Unter gleichheitsrechtlichen Gesichtspunkten findet somit eine benachteiligende steuerliche Behandlung im Sitzstaat Deutschland weder im Veranlagungszeitraum des Verlustabzugs (unterschiedsloser Verlustabzug) noch in dem der Nachversteuerung (unterschiedslose Gewinnbesteuerung) statt.[483] Im Veranlagungszeitraum der Nachversteuerung erfolgt jedoch eine juristische Doppelbesteuerung der Gewinne durch die österreichische Betriebstättenbesteuerung einerseits und die deutsche Nachversteuerung andererseits. Der Gerichtshof erblickte in der

480 In der Literatur: *Englisch*, Aufteilung der Besteuerungsbefugnisse, S. 25; *Schön*, in: Herzig/Günkel/Niemann, StB-JB 2003/2004, S. 27 ff., 41 f.

481 EuGH Urteil v. 23.10.2008, Rs. C-157/07 (*Wannsee*), Slg. 2008, S. I-8061.

482 EuGH Urteil v. 23.10.2008, Rs. C-157/07 (*Wannsee*), Slg. 2008, S. I-8061, Rn. 27 ff. zur Beschränkung, Rn. 40 ff. zur Rechtfertigung.

483 *Rehm/Nagler*, IStR 2008, S. 129, 133; *Lamprecht*, IStR 2008, S. 766, 766 f.

deutschen Nachversteuerung dennoch eine Beschränkung der Grundfreiheiten. Vermutlich sollte den Grundsätzen in der Rs. *Lidl Belgium*, wonach der Ansässigkeitstaat verpflichtet ist, finale Verluste unter Geltung des Welteinkommensprinzips unterschiedslos zu berücksichtigen[484], Geltung verschafft werden. Im Fall endgültiger Verluste soll sich der Ansässigkeitstaat dieser grundfreiheitsrechtlichen Berücksichtigungspflicht dann auch nicht durch eine Nachversteuerung entledigen. Da die Nachversteuerung jedoch ohnehin nur im Fall späterer Gewinne greift, ist eine eingriffsbegründende Schlechterstellung, wie gezeigt, dennoch sehr fraglich. Abgesehen von der in der Rs. *Wannsee* existierenden Doppelbesteuerungssituation durch die Nachversteuerung lassen sich den Aussagen des EuGH weitere Erkenntnisse zu dieser Problematik entnehmen. Da der EuGH davon ausging, dass nach dem Recht des Betriebstättenstaats Österreich ebenfalls eine diskriminierende Versagung der Verlustnutzung für beschränkt Steuerpflichtige vorlag,[485] ergibt sich mit der daraus resultierenden einseitigen Versagung der Verlustnutzung durch beide Mitgliedstaaten (Doppelbenachteiligung) im Prinzip eine zur doppelten unterschiedslosen Besteuerung zwar umgekehrte, aber betreffend das Problem der grundfreiheitsrechtlichen Verantwortungszuweisung vergleichbare Situation.[486] Es kam zu einer Nichtberücksichtigung der Abzugsbeträge. Die benachteiligende Behandlung des grenzüberschreitenden Sachverhalts könnte wiederum beiden Mitgliedstaaten angelastet beziehungsweise auf das Zusammenwirken der mitgliedstaatlichen Besteuerung zurückgeführt werden. Das Urteil führt im Hinblick auf die aus der Doppelbeschränkung resultierende Situation hilfsweise aus: „*Selbst wenn man unterstellt, dass das Zusammenwirken der Besteuerung im Ansässigkeitsstaat des Stammhauses der betreffenden Betriebsstätte mit der Besteuerung im Betriebsstättenstaat zu einer Beschränkung der Niederlassungsfreiheit führen kann, ist eine solche Beschränkung ausschließlich dem letztgenannten Staat zuzurechnen*“[487]. Demnach setzt sich der EuGH zumindest kurz auf hypothetischer Basis mit der beschränkenden Wirkung des Zusammentreffens zweier Rechtsordnungen auseinander und nennt den Betriebstättenstaat Österreich als grundfreiheitsrechtlich verantwortlichen Mitgliedstaat. Österreich stand abkommensrechtlich das Besteuerungsrecht für die Betriebstätteneinkünfte zu und war bei der Ausübung der Besteuerung zur unterschiedslosen Behandlung beschränkt Steuerpflichtiger verpflichtet.

Ähnlich den Verlusten stellen auch die die steuerliche Bemessungsgrundlage mindernden Abzugsbeträge ein Besteuerungsmerkmal dar, das im grenzüber-

484 EuGH Urteil v. 13.12.2005, Rs. C-446/03 (*Marks & Spencer*), Slg. 2005, S. I-10837, Rn. 55; ebenso: EuGH Urteil v. 15.5.2008. Rs. C-414/06 (*Lidl Belgium*), Slg. 2008, S. I-3601, Rn. 47.

485 EuGH Urteil v. 23.10.2008, Rs. C-157/07 (*Wannsee*), Slg. 2008, S. I-8061, Rn. 18.

486 *Schön*, IStR 2004, S. 289, 294.

487 EuGH Urteil v. 23.10.2008, Rs. C-157/07 (*Wannsee*), Slg. 2008, S. I-8061, Rn. 51.

schreitenden Kontext einer Einmal-, Keinmal- oder Mehrfachberücksichtigung unterliegen kann. Steuermindernde Faktoren bilden insoweit im Hinblick auf ihre Steuerwirkung das Pendant zur zwischenstaatlichen Erfassung positiver Einkünfte. Eine Pflicht zur unterschiedlichen Berücksichtigung „vagabundierender" Ausgaben judizierte der EuGH in der Rs. *Bosal*[488] in Bezug auf Aufwendungen für den Erwerb von Tochtergesellschaften und in der Rs. *Deutsche Shell*[489] in Bezug auf Währungsverluste betreffend eine ausländische Betriebstätte. Ebenfalls im Zusammenhang mit der Versagung des Betriebsausgabenabzugs für beim Erwerb von Auslandsbeteiligungen anfallende Finanzierungs- und Verwaltungsaufwendungen stellte das Hessische Finanzgericht in einer Entscheidung fest, es bestehe eine *„,Gesamtschuld der Mitgliedstaaten', die fordere, dass der Abzug der Beteiligungsaufwendungen zumindest einmal zuzulassen ist, sei es im Staat der Muttergesellschaft oder im Staat der Tochtergesellschaft oder im Wege der Aufteilung in beiden Staaten. Da dies im Streitfall nicht gewährleistet ist, liegt insoweit eine unzulässige Doppelbesteuerung vor"*[490]. Die Aussagen zu der wirtschaftlichen Doppelbesteuerung relativieren sich jedoch ein wenig, wenn man die Gesamtausführung des Gerichts betrachtet, die eher einer Schlechterstellung des grenzüberschreitenden Beteiligungserwerbs vorbeugen sollten. Denn § 3c EStG konnte nach Ansicht des Finanzgerichts für Inlandsbeteiligungen aufgrund des objektiven Nettoprinzips bereits kein ausnahmsloses Abzugsverbot statuieren, was dann aufgrund unionsrechtlicher Vorgaben differenzierungslos auch für Auslandsbeteiligungen gelten muss.

e) Wirtschaftliche Doppelbesteuerung durch Körperschaftsteuervorbelastung

Im Zusammenhang mit der wirtschaftlichen Doppelbesteuerung einer einheitlichen Wertschöpfung durch Körperschaft- und Dividendenbesteuerung sind dem EuGH und dem EFTA-Gerichtshof bereits eine Vielzahl von Auslegungsfragen in Bezug auf nationale Vorschriften vorgelegt worden.[491] Auch wurde wegen der

---

488 EuGH Urteil v. 18.9.2003, Rs. C-168/01 (*Bosal*), Slg. 2003, S. I-9409; vgl. GA *Alber* Schlussanträge v. 24.9.2002, Rs. C-168/01 (*Bosal*), Slg. 2003, S. I-9409, Rn. 12, zu dem Vorbringen von *Bosal Holding B.V.* zur wirtschaftlichen Doppelbesteuerung.

489 EuGH Urteil v. 28.2.2008, Rs. C-293/06 (*Deutsche Shell*), Slg. 2008, S. I-1129.

490 Hessisches FG Urteil v. 10.12.2002, 4 K 1044/99, IStR 2003, S. 209 ff., Tz. 2.) b).

491 EuGH Urteil v. 12.12.2006, Rs. C-374/04 (*ACT Group Litigation*), Slg. 2006, S. I-11673; Urteil v. 14.12.2006, Rs. C-170/05 (*Denkavit*), Slg. 2006, S. I-11949; Urteil v. 18.6.2009, Rs. C-303/07 (*Aberdeen*), Slg. 2009, S. I-5145; Urteil v. 7.9.2004, Rs. C-319/02 (*Manninen*), Slg. 2004, S. I-7477; Urteil v. 8.11.2007, Rs. C-379/05 (*Amurta*), Slg. 2007, S. I-9569; Urteil v. 6.3.2007, Rs. C-292/04 (*Meilicke u. a.*), Slg. 2007, S. I-1835; Urteil v. 15.7.2004, Rs. C-315/02 (*Lenz*), Slg. 2004, S. I-7063; Urteil v. 6.6.2000, Rs. C-35/98 (*Verkooijen*), Slg. 2000, S. I-4071; Urteil v.

Besteuerungssysteme für Beteiligungserträge gegen einige Mitgliedstaaten, darunter auch Deutschland, bereits ein Vertragsverletzungsverfahren eingeleitet.[492] Die Entscheidungen finden die eingriffsbegründende Ursache in dem Umstand, dass die Frage der Mehrfacherfassung auf unterschiedlichen Ebenen auch reine Inlandsfälle betrifft und somit die Versuchung der Mitgliedstaaten naheliegt, eine Benachteiligung von In- beziehungsweise Outbound-Beteiligungen zu bewirken, um letztendlich die Wertschöpfung vollständig ihrer Besteuerung zu unterwerfen. Den Verfahren lagen unterschiedliche Entlastungssysteme zugrunde.

Im Zusammenhang mit der Entlastung von auf der Ebene der ausschüttenden Gesellschaft erhobener Körperschaftsteuer durch den Sitzstaat des Anteilseigners im Wege einer Anrechnung oder Gutschrift hatte sich der EuGH in den Rs. *Manninen, Meilicke I, Meilicke II* und *FII Group Litigation* zu befassen.[493] Er befand, dass nationale Entlastungsregelungen, die in ihrem Gebiet ansässigen Anteilseignern ausschließlich eine Anrechnung beziehungsweise eine Gutschrift für Körperschaftsteuervorbelastung auf Gesellschaftsebene unter der Voraussetzung gewährten, dass der Sitz der ausschüttenden Gesellschaft ebenfalls im Inland liegt, eine nicht gerechtfertigte Beschränkung der Kapitalverkehrsfreiheit darstellen. In Bezug auf andere Körperschaftsteuerentlastungsmechanismen wurde die einseitige Versagung bei Beteiligungserträgen aus Gesellschaften mit Sitz in einem anderen Mitgliedstaat ebenfalls für unionsrechtswidrig befunden.[494] In einem Mitgliedstaat ansässige Gesellschafter mit Beteiligungen an Gesellschaften in demselben Mitgliedstaat und solche, die Anteile an ausländischen Gesellschaften halten, befänden sich in einer vergleichbaren Situation.

12.12.2006, Rs. C-446/04 (*FII Group Litigation*), Slg. 2006, S. I-11753; Beschluss v. 23.4.2008, Rs. C-201/05 (*CFC and Dividend Group Litigation*), Slg. 2008, S. I-2875; EFTA-Gerichtshof v. 23.11.2004, Rs. E-1/04 (*Fokus Bank*), IStR 2005, S. 55ff.; Beschluss v. 4.6.2009, verb. Rs. C-439/07 und 499/07 (*KBC Bank u.a.*), Slg. 2009 S. I-4409; EuGH v. 10.2.2011, verb. Rs. C-436/08 und C-437/08 (*Haribo und Österr. Salinen AG),* noch nicht veröffentlicht (Quelle: http://eur-lex.europa.eu).

492 EuGH Urteil v. 3.6.2010, Rs. C-487/08 (*Kommission/Spanien*), noch nicht veröffentlicht (Quelle: http://eur-lex.europa.eu); Urteil v. 19.11.2009, Rs. C-540/07 (*Kommission/Italien*), Slg. 2009, S. I-10983; Urteil v. 11.6.2009, Rs. C-521/07 (*Kommission/Niederlande*), Slg. 2009, S. I-4873; Urteil v. 20.10.2011, Rs. C- 284/09 (*Kommission/Deutschland*), DStR 2011, 2038ff.

493 EuGH Urteil v. 7.9.2004, Rs. C-319/02 (*Manninen*), Slg. 2004, S. I-7477; Urteil v. 6.3.2007, Rs. C-292/04 (*Meilicke u.a.*), Slg. 2007, S. I-1835; Urteil v. 12.12.2006, Rs. C-446/04 (*FII Group Litigation*), Slg. 2006, S. I-11753, zweite Vorlagefrage; Urteil v. 30.6.2011, Rs. C-262/09 (*Meilicke u.a.*), EuZW 2011, S. 642ff.

494 EuGH Urteil v. 15.7.2004, Rs. C-315/02 (*Lenz*), Slg. 2004, S. I-7063, zu einer hälftigen Freistellung; Urteil v. 6.6.2000, Rs. C-35/98 (*Verkooijen*), Slg. 2000, S I-4071, zu einem Freibetrag; Urteil v. 12.12.2006, Rs. C-446/04 (*FII Group Litigation*), Slg. 2006, S. I-11753, Rn. 33ff. und Beschluss v. 23.4.2008, Rs. C-201/05 (*CFC and Dividend Group Litigation*), Slg. 2008, S. I-2875, Rn. 35ff., jeweils die erste Vorlagefrage zur Freistellung.

In der Rs. *ACT Group Litigation* stellte der Gerichtshof umgekehrt fest, dass der Sitzstaat der ausschüttenden Gesellschaft eine anteilige Gutschrift für die von dieser Gesellschaft geleisteten Körperschaftsteuervorauszahlungen (Advance Corporation Tax, ACT) aus grundfreiheitsrechtlicher Sicht nicht unterschiedslos inländischen Anteilseignern und solchen in anderen Mitgliedstaaten zu gewähren hat. Im Hinblick auf die Entlastungsmechanismen dieses Staates lässt sich die Situation eines dividendenbeziehenden Anteilseigners, der in demselben Mitgliedstaat ansässig ist, nicht mit der Situation eines Anteilseigners in einem anderen Mitgliedstaat vergleichen.[495] Wäre der Sitzstaat der ausschüttenden Gesellschaft auch gegenüber einem Gebietsfremden zur Entlastung verpflichtet, würde dies bedeuten, dass er sein Recht zur Unternehmensbesteuerung der in seinem Gebiet ansässigen Gesellschaft verlieren würde.[496] Zudem könne der Mitgliedstaat, in dem der Gesellschafter ansässig ist, dessen persönliche Steuerkraft am besten beurteilen.[497] Der Gerichtshof gelangte dementsprechend zu keinem Eingriff in die Niederlassungs- oder Kapitalverkehrsfreiheit.

Eine Pflicht zur unterschiedslosen Entlastung (zum Beispiel durch Anrechnung oder Freistellung) von einer wirtschaftlichen Doppelbesteuerung soll sich hingegen den Grundfreiheiten entnehmen lassen, wenn der Sitzstaat der ausschüttenden Gesellschaft auch den ausländischen Anteilseigner hinsichtlich der empfangenen Dividende besteuert (zum Beispiel in Form einer Quellensteuer), so entschieden unter anderem in den Rs. *ACT Group Litigation, Denkavit, Amurta, Aberdeen, Kommission/Italien, Kommission/Niederlande* und *Kommission/Spanien* sowie der dem EFTA-Gerichtshof vorgelegten Rs. *Fokus Bank.*[498] In einem solchen Fall sollen sich die Situationen des inländischen und gebietsfremden Gesellschafters annähern. Der Mitgliedstaat, in dem die Gesellschaft ihren Sitz hat, hat dafür Sorge zu tragen, dass den gebietsfremden Gesellschaftern ein gleichwertiger Mechanismus zur Vermeidung einer mehrfachen Belastung zuteil

---

495 EuGH Urteil v. 12.12.2006, Rs. C-374/04 (*ACT Group Litigation*), Slg. 2006, S. I-11673, Rn. 57 f.

496 EuGH Urteil v. 12.12.2006, Rs. C-374/04 (*ACT Group Litigation*), Slg. 2006, S. I-11673, Rn. 59; ebenso: EuGH Urteil v. 26.6.2008, Rs. C-284/06 (*Burda*), Slg. 2008, S. I-4571, Rn. 89, zur früheren EK-02-Berichtigung.

497 EuGH Urteil v. 12.12.2006, Rs. C-374/04 (*ACT Group Litigation*), Slg. 2006, S. I-11673, Rn. 60.

498 EuGH Urteil v. 12.12.2006, Rs. C-374/04 (*ACT Group Litigation*), Slg. 2006, S. I-11673; Urteil v. 14.12.2006, Rs. C-170/05 (*Denkavit*), Slg. 2006, S. I-11949; Urteil v. 8.11.2007, Rs. C-379/05 (*Amurta*), Slg. 2007, S. I-9569; Urteil v. 18.6.2009, Rs. C-303/07 (*Aberdeen*), Slg. 2009, S. I-5145; Urteil v. 19.11.2009, Rs. C-540/07 (*Kommission/Italien*), Slg. 2009, S. I-10983; Urteil v. 3.6.2010, Rs. C-487/08 (*Kommission/Spanien*), noch nicht veröffentlicht (Quelle: http://eur-lex.europa.eu); Urteil v. 11.6.2009, Rs. C-521/07 (*Kommission/Niederlande*), Slg. 2009, S. I-4873; EFTA-Gerichtshof Urteil v. 23.11.2004, Rs. E-1/04 (*Fokus Bank*), IStR 2005, S. 55 ff.

wird.[499] Eine Entlastung im Sitzstaat des Anteilseigners soll jedoch eine Verletzung der Grundfreiheiten verhindern können.

Zur Frage, ob eine unentlastete wirtschaftliche Doppelbesteuerung bei grenzüberschreitenden Beteiligungsverhältnissen jenseits der Ungleichbehandlung innerhalb der einzelnen Teilmärkte per se eine Beschränkung der Grundfreiheiten auslösen kann, hat sich der EuGH bislang ablehnend geäußert. In der Rs. *ACT Group Litigation* betonte er, dass die Ausgestaltung der Besteuerung von Unternehmens- und Beteiligungsgewinnen in der Verantwortung der Mitgliedstaaten liegt und es deren Sache ist, ob und gegebenenfalls in welchem Umfang die wirtschaftliche Doppelbesteuerung der ausgeschütteten Gewinne vermieden werden soll, sofern diesbezüglich keine unionsrechtlichen Regelungen eingreifen.[500] In der Rs. *OESF* stellte der EuGH in Bezug auf die wirtschaftliche Doppelbesteuerung von mit Körperschaftsteuer vorbelasteten Beteiligungserträgen explizit fest, dass ein Mitgliedstaat unionsrechtlich nicht verpflichtet sei, den Nachteil auszugleichen, der sich aus einer Mehrfachbelastung ergibt, die ausschließlich durch die parallele Wahrnehmung der den jeweiligen Mitgliedstaaten zukommende Steuerhoheit bewirkt wird.[501]

Eine ähnliche Ausprägung der wirtschaftlichen Doppelbesteuerung lag dem Sachverhalt in der Rs. *Safir* zugrunde.[502] Nach dem schwedischen Steuersystem wurden nur Erträge aus Lebensversicherungen bei ausländischen Versicherern einer Ertragsteuer unterworfen. Da schwedische Versicherungen einer Ertragsteuer unterlagen, der Ertragsteil der Prämienzahlung dafür aber bei dem in Schweden ansässigen Versicherungsnehmer steuerfrei war, sollte durch die differenzierende Besteuerung von Prämien ausländischer Versicherungen die Wettbewerbsneutralität hergestellt werden. Unterlagen die Erträge bereits auf der Ebene der ausländischen Versicherung einer Einkommensteuer, kam eine Steuerermäßigung für den schwedischen Versicherungsnehmer zur Anwendung. In bestimmten Konstellationen konnte eine zweifache Erfassung desselben Mehrwerts jedoch nicht vermieden werden. Ohne auf die Abgabenkumulation einzugehen, befand der EuGH die schwedische Besteuerung für grundfreiheitsinkonform.

f) Wirtschaftliche Doppelbesteuerung durch Einkünftekorrekturen

Neben der bereits dargestellten Schlechterstellung unionsweiter Wirtschaftstätigkeiten innerhalb einer Rechtsordnung durch Einkünftekorrekturen zur

499 EuGH Urteil v. 12.12.2006, Rs. C-374/04 (*ACT Group Litigation*), Slg. 2006, S. I-11673, Rn. 70.
500 EuGH Urteil v. 12.12.2006, Rs. C-374/04 (*ACT Group Litigation*), Slg. 2006, S. I-11673, Rn. 51 ff.
501 EuGH Urteil v. 20.5.2008, Rs. C-194/06 (*OESF*), Slg. 2008, I-3747, Rn. 47.
502 EuGH Urteil v. 28.4.1998, Rs. C-118/96 (*Safir*), Slg. 1998, S. I-1897.

Durchsetzung der zwischenstaatlichen Steuerverteilung kann durch die Hinzurechnung von Ertrags- beziehungsweise die Minderung von Abzugspotential infolge einer fehlenden Abstimmung solcher Berichtigungen mit den weiteren am internationalen Geschäftsverkehr beteiligten Mitgliedstaaten eine Mehrbelastung folgen. Für die frühere deutsche Regelung zur Gesellschafterfremdfinanzierung wies die Kommission bereits in der Rs. *Lankhorst-Hohorst* auf die Gefahr einer Doppelbesteuerung hin, da die deutsche Tochtergesellschaft aufgrund der fehlenden Abzugsmöglichkeit der umqualifizierten Zinsen mit dieser der deutschen Steuer unterliegt, während die gebietsfremde Muttergesellschaft die erhaltenen Zinsen in ihrem Ansässigkeitstaat als Einkünfte versteuern muss. Im Rahmen der Rechtfertigungsprüfung stellte die Kommission fest, dass „*der Grundsatz der Verhältnismäßigkeit verlange, dass sich die beiden betreffenden Mitgliedstaaten abstimmten, um eine Doppelbesteuerung zu vermeiden*“[503]. Der Gerichtshof konnte bereits keinen Rechtfertigungsgrund ausmachen, zu dessen Zielerreichung die Beschränkung geeignet erschien, und gelangte folglich nicht mehr zur Beantwortung dieser Frage. Den Gedanken, dass im Fall einer eintretenden Doppelbesteuerung dem internationalen Gesamtkonzern eine unverhältnismäßige Last auferlegt würde, die über das hinausgeht, was zur Erreichung des Ziels der nationalen Vorschriften erforderlich ist, griff Generalanwalt *Geelhoed* in seinen Schlussanträgen in der Rs. *Thin Cap Group Litigation* erneut auf, in der die britischen Unterkapitalisierungsvorschriften vorgelegt wurden.[504] Der EuGH schloss sich dem nicht an. Wenn die Ungleichbehandlung der Tochtergesellschaft innerhalb deren Rechtsordnung, also insbesondere der einseitig untersagte Zinsabzug, gerechtfertigt ist, komme es auf eine mitgliedstaatliche Koordinierung im Hinblick auf die infolge der Umqualifizierung eintretende Doppelbelastung nicht mehr an. In einem solchen Fall sei es grundsätzlich nicht Sache des Ansässigkeitstaats der Tochtergesellschaft, zu gewährleisten, dass die an eine gebietsfremde Gesellschaft als Anteilseigner infolge der Reklassifizierung ausgeschütteten Gewinne nicht einer mehrfachen Belastung unterworfen sind.[505] In der Rs. *SGI* schien der EuGH durchaus dazu bereit zu sein, einer internationalen wirtschaftlichen Doppelbesteuerung Eingriffspotential zuzuschreiben. In dem der Rs. *SGI* zugrunde liegenden Sachverhalt erhöhten sich einerseits die steuerpflichtigen Einkünfte der belgischen Anteilseignerin (*SGI*), die einer französischen Gesellschaft, an der sie 65 Prozent hielt, ein unverzinsliches Darlehen gewährte, um fiktiv hinzugerechnete Zinsen. Andererseits sahen die belgischen Regelungen

503 EuGH Urteil v. 12.12.2002, Rs. 324/00 (*Lankhorst-Hohorst*), Slg. 2002, S. I-11779, Rn. 35.

504 GA *Geelhoed* Schlussanträge v. 29.6.2006, Rs. C-524/04 (*Thin Cap Group Litigation*), Slg. 2007, S. I-2107, Rn. 69.

505 EuGH Urteil v. 13.3.2007, Rs. C-524/04 (*Thin Cap Group Litigation*), Slg. 2007, S. I-2107, Rn. 88 f.

vor, dass zugleich die von *SGI* an ihre luxemburgische Anteilseignerin gezahlten und für unangemessen befundenen Vergütungen für Verwaltungsratsmitglieder bei *SGI* nicht steuermindernd als Betriebsausgaben berücksichtigt werden können. Beide Male erhöhte sich infolge der Berichtigungen die Steuerlast in Belgien. Das Vorbringen der Mitgliedstaaten Belgien und Deutschland, wonach bei einer Gesamtbetrachtung des Konzerns auch im reinen Inlandsfall Belastungsgleichheit herrsche, wies Generalanwältin *Kokott* in ihren Schlussanträgen zwar zurück. Sie führte jedoch aus, dass selbst im Fall einer solchen Konzernbetrachtung aus der Gewinnberichtigung ein Nachteil in Form einer Doppelbesteuerung von Einkünften für den unionsweit tätigen Konzern drohe.[506] Schließlich würden die Verwaltungsratsvergütungen in Luxemburg trotz fehlender Abzugsmöglichkeit einer Besteuerung unterliegen. Ebenso könnten die fiktiven Zinsen nicht in Frankreich die Bemessungsgrundlage mindern. Demgegenüber sei die Gefahr einer Doppelbesteuerung bei entsprechenden Vorgängen im Inland fast ausgeschlossen. Bezugnehmend auf die EuGH-Judikate stellte Generalanwältin *Kokott* fest, dass die Doppelbesteuerung nicht die Folge der Ausübung der Steuerhoheit durch zwei Mitgliedstaaten sei, sondern aus der Schlechterstellung innerhalb des Teilmarkts Belgien resultiere.[507] Belgien hätte es im Prinzip in der Hand, die Gefahr der Doppelbesteuerung auszuschließen, indem es von der Gewinnberichtigung absieht, wenn in den anderen Mitgliedstaaten ebenfalls eine Besteuerung erfolgt. Der EuGH schloss sich diesen Ausführungen an.[508] Sämtliche in der Rs. *SGI* ausgemachten Beschränkungsvarianten waren jedoch grundsätzlich einer Legitimation zugänglich, da sie bei verhältnismäßiger Ausgestaltung geeignet und erforderlich sein können, die Steuerverteilung zu wahren und Steuerumgehungen zu verhüten.

2.) Diskussionsstand im Schrifttum

Die Problematik der internationalen Doppelbesteuerung im Binnenmarkt hat in der Lehre und unter Praktikern bereits erhebliche Beachtung gefunden und zu einer Vielzahl von Beiträgen geführt. Der mögliche Konflikt mit den Grundfreiheiten wird in der Literatur insbesondere anlässlich der Entscheidungen des EuGH lebhaft diskutiert. Im Folgenden soll nur ein kurzer Überblick über den Diskussionsstand dargestellt werden. Eine dezidierte Auseinandersetzung mit

506 GA *Kokott* Schlussanträge v. 10.9.2009, Rs. 311/08 (*SGI*), Slg. 2010, S. I-487, Rn. 46f.
507 GA *Kokott* Schlussanträge v. 10.9.2009, Rs. 311/08 (*SGI*), Slg. 2010, S. I-487, Rn. 50f.
508 EuGH Urteil v. 21.1.2010, Rs. C-311/08 (*SGI*), Slg. 2010, S. I-487, Rn. 53f.

Argumenten für und wider ein grundfreiheitsrechtliches Doppelbesteuerungsverbot erfolgt nachstehend im Verlauf der weiteren Untersuchung.

Der wohl überwiegende Teil der Verfasser nimmt nach wie vor einen abweichenden Standpunkt zu der sich aus den Urteilen in den Rs. *Kerckhaert und Morres*, *Block*, *Damseaux* und *CIBA* abzeichnenden EuGH-Linie ein und sieht in der internationalen Doppelbesteuerung – zumindest in bestimmten Fällen – einen verbotenen Eingriff in die Grundfreiheiten.[509] Die Rechtsprechung des Gerichtshofs wird dabei heftig kritisiert. Der Binnenmarkt erfordere eine weitreichende Verpflichtung zur Berücksichtigung der Rechtsordnungen in anderen Mitgliedstaaten.[510] Die Doppel- oder Mehrfachbesteuerung verzerre den Wettbewerb im Binnenmarkt und behindere die grenzüberschreitende Wirtschaftstätigkeit.[511] Der aus der Doppelbesteuerung resultierende Zustand stelle deshalb im Hinblick auf Art. 3 Abs. 3 EUV und Art. 26 Abs. 2 AEUV auch eine Beschränkung der Grundfreiheiten dar.[512] Aus einem Vergleich mit der grundfreiheitsrechtlichen Prüfung von Vorschriften auf anderen Gebieten der nationalen Rechtsordnungen ergebe sich, dass die aufgrund der doppelten Regulierung seitens der Mitgliedstaaten festgestellte beschränkende Wirkung für den Bereich der direkten Steuern nicht

---

509 *Englisch*, in: Cordewener/Enchelmaier/Schindler, Meistbegünstigung im Steuerrecht der EU-Staaten, S. 163, 175; *ders.*, Intertax 2005, S. 310, 313; *ders.*, Aufteilung der Besteuerungsbefugnisse, S. 48; *ders.*, IStR 2007, S. 66, 67 ff.; *ders.*, Dividendenbesteuerung, 253 ff.; *ders.*, StuW 2003, S. 88, 93; *Kofler*, Doppelbesteuerungsabkommen und EG-Recht, S. 154 ff.; *ders.*, SWI 2006, S. 62 ff.; *ders.*, IStR 2011, 668, 670; *Isenbaert*, EC Tax Review 2009, S. 264, 277; *Heydt*, in: Lehner, Grundfreiheiten im Steuerrecht der EU-Staaten, S. 25; *ders.*, EuZW 2000, S. 33; *Baßler*, IStR 2005, S. 822 ff.; *Wernsmann*, in: Schulze/Zuleeg/Kadelbach, Europarecht, § 30, Rn. 95; *Schnitger*, Die Grenzen der Einwirkung der Grundfreiheiten des EG-Vertrages auf das Ertragsteuerrecht, S. 258 ff.; *ders.*, IStR 2005, S. 493, 500; *Dautzenberg*, DB 1994, S. 1542 ff.; *ders.*, IWB Fach 11, Gr. 2, S. 299, 302 ff.; *ders.*, Unternehmensbesteuerung im EG-Binnenmarkt, 686 ff.; *Gebel*, RIW 2001, S. 115, 123; *Thömmes*, DB 2002, S. 2397, 2402; *Wachter*, FR 2005, S. 1068, 1075; *Hinnekens*, ET 2001, S. 206, 208; *Schön*, in: Herzig/Günkel/Niemann, StB-JB 2003/2004, S. 27, 66 ff.; *ders.*, IStR 2004, S. 289, 292; *Mick*, in: Birk, Handbuch des Europäischen Steuer- und Abgabenrechts, § 24, Rn. 10; *Herzig*, in: Lehner, Steuerrecht im Europäischen Binnenmarkt, S. 121, 139 f.; *Lehner*, IStR 2005, S. 397 f.; *Schön*, in: Schön, GedS Knobbe-Keuk, S. 743, 761 f., 773; *ders.*, EWS 2000, S. 281, 290; *Beul*, IStR 1997, S. 1, 3 f.; *Cordewener*, Europäische Grundfreiheiten und nationales Steuerrecht, S. 876 ff.; *van Thiel*, EC Tax Rev. 2003, S. 4, 10; *de Hosson*, Intertax 2003, S. 482, 483; *Cordewener/Schnitger*, StuW 2006, S. 50 ff.; *Schönfeld*, in: Flick/Wassermeyer/Baumhoff, AStG, Vor § 34c EStG, Rn. 2; *ders.*, StuW 2006, S. 79, 80; *Obser*, IStR 2005, S. 799, 800 f.; *Enchelmaier*, in: Cordewener/Enchelmaier/Schindler, Meistbegünstigung im Steuerrecht der EU-Staaten, S. 93, 100 f.; *Loukota*, SWI 2006, S. 250 ff.; *Beiser*, IStR 2008, S. 587, 589 f.; *Loukota/Jirousek*, SWI 2007, S. 295, 301; *Jacob/Nosky*, IStR 2008, S. 358 ff.; *Rust*, DStR 2009, S. 2568 ff., mit Einschränkungen.

510 *Heydt*, in: Lehner, Grundfreiheiten im Steuerrecht der EU-Staaten, S. 25, 30.

511 *Beiser*, IStR 2008, S. 587, 589.

512 *Englisch*, in: Cordewener/Enchelmaier/Schindler, Meistbegünstigung im Steuerrecht der EU-Staaten, S. 163, 175.

abweichend beurteilt werden könne.[513] Ein Teil der Verfasser hat über das Verdikt eines Grundfreiheitsverstoßes (vorbehaltlich einer Rechtfertigung) hinaus auch bereits Vorschläge im Hinblick auf die Rechtsfolgen vorgebracht. Bei der Bestimmung des grundfreiheitsrechtlich Verantwortlichen wird insbesondere vertreten, etwaige Lücken des Primärrechts durch Hilfsnormen zu schließen.[514]

Die mittlerweile gefestigte Linie des EuGH findet jedoch auch zunehmend Zustimmung in Teilen des Schrifttums.[515] Die Grundfreiheiten seien demnach nicht auf das Problem des Zusammenwirkens zweier Mitgliedstaaten zugeschnitten.[516] Die sich ergebenden nachteiligen Folgen für den grenzüberschreitenden Sachverhalt führten lediglich zu einer unechten Beschränkung beziehungsweise Quasi-Beschränkung.[517] Darüber hinaus scheide ein aus den Grundfreiheiten unmittelbar zugunsten des Steuerpflichtigen wirkender Schutz vor einer Doppelbesteuerung aufgrund der mangelnden Bestimmbarkeit der Rechtsfolge, insbesondere des Grundfreiheitsverpflichteten, aus.[518] Die Grundfreiheiten böten außerdem keine Erkenntnis darüber, wie die zur Vermeidung der Doppelbesteuerung durchzuführende Aufteilung der Besteuerungsbefugnisse zwischen den Mitgliedstaaten durchzuführen sei. Auch liege es in der alleinigen Kompetenz der Mitgliedstaaten, die Aufteilung der Besteuerungsbefugnisse festzulegen. Sofern ein Konflikt mit den Grundfreiheiten überhaupt denkbar sei, könne dieser deshalb trotzdem auf Unionsebene nur einer Lösung im Wege der Rechtsangleichung zugeführt werden.[519] Teilweise wird auch von den Befürwortern einer grundfreiheitsrechtlichen

---

513 *Kofler*, Doppelbesteuerungsabkommen und EG-Recht, S. 220; *Schnitger*, Die Grenzen der Einwirkung der Grundfreiheiten des EG-Vertrages auf das Ertragsteuerrecht, S. 259.

514 *Schnitger*, Die Grenzen der Einwirkung der Grundfreiheiten des EG-Vertrages auf das Ertragsteuerrecht, S. 259; *Englisch*, IStR 2007, S. 66, 67 ff.

515 *Randelzhofer/Forsthoff*, in: Grabitz/Hilf, Das Recht der EU, Vor Art. 39-55 EGV, Rn. 254 f.; *Ress/Ukrow*, in: Grabitz/Hilf/Nettersheim, Das Recht der EU, Art. 63 AEUV, Rn. 12; *Fischer-Zernin*, in: Becker/Höppner/Grotherr/Kroppen, DBA-Kommentar, Grundlagen, Teil 1, Abschn. 3, Rn. 30; *Schaumburg*, Internationales Steuerrecht, Rn. 14.5; *Hahn*, IStR 2002, S. 681, 686; *Wattel*, EC Tax Rev. 2003, S. 194, 199; *Frotscher*, Internationales Steuerrecht, Rn. 67; *Mössner/Kellersmann*, DVBl. 1995, S. 968, 970; *Forsthoff*, IStR 2006, S. 509, 512; *Bron*, IStR 2007, S. 431, 435; *Reimer*, in: Lehner, Grundfreiheiten im Steuerrecht der EU-Staaten, S. 39, 58 f.; *Farmer*, EC Tax Rev. 1998, S. 13, 14; *Kokott*, BB 2007, S. 913, 915; *dies.*, in: Lehner, Grundfreiheiten im Steuerrecht der EU-Staaten, S. 1, 6 f.; *Brombach-Krüger*, Ubg 2008, S. 324, 326 f.; *Gosch*, DStR 2007, S. 1553, 1559; *Kube*, IStR 2008, S. 305, 306 f., 311; *Rehm/Feyerabend/Nagler*, IStR 2007, S. 7, 12 f.; *Terra/Wattel*, European Tax Law, S. 813; *Weber*, Intertax 2006, S. 585, 588 f.; *Lang*, IStR 2006, 550, 555; wohl ebenso: *Jacobs*, Internationale Unternehmensbesteuerung, S. 201 f.; *Bron*, IStR 2007,S. 431, 435.

516 *Lehner*, in: Cordewener/Enchelmaier/Schindler, Meistbegünstigung im Steuerrecht der EU-Staaten, S. 240 (Diskussion).

517 *Bron*, IStR 2007, S. 431, 435.

518 *Reimer*, in: Lehner, Grundfreiheiten im Steuerrecht der EU-Staaten, S. 39, 59.

519 *Jacobs*, Internationale Unternehmensbesteuerung, S. 201 f.

Irrelevanz der Doppelbesteuerung eine Ausnahme im Sinne eines Eingriffs für den Fall eines bewussten Abweichens von einer die Doppelbesteuerung vermeidenden DBA-Bestimmung erwogen.[520]

Von Vertretern beider Positionen wird zudem gelegentlich auf das Schlagwort der „Gesamtschuld“ verwiesen. Dabei wird eine solche gemeinsame Verantwortlichkeit der beteiligten Mitgliedstaaten sowohl als Argument gegen eine grundfreiheitsrechtliche Lösungsmöglichkeit[521] als auch als denkbare Folge einer Beschränkung der Grundfreiheiten[522] angeführt.

3.) Auffassung der Kommission

Die Kommission schien anfänglich konträr zur Rechtsprechung des EuGH die grundfreiheitsrechtliche Erheblichkeit der internationalen Doppelbesteuerung zu vertreten. Sie betonte, die Doppelbesteuerung stehe dem reibungslosen Funktionieren des Binnenmarkts im Wege, da sie Unternehmen davon abhalten könne, in anderen Mitgliedstaaten zu investieren.[523] Deshalb wurde zumindest früher der Standpunkt eingenommen, dass die Doppelbesteuerung nicht im Einklang mit den Grundfreiheiten stehe.[524] So hielt die Kommission auch zunächst an ihren Plänen fest, die in der Rs. *Kerckhaert und Morres* beanstandeten Vorschriften des belgischen Rechts erneut in Wege eines Vertragsverletzungsverfahrens einer gerichtlichen Prüfung zu unterziehen.[525]

Die Auffassung der Kommission lässt jedoch jüngst ebenfalls einen Wandel erkennen. In einer Reihe von Mitteilungen jüngeren Datums wird betont, dass die Mitgliedstaaten gemeinsam in der Pflicht stünden, sich zum Zwecke der Beseiti-

---

520 *Forsthoff*, IStR 2006, S. 509, 512; *Bron*, IStR 2007, S. 431, 435.

521 *Reimer*, in: Lehner, Grundfreiheiten im Steuerrecht der EU-Staaten, S. 39, 58 f.; wohl ebenso: *Jacobs*, Internationale Unternehmensbesteuerung, S. 201 f.

522 *Thömmes*, DB 2002, S. 2693; *Cordewener/Schnitger*, StuW 2006, S. 50, 56 f.

523 Kommission Mitteilung v. 19.12.2006, KOM(2006) 825 endg., Wegzugsbesteuerung, S. 8 f.; Mitteilung v. 19.12.2006, KOM(2006) 823 endg., Direkte Steuern im Binnenmarkt, S. 5 f.; Mitteilung v. 23.10.2001, KOM(2001) 582 endg., Ein Binnenmarkt ohne steuerliche Hindernisse, S. 12; Arbeitsdokument v. 23.10.2001, SEK(2001) 1681, Unternehmensbesteuerung im Binnenmarkt, S. 313 ff.; Mitteilung v. 24.11.2003, KOM(2003) 726, Ein Binnenmarkt ohne unternehmenssteuerliche Hindernisse, S. 10.

524 Vortrag der Kommission bei: EuGH Urteil v. 12.12.2002, Rs. 324/00 (*Lankhorst-Hohorst*), Slg. 2002, S. I-11779, Rn. 35; offengelassen: Kommission Arbeitsdokument v. 23.10.2001, SEK(2001) 1681, Unternehmensbesteuerung im Binnenmarkt, S. 345; a. A. Vortrag der Kommission bei: EuGH Urteil v. 12.2.2009, Rs. C-67/08 (*Block*), Slg. 2009, S. I-883, Rn. 28.

525 Pressemitteilung der Kommission v. 22.1.2007, IP/07/67.

gung der Doppelbesteuerung abzustimmen.[526] Die Doppelbesteuerung lasse sich nur durch die Zusammenarbeit der Mitgliedstaaten vermeiden. Empfehlungen für eine konkrete Verantwortungszuordnung zur Vermeidung der Doppelbesteuerung lassen sich den Stellungnahmen der Kommission demgegenüber nur ganz vereinzelt entnehmen.[527] Die Kommission scheint somit auf die Linie des EuGH einzuschwenken und die Beseitigung der Doppelbesteuerung nicht auf Basis der Grundfreiheiten bewirken zu wollen, sondern vorrangig den Weg der Harmonisierung und der mitgliedstaatlichen Abstimmung, zum Beispiel durch den Abschluss von Abkommen nach ex-Art. 293 2. Spiegelstrich EG oder im bilateralen Verhältnis, einzuschlagen.[528]

IV.) Zwischenergebnis zu Teil 2

Zumindest die internationale juristische Doppelbesteuerung durch ein unterschiedsloses Zusammenwirken mehrerer Rechtsordnungen soll nach mittlerweile gefestigter Rechtsprechung des Gerichtshofs einer zwischenstaatlichen Steuerverteilung oder – soweit möglich – einer Harmonisierung beziehungsweise Koordinierung auf Unionsebene vorbehalten bleiben. Im Zusammenhang mit der wirtschaftlichen Doppelbesteuerung scheint der EuGH im Fall des Zusammenwirkens unterschiedsloser Besteuerungsfolgen ebenfalls in diese Richtung zu tendieren, wenn auch die Entscheidung in der Rs. *SGI* den kumulativen Steuerzugriff durchaus als beschränkende Maßnahme in Betracht gezogen hat. In Praxis und Lehre wird die Thematik kontrovers diskutiert, die EuGH-Judikate erfahren jedoch zunehmend Zuspruch in der Literatur.

526 Kommission Mitteilung v. 19.12.2006, KOM(2006) 825 endg., Wegzugsbesteuerung, S. 9; Mitteilung v. 19.12.2006, KOM(2006) 823 endg., S. 5f.

527 Kommission Mitteilung v. 19.12.2006, KOM(2006) 825 endg., Wegzugsbesteuerung, S. 9, zur Doppelbesteuerung von stillen Reserven im Fall des Wegzugs.

528 Kommission Mitteilung v. 23.10.2001, KOM(2001) 582 endg., Ein Binnenmarkt ohne steuerliche Hindernisse, S. 16f.; vgl. hierzu auch die neuen Ansätze der Kommission im Rahmen der Konsultation: Summary of replies to the public consultation on cross-border inheritance tax obstacles within the EU and possible solutions, S. 6f., http://ec.europa.eu/taxation_customs/common/consultations/tax/index_de.htm.

Teil 3: Grundfreiheitswidrigkeit der internationalen juristischen Doppelbesteuerung

Anschließend an die Skizzierung der Doppelbesteuerungsproblematik richtet sich in Teil 3 der Arbeit der Fokus auf die durch Subjektidentität geprägten Fälle der internationalen juristischen Doppelbesteuerung im erweiterten Binnenmarkt. Ins Visier genommen werden dabei ausschließlich die grundfreiheitsrechtlichen Auswirkungen einer Abgabenkumulation. Aufgrund der bloß punktuellen Rechtsangleichung und -harmonisierung und der räumlichen Wirkung ausschließlich für den Binnenmarkt gemäß Art. 26 AEUV könnte de lege lata nur der primärrechtliche Gleichbehandlungsanspruch einen umfassenden Lösungsansatz bieten.

I.) Binnenmarktstörung durch die internationale juristische Doppelbesteuerung

Aus ex-Art. 3 Abs. 1 lit. c) EG ergab sich explizit das Erfordernis, binnenmarktschädliche Hindernisse zu eliminieren. Die Beseitigungsanordnung solcher Hindernisse lässt sich nach den Änderungen durch den Vertrag von Lissabon weiterhin dem Auftrag in Art. 3 Abs. 3 EUV, Art. 26 Abs. 1 AEUV und der Binnenmarktdefinition in Art. 26 Abs. 2 AEUV entnehmen. Im Zusammenhang mit der kumulativen Erfassung derselben Einkünfte können sich unterschiedliche Belastungen für den Marktteilnehmer einstellen, deren Störungspotential für den Binnenmarkt zu untersuchen ist.

1.) Teilmarktkonzept

Wie bereits herausgearbeitet, stellt nicht jede wettbewerbsbeeinflussende Regulierung eine Störung des hier vertretenen Binnenmarktverständnisses in Sinne eines Teilmarktkonzepts dar.[529] Unterschiedslos anwendbare monetäre und formelle steuerliche Belastungen qualifizieren sich trotz ihrer regulatorischen, wettbewerbsbeschränkenden Wirkung nicht per se als Binnenmarkthindernis. Dasselbe gilt für etwaige Nachteile, die aus unterschiedlichen Steuerfolgen in den Teilmärkten resultieren. Die Ausführungen des EuGH in der *Gilly*-Entscheidung

529 S.o.: Teil 1: II.) 2.) und 8.) b).

zu den Quasi-Beschränkungen verdeutlichen, dass in Gebieten mit verbliebener mitgliedstaatlicher Zuständigkeit und fehlender Rechtsangleichung nicht jede nachteilige Wirkung auf die Entscheidung eines Wirtschaftstätigen zum Grenzübertritt einen Eingriff in die Grundfreiheiten begründet.[530] In einen solchen nicht harmonisierten Bereich fallen grundsätzlich auch die direkten Steuern. Die Kompetenz der Mitgliedstaaten zur Ausgestaltung der nationalen Steuerordnungen und der Steuerwettbewerb sind als Bestandteile des Binnenmarkts im Sinne des Teilmarktkonzepts zu verstehen. Sie können sich auch nicht als Binnenmarktstörungen unter dem Aspekt des „*freien Wettbewerbs*" (Art. 26 Abs. 2 AEUV) feststellen lassen.[531] Eine Integration durch die Grundfreiheiten muss für diese Wettbewerbsverzerrungen ausscheiden; zudem ist eine Integration im Wege der Harmonisierung seitens der Europäischen Union in diesem Kontext nur in den engen Grenzen von Art. 115 AEUV möglich.

2.) Formale Belastungswirkung, Befolgungskosten

Der grenzüberschreitende Sachverhalt unterliegt infolge des mehrfachen Steuerzugriffs auch mehrfachen formalrechtlichen Anforderungen. Diese können wiederum für den Marktteilnehmer erhöhten Befolgungsaufwand (Beratungs-, Erklärungs-, Buchhaltungskosten) bedeuten. Das Problem der höheren Befolgungskosten aufgrund der unterschiedlich ausgestalteten Normen im Bereich der direkten Steuern wurde zwar seitens der Kommission bereits als Behinderung des Binnenmarkts eingestuft,[532] sie sind aber letztendlich nur die Folgewirkung aus der binnenmarktkonformen Steuerpluralität. Wenn der Gerichtshof in der zuvor skizzierten Entscheidung in der Rs. *Futura Participations* die doppelte Rechnungslegungspflicht als diskriminierend erachtet,[533] ist dem somit entgegenzuhalten, dass darin lediglich die formelle Mehrbelastung aufgrund der divergierenden Steuersysteme zum Ausdruck kommt. Selbst beim Erfordernis der Abgabe einer zusätzlichen Steuererklärung, etwa aufgrund eines Grenzübertritts im Rahmen der Schlussbesteuerung ist fraglich, ob darin eine grundfreiheitsrelevante Binnenmarktstörung gesehen werden kann.[534] Auch wenn diese formelle Anforderung eine Zusatzbelastung des Grenzübertritts gegenüber einer

530 EuGH Urteil v. 12.5.1998, Rs. C-336/96 (*Gilly*), Slg. 1998, S. I-2793.

531 S.o. Teil 1: II.) 2.) und 8.) b).

532 Kommission Arbeitsdokument v. 23.10.2001, KOM(2001) 582 endg., Ein Binnenmarkt ohne steuerliche Hindernisse, S. 9 ff.

533 EuGH Urteil v. 15.5.1997, Rs. C-250/95 (*Futura Participations*), Slg. 1997, S. I-2471, Rn. 25.

534 A.A.: EuGH Urteil v. 7.9.2006, Rs. C-470/04 (*N*), Slg. 2006, S. I-7409, Rn. 38, der Eingriff soll demnach allerdings gerechtfertigt sein.

rein inländischen Tätigkeit hervorruft, ist die Abgabe der Steuererklärung letztendlich nur die Konsequenz daraus, dass ein Teilmarkt verlassen wird. Aus dem kumulativen Zugriff verschiedener Hoheitsgewalten resultierende zusätzliche Befolgungskosten stellen dann keine Binnenmarktstörung dar, wenn sie Ausfluss dieser Divergenzen sind. Sie ließen sich auch im Fall einer die Doppelbesteuerung vermeidenden Steuerverteilung nicht vollständig ausschließen.

Die aus der kumulativen Mehrfacherfassung eines grenzüberschreitenden Sachverhalts resultierenden Mehrkosten sind jedoch nicht stets mit den höheren Befolgungskosten aufgrund der Teilnahme in verschiedenen Teilmärkten mit unterschiedlichen Steuersystemen gleichzusetzen. Zusatzkosten, die dem Marktteilnehmer durch den Versuch entstehen, durch langjährige Verständigungsverfahren (etwa gemäß Art. 25 OECD-MA) die Doppelbesteuerung zu vermeiden, können zu einem grundfreiheitsrelevanten Nachteil in Form von zusätzlichem Verwaltungsaufwand und Liquiditätsnachteilen führen.[535]

3.) Monetäre Belastungswirkung, Abgabenkumulation

Fraglich ist, ob es sich bei der Abgabenkumulation als monetäre Ausprägung der internationalen juristischen Doppelbesteuerung um ein generell zu beseitigendes Binnenmarkthindernis handelt. Der Gerichtshof betonte bereits die aus der Doppelbesteuerung resultierenden „*nachteiligen Folgen*" für den grenzüberschreitenden Sachverhalt.[536] Generalanwalt *Colomer* sah hierin sogar ein „*überaus ernstes Hindernis für grenzüberschreitendes Handeln der Rechtsträger und ihre grenzüberschreitenden Kapitalbewegungen*"[537]. Auch in der Literatur wird der höheren Abgabenlast infolge eines parallelen Steuerzugriffs eine binnenmarktstörende Eigenschaft zugesprochen. Die mehrfache Besteuerung von Einkünften und Vermögenszuwächsen berge die Gefahr empfindlicher Wettbewerbsverzerrungen aufgrund der geringeren Nachsteuerrenditen infolge des Grenzübertritts und sei damit als binnenmarktschädlich anzusehen.[538] Dabei komme der monetären Belastungswirkung als Folge der Mehrfacherfassung erhebliche Abschreckungswirkung zu.[539] Der Konflikt zwischen einer auftretenden Doppelbesteuerung mit exzessiven Steuerfolgen und dem Konzept des Binnenmarkts wird offensichtlich, wenn man deren Folgen betrachtet. Es ergibt sich dann regelmäßig eine höhere Gesamtsteuerbelastung im Vergleich zu den innerhalb der involvierten Teilmärkte

535 EuGH Urteil v. 21.1.2010, Rs. C-311/08 (*SGI*), Slg. 2010, S. I-487, Rn. 54.

536 EuGH Urteil v. 14.11.2006, Rs. C-513/04 (*Kerckhaert und Morres*), Slg. 2006 S. I-10967, Rn. 20.

537 GA *Colomer* Schlussanträge v. 26.10.2004, Rs. C-376/03 (*D*), Slg. 2005, S. I-5821, Rn. 85.

538 *Schönfeld*, StuW 2006, S. 79, 80; *Baßler*, IStR 2005, S. 822, 825.

539 *Wernsmann*, Schulze/Zuleeg/Kadelbach, Europarecht, § 30, Rn. 95.

vorzufindenden Steuerfolgen.[540] Solche negativen Steuerfolgen haben erhebliche Auswirkungen auf die Entscheidung einer Wirtschaftstätigkeit im Ausland. Eine Wettbewerbsverzerrung, die mangels einer effektiv die Doppelbesteuerung vermeidender Steuerverteilung zwischen den Mitgliedstaaten entsteht, führt auch im Rahmen des hier vertretenen Binnenmarktkonzepts zu einer Störung. Gerade die Existenz verschiedener Teilmärkte fordert von den Mitgliedstaaten an deren Grenze eine Abstimmung in Bezug auf die Besteuerung von grenzüberschreitenden Aktivitäten, also in Konsequenz einen wechselweisen Besteuerungsverzicht. Daraus folgt, dass die kumulative Mehrbelastung generell ein zu beseitigendes Hindernis im Sinne von ex-Art. 3 Abs. 1 lit. c) EG ist.

Es resultiert jedoch nicht jeder kumulative Steuerzugriff in einer höheren Steuerlast, selbst dann, wenn keine mitgliedstaatlichen Maßnahmen zur effektiven Vermeidung einer übermäßigen Belastung ergriffen werden. Auch bei einem supranationalen Vergleich kann sich deshalb zeigen, dass die juristische Doppelbesteuerung eines Sachverhalts nicht stets zu einer binnenmarktbehindernden Wirkung führen muss. Auf eine fehlende übermäßige Belastung wies Generalanwalt *Geelhoed* in der Rs. *Kerckhaert und Morres* hin, in der eine von einer französischen Gesellschaft an einen belgischen Anteilseigner gezahlte Dividende mehrfach erfasst wurde, nämlich durch die französische Quellensteuer und die belgische Dividendensteuer.[541] Unter Berücksichtigung des zur Vermeidung der wirtschaftlichen Doppelbesteuerung durch die französische Körperschaftsteuer gewährten Avoir fiscal als steuerpflichtiger Bestandteil der Beteiligungserträge, der aufgrund des DBA auch dem belgischen Anteilseiger zustand, befand sich dieser im Fall einer Ausschüttung im Zusammenhang mit seiner französischen Beteiligung dann jedoch im Vorteil gegenüber einer inländischen (belgischen) Vergleichsinvestition.[542] Der Generalanwalt sah gute Gründe, dass die Anrechnung der französischen Körperschaftsteuer bei der Frage nach der Binnenmarktschädlichkeit der juristischen Doppelbesteuerung der Dividenden zu berücksichtigen sei.[543] Der EuGH hat sich nicht explizit dazu geäußert, ob er von einer nachteilhaften Wirkung der juristischen Doppelbesteuerung trotz Avoir fiscal ausgeht.[544] Der Avoir fiscal zielte darauf ab, die auf der Ebene der französischen

540 EuGH Urteil v. 12.2.2009, Rs. C-67/08 (*Block*), Slg. 2009, S. I-883, Rn. 27.

541 EuGH Urteil v. 14.11.2006, Rs. C-513/04 (*Kerckhaert und Morres*), Slg. 2006 S. I-10967; GA *Geelhoed* Schlussanträge v. 6.4.2006, Rs. C-513/04 (*Kerckhaert und Morres*), Slg. 2006 S. I-10967.

542 Vgl. Zahlenbeispiel bei: GA *Geelhoed* Schlussanträge v. 6.4.2006, Rs. C-513/04 (*Kerckhaert und Morres*), Slg. 2006 S. I-10967, Rn. 25.

543 GA *Geelhoed* Schlussanträge v. 6.4.2006, Rs. C-513/04 (*Kerckhaert und Morres*), Slg. 2006 S. I-10967, Rn. 26.

544 EuGH Urteil v. 14.11.2006, Rs. C-513/04 (*Kerckhaert und Morres*), Slg. 2006 S. I-10967, Rn. 20.

Gesellschaft eingetretene Vorbelastung mit französischer Körperschaftsteuer zu kompensieren. Insofern vermag die Steuergutschrift zunächst nichts an der rechtlichen Mehrfacherfassung der Dividendeneinkünfte zu ändern. Das zur Entlastung von der juristischen Doppelbesteuerung vorgesehene Instrumentarium, die Anrechnung der französischen Quellensteuer auf die belgische Dividendensteuer durch Belgien, wurde gerade nicht gewährt. Es erfolgte aber eine überobligatorische Kompensation, da die Vorbelastung mit Körperschaftsteuer gleichfalls durch das belgische Schedulensystem mit seinem niedrigeren Steuersatz pauschal Berücksichtigung fand. Auch wenn im Hinblick auf die Vorbelastungswirkung die Steuergutschrift von der Frage der juristischen Doppelbesteuerung zu trennen ist und generell ein Vorteilsausgleich grundfreiheitsrechtlich unbeachtlich ist, muss konstatiert werden, dass der Binnenmarkt in der Rs. *Kerckhaert und Morres* infolge der kumulativen Besteuerung bei einer staatenübergreifenden Gesamtbetrachtung tatsächlich nicht behindert worden ist. Abgesehen von dieser Besonderheit bei den Entlastungsmechanismen im Rahmen von Dividendeneinkünften wird eine einseitige Begünstigung des grenzüberschreitenden Sachverhalts eher die Ausnahme bleiben. In einer solchen Konstellation ist eine Binnenmarkt- und Grundfreiheitsrelevanz abzulehnen. Ein Markthindernis und folglich eine beschränkende Wirkung kann sich nur im Hinblick auf eine tatsächlich kumulativ herbeigeführte Übermaßbesteuerung ergeben.[545]

4.) Quasi-Beschränkung nach der Rs. Gilly

Eine nähere Umgrenzung des grundfreiheitsrechtlichen Schutzes in Bezug auf kumulative Steuerbelastungen hat Generalanwalt *Geelhoed* den Ausführungen des EuGH in der Rs. *Gilly* entnommen. Nach seinen Schlussanträgen in den Rs. *Kerckhaert und Morres* und *ACT Group Litigation* folge aus der Entscheidung in der Rs. *Gilly*, „*dass die Vertragsbestimmungen über die Freizügigkeit einen Mitgliedstaat nicht verpflichten, die Doppelbesteuerung zu vermeiden*“[546]. Die *Gilly*-Doktrin soll demnach nicht nur Aussagen über die seitens der Mitgliedstaaten unternommene Aufteilung der Besteuerungsbefugnisse betreffen, sondern auch den Fall einer unterbliebenen Aufteilung mit Doppelbesteuerungsfolgen als Quasi-Beschränkung qualifizieren. In den Schlussanträgen zu einem anderen Verfahren stellte Generalanwalt *Geelhoed* hingegen maßgebliche Unterschiede zwischen den Aussagen in dem *Gilly*-Urteil und der Ursache der benachteili-

545 *Englisch*, IStR 2007, S. 66, 69.

546 GA *Geelhoed* Schlussanträge v. 6.4.2006, Rs. C-513/04 (*Kerckhaert und Morres*), Slg. 2006 S. I-10967, Rn. 34; Schlussanträge v. 23.2.2006, Rs. C-374/04 (*ACT Group Litigation*), Slg. 2006, S. I-11673, Rn. 51.

genden Wirkung der Doppelbesteuerung heraus. Anders als etwa bei der Quasi-Beschränkung durch die höheren Steuersätze des Tätigkeitsstaates in der Rs. *Gilly* „*würden diese Beschränkungen jedoch auch dann fortbestehen, wenn die nationalen Steuersysteme in Aufbau und Inhalt die gleichen wären*“[547].

Die Mitgliedstaaten unter Bezugnahme auf die Rs. *Gilly* von der grundfreiheitsrechtlichen Pflicht zur Vermeidung der Doppelbesteuerung zu entbinden[548] würde eine Weiterentwicklung darstellen, die der *Gilly*-Doktrin eine neue Dimension verleiht. Bei den Nachteilen aufgrund unterschiedlich ausgestalteter Steuersysteme einerseits und dem kumulativen Zusammenwirken unterschiedslos anwendbarer Rechtsordnungen im Fall der Steuersubjektidentität andererseits handelt es sich um Binnenmarkteffekte, deren grundfreiheitsrechtliche Relevanz einer getrennten Beurteilung bedarf. Zunächst ergibt sich aus den bereits genannten und zutreffenden Ausführungen des Gerichtshofs in der Rs. *Gilly* selbst, dass Unterschiede in den nationalen Steuersystemen und die tatsächlich erfolgte Zuteilung des Steuerpflichtigen zu einer mitgliedstaatlichen Steuerordnung, trotz möglicherweise den Marktteilnehmer abschreckender Steuerwirkung, kein Eingriff in die Grundfreiheiten darstellen.[549] Nach hier vertretener Auffassung dürften solche Wettbewerbsverzerrungen als inhärenter Bestandteil des Teilmarktkonzepts bereits zu keiner Binnenmarktstörung führen. Etwaige Mehrkosten sind nicht im Rahmen der Integration durch die Grundfreiheiten beanstandungsfähig. In der Rs. *Gilly* stellte sich die Mehrbelastung somit als Folge der Unterschiede der nicht harmonisierten, mitgliedstaatlichen Steuersysteme dar und entfiel folglich unter der Annahme einheitlicher Besteuerungsparameter in den Mitgliedstaaten.

Dem in der Rs. *Gilly* entschiedenen Fall und den Fällen einer kumulativen Mehrbelastung ist gemein, dass Folge eines grundfreiheitsrechtlichen Schutzes die Besserstellung in einem Teilmarkt wäre. Der verpflichtete Mitgliedstaat müsste in Bezug auf grenzüberschreitende Sachverhalte sein Besteuerungsniveau absenken (beispielsweise der Wohnsitzstaat durch Freistellung der Einkünfte oder Gewährung von Anrechnungsgutschriften), um den Marktteilnehmer nicht zu beschränken. Dieses Anliegen zielt jedoch nicht auf die Beseitigung von Unterschieden in den Rechtsordnungen ab. Die durch die Doppelbesteuerung verursachte Benachteiligung des grenzüberschreitenden Sachverhalts durch eine erhöhte Abgabenlast ist, wie von Generalanwalt *Geelhoed* festgestellt, nicht die Konsequenz unterschiedlicher Besteuerungsparameter der nationalen Rechtsvorschriften, sondern der nicht oder unzureichend erfolgten Abgrenzung der Teilmärkte in Form einer

547 GA *Geelhoed* Schlussanträge v. 23.2.2006, Rs. C-374/04 (*ACT Group Litigation*), Slg. 2006, S. I-11673, Rn. 48.

548 GA *Geelhoed* Schlussanträge v. 6.4.2006, Rs. C-513/04 (*Kerckhaert und Morres*), Slg. 2006 S. I-10967, Rn. 34.

549 EuGH Urteil v. 12.5.1998, Rs. C-336/96 (*Gilly*), Slg. 1998, S. I-2793.

Aufteilung der Besteuerungsbefugnisse zwischen den Mitgliedstaaten. Sie entfällt nicht bei einer hypothetischen Identität der Steuerordnungen der Mitgliedstaaten,[550] sondern erfordert einen uni- oder bilateralen Steuerverzicht eines der beteiligten Mitgliedstaaten. Die sich unter isolierter Sichtweise einstellende Besserstellung innerhalb eines Teilmarkts findet ihre Ausprägung in einer Pflicht zur Berücksichtigung beziehungsweise Anerkennung einer tatsächlich durchgeführten Belastung in einem anderen Mitgliedstaat. Dieser Aspekt der Steuerverteilung liegt außerhalb der durch die *Gilly*-Doktrin angesprochenen Unterschiede in den Steuersystemen; es handelt sich um zwei unterschiedliche Stoßrichtungen. Der Hypothese einer abgestimmten Steuerverteilung mit der Wirkung des Wegfalls einer kumulativen Mehrbelastung ist die *Gilly*-Doktrin demnach nicht mehr zugänglich. Es ergibt sich keine Außerachtlassung der Grundfreiheiten im Hinblick auf die unterbliebene effektive zwischenstaatliche Koordinierung. Dasselbe gilt auch im Falle einer bestehenden Steuerkoordination für Auslegungs- und Qualifikationskonflikte. Selbst wenn die Doppelbesteuerung hier aus einer unterschiedlichen Abkommensauffassung der Mitgliedstaaten resultiert, lässt sie sich nicht zwingend auf Unterschiede in den Steuerordnungen zurückführen. Die nicht vorhandene effektive Koordination der Besteuerungsrechte wirkt sich letztendlich auf der Abkommensebene aus. Die *Gilly*-Doktrin nach ihrem ursprünglichen Verständnis kann demzufolge im Hinblick auf die grundfreiheitsrechtliche Beseitigung von Mehrbelastungen als Folge kumulativer Steuerzugriffe keine Sperrwirkung entfalten.[551]

Als grundfreiheitsrechtlich irrelevant anzusehen sind Doppelbesteuerungssituationen, die der Pluralität beziehungsweise der fehlenden Konvergenz der Teilrechtsordnungen geschuldet sind.[552] Dass dabei eine präzise Wirkungsanalyse im Hinblick auf die Folgen einer fehlenden Harmonisierung einerseits und einer fehlenden Koordinierung andererseits Schwierigkeiten bereiten kann, zeigt die bereits zitierte Entscheidung des Bundesfinanzhofs vom 24.6.2009 zu den Höchstbeträgen nach § 10 Abs. 3 EStG i.d.F. bis zur Änderung durch das AltEinkG. Im Wege der Koordinierung hätten die beteiligten Mitgliedstaaten eine doppelte Besteuerung der Einkünfte der Grenzgängerin vermeiden können, etwa indem Deutschland Grenzgänger einseitig begünstigt und einen höheren, der Rentenzahlung entsprechenden Abzugsbetrag gewährt oder Frankreich entsprechend die Steuerbemessungsgrundlage für die Alterseinkünfte verringert. Unterstellt man identisch ausgestaltete Steuersysteme in beiden Teilmärkten,

550 GA *Geelhoed* Schlussanträge v. 23.2.2006, Rs. C-374/04 (*ACT Group Litigation*), Slg. 2006, S. I-11673, Rn. 48; *Kofler*, SWI 2006, S. 62, 67; *ders.*, IStR 2011, 668, 669 f.

551 *Englisch*, in: Cordewener/Enchelmaier/Schindler, Meistbegünstigung im Steuerrecht der EU-Staaten, S. 163, 175, Fn. 83.

552 Zur wirtschaftlichen Doppelbesteuerung, s.u.: Teil 4: I.) 2.) a).

ergibt sich ein Wegfall der kumulativen Steuerlast. Die unterschiedliche steuerliche Behandlung der Altersbezüge in den beiden Mitgliedstaaten ist zumindest mit ursächlich für die eingetretene Benachteiligung des Grenzübertritts in Form einer zeitlich versetzten Doppelbesteuerung. Deutschland und Frankreich haben die Besteuerungshoheit bezüglich der jeweiligen Einkünfte in dem DBA abgestimmt. Oktroyiert man einem Mitgliedstaat darüber hinaus im Wege eines grundfreiheitsrechtlich begründeten Doppelbesteuerungsverbots eine Berücksichtigungspflicht, setzt also eine Koordinierung der Besteuerungsfolgen durch, müsste ein Mitgliedstaat sein Besteuerungssystem an das eines anderen Mitgliedstaats anpassen. Die Aussage des EuGH, wonach Mitgliedstaaten ihre Steuersysteme nicht aufeinander abzustimmen haben, ist jedoch dahingehend zu verstehen, dass auch eine entsprechende Berücksichtigungspflicht zur Nivellierung der Regulierungsunterschiede in den Teilmärkten nicht verlangt werden kann. Die internationale juristische Doppelbesteuerung ist lediglich dann einem grundfreiheitsrechtlichen Schutz zugänglich, wenn jenseits der aus den unterschiedlichen Steuersystemen resultierenden Benachteiligungen noch eine der unterbliebenen Abstimmung zuzurechnende Mehrbelastung verbleibt. Das sind insbesondere die Fälle eines kumulativen Steuerzugriffs innerhalb eines Besteuerungszeitraums oder anlässlich eines steuerauslösenden Ereignisses.

II.) Eingriffsbegründende Schlechterstellung

Die Konstellationen der internationalen juristischen Doppelbesteuerung sollen im Folgenden den bereits dargestellten grundfreiheitsrechtlichen Eingriffsformen zugeordnet werden.

1.) Rechtlich differenzierende oder unterschiedlich wirkende Steuerregelungen

Nationale Rechtsordnungen sehen oftmals innerhalb eines Teilmarkts Nachteile für grenzüberschreitende Sachverhalte vor. Dies kann etwa die differenzierende Nichtgewährung von Steuervergünstigungen (zum Beispiel Freibeträge, Abzugsbeträge) oder die einseitige Anwendung von steuererhöhenden Umständen (zum Beispiel einseitige Besteuerung, höherer Steuertarif) sein. Diese teilmarktbezogenen Schlechterstellungen können zu einer höheren Steuerlast des grenzüberschreitenden Sachverhalts führen. Besteuert etwa ein Quellenstaat die vom Ansässigkeitstaat freizustellenden Einkünfte mit einem ausschließlich auf beschränkt Steuerpflichtige anwendbaren höheren Steuertarif, kann sich allein daraus eine höhere Besteuerungsfolge für den Marktteilnehmer ergeben. Denn als Folge der Ungleichbehandlung im Quellenstaat steigt die Gesamtsteuerlast der grenzüberschreitenden Tätigkeit. Entsprechende Beschränkungen sind auch aus Sicht des Ansässigkeitstaats denkbar. Lässt sich für eine eingriffsbegründende Schlechterstellung innerhalb eines Mitgliedstaats kein anerkannter Rechtfertigungsgrund finden, muss die entsprechende nationale Regelung auf grenzüberschreitende Sachverhalte innerhalb des erweiterten Binnenmarkts unangewendet bleiben.

a) Unterschiedslose Entlastung von Steuereinbehalten

Anders als im Zusammenhang mit der wirtschaftlichen Doppelbesteuerung ist eine solche Schlechterstellung innerhalb einer mitgliedstaatlichen Rechtsordnung im Hinblick auf die Entlastung von der juristischen Doppelbesteuerung nur ausnahmsweise anzutreffen. Denn die kumulative Erfassung eines Ertrags erfolgt typischerweise durch verschiedene Steuerhoheiten. Einer Entlastung auch bei rein innerstaatlichem Sachverhalt dient etwa die Anrechnung oder Erstattung von einbehaltenen Quellensteuern. Diese werden bei den grenzüberschreitenden Zins- oder Dividendeneinkünften nicht stets unterschiedslos gewährt. Kommt es im Ansässigkeitstaat für den reinen Inlandsfall auch zu einem Steuerabzug an der Quelle mit anschließender Entlastung im Veranlagungsverfahren (zum Beispiel Anrechnung oder Erstattung der Kapitalertragsteuer auf Dividenden gemäß § 36 Abs. 2 S. 1 Nr. 2 EStG), lässt sich die Entlastung des grenzüberschreitenden Sachverhalts unter Heranziehung einer vertikalen Vergleichspaarbildung, also anhand der Schlechterstellung innerhalb eines Teilmarkts, prüfen. In der Rs. *OESF* stellte der EuGH eine unterschiedslose Freistellung der Dividendeneinkünfte fest und sah in der fehlenden Erstattung keine Beschränkung des freien Kapitalverkehrs.[553] Demgegenüber wird vertreten, dass der Marktteilnehmer, anders als beim rein inländischen Sachverhalt, nicht in den Genuss einer vollständigen Quellensteuerentlastung komme und somit eine grundfreiheitsrelevante Schlechterstellung erfahre.[554] In Deutschland sehen etwa § 36 Abs. 2 Nr. 2 EStG, § 31 Abs. 1 S. 1 KStG eine entsprechende Anrechnung beziehungsweise Erstattung einbehaltener Kapitalertragsteuer vor, die auf Dividenden ausländischer Gesellschaften nicht anwendbar ist. Die Anrechnung ausländischer Quellensteuer gemäß § 34c EStG, § 26 Abs. 1 KStG läuft zumindest im Fall der Steuerfreistellung des Dividendenempfängers nach § 8b Abs. 1 S. 1 KStG leer. Die Problematik spricht die juris-

553 EuGH Urteil v. 20.5.2008, Rs. C-194/06 (*OESF*), Slg. 2008, S. I-3747, Rn. 41 f.

554 *Wassermeyer*, IStR 2001, S. 113, 117; *Jacobs*, Internationale Unternehmensbesteuerung, S. 238 f.; *Rust*, DStR 2009, 2568, 2577.

tische Doppelbesteuerung jedoch nur am Rande an, da sich als Besonderheit die verfahrenstechnische Erhebungsform der Kapitalertragsteuer ergibt. Betroffen ist eine gleichheitsrechtlich bedingte Anrechnungsverpflichtung im Sitzstaat des Dividendenempfängers, die gegebenenfalls auch über das zur Vermeidung der übermäßigen Steuerwirkung infolge der Doppelbesteuerung erforderliche Maß hinausgehen könnte.[555] Ob die Gewährung eines überschießenden Ausgleichs, etwa durch Erstattungsbeträge oder die Gewährung eines Anrechnungsvortrags, grundfreiheitsrechtlich gefordert werden kann, ist fraglich.[556] Die jüngere Rechtsprechung des EuGH zur unterschiedslosen Vermeidung der wirtschaftlichen Doppelbesteuerung scheint jedoch auf eine grundfreiheitsrechtliche Pflicht zur gleichwertigen, vollständigen Entlastung hinzudeuten.[557] Eine einseitige Versagung der Anrechnungsmöglichkeit zulasten des Binnenmarktsachverhalts bewirkt in dem Teilmarkt des Sitzstaates eine eingriffsbegründende Schlechterstellung. Aus einer gleichheitsrechtlichen Warte könnte eine Anrechnung maximal bis zur Höhe der tatsächlich gezahlten Quellensteuer im Ausland gefordert werden, da nur insoweit eine reale Vorbelastung vorliegen kann. Diese Sichtweise ist jedoch nicht unproblematisch. Bei Dividendeneinkünften wird den Sitzstaat der ausschüttenden Gesellschaft oftmals ebenfalls eine Entlastungspflicht in Bezug auf die von ihm einbehaltene Quellensteuer treffen, da er zusätzlich zur Quellensteuer auf die Dividenden bereits zuvor den Gewinn der ausschüttenden Gesellschaft besteuert hat.[558] Es stellt sich dann die Frage, welcher Staat vorrangig die eingetretene doppelte Benachteiligung des grenzüberschreitenden Sachverhalts auflösen muss.[559] Die unterschiedslose Erstattung von der Quellensteuer im Quellenstaat auch in Bezug auf den ausländischen Anteilseigner[560] aufgrund grundfreiheitsrechtlicher Vorgaben gewinnt wegen der bereits eingetretenen Körperschaftsteuervorbelastung eher im Zusammenhang mit der Frage einer Entlastung von der wirtschaftlichen Doppelbesteuerung an Bedeutung.[561]

555 FG Köln Urteil v. 11.7.2002, 7 K 8572/98, DStRE 2002, S. 1445ff., Tz. II. 2. b) bb); BFH Beschluss v. 3.12.2003, I S 10/03, IStR 2004, S. 279.

556 Hierzu: *Schwenke*: IStR 2008, S. 473, 474ff.; *Rust*, DStR 2009, S. 2568, 2576f.; *Loukota*, SWI 2006, S. 250, 251f.; *Gosch*, in: Kirchhof, EStG, § 34c, Rn. 28; *Binnewies*, in: Streck, KStG, § 26, Rn. 5; *Schönfeld*, in: Debatin/ Wassermeyer, Doppelbesteuerung, Vor Art. 1 MA, Rn. 120; FG Köln Urteil v. 11.7.2002, 7 K 8572/98, DStRE 2002, S. 1445ff., Tz. II. 2. b) bb); *Lieber*, in: Herrmann/Heuer/Rauppach, EStG/KStG, § 26 KStG, Rn. 4; *Wied*, in: Blümich, EStG/KStG/GewStG, § 34c EStG, Rn. 14.

557 EuGH Urteil v. 10.2.2011, verb. Rs. C-436/08 und C-437/08 (*Haribo und Österr. Salinen AG)*, noch nicht veröffentlicht (Quelle: http://eur-lex.europa.eu), Rn. 154ff.

558 S.u.: Teil 4: I.) 1.) b) aa) (2) und II.) 2.) b) bb).

559 *Gosch*, in: Kirchhof, EStG, § 34c, Rn. 28.

560 Vgl. demgegenüber die Abgeltungswirkung nach § 32 Abs. 1 Nr. 2 KStG.

561 EuGH Urteil v. 12.12.2006, Rs. C-374/04 (*ACT Group Litigation*), Slg. 2006, S. I-11673; hierzu: *Schwenke*, IStR 2008, S. 473, 476ff.; s.u.: Teil 4: I.) 1.) b) aa) (2) und II.) 2.) b) bb).

b) Persönliche und familienbezogene Steuervergünstigungen

Eine über die Kästchengleichheit abzubildende Abgabenkumulation kann sich zudem bei steuerlichen Abzugsbeträgen einstellen, die nicht bestimmten Einkünften zugeordnet werden. Werden etwa persönliche und familienbezogene Steuervergünstigungen oder eine sonstige die Gesamtsteuerlast betreffende Begünstigung nicht effektiv einmalig berücksichtigt, ist dies der Benachteiligung eines Mitgliedstaats, in der Regel der des Ansässigkeitstaats, zuzuschreiben.[562] Trotz der differenzierenden Behandlung innerhalb eines Mitgliedstaats liegt die Ursache einer solchen fehlenden Berücksichtigung von steuerbegünstigenden Merkmalen nicht zuletzt auch in der diesbezüglich fehlenden Verständigung der Mitgliedstaaten über die nicht quellenbezogenen Steuerentlastungen, vorausgesetzt, beide Mitgliedstaaten gewähren entsprechende Abzugsbeträge.[563]

c) Verluste, quellenspezifische Abzugsbeträge

Im Fall der versagten Nutzung ausländischer Verluste aus freigestellten Einkunftsquellen, zum Beispiel aus ausländischen Betriebstätten, oder bei einkunftsquellenspezifischen Abzügen findet die Nichtberücksichtigung dieser Steuervergünstigungen ihre Ursache zunächst in einer – unter Umständen durch die Steuerverteilung gerechtfertigten – Schlechterstellung innerhalb eines Teilmarkts. Dennoch wird in der Literatur darauf hingewiesen, dass kein Fall einer gewöhnlichen einseitig zu verantwortenden Diskriminierung oder Beschränkung vorliege, sondern eine Doppelbesteuerungssituation.[564] Zutreffend ist, dass der nachteilige Effekt aus dem Zusammenwirken zweier Mitgliedstaaten folgt. Dass die aus der Quelle in einem anderen Mitgliedstaat resultierenden Verluste im Ansässigkeitstaat nicht berücksichtigt werden, ist bereits in der getroffenen Steuerverteilung angelegt. Der Unterschied zwischen einer doppelten Nichtberücksichtigung und einer doppelten Berücksichtigung dürfte jedoch darin begründet sein, dass im erstgenannten Fall direkt die Ausgestaltung der nationalen Steuersysteme betroffen ist. Während eine Doppelerfassung eines Steuersachverhalts eine Berücksichtigung in Form einer Koordinierung von zwei (existierenden) Steueransprüchen erfordert, würde im Fall einer Nichtberücksichtigung steuerentlastender Umstände eine Einmalberücksichtigung ein entsprechendes mitgliedstaatliches Instrument des Verlust- oder Aufwandsabzugs einfordern. Da jenseits eines Gleichbehandlungsanspruchs eine bestimmte Aus-

562 S.o.: Teil 1: V.) 2.) c) bb).

563 EuGH Urteil v. 16.10.2008, Rs. C-527/06 (*Renneberg*), Slg. 2008, S I-7735, Rn. 70, 75.

564 *Schön*, in: Herzig/Günkel/Niemann, StB-JB 2003/2004, S. 27 ff., 41 f., 67.

gestaltung nationaler Steuerordnungen grundfreiheitsrechtlich nicht eingefordert werden kann, liegt der Fokus im Rahmen der einkunftsquellenspezifischen Verlustnutzung auf deren unterschiedslose Gewährung. Echte Doppelbesteuerungssituationen können sich ausnahmsweise in Sonderkonstellationen wie der in der vorstehend angeführten Entscheidung in der Rs. *Wannsee* ergeben.[565] Ähnliches gilt für die unterschiedslose Berücksichtigung von Steuerabzügen, insbesondere sogenannten vagabundierenden Aufwendungen, die in keinem Mitgliedstaat berücksichtigt wurden.[566]

d) Betriebstättengewinnermittlung

Schließlich können sich noch im Rahmen von einseitig zulasten grenzüberschreitender Sachverhalte stattfindenden Einkünftekorrekturen betreffend das Verhältnis des Stammhauses zu seiner ausländischen Betriebstätte teilmarktbezogene Benachteiligungen feststellen lassen, die bei fehlender kompensatorischer Berücksichtigung in dem anderen Staat zu einer Mehrfacherfassung führen.

2.) Rechtlich nicht differenzierende und unterschiedslos wirkende Steuerregelungen

Die in der Rechtsprechung bislang keiner grundfreiheitsrechtlichen Lösung zugeführten Fälle, die unter dem Schlagwort der juristischen Doppelbesteuerung diskutiert werden, beziehen sich hingegen auf Sachverhalte, in denen sich vermeintlich perfekt diskriminierungsfrei ausgestaltete Steuersysteme gegenüberstehen. Bei einer isolierten Betrachtung unterliegt der grenzüberschreitende Sachverhalt in den jeweiligen Steuerordnungen keiner benachteiligenden steuerlichen Behandlung. Aus der Sicht eines gleichheitsrechtlichen Eingriffsverständnisses, das die Folgen innerhalb der jeweiligen Rechtsordnungen betrachtet, ergibt sich als Konsequenz eines solchen Fokus weder im Ansässigkeit- noch im Quellenstaat Anlass zu einer grundfreiheitsrechtlichen Beanstandung. Diese Erkenntnis lässt sich auch der mittlerweile gefestigten Judikatur des Gerichtshofs entnehmen. Während der EuGH in der älteren Entscheidung in der Rs. *AMID* in einem Doppelbesteuerungsfall noch eine einzelstaatliche gleichheitsrechtliche Grund-

565 S.o.: Teil 2: III.) 1.) d).

566 EuGH Urteil v. 28.2.2008, Rs. C-293/06 (*Deutsche Shell*), Slg. 2008, S. I-1129, zu Währungsverlusten; für einen Fall der Steuersubjektpluralität: EuGH Urteil v. 18.9.2003, Rs. C-168/01 (*Bosal*), Slg. 2003, S. I-9409, zum Beteiligungsaufwand einer Muttergesellschaft.

freiheitsverletzung festgestellt hat,[567] stellt er in den neueren Entscheidungen, insbesondere in den Rs. *Kerckhaert und Morres* und *Block*, die nachteilhafte, aber grundfreiheitsrechtlich unbeachtliche Wirkung in dem unabgestimmten Zusammenwirken zweier nationaler Steuerregelungen heraus.[568] Die der nachfolgenden Untersuchung zugrunde liegende schädliche Wirkung der internationalen juristischen Doppelbesteuerung ergibt sich somit in der Regel nicht als Resultat einer einzelstaatlichen Schlechterstellung, sondern als Folge des Zusammenspiels zweier oder mehrerer mitgliedstaatlicher Steuersysteme.

a) Gleichheitsrechtlicher Ansatz

Eine einzelstaatliche Benachteiligung wird sich, wie zuvor gezeigt, nur in wenigen Doppelbesteuerungsfällen feststellen lassen. Ein unionsrechtlicher Schutz gegen diese Form der internationalen juristischen Doppelbesteuerung unter einer gleichheitsrechtlichen Ausprägung der Grundfreiheiten ist damit jedoch nicht per se ausgeschlossen. Es wurde bereits aufgezeigt, dass den Grundfreiheiten generell seitens des EuGH und Teilen der Lehre sowohl ein gleichheitsrechtlicher als auch ein freiheitsrechtlicher Gehalt beigemessen wird. Ausschließlich durch einen freiheitsrechtlichen Ansatz zu erfassen sind nationale Regularien, die sich stets, also insbesondere auch aus grenzübergreifender Sicht des Marktteilnehmers, als unterschiedslos wirkende Beschränkung der Grundfreiheiten darstellen und so unter keinem Blickwinkel zu einer Benachteiligung des grenzüberschreitenden Sachverhalts führen. Hierzu gehören etwa Wettbewerbsverbote (zum Beispiel Verbot privaten Glücksspiels), die selbst im Rahmen einer Gesamtbetrachtung keine Benachteiligung des Grenzübertritts erkennen lassen würden. Nach hier vertretener Auffassung soll den Grundfreiheiten im Bereich der direkten Steuern hingegen ein freiheitsrechtlicher Ansatz verwehrt bleiben.[569]

Im Rahmen der vorstehenden Untersuchungen wurde bereits mehrfach angedeutet, dass sich die benachteiligende Wirkung der internationalen juristischen Doppelbesteuerung in einem Vergleich zu einem rein inländischen Sachverhalt offenbart. Lässt sich die kumulative Besteuerung auch jenseits freiheitsrechtlicher Aspekte erfassen, ist ein grundfreiheitsrechtlicher Schutz nicht zwingend ausgeschlossen. Richtet sich der grundfreiheitsrechtliche Anspruch des Marktteilnehmers auf die Beseitigung einer Beschränkung in einem Mitgliedstaat, die rechtlich undifferenziert und faktisch in unterschiedsloser Wirkung auch den

567 EuGH Urteil v. 14.12.2000, Rs. C-141/99 (*AMID*), Slg. 2000, S. I-11619, Rn. 27, zur Vergleichspaarbildung.

568 EuGH Urteil v. 14.11.2006, Rs. C-513/04 (*Kerckhaert und Morres*), Slg. 2006 S. I-10967; Urteil v. 12.2.2009, Rs. C-67/08 (*Block*), Slg. 2009, S. I-883.

569 *Englisch*, StuW 2003, S. 88, 89f.; s.o.: Teil 1: II.) 8.) b).

inländischen Vergleichssachverhalt belastet, lässt sich dieses Anliegen bei ausschließlicher Fokussierung auf die Rechtsordnung dieses Mitgliedstaats unter einem gleichheitsrechtlichen Verständnis schwerlich verwirklichen. Die Grundfreiheiten würden, dem Kästchengedanken folgend, dann nämlich gerade keine Gleich-, sondern eine Ungleichbehandlung der vergleichbaren Sachverhalte durch den betroffenen Mitgliedstaat garantieren müssen.[570] Bei einer jeweils isolierten Betrachtung der Rechtsordnung der beteiligten Mitgliedstaaten könnte im Fall der Doppelbesteuerung wegen der vollständigen Gleichbehandlung ein nur freiheitsrechtlich begründbares Regelungsverbot folgen. Aus der Perspektive der Mitgliedstaaten wäre eine undifferenzierte und unterschiedslos wirkende Regelung des nationalen Rechts zu beseitigen.

Dennoch unterscheidet sich die Wirkung der internationalen juristischen Doppelbesteuerung von den genannten, ausschließlich einem freiheitsrechtlichen Verständnis zugänglichen Judikaten des EuGH zu den Wettbewerbsverboten. Die Beschränkung ergibt sich nicht aus der regulativen Hürde selbst, sondern aus der übermäßigen Besteuerungsfolge infolge des Zusammenwirkens zweier Rechtsordnungen. Der Doppelbesteuerungsproblematik ist ein Element der Ungleichbehandlung inhärent.[571] Demnach lässt sich das Verlangen des Marktteilnehmers durchaus als Gleichbehandlungsanspruch verstehen. Es geht ihm darum, eine benachteiligende Behandlung gegenüber einem rein inländisch Tätigen zu vermeiden.[572] Zu diesem Zweck muss der Fokus hierfür auf das Zusammenwirken beider Rechtsordnungen der Mitgliedstaaten im Sinne einer Gesamtbetrachtung gerichtet werden. Im Bereich der direkten Steuern würde das Anliegen des Steuerpflichtigen auf eine Berücksichtigung beziehungsweise Anerkennung der in einem anderen Mitgliedstaat entrichteten Steuer abzielen.[573] Der aus der Kumulation des Steuerzugriffs rührende Nachteil des Marktteilnehmers wäre auf Basis eines grenzüberschreitenden Belastungsvergleichs der Steuerbelastung der Höhe nach zu bestimmen und könnte somit einem Vergleich zugeführt werden. Obwohl aus der isolierten Sicht des verpflichteten Mitgliedstaats ein scheinbar lediglich freiheitsrechtlich zu erklärendes Regelungsverbot folgt, ergibt sich aus der supranationalen Perspektive des Marktteilnehmers eine gleichheitsrechtlich zu erfassende Benachteiligung, die aus dem Zusammenwirken mehrerer Rechts-

570 *Kofler*, Doppelbesteuerungsabkommen und EG-Recht, S. 101; *Schnitger*, Die Grenzen der Einwirkung der Grundfreiheiten des EG-Vertrages auf das Ertragsteuerrecht, S. 258, *ders.*, IStR 2005, S. 493, 500; *Cordewener*, Europäische Grundfreiheiten und nationales Steuerrecht, S. 271.

571 *Reimer*, in: Lehner, Grundfreiheiten im Steuerrecht der EU-Staaten, S. 39, 52.

572 *Schönfeld*, StuW 2006, S. 79, 80.

573 *Kofler*, Doppelbesteuerungsabkommen und EG-Recht, S. 101.

ordnungen resultiert.[574] Letztendlich stellen sich diese Fälle der internationalen juristischen Doppelbesteuerung damit als eine Eingriffskategorie sui generis dar, die weder einem freiheitsrechtlichen Ansatz noch dem der Kästchengleichheit innerhalb der Teilmärkte zugeordnet werden kann.[575]

b) Staatenübergreifende Gesamtbetrachtung

Soll sich der Nachteil der internationalen juristischen Doppelbesteuerung unter einem supranationalen Blickwinkel aufgrund des Zusammenwirkens beider Steuerordnungen einstellen, ist hierfür die Möglichkeit eines Belastungsvergleichs unter Einnahme einer Gesamtmarktperspektive entscheidend.[576] Es schließt sich die Frage an, ob die vertikale Vergleichspaarbildung aus isolierter Sicht des Mitgliedstaats zwingend die Grenzen der durch die Grundfreiheiten bewirkbaren Integration darstellt oder ob vielmehr jene staatenübergreifende Gesamtbetrachtung im Zusammenhang mit der grundfreiheitsrechtlichen Prüfung möglich und geboten ist. Verneint man diese Frage, wäre ein grundfreiheitsrechtlicher Schutz gegen die internationale juristische Doppelbesteuerung mangels Eingriffs nicht begründbar. Das Begehren der Beseitigung der Beschränkung in Form der Doppelbesteuerung würde sich dann doch nur als eine mit dem freiheitsrechtlichen Gehalt der Grundfreiheiten begründbare Deregulierung in Bezug auf den Marktteilnehmer darstellen lassen.

Das bislang ausschließliche Verständnis der Kästchengleichheit in Bezug auf die grundfreiheitsrechtliche Eingriffsprüfung[577] scheint indiziell gegen eine solche Gesamtbetrachtung zu sprechen. Das in ständiger EuGH-Rechtsprechung zum direkten Steuerrecht bestätigte innerstaatliche und staatenübergreifende Kompensationsverbot im Rahmen der Rechtfertigungsprüfung[578] deutet ebenfalls auf

574 *Kube*, EuR 2004, S. 230, 249; *Enchelmaier*, in: Cordewener/Enchelmaier/Schindler, Meistbegünstigung im Steuerrecht der EU-Staaten, S. 93, 100; *Englisch*, Wettbewerbsgleichheit im grenzüberschreitenden Handel, S. 239 ff.; wohl ebenso: *Reimer*, in: Lehner, Grundfreiheiten im Steuerrecht der EU-Staaten, S. 39, 52.

575 Wohl ebenso: *Beiser*, IStR 2008, S. 587, 589; *Kofler*, IStR 2011, 668, 669.

576 *Herzig/Wagner*, Der Konzern 2006, S. 176, 181; *Englisch*, Aufteilung der Besteuerungsbefugnisse, S. 24; ansatzweise auch: S. 131; *ders.*, Intertax 2005, S. 310, 323 ff.; *ders.*, IStR 2007, S. 66, 68; *Schwenke*, IStR 2006, S. 748, 750; *Wachter*, FR 2005, S. 1068, 1075; *Dautzenberg*, DB 1994, S. 1542, 1544.

577 Hierzu: *Cordewener*, Europäische Grundfreiheiten und nationales Steuerrecht, S. 828 ff., *Wernsmann*, in: Schulze/Zuleeg/Kadelbach, Europarecht, § 30, Rn. 81; *Englisch*, Dividendenbesteuerung, S. 240.

578 EuGH Urteil v. 28.1.1986, Rs. C-270/83 (*Kommission/Frankreich*), Slg. 1986, S. 273, Rn. 21; Urteil v. 18.7.2007, Rs. C-182/06 (*Lakebrink*), Slg. 2007, S. I-6705, Rn. 24; Urteil v. 26.10.1999, Rs. C-315/02 (*Eurowings*), Slg. 1999, S. I-7447; Rn. 44; Urteil v. 12.9.2006, Rs. C-196/04 (*Cadbury Schweppes*), Slg. 2006, S. I-7995, Rn. 49; Urteil v. 6.6.2000, Rs. C-35/98 (*Verkooijen*), Slg.

keine über die beschränkende Steuerfolge hinausgehende Betrachtung hin. Die Grundfreiheiten normieren zuvorderst Verpflichtungen der vertragsschließenden Mitgliedstaaten, und zwar im jeweiligen Einzelfall für den Souverän der infrage stehenden nationalen Maßnahme. Insbesondere der enge Wortlaut der Niederlassungsfreiheit in Art. 49 S. 1 AEUV zeigt, dass als Verantwortlicher und Verpflichteter der Grundfreiheiten in erster Linie ein einzelner Mitgliedstaat erachtet wird, wobei die Beschränkung über die enge Formulierung hinaus sowohl durch das Verhalten des Herkunfts- als auch des Aufnahmestaats resultieren kann. Das könnte dafür sprechen, dass der begehrte unionsrechtliche Schutz aus der isolierten Sicht des verpflichteten Mitgliedstaats bestimmt werden muss.

Dennoch hat der EuGH in einer Reihe von Entscheidungen, auch auf dem Gebiet der direkten Steuern, bereits die Rechtsordnungsgrenzen der Mitgliedstaaten überschritten, und zwar sowohl im Hinblick auf eine grenzüberschreitende Betrachtung von ein und denselben Steuerpflichtigen als auch im Sinne einer personen- und staatenübergreifenden Gesamtbetrachtung eines wirtschaftlichen Sachverhalts. So kann sich etwa auf *Eingriffsebene* im Wege einer Gesamtbetrachtung bei einer abkommensrechtlich begründeten Entlastungs- oder Kompensationsverpflichtung durch einen anderen Mitgliedstaat ergeben, dass eine Benachteiligung in einem Mitgliedstaat aufgrund eines durch einen anderen Staat gewährten Vorteils zu keiner Beschränkung der Grundfreiheiten führt. Unter einem supranationalen Blickwinkel stellt sich eine Belastungsgleichheit ein. Die Möglichkeit einer Kompensation hat der EuGH zum Beispiel in Fällen der Steuersubjektpluralität bei einer abkommensrechtlich vereinbarten Entlastung von einer benachteiligenden Quellensteuer auf Dividenden durch den anderen Mitgliedstaat in Betracht gezogen.[579] Der sich aus diesen Entscheidungen ergebende „*Grundgedanke*“[580] der Kompensation berücksichtigt dabei die be- und entlastende Steuerwirkung in beiden Staaten. In den Entscheidungen betreffend die Frage nach der Berücksichtigung von persönlichen Steuerabzugsbeträgen oder sonstigen Entlastungen grenzüberschreitend tätiger Steuerpflichtiger greift der Gerichtshof ebenfalls auf eine Form der Gesamtbetrachtung zurück. Demnach soll die Frage der Vergleichbarkeit von unbeschränkt und beschränkt Steuerpflichtigen davon abhängen, ob sie in dem Wohnsitzstaat oder den Beschäftigungstaaten ihre Einkünfte erzielen und in welchem Staat eine Gewährung steuerlicher Vergünstigungen erfolgen kann. Nach den in der Rs. *Schumacker* entwickelten Grundsätzen geht

2000, S. I-4071; Rn. 61; Urteil v. 28.1.1986, Rs. 270/83 (*Kommission/Frankreich*), Slg. 1986, S. 273, Rn. 21; Urteil v. 27.6.1996, Rs. C-107/94 (*Asscher*), Slg. 1996, S. I-3089, Rn. 53; Urteil v. 21.9.1999, Rs. C-307/97 (*Saint-Gobain*), Slg. 1999, S. I-6161, Rn. 54.

579 EuGH Urteil v. 14.12.2006, Rs. 170/05 (*Denkavit*), Slg. 2006, S. I-11949, Rn. 45, mit Unklarheiten betreffend die Prüfungsebene; näher hierzu: Teil 4: II.) 2.) b) bb).

580 *Kofler*, IStR 2011, 668, 672.

nämlich die Pflicht zur unterschiedslosen Berücksichtigung solcher Entlastungen vom Ansässigkeit- auf den Beschäftigungsstaat über, wenn der Steuerpflichtige in Letztgenanntem sein zu versteuerndes Einkommen im Wesentlichen bezieht.[581] Die Bestimmung der binnenmarktweiten Einkünftesituation des Steuerpflichtigen erfordert ebenfalls eine Loslösung von einer einzelstaatlichen Betrachtungsweise. Diese Rechtsprechung bedient sich damit einer Gesamtwürdigung der Steuerwirkung, da stets auch die korrespondierende Entlastung in dem anderen Mitgliedstaat berücksichtigt wurde. Trotz einer noch nicht ganz einheitlichen Judikatur in Bezug auf die Perspektive des Belastungsvergleichs[582] lassen sich für diese Entwicklungstendenz im Bereich der grundfreiheitsbezogenen Rechtsprechung zur direkten Besteuerung grenzüberschreitender Sachverhalte noch weitere Beispiele anführen, etwa auch im Rahmen der *Rechtfertigungsprüfung*. So ist die konkret erfolgte zwischenstaatliche Aufteilung von Besteuerungsrechten familienbezogener Steuervergünstigungen als Legitimation für eine differenzierende Versagung der Abzugsbeträge anerkannt worden, vorausgesetzt, dass eine tatsächliche Entlastungswirkung eintritt. Der EuGH stellte in der *Rs. de Groot* fest, dass der Wohnsitzstaat von der Gewährung entsprechender Abzugsbeträge absehen kann, soweit in den Beschäftigungsstaaten beschränkt Steuerpflichtigen ebenfalls Abzugsmöglichkeiten eröffnet werden, in deren Folge gewährleistet ist, dass die gesamte persönliche und familiäre Situation ausreichend berücksichtigt wird.[583] Die staatenübergreifende Gesamtschau wird des Weiteren auch im Bereich der Verlustnutzungsmöglichkeit bei der Ausübung einer unionsweiten Tätigkeit angestellt. Genannt werden kann die durch den EuGH beispielsweise in der Rs. *Lidl Belgium* judizierte Ultima-Ratio-Verlustberücksichtigung betreffend Verluste aus freigestellten Auslandsbetriebstätten, wonach eine einseitig benachteiligende Verweigerung des Ansässigkeitstaats des Stammhauses, finale Verluste der Betriebstätte zu berücksichtigen, aus Gründen der Verhältnismäßigkeit nur dann gerechtfertigt werden kann, wenn eine Verlustberücksichtigung im anderen Mitgliedstaat nicht möglich ist.[584] Die Binnenmarktfinalität und damit die Pflicht zur unterschiedslosen Berücksichtigung durch den Sitzstaat ergeben sich letztendlich durch eine Betrachtung der konkreten Verlustsituation in dem Quellenstaat. Wie gezeigt, soll im Ergebnis die legitimierende Wirkung der zwi-

581 EuGH Urteil v. 14.2.1995, Rs. C-279/93 (*Schumacker*), Slg. 1995, S. I-225, Rn. 36.

582 Im Zusammenhang mit der Hinzurechnungsbesteuerung wurde eine Gesamtbetrachtung von Mutter- und Tochtergesellschaft abgelehnt; hierzu: GA *Léger* Schlussanträge v. 2.5.2006, Rs. C-196/04 (*Cadbury Schweppes*), Slg. 2006, S. I-7995, Rn. 76.

583 EuGH Urteil v. 12.12.2002, Rs. C-385/00 (*de Groot*), Slg. 2002, S. I-11819, Rn. 99 ff.

584 EuGH Urteil v. 15.5.2008. Rs. C-414/06 (*Lidl Belgium*), Slg. 2008, S. I-3601, Rn. 47; Urteil v. 13.12.2005, Rs. C-446/03 (*Marks & Spencer*), Slg. 2005, S. I-10837, Rn. 55; hierzu auch: *Herzig/Wagner*, Der Konzern 2006, S. 176, 181.

schenstaatlichen Steuerverteilung zumindest teilweise unter dem Vorbehalt eines Gesamtbelastungsvergleichs stehen. Ähnliche Tendenzen lassen sich auch für den Rechtfertigungsgrund der Wahrung der Kohärenz der Besteuerungssysteme belegen. Hierfür können exemplarisch die Urteile zur Versagung einer Anrechnung von Körperschaftsteuer bei grenzüberschreitenden Dividendenzahlungen genannt werden.[585] Gegen eine kohärente Ausgestaltung durch die benachteiligende Versagung der Entlastung spricht nach Ansicht des EuGH insbesondere auch die Vorbelastung durch ausländische Körperschaftsteuer der ausgeschütteten Dividenden. Auf Basis einer supranationalen Sicht wird somit den Eingriff rechtfertigenden Kohärenzaspekten wegen im Ausland bestehender Steuernachteile die legitimierende Wirkung aberkannt.[586]

Den vorgenannten Fällen ist zwar gemein, dass sie mit dem Gedanken der Kästchengleichheit weiterhin vereinbar sind, da Folge eines Grundfreiheitsverstoßes lediglich eine Gleichbehandlung innerhalb der streitbefangenen Rechtsordnung ist. Eine Gesamtmarktsicht ist folglich, anders als bei der Problematik der juristischen Doppelbesteuerung, nicht erforderlich, um einen Eingriff zu begründen. Sie weichen jedoch gleichzeitig auf Eingriffs- und Tatbestandsebene eine isolierte Betrachtung der Teilmärkte auf, da sie unter Heranziehung eines supranationalen Belastungsvergleichs Ungleichbehandlungen innerhalb der Teilmärkte tolerieren, wenn sie in der Gesamtbelastungswirkung neutralisiert werden. Es ist nicht ersichtlich, wieso die Beschränkungsprüfung für den Fall der juristischen Doppelbesteuerung dann zwingend nur auf Grundlage eines Belastungsvergleichs mit Blick auf die Rechtsordnung nur eines Mitgliedstaats vorzunehmen sein soll.[587] Die Gesamtmarktperspektive im Rahmen der *Eingriffsprüfung* bei fehlender Steuerverteilung mit Doppelbesteuerungsfolge ist dann lediglich das logische Pendant zur Feststellung, dass bei bestehender zwischenstaatlicher Steuerverteilung mit entsprechender Kompensationswirkung gerade keine Beschränkung der Grundfreiheiten vorliegt. Schließlich spricht auch die Beschränkung der *Rechtfertigungsmöglichkeiten* auf Basis eines grenzüberschreitenden Belastungsvergleichs für die Maßgeblichkeit der kumulativen Mehrbelastung. Bei einer konsequenten Anwendung einer solchen Gesamtbe-

---

585 EuGH Urteil v. 7.9.2004, Rs. C-319/02 (*Manninen*), Slg. 2004, S. I-7477, Rn. 46; Urteil v. 12.12.2006, Rs. C-446/04 (*FII Group Litigation*), Slg. 2006, S. I-11753, Rn. 93; Urteil v. 23.2.2006, Rs. C-471/04 (*Keller Holding*), Slg. 2006, S. I-2107, Rn. 43; Urteil v. 6.3.2007, Rs. C-292/04 (*Meilicke u.a.*), Slg. 2007, S. I-1835, Rn. 29.

586 Kritisch hierzu: *Englisch*, Aufteilung der Besteuerungsbefugnisse, S. 129 ff.

587 *Herzig/Wagner*, Der Konzern 2006, S. 176, 181; *Englisch*, Aufteilung der Besteuerungsbefugnisse, S. 24; ansatzweise auch: S. 131; *ders.*, Intertax 2005, S. 310, 323 ff.; *ders.*, IStR 2007, S. 66, 68; *Schwenke*, IStR 2006, S. 748, 750; *Wachter*, FR 2005, S. 1068, 1075; *Dautzenberg*, DB 1994, S. 1542, 1544; *Kofler*, IStR 2011, 668, 670.

trachtung lässt sich nämlich feststellen, dass die im Rahmen der Beschränkungsprüfung im grenzüberschreitenden Kontext vorliegende Doppelbelastung gleichfalls ins Visier der Grundfreiheiten geraten müsste.

III.) Prinzip der binnenmarktweiten Einmalbesteuerung

Die staatenübergreifende Betrachtung der Gesamtsteuerlast ist das notwendige Fundament für die seit jüngerer Zeit zu beobachtende Rechtsprechungstendenz, die zunehmend die Beachtung einer Einmalbesteuerung innerhalb des Binnenmarkts betont. Es zeichnet sich ab, dass die Besteuerung und die effektive steuerliche Entlastung immer öfter als ein „*Ganzes*“ betrachtet werden.[588] Den Entscheidungen lässt sich zumindest ansatzweise ein sich aus dem Gleichbehandlungsanspruch ergebendes Prinzip der Einmalbesteuerung entnehmen, das durch zwei Grundaussagen gekennzeichnet wird. Im Hinblick auf die Leistungsfähigkeit des Marktteilnehmers hat eine unterschiedslose Berücksichtigung von Steuerbegünstigungen zwar nicht in allen beteiligten Teilmärkten und auch nicht in einem durch ihn frei bestimmbaren Teilmarkt zu erfolgen. Der Abzug muss aber binnenmarktweit einmal effektiv wirksam werden. Außerdem können die Mitgliedstaaten eine einmalige, binnenmarktweite steuerliche Erfassung der Einkünfte in dem von ihnen bestimmten Teilmarkt durch grundfreiheitsbeeinträchtigende Maßnahmen sicherstellen. Denn neben dem Grundsatz der Einmalbesteuerung gilt der seitens des Gerichtshofs etablierte Grundsatz, wonach die zwischenstaatliche Aufteilung der Besteuerungsrechte gegen eine Beeinflussung durch den Steuerpflichtigen geschützt werden darf. Demnach ist es grundsätzlich nicht entscheidend, welcher der beteiligten Mitgliedstaaten besteuert beziehungsweise steuermindernde Umstände berücksichtigt, soweit in Zusammenschau der mitgliedstaatlichen Steuerfolgen im Ergebnis einmalig eine Steuerwirkung eintritt. Die Einmalbesteuerung unter staatenübergreifender Perspektive erfordert folglich bei fehlender zwischenstaatlicher Aufteilung eine grundfreiheitsrechtliche Verteilung von Steuersubstrat. Das Prinzip der Einmalbesteuerung und die in jüngerer Rechtsprechung nachdrücklich betonte Wahrung der getroffenen Steuerdistribution greifen somit als zwei Kernaspekte der grundfreiheitsbezogenen Rechtsprechung im Bereich der direkten Steuern ineinander.

Durch die Anerkennung der legitimierenden Wirkung der Vermeidung einer doppelten Verlustnutzung und damit „weißer Einkünfte“ in Bezug auf grundfreiheitsrechtliche Eingriffe wird eine Seite des Prinzips der Einmalbesteuerung

588 GA *Geelhoed* Schlussanträge v. 23.2.2006, Rs. C-374/04 (*ACT Group Litigation*), Slg. 2006, S. I-11673, Rn. 72.

umschrieben.[589] Die Grundfreiheiten verschaffen dem Marktteilnehmer keinen Anspruch auf in den mitgliedstaatlichen Steuersystemen und der zwischenstaatlichen Steuerverteilung nicht vorgesehenen Begünstigungen und Steuervorteile.

Auf der anderen Seite ist das Prinzip der Einmalbesteuerung, das im Rahmen eines binnenmarktweiten Belastungsvergleichs bereits bei der Berücksichtigung von Steuervergünstigungen judiziert wurde, geprägt durch die einmalige effektive Entlastung des grenzüberschreitenden Sachverhalts. Die Grundfreiheiten erfordern demnach eine einmalige Berücksichtigung endgültiger Verluste bei unterschiedsloser Geltung des Welteinkommensprinzips.[590] Zur Durchsetzung dieser einmaligen Verlustnutzung modifiziert der EuGH die in diesem Punkt ineffektive Steuerverteilung der Mitgliedstaaten und verpflichtet den Ansässigkeitstaat des Marktteilnehmers, entgegen einer strengen Symmetrie, die Verluste zu berücksichtigen. Das Recht der Mitgliedstaaten, ihre Steuerverteilung vor einer Verlagerung von Einkünften auch durch Benachteiligungen zu schützen, erfährt somit eine Einschränkung durch den Finalitätsvorbehalt. Die Finalität ist dabei so eng auszulegen, dass keine in der Rechtsordnung des anderen Mitgliedstaats angelegte Verlustnutzungsbeschränkung auszugleichen ist. In der Rs. *Wannsee* verdeutlichte der EuGH diese Grenzen des Prinzips der Einmalberücksichtigung.[591] Die Gewährleistung der einmaligen Berücksichtigung von familien- und personenbezogenen Steuervergünstigungen ist, wie gezeigt, eine besondere Ausprägung der Vermeidung einer Mehrbelastung infolge einer unterbliebenen diesbezüglichen Steuerkoordinierung. Diese Steuervoreile können keiner Steuerquelle unmittelbar zugeordnet werden. Versagen sowohl der Ansässigkeitstaat als auch der Quellenstaat gleichheitswidrig ihre Gewährung oder ist ein Abzug nur in einem Mitgliedstaat möglich, in dem die dafür notwendigen Einkünfte fehlen, droht wiederum eine übermäßige Besteuerung infolge einer fehlenden Steuerverteilung einzutreten. Wie bereits gezeigt, hat sich der EuGH dieser Benachteiligung mit den in der Rs. *Schumacker* und einer Reihe von Folgeurteilen entwickelten Grundsätzen angenommen.[592] Diese sollten eine Einmalberücksichtigung der steuermin-

---

589 EuGH Urteil v. 13.12.2005, Rs. C-446/03 (*Marks & Spencer*), Slg. 2005, S. I-10837, Rn. 47ff., Urteil v. 27.11.2008, Rs. C-418/07 (*Papillon*), Slg. 2008, S. I-8947, Rn. 46ff., für Verluste von Tochtergesellschaften.

590 EuGH Urteil v. 15.5.2008. Rs. C-414/06 (*Lidl Belgium*), Slg. 2008, S. I-3601, Rn. 46ff., für Betriebstättenverluste; EuGH Urteil v. 13.12.2005, Rs. C-446/03 (*Marks & Spencer*), Slg. 2005, S. I-10837, Rn. 53ff., für Verluste von Tochtergesellschaften.

591 EuGH Urteil v. 28.2.2008, Rs. C-293/06 (*Deutsche Shell*), Slg. 2008, S. I-1129, Rn. 43; Urteil v. 23.10.2008, Rs. C-157/07 (*Wannsee*), Slg. 2008, S. I-8061, Rn. 50; Urteil v. 6.12.2007, Rs. C-298/05 (*Columbus Containers*), Slg. 2007, S. I-10451, Rn. 51.

592 EuGH Urteil v. 14.2.1995, Rs. C-279/93 (*Schumacker*), Slg. 1995, S. I-225; Urteil v. 1.7.2004, Rs. C-169/03 (*Wallentin*), Slg. 2004, S. I-6443; Urteil v. 27.6.1996, Rs. C-107/94 (*Asscher*), Slg. 1996, S. I-3089; Urteil v. 14.9.1999, Rs. C-391/97 (*Gschwind*), Slg. 1999, S. I-5451; Urteil

dernden Abzüge sicherstellen. Demnach darf grundsätzlich der Quellenstaat den beschränkt Steuerpflichtigen mangels Vergleichbarkeit von den Steuervorteilen ausschließen, der Ansässigkeitstaat hat diese hingegen vollständig zu berücksichtigen.[593] Erst wenn die Einmalberücksichtigung im Ansässigkeitstaat nicht mehr gewährleistet ist, da die ganz überwiegenden Einkünfte im Quellenstaat erzielt werden, geht die grundfreiheitsrechtliche Verpflichtung auf letztgenannten Mitgliedstaat über und sichert somit die Einmalbesteuerung.[594] Das Prinzip der Einmalberücksichtigung hat in den Rs. *Renneberg*, *Lakebrink* und *Deutsche Shell* noch einmal eine zusätzliche Erweiterung erfahren.[595] Der EuGH verschiebt die Berücksichtigungspflicht generell dorthin, wo eine Nutzung der Steuervergünstigungen aufgrund der Einkommenssituation möglich erscheint.

Die vorstehenden Judikate behandeln zwar im Rahmen der Kästchengleichheit lösbare grundfreiheitsrechtliche Fragen. Das grundfreiheitsrechtliche Prinzip der Einmalbesteuerung wurde in der Rechtsprechung bekanntlich nicht auf die Problematik des parallelen unterschiedslosen Steuerzugriffs zweier Mitgliedstaaten erweitert. Führt man die durch das Zusammenwirken zweier Rechtsordnungen entstehende internationale Doppelbesteuerung einer staatenübergreifenden Gesamtbetrachtung zu und stellt eine entsprechende Benachteiligung fest, müsste dem Prinzip der Einmalbesteuerung im Bereich der direkten Steuern auch diesbezüglich Geltung verschafft werden. Denn auch die übermäßige Abgabenkumulation bei einem Steuersubjekt infolge fehlender oder die Doppelbesteuerung nicht effektiv vermeidender Steuerverteilung ist mit dem die binnenmarktweite Leistungsfähigkeit berücksichtigenden Grundsatz der effektiven einmaligen Be- beziehungsweise Entlastung nicht vereinbar.[596] Sie müsste folglich grundfreiheitsrelevant sein. Im Hinblick auf dieselbe Belastungswirkung ist eine doppelte Erfassung positiver Einkünfte dann ebenso zu vermeiden wie

v. 16.5.2000, Rs. C-87/99 (*Zurstrassen*), Slg. 2000, S. I-3337; Urteil v. 11.8.1995, Rs. C-80/94 (*Wielockx*), Slg. 1995, S. I-2493; Urteil v. 12.5.1998, Rs. C-336/96 (*Gilly*), Slg. 1998, S. I-2793; Urteil v. 12.6.2003, Rs. C-234/01 (*Gerritse*), Slg. 2003, S. I-5933; Urteil v. 25.1.2007, Rs. C-329/05 (*Meindl*), Slg. 2007, S. I-1107; ebenso: *Cordewener*, in: Cordewener/Enchelmaier/ Schindler, Meistbegünstigung im Steuerrecht der EU-Staaten, S. 228 f.; *Enchelmaier*, in: Cordewener/ Enchelmaier/Schindler, Meistbegünstigung im Steuerrecht der EU-Staaten, S. 225, 229; kritisch: *Schnitger*, Die Grenzen der Einwirkung der Grundfreiheiten des EG-Vertrages auf das Ertragsteuerrecht, S. 196 ff.; *ders.*, IStR 2002, S. 478 ff.; s.o.: Teil 1: V.) 2.) c) bb).

593 EuGH Urteil v. 14.2.1995, Rs. C-279/93 (*Schumacker*), Slg. 1995, S. I-225, Rn. 32 f., wobei der EuGH meint, diese Wertung den OECD-Empfehlungen entnehmen zu können.

594 EuGH Urteil v. 14.2.1995, Rs. C-279/93 (*Schumacker*), Slg. 1995, S. I-225, Rn. 36.

595 EuGH Urteil v. 18.7.2007, Rs. C-182/06 (*Lakebrink*), Slg. 2007, S. I-6705; Urteil v. 16.10.2008, Rs. C-527/06 (*Renneberg*), Slg. 2008, S I-7735; Urteil v. 28.2.2008, Rs. C-293/06 (*Deutsche Shell*), Slg. 2008, S. I-1129.

596 Wohl ebenso: *Beiser*, IStR 2009, 236, 237 f.

die doppelte Nichtberücksichtigung steuermindernder Faktoren. Das Erfordernis einer binnenmarktweiten Einmalbesteuerung im Zusammenhang mit der juristischen Doppelbesteuerung lässt sich an den Entscheidungen in den Rs. *Kerckhaert und Morres* und *Damseaux* verdeutlichen. Hätte Belgien anstelle einer Abgeltungsteuer eine Art Zinsabschlagsteuer in Höhe von 25 Prozent ohne Definitivwirkung erhoben und diese auf die 25-prozentige Schedulensteuer im Veranlagungsverfahren wieder angerechnet, also nur einen kleinen Aspekt in Bezug auf die Steuererhebung verändert, hätte es aus Gründen einer gleichwertigen Besteuerung auch die französische Quellensteuervorbelastung im Rahmen der Anrechnungshöchstbeträge unterschiedslos entlasten müssen.[597] Diese hinzugedachte formalrechtliche Schlechterstellung, die zwar einen verantwortlichen Mitgliedstaat bietet, vermag an der identischen Belastungswirkung des fiktiven und des tatsächlich judizierten grenzüberschreitenden Sachverhalts jedoch nichts zu ändern. Es ist nicht ersichtlich, wieso die höhere Steuerwirkung nur in Abhängigkeit von der Ausgestaltung nationaler Steuersysteme zu beseitigen sein soll. Der Gleichbehandlungsanspruch kann im Fall der Subjektidentität nicht auf eine isolierte Benachteiligung innerhalb eines Teilmarkts reduziert werden, sondern erfordert eine binnenmarktweite Einmalbesteuerung.

IV.) Bereichsübergreifendes unionsrechtliches Verbot der Doppelregulierung

Die zitierte Entscheidung in der Rs. *Futura Participations* blieb bislang das einzige Urteil des EuGH im Bereich der direkten Steuern, in dem ein Zusammenwirken von Vorschriften über die direkten Steuern zweier Mitgliedstaaten grundfreiheitsrechtlich beanstandet wurde. Solche aus einer mehrfachen normativen Erfassung resultierenden Konfliktsituationen sind den Grundfreiheiten jedoch auch in Bereichen außerhalb der direkten Steuern nicht fremd, unterliegen die schutzbereichsrelevanten grenzüberschreitenden Tätigkeiten doch häufig der Regelungsbefugnis mehrerer Mitgliedstaaten, die zwar jeweils aus ihrer mitgliedstaatlichen Sicht den Marktteilnehmer unterschiedslos einer nationalen Vorschrift unterwerfen, aus seiner Sicht jedoch zu einer Mehrfachbelastung führen. Doppelregulierungen in den unterschiedlichsten Bereichen haben nicht nur im Schrifttum Beachtung gefunden, sondern auch bereits zu einer umfassenden Kasuistik des EuGH geführt. Im Folgenden sollen Doppelregulierungen jenseits des Gebiets der direkten Steuern noch einmal kurz aufgezeigt werden, anschlie-

597 EuGH Urteil v. 7.9.2004, Rs. C-319/02 (*Manninen*), Slg. 2004, S. I-7477; s.o.: Teil 3: II.) 1.) a).

ßend werden die daraus gewonnenen Erkenntnisse auf die zu erörternde Frage der internationalen juristischen Doppelbesteuerung übertragen.

1.) Doppelregulierung im Binnenmarkt außerhalb des Bereichs der direkten Steuern

a) Produktregulierung

Im außersteuerlichen Bereich ist beispielsweise die bereits im Zusammenhang mit den grundfreiheitsrechtlichen Beschränkungsverboten angesprochene Problematik einer kumulativen Produktregulierung angesiedelt. Dabei gehen die benachteiligenden Wirkungen für den grenzüberschreitenden Sachverhalt nicht von diskriminierenden Anforderungen für ausländische Produkte aus, sondern sind Folge der unterschiedlichen Produktstandards in den Mitgliedstaaten. In der bereits erwähnten Rs. *REWE-Zentral* (*Cassis de Dijon*) beschritt der EuGH im Rahmen der Warenverkehrsfreiheit den Weg zu einem vollumfänglichen Beschränkungsverbot betreffend „*Hemmnisse für den Binnenhandel der Gemeinschaft, die sich aus den Unterschieden der nationalen Regelungen [...] ergeben*“[598], wenn er dieses auch im Laufe der Zeit für die sogenannten Verkaufsmodalitäten (erstmalig in der *Keck*-Entscheidung) wieder einschränkte.[599] Danach sind Herstellungsregelungen eines Mitgliedstaats unter dem Gesichtspunkt der Vermeidung von Marktzugangsbeschränkungen – vorbehaltlich einer Rechtfertigungsmöglichkeit – auch durch den Aufnahmemitgliedstaat zu berücksichtigen, sprich anzuerkennen. Als Folge stellen auch unterschiedslos anwendbare Rechtsvorschriften eine Beschränkung der Warenverkehrsfreiheit („*Maßnahmen gleicher Wirkung*“, Art. 34 AEUV) dar, wenn sie dazu führen, dass der Marktteilnehmer einer doppelten Regulierung mit seinem vertriebenen Erzeugnisse unterworfen ist und das jeweilige Produkt deshalb erst gar nicht auf den Markt des Aufnahmemitgliedstaats gelangt beziehungsweise der Zugang behindert wird.[600] Infolge einer solchen Marktzugangsbeschränkung ergibt sich – bei supranationaler Betrachtung – eine unterschiedliche Wirkung der staatlichen Maßnahme auf einheimische und eingeführte Produkte. Die relevante faktische Benachteiligung ausländischer Waren sieht der EuGH im Zusammenhang mit

598 EuGH Urteil v. 20.2.1979, Rs. 120/78 (*Rewe-Zentral*), Slg. 1979, S. 649.

599 EuGH Urteil v. 24.11.1993, Rs. C-267/91 (*Keck*), Slg. 1993, S. I-6097, Rn. 13ff.

600 EuGH Urteil v. 20.2.1979, Rs. 120/78 (*Rewe-Zentral*), Slg. 1979, S. 649; Urteil v. 6.7.1995, Rs. C-470/93 (*Mars*), Slg. 1995, S. I-1923.

den kumulativen Beschaffenheitserfordernissen unter anderem durch die damit hervorgerufenen Zusatzkosten für den Grenzübertrittswilligen.[601]

Die Fälle der Produktregelungen betreffen zwar überwiegend die Warenverkehrsfreiheit (Art. 34 AEUV), deren Schutzbereich auf dem Gebiet der direkten Steuern eher selten einschlägig sein dürfte. Dennoch lässt sich im Hinblick auf die Grundfreiheitskonvergenz bereits als erste Erkenntnis festhalten, dass unterschiedslos wirkende Doppelregulierungen die grundfreiheitsrechtlich geschützte Marktteilnahme beschränken können. Die Grundsätze der Marktzugangsbeschränkungen sind über die Maßnahmen gleicher Wirkung hinaus auf die anderen Grundfreiheiten übertragbar.[602] Demnach haben nationale Vorschriften des Aufnahmestaates die im Herkunftstaat existierenden Voraussetzungen zu berücksichtigen.[603] Dass bei isolierender Betrachtung der eigenen nationalen Vorschriften keine unterschiedliche Behandlung erkennbar ist, steht einem Grundfreiheitseingriff nicht entgegen. Die Lösung der Grundfreiheitskollision erfolgt im Wege der Durchsetzung des Herkunftstaats- oder Anerkennungsprinzips.[604]

b) Berufsqualifikationen und Genehmigungserfordernisse

Ähnliche Schwierigkeiten können sich für den Marktbürger im Hinblick auf ihm verbürgte Freizügigkeitsrechte im Zusammenhang mit Fragen der beruflichen Zulassungsvoraussetzungen und Genehmigungserfordernisse ergeben. Die Erschwernis liegt darin begründet, dass der bereits in seinem Herkunftsstaat beruflich qualifizierte beziehungsweise zugelassene Grenzübertrittswillige nun zusätzliche berufsrechtliche Anforderungen nach den Rechtsvorschriften des Aufnahmestaats erfüllen muss, um in diesem Mitgliedstaat tätig werden zu können. Ursache für die Doppelregulierung des grenzüberschreitenden Sachverhalts sind hierbei wiederum die unterschiedlichen Qualifikations- und Genehmigungsregelungen. Während sich die kumulierte Regulierung für den einen dauerhaften Grenzübertritt planenden Marktteilnehmer nur unter Berücksichtigung der zeitlichen Abfolge ergibt, besteht im Fall eines kurzfristigen grenzüberschreitenden Tätigwerdens tatsächlich das Risiko, ständig einer Mehrfachregulierung in Herkunfts- und Aufnahmestaat ausgesetzt zu sein. Die Rechtsprechung des EuGH unterscheidet im Hinblick auf diesen zeitlichen Aspekt auch zwischen

601 EuGH Urteil v. 6.7.1995, Rs. C-470/93 (*Mars*), Slg. 1995, S. I-1923, Rn. 12f.; Urteil v. 3.6.1999, Rs. C-33/97 (*Colim*), Slg. 1999, S. I-3175, Rn. 36f.; Urteil v. 26.6.1997, Rs. C-368/95 (*Familiapress*), Slg. 1997, S. I-3689, Rn. 11f.

602 Siehe hierzu auch: Teil 1: II.) 8.) b).

603 EuGH Urteil v. 24.11.1993, Rs. C-267/91 (*Keck*), Slg. 1993, S. I-6097, Rn. 15, 17.

604 Ausführlich bei: *Frenz*, Handbuch Europarecht, Bd. 1, Rn. 164ff.; *Streinz*, Europarecht, Rn. 936ff.

Beschränkungen der Dienstleistungserbringung und der Niederlassung in einem anderen Mitgliedstaat.[605] Während im Fall einer Niederlassung oder dauerhaften Arbeitnehmertätigkeit weitergehend das Einhalten der Bestimmungen des Aufnahmemitgliedstaats verlangt werden kann, würde dies die Dienstleistungsfreiheit praktisch aushöhlen.[606] Hinsichtlich der Wirkung beanstandet der EuGH insbesondere auch die hieraus resultierenden zusätzlichen wirtschaftlichen Belastungen.[607]

Im Zusammenhang mit Dienstleistungen im Sinne von Art. 56 AEUV wurden bereits zahlreiche Anforderungen an die Berufsqualifikation[608] und Genehmigungsvorbehalte[609] im Aufnahmestaat, die zu einer Doppelregulierung geführt haben, als grundsätzlich verbotene Beschränkung angesehen. Der Aufnahmemitgliedstaat hat demnach die Vorgaben, die der Dienstleistungserbringende in seinem Heimatstaat zu erfüllen verpflichtet ist, bei seinen eigenen Anforderungen zu berücksichtigen.[610] Teilweise scheint es sogar, als stelle der Gerichtshof im Zusammenhang mit der Dienstleistungserbringung gar nicht mehr auf den Umstand der Doppelregulierung ab, sondern erachte eine Berufsqualifikation per se als Beschränkung der Grundfreiheiten.[611] Dies würde der Linie entsprechen, wie sie etwa auch in der Rechtsprechung in Bezug auf die Dienstleistungsfreiheit zu den allgemeinen Tätigkeitsverboten zum Tragen kommt.[612]

Obwohl der EuGH im Fall der dauerhaften Niederlassung einen strengeren Maßstab anwendet und der Marktteilnehmer folglich im Fall der gewöhnlichen Auslandstätigkeit grundsätzlich verpflichtet ist, dieselben Anforderungen zu erfüllen wie die Inländer des Aufnahmemitgliedstaats, ergibt sich auch im Hin-

---

605 *Streinz*, Europarecht, Rn. 801, 803, 805.

606 EuGH Urteil v. 25.7.1991, Rs. C-76/90 (*Säger*), Slg. 1991, S. I-4221, Rn. 13; Urteil v. 3.10.2000, Rs. C-58/98 (*Corsten*), Slg. 2000, S. I-7919, Rn. 45 f.

607 EuGH Urteil v. 9.8.1994, Rs. C-43/93 (*Raymond Vander Elst*), Slg. 1994, S. I-3803, Rn. 15, 17.

608 EuGH Urteil v. 25.7.1991, Rs. C-76/90 (*Säger*), Slg. 1991, S. I-4221; Urteil v. 11.7.2002, Rs. C-294/00 (*Gräbner*), Slg. 2002, S. I-6515; Urteil v. 26.2.1991, Rs. C-180/89 (*Kommission/Italien*), Slg. 1991, S. I-709; Urteil v. 26.2.1991, Rs. C-198/89 (*Kommission/Griechenland*), Slg. 1991, I-727.

609 EuGH Urteil v. 22.1.2002, Rs. C-390/99 (*Canal Satelite*), Slg. 2002, S. I-607; Urteil v. 3.10.2000, Rs. C-58/98 (*Corsten*), Slg. 2000, S. I-7919; Urteil v. 17.12.1981, Rs. 279/80 (*Webb*), Slg. 1981, S. 3305; Urteil v. 9.8.1994, Rs. C-43/93 (*Raymond Vander Elst*), Slg. 1994, S. I-3803.

610 EuGH Urteil v. 22.1.2002, Rs. C-390/99 (*Canal Satelite*), Slg. 2002, S. I-607, Rn. 36; Urteil v. 17.12.1981, Rs. 279/80 (*Webb*), Slg. 1981, S. 3305, Rn. 20.

611 EuGH Urteil v. 25.7.1991, Rs. C-76/90 (*Säger*), Slg. 1991, S. I-4221, Rn. 12 ff.; Urteil v. 12.12.1996, Rs. C-3/95 (*Broede*), Slg. 1996, S. I-6511, Rn. 25 ff.

612 EuGH Urteil v. 14.10.2004, Rs. C-36/02 (*Omega*), Slg. 2004, S. I-9609, zum Verbot von sog. Laserdromes; Urteil v. 24.3.1994, Rs. C-275/92 (*Schindler*), Slg. 1994, S. I-1039 und Urteil v. 26.4.1994, Rs. C-272/91 (*Kommission/Italien*), Slg. 1994, S. I-1409, jeweils zum Verbot von Lotterien.

blick auf Art. 45[613] und 49[614] AEUV regelmäßig eine Beschränkung des Schutzbereichs durch kumulativ wirkendende Anforderungen zur Berufszulassung, wenn dadurch die Möglichkeit zum Marktzutritt behindert wird.[615] Aus Gründen des Allgemeininteresses kann die Anwendung der beschränkenden Regelungen des Aufnahmestaates dann jedoch unter Umständen legitimiert werden.[616]

Im Bereich der Berufsqualifikationen und Genehmigungserfordernisse wird bei grenzüberschreitenden Tätigkeiten dem Herkunftstaats- oder Anerkennungsprinzip Geltung verschafft. Es lässt sich zudem festhalten, dass der EuGH in den zuvor genannten Fällen nicht zögert, in der regulativen Doppelerfassung eines grenzüberschreitenden Sachverhalts einen Eingriff in die Grundfreiheiten zu erkennen.

c) Systeme der sozialen Sicherheit

Der EuGH hatte sich bereits mehrfach mit der Frage einer internationalen Doppelbelastung durch kumulative Sozialabgaben bei einer grenzüberschreitenden Tätigkeit befassen müssen. Obwohl die soziale Sicherheit bei der Ausübung einer grenzüberschreitenden Tätigkeit bereits Gegenstand einer Reihe von sekundärrechtlichen Maßnahmen geworden ist, kam es bereits zu Fallgestaltungen in nicht oder damals noch nicht koordinierten Bereichen, die anhand der Grundfreiheiten überprüft wurden. Eine Koordinierung der Systeme der sozialen Sicherheit in der Europäischen Union ist mittlerweile für die klassischen Sozialversicherungszweige (wie etwa Kranken-, Renten-, Arbeitslosenversicherung, Leistungen an Elternteile) im Verordnungswege erfolgt.[617] Grundsätzlich lässt sich daraus ein Territorialitätsprinzip ableiten, nach dem der Arbeitnehmer in dem Mitgliedstaat den Regeln über soziale Sicherheit unterliegt, in dessen Gebiet er seine Tätig-

613 EuGH Urteil v. 10.12.2009, Rs. C-345/08 (*Pesla*), Slg. 2009, S. I-11677; Urteil v. 8.7.1999, Rs. C-234/97 (*Fernández*), Slg. 1999, S. I-4773; Urteil v. 28.11.1978, Rs. 16/78 (*Choquet*), Slg. 1978, S. 2293.

614 EuGH Urteil v. 19.1.2006, Rs. C-330/03 (*Colegio de Ingenieros*), Slg. 2006, S. I-801; Urteil v. 30.11.1995, Rs. C-55/94 (*Gebhard*), Slg. 1995, I-4165; Urteil v. 7.5.1991, Rs. C-340/89 (*Vlassopoulou*), Slg. 1991, S. I-2357; Urteil v. 28.4.1977, Rs. 71/76 (*Thieffry*), Slg. 1977, S. 765.

615 *Streinz*, Europarecht, Rn. 803, 805.

616 Zu Art. 49 AEUV: EuGH Urteil v. 30.11.1995, Rs. C-55/94 (*Gebhard*), Slg. 1995, I-4165, Rn. 37.

617 Verordnung (EWG) 1408/71 des Rates v. 14.6.1971 zur Anwendung der Systeme der sozialen Sicherheit auf Arbeitnehmer und deren Familien, die innerhalb der Gemeinschaft zu- und abwandern, ABl. L 149 v. 5.7.1971; Verordnung (EG) 883/2004 des Europäischen Parlaments und des Rates v. 29.4.2004 zur Koordinierung der Systeme der sozialen Sicherheit, ABl. L 166 v. 30.4.2004; Verordnung (EG) 987/2009 des Europäischen Parlaments und des Rates v. 16.9.2009 zur Festlegung der Modalitäten für die Durchführung der Verordnung (EG) 883/2004 über die Koordinierung der Systeme der sozialen Sicherheit, ABl. L 284 v. 30.10.2009.

keit ausübt (Art. 11 Abs. 3 lit. a) der Verordnung (EG) 883/2004). Der Marktteilnehmer darf zeitgleich nicht zwei oder mehreren Systemen der sozialen Sicherheit unterliegen (Art. 11 Abs. 1 der Verordnung (EG) 883/2004). Vorübergehende Beschäftigungen im Ausland sollen weder zum Verlust des bisherigen Sozialrechtsstatus im Herkunftstaat noch zu einer Versicherungspflicht im Aufnahmestaat führen (Art. 12 der Verordnung (EG) 883/2004). Personen, die für gewöhnlich in mehreren Mitgliedstaaten eine Tätigkeit ausüben, unterliegen grundsätzlich den Sozialsystemen in ihrem Wohnsitzstaat, wenn sie dort überwiegend ihrer Beschäftigung nachgehen, ansonsten im Sitzstaat des Arbeitgebers (Art. 13 Abs. 1 VO (EG) 883/2004). Die Mitgliedstaaten unterliegen auch bei sekundärrechtlich (noch) nicht vorgeprägten sozialversicherungsrechtlichen Sachverhalten ebenso den Vorgaben der Grundfreiheiten.[618]

Generell ging es bei den bislang grundfreiheitsrechtlich gewürdigten Sachverhalten um Konstellationen, in denen der Grenzübertrittswillige für sich oder seine Arbeitnehmer im Aufnahmemitgliedstaat Sozialbeiträge entrichten sollte, völlig ungeachtet der bereits in seinem Herkunftstaat geltenden Versicherungspflicht. Nach den Urteilen in den Rs. *Guiot* und *Arblade u. a.* verstößt eine nationale Vorschrift gegen die in Art. 56 AEUV niedergelegte Dienstleistungsfreiheit des Arbeitgebers als Leistungserbringer, wenn diese statuiert, dass der Arbeitgeber für seine für eine vorübergehend Wirtschaftstätigkeit (hier eine Bauausführung) eingesetzten Arbeitnehmer im Aufnahmestaat ausnahmslos Schlechtwetterabgaben zu leisten hat, ohne zu berücksichtigen, dass bereits im Herkunftstaat entsprechende Beiträge gezahlt werden.[619] Dasselbe gilt in Bezug auf die Niederlassungsfreiheit nach Art. 49 AEUV für einen in zwei Mitgliedstaten selbstständig tätigen Rechtsanwalt, der aufgrund seiner Tätigkeit in Deutschland und Belgien Beiträge in beide Sicherungssysteme erbringen sollte.[620] Die Sozialabgaben im Aufnahmestaat Belgien stellen sich „*wirtschaftlich gesehen nämlich als eine zusätzliche Belastung für die in einem anderen Mitgliedstaat ansässigen Arbeitgeber dar, die im Ergebnis stärker belastet werden als die im Inland ansässigen Leistenden*“[621]. Obwohl also die sozialversicherungsrechtlichen Vorschriften unterschiedslos für rein inländische und grenzüberschreitende

618 EuGH Urteil v. 23.11.1999, verb. Rs. C-369/96 und C-376/96 (*Arblade u. a.*), Slg. 1999, S. I-8453, Rn. 34.

619 EuGH Urteil v. 3.2.1982, verb. Rs. 62/81 und 63/81 (*Seco u. a.*), Slg. 1982, S. 223; Urteil v. 28.3.1996, Rs. C-272/94 (*Guiot*), Slg. 1996, S. I-1905, Rn. 15 ff.; Urteil v. 23.11.1999, verb. Rs. C-369/96 und C-376/96 (*Arblade u. a.*), Slg. 1999, S. I-8453, Rn. 50.

620 EuGH Urteil v. 15.2.1996, Rs. C-53/95 (*Kemmler*), Slg. 1996, S. I-703, Rn. 12; s. auch: EuGH Urteil v. 15.2.2000, Rs. C-169/98 (*Kommission/Frankreich*), Slg. 2000, S. I-995, Rn. 42, 47, zu Art. 49 und 45 AEUV.

621 EuGH Urteil v. 3.2.1982, verb. Rs. 62/81 und 63/81 (*Seco u. a.*), Slg. 1982, S. 223, Rn. 9.

Sachverhaltsgestaltungen Anwendung finden, stellt eine solche doppelte Erfassung mit Sozialversicherungsbeiträgen eine Beschränkung der genannten Marktfreiheiten dar. Der EuGH lehnte im Anschluss an die Feststellung eines Eingriffs durch die infrage stehenden Regelungen die Möglichkeit einer Rechtfertigung ab, da die Beitragspflicht im Aufnahmestaat *„nicht zu einem zusätzlichen sozialen Schutz führt“*[622]. Schließlich deckt die Versicherung im Herkunftstaat bereits die versicherten Risiken ab. In der Rs. *Seco u. a.* stellte der Gerichtshof zudem fest, dass dasselbe gilt, wenn die entrichteten Beiträge im Aufnahmestaat keine korrespondierenden sozialversicherungsrechtlichen Vorteile des Grenzübertrittswilligen oder seiner Arbeitnehmer nach sich ziehen.[623] Bei dem der Entscheidung zugrunde liegenden Sachverhalt sollte ein in einem anderen Mitgliedstaat ansässiges Unternehmen für vorübergehend entsandte Arbeitnehmer einen Beitrag zur Alters- und Invaliditätsabsicherung im Aufnahmestaat zahlen, obwohl entsprechende Beiträge bereits im Herkunftstaat entrichtet wurden. Auch diesbezüglich stellte der EuGH zuvor einen Eingriff aufgrund der benachteiligenden Wirkung der unterschiedslos geltenden Vorschriften fest. In der Rs. *Sehrer* unterlag die an den in Deutschland wohnhaften Rentner Herrn *Sehrer* gezahlte und bereits um französischen Krankenversicherungsbeiträge gekürzte Zusatzrente aus einer früheren Tätigkeit in Frankreich ebenfalls Abzügen im Rahmen der deutschen Krankenversicherung.[624] Die gleichermaßen für alle sich im Ruhestand befindenden Arbeitnehmer geltende Versicherungspflicht birgt nach Ansicht des EuGH jedoch ausschließlich für den grenzüberschreitend tätigen Wanderarbeitnehmer das Risiko, dass seine Zusatzrente mehrfach durch sozialversicherungsrechtliche Abgaben belastet wird.[625] Im Ergebnis stellen die Krankenversicherungsbeiträge ein Hindernis für die Arbeitnehmerfreizügigkeit dar, sodass die deutschen sozialgesetzlichen Regelungen nicht unbedingt angewendet werden dürfen. Im Ergebnis statuiert der Gerichtshof erneut eine Berücksichtigungspflicht durch einen Mitgliedstaat.

d) Indirekte Steuern

Im Zusammenhang mit den indirekten Steuern hatte sich der Gerichtshof bereits einige Male mit Doppelbesteuerungssituationen auseinanderzusetzen und kam dabei zu sehr unterschiedlichen Ergebnissen.

---

622 EuGH Urteil v. 15.2.1996, Rs. C-53/95 (*Kemmler*), Slg. 1996, S. I-703, Rn. 14.

623 EuGH Urteil v. 3.2.1982, verb. Rs. 62/81 und 63/81 (*Seco u. a.*), Slg. 1982, S. 223, Rn. 10; Urteil v. 23.11.1999, verb. Rs. C-369/96 und C-376/96 (*Arblade u. a.*), Slg. 1999, S. I-8453, Rn. 52.

624 EuGH Urteil v. 15.6.2000, Rs. C-302/98 (*Sehrer*), Slg. 2000, S. I-4585.

625 EuGH Urteil v. 15.6.2000, Rs. C-302/98 (*Sehrer*), Slg. 2000, S. I-4585, Rn. 34.

Auf dem Gebiet der Umsatzsteuer gelangte der EuGH in einer älteren Entscheidung zu dem Ergebnis, dass eine nach früherem Harmonisierungsstand mögliche Doppelbesteuerung durch Belastung mit Einfuhrumsatzsteuer im Einfuhrstaat einerseits und nicht durch einen Vorsteuerabzug entlastete Umsatzsteuer im Ausfuhrstaat andererseits unionsrechtlich unzulässig sei.[626] Dabei lag in der Besteuerung des Einfuhrstaats eine Benachteiligung. Der Fall wies einige Besonderheiten auf: Nach der damals geltenden Sechsten Mehrwertsteuer-Richtlinie[627] durfte auf Einfuhren zwischen zwei Privatpersonen der im Inland geltende Umsatzsteuersatz erhoben werden, auch wenn vergleichbare rein innerstaatliche Lieferungen nicht der Umsatzsteuer im Einfuhrstaat unterlagen. Die Einfuhrumsatzsteuer sollte der Gleichstellung im Hinblick auf die Vorbelastung bei eingeführten Waren dienen, da bei inländischen Waren auf entsprechender Produktionsstufe bereits eine Umsatzsteuervorbelastung existierte. Der Gerichtshof erkannte die durch die Einfuhrumsatzsteuer zu Ausgleichszwecken hervorgerufene Schlechterstellung des grenzüberschreitenden Sachverhalts innerhalb des Teilmarkts des Einfuhrstaats zwar aufgrund der fehlenden Harmonisierung grundsätzlich an, verlangte aber eine Berücksichtigung der tatsächlichen steuerlichen Vorbelastung im Ausfuhrmitgliedstaat. Er bemühte hierbei Art. 110 Abs. 1 AEUV und legte diese Vorschrift im Hinblick auf den nach Art. 26 Abs. 1 AEUV zu schaffenden Binnenmarkt aus.[628] Art. 110 Abs. 1 AEUV beabsichtigt ebenso wie die Grundfreiheiten die Beseitigung von Diskriminierungen beziehungsweise die Benachteiligung grenzüberschreitender Sachverhalte.[629] Der EuGH griff auf einen Vergleich des vorgelegten Sachverhalts mit einem rein innerstaatlichen Umsatz zurück und stellte fest, dass bei Letzterem die Umsatzsteuerbelastung geringer ausfiel.[630] Im Ergebnis hat der Einfuhrmitgliedstaat zur Beseitigung von Binnenmarkthindernissen auch die bereits im Ausfuhrmitgliedstaat erhobene Umsatzsteuer bei seiner Besteuerung zu berücksichtigen.[631] In einem weiteren Urteil befand der EuGH in

626 EuGH Urteil v. 5.5.1982, Rs. 15/81 (*Gaston Schul*), Slg. 1982, S. 1409; da es sich nicht um eine doppelte steuerliche Erfassung desselben Umsatzes bei demselben Steuerpflichtigen handelt, sondern um eine kumulierte Steuerlast aus verschiedenen Vermarktungsstufen, liegt streng genommen kein Fall der juristischen Doppelbesteuerung vor.

627 Sechste Richtlinie (EWG) 77/388 des Rates v. 17.5.1977 zur Harmonisierung der Rechtsvorschriftender Mitgliedstaaten über die Umsatzsteuern – Gemeinsames Mehrwertsteuersystem: Einheitliche Steuerpflichtige Bemessungsgrundlage, Abl. L 145.

628 EuGH Urteil v. 5.5.1982, Rs. 15/81 (*Gaston Schul*), Slg. 1982, S. 1409, Rn. 33.

629 *Stumpf*, in: Schwarze, EU-Kommentar, Art. 90 EGV, Rn. 2.

630 EuGH Urteil v. 5.5.1982, Rs. 15/81 (*Gaston Schul*), Slg. 1982, S. 1409, Rn. 31.

631 EuGH Urteil v. 5.5.1982, Rs. 15/81 (*Gaston Schul*), Slg. 1982, S. 1409, Rn. 34 und daran anschließend EuGH Urteil v. 21.5.1985, Rs. 47/84 (*Gaston Schul*), Slg. 1985, S. 1491, Rn. 16f.; Urteil v. 25.2.1988, Rs. 299/86 (*Drexl*), Slg. 1988, S. 1213, Rn. 10ff.; Urteil v. 23.1.1986, Rs. 39/85 (*Bergeres-Becque*), Slg. 1986, S. 259, Rn. 10ff.

der umsatzsteuerlichen Doppelbesteuerung eines eingeführten privaten Pkw die *„Freiheit der Angehörigen der anderen Mitgliedstaaten, im Mitgliedstaat ihrer Wahl zu studieren“* als unzulässigerweise beschränkt, was mittlerweile im Schutzbereich des Art. 21 AEUV seinen Niederschlag finden dürfte.[632]

Der EuGH scheint seine Erkenntnisse zu Art. 110 Abs. 1 AEUV jedoch nicht über den Bereich der Umsatzsteuer hinaus auf andere indirekte Steuern übertragen zu wollen. In der Rs. *Scharbatke* urteilte er im Zusammenhang mit einer Pflichtabgabe an einen Absatzfonds zur Vermarktung von Fleischprodukten, dass *„wie sich aus dem Urteil vom 5. Mai 1982 in der Rechtssache 15/81 (Schul, Slg. 1982, 1409) ergibt, im Rahmen des Mehrwertsteuersystems nach der Harmonisierungsregelung in diesem Bereich die Mehrwertsteuer zu berücksichtigen ist, die im Ausfuhrmitgliedstaat entrichtet wurde, daß dies aber nicht auf solche Abgaben wie die, um die es im Ausgangsverfahren geht, übertragen werden kann, die durch autonome nationale Rechtsvorschriften geregelt werden“*[633]. Ein über diesen speziellen Anwendungsfall des Art. 110 AEUV hinausgehendes *„allgemeines Verbot der mehrfachen Besteuerung“* lehnte der EuGH explizit ab.[634] Zwar erkannte er die Vermeidung der Doppelbesteuerung als erstrebenswert an, stellte jedoch unmissverständlich fest, dass das Unionsrecht kein allgemeines Verbot einer solchen Mehrfachbelastung statuiere. Vielmehr bedürfe es zu ihrer Beseitigung auch im Bereich der indirekten Steuern der Harmonisierung durch den Unionsgesetzgeber.[635] In Bezug auf die Dienstleistungsfreiheit nach Art. 56 AEUV wurde die Erhebung einer Kfz-Zulassungsteuer im Rahmen eines grenzüberschreitenden Leasinggeschäfts trotz der Gefahr einer Doppelbesteuerung ausdrücklich unbeanstandet gelassen.[636] Entgegenstehendes ließ sich jedoch aus der späteren Entscheidung in der Rs. *Lindfors* folgern, in der sich der EuGH ebenfalls mit der Kfz-Zulassungsteuer befasste. Das Urteil dürfte dahingehend zu verstehen sein, dass der EuGH dem Zuzugstaat Finnland die Vermeidung einer Doppelbe-

---

632 EuGH Urteil v. 3.10.1985, Rs. 249/84 (*Profant*), Slg. 1985, S. 3237, Rn. 26.

633 EuGH Urteil v. 27.10.1993, C-72/92 (*Scharbatke*), Slg. 1993, S. I-5509, Rn. 15; ebenso: EuGH Urteil v. 23.4.2002, Rs. C-234/99 (*Nygard*), Slg. 2002, S. I-3657, Rn. 36ff.; Urteil v. 29.6.1978, Rs. 142/77 (*Larsen u. Kjerrulff*), Slg. 1978, S. 1543, Rn. 33/36; GA *Capotorti* Schlussanträge v. 6.6.1978, Rs. 142/77 (*Larsen u. Kjerrulff*), Slg. 1978, S. 1543, Rn. 8.

634 EuGH Urteil v. 5.12.1989, Rs. C-165/88 (*ORO*), Slg. 1989, S. I-4081, Rn. 18; GA *Jacobs* Schlussanträge v. 13.11.1997, C-213/96 (*Outokumpu*), Slg. 1998, S. I-1780, Rn. 45; GA *Stix-Hackl* v. 4.3.2004, Rs. C-365/02 (*Lindfors*), Slg. 2004, S. I-7183ff., Rn. 69.

635 EuGH Urteil 23.4.2002, C-234/99 (*Nygard*), Slg. 2002, S. I-3657, Rn. 38; Urteil v. 29.6.1978, Rs. 142/77 (*Larsen u. Kjerulff*), Slg. 1978, S. 1543, Rn. 33/36; Urteil v. 27.10.1993, C-72/92 (*Scharbatke*), Slg. 1993, S. I-5509, Rn. 14f.; GA *Stix-Hackl* Schlussanträge v. 31.5.2001, Rs. C-338/98 (*Kommission/Niederlande*), Slg. 2001, S. I-8265, Rn. 38; GA *Jacobs* Schlussanträge v. 13.11.1997, Rs. C-213/96 (*Outokumpu*), Slg. 1998, S. I-1780, Rn. 45.

636 EuGH Urteil v. 21.3.2002, Rs. C-451/99 (*Cura*), Slg. 2002, S. I-3193, Rn. 40f.

steuerung mit Kfz-Zulassungsteuer durch Gewährung von ausreichenden Steuerabzügen aufgibt.[637] Auch wenn der EuGH gleichheitsrechtliche Aspekte im Sinne der Kästchengleichheit zu prüfen vorgibt, konnte der Eingriff im Zusammenhang mit Art. 21 AEUV nur in der Doppelbesteuerung selbst begründet sein, da Finnland die eingeführten Autos der Grenzübertrittswilligen nicht benachteiligte, sondern im Vergleich zu Autos ohne grenzüberschreitenden Bezug durch Gewährung eines begrenzten Steuerabzugs sogar privilegiert besteuerte. Die übermäßige Abgabenkumulation kann sich deshalb nur aus der Perspektive einer staatenübergreifenden Betrachtung einstellen.

Zusammenfassend lässt sich vorerst feststellen, dass der EuGH im Bereich der indirekten Steuern bis zur Entscheidung in der Rs. *Lindfors* nur bedingt bereit war, aus den Grundfreiheiten beziehungsweise primärrechtlichen Diskriminierungsverboten auf ein Verbot der Doppelbesteuerung zu schließen.

2.) Schlussfolgerungen für ein Verbot der internationalen juristischen Doppelbesteuerung im Bereich der direkten Steuern

Zumindest in den dargestellten außersteuerlichen Bereichen lässt sich der EuGH-Judikatur teilweise die Aussage entnehmen, dass auch beim Zusammenwirken unterschiedslos anwendbarer Rechtsvorschriften eine Beschränkung der Grundfreiheiten eintreten kann. Fraglich ist, ob sich aus der aufgezeigten Rechtsprechung bei Betrachtung der benachteiligenden Wirkung einer doppelten regulatorischen Erfassung des grenzüberschreitenden Sachverhalts auf Basis des zwischenstaatlichen Gesamtbelastungsvergleichs Rückschlüsse für den Bereich der direkten Steuern ergeben können.

a) Vergleichende Wirkungsanalyse

Bezüglich der Art und Weise der nachteiligen Auswirkungen der Doppelregulierung auf den Grenzübertritt lassen sich, wie bereits angesprochen, unterschiedliche Kategorien herausarbeiten. Zum einen sind dies die Nachteile aus den höheren Befolgungskosten aufgrund der unterschiedlichen Rechtsordnungen. Zum anderen gibt es auch Belastungen, die nicht bloß auf die unterschiedliche Ausgestaltung der Rechtsordnungen zurückzuführen sind, sondern vielmehr auch im Fall einer Rechtsangleichung der Regulierungsunterschiede bestehen würden. Letztgenannter Fallgruppe gehört, wie gezeigt, die Abgabenkumulation im Sinne

637 EuGH Urteil v. 15.6.2004, Rs. C-365/02 (*Lindfors*), Slg. 2004, S. I-7183 ff., Rn. 35; hierzu. *Baßler*, IStR 2005, S. 822, 826.

einer monetären Belastung an. Eine genaue Einordnung der entstehenden Nachteile beziehungsweise Kosten ist zwar nicht immer eindeutig möglich, dennoch soll auch anhand dieser Differenzierung untersucht werden, inwieweit sich für den Bereich der direkten Steuern Erkenntnisse aus den zu den außersteuerlichen Bereichen ergangenen Judikaten gewinnen lassen.

Betreffend den grundfreiheitsrechtlichen Schutz im Zusammenhang mit der Produktregulierung ist festzustellen, dass sich die Belastung des Produzenten mit jedem weiteren mitgliedstaatlichen Absatzmarkt, dessen Regelungen er zu befolgen hat, erhöht. Im Fall einer umfassenden Binnenmarktaktivität hätte ein Warenproduzent seine Erzeugnisse gegebenenfalls an 27 verschiedene Marktstandards anzupassen. Wären umgekehrt die Produktregeln infolge einer Harmonisierung identisch, würde dieser Nachteil vollständig entfallen. Die nachteiligen Folgen treten nämlich aufgrund des Anpassungsdrucks und der damit verbundenen Zusatzkosten der Marktteilnehmers ein.[638] Durch Anwendung des Herkunftslandprinzips, wonach die Erzeugnisse lediglich entsprechend den Vorschriften des Herkunftstaats rechtmäßig hergestellt und in Verkehr gebracht worden sein müssen[639], reduziert der Gerichtshof diese Mehrfachregulierung auf einen einzigen Standard, nämlich den des Herkunftstaats des Marktteilnehmers, und vermeidet damit die beschriebene nachteilige Wirkung. Dadurch werden die regulatorischen Unterschiede zwischen den Mitgliedstaaten zwar nicht tatsächlich beseitigt, vielmehr kommt es innerhalb der Teilmärkte sogar zu einer wettbewerbsverzerrenden Deregulierung.[640] Aus Sicht des Marktteilnehmers tritt jedoch eine Beseitigung seiner Beschränkung ein. Für ihn gilt nur noch der ihm bekannte Standard seines Herkunftstaats. Diese Regulierung kann geringer oder höher ausfallen als die im Aufnahmestaat.

Die hier zu untersuchende nachteilige Wirkung der materiellen Doppelbesteuerung ergibt sich hingegen aus einer höheren Abgabenlast, also aus einer unmittelbaren fiskalischen Mehrfachbelastung infolge einer Doppelerfassung, nicht jedoch aus den Folgewirkungen der Unterschiede in den Steuersystemen. Der Umstand, dass ein unionsweit tätiger Steuerpflichtiger in aller Regel 27 verschiedenen Steuerordnungen unterworfen wird und sich somit auch seine Befolgungskosten kumulieren, muss, wie gezeigt, als grundfreiheitsrechtlich irrelevant bezeichnet werden, selbst wenn bei rein innerstaatlichen Sachverhalten keine entsprechenden Mehrkosten entstehen. Die Problematik der Besteuerungsunterschiede kann

---

638 EuGH Urteil v. 6.7.1995, Rs. C-470/93 (*Mars*), Slg. 1995, S. I-1923, Rn. 12f.; Urteil v. 3.6.1999, Rs. C-33/97 (*Colim*), Slg. 1999, S. I-3175, Rn. 36f.; Urteil v. 26.6.1997, Rs. C-368/95 (*Familiapress*), Slg. 1997, S. I-3689, Rn. 11f.

639 EuGH Urteil v. 24.11.1993, Rs. C-267/91 (*Keck*), Slg. 1993, S. I-6097, Rn. 15, 17.

640 *Englisch*, Wettbewerbsgleichheit im grenzüberschreitenden Handel, S. 234, 239ff., 244.

grundfreiheitsrechtlich nicht beanstandet werden.[641] Mit der rechtlichen Angleichung der unterschiedlichen Steuersysteme an sich würden zwar die höheren Befolgungskosten weitgehend vermieden, dies würde jedoch nicht notwendig die monetäre Mehrfachbelastung vermeiden. Zweitgenannter Nachteil könnte nur durch eine Verteilung des Steuersubstrats zwischen den Steuerhoheiten beseitigt werden. Bereits wegen der unterschiedlichen Belastungswirkung vermag die Kasuistik zu den Produktregelungen ein Doppelbesteuerungsverbot argumentativ nur sehr bedingt zu stützen.

Dasselbe gilt grundsätzlich auch für die angeführten Entscheidungen im Bereich der Berufsqualifikationen und Genehmigungen, in denen der EuGH ebenfalls zumindest die Berücksichtigung bereits im Herkunftstaat erlangter Fähigkeiten bzw. Zulassungen verlangt.[642] Dabei wird der Aufnahmemitgliedstaat insbesondere im Hinblick auf die unterschiedlichen Anforderungen zur Berufsqualifikation einen erneuten Befähigungsnachweis fordern. Unter der Hypothese, dass alle Qualifikations- und Genehmigungserfordernisse innerhalb der Mitgliedstaaten inhaltsgleich wären, würden auch in diesem Bereich die Nachteile für die meisten grenzüberschreitenden Sachverhalte deshalb wohl entfallen beziehungsweise sich auf eine bloße Formalie beschränken. Die nachteilige Wirkung ergibt sich auch hier regelmäßig in Gestalt einer zusätzlichen Kostenbelastung, die aus der Befolgung der unterschiedlichen regulatorischen Vorgaben resultiert,[643] sei es durch tatsächlich anfallende Mehrkosten, sei es durch einen verzögerungsbedingten Verdienstausfall. Es soll jedoch nur dann höheren Befolgungskosten wirkungsbedingt ein Schlussfolgerungspotential abgesprochen werden, wenn die Ursache hierfür die divergierende Rechtslage ist. Beispiele, in denen die Benachteiligung aus der fehlenden Anerkennung von regulatorischen Vorbelastungen nicht aus der unterschiedlichen Ausgestaltung der mitgliedstaatlichen Rechtsordnungen, sondern aus „echten" kumulativen Anforderungen resultiert, sind ebenfalls denkbar, so etwa die mehrfache Eintragung in Handwerkerrollen oder Register, aus denen sich Abgabenkumulationen ergeben können.[644] Die grundfreiheitsrechtliche Problematik der doppelten Regulierung im Bereich der Berufszulassung und -qualifikation, insbesondere im Hinblick auf die entschiedenen Fälle, ist dennoch überwiegend das Ergebnis der Unterschiede zwischen den Rechtsordnungen der Mitgliedstaaten und nicht das einer kumulativen Last. Somit lassen auch diese Fälle für das Gebiet der direkten Steuern nur bedingt Rückschlüsse zu.

---

641 S.o.: Teil 3: I.) 4.).

642 EuGH Urteil v. 22.1.2002, Rs. C-390/99 (*Canal Satelite*), Slg. 2002, S. I-607, Rn. 36f.; Urteil v. 17.12.1981, Rs. 279/80 (*Webb*), Slg. 1981, S. 3305, Rn. 20.

643 EuGH Urteil v. 16.3.2001, Rs. C-165/98 (*Mazzeloni*), Slg. 2001, S. I-2189, Rn. 24.

644 EuGH Urteil v. 3.10.2000, Rs. C-58/98 (*Corsten*), Slg. 2000, S. I-7919.

Thematisch näher in das Problemfeld der monetären Abgabenkumulation rücken die Doppelerfassung mit Sozialversicherungsbeiträgen und eine etwaige Doppelbelastung auf dem Gebiet der direkten Steuern. Vorab lässt sich feststellen, dass der EuGH in den bereits dargestellten Fällen einer Abgabenkumulation, insbesondere auf dem Gebiet des Sozialversicherungsrechts und in der Rs. *Lindfors*, bisweilen eine einheitliche Eingriffsdogmatik vermissen lässt. Teilweise spricht er von einer Behinderung des Grenzübertritts durch die nationale Rechtsordnung.[645] Allerdings stellt er auch auf die auftretenden Nachteile im Wege eines supranationalen Vergleichs ab.[646]

Bei der Versicherungspflicht in Systemen der sozialen Sicherheit in Bezug auf mehrere Mitgliedstaaten stellen sich die daraus resultierenden Nachteile der Doppelregulierung nicht als Folge bloßer Unterschiede in der Ausgestaltung der mitgliedstaatlichen Sozialversicherungssysteme ein. Es geht demnach nicht (bloß) um höhere Befolgungskosten als Folge unterschiedlich ausgestalteter Sozialversicherungssysteme,[647] sondern um die mehrfache Belastung mit sozialversicherungsrechtlichen Abgaben als Folge des Grenzübertritts, also dieselbe nachteilige Wirkung wie bei der Parallelproblematik im Steuerrecht. Es sprechen zumindest bei zunächst isolierter Betrachtung der Belastungswirkung in Form einer kumulativen Abgabenlast keine Gründe gegen eine gleichgerichtete Handhabe im Fall der internationalen Doppelbesteuerung.[648]

Weder für den Teilbereich der Mehrwertsteuersysteme noch für den gesamten Bereich der indirekten Steuern lässt sich der Rechtsprechung des EuGH ein widerspruchsfreies allgemeines Verbot der kumulativen Besteuerung beziehungsweise umgekehrt deren eindeutige grundfreiheitliche Immunität entnehmen. Der Gerichtshof scheint den Schutzgehalt der Grundfreiheiten diesbezüglich jedoch eher restriktiv auslegen zu wollen. Selbst wenn die Wirkungsanalyse zunächst ergibt, dass in diesen Fällen ebenfalls eine kumulative Abgabenlast als

645 EuGH Urteil v. 23.11.1999, verb. Rs. C-369/96 und C-376/96 (*Arblade u. a.*), Slg. 1999, S. I-8453, Rn. 33; Urteil v. 15.2.1996, Rs. C-53/95 (*Kemmler*), Slg. 1996, S. I-703, Rn. 12; nicht eindeutig: EuGH Urteil v. 15.6.2000, Rs. C-302/98 (*Sehrer*), Slg. 2000, S. I-4585, Rn. 32f.

646 EuGH Urteil v. 3.2.1982, verb. Rs. 62/81 und 63/81 (*Seco u. a.*), Slg. 1982, S. 223, Rn. 8f.; Urteil v. 28.3.1996, Rs. C-272/94 (*Guiot*), Slg. 1996, S. I-1905, Rn. 14; Urteil v. 15.2.2000, Rs. C-169/98 (*Kommission/Frankreich*), Slg. 2000, S. I-995, Rn. 42f.; wohl ebenso: EuGH Urteil v. 15.6.2004, Rs. C-365/02 (*Lindfors*), Slg. 2004, S. I-7183ff., Rn. 35.

647 Zur Beschränkung durch den erhöhten Verwaltungsaufwand: EuGH Urteil v. 23.11.1999, verb. Rs. C-369/96 und C-376/96 (*Arblade u. a.*), Slg. 1999, S. I-8453, Rn. 50.

648 *Schnitger*, Grenzen der Einwirkungen der Grundfreiheiten des EG-Vertrages auf das Ertragsteuerrecht, S. 262; *Cordewener*, Europäische Grundfreiheiten und nationales Steuerrecht, S. 869, 871; *Kofler*, Doppelbesteuerungsabkommen und EG-Recht, S. 213ff.; *Englisch*, IStR 2007, S. 66, 68; zu Unterschieden im Hinblick auf den Versicherungsschutz als Gegenleistung, siehe unten: Teil 3: IV.) 2.) c).

binnenmarktstörender Nachteil zur Debatte stand, sind vor der Übertragung von Erkenntnissen im Hinblick auf ein mögliches grundfreiheitsrechtliches Doppelbesteuerungsverbot auf dem Gebiet der indirekten Steuern jedoch einige Besonderheiten zu beachten. Denn bei den zitierten Entscheidungen wurde zumeist nicht derselbe Sachverhalt bei einem Steuerpflichtigen und in einem Veranlagungsabschnitt mehrfach erfasst. In der Rs. *Schul* waren verschiedene Verarbeitungs- beziehungsweise Vermarktungsstufen betroffen, weshalb die zweifache Besteuerung weder in Bezug auf denselben Besteuerungssachverhalt noch bei demselben Steuerpflichtigen erfolgte, sondern im Ergebnis in der Höhe der Gegenleistung für das Motorboot ihren Niederschlag fand.[649] Dem auf dem Gebiet der Umsatzsteuer unionsweit eingeführten Allphasen-Netto-Prinzip, nach dem auf Lieferungen und sonstige Leistungen bis einschließlich zur Einzelhandels- beziehungsweise Verbraucherstufe ungeachtet der Zahl der vorgelagerten Umsätze eine allgemeine, zur Gegenleistung genau proportionale Verbrauchsteuer mittels der Technik der Vorsteuererstattungen zu erheben ist, ist bereits eine Vermeidung kumulativer Belastungen inhärent. Es ist zweifelhaft, ob die Idee der einmaligen Wertschöpfungsbesteuerung auf das System der Realisations- oder Abschnittsbesteuerung von Erträgen oder Vermögen durch direkte Steuern ohne Weiteres übertragbar ist. Zumindest lässt sich den Entscheidungen ansatzweise die abstrakte Aussage entnehmen, dass der Gerichtshof eine Unbestimmtheit bei der Entlastung von der damals noch erhobenen Einfuhrumsatzsteuer, die zu einem doppelten Steuerzugriff führte, im Wege einer Berücksichtigungspflicht eines Mitgliedstaats beseitigte. Die finnische Zulassungsteuer in der Rs. *Lindfors*[650], eine Nutzungsabgabe, befindet sich hingegen außerhalb des für die Verbrauchsteuern sekundärrechtlich etablierten Allphasen-Netto-Prinzips. Dennoch lasten die Zulassungsabgabe im Herkunftstaat und diejenige im Aufnahmestaat, wiederum zwei verschiedene Abgabensachverhalte, als kumulierte, indirekte Abgabe auf dem Kraftfahrzeug. Die in dieser Entscheidung angedeutete Berücksichtigungspflicht im Hinblick auf eine Vorbelastung mit Zulassungsteuern nährt zumindest erneut Hoffnung in Richtung eines unionsrechtlichen Doppelbesteuerungsverbots.

b) Harmonisierungsgrad

Soweit grundfreiheitsrechtliche Vorgaben in doppelregulierten Bereichen außerhalb der direkten Steuern nicht bereits aufgrund ihrer nicht vergleichbaren Wirkungsweisen weitergehenden Rückschlüssen auf die Frage nach dem

649 EuGH Urteil v. 5.5.1982, Rs. 15/81 (*Gaston Schul*), Slg. 1982, S. 1409; vgl. auch: EuGH Urteil v. 23.4.2002, Rs. C-234/99 (*Nygard*), Slg. 2002, S. I-3657.
650 EuGH Urteil v. 15.6.2004, Rs. C-365/02 (*Lindfors*), Slg. 2004, S. I-7183 ff.

Verbot der Doppelbesteuerung entgegenstehen, stellt sich die Frage nach möglichen anderweitigen Unterschieden zwischen den verschiedenen Sachgebieten. Dabei erscheint der Einfluss einer unionsrechtlichen Rechtsangleichung auf die Annahme eines Verbots der Doppelregulierung klärungsbedürftig. In der Literatur wurde wiederholt darauf hingewiesen, dass ein allgemeines Verbot der Doppelregulierung insbesondere in den Bereichen judiziert werde, in denen die sekundärrechtliche Harmonisierung oder Koordinierung verhältnismäßig fortgeschritten ist.[651] Demnach soll eine grundfreiheitliche Garantie aus dem AEUV auf Verschonung vor einer kumulativen regulatorischen Last Folge einer Rechtsfortbildung sein, bei der zur Schließung von Lücken des Schutzgehalts des europäischen Primärrechts auf bereits erfolgte sekundärrechtliche Regelungen zurückgegriffen wird.[652]

In dem schon frühzeitig weitgehend harmonisierten Teilbereich der Mehrwertsteuersysteme hatte der Gerichtshof in den Rs. *Schul* und *Profant* die sekundärrechtlichen Regelungslücken durch die Statuierung eines primärrechtlichen Verbots der Doppelbesteuerung geschlossen.[653] Die für die beiden Urteile in zeitlicher und sachlicher Hinsicht maßgeblichen Mehrwertsteuer-Richtlinien[654] vermochten – wie für die Rs. *Schul* bereits gezeigt – die sekundärrechtlich bereits geprägte Allphasen-Netto-Besteuerung nicht lückenlos zu gewährleisten.[655] Ebenfalls zur Vermeidung einer Doppelbelastung war dem Grenzübertrittswilligen in der Rs. *Profant* eine in der Richtlinie vorgesehene, aber prinzipiell in das Ermessen der Mitgliedstaaten gestellte Steuerbefreiung zu gewähren, um eine Doppelbesteuerung zu vermeiden. Dessen nachteilige Situation ergab sich wiederum aus der an sich richtlinienkonformen Kumulation von Einfuhrumsatzsteuer im Einfuhrstaat und der nicht erstatteten Umsatzsteuervorbelastung im Ausfuhrstaat bei der Überführung eines Pkw zwischen zwei Mitgliedstaaten.[656] Die Ermessensreduzierung

651 *Cordewener*, Europäische Grundfreiheiten und nationales Steuerrecht, S. 869; *Schnitger*, Die Grenzen der Einwirkung der Grundfreiheiten des EG-Vertrages auf das Ertragsteuerrecht, S. 261 ff.; *Baßler*, IStR 2005, S. 822, 826; *Seiler*, in: Grabitz/Hilf/Nettesheim, Das Recht der EU, Art. 113 AEUV, Rn. 8;; *Eilers/Bahns/Sedlaczek*, in: Von der Groeben/Schwarze, EUV und EGV, Art. 90 EG, Rn. 23.

652 *Cordewener*, Europäische Grundfreiheiten und nationales Steuerrecht, S. 869; *Baßler*, IStR 2005, S. 822, 825 f.

653 EuGH Urteil v. 5.5.1982, Rs. 15/81 (*Gaston Schul*), Slg. 1982, S. 1409; Urteil v. 3.10.1985, Rs. 249/84 (*Profant*), Slg. 1985, S. 3237; ebenso nachfolgend: EuGH Urteil v. 21.5.1985, Rs. 47/84 (*Gaston Schul*), Slg. 1985, S. 1491; Urteil v. 25.2.1988, Rs. 299/86 (*Drexl*), Slg. 1988, S. 1213; Urteil v. 23.1.1986, Rs. 39/85 (*Bergeres-Becque*), Slg. 1986, S. 259.

654 Ausführlich zu den sekundärrechtlichen Vorgaben: EuGH Urteil v. 5.5.1982, Rs. 15/81 (*Gaston Schul*), Slg. 1982, S. 1409, Rn. 8 ff.; Urteil v. 3.10.1985, Rs. 249/84 (*Profant*), Slg. 1985, S. 3237, Rn. 20 ff.

655 EuGH Urteil v. 5.5.1982, Rs. 15/81 (*Gaston Schul*), Slg. 1982, S. 1409, Rn. 14 f.

656 EuGH Urteil v. 3.10.1985, Rs. 249/84 (*Profant*), Slg. 1985, S. 3237, Rn. 5, 23 ff.

des Aufnahmestaats im Hinblick auf die Befreiungsvorschrift, die schließlich der Erhebung einer zusätzlichen Belastung entgegenstand, begründete sich mit dem primärrechtlich abgeleiteten Verbot der Doppelbesteuerung.[657] Der EuGH stellte darüber hinaus explizit fest, dass „*im Rahmen des Mehrwertsteuersystems nach der Harmonisierungsregelung in diesem Bereich die Mehrwertsteuer zu berücksichtigen ist*"[658]. Doch schon für den Teilbereich der Umsatzsteuer wurde diese Erkenntnis durch das Urteil in der Rs. *ORO* scheinbar infrage gestellt. Der EuGH führte aus, dass selbst unter Berücksichtigung des aktuellen Standes einer teilweisen Harmonisierung im Bereich der Umsatzsteuer Doppelbesteuerungseffekte hinzunehmen wären.[659] Deren vollständige Beseitigung sei weiteren Harmonisierungsmaßnahmen vorbehalten.[660] Zwar darf bezweifelt werden, ob die in Bezug auf Art. 110 AEUV und die Grundfreiheiten erkennbaren Tendenzen aus den Rs. *Schul* und *Profant* dadurch tatsächlich infrage gestellt werden sollten. Denn in der Rs. *ORO* stand kein Fall einer internationalen Doppelbesteuerung infolge eines Grenzübertritts infrage, sondern ein rein inländischer Sachverhalt,[661] sodass die Frage einer zwischenstaatlichen Berücksichtigungspflicht zumindest nicht direkt angesprochen wurde. Trotzdem ist der Aussagegehalt in Bezug auf die Begründung eines generellen Verbots der umsatzsteuerlichen, grenzüberschreitenden Doppelbesteuerung vor dem Hintergrund des damals bereits vorangeschrittenen Harmonisierungsstandes zu sehen. Erweitert man den Fokus auf die weiteren Entscheidungen im Bereich der indirekten Steuern, setzt sich letztendlich das uneinheitliche Bild fort. Für die nicht harmonisierten und koordinierten Bereiche der indirekten Steuern stellte der EuGH zunächst fest, dass eine Doppelbesteuerung zwar eine benachteiligende Wirkung auf den grenzüberschreitenden Handel habe, dass sich aber aus dem primären Unionsrecht hiergegen keine Handhabe ergebe, sondern diesem Hindernis im Wege der Harmonisierung begegnet werden müsse.[662] In dem weitgehend sekundärrechtlich nicht harmonisierten und unkoor-

---

657 EuGH Urteil v. 3.10.1985, Rs. 249/84 (Profant), Slg. 1985, S. 3237, Rn. 24 („*[...] die Freiheit der Angehörigen der anderen Mitgliedstaaten, im Mitgliedstaat ihrer Wahl zu studieren [...]*").

658 EuGH Urteil v. 27.10.1993, C-72/92 (*Scharbatke*), Slg. 1993, S. I-5509, Rn. 15; ebenso: EuGH Urteil v. 23.4.2002, Rs. C-234/99 (*Nygard*), Slg. 2002, S. I-3657, Rn. 36ff.; Urteil v. 29.6.1978, Rs. 142/77 (*Larsen u. Kjerrulff*), Slg. 1978, S. 1543, Rn. 33/36; GA *Capotorti* Schlussanträge v. 6.6.1978, Rs. 142/77 (*Larsen u. Kjerrulff*), Slg. 1978, S. 1543, Rn. 8.

659 EuGH Urteil v. 5.12.1989, Rs. C-165/88 (*ORO*), Slg. 1989, S. I-4081, Rn. 21 f.

660 EuGH Urteil v. 5.12.1989, Rs. C-165/88 (*ORO*), Slg. 1989, S. I-4081, Rn. 23f.

661 EuGH Urteil v. 5.12.1989, Rs. C-165/88 (*ORO*), Slg. 1989, S. I-4081, Rn. 18.

662 EuGH Urteil 23.4.2002, C-234/99 (*Nygard*), Slg. 2002, S. I-3657, Rn. 38; Urteil v. 29.6.1978, Rs. 142/77 (*Larsen u. Kjerulff*), Slg. 1978, S. 1543, Rn. 33/36; Urteil v. 27.10.1993, C-72/92 (*Scharbatke*), Slg. 1993, S. I-5509, Rn. 14f.; GA *Stix-Hackl* Schlussanträge v. 31.5.2001, Rs. C-338/98 (*Kommission/Niederlande*), Slg. 2001, S. I-8265, Rn. 38; GA *Jacobs* Schlussanträge v. 13.11.1997, Rs. C-213/96 (*Outokumpu*), Slg. 1998, S. I-1780, Rn. 45.

dinierten Bereich der auf dem Prüfstand stehenden Kfz-Zulassungsteuer scheint der EuGH hingegen zugunsten eines Doppelbesteuerungsverbots zu entscheiden und gab dem Aufnahmestaat Finnland, gestützt auf Art. 21 AEUV, implizit die Vermeidung einer Doppelbesteuerung auf.[663] Der Judikatur eine Wechselwirkung zwischen sekundärrechtlicher Harmonisierung beziehungsweise Koordinierung und den grundfreiheitsrechtlichen Implikationen in Bezug auf ein Doppelbesteuerungsverbot zu entnehmen ist schwierig,[664] zumal sich der EuGH in der Rs. *Lindfors* zu seiner früheren Rechtsprechung im Bereich der Kfz-Zulassungsteuer in Widerspruch zu setzen scheint und seinen Judikaten somit immer noch eine einheitliche Linie fehlt.[665] Misst man dem Urteil in der Rs. *ORO* aufgrund des fehlenden grenzüberschreitenden Bezugs keine allzu große Bedeutung für die Frage eines grundfreiheitsrechtlichen Verbots der internationalen Doppelbesteuerung im Bereich der Umsatzsteuer bei und sieht man die dürftig begründete Entscheidung in der Rs. *Lindfors* als schwer einzuordnende Ausnahmeerscheinung an, kann der zu prüfende Ansatz betreffend das Erfordernis einer ausreichenden sekundärrechtlichen Erschließung für den Bereich der indirekten Steuern zumindest tendenziell bestätigt werden. Der Stand der sekundärrechtlichen Harmonisierung scheint auf diesem Gebiet die primärrechtlichen Vorgaben zur Vermeidung einer Doppelbesteuerung zumindest zu prägen.

Es ist weiterhin zu untersuchen, ob diese Überlegungen auch in Bezug auf die Doppelabgaben im Sozialversicherungsrecht gestützt werden können. Hierzu hat *Cordewener* herausgearbeitet,[666] dass sich die Generalanwälte in einigen Schlussanträgen zur Erarbeitung ihrer Lösung auf die Inhalte des (noch) nicht anwendbaren sozialversicherungsrelevanten Sekundärrechts bezogen.[667] Das Sozialversicherungsrecht zeichnet sich mittlerweile durch verhältnismäßig weitreichende sekundärrechtliche Maßnahmen aus.[668] Genau genommen bewirken die genannten sekundärrechtlichen Regelungen keine Angleichung der unterschiedlichen

---

663 EuGH Urteil v. 15.6.2004, Rs. C-365/02 (*Lindfors*), Slg. 2004, S. I-7183 ff., Rn. 35.

664 *Baßler*, IStR 2005, S. 822, 826.

665 EuGH Urteil v. 21.3.2002, Rs. C-451/99 (*Cura*), Slg. 2002, S. I-3193, Rn. 40 f.

666 *Cordewener*, Europäische Grundfreiheiten und nationales Steuerrecht, S. 869 f.

667 GA *Van Themaat* Schlussanträge v. 16.12.1981, verb. Rs. 62/81 und 63/81 (*Seco u. a.*), Slg. 1982, S. 223, Rn. 1; Schlussanträge v. 26.10.1995, Rs. C-272/94 (*Guiot*), Slg. 1996, S. I-1905, Rn. 7, Fn. 5.

668 Verordnung (EWG) 1408/71 des Rates v. 14.6.1971 zur Anwendung der Systeme der sozialen Sicherheit auf Arbeitnehmer und deren Familien, die innerhalb der Gemeinschaft zu- und abwandern, ABl. L 149 v. 5.7.1971; Verordnung (EG) 883/2004 des Europäischen Parlaments und des Rates v. 29.4.2004 zur Koordinierung der Systeme der sozialen Sicherheit, ABl. L 166 v. 30.4.2004; Verordnung (EG) 987/2009 des Europäischen Parlaments und des Rates v. 16.9.2009 zur Festlegung der Modalitäten für die Durchführung der Verordnung (EG) 883/2004 über die Koordinierung der Systeme der sozialen Sicherheit, ABl. L 284 v. 30.10.2009.

Systeme der sozialen Sicherheit, sondern deren Koordinierung zur Gewährung einer Einmalerfassung. In der Rs. *Kemmler* war die Erweiterung der einschlägigen sekundärrechtlichen Regelungen auf Selbstständige in den streitbefangenen Zeiträumen noch nicht in Kraft getreten.[669] Die seitens des Gerichtshofs entwickelte Lösung, wonach Herr *Kemmler* ausschließlich im Wohnsitz- und Beschäftigungsstaat Deutschland dem Sozialversicherungssystem unterliegen soll, lassen eine Anlehnung an die damals für unselbstständig tätige Marktteilnehmer in Art. 13 ff. der Verordnung (EWG) 1408/71 (jetzt: Art. 13 der Verordnung (EG) 883/2004) enthaltenen Regelungen zur gewöhnlichen Erwerbstätigkeit in mehreren Mitgliedstaaten erkennen.[670] In den Rs. *Guiot* und *Arblade u. a.* fehlte es hingegen an einer entsprechenden sekundärrechtlichen Durchdringung im Hinblick auf die konkret kumulativ belastende Abgabe für eine Schlechtwetterversicherung.[671] Ähnlich wie bei den Regelungen für Sozialabgaben bei vorübergehenden Arbeitnehmerentsendungen nach Art. 12 der Verordnung (EG) 883/2004 durfte aber unter Geltung der Grundfreiheiten neben der Erfassung im Herkunftstaat keine erneute Abgabenlast im Aufnahmestaat statuiert werden. Auch im Hinblick auf die Rs. *Sehrer* fiel die Erhebung deutscher Krankenkassenbeiträge auf eine französische Zusatzrente nicht in den sachlichen Anwendungsbereich der Verordnung (EWG) 1408/71.[672] Dass die Krankenversicherungsbeiträge auf die französische Zusatzrente durch den Wohnsitzmitgliedstaat Deutschland eine unionsrechtswidrige Erfassung darstellt, lässt sich den damaligen sekundärrechtlichen Koordinierungsgrundsätzen nicht unmittelbar entnehmen. Der EuGH hat sich vielmehr ausschließlich auf die gleichfalls im direkten Steuerrecht getroffene Feststellung zurückgezogen, wonach die Mitgliedstaaten auch im Fall fehlender Harmonisierung die Grundfreiheiten zu beachten haben.[673] Es lässt sich bei einer Gesamtbetrachtung feststellen, dass die in den Verordnungen enthaltenen Konfliktnormen dem EuGH wohl teilweise bei seinen Richtersprüchen eine Entscheidungsgrundlage geboten haben mögen.

Trotz der grundsätzlichen Unterschiede aufgrund der angestellten Wirkungsanalyse soll der Vollständigkeit halber noch darauf hingewiesen werden, dass sich die Doppelregulierungsfälle im Zusammenhang mit den Berufsqualifikationen und Genehmigungserfordernissen in den jeweiligen Streitjahren überwiegend in

669 EuGH Urteil v. 15.2.1996, Rs. C-53/95 (*Kemmler*), Slg. 1996, S. I-703, Rn. 7.

670 In die Richtung deuten auch die Ausführungen von GA *Colomer* Schlussanträge v. 11.1.1996, Rs. C-53/95 (*Kemmler*), Slg. 1996, S. I-703, Rn. 8 ff.

671 EuGH Urteil v. 28.3.1996, Rs. C-272/94 (*Guiot*), Slg. 1996, S. I-1905, Rn. 11; Urteil v. 23.11.1999, verb. Rs. C-369/96 und C-376/96 (*Arblade u. a.*), Slg. 1999, S. I-8453, Rn. 34.

672 EuGH Urteil v. 15.6.2000, Rs. C-302/98 (*Sehrer*), Slg. 2000, S. I-4585, Rn. 27 f.

673 EuGH Urteil v. 15.6.2000, Rs. C-302/98 (*Sehrer*), Slg. 2000, S. I-4585, Rn. 28.

nicht oder nur teilweise harmonisierten Bereichen bewegten.[674] Insbesondere im Hinblick auf die Anerkennung von Berufsqualifikationen existieren bereits Richtlinien,[675] diese decken jedoch weiterhin nur einen Teil der möglichen Sachverhalte ab.[676] Dasselbe gilt für die Judikate in Bezug auf die Produktbeschaffenheitsanforderungen,[677] obwohl auch hierzu bereits Sekundärrecht in beachtlichem Umfang ergangen ist.[678] Der Gerichtshof stellte hierzu fest, dass „*Die Ausübung dieser Tätigkeit [...] nicht durch eine auf Gemeinschaftsebene erlassene Harmonisierungsmaßnahme reglementiert [ist]. Die Mitgliedstaaten bleiben in Ermangelung einer Harmonisierung einer beruflichen Tätigkeit grundsätzlich befugt, die Ausübung dieser Tätigkeit zu regeln, müssen jedoch ihre Befugnisse in diesem Bereich unter Beachtung der durch den Vertrag garantierten Grundfreiheiten ausüben*“[679]. Demnach war eine sekundärrechtliche Vorregulierung nicht ausschlaggebend. Da als Folge einer Harmonisierung die aus der Doppelregulierung resultierende nachteilige Wirkung in Form von erhöhten Befolgungskosten ohnehin vollständig entfallen wäre, dürfte eine Übertragbarkeit der hieraus gewonnenen Erkenntnisse auf den Bereich der direkten Steuern jedoch – wie bereits erwähnt – nur sehr bedingt möglich sein.

Macht man das Verbot der Doppelregulierung von einer existierenden oder bevorstehenden sekundärrechtlichen Maßnahme abhängig, würde dies den Schluss nahelegen, dass für den nahezu unharmonisierten Bereich der direkten Steuern eine Doppelbesteuerung keine Beschränkung der Grundfreiheiten darstellt. Denn bislang wurden lediglich einige Teilbereiche der direkten Besteuerung Gegenstand einer Richtlinienbestimmung, wobei insbesondere die Mutter-Tochter-Richtlinie und die Zins- und Lizenzgebührenrichtlinie punktuell

---

674 EuGH Urteil v. 8.7.1999, Rs. C-234/97 (*Fernández*), Slg. 1999, S. I-4773, Rn. 28; Urteil v. 28.11.1978, Rs. 16/78 (*Choquet*), Slg. 1978, S. 2293, Rn. 5 ff.; Urteil v. 30.11.1995, Rs. C-55/94 (*Gebhard*), Slg. 1995, I-4165, Rn. 28; Urteil v. 11.7.2002, Rs. C-294/00 (*Gräbner*), Slg. 2002, S. I-6515, Rn. 1; Urteil v. 3.10.2000, Rs. C-58/98 (*Corsten*), Slg. 2000, S. I-7919, Rn. 31; Urteil v. 17.12.1981, Rs. 279/80 (*Webb*), Slg. 1981, S. 3305, Rn. 19; Urteil v. 7.5.1991, Rs. C-340/89 (*Vlassopoulou*), Slg. 1991, S. I-2357, 10 ff.

675 Richtlinie (EG) 2005/36 des Europäischen Parlaments und des Rates v. 7.9.2005 über die Anerkennung von Berufsqualifikationen, ABl. L 255 v. 30.9.2005; Richtlinie (EG) 98/5 des Europäischen Parlaments und des Rates v. 16.2.1998 zur Erleichterung der ständigen Ausübung des Rechtsanwaltsberufs in einem anderen Mitgliedstaat als dem, in dem die Qualifikations erworben wurde, ABl. L 77, v. 14.3.1998.

676 Vgl. EuGH Urteil v. 10.12.2009, Rs. C-345/08 (*Pesla*), Slg. 2009, S. I-11677, Rn. 23.

677 EuGH Urteil v. 20.2.1979, Rs. 120/78 (*Rewe-Zentral*), Slg. 1979, S. 649, Rn. 8; Urteil v. 6.7.1995, Rs. C-470/93 (*Mars*), Slg. 1995, S. I-1923, Rn. 12; Urteil v. 3.6.1999, Rs. C-33/97 (*Colim*), Slg. 1999, S. I-3175, Rn. 30; Urteil v. 26.6.1997, Rs. C-368/95 (*Familiapress*), Slg. 1997, S. I-3689, Rn. 8; Urteil v. 24.11.1993, Rs. C-267/91 (*Keck*), Slg. 1993, S. I-6097, Rn. 15.

678 Übersicht bei: http://ec.europa.eu/enterprise/policies/single-market-goods/index.htm.

679 EuGH Urteil v. 11.7.2002, Rs. C-294/00 (*Gräbner*), Slg. 2002, S. I-6515, Rn. 1.

in den Problembereich der Doppelbesteuerung vorstoßen.[680] Anzunehmen, der Bereich der direkten Steuern hätte bereits einen zur grundfreiheitsrechtlichen Prägung hinreichenden Grad an Harmonisierung erfahren,[681] dürfte in klarem Widerspruch zu den vorstehend erarbeiteten Erkenntnissen und dem bis dato regelmäßig wiederholten Ausspruch des EuGH von der „*Ermangelung gemeinschaftlicher Vereinheitlichungs- oder Harmonisierungsmaßnahmen*“[682] stehen. Es bleibt festzuhalten, dass zur normativen Ausgestaltung des ganz überwiegend nicht harmonisierten Bereichs der direkten Steuern die Mitgliedstaaten befugt bleiben. Sie haben bei der Ausübung dieser Befugnisse jedoch die grundfreiheitsrechtlichen Vorgaben zu beachten. Dass der grundfreiheitsrechtliche Schutzgehalt in Abhängigkeit vom Harmonisierungsgrad eine Doppelregulierung mit umfassen soll oder diese andernfalls unbeanstandet bleibt, überzeugt jedoch nicht. Der Schutzumfang der Grundfreiheiten kann nicht davon abhängen, ob die Unionsorgane und die Mitgliedstaaten Maßnahmen zur Harmonisierung oder Rechtsangleichung ergriffen haben.[683] Die Frage, wann die Schwelle einer hinreichenden sekundärrechtlichen Konkretisierung überschritten ist, um ein allgemeines grundfreiheitsrechtliches Doppelbesteuerungsverbot für den Bereich der direkten Steuern daraus ableiten zu können, dürfte abstrakt ohnehin schwer zu beantworten sein. Die im Schrifttum erarbeitete Differenzierung, für die sich in der Rechtsprechung zu den indirekten Steuern und dem Sozialversicherungsrecht Anzeichen finden, dürfte deshalb auch weniger das „Ob“ eines Doppelbesteuerungsverbots als vielmehr die daran anschließende Verteilungsfrage im Blick haben.[684] Soweit das Primärrecht eine Vorprägung durch Harmonisierungs- und Koordinierungsmaßnahmen erfahren hat, können sich leichter Kriterien, insbesondere im Hinblick auf die Verantwortungszuweisung, für die Vermeidung der Doppelregulierung finden lassen. Dass anders als etwa im Bereich der Sozialabgaben ein faktischer Anknüpfungspunkt in Form von unionsrechtlichem Sekundärrecht fehlt, kann zumindest dann keine Unterschiede im Hinblick auf den grundfreiheitsrechtlichen Schutzbereich rechtfertigen, wenn sich auf anderem Weg Kriterien für eine grundfreiheitsrechtliche Verantwortungszuweisung finden lassen.[685] Dann müsste sich eine vergleichbare Verpflichtung zur Vermei-

---

680 S.u.: Teil 3: VI.) 2.) a).

681 So wohl: *Schnitger*, Die Grenzen der Einwirkung der Grundfreiheiten des EG-Vertrages auf das Ertragsteuerrecht, S. 262 f.

682 EuGH Urteil v. 6.12.2007, Rs. C-298/05 (*Columbus Containers*), Slg. 2007, S. I-10451, Rn. 27.

683 *Forsthoff*, in: Grabitz/Hilf/Nettesheim, Das Recht der EU, Art. 49 AEUV, Rn. 107, 109.

684 *Cordewener*, Europäische Grundfreiheiten und nationales Steuerrecht, S. 871.

685 Wohl ebenso: *Schnitger*, Die Grenzen der Einwirkung der Grundfreiheiten des EG-Vertrages auf das Ertragsteuerrecht, S. 265.

dung der juristischen Doppelbesteuerung ergeben.[686] Bei den, mangels hinreichender Vergleichbarkeit nur indiziell zu betrachtenden, Doppelregulierungen im Rahmen von Produktnormen und Qualifikations- und Genehmigungsregelungen hat sich etwa auch unabhängig von einer harmonisierungsbedingten Vorprägung unter Heranziehung des Herkunftslands- beziehungsweise Anerkennungsprinzips eine grundfreiheitsrechtliche Konfliktlösung eingestellt.

c) Fiskalzweck der direkten Steuern

Obwohl die benachteiligende Wirkung der internationalen juristischen Doppelbesteuerung mit der Wirkung der Doppelregulierungen im außersteuerlichen Bereich zumindest teilweise vergleichbar ist und die weitgehend fehlende sekundärrechtliche Ausarbeitung im Bereich der direkten Steuern einer Erstreckung eines partiell judizierten unionsrechtlichen Verbots der Doppelregulierung, vorbehaltlich einer anderweitig gelingenden Verantwortungszuweisung, ebenfalls nicht entgegensteht, könnte dennoch aufgrund der fiskalpolitischen Zielsetzung der Steuervorschriften eine sachbereichsbezogene Differenzierung im Hinblick auf die Grundfreiheitsrelevanz von Doppelregulierungen geboten sein. Bei den produkt-, qualifikations- und genehmigungsspezifischen Regularien handelte es sich um Rechtsvorschriften ohne Fiskalzweck. Betroffen sind überwiegend nationale Vorschriften, denen als gesetzgeberische Motive eine ordnungs- und sicherheitspolitische Zielsetzung sowie der Schutz und die Sicherheit der Bürger, speziell der Verbraucher, zugrunde liegen (vgl. auch Art. 36 S. 1 AEUV). Diesen außensteuerlichen Bereichen ist zudem gemein, dass die verfolgten Ziele in der überwiegenden Zahl der Fälle auch unter Berücksichtigung der regulatorischen Vorbelastung im Herkunftsmitgliedstaat im Wesentlichen erreicht werden kann. Das heißt, soweit eine Berücksichtigungspflicht angenommen wird, besteht bereits ein – wenn auch möglicherweise geringerer – Verbraucherschutz, Schutz der Dienstleistungsempfänger usw., nämlich in Form der in dem Herkunftstaat geltenden Regularien. Der zwangsweise mit der Lösung der Doppelbesteuerungsproblematik verbundene Verzicht auf Steuersubstrat betrifft hingegen die finanzielle Grundlage der Mitgliedstaaten und damit letztendlich ihre Fähigkeiten, allgemeine hoheitliche Aufgaben wahrzunehmen. Durch die berücksichtigungspflichtige Besteuerung in einem anderen Mitgliedstaat erledigen sich diese Aufgaben nicht, es fehlen vielmehr die Mittel für ihre Erfüllung im Inland. Im Extremfall kann die Erosion von Steueraufkommen bis zur Handlungsunfähigkeit eines Staates führen, denn die Steuern bilden das fiskalische Fundament des freiheitlichen, marktwirtschaftlichen Staats, in dem keine staatseigene Erwerbs-

686 *Englisch*, IStR 2007, S. 66, 68.

wirtschaft stattfindet und folglich die Teilhabe am Erfolg des privaten Wirtschaftens zwingend ist.[687]

Eine Bereichsausnahme der Grundfreiheiten für die direkte Besteuerung oder zumindest partiell im Hinblick auf die Doppelbesteuerung ist trotz und gerade wegen dieser herausragenden Bedeutung der Steuern abzulehnen. Zum einen zeigt bereits das Gebiet der indirekten Steuern, dass die unionsrechtliche Durchdringung der steuerlichen Finanzierungsaufgabe nicht entgegensteht. Zum anderen steht die Finanzautonomie der Mitgliedstaaten im Bereich der direkten Steuern unter dem Vorbehalt einer grundfreiheitskonformen Ausgestaltung.[688] Zu Recht betont der Gerichtshof seit jeher, dass Steuermindereinnahmen an dem grundfreiheitsrechtlichen Verdikt nichts ändern können.[689] Daran ändert auch die Erhebung der Wahrung der Steuerverteilung zu einem umfassenden Legitimationsansatz in Bezug auf binnenmarktbeschränkende Maßnahmen in der jüngeren Rechtsprechung nichts. Eine grundfreiheitsrechtliche Legitimationswirkung erhält auf diesem Wege lediglich die mitgliedstaatliche Aufteilung der Besteuerungsbefugnisse, nicht jedoch das unabgestimmte souveräne Besteuerungsrecht als solches. Die direkte Besteuerung entfaltet durch ihr gezieltes Fördern und Behindern von unternehmerischen Aktivitäten eine erhebliche wirtschaftliche Lenkungsfunktion, die in ihrer Intensität bis hin zu einem faktischen staatlichen Verbot reichen kann.[690] Der Binnenmarkt wäre aufgrund des vorgenannten Zusammenspiels von Steuerrecht und Wirtschaftsverkehr bei einer Ausnahme für den Bereich der direkten Steuern de facto nicht mehr realisierbar.[691] Dasselbe gilt, wollte man die spezielle Benachteiligung in Form der juristischen Doppelbesteuerung per se dem grundfreiheitsrechtlichen Schutzbereich entziehen.[692] Zudem entbehrt eine Bereichsausnahme auch jeglicher rechtlicher Grundlage. Ex-Art. 293 2. Spiegelstrich EG vermochte im Hinblick auf die Grundfreiheiten keine partielle Bereichsausnahme für die direkten Steuern zu statuieren.[693] Das Unionsrecht und insbeson-

---

687 *Kirchhof*, Stbg, 1998, S. 385, 386.

688 *Englisch*, IStR 2007, S. 66, 68; EuGH Urteil v. 14.2.1995, Rs. C-279/93 (*Schumacker*), Slg. 1995, S. I-225, Rn. 21.

689 EuGH Urteil v. 7.9.2004, Rs. C-319/02 (*Manninen*), Slg. 2004, S. I-7477, Rn. 49; Urteil v. 6.6.2000, Rs. C-35/98 (*Verkooijen*), Slg. 2000, S. I-4071, Rn. 59; Urteil v. 12.12.2002, Rs. 324/00 (*Lankhorst-Hohorst*), Slg. 2002, S. I-11779, Rn. 36; Urteil v. 21.9.1999, Rs. C-307/97 (*Saint-Gobain)*, Slg. 1999, S. I-6161, Rn. 50; Urteil v. 3.10.2002, Rs. C-136/00 (*Danner*), Slg. 2002, S. I-8147, Rn. 56; Urteil v. 16.7.1998, Rs. C-264/96 (*ICI*), Slg. 1998, S. I-4695, Rn. 28; Urteil v. 8.3.2001, verb. Rs. C-397/98 und C-410/98 (*Metallgesellschaft u.a.*), Slg. 2001. S. I-1727, Rn. 59.

690 *Birk*, FR 2005, S. 121, 122.

691 *Herzig*, in: Lehner, Steuerrecht im Europäischen Binnenmarkt, S. 138 f.

692 *Englisch*, IStR 2007, 66, 68.

693 *Randelzhofer/Forsthoff*, in: Grabitz/Hilf, Das Recht der EU, vor Art. 39-55 EGV, Rn. 256; *Schwartz*, in: Von der Groeben/Thiesing/Ehlermann, Kommentar zum EU-/EG-Vertrag, Art.

dere die Grundfreiheiten verlangen einen Anwendungsvorrang gegenüber allen mitgliedstaatlichen Rechts- und Politikbereichen. Eine auch nur partielle grundfreiheitliche Bereichsausnahme für den Doppelbesteuerungsnachteil würde das Binnenmarktziel der Europäischen Union aufgrund der erheblichen wettbewerbsverzerrenden Wirkung benachteiligender Steuerfolgen letztendlich unverwirklicht lassen. Auch in den europäischen Verträgen lassen sich keine Anhaltspunkte finden, die für die Annahme einer Bereichsausnahme sprechen. Argumentum e Contrario zu Art. 64 Abs. 1 und Art. 65 Abs. 1 lit. a) AEUV hätte ein partieller Steuervorbehalt vielmehr explizit Aufnahme in die europäischen Verträge finden müssen. Auch die Praxis der AEUV-Schutzbereichsausnahmen für außersteuerliche Bereiche, wie etwa in Art. 45 Abs. 4, Art. 51 und Art. 52 AEUV, unterstreicht diese Sichtweise.

Als Begründung gegen eine Übertragung von Erkenntnissen aus der divergierenden Rechtsprechung des EuGH auf dem Gebiet des Sozialversicherungsrechts könnte des Weiteren der den Sozialabgaben inhärente Gegenleistungscharakter[694] angeführt werden. Die Gegenleistung ist der Anspruch auf Versicherungsschutz, also auf die Gewährung von Leistungen für den Fall des Risikoeintritts.[695] Mit dem Verzicht auf die Beiträge korrespondiert zumindest in der Regel eine Befreiung von sozialversicherungsrechtlichen Leistungspflichten des Mitgliedstaats gegenüber dem Grenzübertrittswilligen. Der EuGH hat in seiner Rechtsprechung mehrfach (auch unter Rechtfertigungsgesichtspunkten) betont, dass die zusätzliche Sozialversicherung im Aufnahmestaat dem Marktteilnehmer oder seinen Arbeitnehmern keinerlei weitere Vergünstigungen oder Vorteile zu ihrer bestehenden Sozialversicherungspflicht im Herkunftstaat bietet.[696] Entweder erhalten sie seitens des Aufnahmestaats bereits keinerlei Gegenleistung, was den Sozialabgaben den Charakter einer Steuer verleihe[697], oder derselbe Schutz wird im Wesentlichen bereits seitens des Herkunftstaats garantiert.[698] In der Rs. *CIBA* hat der EuGH den Gegenleistungscharakter als Abgrenzungskriterium seiner unterschiedlichen

220 EG, Rn 6f.; zu ex-Art. 293 3. Spiegelstrich EG: GA *Colomer* Schlussanträge v. 4.12.2001, Rs. C-208/00 *(Überseering)*, Slg. 2002, S. I-9919, Rn. 42; EuGH Urteil v. 5.11.2002, Rs. C-208/00 *(Überseering)*, Slg. 2002, S. I-9919, Rn. 52ff.

694 *Preis*, in: Fuchs/Preis, Sozialversicherungsrecht, S. 29; *Wernsmann*, in: Hübschmann/Hepp/Spitaler, Kommentar zur AO/FGO, § 3 AO, Rn. 313.

695 *Wernsmann*, in: Hübschmann/Hepp/Spitaler, Kommentar zur AO/FGO, § 3 AO, Rn. 313.

696 EuGH Urteil v. 15.2.1996, Rs. C-53/95 (*Kemmler*), Slg. 1996, S. I-703, Rn. 14; Urteil v. 19.3.2002, verb. Rs. C-393/99 und C394/99 (*Hervein*), Slg. 2002, S. I-2829, Rn. 49.

697 EuGH Urteil v. 23.11.1999, verb. Rs. C-369/96 und C-376/96 (*Arblade u.a.*), Slg. 1999, S. I-8453, Rn. 52; GA *Colomer* Schlussanträge v. 8.2.2000, Rs. C-302/98 (*Sehrer*), Slg. 2000, S. 4585, Rn. 47.

698 EuGH Urteil v. 28.3.1996, Rs. C-272/94 (*Guiot*), Slg. 1996, S. I-1905, Rn. 17ff.; Urteil v. 23.11.1999, verb. Rs. C-369/96 und C-376/96 (*Arblade u.a.*), Slg. 1999, S. I-8453, Rn. 53.

Rechtsprechungsansätze im Bereich der sozialen Sicherungssysteme einerseits und der direkten Steuern andererseits, auch in Bezug auf die streitgegenständliche Abgabe an einen Ausbildungsfonds, erneut betont.[699] Eine doppelte Belastung mit Sozialversicherungsabgaben wurde seitens des EuGH zumeist durch ein Abgabenvorrecht des Staats der Hauptbeschäftigung vermieden. Diese Verteilung wurde beispielsweise den (noch) nicht anwendbaren Regelungen zur vorübergehenden Arbeitnehmerentsendung nach Art. 12 der Verordnung (EG) 883/2004[700] und den Regelungen für Selbstständige, die für gewöhnlich in mehreren Mitgliedstaaten tätig sind, entliehen (jetzt Art. 13 der Verordnung (EG) 883/2004).[701] Soweit eine berücksichtigungspflichtige Abgabe im Staat der Herkunft vorliegt, hat der Aufnahmestaat auf seine Beitragserhebung zu verzichten.[702] Korrespondierend entfallen gemäß dem Äquivalenzprinzip damit jedoch auch die sozialversicherungsrechtlichen Verpflichtungen des Aufnahmestaats. Dieser Umstand ist nicht ohne Weiteres auf das Steuerrecht übertragbar.[703] Die negative Wirkung in Form einer „verlorenen Abgabe" für den Marktteilnehmer kann für den Bereich der direkten Steuern nicht ohne Weiteres übernommen werden. Zwar dienen Sozialabgaben und direkte Steuern zunächst vornehmlich der finanziellen Bewältigung hoheitlicher Aufgaben, doch ist bei Steuern oftmals eine konkrete Gegenleistung schon per Definition ausgeschlossen. Anstelle eines strengen, individuellen Äquivalenzprinzips tritt grundsätzlich das Gemeinlastprinzip in den Vordergrund.[704] Die Steuererhebung orientiert sich zumeist am Gedanken der Leistungsfähigkeit und nicht an bestimmten Kosten- oder Nutzenaspekten. Die durch die Steuern finanzierten allgemeinen Staatsleistungen können grundsätzlich auch dem Marktteilnehmer beziehungsweise der Einkunftsquelle mit Genuine Link zum Hoheitsgebiet zugutekommen.

Sowohl die Individualäquivalenz im Bereich des Sozialversicherungsrechts als auch das Gemeinlastprinzip im Bereich der direkten Steuern erfahren Durchbrechungen. Das Sozialversicherungsrecht wird durch den Sozialgedanken geprägt, dem ebenfalls ein Element des Umverteilens innewohnt.[705] Die individuelle Äquivalenz von Prämie und Gegenleistung wird durch das Strukturprinzip des Solidar-

---

699 EuGH Urteil v. 15.4.2010, Rs. C-96/08 (*CIBA*), Slg. 2010, S. I-2911, Rn. 23f.

700 EuGH Urteil v. 28.3.1996, Rs. C-272/94 (*Guiot*), Slg. 1996, S. I-1905, Rn. 17ff.; Urteil v. 23.11.1999, verb. Rs. C-369/96 und C-376/96 (*Arblade u.a.*), Slg. 1999, S. I-8453, Rn. 53.

701 EuGH Urteil v. 15.2.1996, Rs. C-53/95 (*Kemmler*), Slg. 1996, S. I-703.

702 EuGH Urteil v. 28.3.1996, Rs. C-272/94 (*Guiot*), Slg. 1996, S. I-1905, Rn. 11.

703 *Cordewener*, Europäische Grundfreiheiten und internationales Steuerrecht, S. 881, Fn. 227.

704 Zum deutschen Steuerrecht: § 3 Abs. 1 AO; *Wernsmann*, in: Hübschmann/Hepp/Spitaler, Kommentar zur AO/FGO, § 3 AO, Rn. 85ff.,150ff.; *Lang*, in: Tipke/Lang, Steuerrecht, § 4, Rn. 88; *Tipke*, Die Steuerrechtsordnung, S. 476ff.

705 *Thiemeyer*, in: Wertenbruch, Bochumer Kommentar zum SGB, Allgemeiner Teil, Vor § 1, Rn. 9; *Wernsmann*, in: Hübschmann/Hepp/Spitaler, Kommentar zur AO/FGO, § 3 AO, Rn. 329.

ausgleichs (Solidarprinzip) aufgeweicht. Beispielsweise kommt es im Rahmen der deutschen gesetzlichen Krankenversicherung zu einer Modifizierung der strengen Äquivalenz mit dem Ergebnis erwerbsabhängiger, proportional steigender Beiträge entsprechend der Leistungsfähigkeit bei zumindest teilweise einheitlicher Leistung.[706] So haben etwa auch beitragsfreie Mitglieder der gesetzlichen Krankenversicherung wie Ehegatten oder Kinder einen Anspruch auf Versicherungsleistungen. Besserverdiener zahlen trotz einheitlichem Versicherungsschutz einen proportional höheren Beitrag. Eine Beitragserhebung erfolgt im Rahmen der deutschen gesetzlichen Krankenversicherung somit zumindest im Ansatz unter Berücksichtigung der individuellen Leistungsfähigkeit, wenn auch im Grundsatz beschränkt auf Arbeitnehmer und Arbeitgeber sowie auf das Arbeitsentgelt als Bemessungsgrundlage.[707] Dies ist jedoch nicht zwingend, sondern von der konkreten Ausgestaltung durch den Gesetzgeber abhängig. Die wiederholt diskutierte Bürgerversicherung könnte den Bezug zur Leistungsfähigkeit verstärken, etwa indem sie eine weitere der Steuererhebung angenäherte Bemessungsgrundlage zugrunde legt.[708] Eine mögliche Querfinanzierung von Sozialleistungen aus dem Steueraufkommen[709] beziehungsweise eine denkbare Integration der Sozialabgaben in das Steuersystem verdeutlichen ebenfalls, dass eine strikte Trennung von der Finanzmasse der Sozialversicherungsträger und den allgemeinen Staatsfinanzen nicht stets durchgehalten wird. Umgekehrt lassen sich auch im Bereich der direkten Steuern vereinzelt konkretere Äquivalenzzusammenhänge aufzeigen. So ist etwa die nur Einkünfte aus inländischen Quellen erfassende Gewerbesteuer ein Ausgleich (Äquivalent) für die Lasten und Aufgaben, die den Gemeinden durch den Gewerbebetrieb entstehen.[710]

Bei der Frage nach einer gerechten Aufteilung der Besteuerung internationaler Sachverhalte kommt globaläquivalenten Überlegungen bei dem Aspekt der zwischenstaatlichen Verteilungsgerechtigkeit ebenfalls eine nicht unerhebliche Bedeutung zu.[711] So lässt sich insbesondere das Besteuerungsrecht des Quellenstaats im Sinne einer solchen Globaläquivalenz oftmals auch durch allgemeine nutzungsspezifische Überlegungen begründen, da dieser Staat für die auf seinem Territorium

706 *Wernsmann*, in: Hübschmann/Hepp/Spitaler, Kommentar zur AO/FGO, § 3 AO, Rn. 327 ff.; *Ebsen*, in: von Maydell/Ruland/Becker, Sozialrechtshandbuch, Teil 3, § 15, Rn. 52.

707 Hierzu: *Wernsmann*, in: Hübschmann/Hepp/Spitaler, Kommentar zur AO/FGO, § 3 AO, Rn. 323.

708 Hierzu: *Wernsmann*, in: Hübschmann/Hepp/Spitaler, Kommentar zur AO/FGO, § 3 AO, Rn. 336 ff.

709 Hierzu: *Wernsmann*, in: Hübschmann/Hepp/Spitaler, Kommentar zur AO/FGO, § 3 AO, Rn. 318; aus Sicht des EuGH soll dieser Aspekt unbeachtlich sein: EuGH Urteil v. 15.4.2010, Rs. C-96/08 (*CIBA*), Slg. 2010, S. I-2911, Rn. 23.

710 Ausführlich: *Güroff*, in: Glanegger/Güroff, GewStG, § 1, Rn. 11 f.

711 Hierzu: *Vogel*, in: Vogel/Lehner, DBA, Einl., Rn. 23 f., 26; *Schaumburg*, Internationales Steuerrecht, Rn. 5.57.

belegenen Einkunftsquellen die infrastrukturellen Voraussetzungen und Rahmenbedingungen schafft und die zu finanzierenden hoheitlichen Aufgaben wahrnimmt.[712] Bei anderen Einkünften kann es hingegen aus diesem Grund gerechtfertigt sein, dass eher der Quellenstaat auf Steuersubstrat verzichtet. Trotz dieser teilweisen Modifizierung des sozialversicherungsrechtlichen Äquivalenzprinzips einerseits und des steuerlichen Gemeinlastprinzips andererseits, bleibt ein, wenn auch möglicherweise von der Beitragshöhe losgelöster, konkret-individueller Gegenleistungsanspruch des Marktteilnehmers kennzeichnendes Alleinstellungsmerkmal für die Sozialversicherungsbeiträge. Denn anders als im Rahmen der Sozialversicherung lässt sich im Bereich der direkten Steuern bereits das „Ob“ eines konkreten Nutzens kaum feststellen. Der auf die Besteuerung verzichtende Mitgliedstaat kann nicht zugleich von einer konkreten staatlichen Leistungspflicht gegenüber dem Marktteilnehmer befreit werden. Die Globaläquivalenz von Steuern und staatlichen Aufgaben im Verhältnis des Mitgliedstaats zu den Steuerpflichtigen ist trotz allgemein anerkannter Nutzenzusammenhänge immer noch zu wenig spezifiziert, um die zwischenstaatliche Steuerverteilung an eine konkrete Nutzungsmöglichkeit anzuknüpfen.

Verbleibendes gemeinsames Merkmal der kumulativen Erfassung von Einkünften mit Sozialabgaben und Steuern ist die vergleichsweise höhere Abgabenlast infolge der doppelten Erfassung. Allein der grenzüberschreitende Bezug seiner Wirtschaftstätigkeit hilft dem Steuerpflichtigen nicht, höhere Abgabenlasten tragen zu können.

Das grundsätzliche Verbot doppelter Sozialversicherungsabgaben lässt somit ebenfalls nur bedingt Rückschlüsse für den Bereich der direkten Steuern zu. Dies ändert jedoch nichts an der binnenmarktschädlichen Belastungswirkung der steuerlichen Abgabenkumulation. Selbst wenn man davon ausgeht, dass den Marktteilnehmer mit dem Eintritt in jeden weiteren Teilmarkt auch dort zusätzliche Finanzierungs- und Solidarpflichten treffen, beschränkt sich seine Leistungsfähigkeit im Bereich der direkten Steuern auf die binnenmarktweit erzielten Einkünfte.[713] Sie erfordert eine Aufteilung, keine Multiplikation der Steuerlast. Entscheidend für ein grundfreiheitsrechtliches Verbot der internationalen juristischen Doppelbesteuerung ist, dass trotz fehlender konkreter Äquivalenz eine sachgerechte Verteilung des Steuersubstrats stattfinden kann. In diesem Kontext muss dann auch der Versuch unternommen werden, die Frage der Verteilungsgerechtigkeit zwischen den Mitgliedstaaten in Bezug auf das einmalig erhobene Steuersubstrat mit zu beantworten.

---

712 *Schaumburg*, Internationales Steuerrecht, Rn. 5.67; *Seiler/Axer*, IStR 2008, S. 838, 842; GA *Geelhoed* Schlussanträge v. 23.2.2006, Rs. C-374/04 (*ACT Group Litigation*), Slg. 2006, S. I-11673, Rn. 50 f.; *Lehner*, in: Gocke/Gosch/Lang, FS Wassermeyer, S. 241, 247 f.; *ders.*, in: Pitschas/Uhle, FS Scholz, S. 1047, 1061 ff.

713 *Seiler*, in: Grabitz/Hilf/Nettesheim, Das Recht der EU, Art. 113 AEUV, Rn. 60 ff.

V.) Grundfreiheitsrechtliche Verantwortungszuweisung

In der fehlenden Möglichkeit einer grundfreiheitsrechtlichen Bestimmung eben jenes zur Verantwortung zu ziehenden Mitgliedstaats findet sich der Argumentationskern der Verfechter der grundfreiheitsrechtlichen Irrelevanz einer höheren, durch das Zusammenwirken mehrerer Mitgliedstaaten entstandenen Steuerlast.

1.) Erfordernis einer grundfreiheitsrechtlichen Verantwortungszuweisung

Der EuGH hat zum Erfordernis einer Verantwortungszuweisung festgestellt, dass *„das Gemeinschaftsrecht [...] bei seinem gegenwärtigen Entwicklungsstand und [...] in Bezug auf die Beseitigung der Doppelbesteuerung innerhalb der Europäischen Gemeinschaft keine allgemeinen Kriterien für die Kompetenzverteilung zwischen den Mitgliedstaaten vor[schreibt]*“[714]. Die aus dem mehrfachen Steuerzugriff resultierende Benachteiligung soll demnach nicht ausschließlich in der Verantwortung nur eines nationalen Steuergesetzgebers liegen. Deshalb könne nicht ein einzelner Mitgliedstaat für die steuerlich nachteiligen Folgen grundfreiheitlich verpflichtet werden.[715]

Dem EuGH ist zunächst darin zuzustimmen, dass die Bestimmung der Verantwortlichkeit elementare Voraussetzung für einen grundfreiheitsrechtlichen Schutz vor einer internationalen juristischen Doppelbesteuerung ist.[716] Die Grundfreiheiten können auch im Hinblick auf ihre unmittelbare Anwendbarkeit nur dann eine Wirkung entfalten, wenn sie eine unbedingte und hinreichend genaue Verpflichtung enthalten, was etwa dann nicht der Fall ist, wenn der Verpflichtungsadressat oder -inhalt unbestimmt ist.[717] Eine unmittelbare Anwendbarkeit der Grundfreiheiten

714 EuGH Urteil v. 14.11.2006, Rs. C-513/04 (*Kerckhaert und Morres*), Slg. 2006 S. I-10967, Rn. 20; Urteil v. 12.2.2009, Rs. C-67/08 (*Block*), Slg. 2009, S. I-883, Rn. 28; Urteil v. 6.12.2007, Rs. C-298/05 (*Columbus Containers*), Slg. 2007, S. I-10451, Rn. 45; ebenso: GA *Geelhoed* Schlussanträge v. 23.2.2006, Rs. C-374/04 (*ACT Group Litigation*), Slg. 2006, S. I-11673, Rn. 52, *„Gegenwärtig lassen sich im Gemeinschaftsrecht keine alternativen Kriterien und keine Grundlage für die Aufstellung solcher Kriterien finden*“.

715 GA *Geelhoed* Schlussanträge v. 23.2.2006, Rs. C-374/04 (*ACT Group Litigation*), Slg. 2006, S. I-11673, Rn. 48.

716 Ebenso: GA *Geelhoed* Schlussanträge v. 23.2.2006, Rs. C-374/04 (*ACT Group Litigation*), Slg. 2006, S. I-11673, Rn. 48; *Reimer*, in: Lehner, Grundfreiheiten im Steuerrecht der EU-Staaten, S. 39, 58f.; a.A.: *Kofler*, Doppelbesteuerungsabkommen und EG-Recht, S. 236; *Beiser* IStR 2009, S. 236, 237.

717 *Randelzhofer/Forsthoff*, in: Grabitz/Hilf, Das Recht der EU, Vor Art. 39-55, Rn. 254; *Forsthoff*, IStR 2006, S. 509, 512.

entfällt somit insbesondere, „*wenn mehrere Rechtsordnungen berührt sind*“[718]. Dies muss zumindest für die Fälle gelten, in denen die für den Grundfreiheitseingriff verantwortliche mitgliedstaatliche Rechtsordnung nicht bestimmt werden kann. Obwohl beziehungsweise gerade weil die benachteiligende Wirkung der juristischen Doppelbesteuerung aus staatenübergreifender Sicht auch ohne Verantwortungszuordnung feststellbar ist, avanciert die Suche nach einem Verpflichteten vielmehr zur Vor- und nicht zur Folgefrage einer grundfreiheitsrechtlichen Schutzwirkung für den Marktteilnehmer. Die eingriffsbegründende staatenübergreifende Gesamtschau selbst kann die Frage der Verantwortungszuweisung nämlich nicht beantworten. Möchte man unter ihrer Perspektive einen Grundfreiheitseingriff annehmen, ist die Frage der Verantwortungszuweisung zwingend mitzubeantworten.

2.) Einzelstaatliche Verantwortung oder Gesamtschuld

a) Grundfreiheitsrechtliche Pflicht zur bilateralen Abstimmung, Gesamtschuld

In der Literatur wird häufig die Begrifflichkeit der „Gesamtschuld“ der Mitgliedstaaten bemüht.[719] Unter Geltung dieser Gesamtschuldtheorie müsste der Vorwurf an die involvierten Mitgliedstaaten darauf gerichtet sein, dass sie gemeinsam keine Besteuerungskoordination untereinander herbeigeführt haben. Zwar ist die gelegentlich vertretene Gesamtschuld oft vielmehr als Argument gegen ein Verbot der internationalen juristischen Doppelbesteuerung zu verstehen.[720] Ausschließlich den Mitgliedstaaten soll unter dem Begriff der Gesamtschuld das „Ob“ und das „Wie“ der Zuweisung von Besteuerungssubstrat überlassen bleiben. Um der Ansicht des Gerichtshofs, wonach die Vermeidung der Doppelbesteuerung den Mitgliedstaaten obliegt und einer grundfreiheitsrechtlichen Prüfung entzogen ist[721], wenigstens noch im Hinblick auf die mitgliedstaatsautonome Steuerverteilung Rechnung zu tragen, ließe sich jedoch unter Umständen den Grundfreiheiten eine *gemeinsame*

718 GA *Mischo* Schlussanträge v. 16.4.1991, Rs. C15/90 (*Middleburgh*), Slg. 1991, S. I-4655, Rn. 57.

719 *Jacobs*, Internationale Unternehmensbesteuerung, S. 201; *Schnitger*, Die Grenzen der Einwirkung der Grundfreiheiten des EG-Vertrages auf das Ertragsteuerrecht, S. 265; *Reimer*, in: Lehner, Grundfreiheiten im Steuerrecht der EU-Staaten, S. 39, 58; *Randelzhofer/Forsthoff*, in: Grabitz/Hilf, Das Recht der EU, Vor Art. 39-55, Rn. 254; *Heydt*, in: Lehner, Grundfreiheiten im Steuerrecht der EU-Staaten, S. 25, 30.

720 *Jacobs*, Internationale Unternehmensbesteuerung, S. 201.

721 Urteil v. 14.11.2006, Rs. C-513/04 (*Kerckhaert und Morres*), Slg. 2006 S. I-10967, Rn. 22f.; Urteil v. 12.2.2009, Rs. C-67/08 (*Block*), Slg. 2009, S. I-883, Rn. 30f.

Verpflichtung der Mitgliedstaaten im Hinblick auf eine bilaterale Abstimmung entnehmen.

Es zeigt sich jedoch schnell, dass eine solche mitgliedstaatliche Gesamtschuld wenig zielführend ist. Einerseits wäre die europarechtliche Erkenntnis einer Gesamtschuld im Vorlageverfahren nach Art. 267 AEUV für das vorlegende nationale Gericht ohnehin wertlos, da nicht geklärt wäre, ob der nationale Steuerbefehl nun weiterhin Bestand hat, wenn dies erst infolge der bilateralen Abstimmung indiziert wird. Es bliebe nur die Möglichkeit, bis zu einer durchgeführten Koordinierung die Besteuerungsfolge vorläufig auszusetzen beziehungsweise die Steuerentlastung vorläufig anzuordnen. Die Gesamtschuld dürfte zudem beim gegenwärtigen Stand des Unionsrechts vor dem EuGH auch verfahrensrechtlich nicht als subjektives Recht des Marktteilnehmers durchsetzbar sein. Das Vorlageverfahren gemäß Art. 267 UAbs. 1 lit. a) AEUV lässt (nur) eine Auslegung des Unionsrechts im Hinblick auf eine Maßnahme nach Art des im nationalen Verfahren anzuwendenden mitgliedstaatlichen Rechts zu.[722] Dies ist die Steuervorschrift des Mitgliedstaats, der Partei vor dem nationalen Gericht ist. Der Urteilsspruch des nationalen Gerichts kann nur den Steuerbefehl dieses Staates aufheben. Im Verfahren gegen einen Mitgliedstaat wäre es weder im Vorabentscheidungsverfahren noch durch das nationale Gericht möglich, einem weiteren Mitgliedstaat gegenüber gerichtlich eine Abstimmungspflicht auszusprechen. Erforderlich wäre eine Vorlage zweier nationaler Gerichte, die dann miteinander verbunden (Art. 43 VerfO EuGH) oder zumindest abgestimmt werden müssten. Andererseits darf der Steuerpflichtige aus Gründen der Effektivität des grundfreiheitsrechtlichen Schutzes aber auch nicht darauf verwiesen werden, in mehreren Mitgliedstaaten parallel durch den Instanzenzug bis zu einer Vorlagemöglichkeit gemäß Art. 267 AEUV zu schreiten, um eine Verpflichtung aller abstimmungsverweigenden Staaten herbeizuführen.[723]

Ob die Grundfreiheiten auf Grundlage der Gesamtschuld zumindest noch als rein objektive Schutzrechte eine adäquate Lösung ermöglichen,[724] ist ebenfalls zweifelhaft. Die Durchsetzung einer solchen gesamtschuldnerischen Verpflichtung würde dann aufgrund des bloß objektivrechtlichen Schutzes vornehmlich der Kommission obliegen. Für ein Vertragsverletzungsverfahren nach Art. 258 UAbs. 2 AEUV, an dem beide Mitgliedstaaten beteiligt sind, fehlen zwar die verfahrensrechtlichen Voraussetzungen.[725] Denkbar wäre hingegen, dass die Kommission zwei parallele Vertragsverletzungsverfahren einleitet, die Rechtsachen wiederum miteinander verbunden oder untereinander abgestimmt werden und infolgedessen eine nationale Vorschrift oder gar beide Besteuerungsfolgen vorläufig für nicht anwendbar erklärt

722 *Wernsmann*, in: Ehlers/Schoch, Rechtsschutz im Öffentlichen Recht, § 11, Rn. 7.
723 *Kokott*, in: Lehner, Grundfreiheiten im Steuerrecht der EU-Staaten, S. 6.
724 So: *Reimer*, in: Lehner, Grundfreiheiten im Steuerrecht der EU-Staaten, S. 39, 59.
725 A.A. wohl: *Heydt*, in: Lehner, Grundfreiheiten im Steuerrecht der EU-Staaten, S. 25, 30.

werden. Dabei könnte auch die Gefahr einer im Hinblick auf den Binnenmarkt ebenfalls nicht erwünschten dauerhaften Nicht- oder Minderbesteuerung vermieden werden. Es besteht jedoch die Gefahr, dass sich ein solches Vorgehen in der Praxis gegenüber einer Vorlage nach Art. 267 AEUV als weniger effektiv herausstellt, da die Kommission erst die möglichen Doppelbesteuerungsfolgen abstrakt verifizieren müsste.

Selbst wenn man für die unmittelbare Wirkung der Grundfreiheiten eine gesamtschuldnerische Verpflichtung der beteiligten Mitgliedstaaten als unbedingten und hinreichend genauen *Verpflichtungsadressat* genügen lassen wollte, verbleiben Zweifel an einer solchen Lösung. Schließlich würde die unmittelbare Anwendung der Grundfreiheiten an dem fehlenden unbedingten und hinreichend genauen *Verpflichtungsinhalt* scheitern. Eine völkervertragliche Lösung kann auf Basis der Grundfreiheiten schwerlich erzwungen werden. Aus kompetenzrechtlichen Gründen könnte den Mitgliedstaaten ein bilaterales Abstimmungsergebnis etwa für ein zu schließendes DBA nicht vorgeschrieben werden.[726] Der EuGH könnte die Mitgliedstaaten lediglich dazu verpflichten, im Ergebnis auf den grenzüberschreitenden Sachverhalt das höhere der beiden Steuerniveaus anzuwenden und die Beschränkung (vorbehaltlich einer Rechtfertigung) durch eine gemeinsame, aber frei wählbare Steuerverteilung und Vermeidungsmaßnahme abzustellen. Bis dahin wären die Besteuerungsfolgen auszusetzen.

Die Ansicht, dass eine Beschränkung, die nur durch eine auf beide mitgliedstaatlichen Rechtsordnungen Bezug nehmende Betrachtung festgestellt werden kann, dann auch aufgrund der gemeinsamen Verantwortung lediglich eine Rechtsfolge gegenüber beiden Mitgliedstaaten auslösen könne,[727] ist bereits aufgrund dieser Ineffektivität abzulehnen. Mangels unmittelbarer Anwendbarkeit der Grundfreiheiten, insbesondere aufgrund der unbestimmten Rechtsfolgen und wegen der lediglich beschränkten prozessualen Durchsetzbarkeit im Fall der Gesamtschuldlösung, entfaltet diese de facto keinen hinreichenden grundfreiheitsrechtlichen Schutz.

b) Einzelstaatliche grundfreiheitsrechtliche Berücksichtigungspflicht, Verteilung von Steuersubstrat

aa) Koordinationsrechtlicher Gehalt der Grundfreiheiten

Vorzugswürdig erscheint eine Lösung, die der unmittelbaren Anwendbarkeit der Grundfreiheiten Rechnung trägt und auch im Rahmen einer Vorlagefrage nach Art.

726 *Kokott*, in: Lehner, Grundfreiheiten im Steuerrecht der EU-Staaten, S. 1, 6f.; *Lehner*, IStR 2001, S. 329, 332.

727 *Reimer*, in: Lehner, Grundfreiheiten im Steuerrecht der EU-Staaten, 39, 58.

267 AEUV judizierbar ist. Sofern die Doppelbesteuerung nicht vorrangig durch zwischenstaatliche Steuerverteilung vermieden wurde, obliegt es dem Gerichtshof, auf Grundlage der Grundfreiheiten *einen* Mitgliedstaat diesbezüglich in die Pflicht zu nehmen.[728] Zu diesem Zweck müssen die Grundfreiheiten neben ihrem gleichheitsrechtlichen Gehalt auch als Koordinationsrecht fungieren.[729] Während die Marktfreiheiten bei im Rahmen der Kästchengleichheit zu beurteilenden Gleichbehandlungsansprüchen lediglich das Verhältnis des Steuerpflichtigen zu einer Hoheitsgewalt berühren, kommt in den Fällen der internationalen juristischen Doppelbesteuerung eine weitere Ebene hinzu, nämlich das Verhältnis der Mitgliedstaaten zueinander.[730] Das unionsrechtliche Doppelbesteuerungsverbot erfordert demnach, dass bei einer Entscheidung über die Grundfreiheitskonformität der Besteuerung eines Mitgliedstaats zugleich eine Verteilungsentscheidung im Verhältnis zwischen den Mitgliedstaaten getroffen wird. Denn eine Auslegung des Unionsrechts zugunsten eines Doppelbesteuerungsverbots ist unweigerlich mit einer Zuordnung des Steuersubstrats verbunden.

Die zunächst zur Feststellung der benachteiligenden Wirkung erforderliche staatenübergreifende Gesamtbetrachtung der Wirtschaftstätigkeit des Marktteilnehmers verengt sich bei der Frage der verantwortungszuweisenden Rechtsfolge wieder auf die isolierte Fokussierung einer mitgliedstaatlichen Rechtsordnung als grundfreiheitsbeschränkende Maßnahme. Um nicht zu zufälligen Ergebnissen zu gelangen, muss die grundfreiheitswidrige Rechtsvorschrift auf Grundlage von nachfolgend noch zu analysierenden Zuordnungsregeln bestimmbar sein. Den Steuervorschriften des danach für die Doppelbesteuerung nicht verantwortlichen Mitgliedstaats ist korrespondierend die fehlende Eingriffsqualität im Hinblick auf die Grundfreiheiten zu attestieren. Alternativ könnte überlegt werden, diesem Staat auch eine Rechtfertigungsmöglichkeit zuzusprechen.[731] Eine Verpflichtung eines einzelnen Mitgliedstaats zur Berücksichtigung einer steuerlichen Belastung, die in einem anderen Mitgliedstaat eintritt, lässt sich so über den koordinations- und gleichheitsrechtlichen Gehalt der Grundfreiheiten abbilden und kann als subjektives Recht des steuerpflichtigen Marktteilnehmers auch eingefordert werden.

---

728 *Schön*, in: Schön, GedS Knobbe-Keuk, S. 743, 773; *Dautzenberg*, DB 1994, S. 1542, 1545; *Englisch*, Intertax 2005, S. 310, 324; *Kofler*, SWI 2006, S. 62, 67.

729 Hierzu: *Hoffmann*, Grundfreiheiten, S. 60.

730 *Hey*, StuW 2004, S. 193, 198.

731 Insbesondere das Legitimationsanliegen der Wahrung der Steueraufteilung würde jedoch in seiner gegenwärtigen Ausprägung eine entsprechende bilaterale Abstimmung voraussetzen. Zudem wäre aufgrund der rechtlich nicht differenzierenden und unterschiedslos wirkenden nationalen Maßnahme eine eingriffsbegründende Diskriminierung oder Beschränkung bei dem zur Vermeidung der Doppelbesteuerung nicht verantwortlichen Mitgliedstaat nicht begründbar.

bb) *Prozessuale Durchsetzung vor dem EuGH*

Durch eine entsprechende grundfreiheitsrechtliche Koordinierung ergeben sich unter der Annahme einer realisierbaren unionsrechtlichen Steuerdistribution[732] weniger prozessuale Schwierigkeiten. Insbesondere kann ein Doppelbesteuerungsverbot auf Basis der unmittelbar anwendbaren Grundfreiheiten auch im nationalen Instanzenzug eingeklagt und die Frage, ob die Grundfreiheiten zugunsten eines Doppelbesteuerungsverbots auszulegen sind, dem EuGH vorgelegt werden. Dabei kann nur der Mitgliedstaat durch das nationale Gericht verurteilt werden, dessen Steuervorschrift im nationalen Finanzprozess verfahrensgegenständlich ist. Auch im Rahmen des Vorabentscheidungsverfahrens ist eine Verpflichtung eines anderen, grundfreiheitsrechtlich verantwortlichen Mitgliedstaats nicht denkbar. Zwar sieht Art. 40 UAbs. 1 Satzung EuGH die Möglichkeit eines Streitbeitritts vor, dies erfolgt jedoch nur auf freiwilliger Basis und führt bis auf den Wegfall des Drittwiderspruchsrechts (Art. 42 Satzung EuGH) zu keiner prozessualen Bindungswirkung. Da das Vorabentscheidungsverfahren ein indirektes und kein streitiges Verfahren ist, kommt eine solche Beteiligung Dritter ohnehin nicht im Rahmen von Art. 267 AEUV in Betracht.[733] Die Anfechtung der Besteuerung zum Zwecke der Beseitigung einer Abgabenkumulation erfordert somit vom Marktteilnehmer die Auswahl des grundfreiheitsrechtlich verantwortlichen Mitgliedstaats. Das Risiko eines gerichtlichen Unterliegens dürfte hierbei jedoch nur unwesentlich höher sein als bei jeder anderen Missinterpretation ergangener EuGH-Judikate.

cc) *Steuerverteilende Wirkung durch EuGH-Judikate*

Nach Auffassung des EuGH ist die bereits getroffene und grundfreiheitsrechtlich unbeeinflusste Aufteilung der Besteuerungsbefugnisse der Mitgliedstaaten im nicht harmonisierten Bereich der direkten Steuern einer europarechtlichen Prüfung entzogen.[734] Trotzdem spricht der EuGH auch in dem bereits erwähnten Urteil in der Rs. *Wannsee* hilfsweise den Ansatz einer steuerdistributiven Verantwortungsbestimmung an. Zwar lag der Entscheidung keine durch ein Zusammenwirken zweier Rechtsordnungen begründete Benachteiligung zugrunde. Auf die Ausführungen des vorlegenden Gerichts, dass eine Nachversteuerung unterblieben wäre, wenn der Marktteilnehmer nachgewiesen hätte, dass eine Verlustnutzung im Betriebstättenstaat generell ausscheidet, stellte der Gerichtshof jedoch ergänzend fest: „*Selbst wenn man unterstellt, dass das Zusammenwirken der*

732 Zur Problematik bei der Auslegung von DBA-Regelungen als Verteilungsmaßstab, s.u.: Teil 3: VI.) 1.) b).

733 *Classen*, in: Schulze/Zuleeg/Kadelbach, Europarecht, § 4, Rn. 106.

734 EuGH Urteil v. 6.12.2007, Rs. C-298/05 (*Columbus Containers*), Slg. 2007, S. I-10451, Rn. 44 f.

Besteuerung im Ansässigkeitsstaat des Stammhauses der betreffenden Betriebsstätte mit der Besteuerung im Betriebsstättenstaat zu einer Beschränkung der Niederlassungsfreiheit führen kann, ist eine solche Beschränkung ausschließlich dem letztgenannten Staat zuzurechnen"[735].

Die Befugnis der Mitgliedstaaten zur Festlegung der Kriterien für die Besteuerungsaufteilung und zur Vermeidung der Doppelbesteuerung schließt ein grundfreiheitsrechtliches Doppelbesteuerungsverbot nicht aus.[736] Trotz der Zuständigkeit der Mitgliedstaaten im Bereich der direkten Steuern ist das nationale Steuerrecht an den Grundfreiheiten zu messen.[737] Einer grundfreiheitsrechtlichen Aufteilung der Besteuerungsbefugnisse seitens des EuGH stehen somit keine kompetenzrechtlichen Bedenken gegenüber, sofern eine solche effektiv noch nicht stattgefunden hat. Außerhalb des Schutzbereichs der Grundfreiheiten befinden sich lediglich solche Quasi-Beschränkungen, die ausschließlich auf den Unterschieden der Steuersysteme beruhen.

In der Literatur wird zudem zutreffend darauf hingewiesen, dass sich der Gerichtshof selbst in Widerspruch stellt zu dem von ihm mitgeprägten Grundsatz einer grundfreiheitsrechtlichen Immunität der Steuerverteilung und einer Ermangelung aus den Grundfreiheiten zu gewinnender Aufteilungskriterien.[738] Wie bereits mehrfach angedeutet, ergibt eine Analyse der Rechtsprechung, dass ihm eine Distribution von Steuersubstrat nicht fremd ist. Beispielhaft für solche Judikate lassen sich zunächst die Entscheidungen zur Nutzung von Verlusten aus ausländischen Quellen anführen. Der EuGH[739] folgert grundsätzlich aus der Quellenbesteuerung von Betriebstätteneinkünften unter Freistellung im Ansässigkeitstaat eine symmetrische Nichtberücksichtigung negativer Einkünfte im letztgenannten Staat. Für den Fall endgültiger Verluste setzt der EuGH diese bilaterale Verteilung aus grundfreiheitsrechtlichen Verhältnismäßigkeitserwägungen jedoch wieder außer Kraft und judiziert eine Berücksichtigungspflicht des Ansässigkeitstaates im Rahmen eines unterschiedslos anwendbaren Welteinkommensprinzips.[740] Mit der Anerkennung der Symmetriethese im Rahmen der Rechtfertigungsprüfung gibt der Gerichtshof zunächst zu

---

735 EuGH Urteil v. 23.10.2008, Rs. C-157/07 (*Wannsee*), Slg. 2008, S. I-8061, Rn. 51.

736 A.A.: GA *Geelhoed* Schlussanträge v. 23.2.2006, Rs. C-374/04 (*ACT Group Litigation*), Slg. 2006, S. I-11673, Rn. 51; Schlussanträge v. 6.4.2006, Rs. C-513/04 (*Kerckhaert und Morres*), Slg. 2006 S. I-10967, Rn. 31.

737 EuGH Urteil v. 28.1.1986, Rs. C-270/83 (*Kommission/Frankreich*), Slg. 1986, S. 273.

738 *Wernsmann*, in: Schulze/Zuleeg/Kadelbach, Europarecht, § 30, Rn. 95; *Schönfeld*, StuW 2006, S. 79, 81; *Schön*, in: *Schön*, GedS Knobbe-Keuk, S. 743, 762; *Kofler*, IStR 2011, 668, 670.

739 EuGH Urteil v. 15.5.2008. Rs. C-414/06 (*Lidl Belgium*), Slg. 2008, S. I-3601, Rn. 42 ff.; ebenso: BFH Urteil v. 17.7.2008, I R 84/04, DStR 2008, S. 1869 ff., Tz. 1.

740 EuGH Urteil v. 15.5.2008. Rs. C-414/06 (*Lidl Belgium*), Slg. 2008, S. I-3601, Rn. 47; Urteil v. 13.12.2005, Rs. C-446/03 (*Marks & Spencer*), Slg. 2005, S. I-10837, Rn. 55; s.o.: Teil 1: V.) 2.) c) aa).

erkennen, dass er die Frage der Verlustberücksichtigung steuerbefreiter Einkünfte nicht außerhalb der eigentlichen Steuerverteilung ansiedelt,[741] auch wenn er sie nicht vom grundfreiheitsrechtlichen Schutzbereich ausnimmt. Spätestens durch den Ausgleich im Wege des Finalitätsvorbehalts beschränkt der EuGH jedoch wiederum die nach seiner Ansicht geltende Abkommenssymmetrie und greift damit letztendlich in die Aufteilung der Besteuerungsrechte ein.[742] Die Entscheidungen konkretisieren durch die Ultima-Ratio-Verlustberücksichtigungspflicht die Empfehlungen in Art. 23 Nr. 44 des OECD-MK, die die Anwendung der Freistellungsmethode im Fall von Verlusten aus der freigestellten Quelle ausdrücklich zulässt. In der Rs. *Deutsche Shell* wurden dem Stammhaus die vagabundierenden Währungsverluste aus der grenzüberschreitenden Tätigkeit zugeordnet.[743] Des Weiteren kann der EuGH-Rechtsprechung in Bezug auf die *Schumacker*-Doktrin[744] eine distributive Wirkung nicht abgesprochen werden. Zwar ergibt sich nicht zwingend aus dem bilateralen wechselseitigen Verzicht auf Besteuerungsrechte für im Ausland belegene Quellen, dass der Ansässigkeitstaat von der Berücksichtigung steuermindernder Faktoren anteilig in Bezug auf die befreiten oder der Anrechnung unterliegenden ausländischen Einkünfte absehen kann oder diese umgekehrt berücksichtigen muss.[745] Dennoch vollzieht der EuGH mit dem Verlangen nach Vollberücksichtigung der persönlichen und familiären Steuerbegünstigungen je nach Einkunftssituation im Ansässigkeit- oder Quellenstaat eine Konkretisierung eines oftmals ungeregelten Aspekts der vorgenommenen Steuerverteilung. Im Hinblick auf das Schicksal dieser keiner Einkunftsquelle direkt zuzuordnenden Abzugsbeträge erfolgt eine Verantwortungszuweisung mit steuerverteilender Wirkung. Die Wegzugsbesteuerung im Fall des Grenzübertritts eines Wirtschaftsteilnehmers berührt ebenfalls die Frage der Aufteilung der Besteuerungsbefugnisse.[746] Die steuerliche Erfassung der auf Gesellschaftsbeteiligungen ruhenden stillen Reserven im Zeitpunkt des Wegzugs durch den Wegzugstaat steht im Einklang mit Abkommensbestimmungen, die dem Vorbild des Art. 13 Abs. 5 OECD-MA folgen.[747] Als Konsequenz wird daraus gefolgert, dass der Zuzugstaat

741 So: Österreichischer Verwaltungsgerichtshof Erkenntnis v. 25.9.2001, 99/14/0217-9, IStR 2001, S. 754 ff.; *Wassermeyer*, in: Debatin/Wassermeyer, Doppelbesteuerung, Art. 23 MA, Rn. 57, m.w.N.

742 *Kube*, IStR 2008, S. 305, 306, 310 ff.; *Seiler/Axer*, IStR 2008, S. 838, 841 ff.; *Lamprecht*, IStR 2008, S. 766, 768; a.A.: *Rehm/Feyerabend/Nagler*, IStR 2007, S. 7, 12; *Schön*, IStR 2004, S. 289, 291, 294.

743 EuGH Urteil v. 28.2.2008, Rs. C-293/06 (*Deutsche Shell*), Slg. 2008, S. I-1129.

744 EuGH Urteil v. 14.2.1995, Rs. C-279/93 (*Schumacker*), Slg. 1995, S. I-225, Rn. 36 ff.; s.o.: Teil 1: V.) 2.) c) bb).

745 Vgl. Art. 23, Nr. 44 OECD-MK.

746 A.A. wohl: *Körner*, IStR 2004, S. 424, 427.

747 *Reimer*, in: Vogel/Lehner, DBA, Art. 13, Rn. 202; *Kluge*, Das Internationale Steuerrecht, S, Rn. 262.

den durch die Veräußerungsgewinnbesteuerung verursachten Step-up als Ausfluss der DBA-rechtlichen Steuerverteilung zu beachten hat, um eine Doppelbesteuerung zu vermeiden.[748] In der Folge gehen auch Wertverluste nach Grenzübertritt zulasten des Zuzugstaats. Sofern eine solche Steueraufteilung mit entsprechender zeitlicher Zäsur nicht ausdrücklich bilateral vereinbart wurde, hat der EuGH hingegen abweichend dem Wegzugstaat die Berücksichtigung von nach dem Wegzug entstehenden Vermögensminderungen, im Sinne einer Gleichbehandlung mit dem auf den rein inländischen Sachverhalt anwendbaren Realisationsprinzip, aufgegeben.[749] Nach Wegzug eintretende Wertminderungen gehen dann zulasten des Steuersubstrats des Wegzugstaats.

Dass dem EuGH eine Verantwortungszuweisung in Doppelbesteuerungsfällen auf Grundlage gleichheitsrechtlicher Überlegungen nicht fremd ist, ergibt sich schließlich auch bei einem Blick auf die Problematik der wirtschaftlichen Doppelbesteuerung. Wie noch zu zeigen ist, hat der Gerichtshof den Ansässigkeitstaat des Anteilseigners als entlastungsverpflichtet in Bezug auf die angefallene Körperschaftsteuer angesehen, wenn eine solche Entlastung auch für rein inländische Beteiligungsverhältnisse vorgesehen ist.[750] Der Ansässigkeitstaat der ausschüttenden Gesellschaft (also der Quellenstaat der Dividendeneinkünfte) hat hingegen eine solche Entlastung nicht unterschiedslos zu gewähren, wozu der EuGH aufgrund der fehlenden Vergleichbarkeit des im Ausland ansässigen Anteilseigners gelangt.[751] Gründe, weshalb ein inländischer und ein ausländischer Anteilseigner im Hinblick auf die Körperschaftsteuervorbelastung im Sitzstaat der Gesellschaft nicht vergleichbare Interessen haben sollen, sind jedoch nicht erkennbar. Vielmehr dürften beide aus ihrer individuellen Perspektive ein gleichgerichtetes Interesse an einer Entlastung von der steuerlichen Vorbelastung der in diesem Staat erzielten Einkünfte haben. Der EuGH benötigt das Kriterium der Vergleichbarkeit jedoch als Ausstieg aus der grundfreiheitsrechtlichen Prüfung (es liegt immerhin eine benachteiligende Differenzierung innerhalb der nationalen Rechtsordnung des Sitzstaates der ausschüttenden Gesellschaft vor), um eine Inanspruchnahme des aus seiner Sicht nicht verpflichteten Mitgliedstaats zu verhindern und die Gefahr einer Doppelentlastung zu vermeiden. Im Ergebnis ordnet er damit das im Wege der Körperschaftsteuer erzielte Steuersubstrat

748 *Kluge*, Das Internationale Steuerrecht, S, Rn. 262.

749 EuGH Urteil v. 7.9.2006, Rs. C-470/04 (*N*), Slg. 2006, S. I-7409, Rn. 54; ausführlich: GA *Kokott* Schlussanträge v. 30.3.2006, Rs. C-470/04 (*N*), Slg. 2006, S. I-7409, Rn. 98, 122 f.

750 GA *Kokott* Schlussanträge v. 18.3.2004, Rs. C-319/02 (*Manninen*), Slg. 2004, S. I-7477, Rn. 66 ff.; EuGH Urteil v. 7.9.2004, Rs. C-319/02 (*Manninen*), Slg. 2004, S. I-7477, Rn. 45 f.; Urteil v. 6.3.2007, Rs. C-292/04 (*Meilicke u. a.*), Slg. 2007, S. I-1835, Rn. 28 f.; s.u.: Teil 4: I.) 1.) b) (1) und II.) 2.) b) aa).

751 EuGH Urteil v. 14.12.2006, Rs. C-170/05 (*Denkavit*), Slg. 2006, S. I-11949, Rn. 34; Urteil v. 8.11.2007, Rs. C-379/05 (*Amurta*), Slg. 2007, S. I-9569, Rn. 37.

dem Sitzstaat der ausschüttenden Gesellschaft zu. Beachtet man, dass etwa unter dem deutschen Anrechnungssystem die Körperschaftsteuer (nur) eine Art Vorauszahlung der Dividendenbesteuerung war, tritt das Ausmaß der hierdurch bewirkten grundfreiheitsrechtlichen Steuerverteilung deutlich zutage.

Den genannten EuGH-Entscheidungen ist eine Verteilungswirkung zuzusprechen. Die judizierte gleichheitsbedingte Ausweitung von Steuervorteilen zugunsten des grenzüberschreitenden Sachverhalts weist, wie gezeigt, einen direkten Zusammenhang mit getroffenen oder unterlassenen Steuerverteilungen auf. In solchen Fällen riskiert der EuGH die Störung der völkerrechtlich getroffenen Verteilung beziehungsweise bewirkt diese selbst und verschiebt somit Steuersubstrat zwischen den Mitgliedstaaten. Es muss freilich beachtet werden, dass die den vorgenannten Entscheidungen zugrunde liegenden Sachverhalte fast alle einen den grenzüberschreitenden Sachverhalt schlechter behandelnden Mitgliedstaat bieten und sich die grundfreiheitsbeschränkende Wirkung anders als in den hier zu untersuchenden Doppelbesteuerungsfällen nicht erst aus dem Zusammenwirken zweier unterschiedslos wirkender Steuerordnungen ergibt. Vermögen die Grundfreiheiten aber sogar in eine getroffene DBA-Steuerverteilung einzugreifen oder diese fortzuentwickeln, muss auch die grundfreiheitsrechtliche Inpflichtnahme eines Mitgliedstaats in echten Doppelbesteuerungsfällen, also bei ohnehin nicht durchgeführter effektiver bilateraler Steuerverteilung, möglich sein. Mangels nicht erfolgter völkerrechtlicher Umsetzung effizienz- und verteilungsgerechter Anliegen zwischen den Mitgliedstaaten lässt sich einer ersatzweisen grundfreiheitsrechtlichen Aufteilung der Besteuerungsbefugnisse für den Fall der unabgestimmten Abgabenkumulation weitaus weniger Störpotential im Hinblick auf die mitgliedstaatliche Steuerzuständigkeit entnehmen. Sofern für einen Doppelbesteuerungsfall abkommensrechtlich eine die Einmalbesteuerung bewirkende Regelung getroffen wurde, ist diese von einer grundfreiheitsrechtlichen Verteilung ohnehin grundsätzlich ausgenommen.[752] Es fehlt dann auch unter supranationaler Sichtweise bereits an einer eingriffsbegründenden Beschränkung des grenzüberschreitenden Sachverhalts.

dd) Abstimmung nationaler Steuersysteme als Grenze der Integration durch die Grundfreiheiten

Bleibender Kritikpunkt einer einzelstaatlichen Verantwortung ist die zwangsweise Folge, dass der grundfreiheitsrechtlich verpflichtete Mitgliedstaat durch

752 EuGH Urteil v. 12.12.2002, Rs. C-385/00 (*de Groot*), Slg. 2002, S. I-11819, Rn. 100, zu einer quotalen Aufteilung; Mitteilung der Kommission v. 19.12.2006, KOM(2006) 825, Wegzugsbesteuerung, S. 5, 9, zu einem vereinbarten Step-up.

eine solche Berücksichtigungspflicht für das Steuersystem eines anderen Mitgliedstaats indirekt mitverantwortlich gemacht wird.[753] Durch die Ausgestaltung seines Steuersystems könnte der nicht grundfreiheitsrechtlich verpflichtete Mitgliedstaat den Umfang der Berücksichtigungspflicht des zur Vermeidung bestimmten Mitgliedstaats beeinflussen, bis hin zu dessen vollständiger Erosion des Steuersubstrats aus der ausländischen Quelle. Dies erscheint insbesondere im Hinblick auf die neuerdings wiederholt betonte Rechtsprechungslinie des EuGH problematisch, nach der ein Mitgliedstaat nicht für die Rechtsordnung eines anderen Mitgliedstaats verantwortlich gemacht werden kann.[754] Der Gerichtshof hatte hierbei festgestellt, *„dass ein Staat für die Zwecke seines eigenen Steuerrechts nicht verpflichtet sein kann, die eventuell ungünstigen Auswirkungen der Besonderheiten einer Regelung eines anderen Staates zu berücksichtigen“*[755], sowie, *„dass die Niederlassungsfreiheit nicht dahin verstanden werden kann, dass ein Mitgliedstaat verpflichtet ist, seine Steuervorschriften auf diejenigen eines anderen Mitgliedstaats abzustimmen, um in allen Situationen eine Besteuerung zu gewährleisten, die jede Ungleichheit, die sich aus den nationalen Steuerregelungen ergibt, beseitigt, da die Entscheidungen, die eine Gesellschaft in Bezug auf die Festlegung von Unternehmensstrukturen im Ausland trifft, je nach Fall Vor- oder Nachteile für sie haben können“*[756]. Ließen sich diese Erkenntnisse auf die Fälle der Doppelbesteuerung übertragen, wäre also die steuerliche Vorbelastung in einem anderen Mitgliedstaat eine solche *„ungünstige Auswirkung“* aus dessen Rechtsordnung und dürfte eine Verantwortungszuweisung an einen Mitgliedstaat in Bezug auf die Pflicht zur Vermeidung der Doppelbesteuerung problematisch sein.

Der im Rahmen der supranationalen Wirkungsanalyse aufgestellte Grundsatz, wonach eine nachteilhafte Steuerwirkung unbeachtlich ist, wenn sie aus der Rechtsordnung eines anderen Mitgliedstaats resultiert, ist eine Ausprägung der in der Rs. *Gilly* festgestellten Quasi-Beschränkungen. Bei der durch den EuGH statuierten fehlenden Abstimmungsverpflichtung der Mitgliedstaaten handelt es sich um eine Aussage zur Thematik der unterschiedlichen Ausgestaltung der Steuersysteme. Eine grundfreiheitsrechtliche Überlagerung der teilmarktbedingten Aufteilung der positiven und negativen Einkünfte soll nicht zur Einebnung der unterschiedlichen Steuerregelungen (etwa im Hinblick auf die Verlustnutzung) führen.

753 *Jacobs*, Internationale Unternehmensbesteuerung, S. 202; *Kube*, IStR 2008, S. 305, 311; *Bruns*, IStR 2008, S. 526, 59.

754 EuGH Urteil v. 23.10.2008, Rs. C-157/07 (*Wannsee*), Slg. 2008, S. I-8061.

755 EuGH Urteil v. 23.10.2008, Rs. C-157/07 (*Wannsee*), Slg. 2008, S. I-8061, Rn. 49.

756 EuGH Urteil v. 23.10.2008, Rs. C-157/07 (*Wannsee*), Slg. 2008, S. I-8061, Rn. 50; ebenso: EuGH Urteil v. 28.2.2008, Rs. C-293/06 (*Deutsche Shell*), Slg. 2008, S. I-1129, Rn. 43; Urteil v. 12.7.2005, Rs. C-403/03 (*Schempp*), Slg. 2005, S. I-6421, Rn. 45.

Zwar sind auch die Besteuerungsparameter des nicht entlastungsverpflichteten Mitgliedstaats unweigerlich Bestandteil der eintretenden Doppelbesteuerungsfolge. Soweit im Rahmen des grundfreiheitsrechtlichen Doppelbesteuerungsverbots ausschließlich ein Verzicht von Steuersubstrat in Form einer Berücksichtigung ausländischer Steuern gefordert wird, liegt zumindest keine unmittelbare Abstimmungsverpflichtung der eigenen Besteuerungstatbestände auf die eines anderen, divergierenden Steuersystems vor. Nicht eine unterbliebene Angleichung der mitgliedstaatlichen Rechtsordnungen, sondern die fehlende Koordination konkurrierender fiskalischer Ansprüche verursacht die Mehrbelastung für den Marktteilnehmer. Die zu beseitigende Ungleichheit ist somit keine, die sich direkt aus den disparaten nationalen Rechtsordnungen ergibt.

Es steht jedoch zu befürchten, dass sich in diesem Fall das Risiko einer Ausweitung der Besteuerungsbefugnisse eines Mitgliedstaates zulasten des zur Beseitigung der Doppelbesteuerung verpflichteten Mitgliedstaates realisiert. Zwar können die Mitgliedstaaten auch bei dem gegenwärtig durch den Gerichtshof vertretenen Verständnis des Unionsrechts, das gegen ein grundfreiheitsrechtliches Verbot der Doppelbesteuerung spricht, ihre Besteuerungsbefugnisse ohne Bedenken extensiv anwenden. Dabei muss jedoch unterstellt werden, dass diese bislang zumindest aus ökonomischen Gründen eine Doppelbesteuerung auch durch eigenes Nachgeben beseitigt haben. Ein grundfreiheitsrechtliches Doppelbesteuerungsverbot könnte dazu verführen, den Steuerzugriff in Kenntnis der Entlastungspflicht des anderen Mitgliedstaates auszuweiten. Die Verhandlungspositionen bei der Neuverhandlung künftiger DBA würden sich aufgrund des grundfreiheitsrechtlich geprägten Verbots der internationalen juristischen Doppelbesteuerung erheblich verschieben. Die Konsequenz wäre somit zumindest ein faktischer Eingriff in die mitgliedstaatliche Steuerverteilung.

Die Berücksichtigungspflicht des grundfreiheitsrechtlich für die Doppelbesteuerung verantwortlichen Mitgliedstaats muss dann an Grenzen stoßen, wenn innerhalb des Teilmarkts des anderen Mitgliedstaats eine verbotene Diskriminierung oder Beschränkung auftritt.[757] Unter dem Einwand einer Benachteiligung durch die Rechtsordnung des anderen Mitgliedstaats, dem die Vermeidung der Doppelbesteuerung nicht obliegt, entfällt dann die grundfreiheitsrechtliche Verantwortlichkeit für eine eingetretene Mehrbelastung. Hierfür vorrangig verantwortlich ist die rechtlich differenzierende beziehungsweise nicht unterschiedslos wirkende nationale Maßnahme. So könnte etwa ein ausländischer Künstler einer im Vergleich zum inländischen Pendant benachteiligenden Bruttobesteuerung im Quellenstaat unterliegen[758], während ihn zugleich in seinem Ansässigkeitstaat ein

757 *Englisch*, Intertax 2005, S. 310, 325.

758 Hierzu: EuGH Urteil v. 12.6.2003, Rs. C-234/01 (*Gerritse*), Slg. 2003, S. I-5933.

weiterer, ungemilderter (aber unterschiedslos ausgestalteter) Steuerzugriff trifft. Unterstellt, der Ansässigkeitstaat wäre grundfreiheitsrechtlich zu Beseitigung der Doppelbesteuerungswirkung verpflichtet, dürfte eine Anrechnung nicht den Teil der Steuer aus dem Quellenstaat umfassen, der ohnehin in diskriminierender Weise erhoben wurde. Das könnte etwa der Betrag sein, der aus den im Quellenstaat unionsrechtswidrig nicht berücksichtigten Abzügen oder Tarifdegressionen resultiert.

3.) Anforderung an grundfreiheitsrechtliche Verteilungsmaßstäbe

Die Gretchenfrage ist somit weniger, ob eine steuerverteilende Verantwortungszuweisung auf Basis der Grundfreiheiten möglich ist, sondern liegt vielmehr in der Feststellung des Gerichtshofs, dass das Unionsrecht beim gegenwärtigen Stand der Harmonisierung keine allgemeinen Kriterien kennt, die eine Aufteilung der Besteuerung zur Vermeidung der Doppelbesteuerung ermöglichen würden.[759] Dies ist die Frage nach unionsrechtlichen Maßstäben zur Bestimmung des Besteuerungsvorrechts. Zumindest bei isolierter Prüfung der Grundfreiheiten und des sonstigen binnenmarktausgestaltenden Primärrechts (vgl. auch ex-Art. 293 2. Spiegelstrich EG) ist zuzugeben, dass keine explizit vorgegebenen Anknüpfungspunkte einer Verteilung für den Fall einer doppelten mitgliedstaatlichen Steuererfassung zu erkennen sind.[760] Möchte man die Binnenmarktstörungen beseitigen und das grundfreiheitsrechtliche Doppelbesteuerungsverbot wirksam werden lassen, bedarf es für die Lösung der Zuteilungsproblematik einer Anbindung an inhaltliche Maßstäbe, entweder auf Grundlage allgemeiner Prinzipien oder unter Verwendung von Hilfsnormen, ähnlich den sekundärrechtlichen Koordinierungsregelungen im Bereich der sozialen Sicherungssysteme.

a) Generelle Erforderlichkeit einer sachgerechten zwischenstaatlichen Steuerverteilung

Das Interesse des Steuerpflichtigen an einem bestimmbaren Grundfreiheitsschutz, eine nachvollziehbare und systematische Grundfreiheitsdogmatik, die effektive Durchsetzung des Unionsrechts und vor allem das Fiskalinteresse und

---

759 GA *Geelhoed* Schlussanträge v. 6.4.2006, Rs. C-513/04 (*Kerckhaert und Morres*), Slg. 2006 S. I-10967, Rn. 31; EuGH Urteil v. 14.11.2006, Rs. C-513/04 (*Kerckhaert und Morres*), Slg. 2006 S. I-10967, Rn. 22; Urteil v. 12.2.2009, Rs. C-67/08 (*Block*), Slg. 2009, S. I-883, Rn. 30.

760 Ausführlich hierzu: *Dautzenberg*, IWB 5/1997, Fach 11, Gruppe 2, S. 299, 304; *Cordewener*, Europäische Grundfreiheiten und nationales Steuerrecht, S. 880; *Cordewener/Schnitger*, StuW 2006, S. 50, 57.

die Steuerzuständigkeit der Mitgliedstaaten erfordern sachgerechte Aufteilungskriterien zur Bestimmung des grundfreiheitsverantwortlichen Mitgliedstaats. Eine willkürliche, dem Zufallsprinzip folgende oder unsachgerechte Verantwortungszuordnung stünde dem entgegen. Sieht man in der internationalen juristischen Doppelbesteuerung eine Beschränkung, deren Beseitigung mittels der Grundfreiheiten durchgesetzt werden muss, ohne jedoch sachgerechte Kriterien für eine Verantwortungszuweisung aufzuzeigen, könnte der Steuerpflichtige letztendlich den zum Verzicht auf die Besteuerung verpflichteten Mitgliedstaat durch die Wahl der angefochtenen Besteuerung selbst bestimmen. Dies könnte etwa aus Gründen der bereits bestandskräftigen Veranlagung oftmals der in zeitlicher Abfolge den zweiten Steuerzugriff ausübende Mitgliedstaat sein. Gut beratene Marktteilnehmer könnten zudem versucht sein, den beklagten Mitgliedstaat nach der für sie günstigeren Steuerwirkung auszusuchen (zum Beispiel Progressionswirkungen, Verlustverrechnungspotential usw.). Ein solches Wahlrecht wäre aus rechtssystematischer Sicht nicht wünschenswert und ist den Mitgliedstaaten im Hinblick auf ihre Kompetenz im Bereich der direkten Steuern auch nicht zumutbar.[761]

b) Konkret-individuelle Akzeptanz der Verteilungsfolgen durch die Mitgliedstaaten

Die grundfreiheitsrechtlich Berücksichtigungs- oder Abstimmungspflicht zur Vermeidung der internationalen juristischen Doppelbesteuerung ähnelt dem in anderen Rechtsgebieten bereits judizierten Anerkennungsgrundsatz. Hinsichtlich der nationalen Ordnungsvorschriften betreffend Produktstandards und Berufsqualifikationen judizierte der EuGH zur Verwirklichung des Herkunftstaatsprinzips, dass durch den Aufnahmemitgliedstaat das Regelungsniveau des Herkunftslands des Marktbürgers zu übernehmen ist. Wegen des bereits ausgeführten Fiskalzwecks der direkten Steuern ist eine Übertragung eines so verstandenen Anerkennungsgrundsatzes auf Steuernormen wegen des dadurch eintretenden Ergebnisses jedoch nicht ohne Weiteres gangbar.[762] Eine Pflicht des grundfreiheitsverantwortlichen Mitgliedstaats, die bereits in einem anderen Mitgliedstaat erhobene Steuer im Rahmen der eigenen Besteuerung zu berücksichtigen, erfordert vielmehr aus europarechtlicher Sicht eine umgekehrte Akzeptanz der konkreten Verteilungswirkung durch die Mitgliedstaaten. Indem diese bestimmten Maximen zur Vermeidung der internationalen juristischen Doppelbesteuerung

761 *Jacobs*, Internationale Unternehmensbesteuerung, S. 201; *Reimer*, in: Lehner, Grundfreiheiten im Steuerrecht der EU-Staaten, S. 39, 58 f.

762 S.o.: Teil 3: IV.) 2.) c).

folgen, geben sie eine akzeptierte zwischenstaatliche Steuerverteilung zu erkennen.[763] Maßnahmen, die eine Steuerverteilung bewirken sollen, dienen zugleich der Verwirklichung des Binnenmarktkonzepts. Der Mitgliedstaat, der einen durch ihn anerkannten Verteilungssatz mit der Folge einer Doppelbesteuerung außer Acht lässt, setzt sich dem grundfreiheitsrechtlich relevanten Vorwurf des venire contra factum proprium aus. Der EuGH hat bereits im Rahmen der Grundfreiheitsprüfung judiziert, dass sich für einen Mitgliedstaat aus internen Widersprüchen bei der Ausgestaltung seines Steuersystems negative Rückschlüsse ergeben können, da er dadurch in anderem Zusammenhang die Akzeptanz bestimmter Besteuerungsfolgen im zwischenstaatlichen Kontext zu erkennen gibt. So kann etwa die Legitimationskraft der Steueraufsicht und -beitreibung im Sinne eines *„intrapersonalen Anerkennungsgrundsatzes"*[764] nicht verfangen, wenn das entsprechende Risiko von Steuerausfällen im Verhältnis zu anderen Mitgliedstaaten in Kauf genommen wird.[765] Zudem kann die Frage nach einer strengen Wechselbeziehung zwischen belastender und kompensatorischer Steuerfolge im Rahmen der Kohärenzrechtfertigung aufgrund einer anderweitigen mitgliedstaatlichen Anerkennung des Steuernachteils auch für den inländischen Sachverhalt oder in Bezug zu anderen Mitgliedstaaten verneint werden.[766] In der ohnehin ein grundfreiheitsrechtliches Doppelbesteuerungsverbot ablehnenden Rechtsprechung lassen sich zwar keine Anhaltspunkte zu einer solchen Übertragung der Grundsätze zum intrapersonalen Anerkennungsgrundsatz finden. Lediglich die im Ergebnis abzulehnende Entscheidung in der Rs. *Futura* scheint eine Pflicht zur Anerkennung der ausländischen Rechnungslegung zu beabsichtigen.[767] Dennoch lassen sich über den Anerkennungsgrundsatz die Orientierungsmaßstäbe in die Grundfreiheiten transferieren, sofern eine hinreichend konkrete Akzeptanz der Steuerallokation erkennbar ist. Mit dem Vorwurf des kontradiktorischen Verhaltens lässt sich der bestehende Anerkennungsgrundsatz betreffend nationale

763 *Rust*, DStR 2009, S. 2568, 2576; a.A.: *Reimer* FR 2007, S. 217, 224; *Waldhoff*, IStR 2009, S. 386, 390ff.

764 Hierzu: *Schnitger*, Die Grenzen der Einwirkung der Grundfreiheiten des EG-Vertrages auf das Ertragsteuerrecht, S. 305ff.; *Cordewener*, Europäische Grundfreiheiten und nationales Steuerrecht, S. 395, 970f.

765 EuGH Urteil v. 14.2.1995, Rs. C-279/93 (*Schumacker*), Slg. 1995, S. I-225, Rn. 46; Urteil v. 28.1.1986, Rs. C-270/83 (*Kommission/Frankreich*), Slg. 1986, S. 273, Rn. 19f.; Urteil v. 29.4.1999, C-311/97 (*Royal Bank of Scotland*), Slg. 1999, S. I-2664, Rn. 31, im Rahmen der Vergleichsprüfung; GA *Stix-Hackl* Schlussanträge v. 15.12.2005, Rs. C-386/04 (*Stauffer*), Slg. 2006, S. I-8203, Rn. 93; GA *Léger* Schlussanträge v. 22.11.1994, Rs. C-279/93 (*Schumacker*), Slg. 1995, S. I-225, Rn. 84; für den außersteuerlichen Bereich: EuGH Urteil v. 13.4.2000, C-176/96 (*Lethonen*), Slg. 2000, S. I-2681, Rn. 58.

766 EuGH Urteil v. 6.6.2000, Rs. C-35/98 (*Verkooijen*), Slg. 2000, S. I-4071, Rn. 60.

767 EuGH Urteil v. 15.5.1997, Rs. C-250/95 (*Futura Participations*), Slg. 1997, S. I-2471, Rn. 39.

Ordnungsvorschriften zu einem die mitgliedstaatliche Kompetenz schonenden Zuordnungsansatz modifizieren. Die Sachgerechtigkeit grundfreiheitsrechtlicher Hilfsnormen und Aufteilungsmaßstäbe zur Vermeidung der Doppelbesteuerung bestimmt sich folglich anhand einer feststellbaren Akzeptanz durch die Mitgliedstaaten. Ebenso wie der Mitgliedstaat im Rahmen des intrapersonalen Anerkennungsgrundsatzes demonstriert, dass eine strengere Regelung nicht erforderlich ist, zeigt er durch Anerkennung einer bestimmten Distribution von Steuersubstrat beziehungsweise den eigenen Verzicht hierauf, dass eine binnenmarktschädliche Doppelbesteuerung vermeidbar ist. Eine hinreichend konkret individuelle mitgliedstaatliche Anerkennung kann sich etwa aus einer expliziten Akzeptanz eines Besteuerungsvorrangs, der eigenen Besteuerungspraxis oder verbindlichen Rechtssätzen ergeben. Eine entsprechende Akzeptanz stellt aus Gründen der Zuständigkeit der Mitgliedstaaten für die direkten Steuern die gebotene Mindestanforderung an einen grundfreiheitsrechtlichen Schutz vor der juristischen internationalen Doppelbesteuerung dar und bildet somit auch die Pflichtengrenze in Bezug auf eine Abstimmung mit Steuerfolgen aus fremden Rechtsordnungen.

Zwar darf man aufgrund der dem EuGH nachgewiesenen Eingriffe in die Steuerverteilung der Mitgliedstaaten bezweifeln, ob die den DBA zugrunde liegenden mitgliedstaatlichen Anliegen stets unionsrechtlich hinreichend beachtet werden. Auch hat der EuGH vereinzelt äquivalenz-theoretischen Überlegungen die legitimierende Wirkung versagt.[768] Dennoch kommt durch die Anerkennung der Rechtfertigungskraft von abkommensrechtlichen Steuerverteilungen in Bezug auf grundfreiheitsrechtliche Eingriffe[769] wie auch durch die Feststellung der grundsätzlichen Grundfreiheitskompatibilität der mitgliedstaatlichen Steuerverteilung und der generellen Sachgerechtigkeit einer Anknüpfung an das OECD-MA[770] eine implizite Akzeptanz der genannten Verteilungsmotive zum Ausdruck. Denn sowohl die OECD-Muster als auch die tatsächlich geschlossenen Abkommen sind in ihrer Ausgestaltung häufig Ausfluss beziehungsweise Ergebnis dieser Überlegungen.

Evident unsachlichen Zuordnungskriterien, die a priori keine mitgliedstaatliche Akzeptanz erkennen lassen, soll im Laufe der nachfolgenden Prüfung nicht nachgegangen werden. Beispielhaft lässt sich mangels Sachgerechtigkeit eine Verantwortungsbestimmung anhand eines formalen Prioritätsprinzips betref-

768 EuGH Urteil v. 14.11.1995, Rs. C-484/93 (*Svensson und Gustavsson*), Slg. 1995, S. I-3955, Rn. 13, 18, wonach ein unmittelbarer Finanzierungszusammenhang zwischen der Gewährung öffentlicher Wohnungsbauzuschüsse und der Zinsbesteuerung des Darlehensgebers nicht ausreicht, um eine Beschränkung unter Kohärenzgesichtspunkten zu rechtfertigen.

769 EuGH Urteil v. 13.12.2005, Rs. C-446/03 (*Marks & Spencer*), Slg. 2005, S. I-10837, Rn. 45 f.; Urteil v. 7.9.2006, Rs. C-470/04 (*N*), Slg. 2006, S. I-7409, Rn. 41 f.

770 EuGH Urteil v. 12.5.1998, Rs. C-336/96 (*Gilly*), Slg. 1998, S. I-2793, Rn. 31.

fend den Steuerzugriff beziehungsweise nach Maßgabe der Höhe der Steuerlast oder auf Basis einer quotalen (zum Beispiel hälftigen) Teilung des Steueraufkommens ausschließen.[771] Eine solche quotale Verteilung von Steueraufkommen zwischen den Mitgliedstaaten mag zwar als politische Lösung durchaus zielführend erscheinen. Sie kann sich jedoch nur als Verhandlungsergebnis ergeben, da es regelmäßig bereits an denkbaren grundfreiheitskonkretisierenden Hilfsnormen für die Quotenfestlegung fehlt.[772]

c) Kein Methodenwahlrecht

Denklogisch schließt sich an die Normierung eines grundfreiheitsrechtlichen Verbots der Doppelbesteuerung die Frage an, wie diese Beseitigung konkret zu erfolgen hat. Wie bereits gezeigt, bieten sich hierfür verschiedene Methoden an. Es stellt sich die Frage, ob sich der Gerichtshof gegebenenfalls neben der Bestimmung des zur Beseitigung der Doppelbesteuerung Verpflichteten auch mit der Frage der Methodenwahl auseinandersetzen müsste oder ob er schlichtweg die Besteuerungsfolge des verpflichteten Mitgliedstaats für mit Unionsrecht unvereinbar hält. Mit Ausnahme der Konstellationen, in denen trotz bestehender abkommensrechtlicher Bestimmungen ein Doppelbesteuerungsfall eintritt, wäre der Gerichtshof unter Umständen gezwungen, eine ersatzweise Wahl der Methode zur Vermeidung der Doppelbesteuerung vorzunehmen.

Geht man von einem grundfreiheitsrechtlichen Verbot der internationalen juristischen Doppelbesteuerung aus und begründet dieses mit einem Vergleich unter supranationaler Perspektive, ergibt sich die Benachteiligung letztendlich aus der kumulativen Mehrbelastung bezüglich des grenzüberschreitenden Sachverhalts. Diese gilt es zu beseitigen. Da Unterschiede in den Steuerrechtsordnungen nach der Entscheidung in der Rs. *Gilly* nur zu grundfreiheitsirrelevanten Quasi-Beschränkungen führen, ist es nicht entscheidend, welches Steuerniveau der beteiligten Mitgliedstaaten letztendlich auf den Grenzübertritt Anwendung findet.[773] Maßgebliche Grenze eines grundfreiheitsrechtlichen Doppelbesteuerungsverbots ist stets die Steuerfolge des höher besteuernden Mitgliedstaats.[774] Wie der verpflichtete Mitgliedstaat die Doppelbesteuerung vermeidet, kann ihm deshalb anheimgestellt werden, solange im Ergebnis die übermäßige Besteuerung

771 Beispiele bei: *Randelzhofer/Forsthoff*, in: Grabitz/Hilf, Das Recht der EU, Vor Art. 39-55 EGV, Rn. 254.

772 Ausnahmen: Die in Art. 10 und 11 OECD-MA empfohlenen Quoten für Quellensteuereinbehalte.

773 EuGH Urteil v. 12.5.1998, Rs. C-336/96 (*Gilly*), Slg. 1998, S. I-2793, Rn. 23 ff.

774 *Englisch*, Wettbewerbsgleichheit im grenzüberschreitenden Handel, S. 276, 329; *ders.*, Intertax 2005, 310, 325; *Reimer*, in: Lehner, Grundfreiheiten im Steuerrecht der EU-Staaten, 39, 57 f.

vermieden wird. Grundfreiheitsrechtliche Vorgaben sind diesbezüglich nicht zu beachten.[775] Der betroffene Mitgliedstaat kann wegen fehlender unionsrechtlicher Vorgaben bei der Methodenwahl unter Berücksichtigung der obigen Ausführungen zumindest regelmäßig zwischen der Freistellungs- und der Anrechnungsmethode wählen. Lediglich Entlastungsmechanismen, die aufgrund ihrer Ausgestaltung die Übermaßbesteuerung nicht vollständig vermeiden, werden den Grundfreiheitsverstoß (vorbehaltlich einer Rechtfertigung) nicht verhindern können. Unter Geltung der Anrechnungsmethode würde dies auch die Nutzung eines Anrechnungsüberhangs (Erstattung oder Vortrag) bei nicht ausreichenden positiven inländischen Einkünften erfordern. Das grundfreiheitsrechtliche Verdikt des EuGH müsste sich somit darauf beschränken, die an sich unterschiedslos eingreifende Besteuerungsfolge des für die kumulative Belastung verantwortlichen Mitgliedstaats für unanwendbar zu erklären, soweit sie zu einer höheren Steuerlast führt. Den Mitgliedstaaten wäre damit die Verpflichtung zur Entlastung ausgesprochen, ohne sie an eine bestimmte Methodenwahl zu binden. Das vorlegende Gericht müsste die Steuerfolgen auf das maximal zulässige Besteuerungsniveau mindern.

d) Gleichwertige Ausübung der Besteuerungsrechte, individuelle Verteilungsgerechtigkeit

Bei der Ausgestaltung der Entlastungsinstrumentarien ist im Weiteren die bereits dargestellte grundfreiheitsrechtliche Gleichbehandlung von grenzüberschreitenden und rein innerstaatlichen Sachverhalten innerhalb der mitgliedstaatlichen Rechtsordnung im Zusammenhang mit der Ausübung der grundfreiheitsrechtlich zugeordneten Besteuerungsrechte zu beachten. Bei Zugrundelegung einer solchen unterschiedslosen Besteuerung in den Teilmärkten wird auch dem Gedanken der individuellen Steuergerechtigkeit als Verteilungsaspekt im Rahmen einer grundfreiheitsrechtlichen Steuerverteilung weitgehend Geltung verschafft. Aus Gründen dieses Verteilungsaspekts hat sich in der Abkommenspraxis bei Einkünften aus Dividenden, Zinsen und Lizenzen weitgehend ein Vorrang des Ansässigkeitstaats durchgesetzt. Das Quellensteuerrecht wird nämlich dann als unsachgerecht empfunden, wenn es sich aus erhebungstechnischen Gründen am reinen Geldabfluss (Bruttoeinkunftsbesteuerung) orientiert, anstelle eine systemgerechte Erfassung des Nettoergebnisses nach dem Prinzip der synthetischen Besteuerung sicherzustellen.[776] Die Folge ist oftmals eine Sonderbelastung grenzüberschreitender Erträge, die mit dem in den meisten Mitgliedstaa-

775 *Rehm/Feyerabend/Nagler*, IStR 2007, S. 7, 12; s.o.: Teil 1: V.) 2.) b).

776 *Menck*, in: Becker/Höppner/Grotherr/Kroppen, DBA-Kommentar, Teil 1, Abschn. 2, Rn. 141 f.

ten mehr oder minder ausgeprägten Leistungsfähigkeitsprinzip in Widerspruch steht. Unabhängig davon, dass die Quellenbesteuerung eventuell mangels Progressionswirkung je nach Einzelfall auch günstiger ausfallen kann und innerhalb der Europäischen Union für die Quellenbesteuerung bestimmter Einkünfte bereits sekundärrechtliche Vorgaben existieren, verbieten die Grundfreiheiten ohnehin eine benachteiligende Bruttobesteuerung.[777] Durch eine gleichwertige Bruttobesteuerung, etwa im Rahmen eines unterschiedslos anwendbaren Steuereinbehalts mit Abgeltungswirkung, wird auch dem Gedanken der individuellen Verteilungsgerechtigkeit ausreichend Rechnung getragen. Somit kann unter der Prämisse einer gleichwertigen Besteuerung des grenzüberschreitenden Sachverhalts eine Besteuerung auch bei Anwendung des höheren Steuerniveaus nicht zu beanstanden sein.

e) Leistungsfähigkeit und Praktikabilität

Schließlich müssen sich die zu untersuchenden Zuordnungskriterien als leistungsfähige, also vollumfängliche Lösungsansätze bewähren. Daneben ist zudem erforderlich, dass sie im Rahmen einer gerichtlichen Prüfung, insbesondere einem Vorabentscheidungsverfahren nach Art. 267 UAbs. 1 lit. a) AEUV, aus prozessualen und praktischen Gründen judizierbar sind.

VI.) Verteilungsmaßstäbe zur grundfreiheitsrechtlichen Verantwortungszuweisung

Zur Durchsetzung eines grundfreiheitsrechtlichen Doppelbesteuerungsverbots müsste der EuGH die bislang in seiner Rechtsprechung bereits teilweise vollzogene Steuerdistribution erheblich ausweiten. Sachgerechte und praktikable Kriterien zur Bestimmung des zur Vermeidung der internationalen juristischen Doppelbesteuerung verpflichteten Mitgliedstaats wären dabei im Wege der Rechtsfortbildung der grundfreiheitsrechtlichen Koordinierungsfunktion zu entwickeln. Eine Anlehnung könnte hierbei etwa an bereits geschlossene DBA, Abkommensmuster und -empfehlungen, Sekundärrecht oder andere Ersatzmaßstäben und Hilfsnormen erfolgen. In der Fachliteratur wurde diesbezüglich bereits eine Reihe von Vorschlägen vorgebracht. Nachfolgend soll untersucht werden, inwieweit sich zielführende Anhaltspunkte für eine grundfreiheitsrechtliche Steuerverteilung finden lassen. Es wird vor allem auf die jeweils kritischen

777 EuGH Urteil v. 3.10.2006, Rs. C-290/04 (*Scorpio*), Slg. 2006, S. I-9461.

Aspekte der vorgenannten Anforderungen an die Verteilungsmaßstäbe eingegangen.

1.) Existierende effektive, bilaterale Steuerverteilung

A priori mit dem Judiz am wenigsten in Einklang bringen lassen sich auftretende Doppelbesteuerungssituationen, für die (scheinbar) bereits eine abkommensrechtliche Entlastung vereinbart wurde, von der jedoch ein Mitgliedstaat im Rahmen seiner Besteuerung abweicht. Eine *bewusste* unilaterale Abkehr von DBA-Bestimmungen durch nationale Rechtsvorschriften, Rechtsanwendung oder sonstige Rechtsakte wird dabei häufig als Treaty Override bezeichnet.[778] Daneben kann es auch ohne bewusstes Abweichen zu einer dem DBA widersprechenden Abkommensinterpretation und -anwendung kommen.[779] Oftmals wird der das Abkommen „überreitende" Staat davon ausgehen, dass nach dem Sinn des DBA ein Abkommensvorteil in bestimmten Situationen oder betreffend bestimmte Personen ohnehin nicht gewährt werden soll. Zumindest wird sich der Mitgliedstaat häufig auf ein anderes Verständnis des DBA berufen. Das Bewusstsein als subjektives Element wird ihm nicht stets attestiert werden können. Auch diese nachfolgend als *unbewusstes* Abweichen von DBA bezeichneten Fälle müssten einer grundfreiheitsrechtlichen Lösung zugeführt werden. In der Literatur wird vertreten, dass sich im Wege einer europarechtlichen Auslegung der grundfreiheitsverpflichtete Mitgliedstaat aus den zwischen den Mitgliedstaaten geschlossenen DBA ergebe.[780] Der Verantwortliche für die eingetretene Doppelbesteuerung sei der bewusst derogierende oder fehlinterpretierende Mitgliedstaat.

---

778 Vgl. auch zu einer möglichen Definition: *Forsthoff*, IStR 2006, S. 509ff.; *Vogel*, in: Vogel/Lehner, DBA, Einl., Rn. 194.

779 Kommission, Summary Report, commission's consultation on double taxation conventions and the internal market: Factual examples of double taxation cases, S. 4, http://ec.europa.eu/taxation_customs/common/consultations/tax/index_de.htm.

780 *Cordewener/Schnitger*, StuW 2006, S. 50, 57; *Forsthoff*, IStR 2006, S. 509, 512; *Cordewener*, Europäische Grundfreiheiten und nationales Steuerrecht, S. 882f.; *Englisch*, Dividendenbesteuerung, S. 259ff.; *ders.*, IStR 2007, 66, 69; *Kofler*, SWI 2006, S. 62, 70f.; *ders.*, Doppelbesteuerungsabkommen und EG-Recht, S. 170ff., 258ff.; *Schnitger*, Die Grenzen der Einwirkungen der Grundfreiheiten des EG-Vertrages auf das Ertragsteuerrecht, S. 263ff.; *Bron*, IStR 2007, S. 431, 435; *Baßler*, IStR 2005, 822,825; *Seer*, IStR 1997, S. 520, 522; wohl ebenso: Kommission Mitteilung v. 19.12.2003, KOM(2003) 810 endg., Besteuerung von Dividenden natürlicher Personen im Binnenmarkt, S. 18.

a) Verbot des Treaty Override

Im Fall einer bewussten Abweichung stellt sich die Frage nach der grundfreiheitsrechtlichen Relevanz des Treaty Override unter dem Gesichtspunkt der unilateralen Revitalisierung der Doppelbesteuerung nach bereits erfolgter bilateraler Beseitigung.

aa) Wirkung

Die Frage der Europarechtskonformität des Treaty Override selbst und die der daraus resultierenden Wirkung sind zu trennen.[781] Die unter Umständen nachteilhafte Wirkung ist die Folge des Abweichens von Abkommensvorteilen. Ein Treaty Override kann einerseits zu einer Schlechterstellung grenzüberschreitender Sachverhalte innerhalb einer mitgliedstaatlichen Rechtsordnung führen beziehungsweise diese wiederaufleben lassen. Entsprechende Treaty Overrides werden häufig mit einer flexiblen, weil unilateral erfolgten Bekämpfung der Steuerarbitrage begründet. Ein Exempel ist der im nationalen deutschen Steuerrecht vorzufindende und bereits von der Kommission ins Fadenkreuz genommene Treaty Override gemäß § 50d Abs. 3 EStG, der die abkommensrechtlich vereinbarten Quellensteuerbefreiungen oder –minderungen betrifft. Die resultierende Benachteiligung grenzüberschreitender Outbound-Beteiligungen ist im Gesamtkontext der einseitig für beschränkt steuerpflichtige Anteilseigner eintretenden Definitivbelastung der Kapitalertragsteuer (§ 32 Abs. 1 Nr. 2 KStG) zu würdigen.[782] Andererseits kann ein mögliches Resultat einer bewussten Abkehr von DBA das Auftreten einer bloßen Quasi-Beschränkung in Form eines Methodenwechsels sein, insbesondere der Versagung einer Freistellung. Hierfür lässt sich im deutschen Steuerrecht, trotz der entgegenstehenden Feststellungen des BFH im Schlussurteil in der Rs. *Columbus Containers*[783], beispielhaft die Vorschrift des § 20 Abs. 2 AStG i. d. F. des StMBG anführen, die mit der Anordnung des Wechsels von der Freistellungs- zu Anrechnungsmethode (Switch-over) in keiner übermäßigen Besteuerungswirkung resultiert, sondern – grundfreiheitsrechtlich unbedenklich – das höhere Steuerniveau zur Geltung bringt. Dasselbe gilt für die Subject-to-tax-Klauseln des § 50d Abs. 8 und Abs. 9 EStG und § 8b Abs. 1 S. 2 KStG zur Sicherstellung der Einmalbesteuerung. Schließlich kann die fehlende Anwendung der DBA-Regelung noch eine echte Doppelbesteuerungswirkung, also eine kumu-

---

781 *Bron*, IStR 2007, S. 431, 435.

782 S.u.: Teil 4: I.) 1.) b) aa) (2) und II.) 2.) b) bb); s. auch § 20 Abs. 4 REIT-G.

783 BFH Urteil v. 21.10.2009, I R 14/08, DStR 2010, S. 37 ff.

lativ-exzessive Steuerwirkung durch Außerkraftsetzen einer Steuerverteilung, herbeiführen. So wird die Sondervergütungsqualifikation nach § 50d Abs. 10 EStG bei isolierter Betrachtung im Ergebnis zu keiner Schlechterstellung von Sachverhalten mit grenzüberschreitendem Bezug führen. Sie kann jedoch die abkommensrechtliche Steuerverteilung stören und eine zusätzliche Belastung im Zusammenhang mit einer möglichen konkurrierenden Besteuerung durch einen anderen Mitgliedstaat unter einer staatenübergreifenden Perspektive bewirken.

Verneint man ein grundfreiheitsrechtliches Doppelbesteuerungsverbot, müsste auch die unilaterale Abweichung von bestehenden bilateralen Vereinbarungen trotz Doppelbesteuerungswirkung grundfreiheitsrechtlich unbedenklich sein. Sucht man in der bilateral erfolgten Steuerverteilung jedoch die verantwortungszuweisende Hilfsnorm, muss zusätzlich die Frage der Zulässigkeit des Treaty Override selbst auf dem grundfreiheitsrechtlichen Prüfstand stehen, um zirkuläre Feststellungen zu vermeiden. Die Verantwortungsentscheidung kann demnach nur mit einer unionsrechtsinkonformen Überlagerung bilateralen Völkervertragsrechts im Sinne des vorgenannten Anerkennungsgrundsatzes begründet werden.

bb) Exkurs: Zulässigkeit nach nationalem deutschen Recht, Völkerrecht

Die Zulässigkeit eines Treaty Override nach nationalem deutschem Recht soll nur kurz angedeutet werden. Aufgrund des Dualismus der DBA im deutschen Verfassungsrecht, wonach eine innerstaatliche Transformation in einfaches Bundesrecht erforderlich ist (Art. 59 Abs. 2 GG), wird diese für den Steuerpflichtigen nachteilige Praxis von der deutschen finanzgerichtlichen Rechtsprechung generell für zulässig erachtet.[784] Der Vorrang „der allgemeinen Regeln des Völkerrechts" (Art. 25 S. 2 GG) betrifft nicht die eingegangenen völkerrechtlichen Verträge (vgl. Art. 59 Abs. 2 S. 1 GG). Der einfachgesetzlichen Regelung in § 2 AO ist als methodische Aussage zu entnehmen, dass die durch das Zustimmungsgesetz in ein einfaches Bundesgesetz transformierten DBA-Regelungen zwar nicht kraft höheren Gesetzesrangs, wohl aber als Lex specialis im Rahmen der Besteuerung vorrangig sind, sollten sie speziellere Regelungen enthalten, oder als Lex posterior aufgrund ihrer zeitlichen Nach-

784 FG Hamburg Urteil v. 15.1.1987, V 124/86, EFG 1987, S. 161 ff., Tz. 2.) a); BFH Urteil v. 13.7.1994, I R 120/93, BStBl. II 1995, S. 129 ff., Tz. II.) 2.); Beschluss v. 17.5.1995, I B 183/94, BStBl. II 1995, S. 781 ff., Tz. II.) 2.); FG Bremen Urteil v. 10.2.2011, 1 K 28/10 5, DStRE 2011, S. 1132 ff.; zustimmend: *Frotscher*, Internationales Steuerrecht, S. 27; *Brombach-Krüger*, Ubg 2008, 324, S. 328 ff.; kritisch: *Gosch*, IStR 2008, S. 413 ff.; a.A.: *Rüd*, IStR 2010, S. 725 ff.; *Vogel*, IStR 2005, S. 29, 30.

folge.[785] Fraglich ist, ob ein solcher Vorrang wiederum durch ein gleichrangiges späteres oder spezielleres Gesetz durchbrochen werden kann. Nach der deutschen finanzgerichtlichen Judikatur kann die durch das Zustimmungsgesetz transformierte Regelung des DBA ihrerseits wiederum abgeändert werden, sofern es sich bei der nationalen, das DBA-Zustimmungsgesetz überlagernden Vorschrift um ein spezielleres oder allgemeines, jedoch späteres Gesetz handelt. Dabei wird jedoch in der deutschen Finanzrechtsprechung teilweise zusätzlich verlangt, dass ein diesbezüglicher gesetzgeberischer Wille zur Derogation explizit zum Ausdruck gebracht wird.[786] In der Literatur wird seit längerem, unter anderem mit Verweis auf den Grundsatz der Völkerrechtsfreundlichkeit, die verfassungsrechtliche Zulässigkeit des Treaty Override bezweifelt.[787] In diese Richtung deutet auch der *Görgülü*-Beschluss des Bundesverfassungsgerichts, der die Bindung der Verwaltung und Gericht an die Europäische Menschenrechtskonvention und die diesbezügliche gerichtliche Interpretation betraf.[788] Das Bundesverfassungsgericht betonte dabei ebenfalls unter anderem das aus dem Rechtstaatsprinzip (Art. 20 Abs. 3 GG) hergeleitete Ziel der Völkerrechtsfreundlichkeit.

In der Rechtsanwendung gegenüber dem Steuerpflichtigen werden durch einen Treaty Override die für ihn möglicherweise günstigen Folgen eines DBA beseitigt.[789] Der völkerrechtliche Vertrag im Verhältnis zwischen den Mitgliedstaaten bleibt grundsätzlich unberührt, es kann jedoch zu einem Verstoß gegen den in Art. 26 WVK niedergelegten und völkergewohnheitsrechtlich anerkannten Grundsatz pacta sunt servanda kommen.[790] Diese völkerrechtlichen Verpflichtungen treffen jedoch grundsätzlich nur die vertragsschließenden Staaten.

785 Hierzu: *Birk*, in: Hübschmann/Hepp/Spitaler, Kommentar zur AO/FGO, § 2 AO, Rn. 3 ff.

786 BFH Urteil v. 20.3.2002, I R 38/00, BStBl. II 2002, S. 819 ff., Tz. II.) 3.) a).

787 *Elicker*, in: Blümich, EStG/KStG/GewStG Kommentar, Vorbemerkung AStG, Rn. 26 f., m. w. N.

788 BVerfG Beschluss v. 14.10.2004, 2 BvR 1481/04, BVerfGE 111, S. 307 ff., Tz. 35 f.; ebenso: BVerfG Urteil v. 4.5.2011, 2 BvR 2365/09, 740/10, 2333/08, 1152/10, 571/10, NJW 2011, 1931, ff., Tz. 89; hierzu: *Gosch*, IStR 2008, S. 413, 418 f., der Anzeichen für eine Änderung der Rechtsauffassung erkennt.

789 Zur Berücksichtigung von DBA im Rahmen der Besteuerung von Amts wegen: BFH Urteil v. 22.10.1986, I R 261/82, BStBl. II 1987, S. 171 ff., Tz. I.) 2.).

790 Zur Frage, ob den DBA ein immanenter Missbrauchsvorbehalt entnommen werden kann oder ob sich ein solcher aus den allgemeinen Grundsätzen des Völkerrechts ergibt: *Prokisch*, in: Vogel/Lehner, DBA, Art. 1, Rn. 88.

cc) *Grundfreiheitsrechtliches Verbot des Treaty Override, Anerkennungsgrundsatz*

(1) *Rechtsprechung*

Der EuGH sah bislang in der einseitigen Überlagerung von DBA noch keinen Anlass die Frage nach der grundfreiheitsrechtlichen Vereinbarkeit der Doppelbesteuerung von grenzüberschreitenden Sachverhalten einer abweichenden Beurteilung zuzuführen. In der bereits besprochenen Entscheidung in der Rs. *Kerckhaert und Morres* sah das DBA zwischen Belgien und Frankreich eine Anrechnung der in Frankreich erhobenen 15-prozentigen Quellensteuer auf die belgische Körperschaftsteuer vor.[791] Nach der Gesetzesänderung in Belgien erfolgte keine Anrechnung ausländischer Steuern mehr. In der Urteilsbegründung des Gerichtshofs finden sich keine grundfreiheitsrechtlichen Ausführungen zu diesem scheinbaren Treaty Override. Der EuGH stellte lediglich fest, dass die 25-prozentige belgische Steuer auf Dividenden unterschiedslos Anwendung findet und Belgien darüber hinaus nicht verpflichtet sei, eine spezielle Entlastung für auf die Dividenden entfallende ausländische Steuern zu gewähren. Auf die Verpflichtung der Steueranrechnung aus dem geschlossenen DBA wollte der EuGH hingegen explizit nicht näher eingehen.[792] Generalanwalt *Geelhoed* hatte hingegen in seinen Schlussanträgen die grundfreiheitsrechtliche Unbeachtlichkeit bezüglich der vermeintlichen Verletzung der Anrechnungsverpflichtung aus dem zugrunde liegenden DBA festgestellt.[793] Er begründete dies auch damit, dass umgekehrt die Übereinstimmung nationalen Handelns mit DBA-Regelungen nicht zu dessen grundfreiheitsrechtlicher Unbedenklichkeit führe. Diese Aussagen sind zwar insofern zu relativieren, als das Vorliegen eines Treaty Override aufgrund einer Besonderheit des DBA bereits zweifelhaft war. Die betreffende DBA-Regelung beinhaltete einen Rückbezug auf das belgische Recht und machte somit eine nationale Anrechnungsmöglichkeit zur Voraussetzung.[794] Da diese nicht bestand, sprechen gewichtige Gründe dagegen, dass sich Belgien in Widerspruch zu der DBA-rechtlichen Anrechnungsverpflichtung gesetzt hat.[795] Die generelle Position des Generalanwalts zur Unionsrechtskonformität des Treaty Override ist dennoch eindeutig.

791 EuGH Urteil v. 14.11.2006, Rs. C-513/04 (*Kerckhaert und Morres*), Slg. 2006 S. I-10967.

792 EuGH Urteil v. 14.11.2006, Rs. C-513/04 (*Kerckhaert und Morres*), Slg. 2006 S. I-10967, Rn. 23.

793 GA *Geelhoed* Schlussanträge v. 6.4.2006, Rs. C-513/04 (*Kerckhaert und Morres*), Slg. 2006 S. I-10967, Rn. 37.

794 Art. 19 Abs. A des DBA Belgien-Frankreich; abgedruckt und weitere Ausführungen bei: *Kofler*, Doppelbesteuerungsabkommen und EG-Recht, S. 168, Fn. 191, S. 172f.

795 Vgl. EuGH Urteil v. 16.7.2009, Rs. C-128/08 (*Damseaux*), Slg. 2009, S. I-6823, Rn. 12.

In der Rs. *Columbus Containers* hatte sich der Gerichtshof hingegen mit einem Treaty Override des deutschen Rechts ohne abgabenkumulierende Wirkung auseinanderzusetzen.[796] Einkünfte einer belgischen Kommanditgesellschaft, an der ein in Deutschland ansässiger Steuerpflichtiger beteiligt ist, waren nach dem einschlägigen DBA in Deutschland von der Bemessungsgrundlage auszunehmen, unterlagen jedoch einem Progressionsvorbehalt beim deutschen Steuerpflichtigen. Die Freistellung der Betriebstätteneinkünfte wechselte im vorliegenden Fall jedoch insbesondere aufgrund der Niedrigbesteuerung in Belgien und der Passivität der von der belgischen Kommanditgesellschaft erzielten Einkünfte aus Kapitalvermögen zu einer vollständigen Berücksichtigung dieser Einkünfte im Rahmen der steuerlichen Bemessungsgrundlage unter Anrechnung der belgischen Steuer (§ 20 Abs. 2 und 3 AStG i. d. F. des StMBG). Zu beachten ist, dass durch den unilateralen Wechsel zur Anrechnungsmethode das Steuerniveau zwar auf das des Ansässigkeitstaats Deutschland heraufgeschleust wurde, ein Fall der juristischen Doppelbesteuerung in der Rs. *Columbus Containers* hingegen nicht eingetreten ist. Eine Mehrfachbelastung blieb wegen der gebotenen Anrechnung der belgischen Steuer aus. Bereits aus diesem Grund sah der EuGH das Abweichen von dem geschlossenen DBA als grundfreiheitskonform an.[797] Darüber hinaus lässt sich dem Urteil nur die sehr allgemeine Aussage des Gerichtshofs zur grundfreiheitsrechtlichen Zulässigkeit des Treaty Override entnehmen, wonach er sich als nicht zuständig betrachtet, über eine solche Überlagerung des DBA zu befinden.[798]

Die Rs. *AMID* betraf hingegen genau die zu untersuchende Problematik des unilateral verursachten Wiederauflebens einer bereits bilateral vermiedenen Doppelbesteuerung.[799] Indem Belgien die Einkünfte aus ausländischen Betriebstätten zur Verrechnung inländischer Verluste heranzog, wurde von der im DBA vereinbarten Freistellung dieser Einkünfte unilateral abgewichen. Der EuGH thematisierte bereits die hieraus resultierende Doppelbesteuerungswirkung nicht. Ohne auf diesen Aspekt oder den des Treaty Override näher einzugehen, verpflichtete der EuGH Belgien dazu, die Gewinne der ausländischen Betriebstätte unberücksichtigt zu lassen, und somit implizit zur Einhaltung der DBA-rechtlich vereinbarten Freistellung. Im Sinne des zu untersuchenden Ansatzes war also der abkom-

796 EuGH Urteil v. 6.12.2007, Rs. C-298/05 (*Columbus Containers*), Slg. 2007, S. I-10451.

797 EuGH Urteil v. 6.12.2007, Rs. C-298/05 (*Columbus Containers*), Slg. 2007, S. I-10451, Rn. 36 ff.; im Ergebnis a. A.: BFH Urteil v. 21.10.2009, I R 14/08, DStR 2010, S. 37 ff. (Schlussurteil in der Rs. *Columbus Containers*).

798 EuGH Urteil v. 6.12.2007, Rs. C-298/05 (*Columbus Containers*), Slg. 2007, S. I-10451, Rn. 47; ebenso: GA *Mengozzi* Schlussanträge v. 29.3.2007, Rs. C-298/05 (*Columbus Containers*), Slg. 2007, S. I-10451, Rn. 46.

799 EuGH Urteil v. 14.12.2000, Rs. C-141/99 (*AMID*), Slg. 2000, S. I-11619; wohl ebenso: GA *Alber* Schlussanträge v. 8.6.2000, Rs. C-141/99 (AMID), Slg. 2000, S. I-1619, Rn. 31.

mensüberschreibende Mitgliedstaat verantwortlich, die Doppelbesteuerung zu vermeiden. Der Gerichtshof stellte seine Unzuständigkeit fest, das Verhältnis zwischen einer nationalen Maßnahme wie der im Ausgangsverfahren streitigen und einem Doppelbesteuerungsabkommen wie dem anwendbaren DBA zu prüfen.[800]

Den Entscheidungen ist zu entnehmen, dass der bloße Umstand eines Abweichens von bestehenden DBA-Bestimmungen nach Auffassung des EuGH ausschließlich das Verhältnis der Mitgliedstaaten untereinander als Parteien eines völkerrechtlichen Vertrages betreffe und nicht Frage eines Vorlageverfahrens sein könne.[801] Der EuGH lässt dem Treaty Override somit keine grundfreiheitsrechtliche Bedeutung zukommen. Lediglich die hieraus resultierenden Wirkungen werden unionsrechtlich gewürdigt.

(2) Schrifttum

Eine im Schrifttum verbreitete Ansicht misst dem Treaty Override demgegenüber für die Frage der Vermeidung der Doppelbesteuerung grundfreiheitsrechtliche Relevanz bei und sieht den abweichenden Mitgliedstaat in der Pflicht.[802] Eine Zuordnungsentscheidung müsste sich an der abkommensrechtlich vereinbarten Regelung orientieren. Die DBA-rechtliche Aufteilung sei als eine Art verantwortungsbegründende Hilfsnorm in den grundfreiheitsrechtlichen Schutzgehalt einzubeziehen und ergänze diesen im Wege der Rechtsfortbildung ähnlich den Maßnahmen des Sekundärrechts.[803] Als Argument wird diesbezüglich auch der Grundsatz der Unionsloyalität nach Art. 4 Abs. 3 EUV (ex-Art. 10 EG) angeführt.[804] Diese Ansicht lasse sich zudem mit dem unionsrechtlich anerkannten

800 EuGH Urteil v. 14.12.2000, Rs. C-141/99 (*AMID*), Slg. 2000, S. I-11619, Rn. 18.

801 EuGH Urteil v. 6.12.2007, Rs. C-298/05 (*Columbus Containers*), Slg. 2007, S. I-10451, Rn. 47; GA *Mengozzi* Schlussanträge v. 29.3.2007, Rs. C-298/05 (*Columbus Containers*), Slg. 2007, S. I-10451, Rn. 46; EuGH Urteil v. 14.12.2000, Rs. C-141/99 (*AMID*), Slg. 2000, S. I-11619, Rn. 18; GA *Geelhoed* Schlussanträge v. 6.4.2006, Rs. C-513/04 (*Kerckhaert und Morres*), Slg. 2006 S. I-10967, Rn. 37.

802 *Cordewener/Schnitger*, StuW 2006, S. 50, 57; *Forsthoff*, IStR 2006, 509, 512; *Cordewener*, Europäische Grundfreiheiten und nationales Steuerrecht, S. 882f.; *Englisch*, Dividendenbesteuerung, S. 259ff.; *ders.*, IStR 2007, S. 66, 69; *ders.*, Intertax 2005, S. 310, 324; *Kofler*, SWI 2006, S. 62, 70f.; *ders.*, Doppelbesteuerungsabkommen und EG-Recht, S. 170ff., 258ff.; *Schnitger*, Die Grenzen der Einwirkungen der Grundfreiheiten des EG-Vertrages auf das Ertragsteuerrecht, S. 263ff.; *Bron*, IStR 2007, S. 431, 435; *Baßler*, IStR 2005, S. 822, 825; *Seer*, IStR 1997, S. 520, 522 wohl ebenso: Kommission Mitteilung v. 19.12.2003, KOM(2003) 810 endg., Besteuerung von Dividenden natürlicher Personen im Binnenmarkt, S. 18; a.A.: *Brombach-Krüger*, Ubg 2008, S. 324, 326.

803 *Forsthoff*, IStR 2006, S. 509, 512.

804 *Seer*, IStR 1997, S. 520, 523; *Schnitger*, FR 2005, S. 1079, 1082; *Englisch*, Dividendenbesteuerung, S. 259; *ders.*, IStR 2007, S. 66, 69; a.A.: *Franck*, IStR 2007, S. 489, 491.

Ziel der Vermeidung der Doppelbesteuerung begründen (vgl. ex-Art. 293 2. Spiegelstrich EG).[805]

(3) Würdigung

Der bilateralen Steuerverteilung wird in der grundfreiheitsrechtlichen Prüfung eine besondere Stellung eingeräumt. Trotz ablehnender Haltung gegenüber der Grundfreiheitsrelevanz eines Treaty Override klingt auch in der Judikatur des EuGH diese hervorgehobene Bedeutung der DBA-Verteilungsnormen an. So ist nach den Ausführungen in der Rs. *Gilly* die abkommensrechtliche Steuerzuteilung prinzipiell grundfreiheitsrechtlich nicht zu beanstanden. Im Hinblick auf die Legitimationskraft der getroffenen Aufteilung kann neben der rechtfertigenden Wirkung einer Wahrung der Besteuerungshoheit exemplarisch auch die Rechtsprechung zur staatenübergreifend kohärenten Kompensation angeführt werden. So wurde etwa in der Rs. *Amurta* judiziert, dass einer bilateralen Aufteilung der Besteuerungsbefugnisse ein erhöhter Anerkennungsgrad in der grundfreiheitsrechtlichen Prüfung zukommt. Demnach müsse eine eingriffsvermeidende Kompensation in einem anderen Mitgliedstaat auf einer bilateral vereinbarten Entlastungspflicht basieren.[806] Mangelt es an der kompensatorischen Wirkung der begünstigenden DBA-Regelung, sollen jedoch nach den EuGH-Judikaten die grundfreiheitsbeschränkenden Folgen der nationalen Vorschrift wieder aufleben.[807] Es fehlt im Fall einer Derogation nämlich an der erforderlichen Entlastung durch den anderen Mitgliedstaat. Für den Fall der unter staatenüberschreitender Gesamtbetrachtung eintretenden Schlechterstellung infolge des Zusammenwirkens zweier unterschiedslos anwendbarer Rechtsordnungen wird sich zwar kein „originär" diskriminierender oder beschränkender Mitgliedstaat ausmachen lassen, dessen grundfreiheitsrechtliche Verpflichtung wieder zum Tragen kommt. Der EuGH stellt jedoch implizit fest, dass nur eine tatsächlich von den Mitgliedstaaten angewendete bilaterale Bestimmung einen Grundfreiheitsverstoß vermeiden kann.

Bei der Frage nach einem grundfreiheitsrechtlichen Gebot der Meistbegünstigung hat der EuGH ebenfalls die besondere Stellung der DBA im Unionsrecht her-

805 Hierzu: *Englisch*, IStR 2007, S. 66, 69.

806 EuGH Urteil v. 8.11.2007, Rs. C-379/05 (*Amurta*), Slg. 2007, S. I-9569, Rn. 78 f.; ebenso: EuGH Urteil v. 11.9.2008, Rs. C-11/07 (*Eckelkamp*), Slg. 2008, S. I-6845, Rn. 69; Urteil v. 11.9.2008, Rs. C-43/07 (*Arens-Sikken*), Slg. 2008, S. I-6887, Rn. 65 f.; zu dieser Rechtfertigung, s.u.: Teil 4: II.) 1.) a) und 2.) b) bb).

807 EuGH Urteil v. 14.12.2006, Rs. C-170/05 (*Denkavit*), Slg. 2006, S. I-11949, Rn. 54 f.; Urteil v. 19.1.2006, Rs. C-265/04 (*Bouanich*), Slg. 2006, S. I-923, Rn. 52, 55; nicht eindeutig: EuGH Urteil v. 8.11.2007, Rs. C-379/05 (*Amurta*), Slg. 2007, S. I-9569, Rn. 83 f.

vorgehoben und unter anderem als Grund zur Verneinung eines Grundfreiheitsverstoßes angeführt. In der Rs. *D* wurde die Reziprozität der DBA als Begründung einer unterschiedlichen Behandlung verschiedener, aber dennoch vergleichbarer, grenzüberschreitender Sachverhalte angeführt.[808] Demnach sollen die zwischen zwei Mitgliedstaaten vereinbarten DBA-Bestimmungen nicht auf das Verhältnis zu einem dritten Mitgliedstaat übertragen werden können, damit nicht abkommensberechtigte Steuerpflichtige dieselben Vergünstigungen erlangen. Im Hinblick auf die konkret begünstigende Abkommensbestimmung stellte der Gerichtshof fest, dass diese nicht vom übrigen Abkommen losgelöst werden könne, sondern einen integralen Bestandteil des geschlossenen DBA bilde und zu seiner allgemeinen Ausgewogenheit beitrage. Daran anknüpfend ließe sich umgekehrt einwenden, dass das rechtfertigende Element dieser Ausgeglichenheitsvermutung seiner Grundlage beraubt wird, wenn sich die einzelnen Mitgliedstaaten über ihre Vereinbarungen in den DBA einseitig hinwegsetzen.[809] Die abkommensrechtliche Steuergutverteilung würde dadurch untergraben und die Disreziprozität der DBA folglich nachgewiesen.

Nicht nur wegen der gezeigten grundfreiheitsrechtlichen Anerkennung der abkommensrechtlichen Steuerverteilung und des Schutzes einer bilateralen Abstimmung lässt sich das Treaty Override einer weitergehenden grundfreiheitlichen Relevanz zuführen. Die hervorgehobene Bedeutung der DBA im Europarecht ist nicht unwesentlich auf den Umstand zurückzuführen, dass sie gegenwärtig in der Praxis das entscheidende Mittel zur Beseitigung einer binnenmarktschädlichen Wettbewerbsverzerrung durch Doppelbesteuerungseffekte darstellen.[810] Soweit sie durch eine aktive Steuerverteilung ebenso der Verwirklichung des Binnenmarktkonzepts dienen, sprechen gute Gründe für eine grundfreiheitliche Ergänzungsfunktion auf Basis des Anerkennungsgrundsatzes. Die Verantwortungszuweisung erfolgt dann auf Basis des konkret geschlossenen, grundfreiheitsrechtlich wieder effektiv gewordenen Abkommens.

Dem derogierenden Mitgliedstaat wird ein bewusstes Abweichen von DBA-Bestimmungen im Rahmen der Besteuerung jedoch nur in seltenen Fällen nachgewiesen werden können. Vielmehr dürfte regelmäßig der Einwand erhoben werden, der Vertragstext und -telos erfordere oder lasse zumindest ein solches Verhalten zu beziehungsweise enthalte für diesen Sachverhalt eine Regelungslücke. Die herausragende Bedeutung der DBA zur Verwirklichung des Binnenmarktkonzepts bleibt von den Hintergründen einer Abweichung von der

808 EuGH Urteil v. 5.7.2005, Rs. C-376/03 (*D*), Slg. 2005, S. I-5821, Rn. 62; s.u.: Teil 3: VI.) 2.) d) bb) (1).

809 *Gosch*, IStR 2008, S. 413, 420; *Pott*, IStR 2010, S. 131, 132.

810 GA *Darmon* Schlussanträge v. 17.3.1993, Rs. C-330/91 (*Commerzbank*), Slg. 1993, S. I-4017, Rn. 39.

bilateralen Distribution unberührt. Unabhängig vom Nachweis eines Derogationsbewusstseins müsste der von der Abkommensbestimmung abweichende Mitgliedstaat im Fall einer drohenden Doppelbesteuerung in die grundfreiheitsrechtliche Pflicht genommen werden.

b) Leistungsfähigkeit und Praktikabilität

aa) Notwendigkeit der Auslegung abkommensrechtlicher Bestimmungen im Rahmen der grundfreiheitsrechtlichen Prüfung

Dies wirft die Frage nach der Judizierbarkeit der Doppelbesteuerungsfälle anhand geschlossener DBA auf. Die Frage der korrekten Abkommensauslegung müsste nach dem Ansatz der Verantwortungszuweisung aufgrund des Hilfsnormcharakters der DBA-Regelung letztendlich auch zu einer des Unionsrechts werden. Aus einer abkommensrechtlich nicht beabsichtigten Anwendung des DBA ergäbe sich die grundfreiheitsrechtliche Unzulässigkeit des Steuerzugriffs. Eine Interpretation völkerrechtlicher Verträge droht notwendig zu werden, soll der grundfreiheitsrechtlich Verpflichtete zur Vermeidung einer Doppelbesteuerung auf Grundlage bestehender abkommensrechtlicher Bestimmungen ermittelt werden. Erklärt der Mitgliedstaat explizit, für bestimmte Fälle oder sogar generell von einer DBA-Regelung abweichen zu wollen, und gibt er somit ein gemeinsames Abkommensverständnis zu erkennen, also die Fälle des (bewussten) Treaty Override, ließe sich die Verantwortungszuweisung noch ohne eingehende Abkommensprüfung darauf stützen. Doch bereits anhand der Entscheidung in der Rs. *Kerckhaert und Morres* treten die Schwierigkeiten bei der Beantwortung abkommensrechtlicher Folge- beziehungsweise Vorfragen eklatant zutage. Es war nämlich insoweit bereits unklar, ob sich Belgien auf einen möglichen abkommensrechtlichen Vorbehalt mit Bezug auf das nationale Steuerrecht stützen kann oder doch seine Pflichten aus dem DBA verletzt.[811] In der Rs. *Damseaux* scheint das vorlegende Tribunal de première instance de Liège in Bezug auf dieselben Abkommensbestimmungen davon auszugehen, dass eine effektive Entlastung bereits bilateral nicht vereinbart ist.[812] Die Nichtbeachtung von DBA-Regelungen erfolgt eben nicht nur in Form einer ausdrücklichen Derogationsgesetzgebung. Legen etwa die Parteien des DBA eine hierin enthaltene Bestimmung unterschiedlich aus, wäre für eine grundfreiheitsrechtliche Verantwortungsdetermination zu bestimmen, wer seine Verpflichtungen aus dem DBA hierdurch verletzt.[813]

---

811 S.o.: Teil 3: VI.) 1.) a) cc) (1).

812 EuGH Urteil v. 16.7.2009, Rs. C-128/08 (*Damseaux*), Slg. 2009, S. I-6823, Rn. 12.

813 Als Beispielsfall einer unterschiedlichen Interpretation des DBA Deutschland-Niederlande, vgl.: BFH Urteil v. 19.12.2007, I R 66/06, IStR 2008, S. 367 ff.

bb) Kompetenz des EuGH

Anders als im Fall der noch zu untersuchenden Lösung über sekundärrechtliche Hilfsnormen können die mitgliedstaatlich geschlossenen DBA aus kompetenzrechtlicher Sicht nicht durch den EuGH interpretiert werden. Der EuGH entscheidet nach Art. 267 AEUV über die Auslegung der europäischen Verträge und des Sekundärrechts (vgl. auch Art. 258 UAbs. 2 AEUV). Zwischen Mitgliedstaaten geschlossene Verträge sind von der Auslegungskompetenz des Gerichtshofs nicht umfasst. Der völkerrechtliche Charakter der DBA steht zwar einer grundfreiheitsrechtlichen Prüfung deren Regelungsinhalts nicht entgegen,[814] auch wenn die Steuerverteilung selbst als prinzipiell grundfreiheitsrechtlich neutral anzusehen ist.[815] Die zutreffende Feststellung des EuGH, wonach der Gerichtshof *„nicht dafür zuständig ist, darüber zu befinden, ob ein vertragsschließender Mitgliedstaat gegebenenfalls die Bestimmungen bilateraler Abkommen verletzt hat, die die Mitgliedstaaten geschlossen haben"* und er *„das Verhältnis zwischen einer nationalen Maßnahme wie der im Ausgangsverfahren streitigen und einem Doppelbesteuerungsabkommen wie dem DBA nicht prüfen [darf]"*[816], hat aber trotz dieser möglichen Überprüfung der DBA auf ihre Unionskonformität hin weiter Bestand. Zu Recht geht der EuGH in ständiger Rechtsprechung bei der Auslegung von Unionsrecht davon aus, nicht zur (vorgelagerten) Interpretation nationaler Rechtssätze befugt zu sein.[817] Folgerichtig hat sich der EuGH ebenso für unzuständig erachtet, im Rahmen einer grundfreiheitsrechtlichen Prüfung die Konformität von nationalen Steuervorschriften mit DBA-Regelungen zu beurteilen,[818] was regelmäßig sowohl eine Interpretation der nationalen Vorschriften als auch der Völkerrechtsverträge erfordern würde. Schließlich hat er auch zutreffend die Abkommensinterpretation betreffend die Bestimmungen zur belgisch-französischen Dividendenbesteuerung in der Rs. *Damseaux*, die unter anderem mit der fehlenden Abkommensinterpretation in der Rs. *Kerckhaert und*

814 S.o.: Teil 1: V.) 3.).

815 S.o.: Teil 1: V.) 2.) a).

816 EuGH Urteil v. 14.12.2000, Rs. C-141/99 (*AMID*), Slg. 2000, S. I-11619, Rn. 18; Urteil v. 16.7.2009, Rs. C-128/08 (*Damseaux*), Slg. 2009, S. I-6823, Rn. 22.

817 EuGH Urteil v. 19.3.1964, Rs. C-75/63 (*Unger*), Slg. 1964, S. 379, Rn. 54/72; *Ehricke*, in: Streinz EUV/EGV, Art. 234 EG, Rn. 15; *Schwarze*, in: Schwarze, EU-Kommentar, Art. 234 EGV, Rn. 13.

818 EuGH Urteil v. 6.12.2007, Rs. C-298/05 (*Columbus Containers*), Slg. 2007, S. I-10451, Rn. 46 f.; GA *Mengozzi* Schlussanträge v. 29.3.2007, Rs. C-298/05 (*Columbus Containers*), Slg. 2007, S. I-10451, Rn. 46; EuGH Urteil v. 14.12.2000, Rs. C-141/99 (*AMID*), Slg. 2000, S. I-11619, Rn. 18; GA *Geelhoed* Schlussanträge v. 6.4.2006, Rs. C-513/04 (*Kerckhaert und Morres*), Slg. 2006 S. I-10967, Rn. 37.

Morres begründet wurde, verweigert.[819] Dafür spricht zum einen im Wege des Argumentum e Contrario die Voraussetzung eines Schiedsvertrages nach Art. 273 AEUV zur Begründung der Spruchzuständigkeit des Gerichtshofs. Zwar hat das Fehlen einer entsprechenden DBA-Prorogationsklausel, wie sie sich etwa in Art. 25 des DBA Deutschland–Österreich findet, zunächst nur Folgen für die Kompetenz des Gerichtshofs als vertraglicher Schiedsspruchkörper. Dies betrifft nicht die Zuständigkeit des EuGH zur Auslegung von Unionsrecht, insbesondere den Grundfreiheiten. Im Rahmen der Steuerverteilung mittels der Grundfreiheiten durch Heranziehung der geschlossenen DBA-Regelungen als Hilfsnormen müsste es aber zu einer Abkommensinterpretation kommen. Dadurch würde diese Auslegungszuständigkeit zumindest mittelbar überschritten, da schließlich doch einem bestimmten Abkommensverständnis Geltung verschafft würde. Eine vorgelagerte Abkommensinterpretation durch den EuGH kann nicht stattfinden.

Um den genauen Regelungsgehalt heranzuziehender DBA-Regelungen festzustellen, wäre der Gerichtshof von einer Aufbereitung deren Regelungstelos durch die nationalen Gerichte im Rahmen der Vorlagefrage abhängig.

cc) Abkommensautonom zu interpretierende DBA-Bestimmungen

(1) Abkommensspezifische Auslegung

Stellt man entgegen der hier vertretenen Auffassung Bedenken bezüglich der Zuständigkeit des EuGH bei der Verwendung der DBA als grundfreiheitskonkretisierende Hilfsnormen dennoch kurz zurück, stellt sich die Frage, ob der EuGH für die individuell ausgestalteten völkerrechtlichen Verträge stets eine akzeptable und vertragsgerechte Interpretation finden kann. Möchte der EuGH eine abkommensautonome Vertragsauslegung im Hinblick auf das konkrete DBA vornehmen, sähe er sich einer extrem schwierigen Aufgabe gegenüber. Sollen die Mitgliedstaaten an der von ihnen akzeptierten Steuerverteilung festgehalten werden, müsste eine ebenfalls durch sie anerkannte Auslegung gefunden werden. Der ersatzweisen Prägung einer eigenen, einheitlichen und für den gesamten Binnenmarkt gültigen autonomen Abkommensinterpretation steht die Gefahr entgegen, das Verteilungsgefüge des konkret zu prüfenden Abkommens zu stören. Nur eine abkommensspezifische Auslegung der DBA würde den dem DBA zugrunde liegenden, anerkannten Aufteilungsgesichtspunkten gerecht werden. Schließlich variieren die Aspekte der Effizienz und der Verteilungsgerechtigkeit in den verschiedenen zwischenstaatlichen Beziehungen. Trotz zunehmender Angleichung der wirtschaftlichen Parameter innerhalb des erweiterten Binnenmarkts bestehen

819 EuGH Urteil v. 16.7.2009, Rs. C-128/08 (*Damseaux*), Slg. 2009, S. I-6823, Rn. 21 f.

noch immer ausreichend Unterschiede zwischen den Mitgliedstaaten und den einzelnen Wirtschaftsbeziehungen, denen die DBA durch divergierenden Inhalt Rechnung tragen.

(2) Bestimmung des Regelungsinhalts

Eine mitgliedstaatlich akzeptierte Begriffsbestimmung könnte entsprechend der objektiven Theorie zur Interpretation von DBA durch Rückgriff auf die mittlerweile völkergewohnheitsrechtlich erstarkte Bona-fide-Auslegung, also nach dem Abkommenszusammenhang, insbesondere dem Wortlaut, den Protokollen und Schriftwechseln, erfolgen (Art. 31 Abs. 1 und 2 WVK). Fraglich ist, ob sich die Mitgliedstaaten an unionsrechtlich ausgelegten Abkommensbegriffen festhalten lassen müssen, wenn dabei die Empfehlungen des OECD-MK und des OECD-MK (E) zugrunde gelegt werden. Empfehlungen sprechen auch einige Berichte der OECD aus, wie etwa die „OECD Transfer Pricing Guidelines for Multinational Enterprises and Tax Administrations, 2010“ und der Bericht „Harmful Tax Competition – An Emerging Global Issue, 1998“. Nach einer Auffassung in der Lehre soll bei zwischen OECD-Staaten geschlossenen DBA-Bestimmungen[820], die dem Wortlaut und Aufbau des OECD-MA oder OECD-MA (E) folgen, eine Vermutung für eine Interpretation auf Basis der OECD-Kommentierungen sprechen.[821] Der OECD-MK und der OECD-MK (E) seien primäre Auslegungsmittel im Sinne von Art. 31 WVK. Die Vermutung sei hingegen dann widerlegt, wenn aus dem Abkommen, den Protokollen oder Schriftwechseln ein entgegenstehender Wille erkennbar wird beziehungsweise wenn die Mitgliedstaaten gegenüber dem OECD-Muster Vorbehalte oder gegenüber den OECD-Kommentierungen Bemerkungen angebracht haben. Für diese Auffassung spricht, dass die Empfehlungen im OECD-Steuerausschuss unter Mitwirkung durch Vertreter der Finanzverwaltungen beschlossen werden. Strittig ist, ob die Interpretation statisch anhand der historischen Kommentierung oder dynamisch anhand der aktuellen Kommentierung zu erfolgen hat. Demgegenüber wird auch vertreten, dass die Kommentare der OECD keine verbindliche Auslegungshilfe darstellen; sie können lediglich ergänzend herangezogen werden.[822] Für diese Auffassung dürften Nr. 3, 28 und 29 der Einleitung zu dem OECD-MK streiten, die eher auf eine Funktion der Kommentare als unverbindliche Auslegungshilfe und Erläuterung der Musterabkommen zur Orientierung im Rahmen von Vertragsverhand-

820 Zu den Nicht-OECD-Staaten unter den Mitgliedstaaten s.u.: Teil 3: VI.) 2.) c) aa) (3).

821 *Wassermeyer*, in: Debatin/Wassermeyer, Doppelbesteuerung, Vor Art. 1 MA, Rn. 31, 34, m.w.N.

822 *Gómez-Ballina*, in: Schilcher/Wenninger, Fundamental Issues and Practical Problems in Tax Treaty Interpretation, S. 91, 97, m.w.N.

lungen deuten. Angesichts der Reziprozität und inhaltlichen Abweichungen der unterschiedlichen bilateralen DBA-Bestimmungen ist es ohnehin zweifelhaft, inwieweit eine unionsweit gültige Begriffswelt anhand der OECD-Empfehlungen sinnvoll entwickelt werden kann. Die Abweichung von der bestehenden Steuerverteilungsregelung wird regelmäßig in der Verantwortung nur eines Mitgliedstaats liegen und soll nach hier vertretener Auffassung zu einer grundfreiheitsrechtlichen Berücksichtigungspflicht führen. Eine Lösung anhand konkret nicht vorgesehener Auslegungsregeln droht jedoch den abkommensrechtlich nicht auf die Besteuerung verzichtenden Mitgliedstaat grundfreiheitsrechtlich in die Verantwortung zu nehmen. Dies würde freilich der Argumentation, wonach eine unionsrechtlich anerkannte, geschützte und als Binnenmarktziel geforderte bilaterale Steuerverteilung über die Grundfreiheiten wieder revitalisiert werden muss, ihrer Grundlage berauben. Eine alleinige Auslegung geschlossener DBA anhand des OECD-MK und anderer Empfehlungen der OECD ist aufgrund der individuell vertraglich ausgestalteten Bilateralität zwischen den betroffenen Mitgliedstaaten in ihrer Generalität abzulehnen.

(3) Nationalgerichtliche Aufbereitung der Abkommensbestimmungen

Aufgrund dieser Erwägungen und der erwähnten kompetenzrechtlichen Bedenken wäre eigentlich eine (einhellige!) Darlegung der Abkommensintention seitens der Mitgliedstaaten erforderlich. Eine die Kompetenz der Mitgliedstaaten schonende und – zumindest unionsrechtlich – prozessual mögliche mitgliedstaatliche Interpretation könnte entweder in Form einer Erklärung der involvierten Mitgliedstaaten nach Art. 23 UAbs. 2 Satzung EuGH erfolgen. Denkbar wäre auch die Einholung eines Sachverständigengutachtens nach Art. 49 § 1 VerfO EuGH zur Abkommensauslegung. Die durch den EuGH nicht zu beantwortende Rechtsfrage der Interpretation des DBA müsste gutachterlich geklärt werden. Idealiter wäre eine nicht mehr angreifbare Auslegung durch die nationalen Gerichte vorzusehen.[823] Fraglich ist, ob solch eine gutachterliche Tätigkeit dem nationalen Gericht prozessrechtlich überhaupt möglich ist. Um divergierende Interpretationen zu vermeiden, könnte als Ultima Ratio, dem Vorschlag des Art. 23 Nr. 32.1 ff. OECD-MK zur Anwendung der Freistellungs- beziehungsweise Anrechnungsmethode im Fall von Qualifikationskonflikten folgend, ein Interpretationsvorrecht des Quellenstaats angenommen werden, wenn dies zur Bejahung dessen Steuerrechts führt.[824] Art. 7 Nr. 24 OECD-MK (E) schlägt ebenfalls

823 Zur verbindlichen Auslegung eines DBA bereits im Rahmen der Vorlagefrage, vgl: EuGH Urteil v. 19.1.2006, Rs. C-265/04 (*Bouanich*), Slg. 2006, S. I-923, Rn. 16, 54.

824 Näher hierzu: *Vogel*, in: Vogel/Lehner, DBA, Einl., Rn. 176 ff.

ein Qualifikationsrecht des Quellenstaats vor, wenn die qualifikationsbedingte Zuordnung zu einer Verteilungsnorm infrage steht. Die Empfehlungen der OECD sehen zudem nicht für sämtliche Interpretationskonflikte eine Abkommensauslegung durch einen der Vertragsstaaten vor. Der Interpretationsvorschlag für den Methodenartikel des OECD-MA hilft etwa nicht, wenn die Doppelbesteuerung bereits durch die Verteilungsnorm mit abschließender Rechtsfolge selber vermieden wird und dieser Gegenstand eines Qualifikationskonflikts ist.[825] Der Lösungsvorschlag des OECD-MK (E) ist ebenfalls auf die Qualifikationskonflikte zwischen Quellenstaat und den Wohnsitzstaat des Erblassers / Schenkers beschränkt. Der EuGH müsste die Qualifikationsberechtigung eines Mitgliedstaats auf diese Fälle erweitern. Die DBA dürften demgegenüber oftmals von einem Konsens im Rahmen eines Verständigungsverfahrens als Regelfall der Konfliktlösung ausgehen.

Als Minimallösung könnte schließlich noch die Möglichkeit einer Interpretation von Unionsrecht unter bestimmten Annahmen bestehen, also unter offenem Ergebnis der Auslegung der DBA-Bestimmung. Der EuGH würde die Abkommensinterpretation im Ergebnis dem vorlegenden Gericht im Rahmen dessen Schlussurteils überlassen und einen Eingriff nur „insoweit" feststellen, als eine bilaterale Pflicht zur Vermeidung der Doppelbesteuerung besteht. Das vorlegende nationale Gericht müsste eine Klärung der Abkommenslage herbeiführen. Auch bislang sah sich der EuGH bei nicht dezidiert geklärten rechtlichen Rahmen oder Sachverhalten imstande, eine grundfreiheitsrechtliche Würdigung nationaler Besteuerungsfolgen durchzuführen.[826] Wird jedoch in der gerichtlichen Abkommensauslegung als Ultima Ratio eine Auslegung der DBA-Bestimmung nach dem Recht des Anwenderstaates praktiziert, droht diese Lösung wiederum eine Doppelbesteuerung nicht effektiv zu vermeiden. Fraglich ist zudem, ob die Auslegung einer nationalen Maßnahme anhand der Grundfreiheiten gemäß Art. 267 AEUV dann überhaupt noch entscheidungserheblich sein kann. Das vorlegende Gericht muss den Fall rechtlich und sachlich hinreichend präzise schildern und aufbereiten, damit eine sachgerechte Antwort möglich ist.[827] Der EuGH scheint großzügig im Hinblick auf die Entscheidungserheblickeit zu verfahren.[828] Gelangt das vorlegende Gericht zu der Auffassung, dass die nationale Maßnahme die DBA-Regelung in nach mitgliedstaatlichem Recht nicht zulässiger Weise verletzt, dürfte grundsätzlich zweifelhaft sein, ob die Auslegung des

825 *Vogel*, in: Vogel/Lehner, DBA, Einl., Rn. 179, mit dem Hinweis, dass solche Fälle eher selten vorkommen.

826 Vgl. EuGH Urteil v. 12.9.2006, Rs. C-196/04 (*Cadbury Schweppes*), Slg. 2006, S. I-7995, Rn. 72.

827 *Classen*, in: Schulze/Zuleeg/Kadelbach, Europarecht, § 4 Rn. 72.

828 *Wernsmann*, in: Ehlers/Schoch, Rechtsschutz im Öffentlichen Recht, § 11, Rn. 24.

Unionsrechts noch erforderlich ist. Bei der gegenteiligen Erkenntnis gilt dies wohl ebenso. Denn ohne völkervertraglich vereinbarten Verzicht bestünde auch keine grundfreiheitsrechtliche Verpflichtung zur Beseitigung der Mehrfachbelastung. Die unionsrechtliche Auslegung in Richtung eines Doppelbesteuerungsverbots wäre dann noch entscheidungserheblich, wenn zwar nach Auffassung des vorlegenden Gerichts ein Steuerverzicht bilateral vorgesehen ist, dieser jedoch in nach nationalem Recht nicht zu beanstandender Weise unilateral unberücksichtigt bleibt. Dies wäre der Fall des (nationalrechtlich zulässigen) Treaty Override.

dd) Nach nationalem Recht zu interpretierende DBA-Bestimmungen

Des Weiteren ist eine autonome Begriffsbestimmung bei bestimmten DBA-Klauseln explizit nicht vorgesehen. So erfordern zum Beispiel Abkommensbestimmungen, die auf Art. 6 Abs. 2 und Art. 10 Abs. 3 OECD-MA beruhen, eine Begriffsprägung durch innerstaatliches Recht. Auch eine extensive Auslegung einer an Art. 3 Abs. 2 OECD-MA ausgerichteten DBA-Begriffsbestimmung bietet ein großes abkommensrechtlich normiertes Einfallstor in die nationalen Rechtsordnungen der Mitgliedstaaten. Der subsidiäre Charakter gegenüber einer abkommensautonomen Interpretation müsste erst noch näher umzeichnet werden. Die Lösung von Qualifikationskonflikten solcher bewusst auf das nationale Recht Bezug nehmenden Bestimmungen durch eine unionsrechtlich bestimmte abkommensautonome Begriffswelt birgt noch einmal ein gesteigertes Risiko, sich vom Willen der Vertragsparteien zu entfernen. Eine abkommensspezifische Auslegung wird zudem durch die vorgesehene inhaltliche Interpretation des DBA mittels des nationalen Rechts erschwert, das ebenfalls einer Prüfung durch den EuGH entzogen ist. Die Auslegung des maßgeblichen nationalen Rechts müsste seitens des nationalen Gerichts des qualifikationsberechtigten Mitgliedstaats erfolgen. Ist dieses nicht bereits das vorlegende Gericht, müsste der Gerichtshof die Qualifikation nach dem maßgeblichen Recht wiederum im Rahmen der Beweisaufnahme, etwa in Form eines Sachverständigengutachtens (Art. 49 § 1 VerfO EuGH), klären.

c) Schlussfolgerung

Wegen der hervorgehobenen Bedeutung, die der bilateralen Steuerdistribution im Binnenmarkt zukommt, sprechen gewichtige Gründe für eine grundfreiheitsrechtliche Relevanz eines Abweichens von der bereits getroffenen Aufteilung von Besteuerungsbefugnissen. Der abweichende Mitgliedstaat ist über das unionsrechtliche Doppelbesteuerungsverbot zu dem abkommensrechtlich vereinbarten Besteuerungsverzicht verpflichtet. In der Praxis dürfte es jedoch oftmals zu erheblichen Schwierigkeiten bei der Bestimmung des konkreten DBA-Inhalts kommen, sofern kein Mitgliedstaat eine abweichende Abkommensanwendung zugibt. Der EuGH ist nicht befugt, DBA-Bestimmungen oder abkommensinterpretierendes nationales Recht zu deuten. Dies müsste den Mitgliedstaaten überlassen werden. Dabei kann nur *ein* nationales Gericht eine verlässliche Auslegung gewähren, das unter Umständen gemäß Art. 49 § 1 VerfO EuGH gutachterlich befragt werden müsste, sofern dies nach den nationalen Verfahrensordnungen überhaupt möglich ist.

2.) Fehlende effektive, bilaterale Steuerverteilung

Ungeachtet der zuvor genannten Schwierigkeiten im Hinblick auf die Interpretation bestehender DBA könnte ein Rückgriff auf eine bilaterale Steuerverteilung als grundfreiheitsrechtliche Hilfsnormen zum Zwecke der Verantwortungszuweisung zumindest dann nicht erfolgen, wenn ein DBA zwischen den am grenzüberschreitenden Sachverhalt beteiligten Mitgliedstaaten bislang nicht geschlossen worden ist, wieder gekündigt wurde oder für den doppelt erfassten Steuersachverhalt (nach maßgeblichen Verständnis) keine die übermäßige Besteuerungswirkung beseitigende Bestimmung enthält. Erstgenannter Fall lag beispielsweise bei der oben geschilderten Entscheidung in der Rs. *Block* vor, in der über eine kumulative Erfassung mit Erbschaftsteuer zu befinden war.[829] In der Rs. *CIBA* wurde zumindest die mehrfache Erhebung der Ausbildungsabgabe nicht bilateral geregelt.[830]

a) Verteilungsmaßstab: Sekundäres Unionsrecht

Unter Umständen bietet sich eine auf sekundärrechtlichen Vorgaben basierende Verantwortungszuweisung nach Beispiel der Doppelbelastung mit sozialversicherungsrechtlichen Abgaben an. Der Bereich der direkten Steuern hat bislang nur vereinzelt eine sekundärrechtliche Harmonisierung beziehungsweise Koordinierung erfahren. Wie bereits gezeigt, lässt sich aus den bisher ergangenen Richtlinien kein allgemeines Doppelbesteuerungsverbot für den Bereich der direkten Steuern schließen.[831] Sofern sie sich überhaupt der Problematik der Doppelbesteuerung annehmen, lösen sie diese punktuell auf unterschiedliche Weise und sehen eine Reihe von Ausnahmen vor. Für den Bereich der Nachlass-, Erbschaft-

829 EuGH Urteil v. 12.2.2009, Rs. C-67/08 (*Block*), Slg. 2009, S. I-883.
830 EuGH Urteil v. 15.4.2010, Rs. C-96/08 (*CIBA*), Slg. 2010, S. I-2911.
831 S.o.: Teil 3: IV.) 2.) b).

und Schenkungsteuer besteht überhaupt kein europäisches Sekundärrecht. Diese Defizite sind nicht zuletzt darauf zurückzuführen, dass die Richtlinien der Verhandlung und Kompromissbereitschaft der Mitgliedstaaten entspringen. Selbst wenn man ihnen ein allgemeines Verbot der internationalen juristischen Doppelbesteuerung als Kernaussage entnehmen wollte, böten sie in ihrer Gesamtheit keine verallgemeinerungsfähigen Anhaltspunkte für eine Verantwortungszuweisung. Eventuell lassen sich aber zumindest für bestimmte Konstellationen analogiefähige Verteilungskriterien auf Basis des bestehenden Sekundärrechts etablieren. Dabei steht die Analyse sachgerechter Ergebnisse als Folge einer entsprechenden Heranziehung im Fokus.

aa) Juristische Doppelbesteuerung von Dividenden

Ein Verbot der juristischen Doppelbesteuerung von Dividenden, also in Form eines quellenbezogenen Steuerabzugs einerseits und einer Besteuerung nach dem Welteinkommensprinzip andererseits, ließe sich möglicherweise in analoger Anwendung der Mutter-Tochter-Richtlinie für von dieser nicht erfasste Beteiligungen begründen. Danach könnte unter Rückgriff auf die ab einer Beteiligungshöhe von unter zehn Prozent unanwendbare Mutter-Tochter-Richtlinie (Art. 3 Abs. 1 lit. a) der Richtlinie), etwa ein Verbot der juristischen Doppelbesteuerung für Streubesitzdividenden aus Portfoliobeteiligungen durch unterschiedslos anwendbare Rechtsordnungen folgen. Die wirtschaftliche Doppelbesteuerung ist nach der Mutter-Tochter-Richtlinie seitens des Ansässigkeitstaats des Anteilseigners entweder durch die Freistellungs- oder durch die Anrechnungsmethode zu vermeiden (Art. 4 der Richtlinie). Die juristische Doppelbesteuerung wird hingegen durch ein Befreiung zulasten des Quellenstaats vermieden (Art. 5 Abs. 1 der Richtlinie).

Der EuGH hat bislang einen solchen Rückgriff im Bereich der direkten Steuern noch nicht praktiziert. In der Rs. *Kerckhaert und Morres* lehnte Generalanwalt *Geelhoed* die von den Klägern eingewendete Berücksichtigung von sekundärrechtlichen Vorschriften zur Vermeidung der Doppelbesteuerung im Rahmen der Grundfreiheitsprüfung ab. Er schloss aus der ausdrücklichen Beseitigung der Doppelbesteuerung im Anwendungsbereich der Zinsertragsrichtlinie einerseits und in Ermangelung solcher Regelungen für den streitbefangenen Sachverhalt andererseits, dass eine Vermeidung der kumulativen Steuerlast dem Unionsgesetzgeber vorbehalten sei.[832] Auch der EuGH steht einer grundfreiheitsrechtlichen Erweiterung des Anwendungsbereichs der Mutter-Tochter-Richtlinie ablehnend

832 GA *Geelhoed* Schlussanträge v. 6.4.2006, Rs. C-513/04 (*Kerckhaert und Morres*), Slg. 2006, S. I-10967, Rn. 38, in Bezug auf Art. 14 der Zinsertragsrichtlinie.

gegenüber.[833] In der Literatur wird eine entsprechende Heranziehung der sich aus dem Sekundärrecht ergebenden Verantwortungszuweisung hingegen teilweise befürwortet.[834] Demgegenüber wird auch vertreten, dass eine mittelbare, über die Grundfreiheiten erfolgende analoge Anwendung von Richtlinienrecht auf steuerlich doppelt erfasste Sachverhalte, für die eine Anwendbarkeit zwar nicht eröffnet ist, die jedoch eine gleichgerichtetes Interesse und Schutzbedürfnis zu der jeweiligen Richtlinie aufzeigen, problematisch sei.[835]

Wie bereits gezeigt, soll nach hier vertretener Ansicht die durch Art. 4 und Art. 5 Abs. 1 EUV unberührt gebliebene Steuerzuständigkeit einem grundfreiheitsrechtlichen Doppelbesteuerungsverbot aufgrund der erheblichen Binnenmarktunverträglichkeit zwar nicht zwingend entgegenstehen, gegen eine Analogiefähigkeit der Mutter-Tochter-Richtlinie bestehen jedoch Bedenken. Deren umgrenzter Anwendungsbereich ergibt sich insbesondere aus den zahlreichen Voraussetzungen (Beteiligungshöhe, Gesellschaftsform, Haltedauer, Dividende). Die detaillierten Regelungen sprechen gegen eine planwidrige Regelungslücke. Der Unionsgesetzgeber hat sich vielmehr bewusst für eine nur punktuelle Koordinierung grenzüberschreitender Beteiligungen entschieden. Eine Funktion als Hilfsmaßstab für eine grundfreiheitsrechtliche Verantwortungszuweisung wäre insbesondere im Hinblick auf eine Aufweichung der Beteiligungsschwellen und der begünstigten Rechtsformen interessant. Eine extensive sekundärrechtliche Zuordnungsentscheidung ist aber abzulehnen, wenn dadurch rechtsformspezifische Besteuerungsmerkmale auf Steuersubjekte übertragen werden, für die das nationale Recht der involvierten Mitgliedstaaten oder die zwischenstaatliche Steuerverteilung abweichende Besteuerungsfolgen vorsieht. Der Anerkennungsgrundsatz erfordert akzeptable Verteilungsresultate. Bei einer grundfreiheitsrechtlichen Erweiterung der (stufenweise verringerten) Mindestbeteiligungsquote und des rechtsformspezifischen Unternehmensbezugs der Mutter-Tochter-Richtlinie ist der steuersystematische Hintergrund zu beachten. Eine Übertragung der sekundärrechtlichen Entlastungsmechanismen auf nicht unter das Schachtelprivileg fallende Dividenden steht im Widerspruch mit einem zumindest beschränkten Quellensteuerrecht, das sich als international anerkannter Verteilungsaspekt aus der Wertung des Art. 10 Abs. 2 OECD-MA und der entsprechenden Ausgestaltung zahlreicher DBA in der Abkommenspraxis der

833 EuGH Urteil v. 1.10.2009, Rs. C-247/08 (*Gaz de France*), Slg. 2009, S. I-9225, Rn. 59ff.; Urteil v. 8.11.2007, Rs. C-379/05 (*Amurta*), Slg. 2007, S. I-9569, Rn. 24.

834 *Rust*, DStR 2009, S. 2568, 2577.

835 *Cordewener*, Europäische Grundfreiheiten und nationales Steuerrecht, S. 882, für den Fall der von der Mutter-Tochter-Richtlinie nicht erfassten Gesellschaftsformen.

Mitgliedstaaten ergibt.[836] Danach soll ab einer bestimmten Beteiligungshöhe innerhalb einer Unternehmensgruppe zur Wahrung der Rechtsformneutralität die Annäherung der Besteuerung von Dividenden an die Betriebstättenbesteuerung sachgerechter erscheinen. Jenseits dieser Beteiligungsgrenze und Rechtsformen sind die kapitalertragsähnlichen Dividenden jedoch eher mit quellensteuerbehafteten Zinserträgen vergleichbar.[837] Dieser Aspekt spricht damit ebenfalls gegen eine mitgliedstaatliche Anerkennung der Verteilungsfolgen und damit gegen eine Eignung als Hilfsmaßstab, etwa für Portfoliobeteiligungen oder Beteiligungen natürlicher Personen. Folglich hätte eine grundfreiheitsrechtliche Steuerverteilung in den Rs. *Kerckhaert und Morres* und *Damseaux*, also in Bezug auf natürliche Personen als Anteilseigner, nicht in Anlehnung an die Mutter-Tochter-Richtlinie bewirkt werden können.

bb) Juristische Doppelbesteuerung von Einkünften aus Zinsen und Lizenzgebühren

Fraglich ist, ob der Zinsertragsrichtlinie für nicht in den Anwendungsbereich fallende Zinszahlungen, etwa aus anderen als den genannten Mitgliedstaaten, eine weitergehende Berücksichtigungspflicht des Ansässigkeitstaats (Art. 14 Abs. 1 der Zinsertragsrichtlinie) als Hilfsmaßstab entnommen werden kann. Dagegen dürfte bereits sprechen, dass die Zinsertragsrichtlinie die effektive Besteuerung von Zinserträgen durch den Austausch von Informationen sichern soll. Die in Art. 11 Zinsertragsrichtlinie vorgesehene Quellenbesteuerung, die seitens des Sitzstaates des Zinsempfängers zu entlasten ist, stellt letztendlich ein ausnahmsweise aus politischen Gründen gewährtes Informationssurrogat dar, das den Mitgliedstaaten Luxemburg, Österreich und Belgien zugestanden wurde.

Im Hinblick auf die Beteiligungsquote und -dauer (Art. 3 lit. b) und Art. 1 Abs. 10 der Zins- und Lizenzgebührenrichtlinie) könnte hingegen aus der Zins- und Lizenzgebührenrichtlinie im Unternehmensverbund ein verallgemeinerungsfähiges Quellensteuerverbot (Art. 1 Abs. 1 der Zins- und Lizenzgebührenrichtlinie) folgen. Anders als im Rahmen der Dividendenbesteuerung sind zwar im Hinblick auf die erstgenannte Voraussetzung keine zwingenden steuersystematischen Aspekte erkennbar, die dem entgegenstehen. Anhaltspunkte für eine Regelungslücke im Hinblick auf den Anwendungsbereich der Zins- und Lizenzgebühren-

836 EuGH Urteil v. 14.11.2006, Rs. C-513/04 (*Kerckhaert und Morres*), Slg. 2006 S. I-10967, es lag ebenfalls ein im DBA vereinbartes Quellensteuerrecht zugrunde; ebenso: *Cordewener*, Europäische Grundfreiheiten und nationales Steuerrecht, S. 882; Vgl. zur deutschen Abkommenspraxis die Abkommensübersicht zu Art. 10 Abs. 2 OECD-MA bei: *Tischbirek*, in: Vogel/Lehner, DBA, Art. 10, Rn. 67.

837 *Wassermeyer*, in: Debatin/Wassermeyer, Doppelbesteuerung, Art. 10 MA, Rn. 9.

richtlinie und somit eine mitgliedstaatliche Akzeptanz für deren Erweiterung auf nicht erfasste Sachverhalte lassen sich jedoch ebenfalls nicht feststellen, wenn auch der Anwendungsbereich der Zins- und Lizenzgebührenrichtlinie erweiterungsbedürftig ist.[838]

cc) Juristische Doppelbesteuerung bei Umwandlung, Verlagerung von Wirtschaftsgütern und Sitzverlegung

Der Fusionsrichtlinie lassen sich nur bedingt Impulse für eine Vermeidung der Doppelbesteuerung entnehmen. Demnach hat eine grenzüberschreitende Umwandlung nur insoweit steuerneutral zu erfolgen, wie die Wirtschaftsgüter weiterhin in einer inländischen Betriebstätte steuerverhaftet bleiben (zum Beispiel Art. 4 Abs. 2 lit. b) der Fusionsrichtlinie). Ansonsten bleibt eine Besteuerung der stillen Reserven möglich. Anders als im Zusammenhang mit der Verlustnutzung bei Umwandlungsvorgängen und Sitzverlegung (Art. 6, 13 Abs. 2 der Fusionsrichtlinie) sieht die Fusionsrichtlinie auch nicht explizit das Erfordernis der Inländergleichbehandlung vor. Damit dürfte sie bereits selbst die Vorgaben der Grundfreiheiten nicht vollumfänglich einhalten.[839] Denn diese fordern, dass eine Schlussbesteuerung bei Wegzug und ohne Realisation nicht sofort effektiv werden darf, wenn dies bei einem Inlandssachverhalt nicht ebenfalls vorgesehen ist.[840] Wie bereits gezeigt, sind auch die Unionsorgane bei der Schaffung sekundären Unionsrechts an die Grundfreiheiten gebunden.[841] Eine weitergehende Beschränkungsmöglichkeit des Grenzübertritts kann deshalb nicht auf Basis der Fusionsrichtlinie gerechtfertigt werden, unabhängig davon, ob man sie als durch die Grundfreiheiten derogiert ansieht[842] oder ihren Aussagegehalt auf ein grundfreiheitskonformes Maß reduziert, indem man das Erfordernis der Inländergleichbehandlung mit hineinliest.[843] Eine solche unterschiedslose Richtlinien-

838 Kommission, Summary Report, commission's public consultation on possible amendments to the council directive on a common system of taxation applicable to interest an royalty payments made between associated companies of different member states, S. 6, http://ec.europa.eu/taxation_customs/common/consultations/tax/index_de.htm

839 Andeutungsweise: GA *Kokott* Schlussanträge v. 8.9.2011, Rs. C-371/10 (*National Grid Indus BV*), BeckRS 2011, 81370, Rn. 50.

840 EuGH Urteil v. 7.9.2006, Rs. C-470/04 (*N*), Slg. 2006, S. I-7409; Urteil v. 11.3.2004, Rs. C-9/02 (*Lasteyrie du Saillant*), Slg. 2006, S. I-2409; FG Rheinland-Pfalz Beschluss v. 7.1.2011, 1 V 1217/10, DStRE 2011, 1065 ff..

841 S.o.: Teil 1: III.) 7.).

842 *Schön*, IStR 2004, S. 289, 297; *Frotscher*, IStR 2006, S. 65, 68 f.; EuGH Urteil v. 13.12.2005, Rs. C-411/03 (*Sevic*), Slg. 2005, S. I-10805, Rn. 26; Kommission Mitteilung v. 19.12.2006, KOM (2006) 825 endg., Wegzugsbesteuerung, S. 6.

843 *Schön/Schindler*, IStR 2004, S. 572, 574 ff.; kritisch: *Englisch*, Aufteilung der Besteuerungsbefugnisse, S. 88.

anwendung hat der EuGH auch im Hinblick auf das nach Art. 4 Abs. 2 der Mutter-Tochter-Richtlinie zulässige Abzugsverbot von Beteiligungsaufwand verlangt.[844] Auf Ebene des Anteilseigners darf anlässlich des Grenzübertritts keine Schlussbesteuerung stattfinden, Art. 8 Abs. 1 und 2 der Fusionsrichtlinie, ebenso wenig bei der Sitzverlegung einer SE oder SCE, Art. 14 Abs. 1 der Fusionsrichtlinie. Der Wegzugstaat kann jedoch später den Veräußerungsgewinn besteuern, Art. 8 Abs. 6, Art. 14 Abs. 2 der Fusionsrichtlinie. Vorgaben in Bezug auf die Beseitigung einer möglichen Doppelbesteuerung dieses Veräußerungsgewinns lassen sich ebenso wenig finden wie für den Fall eines parallelen Steuerzugriffs beider Mitgliedstaaten im Fall der (zins- und bedingungslos gestundeten) Schlussbesteuerung.[845]

dd) Schlussfolgerung

Allgemeine Vorgaben zur Lösung der Doppelbesteuerungsproblematik, insbesondere im Hinblick auf die Frage der Verantwortungszuweisung, sind den gegenwärtig existierenden, nur punktuell koordinierenden Richtlinien nicht entnehmbar. Eine an die Richtlinien angelehnte Zuweisung von Steuersubstrat kann im Hinblick auf die notwendige mitgliedstaatliche Akzeptanz nicht praktiziert werden, da zugrunde liegende steuersystematische Erwägungen und Verteilungsgesichtspunkte nicht ohne Weiteres verallgemeinerungsfähig sind.

b) Verteilungsmaßstab: Uniformer Besteuerungsvorrang eines Mitgliedstaats

Als weiterer Verteilungsmaßstab könnte auf Basis des hier vertretenen Anerkennungsgrundsatzes eventuell stets einem Mitgliedstaat das Besteuerungsvorrecht zuzusprechen sein. So könnte etwa der Aufnahme- beziehungsweise Quellenmitgliedstaat zur Berücksichtigung der im Herkunft- beziehungsweise Ansässigkeitstaat erhobenen Steuern auf die in seinem Staat erzielten Einkünfte verpflichtet sein. Dies würde zu einer Beschränkung des Quellensteuerrechts führen. Umgekehrt könnte zugunsten eines Quellensteuervorrangs stets der Ansässigkeitstaat zur Vermeidung der Doppelbesteuerung verpflichtet werden. Ohne einen Rückgriff auf möglicherweise komplizierte Hilfsnormen würde anhand eines solchen Aufteilungsmaßstabs stets demselben Mitgliedstaat das Besteuerungsvorrecht eingeräumt werden. Voraussetzung wäre neben der Sachgerechtigkeit einer solchen Steuerverteilung eine hinreichende Abdeckung der Doppel-

844 EuGH Urteil v. 18.9.2003, Rs. C-168/01 (*Bosal*), Slg. 2003, S. I-9409, Rn. 25 f., 43; Urteil v. 23.2.2006, Rs. C-471/04 (*Keller Holding*), Slg. 2006, S. I-2107, Rn. 45.

845 Hierzu: *Frotscher*, IStR 2006, S. 65, 68.

besteuerungsproblematik im Rahmen dieses Lösungsansatzes. Der einheitliche Besteuerungsvorrang besitzt den Vorteil der relativ einfachen Judizierbarkeit.

aa) Grundfreiheitsrechtlicher Verpflichtungsadressat

Zunächst ist festzustellen, dass beide einen grenzüberschreitenden Sachverhalt steuerlich erfassende Mitgliedstaaten (Herkunft- und Aufnahmemitgliedstaat) verpflichtet sind, eine grundfreiheitsgerechte Besteuerung vorzunehmen, da sowohl der Marktaustritts- als auch der Marktzutrittsfall in den Schutzbereich sämtlicher Grundfreiheiten fällt.[846] Aus den erwähnten Gründen eines effektiven Grundfreiheitsschutzes kann für eine aus einer Doppelerfassung resultierende Beschränkung zwar nur ein Mitgliedstaat verantwortlich zeichnen. Dies können jedoch grundsätzlich sowohl der Ansässigkeit- als auch der Quellenstaat sein. Angesichts dieser zweiseitigen Schutzrichtung kann dem Wortlaut der Grundfreiheiten nicht bereits per se eine Bevorzugung eines Mitgliedstaates entnommen werden.[847] Möglicherweise ergibt sich aber eine erkennbare Verteilungstendenz zugunsten eines Besteuerungsvorrechts des Quellen- oder Ansässigkeitstaats aus Gründen der Sachgerechtigkeit, sodass *ein* grundfreiheitsrechtlich verantwortlicher Mitgliedstaat bestimmbar ist.

bb) Vorrang der Quellenbesteuerung

(1) Rechtsprechung

Das in der Rechtsprechung des EuGH mittlerweile wiederholt aufgegriffene Territorialitätsprinzip als vom Unionsrecht akzeptierter Grundsatz erkennt zunächst einmal die im internationalen Steuerrecht praktizierte Besteuerung an der Quelle ausdrücklich an.[848] Nach dem Verständnis des Gerichtshofs ergebe sich als Ausprägung des Territorialitätsprinzips, *„dass die Staaten im Allgemeinen nur im Inland ansässige Personen der unbeschränkten Steuerpflicht unterwerfen und darüber hinaus Einkünfte ortsfremder Personen, die aus inländischen Quellen*

846 EuGH Urteil v. 16.7.1998, Rs. C-264/96 (*ICI*), Slg. 1998, S. I-4695, Rn. 21; Urteil v. 12.9.2006, Rs. C-196/04 (*Cadbury Schweppes*), Slg. 2006, S. I-7995, Rn. 42; Urteil v. 6.12.2007, Rs. C-298/05 (*Columbus Containers*), Slg. 2007, S. I-10451, Rn. 33.

847 So wohl: *Dautzenberg*, Unternehmensbesteuerung im EG-Binnenmarkt, S. 690 f.

848 EuGH Urteil v. 15.5.1997, Rs. C-250/95 (*Futura Participations*), Slg. 1997, S. I-2471, Rn. 22; Urteil v. 13.12.2005, Rs. C-446/03 (*Marks & Spencer*), Slg. 2005, S. I-10837, Rn. 39; Urteil v. 7.9.2006, Rs. C-470/04 (*N*), Slg. 2006, S. I-7409, Rn. 41; Urteil v. 21.3.2007, Rs. C-347/04 (*REWE Zentralfinanz*), Slg. 2007, S. I-2647, Rn. 69; Urteil v. 23.2.2006, Rs. C-471/04 (*Keller Holding*), Slg. 2006, S. I-2107, Rn. 44; ebenso: GA *Kokott* Schlussanträge v. 30.3.2006, Rs. C-470/04 (*N*), Slg. 2006, S. I-7409, Rn. 92 ff.

stammen, im Rahmen der beschränkten Steuerpflicht besteuern“[849]. Durch die gerichtliche Bestätigung des Territorialitätsprinzips kommt die grundfreiheitsrechtliche Anerkennung einer an sachliche Besteuerungsmerkmale anknüpfenden Steuerdistribution, wie die Belegenheit einer Steuerquelle auf dem Staatsgebiet, zum Ausdruck. Soweit der EuGH bislang selbst steuerverteilend tätig geworden ist, lassen sich ebenfalls Anhaltspunkte für einen Quellensteuervorrang feststellen. So hat der EuGH dem Ansässigkeitstaat die Einmalberücksichtigung der binnenmarktfinalen Verluste oder bestimmter vagabundierender Ausgaben aufgegeben[850] oder von diesem bei ausreichend vorhandenen Einkünften die vollständige Berücksichtigung familien- und personenbezogener Abzüge[851] verlangt, um eine Doppelnichtberücksichtigung zu vermeiden. Im Rahmen der Dividendenbesteuerung muss der Sitzstaat der ausschüttenden Gesellschaft nach Ansicht des Gerichtshofs grundsätzlich keine Entlastung von der wirtschaftlichen Doppelbesteuerung gewähren, um nicht das Besteuerungsrecht an den Einkünften zu verlieren, die durch die auf seinem Hoheitsgebiet ansässige Körperschaft erzielt wurden.[852] Ob diese Aussagen allerdings auf eine verallgemeinerungsfähige Inpflichtnahme des Ansässigkeitstaates durch den EuGH deuten kann, darf bezweifelt werden. So springt etwa auch bei der Rechtsprechung zu den familien- und personenbezogenen Abzügen die Berücksichtigungspflicht im Fall des die Einkünfte fast ausschließlich im Quellenstaat beziehenden Marktteilnehmers auf den Quellenstaat über. Dagegen spricht auch, dass eine extensive Ausweitung des Welteinkommensprinzips, wie im Fall der erweiterten unbeschränkten Steuerpflicht gemäß § 2 Abs. 1 Nr. 1 lit. b) ErbStG, ausdrücklich nicht beanstandet wurde.[853]

849 EuGH Urteil v. 13.12.2005, Rs. C-446/03 (*Marks & Spencer*), Slg. 2005, S. I-10837, Rn. 39; Urteil v. 21.3.2007, Rs. C-347/04 (*REWE Zentralfinanz*), Slg. 2007, S. I-2647, Rn. 68 f.; GA *Kokott* Schlussanträge v. 30.3.2006, Rs. C-470/04 (*N*), Slg. 2006, S. I-7409, Rn. 93.

850 EuGH Urteil v. 13.12.2005, Rs. C-446/03 (*Marks & Spencer*), Slg. 2005, S. I-10837; Urteil v. 15.5.2008, Rs. C-414/06 (*Lidl Belgium*), Slg. 2008, S. I-3601; Urteil v. 28.2.2008, Rs. C-293/06 (*Deutsche Shell*), Slg. 2008, S. I-1129.

851 EuGH Urteil v. 14.2.1995, Rs. C-279/93 (*Schumacker*), Slg. 1995, S. I-225; Urteil v. 1.7.2004, Rs. C-169/03 (*Wallentin*), Slg. 2004, S. I-6443; Urteil v. 27.6.1996, Rs. C-107/94 (*Asscher*), Slg. 1996, S. I-3089; Urteil v. 14.9.1999, Rs. C-391/97 (*Gschwind*), Slg. 1999, S. I-5451; Urteil v. 16.5.2000, Rs. C-87/99 (*Zurstrassen*), Slg. 2000, S. I-3337; Urteil v. 11.8.1995, Rs. C-80/94 (*Wielockx*), Slg. 1995, S. I-2493; Urteil v. 12.5.1998, Rs. C-336/96 (*Gilly*), Slg. 1998, S. I-2793; Urteil v. 12.6.2003, Rs. C-234/01 (*Gerritse*), Slg. 2003, S. I-5933; Urteil v. 25.1.2007, Rs. C-329/05 (*Meindl*), Slg. 2007, S. I-1107.

852 EuGH Urteil v. 12.12.2006, Rs. C-374/04 (*ACT Group Litigation*), Slg. 2006, S. I-11673, Rn. 59; s.u.: Teil 4: I.) 1.) b) aa) (2).

853 EuGH Urteil v. 23.2.2006, Rs. C-513/03 (*Van Hilten*), Slg. 2006, S. I-1957.

(2) Schrifttum

Im Rahmen der Diskussion über ein grundfreiheitsrechtliches Doppelbesteuerungsverbot wird vertreten, dass dem Quellenstaat auch ohne konkrete bilaterale Vereinbarung grundfreiheitsrechtlich das Anrecht auf vorrangige Besteuerung eingeräumt werden müsse.[854] Folge sei die Pflicht des Ansässigkeitstaats zur Beseitigung der internationalen Doppelbesteuerung im Rahmen einer grundfreiheitsrechtlichen Anerkennungspflicht.[855] Die „klassische" Doppelbesteuerung entsteht durch die Überschneidung von Besteuerungsansprüchen, die darauf beruhen, dass ein Mitgliedstaat seine Besteuerung nicht auf Einkünfte aus den in seinem Territorium belegenen Einkunftsquellen beschränkt, sondern das Welteinkommen der ansässigen Steuerpflichtigen erfasst. Es liege nahe, diesem „übermäßig" besteuernden (Ansässigkeit-)Mitgliedstaat auch die grundfreiheitsrechtliche Verantwortung zum Abstellen der Mehrbelastung aufzuerlegen.[856] Zumindest wenn der Mitgliedstaat durch eine eigene Quellenbesteuerung implizit ein Quellensteuervorrecht anerkenne, sei er verpflichtet, auch die durch andere Mitgliedstaaten erhobene korrespondierende Quellensteuer effektiv zu entlasten.[857]

(3) Sachgerechte Steuerverteilung

Fraglich ist, ob ein Besteuerungsverzicht des Ansässigkeitstaats stets die sachgerechte und mitgliedstaatlich akzeptierte Lösung darstellt. Für eine Vielzahl von Fällen mag dies in der Tat zutreffend sein. Gründe der Verteilungsgerechtigkeit vor dem Hintergrund globaläquivalenter Überlegungen sprechen dafür, dem Quellenstaat für Einkünfte mit einem engen Bezug zu seinem Territorium ein Besteuerungsrecht einzuräumen. So werden etwa auf dem Staatsgebiet belegene

---

854 *Gosch*, Ubg 2009, S. 73, 75; *Enchelmaier*, in: Cordewener/Enchelmaier/Schindler, Meistbegünstigung im Steuerrecht der EU-Staaten, S. 93, 100f.; *Lehner*, in: Cordewener/Enchelmaier/Schindler, Meistbegünstigung im Steuerrecht der EU-Staaten, S. 243; *Thömmes*, in: Cordewener/Enchelmaier/Schindler, Meistbegünstigung im Steuerrecht der EU-Staaten, S. 243f.; *Englisch*, Intertax 2005, S. 310, 324f.; *Dautzenberg*, DB 1994, S. 1542, 1545; *ders.*, IWB 5/1997, Fach 11, Gruppe 2, S. 299, 304f.; *ders.*, Unternehmensbesteuerung im EG-Binnenmarkt, 2. Hbd., S. 690f.; *Hey*, in: Herrmann/Heuer/Raupach, EStG/KStG, Einf. KStG, Rn. 124; GA *Geelhoed* Schlussanträge v. 23.2.2006, Rs. C-374/04 (*ACT Group Litigation*), Slg. 2006, S. I-11673, Rn. 51.

855 *Schönfeld*, StuW 2006, S. 79, 81 f.

856 Allgemein zum Welteinkommensprinzip als Ursache der internationalen Doppelbesteuerung: *Schaumburg*, Internationales Steuerrecht, Rn. 13.4f.; *Frotscher*, Internationales Steuerrecht, Rn. 7; *Wassermeyer*, in: Debatin/ Wassermeyer, Doppelbesteuerung, Vor Art. 1 MA, Rn. 5.

857 *Rust*, DStR 2009, S. 2568, 2576.

Einkunftsquellen regelmäßig die Infrastruktur des Quellenstaats in Anspruch nehmen (Nutzentheorie). Ob aus Gründen individueller Besteuerungsgerechtigkeit sogar eine alleinige Besteuerung durch den Quellenstaat geboten ist,[858] kann zumindest aus einer grundfreiheitsrechtlichen Perspektive dahinstehen. Denn auch wenn der Ansässigkeitstaat das Welteinkommensprinzip unter Anrechnung der ausländischen Steuer durchsetzt, wird die binnenmarktschädliche Wirkung der Doppelbesteuerung vermieden. Auch in der Abkommenspraxis hat sich das Quellensteuerrecht für hinreichend mit dem Hoheitsgebiet radizierte Einkunftsquellen weitgehend durchgesetzt. So folgen die meisten zwischen den Mitgliedstaaten geschlossenen DBA dem Betriebstättenprinzip (vgl. Art. 7 Abs. 1 OECD-MA)[859], das die nicht unerhebliche Teilnahme am Wirtschaftsleben des Quellenstaats im Blick hat.[860] Bei Grundvermögen gilt in der Regel das Belegenheitsprinzip (vgl. Art. 6 Abs. 1 OECD-MA), das ebenfalls die offenkundige und besonders enge staatswirtschaftliche Zugehörigkeit der Einkunftsquelle zu einem Hoheitsgebiet zum Ausdruck bringt.[861]

Ein Besteuerungsvorrecht zugunsten des Quellenstaats hat zumindest in den Fällen eine beiderseitige mitgliedstaatliche Anerkennung erfahren, in denen sich aus einem anwendbaren DBA ein eindeutiges Quellensteuerrecht ergibt, es jedoch an einer Bestimmung zur Vermeidung der Doppelbesteuerung fehlt. Ein solcher Fall könnte in den Rs. *Kerckhaert und Morres* sowie *Damseaux* vorgelegen haben, wenn man dem einschlägigen Methodenartikel einen auf das nationale belgische Recht bezogenen Vorbehalt entnimmt, der im Ergebnis zu einer fehlenden Verpflichtung des Ansässigkeitstaates Belgien führte. Ein abkommensrechtlich akzeptiertes Quellensteuerrecht streitet für eine dem Ansässigkeitstaat grundfreiheitsrechtlich aufzuerlegende Entlastungsverpflichtung. Dies führt wieder in die vorstehend behandelte Problematik der Abkommensinterpretation, sodass der EuGH beispielsweise die Grundfreiheitswidrigkeit feststellen könnte, vorbehaltlich einer entsprechenden Auslegung des DBA durch das nationale Gericht. Darüber hinaus sprechen gute Gründe dafür, auch ohne Bezugnahme auf eine entsprechende DBA-Steuerverteilung aus der Quellensteuerpraxis eines Mitgliedstaates in einem konkreten mitgliedstaatlichen Verhältnis auf dessen Berücksichtigungspflicht im Hinblick auf durch den anderen Mitgliedstaat erhobene Quellensteuern, also in seiner Rolle als Ansässigkeitstaat, zu schließen.[862] Der Mitgliedstaat gibt durch seine eigene Quellensteuererhebung nämlich seine Sicht einer konkreten

858 So: *Vogel*, in: Vogel/Lehner, DBA, Einl., Rn. 26.

859 Das Betriebstättenprinzip geht in der Regel einher mit einer Freistellung der Betriebstätteneinkünfte nach Art. 23 A OECD-MA im Ansässigkeitstaat.

860 Art. 7, Nr. 11 OECD-MK.

861 Art. 6, Nr. 1 OECD-MK; *Reimer*, in: Vogel/Lehner, DBA, Art. 6, Rn. 3.

862 *Rust*, DStR 2009, 2568, 2576.

zwischenstaatlichen Verteilungsgerechtigkeit zu erkennen, deren Feststellung wiederum dem nationalen Gericht aufzugeben wäre. Dies führt freilich dann zu keiner Lösung, wenn bereits nach nationalem Recht des Sitzstaats für den spiegelbildlichen Grenzübertritt keine Quellensteuereinbehalte vorgesehen sind (Interpretation durch das vorlegende Gericht), sodass dem Mitgliedstaat kein Vorwurf des venire contra factum proprium in der Rolle als Ansässigkeitstaat gemacht werden kann. In Bezug auf die Rs. *Block* wäre etwa festzustellen, dass Deutschland als Sitzstaat gemäß § 2 Abs. 1 Nr. 3 S. 1 ErbStG, § 121 BewG nur solche ausländischen Steuern anrechnet, die Vermögen betreffen, das bei beschränkt Steuerpflichtigen ebenfalls einer Erbschaftsteuer unterworfen wäre, also in der Rolle Deutschlands als Quellenstaat. Es kann für diesen Fall dann umgekehrt aber auch kein automatisches Quellensteuerverbot des anderen Mitgliedstaats folgen.

Ein grundfreiheitsrechtlich gebotenes Quellensteuerrecht im Bereich der direkten Steuern im Sinne eines generellen Vorrangs der Quellenbesteuerung bietet angesichts der Vielgestaltigkeit grenzüberschreitender Sachverhalte und der Tatsache, dass das Besteuerungsrecht letztendlich das Korrelat für die Gesamtheit der staatlichen Leistungen darstellt, also gerade keine konkrete Nutzenzuordnung erlaubt, eine zu undifferenzierte Lösung.[863] In bestimmten Doppelbesteuerungskonstellationen lassen sich durchaus auch unter zwischenstaatlichen Verteilungsaspekten gute Gründe für die Beschränkung oder vollständige Befreiung von einer Quellenbesteuerung finden. Ob sich etwa bei der bloßen Verwendung von (immateriellen) Wirtschaftsgütern, beispielsweise in Form von Zinsen, Lizenzgebühren und Dividenden, bereits im Hinblick auf die zwischenstaatliche Verteilungsgerechtigkeit ein stärkerer Bezug zum Territorium des Quellenstaats sowie zu dessen hoheitlichen Aufgaben erkennen lässt und somit ein zwingendes Quellensteuerrecht resultiert, dürfte angesichts der diffizilen Empfehlungen im OECD-MA und im OECD-MA (E) zu diesen Einkunftskategorien und der mitgliedstaatlichen Abkommenspraxis zumindest zweifelhaft sein. Auch die zuvor genannten sekundärrechtlichen Regelungen in Bezug auf qualifizierte Beteiligungssachverhalte sprechen gegen eine anderweitige Sichtweise, schließen sie das Steuerrecht des Quellenstaates doch aus. Im Ergebnis wäre der EuGH dazu veranlasst, die Grenzen eines sachgerechten Quellensteuerrechts im jeweiligen Einzelfall anhand weiterer Überlegungen auszuloten. Die globaläquivalenten Überlegungen zeigen, dass sich eine generelle mitgliedstaatliche Akzeptanz des Quellensteuervorrechts im Sinne des grundfreiheitsrechtlichen Anerkennungsgrundsatzes nur ausnahmsweise entnehmen lassen wird.

863 *Schnitger*, Die Grenzen der Einwirkung der Grundfreiheiten des EG-Vertrages auf das Ertragsteuerrecht, S. 266; *Kofler*, Doppelbesteuerungsabkommen und EG-Recht, S. 240 f.; *Waldhoff*, IStR 2009, S. 386, 391.

(4) Leistungsfähigkeit und Praktikabilität

Das Prinzip des Quellensteuervorrangs eignet sich nicht als globaler Lösungsansatz einer Verantwortungszuweisung bei Doppelbesteuerungsfällen. Es könnten vornehmlich die Fälle der klassischen Doppelbesteuerung im Verhältnis Ansässigkeit- zu Quellenstaat einer grundfreiheitsrechtlichen Verantwortungszuweisung zugeführt werden. Wird die kumulative Steuerwirkung durch eine doppelte mitgliedstaatliche Inanspruchnahme der Quelle ausgelöst (Doppelquellenbesteuerung), müsste der Quellenbegriff näher präzisiert werden, um eine vorrangige Quelle auszumachen. Ein solcher Fall kann eintreten, wenn Zinsen einer Quellenbesteuerung sowohl im Sitzstaat des Zinsschuldners als auch im Betriebstättenstaat der darlehensnehmenden Niederlassung unterliegen.[864] Erfüllt ein Steuerpflichtiger in zwei Mitgliedstaaten die Voraussetzungen der unbeschränkten Steuerpflicht (etwa die Doppelansässigkeit einer Gesellschaft), müsste der Hilfsmaßstab mangels eindeutiger Quelle zur Herbeiführung handhabbarer Kollisionsnormen inhaltlich ebenfalls deutlich erweitert werden.

cc) Herkunftstaatsprinzip

Der Heranziehung eines reinen Herkunftstaatsprinzips zur Verantwortungszuweisung im Fall der internationalen juristischen Doppelbesteuerung, mit der Folge eines Quellensteuerverbots im Fall einer fehlenden Entlastung im Ansässigkeitstaat, ist im Hinblick auf zwischenstaatliche Steuerverteilungsaspekte als wenig sachgerecht anzusehen. Die grundfreiheitsrechtliche Anwendung einer strikten Anerkennungspflicht des Aufnahmestaats, wie sie im Zusammenhang mit Produktregulierungen und Berufsqualifikationen judiziert wird, stößt bereits im Hinblick auf die dargestellten Funktionsunterschiede von staatlichen Ordnungsvorschriften und Normen zur Sicherung der Staatsfinanzen auf erhebliche Bedenken.[865] Aus den vorstehend genannten nutzentheoretischen Überlegungen erscheint es im Hinblick auf bestimmte Einkünfte mit engem territorialem Bezug unbillig und fern zwischenstaatlicher Verteilungsanliegen, dass das Besteuerungsrecht des Quellenstaats von einem Besteuerungsverzicht des Ansässigkeitsstaats abhängen soll. Bezüglich der Praktikabilität ergeben sich zudem dieselben Bedenken wie im Fall des Vorrangs der Quellenbesteuerung.

---

864 S.u.: Teil 3: VI.) 2.) c) bb) (1).

865 S.o.: Teil 3: IV.) 2.) b) und V.) 3.) b).

dd) Schlussfolgerung

Unter dem Gesichtspunkt einer zwischenstaatlichen Verteilungsgerechtigkeit kann der kongruente Besteuerungsvorrang des Quellenstaats zumindest in Fällen der klassischen Doppelbesteuerung bedingt eine Verantwortungszuweisung ermöglichen. Erkennt ein Mitgliedstaat durch eine vereinbarte oder seine eigene Quellensteuerpraxis bei entsprechenden Sachverhalten einen globaläquivalenten Territorialbezug einer Steuerquelle an, lässt sich hieraus grundsätzlich umgekehrt eine Verantwortung zur Vermeidung einer Doppelbesteuerung infolge einer korrespondierenden Quellenerhebung durch einen anderen Mitgliedstaat folgern. Ansonsten lässt sich keine Akzeptanz in Bezug auf die Sachgerechtigkeit eines für alle Einkunftsarten verallgemeinerten Quellensteuervorrechts feststellen. Als globaler Lösungsansatz eignet sich der uniforme Besteuerungsvorrang eines Mitgliedstaats nicht.

c) Verteilungsmaßstab: OECD-Empfehlungen

In der Literatur wird als Ansatz zur steuerdistributiven Durchsetzung eines grundfreiheitsrechtlichen Verbots der Doppelbesteuerung unter anderem die analoge Heranziehung der einzelnen Empfehlungen des OECD-MA und des OECD-MA (E) als Hilfsnormen in Erwägung gezogen.[866] Sowohl für den Bereich der Ertrag- und Vermögensteuern als auch der mangels dichtem DBA-Netz einem besonderen Doppelbesteuerungsrisiko ausgesetzten Bereich der Steuern über Nachlässe, Erbschaften und Schenkungen ließe sich ein entsprechendes Musterabkommen der OECD finden. Während das OECD-MA in seinem mittlerweile über fünfzigjährigen Bestehen einer laufenden Aktualisierung (letztmalig im Juli 2010) unterliegt, erfährt das OECD-MA (E) eine vergleichsweise stiefmütterliche Behandlung. Die aktuelle Fassung datiert hier noch aus dem Jahr 1982. Ergänzend können zur Interpretation dieser Empfehlungen in den Musterabkommen die Kommentierungen des OECD-MK und OECD-MK (E) sowie weitere Richtlinien und Standards der OECD herangezogen werden.

866 *Cordewener*, Europäische Grundfreiheiten und nationales Steuerrecht, S. 887 f.; *Cordewener/Schnitger*, StuW 2006, S. 50, 57; *Schnitger*, Die Grenzen der Einwirkungen der Grundfreiheiten des EG-Vertrages auf das Ertragsteuerrecht, S. 266; *Kofler*, Doppelbesteuerungsabkommen und EG-Recht, S. 248 ff.; *Englisch*, IStR 2007, S. 66, 69; *Wernsmann*, in: Schulze/Zuleeg/Kadelbach, Europarecht, § 30, Rn. 95.

aa) Sachgerechte Steuerverteilung

(1) Generelle Akzeptanz der OECD-Empfehlungen im Unionsrecht

Die nach den Vorschlägen des OECD-MA erfolgte Aufteilung der Besteuerungsbefugnisse erfährt in der Rechtsprechung des EuGH eine explizite Anerkennung. Die Aufteilung der Besteuerungsbefugnisse liegt grundsätzlich in der Verantwortung der Mitgliedstaaten. Da das Unionsrecht diesbezüglich bislang keine Vorgaben macht, können die Mitgliedstaaten die Verteilungskriterien nach freiem Ermessen festlegen.[867] Sowohl für die Besteuerung von beschränkt Steuerpflichtigen als auch die von unbeschränkt Steuerpflichtigen gelangte der EuGH wiederholt zu der Erkenntnis, dass die Aufteilung nach Maßgabe des OECD-MA hierbei prinzipiell oder für den konkret zu beurteilenden Fall zu sachgerechten Ergebnissen führe.[868] Die Empfehlungen der OECD lieferten dem EuGH bereits Maßstäbe für eine Anwendung des Unionsrechts. Sofern der EuGH etwa bei der Berücksichtigung von familien- und personenbezogenen Abzügen selbst steuerverteilend tätig wurde oder die Legitimationskraft der getroffenen Steuerverteilung bemühte, bezog er sich ebenfalls auf die (vermeintlichen) OECD-Empfehlungen als Begründung des gefundenen Ergebnisses, wodurch auch die OECD-Steuerverteilung implizit unionsrechtlich bestätigt wurde.[869] Der OECD-MK[870] und der Bericht des OECD Ausschusses für Steuerfragen zum

867 EuGH Urteil v. 12.5.1998, Rs. C-336/96 (*Gilly*), Slg. 1998, S. I-2793, Rn. 24, 30; Urteil v. 21.9.1999, Rs. 307/97 (*Saint-Gobain*), Slg. 1999, S. I-6161, Rn. 57.

868 EuGH Urteil v. 12.5.1998, Rs. C-336/96 (*Gilly*), Slg. 1998, S. I-2793, Rn. 31, im Hinblick auf das Kassenstaatsprinzip; Urteil v. 14.2.1995, Rs. C-279/93 (*Schumacker*), Slg. 1995, S. I-225, Rn. 32; Urteil v. 14.9.1999, Rs. C-391/97 (*Gschwind*), Slg. 1999, S. I-5451, Rn. 24; Urteil v. 12.12.2002, Rs. C-385/00 (*de Groot*), Slg. 2002, S. I-11819, Rn. 98; Urteil v. 12.6.2003, Rs. C-234/01 (*Gerritse*), Slg. 2003, S. I-5933, Rn. 45, jeweils zur grundsätzlichen Berücksichtigung von persönlichen Steuerabzugsbeträgen im Wohnsitzstaat; Urteil v. 14.11.2006, Rs. C-513/04 (*Kerckhaert und Morres*), Slg. 2006 S. I-10967, Rn. 23; generell auf die „*internationale Besteuerungspraxis*" abstellend; Urteil v. 27.6.1996, Rs. C-107/94 (*Asscher*), Slg. 1996, S. I-3089, Rn. 47, Besteuerung einer Geschäftsführertätigkeit; Urteil v. 23.2.2006, Rs. C-513/03 (*Van Hilten*), Slg. 2006, S. I-1957, Rn. 48, im Hinblick auf die erweiterte unbeschränkte Erbschaftsteuer nach Wegzug; Urteil v. 13.3.2007, Rs. C-524/04 (*Thin Cap Group Litigation*), Slg. 2007, S. I-2107, Rn. 49, mit einer allgemeinen Anerkennung; Urteil v. 7.9.2006, Rs. C-470/04 (*N*), Slg. 2006, S. I-7409, Rn. 45, zur Wegzugbesteuerung; ebenso: GA *Colomer* Schlussanträge v. 26.10.2004, Rs. C-376/03 (*D*), Slg. 2005, S. I-5821, Rn. 59, Fn. 41, im Hinblick auf das Belegenheitsprinzip bei unbeweglichem Vermögen.

869 Vgl. EuGH Urteil v. 25.2.2010, Rs. C-337/08 (*X Holding BV*), DStR 2010, S. 427 ff., Rn. 38; Urteil v. 14.2.1995, Rs. C-279/93 (*Schumacker*), Slg. 1995, S. I-225, Rn. 32.

870 EuGH Urteil v. 19.1.2006, Rs. C-265/04 (*Bouanich*), Slg. 2006, S. I-923, Rn. 51; Urteil v. 12.5.1998, Rs. C-336/96 (*Gilly*), Slg. 1998, S. I-2793, Rn. 31; GA *Colomer* Schlussanträge v. 26.10.2004, Rs. C-376/03 (*D*), Slg. 2005, S. I-5821, Rn. 59; GA *Kokott* Schlussanträge v.

OECD-MA (E)[871] erfuhren ebenso schon eine ausdrückliche Anerkennung seitens des Gerichtshofs. Diese Akzeptanz dürfte deswegen für den Bereich des Erbschaft- und Schenkungsteuerrechts auch generell auf das OECD-MA (E) und den OECD-MK (E) übertragbar sein, da deren Empfehlungen ebenfalls anerkannte Prinzipien der zwischenstaatlichen Steuerverteilung abbilden. Das Postulat der Zusammenarbeit zwischen der Europäischen Union und der OECD in Art. 220 AEUV deutet zusätzlich auf eine normierte unionsrechtliche Akzeptanz der von letztgenannter Organisation vorgebrachten Vorschläge hin, an deren Zustandekommen die Europäische Union als „assoziiertes Mitglied" nicht unerheblich mitwirken kann (vgl. Art. 13 OECD-Konvention i.V.m. Zusatzprotokoll Nr. 1 und Art. 7 der OECD-Verfahrensordnung).[872] Insbesondere im Hinblick auf die Vermeidung der Doppelbesteuerung als Ausfluss der Zielsetzung einer optimalen Wirtschaftsentwicklung, des wirtschaftlichen Wachstums und der Beseitigung von Handelshemmnissen und der Diskriminierung (vgl. Art. 1 und Art. 2 lit. d) OECD-Konvention) decken sich die Ziele der OECD mit dem Binnenmarktziel der Europäischen Union.[873]

(2) Unionsrechtliche Modifikationen

Der wiederholte Hinweis des EuGH auf die Sachgerechtigkeit des OECD-MA (und des OECD-MA (E)) kann nicht zu der Annahme verleiten, dass jede OECD-Empfehlung beziehungsweise jede abkommensrechtliche Regelung, die diese wiedergibt, per se unionsrechtlich unbeanstandet bleibt. Sofern der EuGH hierdurch eine bestimmte Vermutung zugunsten einer grundfreiheitsrechtlichen Kompatibilität zum Ausdruck bringen möchte, ist diese grundsätzlich einer fallbezogenen Grundfreiheitsprüfung vorbehalten. Ebensowenig wie tatsächlich geschlossene Abkommen[874] können die OECD-Empfehlungen eine von vornherein unter dem Unionsrecht prüfungsfreie Rechtslage schaffen. Herausgearbeitet wurde, dass grundsätzlich die Steuerverteilung im Sinne eines Besteuerungsverzichts und die daraus resultierende Quasi-Beschränkungen aufgrund der Divergen-

14.7.2005, Rs. C-265/04 (*Bouanich*), Slg. 2006, S. I-923, Rn. 16; GA *Léger* Schlussanträge v. 30.6.2005, C-513/03 (*Van Hilten*), Slg. 2006, S. I-1957, Rn. 82.

871 EuGH Urteil v. 23.2.2006, Rs. C-513/03 (*Van Hilten*), Slg. 2006, S. I-1957, Rn. 48.

872 *Osterneck*, in: Schwarze, EU-Kommentar, Art. 304 EGV, Rn. 3; *Kokott*, in: Streinz, EUV/EGV, Art. 304 EG, Rn. 2 ff.

873 *Kokott*, in: Streinz, EUV/EGV, Art. 304 EG, Rn. 1; *Schmalenbach*, in: Callies/Ruffert, EUV/AEUV, Art. 220 AEUV, Rn. 19; *Schröder*, in: Von der Groeben/Schwarze, EUV und EGV, Art. 304 EG, Rn. 1.

874 S.o.: Teil 1: V.) 2.) und 3.).

zen der Steuersysteme grundfreiheitsrechtlich unbeachtlich sind.[875] Gegenüber den Anknüpfungspunkten einer Verteilung, wie etwa der Ansässigkeit, sind die Grundfreiheiten indifferent. Das gilt selbst dann, wenn die Verteilungsnormen an scheinbar bedenkliche Kriterien wie dem der Staatsangehörigkeit anknüpfen, wie etwa bei Einkünften aus einer Tätigkeit im öffentlichen Dienst (Art. 19 Abs. 1 lit. b) OECD-MA).[876] Ein Anwendungsvorrang gegenüber den Verteilungsnormen verbleibt hingegen im Rahmen der Besteuerung von Dividenden (vgl. Art. 10 OECD-MA), Zinsen (vgl. Art. 11 OECD-MA) und Lizenzgebühren (vgl. Art. 12 OECD-MA) im Hinblick auf kollidierende sekundärrechtliche Vorgaben (beispielsweise das unionsrechtliche Quellensteuerverbot).

Dennoch ergeben sich grundfreiheitsrechtliche Modifikationen mit Berührung zur OECD-Steuerdistribution. Zur Vermeidung einer doppelten Nichtberücksichtigung von Verlusten infolge der Freistellung von Einkünften aus ausländischen Quellen hat der EuGH eine Festlegung der ergebnisoffenen Empfehlung der OECD[877] in Richtung einer strengen Symmetriethese vorgenommen. Bei der Frage, wann ein Mitgliedstaat zur gleichwertigen Berücksichtigung negativer Einkünfte grundfreiheitsrechtlich verpflichtet ist, wurde die Symmetrie zudem durch die seitens des EuGH entwickelten und bereits dargestellten Grundsätze zur Berücksichtigung binnenmarktfinaler Verluste weiter präzisiert.[878] Die Gewährleistung der einmaligen Berücksichtigung von familien- und personenbezogenen Steuervergünstigungen ist ebenfalls eine besondere Ausprägung der Vermeidung einer Mehrbelastung infolge einer doppelten Nichtberücksichtigung. Diese Steuervorteile können keiner Steuerquelle unmittelbar zugeordnet werden. Auf Grundlage der OECD-Empfehlungen lässt sich trotz gegenteiliger Auffassung des EuGH[879] keine Lösung für diese nachteilhafte steuerliche Wirkung finden.[880] Deshalb stellt auch die in der Rs. *Schumacker* und einer Reihe von Folgeurteilen herbeigeführte

875 EuGH Urteil v. 12.5.1998, Rs. C-336/96 (*Gilly*), Slg. 1998, S. I-2793, Rn. 53; Urteil v. 28.1.1986, Rs. C-270/83 (*Kommission/Frankreich*), Slg. 1986, S. 273, Rn. 26; Urteil v. 5.7.2005, Rs. C-376/03 (*D*), Slg. 2005, S. I-5821, Rn. 61 f.; Urteil v. 12.12.2006, Rs. C-374/04 (*ACT Group Litigation*), Slg. 2006, S. I-11673, Rn. 88 ff.

876 EuGH Urteil v. 12.5.1998, Rs. C-336/96 (*Gilly*), Slg. 1998, S. I-2793, Rn. 30; Urteil v. 21.9.1999, Rs. 307/97 (*Saint-Gobain*), Slg. 1999, S. I-6161, Rn. 47; zur erweiterten unbeschränkten Erbschaftsteuerpflicht: EuGH Urteil v. 23.2.2006, Rs. C-513/03 (*Van Hilten*), Slg. 2006, S. I-1957, Rn. 47; GA *Léger* Schlussanträge v. 30.6.2005, Rs. C-513/03 (*Van Hilten*), Slg. 2006, S. I-1957, Rn. 76.

877 Art. 23, Rn. 44 OECD-MK sieht ausdrücklich von einer Empfehlung bezüglich der Behandlung negativer Einkünfte ab.

878 EuGH Urteil v. 15.5.2008. Rs. C-414/06 (*Lidl Belgium*), Slg. 2008, S. I-3601; Urteil v. 23.10.2008, Rs. C-157/07 (*Wannsee*), Slg. 2008, S. I-8061; s.o.: Teil 1: V.) 2.) c) aa).

879 EuGH Urteil v. 14.2.1995, Rs. C-279/93 (*Schumacker*), Slg. 1995, S. I-225, Rn. 32 f.

880 Vgl. Art. 24 Abs. 3 S. 2 OECD-MA; nach Art. 23, Nr. 43 OECD-MK wird für die Lösung dieser Problematik ausdrücklich keine Empfehlung abgegeben.

Lösung[881], wonach eine vollständige Berücksichtigung der Abzüge in dem Mitgliedstaat mit ausreichend Steuersubstrat zu erfolgen hat, im Ergebnis ein weiteres Exempel für eine Präzisierung der OECD-Empfehlungen dar. Eine Erfassung der bis zum Wegzug einer natürlichen Person entstandenen stillen Reserven, etwa auf Beteiligungen an Kapitalgesellschaften, durch den Wegzugstaat wird ausweislich der OECD-Empfehlungen als sachgerecht erachtet.[882] Zwar wurde eine solche Schlussbesteuerung trotz der grundfreiheitsbeschränkenden Wirkung als durch die Wahrung der Aufteilung der Besteuerungsbefugnisse für zulässig befunden.[883] Die OECD-Empfehlungen sind jedoch dahingehend zu modifizieren, dass die Schlussbesteuerung auf Grundlage von Verhältnismäßigkeitserwägungen so ausgestaltet werden muss, dass sie in keine Schlechterstellung in Form von unmittelbaren wirtschaftlichen Belastungen als Folge einer Sofortbesteuerung resultiert.[884] Eine sofortige Schlussbesteuerung zur Wahrung der Aufteilung der Besteuerungsbefugnisse bei der Veräußerung von überführtem Betriebsvermögen dürfte nach zutreffendem Verständnis von Art. 13 Abs. 2 i.V.m. Art. 23 A/B OECD-MA beziehungsweise einer entsprechend umgesetzten DBA-Bestimmung nicht notwendig sein, da eine Aufteilung des Veräußerungsgewinns ohnehin entsprechend den Verursachungsbeiträgen erfolgt (Art. 7 Abs. 1 S. 2 OECD-MA) und somit im Veräußerungszeitpunkt für die bis zum Grenzübertritt entstandenen stillen Reserven weiterhin ein Besteuerungsrecht besteht.[885] Nur in dem Umfang, in dem der realisierte Gewinn durch die ausländische Betriebstätte erwirtschaftet wird, geht das Besteuerungsrecht des Wegzugstaats verloren. Eine Schlussbesteuerung auf Basis des Fremdvergleichsgrundsatzes, die sich an die neuen OECD-Empfehlungen zur Selbstständigkeitsfiktion der Betriebstätte (Funtionally separate Entity

881 EuGH Urteil v. 14.2.1995, Rs. C-279/93 (*Schumacker*), Slg. 1995, S. I-225; s.o.: Teil 1: V.) 2.) c) bb).

882 Art. 13, Nr. 10 OECD-MK; vgl. auch: *Reimer*, in: Vogel/Lehner, Art. 13, Rn. 202f.

883 EuGH Urteil v. 7.9.2006, Rs. C-470/04 (*N*), Slg. 2006, S. I-7409, Rn. 41, 46; GA *Kokott* Schlussanträge v. 30.3.2006, Rs. C-470/04 (N), Slg. 2006, S. I-7409, Rn. 104, 106; vgl. auch: *Elicker*, IStR 2005, S. 89, 92; *Körner*, IStR 2004, S. 424, 426f.

884 EuGH Urteil v. 7.9.2006, Rs. C-470/04 (*N*), Slg. 2006, S. I-7409, Rn. 48ff.; Urteil v. 21.11.2002, Rs. C-436/00 (*X und Y*), Slg. 2002, S. I-10829, Rn. 57ff.; zur zins- und bedingungslosen Stundung (insbesondere keine Sicherheitsleistung): EuGH Urteil v. 7.9.2006, Rs. C-470/04 (*N*), Slg. 2006, S. I-7409, Rn. 51; Urteil v. 11.3.2004, Rs. C-9/02 (*Lasteyrie du Saillant*), Slg. 2006, S. I-2409, Rn. 63ff.; a.A. noch: EuGH Urteil v. 21.11.2002, Rs. C-436/00 (*X und Y*), Slg. 2002, S. I-10829, Rn. 59, vor Anwendbarkeit der Beitreibungsrichtlinie; zu Erklärungs-, Nachweis- und Informationspflichten: EuGH Urteil v. 7.9.2006, Rs. C-470/04 (*N*), Slg. 2006, S. I-7409, Rn. 49; *Köhler/Eicker*, DStR 2006, S. 1871, 1874.

885 *Hemmelrath*, in: Vogel/Lehner, DBA, Art. 7 Rn. 90ff.; BFH Urteil v. 17.7.2008, I R 77/06, EuZW 2008, S. 735ff., Tz. III. 3b) bb), unter Aufgabe der finalen Entnahmetheorie und m.w.N.; zu den möglichen Folgen für die durch das SEStEG normierten Entstrickungstatbestände, vgl.: *Prinz*, DB 2009, S. 807, 810f.

Approach; Art. 7 Abs. 2 OECD-MA) anlehnt und eine sofortige steuerwirksame Ersatzrealisierung bei Überführung eines Wirtschaftsguts zu fremdüblichen Konditionen, also unter Berücksichtigung der in diesem Zeitpunkt bestehenden Wertsteigerungen, vorsieht,[886] würde mit den grundfreiheitsrechtlichen Erfordernisse einer zins- und bedingungslosen Steuerstundung[887] und einer Berücksichtigung späterer Wertminderungen in Konflikt geraten.[888] Findet eine Schlussbesteuerung im Wegzugstaat statt, implizieren die OECD-Empfehlungen die Beseitigung der juristischen Doppelbesteuerung in Bezug auf die bis zum Grenzübertritt entstandenen stillen Reserven seitens des Aufnahmestaats und hinsichtlich der danach in der ausländischen Betriebstätte entstandenen stillen Reserven in Verantwortung des Wegzugstaats (Art. 7 Abs. 3 OECD-MA).[889] In Anlehnung an diese Empfehlungen würde dem Zuzugstaat durch Anwendung eines Wertzuwachssystems (Step-up) an den bis zum Wegzug entstandenen Wertsteigerungen nur ein nachrangiges Besteuerungsrecht zukommen, auch wenn ihm aus der Warte der Grundfreiheiten eigentlich keine eingriffsbegründende Benachteiligung des zugezogenen Steuerpflichtigen vorgeworfen werden kann.[890] Umgekehrt müsste es in der grundfreiheitsrechtlichen Verantwortung des Wegzugstaats liegen, eine gegebenenfalls eintretende Doppelbesteuerung der nach dem Wegzug entstandenen stillen Reserven zu beseitigen, auch wenn eine solche unterschiedslose Besteuerung von realisierten Gewinnen wiederum innerhalb der mitgliedstaatlichen Rechtsordnung keine Schlechterstellung bewirkt.[891]

Das jenseits der abkommensrechtlichen Verteilungsnormen herausgearbeitete grundfreiheitsrechtliche Konfliktpotential, etwa im Hinblick auf die Gewährung von Abkommensvorteilen (Art. 1 OECD-MA) und die Ansässigkeit (Art. 4

886 Art. 7, Nr. 21 f. OECD-MK; hierzu: *Beiser*, BB 2008, S. 2724, 2725; *Jacobs*, Internationale Unternehmensbesteuerung, S. 621 ff.; *Wassermeyer*, in: Debatin/Wassermeyer, Doppelbesteuerung, Art. 7 MA, Rn. 243 ff.

887 Die in § 4g EStG normierte Ausgleichspostenmethode dürfte wegen der beschränkten Stundungswirkung den negativen Liquiditätsfolgen der Entstrickung ebenfalls nicht ausreichend entgegenwirken (vgl. auch § 36 Abs. 5 EStG).

888 FG Rheinland-Pfalz Beschluss v. 7.1.2011, 1 V 1217/10, DStRE 2011, 1065, zur Sitzverlegung einer Societas Europaea; mit Einschränkungen: GA *Kokott* Schlussanträge v. 8.9.2011, Rs. C-371/10 (*National Grid Indus BV*), BeckRS 2011, 81370, Rn. 70 ff.

889 Art. 7, Nr. 47 OECD-MK; *Prinz*, DB 2009, 807, 811.

890 FG München Urteil v. 4.4.2008, 11 V 1815/07, DStRE 2008, S. 1345, 1346; BFH Urteil v. 23.9.2008, I B 92/08, DStR 2008, S. 2154 ff., Tz. 2c), in summarischer Prüfung im Rahmen eines AdV-Antrags; *Gosch*, BFH/PR 2009, S. 34 f.; *Englisch*, Aufteilung der Besteuerungsbefugnisse, S. 71; a.A. wohl: Kommission Mitteilung v. 19.12.2006, KOM (2006) 825 endg., Wegzugsbesteuerung, S. 5, 9.

891 *Frotscher*, IStR 2006, S. 65, 68.

OECD-MA),[892] die Frage des Informationsaustauschs (Art. 26 OECD-MA) unter Berücksichtigung der Amtshilferichtlinie[893] oder die missbrauchsvermeidende Durchgriffsbesteuerung bei beherrschten ausländischen Gesellschaften[894] unter Geltung der EuGH-Rechtsprechung[895], steht dies der Funktion als Hilfsnorm im Rahmen der grundfreiheitsrechtlichen Steuerverteilung jedoch nicht entgegen. Es zeigt sich, dass trotz einer grundsätzlichen unionsrechtlichen Akzeptanz der OECD-Empfehlungen europarechtliche Modifizierungen nicht ausgeblieben sind.

(3) Empfehlungscharakter und konkret-individuelle mitgliedstaatliche Akzeptanz

Die gesteigerte Bedeutung der OECD-Muster im unionsrechtlichen Kontext resultiert aus ihrer nachhaltigen Verwendung in der mitgliedstaatlichen Abkommenspraxis. Entscheidend dürfte sein, ob eine ausreichende mitgliedstaatliche Akzeptanz der OECD-Empfehlungen vorliegt, um im konkreten, bilateral nicht effektiv geregelten Fall eine grundfreiheitsrelevante Anerkennung zu statuieren. Betreffend die Mitgliedstaaten der Europäischen Union und des EWR, die zugleich OECD-Staaten sind, ist umstritten, ob (zumindest untereinander) eine Umsetzung entsprechend der Empfehlungen des OECD-Musterabkommen im Fall einer bilateralen Abstimmung erfolgen muss, sofern keine Vorbehalte hiergegen angebracht wurden. Dies wird insbesondere im Hinblick auf das hohe Maß an internationaler Übereinstimmung vertreten, nicht zuletzt wegen der Mitwirkung der verantwortlichen nationalen Steuerbehörden.[896] Demgegenüber wird auf den fehlenden Vertrags- und bloßen Empfehlungscharakter verwiesen, der gegen eine Umsetzungspflicht spreche.[897] Die Heranziehung der OECD-Empfehlungen als grundfreiheitsausgestaltende Hilfsnormen kann zu einer von den Interessen der betroffenen Mitgliedstaaten abrückenden Steuerverteilung führen. Was sich unter dem Blickwinkel der zwischenstaatlichen Steuerverteilungsgerechtigkeit als sachgerecht darstellt, hängt nicht zuletzt von den Besonderheiten des Einzelfalls, insbesondere den beteiligten Mitgliedstaaten, ihren Handelsbeziehungen

892 EuGH Urteil v. 21.9.1999, Rs. 307/97 (*Saint-Gobain*), Slg. 1999, S. I-6161, Rn. 47; s.o.: Teil 1: V.) 3.).

893 Kommission Arbeitsunterlage v. 9.6.2005, DOC(2005) 2306/A, Doppelbesteuerungsabkommen und Recht der Europäischen Gemeinschaft, Anhang A.

894 OECD Bericht, Harmful Tax Competition – An Emerging Global Issue, 1998, Rn. 97 ff.

895 EuGH Urteil v. 12.9.2006, Rs. C-196/04 (*Cadbury Schweppes*), Slg. 2006, S. I-7995; Beschluss v. 23.4.2008, Rs. C-201/05 (*CFC and Dividend Group Litigation*), Slg. 2008, S. I-2875.

896 *Wassermeyer*, in: Dabatin/Wassermeyer, Doppelbesteuerung, Vor Art. 1 MA, Rn. 31 ff.

897 *Gómez-Ballina*, in: Schilcher/Wenninger, Fundamental Issues and Practical Problems in Tax Treaty Interpretation, S. 91 ff.

und Volkswirtschaften ab. DBA weichen in der Praxis aus fiskalischen Gründen, beispielsweise einer verstärkten Tendenz zur Quellenbesteuerung als Folge einer negativen Handelsbilanz, und aus Gründen der wirtschaftlichen Zusammenarbeit, etwa die Schaffung von Investitionsanreizen durch Anrechnung einer fiktiven Quellensteuer, häufig von den OECD-Empfehlungen ab. Eine austarierte Bilateralität können die OECD-Empfehlungen jedoch nicht bewirken. Ohne eine konkrete mitgliedstaatliche Anerkennung der Verteilungsgrundsätze droht der EuGH durch die aus dem Geltungsvorrang der Grundfreiheiten resultierende Steuerzuteilung auf Basis der OECD-Muster im Hinblick auf die zwischenstaatliche Verteilungsgerechtigkeit zu dem viel gescholtenen „*Ersatzgesetzgeber*“[898] zu werden.

Außerdem ist zu beachten, dass sechs Mitgliedstaaten der Europäischen Union[899] und Liechtenstein als Vertragspartei des EWR-Abkommens gegenwärtig (noch) nicht zugleich Mitglied in der OECD sind. Gerade bei Doppelbesteuerungssachverhalten im erweiterten Binnenmarkt, an denen ein oder sogar zwei Nichtmitglieder der OECD beteiligt sind, dürfte eine Anerkennung oder gar Bindung an die Empfehlungen noch schwieriger zu begründen sein,[900] auch wenn die OECD-Empfehlungen mittlerweile weltweit als Muster für die Abkommenspraxis verwendet werden.

bb) Leistungsfähigkeit und Praktikabilität

(1) Abschließende Konfliktlösung im Bereich der Besteuerung von Erträgen und Vermögen

Das ersatzweise bemühte Regime der Musterabkommen setzt sich aus den Verteilungsnormen der OECD-Muster zusammen, die gegebenenfalls von einer Entlastungsverpflichtung entsprechend dem Methodenartikel flankiert werden müssten, sofern sich nicht bereits aus der Verteilungsnorm selbst ein exklusives Besteuerungsrecht eines Mitgliedstaats ergibt;[901] die Methodenwahl wäre aus grundfreiheitsrechtlicher Sicht den jeweils verpflichteten Mitgliedstaaten zu überlassen. Das OECD-MA, in Ergänzung durch die zugehörige Kommentierung, würde aufgrund der Vielzahl angesprochener Einkunftskategorien und

898 *Kube*, IStR 2008, S. 305.

899 Rumänien, Bulgarien, Malta, Zypern, Lettland und Litauen.

900 Ausführlich zu Nicht-OECD-Staaten bei der Frage der Abkommensauslegung: *Wassermeyer*, in: Dabatin/Wassermeyer, Doppelbesteuerung, Vor Art. 1 MA, Rn. 54; *Vogel*, in: Vogel/Lehner, DBA, Einl., Rn. 134.

901 In EuGH Urteil v. 12.5.1998, Rs. C-336/96 (*Gilly*), Slg. 1998, S. I-2793, wurde die grundfreiheitsrechtliche Prüfung von Verteilungsnorm und Methodenartikel aufgespaltet.

Lebenssachverhalte sicher die größtmögliche grundfreiheitsrechtliche Vorprägung bei der Vermeidung der Doppelbesteuerung auf dem Gebiet der Steuern über Einkommen und Vermögen bieten. Neben klassischen Doppelbesteuerungsfällen aus dem Zusammentreffen von Welteinkommens- und Quellenprinzip könnten die OECD-Muster auch für viele Fälle einer kumulativen Besteuerung durch mehrere Quellen- beziehungsweise Ansässigkeitstaaten eine Lösung herbeiführen. Die in der Rs. *AMID* seitens des EuGH aufgrund der Vergleichspaarbildung bereits innerhalb des Teilmarkts Belgien gelöste Doppelbesteuerung ließe sich – unbeschadet einer Heranziehung des bestehenden Abkommens – ebenfalls mithilfe der Empfehlung zur Betriebstättenbesteuerung einer Steuerverteilung zuführen (Art. 7 Abs. 1 S. 2 und Art. 23 A/B Abs. 1 OECD-MA). In den Rs. *Kerckhaert und Morres* und *Damseaux* könnte in Anlehnung an Art. 10 Abs. 2 und Art. 23 A Abs. 2 oder Art. 23 B Abs. 1 OECD-MA eine Entlastungspflicht Belgiens in Bezug auf die in Frankreich erhobene Quellensteuer statuiert werden, sofern nicht das bestehende Abkommen als Hilfsmaßstab herangezogen wird. Im Zusammenhang mit der in der Rs. *CIBA* kumulativ erhobenen Abgabe zu einem Ausbildungsfonds in Bezug auf die tschechische Betriebstätte ist fraglich, ob derartige Dienstgeberbeiträge trotz ihrer Anknüpfung an die Lohnsumme und des fehlenden Gegenleistungscharakters abkommensrechtlich nicht bereits als Sozialversicherungsbeiträge zu qualifizieren sind.[902] Nur wenn man noch zur Annahme einer Lohnsummensteuer im Sinne von Art. 2 Abs. 2 OECD-MA kommt, würde sich eine Verantwortung Ungarns zur Vermeidung der Doppelbesteuerung aus Art. 7 Abs. 1 und Art. 23 A Abs. 1 beziehungsweise Art. 23 B Abs. 1 OECD-MA ergeben können.

Ist eine Gesellschaft aufgrund des Auseinanderfallens von statutarischem Sitz und Geschäftsleitung in zwei Mitgliedstaaten ansässig (Doppelansässigkeit), würde sich die doppelte Erfassung des Welteinkommens in Anlehnung an die Empfehlung in Art. 4 Abs. 3 OECD-MA zugunsten des Mitgliedstaats der Geschäftsleitung auflösen lassen. Eine entsprechende Verantwortungszuweisung könnte auch zur grundfreiheitsrechtlichen Lösung herangezogen werden.

Die Doppelquellenbesteuerung kann hingegen eintreten, wenn sowohl der Ansässigkeitstaat des Stammhauses als auch der Mitgliedstaat, in dem die die Zinsen entrichtende Betriebstätte belegen ist, eine Quellensteuer erheben, da sie diese als aus ihrem Staat stammend betrachten.[903] Die nach Abkommensrecht im Ansässigkeitstaat des Empfängers eingreifende grundsätzliche Verpflichtung zur

902 *Wassermeyer*, in: Debatin/Wassermeyer, Doppelbesteuerung, Art. 2 MA, Rn. 41; *Vogel*, in: Vogel/Lehner, DBA, Art. 2, Rn. 21, 25.

903 Im Verhältnis Ansässigkeitstaat des Stammhauses zum Ansässigkeitstaat des Zinsgläubigers kann sich das Quellensteuerrecht entsprechend Art. 11 Abs. 5 S. 1 OECD-MA ergeben. Im Verhältnis des Betriebstättenstaats zum Ansässigkeitstaat des Zinsgläubigers wäre dieses aus

Entlastung von beiden Quellensteuern[904] wird jedoch regelmäßig an den Anrechnungshöchstbeträgen nach dessen nationalem Recht scheitern. Die an die Wertung des für Dreistaatensachverhalte nicht anwendbaren Art. 11 Abs. 5 OECD-MA anknüpfende Empfehlung der OECD legt für den Fall von Zinseinkünften die Vereinbarung einer Abkommensbestimmung nahe, die zu einem Quellensteuerverzicht des Ansässigkeitstaats des Stammhauses führt, soweit die Anrechnungshöchstgrenzen im Ansässigkeitstaat des Zinsgläubigers nicht ausreichen (vgl. Art. 11 Rn. 30 OECD-MK).[905]

Für den Fall der doppelten Quellensteuer auf Lizenz- und Dividendeneinkünften in Ansässigkeit- und Betriebstättenstaat fehlt eine entsprechende OECD-Empfehlung. Der EuGH müsste prüfen, ob eine den Zinseinkünften vergleichbare Lösung allgemein international anerkannt wäre.[906] Ebenso scheint es bezüglich der die Anrechnungshöchstgrenze überschreitenden Belastung derzeit noch an einer Empfehlung der OECD zu fehlen, wenn sich die doppelte Quellenbesteuerung infolge einer Doppelansässigkeit einer Gesellschaft ergibt. Im Hinblick auf einen Besteuerungsvorrang des Mitgliedstaats der Geschäftsleitung wäre unter Sachgerechtigkeitsaspekten zu prüfen, ob die Wertung der Art. 4 Abs. 3, Art. 10 Abs. 5 OECD-MA (Verbot der extraterritorialen Besteuerung) im bilateralen Verhältnis der Ansässigkeitstaaten einen Verzicht des Mitgliedstaates fordert, in dem die Gesellschaft gegründet wurde beziehungsweise ihren statutarischen Sitz unterhält.[907]

Auch in Bezug auf andere Dreitstaatensachverhalte lassen sich den OECD-Empfehlungen im Hinblick auf die zu gewährende Entlastungsverpflichtung nicht stets klare Angaben entnehmen.[908] In Betriebstättenkonstellationen kann es durch divergierende Quellensteuersätze trotz nur einmalig erhobener Quellensteuer ebenfalls zu einer Mehrbelastung kommen, soweit sich die tatsächlich einbehaltene Quellensteuer und die diesbezügliche Anrechnungsverpflichtung in

---

Art. 11 Abs. 5 S. 2 OECD-MA herzuleiten. Zur hieraus resultierenden Doppelbesteuerung: *Wassermeyer*, in: Debatin/Wassermeyer, Doppelbesteuerung, Art. 11 MA, Rn. 136ff.

904 *Wassermeyer*, in: Debatin/Wassermeyer, Doppelbesteuerung, Art. 11 MA, Rn. 136b.

905 *Prokisch*, in: Vogel/Lehner, DBA, Art. 1, Rn. 12a; *Pöllath/Lohbeck*, in: Vogel/Lehner, DBA, Art. 11, Rn. 105; a.A. wohl: *Wassermeyer*, in: Debatin/Wassermeyer, Doppelbesteuerung, Art. 11 MA, Rn. 136b.

906 So für Einkünfte aus Lizenzen: *Prokisch*, in: Vogel/Lehner, DBA, Art. 1, Rn. 12a; a.A.: Wassermeyer, in: Debatin/Wassermeyer, Doppelbesteuerung, Art. 12 MA, Rn. 140.

907 So: *Tischbirek*, in: Vogel/Lehner, DBA, Art. 10, Rn. 251; *Lehner*, in: Vogel/Lehner, DBA, Art. 4, Rn. 280; a.A.: *Prokisch*, in: Vogel/Lehner, DBA, Art. 1, Rn. 12b; *Wassermeyer*, in: Debatin/Wassermeyer, Doppelbesteuerung, Art. 10 MA, Rn. 168; Art. 11 MA, Rn. 137b.

908 Kommission, Summary Report, commission's consultation on double taxation conventions and the internal market: Factual examples of double taxation cases, S. 3, http://ec.europa.eu/taxation_customs/common/consultations/tax/index_de.htm.

den jeweiligen zwischenstaatlichen Verhältnissen, also im Verhältnis des Quellenstaats zum Betriebstättenstaat einerseits und zum Ansässigkeitstaat andererseits, nicht decken.[909] Die Lösungsempfehlung der OECD über das eigentlich nur im Zweistaatensachverhalt geltende abkommensrechtliche Betriebstättendiskriminierungsverbot in Art. 24 Abs. 3 S. 1 OECD-MA ergibt – zunächst noch im Einklang mit der bereits dargelegten Entscheidung des EuGH in der Rs. *Saint-Gobain*[910] –, dass der Betriebstätte beziehungsweise dem beschränkt Steuerpflichtigen trotz fehlender Abkommensberechtigung im Betriebstättenstaat die bilateral vereinbarte Anrechnung der Quellensteuer unterschiedslos zu gewähren ist (vgl. Art. 24 Nr. 70 OECD-MK). Dabei soll dem Betriebstättenstaat nach Art. 24 Nr. 70 OECD-MK jedoch nur diejenige Entlastung auferlegt werden, die auch einem vergleichbaren unbeschränkt Steuerpflichtigen im Betriebstättenstaat zusteht. Da aus Sicht des Quellenstaats jedoch nach wie vor das DBA im Verhältnis zu dem Ansässigkeitstaat des Steuerpflichtigen maßgeblich ist (vgl. Art. 1 und Art. 4 Abs. 1 OECD-MA),[911] kann sich hieraus im Quellenstaat ein höherer Quellensteuersatz ergeben. Sofern die Betriebstätteneinkünfte im Ansässigkeitstaat des Steuerpflichtigen steuerbefreit sind oder eine vollständige Anrechnung am dortigen Anrechnungshöchstbetrag scheitert, käme es auf Grundlage der OECD-Empfehlungen zu keiner Vermeidung der Doppelbesteuerung.[912] Möchte man auch diesem Mehrfachbesteuerungseffekt grundfreiheitsrechtlich entgegenwirken, müsste der EuGH entweder (1) den Quellenstaat verpflichten, eine (aus Sicht des Steuerpflichtigen) günstigere Quellensteuerbestimmung aus dem DBA mit dem Betriebstättenstaat anzuwenden und das eigentlich gemäß Art. 1 und Art. 4 Abs. 1 OECD-MA anwendbare DBA mit dem Ansässigkeitstaat unangewendet zu lassen,[913] (2) den Ansässigkeitstaat verpflichten, im Hinblick auf die Betriebstätteneinkünfte die mit dem Betriebstättenstaat bilateral vereinbarte Freistellungsmethode unangewendet zu lassen, stattdessen die Quellensteueranrechnung aus dem DBA mit dem Quellenstaat anzuwenden[914] und gegebenenfalls eine Entlastungsverpflichtung über die Anrechnungshöchstbeträge hinaus einfordern, oder (3) den Betriebstättenstaat vorrangig in die grundfreiheitsrechtliche Verantwortung zu nehmen. In der Literatur wird für die vorrangige Verantwortlich-

---

909 Ausführlich hierzu: *Haase,* BB 2010, S. 673 ff.

910 EuGH Urteil v. 21.9.1999, Rs. C-307/97 (*Saint-Gobain*), Slg. 1999, S. I-6161; Ausführlich: *Rust*, in: Vogel/ Lehner, DBA, Art. 24, Rn. 114 ff., 121; *Prokisch*, in: Vogel/Lehner, DBA, Art. 1, Rn. 9 ff.; *Wassermeyer*, in: Debatin/Wassermeyer, Doppelbesteuerung, Art. 24 MA, Rn. 52.

911 *Prokisch*, in: Vogel/Lehner, DBA, Art. 1, Rn. 12.

912 *Prokisch*, in: Vogel/Lehner, DBA, Art. 1, Rn. 9.

913 Ablehnend: *Prokisch*, in: Vogel/Lehner, DBA, Art. 1, Rn. 12; *Weggemann*, IStR 2003, S. 677, 678; *Jann*, in: Gassner/Lang/Lechner, Doppelbesteuerungsabkommen und EU-Recht, S. 43, 82; *Saß*, DB 1999, S. 2381, 2382, Fn. 9; *Lang*, IStR 2005, S. 289, 294.

914 *Haase*, BB 2010, S. 673 ff.

keit des Betriebstättenstaates ins Feld geführt, dass die abkommensrechtlichen Benachteiligung des beschränkt Steuerpflichtigen in dem DBA entsprechend den Grundsätzen aus der Rs. *Saint-Gobain* einen unilateralen Ausgleich durch den Betriebstättenstaat nach sich ziehen müsse.[915] Die Problematik divergierender Quellensteuersätze kann auch im Fall der Doppelansässigkeit des Zahlungsempfängers zutage treten.[916] Im Ergebnis ist festzustellen, dass die OECD-Empfehlungen eher auf bilaterale Steuersachverhalte ausgelegt sind und zwar in vielen, aber nicht sämtlichen Konstellationen einen Weg zur grundfreiheitsrechtlich geforderten, effektiven Vermeidung der Doppelbesteuerung aufzeigen können.

(2) *Abschließende Konfliktlösung im Bereich der Besteuerung von Nachlässen, Erbschaften und Schenkungen*

Das OECD-MA (E) bietet ebenfalls umfangreiche, aber nicht lückenlose Anhaltspunkte für die grundfreiheitsrechtliche Zuordnungsentscheidung im Bereich der Nachlass-, Erbschaft- und Schenkungsteuer. Zwar können aus dem OECD-MA (E) Erkenntnisse über ein vorrangiges Besteuerungsrecht im Verhältnis des Ansässigkeitstaats des Erblassers/ Schenkers zum Quellenstaat (vgl. Art. 5, 6 und 7 OECD-MA (E)) und des erstgenannten Staats zum Ansässigkeitstaat des Zuwendungsempfängers (Art. 7 Abs. 1 OECD-MA (E), Art. 7 Nr. 8 OECD-MK (E)) gewonnen werden. In der Rs. *Block* würde Deutschland als Sitzstaat nach Art. 7 OECD-MA (E) das vorrangige Besteuerungsrecht an dem Bankguthaben zustehen.[917] Leitet hingegen ein Mitgliedstaat sein Besteuerungsrecht aus dem persönlichen Bezug des Zuwendungsempfängers zu seinem Territorium ab und gerät dadurch in Konflikt mit dem Quellenstaat, fehlt es an einer Empfehlung der OECD für eine Konfliktlösung. Aufgrund der weitgehenden Anknüpfung des OECD-MA (E) an die Person des Erblassers beziehungsweise Schenkers finden sich für diese Konstellationen der Mehrfachbesteuerung keine Empfehlungen.[918] Durch die fehlende Berücksichtigung einer Anknüpfung aufgrund des Bezugs des Zuwendungsempfängers zu einem Mitgliedstaat wird auch auf dessen mög-

915 *Schnitger*, IWB 1/2004, Fach 11, Gruppe 2, S. 599, 605 f.; *Kofler*, Doppelbesteuerungsabkommen und EG-Recht, S. 473 f., m.w.N., unter Hinweis auf die EuGH-Entscheidungen zu den sog. *Open-Skies*-Abkommen, bei denen dem Vertragspartner und Drittstaat USA bilateral die Möglichkeit eingeräumt wurde, Fluggesellschaften aus anderen als den vertragsschließenden Mitgliedstaaten bestimmte Abkommensvorteile zu versagen.

916 *Haase*, BB 2010, S. 673, 678.

917 *Jülicher*, in: Debatin/Wassermeyer, DBA, Art. 7 ErbSt-MA, Rn. 8.

918 Art. 1, Nr. 10 OECD-MK (E); *Jülicher*, in: Debatin/Wassermeyer, Doppelbesteuerung, Vor Art. 1 ErbSt-MA, Rn. 20; *Küper*, Doppelbesteuerung und europarechtliche Meistbegünstigung bei Erbschaften und Schenkungen, S. 95.

liche doppelte Ansässigkeit oder Doppelstaatsangehörigkeit nicht eingegangen.[919] Der EuGH müsste in diesen Fällen ohne Rückgriff auf OECD-Empfehlungen eine Lösung finden, etwa den Ansässigkeitstaat des Zuwendungsempfängers im Verhältnis zum Quellenstaat dem Ansässigkeitstaat des Erblassers beziehungsweise Schenkers gleichzusetzen und somit die Verteilungsregelungen und den Methodenartikel entsprechend anzuwenden. Für die Frage des doppelten Wohnsitzes des Zuwendungsempfängers müsste zum Beispiel in analoger Anwendung zu Art. 4 Abs. 3 OECD-MA (E) eine Verantwortungszuweisung erfolgen.

(3) Auslegung OECD-Empfehlungen

Neben einer solchen Weiterentwicklung der OECD-Steuerverteilungsempfehlungen wäre der EuGH auch zur Interpretation der OECD-Musterabkommen im Zuge derer Verwendung als grundfreiheitsausgestaltende Hilfsnorm angehalten. Bei der Heranziehung des OECD-MA und des OECD-MA (E) zur Entwicklung eines eigenen grundfreiheitsrechtlichen Regimes zur Lösung der internationalen Doppelbesteuerung kann sich nämlich wiederum das Bedürfnis einer Auslegung eben jener Empfehlungen und Stellungnahmen im Hinblick auf den konkret zu beurteilenden Lebenssachverhalt ergeben.

Beispielsweise müsste der Gerichtshof die Verteilungsnormen der OECD-Muster bei der Heranziehung als Hilfsnorm zur Bestimmung des Grundfreiheitsverpflichteten interpretieren, um etwa die Zuordnung des konkret infrage stehenden Lebenssachverhalts zu einer Einkunftsart vornehmen zu können. Denn auch im Fall der hilfsweisen Heranziehung von OECD-Verteilungsnormen kann im Rahmen der Subsumtion die Frage nach der Auslegung der in der Empfehlung verwendeten Begriffe aufkommen. Im Vergleich zur Situation bei bestehenden DBA genießt die Auslegung des OECD-MA und des OECD-MA (E) zwar erhebliche Vorteile, da mit dem OECD-MK, dem OECD-MK (E) sowie den Stellungnahmen und Richtlinien in vielen Fällen Anhaltspunkte für eine Auslegung der herangezogenen Hilfsnormen bereitstehen, die dem EuGH zumindest in einigen Fällen eine autonome Abkommensauslegung erleichtern würde. Ergebnis wäre eine einheitliche Interpretation der Begriffe der OECD-Muster im erweiterten Binnenmarkt. Eine fehlende Auslegungskompetenz des EuGH in Bezug auf völkerrechtliche Verträge der Mitgliedstaaten wäre ebenfalls unproblematisch, da nicht die Auslegung eines geschlossenen und über die Grundfreiheiten wieder zu effektuierenden Völkerrechtsvertrags erforderlich wird. Eine Heranziehung der

919 Weitere verbleibende Doppelbesteuerungssituationen aus der unzureichenden Berücksichtigung von Vorerwerben: Art. 9 A/B, Nr. 66ff. OECD-MK (E); *Jülicher*, in: Debatin/Wassermeyer, Doppelbesteuerung, Art. 9 A/B ErbSt-MA, Rn. 157f.

eigenständig interpretierten OECD-Muster als Hilfsnormen zur Verantwortungszuweisung im Rahmen der Grundfreiheitsprüfung, also als Empfehlung für die notwendige europarechtliche Verteilung von Besteuerungsrechten, wäre nicht im Hinblick auf die Rechtsprechungskompetenz des EuGH ausgeschlossen. Der Auslegung der OECD-Empfehlungen durch den EuGH käme selbstverständlich eine ausschließlich grundfreiheitsrechtliche Wirkung zu.

Es verbleiben dennoch erhebliche Schwierigkeiten bei der Handhabung eines auf die OECD-Empfehlungen gestützten grundfreiheitsrechtlichen Doppelbesteuerungsverbots: Das OECD-MA und das OECD-MA (E) stellen Empfehlungen für einen völkerrechtlichen, bilateralen Vertrag dar. Maßgeblich für die Anwendung eines geschlossenen DBA ist das jeweilige Verständnis der Parteien. Am ehesten würde dem Charakter der DBA als eine eigenständige, zwei Staaten übergreifende Regelung eine abkommensautonome Interpretation entsprechen.[920] Wegen der erheblichen Schwierigkeiten einer abkommensautonomen Begriffsprägung werden die DBA-Bestimmungen in der Praxis jedoch durch das nationale Recht ausgefüllt. Um dem Rechnung zu tragen, sehen die OECD-Muster zumindest teilweise einen systembedingten Bezug zum Verständnis der vertragschließenden Parteien auf Grundlage deren nationalen Rechts vor (vgl. Art. 3 Abs. 2, Art. 4 Abs. 1, Art. 6 Abs. 2, Art. 10 Abs. 3 OECD-MA). Erhebt man die Empfehlungen des OECD-Steuerausschusses zu einer grundfreiheitsrechtlich durchsetzbaren, allgemein verbindlichen Rechtsquelle, würde dieser Bezug leerlaufen. Eine abkommensautonome Auslegung wäre dadurch erschwert, dass diese Begriffe aufgrund des systematischen Bezugs auf das innerstaatliche Recht keine weitergehende Vorprägung durch die OECD-Empfehlungen erfahren haben. Eine rein autonome Abkommensinterpretation jenseits der Kommentierung der OECD-Empfehlungen in der Kasuistik europarechtlicher Entscheidungen zu entwickeln, erfordert erhebliche Anstrengungen des Gerichtshofs. Eine Beteiligung der Mitgliedstaaten oder deren nationaler Gerichte bei der Interpretation entsprechender Abkommensempfehlungen dürfte daran scheitern, dass ein völkerrechtlicher Vertrag gerade nicht vorliegt, es sich vielmehr um eine Fiktion handelt. Darüber hinaus ist zu beachten, dass die OECD in einigen Fällen von Empfehlungen absieht und die Beseitigung der Doppelbesteuerung explizit den vertragsschließenden Staaten anheimstellt.

cc) Schlussfolgerung

Eine Anlehnung an die OECD-Empfehlungen als Aufteilungsmodus im Fall einer unterbliebenen Steuerverteilung dürfte in den meisten Fallgestaltungen

920 *Vogel*, in: Vogel/Lehner, DBA, Einl., Rn. 163ff.

ausgearbeitete und brauchbare Kriterien zur Vermeidung der Doppelbesteuerung bieten. Die OECD-Empfehlungen stellen prinzipiell international anerkannte und erprobte Besteuerungsmaßstäbe dar. Aufgrund ihres bloßen Empfehlungscharakters können sie aber keine hinreichend konkret-individuelle Anerkennung begründen und eignen sich folglich nicht zur Heranziehung als grundfreiheitsrechtlicher Hilfsmaßstab. Zur grundfreiheitsrechtlichen Verwendung müsste der EuGH zudem eine parallele Weiterentwicklung und Interpretation der Steuerverteilungsempfehlungen der OECD vornehmen. Diese drohen jedoch, sich noch weiter von der ohnehin nur auf Empfehlungsbasis zum Ausdruck kommenden allgemeinen mitgliedstaatlichen Akzeptanz der Steuerverteilung zu entfernen. Zudem ergeben sich Schwierigkeiten, da die OECD bewusst keiner rein autonomen Abkommensinterpretation folgt, sondern teilweise Begriffe einer Prägung durch die Vertragsparteien überlässt.

d) Verteilungsmaßstab: Grundfreiheitsrechtliche Meistbegünstigung

Weitere Impulse für die Lösung einer binnenmarktschädlichen Doppelbesteuerung könnten sich mittels eines europarechtlichen Meistbegünstigungsprinzips finden lassen. Sowohl für den abkommenslosen Zustand als auch für Fälle, in denen die höhere Belastung infolge eines kumulativen Steuerzugriffs abkommensrechtlich nicht effektiv vermieden wird, könnte das Gebot der Meistbegünstigung eine binnenmarktverträgliche Eimalbesteuerung bewirken.[921]

aa) Wirkung

Das kontrovers diskutierte unionsrechtliche Gebot der Meistbegünstigung auf dem Gebiet der direkten Besteuerung lässt sich unter einer besonderen Ausprägung der horizontalen Vergleichspaarbildung darstellen.[922] Dabei besteht im Zusammenhang mit der Meistbegünstigung die Frage, ob aus dem grundfreiheitsrechtlichen Diskriminierungs- und Beschränkungsverbot eine Pflicht zur Gleichbehandlung von Sachverhalten mit grenzüberschreitendem Bezug zu unterschiedlichen Mitgliedstaaten abgeleitet werden kann. Ließe sich eine Meistbegünstigungspflicht begründen, so hätte der Steuerpflichtige die Möglichkeit, von einem Mitgliedstaat grundfreiheitsrechtlich eine Behandlung nach der günstigsten Steuerfolge

921 *Küper*, Doppelbesteuerung und europarechtliche Meistbegünstigung bei Erbschaften und Schenkungen, S. 107, 136 ff.

922 Ausführlich: *Reimer*, in: Lehner, Meistbegünstigung im Steuerrecht der EU-Staaten, S. 41 ff.; *Herrmann*, in: Cordewener/Enchelmaier/Schindler, Meistbegünstigung im Steuerrecht der EU-Staaten, S. 29, 36 ff.; *Englisch*, Wettbewerbsgleichheit im grenzüberschreitenden Handel, S. 362 ff.

einzufordern, die dieser für vergleichbare internationale Sachverhalte in Bezug zu anderen Mitgliedstaaten gewährt. Eine solche horizontale Vergleichspaarbildung ist einerseits denkbar, wenn eine nationale Rechtsvorschrift eines Mitgliedstaats unilateral und ohne abkommensrechtliches Fundament zwischen den grenzüberschreitenden Sachverhalten differenziert.[923] Andererseits können sich unter den grenzüberschreitenden Sachverhalten Besteuerungsunterschiede als Ergebnis divergierender DBA-Bestimmungen ergeben. Das auf eine Vermeidung der Doppelbesteuerung zielende grundfreiheitsrechtliche Anliegen bezweckt, durch die unilaterale Ausdehnung des im Verhältnis mit einem anderen Mitgliedstaat vereinbarten oder ohnehin nur unilateral vorgesehenen Besteuerungsverzichts die kumulativ-exzessive Steuerlast zu vermeiden.[924]

bb) Grundfreiheitsrechtlicher Anspruch auf Meistbegünstigung

(1) Rechtsprechung

Nachdem der EuGH zunächst in den Rs. *Schumacker*[925] und *Metallgesellschaft u. a.*[926] trotz entsprechender in dem Sachverhalt angelegter Benachteiligung und diesbezüglichem Parteivortrag von der Bemühung eines horizontalen Vergleichs verschiedener grenzüberschreitender Sachverhalte absah, wurde die Frage der grundfreiheitsrechtlichen Meistbegünstigung aus seiner Sicht zum ersten Mal in der Rs. *D* entscheidungserheblich.[927] Der in Deutschland ansässige Herr *D* unterlag mit seinen in den Niederlanden belegenen Immobilien dort der beschränkten Steuerpflicht. Den für Zwecke der niederländischen Vermögensteuer gewährten subjektbezogenen Freibetrag konnte Herr *D* nach nationalem Recht nicht nutzen, da weniger als 90 Prozent seines Vermögenswerts in den Niederlanden der Steuer unterlagen. Anders als das zwischen Deutschland und den Niederlanden geschlossene DBA sah das belgisch-niederländische Abkommen vor, dass sämtliche in Belgien ansässige Personen mit Vermögen, das der niederländischen Besteuerung unterlag, von dem Freibetrag profitieren sollen, ungeachtet

---

923 EuGH Urteil v. 6.12.2007, Rs. C-298/05 (*Columbus Containers*), Slg. 2007, S. I-10451; ebenso: EuGH Urteil v. 12.9.2006, Rs. C-196/04 (*Cadbury Schweppes*), Slg. 2006, S. I-7995.

924 *Englisch,* in: Cordewener/Enchelmaier/Schindler, Meistbegünstigung im Steuerrecht der EU-Staaten, S. 180f.

925 EuGH Urteil v. 14.2.1995, Rs. C-279/93 (*Schumacker*), Slg. 1995, S. I-225, Rn. 46.

926 EuGH Urteil v. 8.3.2001, verb. Rs. C-397/98 und C-410/98 (*Metallgesellschaft u. a.*), Slg. 2001, S. I-1727, Rn. 31; GA *Fenelly* Schlussanträge v. 12.9.2000, verb. Rs. C-397/98 und C-410/98 (*Metallgesellschaft u. a.*), Slg. 2001, S. I-1727, Rn. 57.

927 EuGH Urteil v. 5.7.2005, Rs. C-376/03 (*D*), Slg. 2005, S. I-5821; vgl. auch den zurückgenommenen Vorlagebeschluss in der Rs. C-8/04 (*Bujara*), ABl. EU 2004 C 59/174, betreffend einen einkommensteuerlichen Freibetrag.

einer Vermögenswertquote. Der EuGH schloss in der Rs. *D* eine Anwendung der günstigeren Abkommensregelungen auf Herrn *D* aus. Der Gerichtshof führte hierzu aus: „*Die Tatsache, dass diese gegenseitigen Rechte und Pflichten nur für Personen gelten, die in einem der beiden vertragschließenden Mitgliedstaaten wohnen, ist eine Konsequenz, die sich aus dem Wesen bilateraler Abkommen zur Vermeidung der Doppelbesteuerung ergibt. Daher befindet sich ein in Belgien ansässiger Steuerpflichtiger hinsichtlich der auf unbewegliches Vermögen in den Niederlanden erhobenen Vermögensteuer nicht in der gleichen Lage wie ein außerhalb Belgiens ansässiger Steuerpflichtiger. Eine Bestimmung wie Artikel 25 Absatz 3 des belgisch-niederländischen Abkommens lässt sich nicht als eine Vergünstigung ansehen, die von dem übrigen Abkommen losgelöst werden könnte, sondern bildet einen integralen Bestandteil des Abkommens und trägt zu seiner allgemeinen Ausgewogenheit bei*“[928]. DBA-Regelungen sollen folglich nur dann auf Personen aus anderen Mitgliedstaaten übertragen werden können, wenn sie keinen reziproken Charakter aufweisen. In der Rs. *ACT Group Litigation* bestätigte der EuGH die Rechtsprechung zur Inbound-Meistbegünstigung im Zusammenhang mit der selektiven Gewährung von Anrechnungsgutschriften an bestimmte ausländische Anteilseigner zur Vermeidung der wirtschaftlichen Doppelbesteuerung.[929] Auch für den der Rs. *Columbus Container* zugrunde liegenden Outbound-Sachverhalt, in dem ein zwischen Investitionen in Niedrig- und Hochsteuerländer differenzierender Switch-over infrage stand, entschied sich der EuGH gegen einen horizontalen Vergleich zwischen den grenzüberschreitenden Sachverhalten.[930] Ein zumindest ergänzender horizontaler Vergleich fand sich hingegen in der Outbound-Konstellation in der Rs. *Cadbury Schweppes,* wobei aus Sicht des EuGH unter Bildung eines vertikalen Vergleichspaars (rein inländischer Sachverhalt) bereits eine Beschränkung resultierte.[931] Der EuGH stellte jedoch immerhin diesbezüglich Rechtfertigungsüberlegungen an.

In der Rs. *OESF*[932] gewährte die unilaterale niederländische Vorschrift einem niederländischen Anlageorganismus, der im Prinzip steuerbefreit war, eine Quellensteuererstattung für an das Sondervermögen ausgeschüttete Dividenden anstelle einer (aufgrund einer Steuerbefreiung nutzlosen) Quellensteueranrechnung. Dabei unterschied die Norm zwischen an den Anlageorganismus ausgeschütteten Dividenden von Gesellschaften mit Sitz im Inland beziehungsweise von solchen mit Sitz in einem anderen Staat, mit dem eine Quellensteueranrechnung in

928 EuGH Urteil v. 5.7.2005, Rs. C-376/03 (*D*), Slg. 2005, S. I-5821, Rn. 61 f.

929 EuGH Urteil v. 12.12.2006, Rs. C-374/04 (*ACT Group Litigation*), Slg. 2006, S. I-11673, Rn. 81 ff.

930 EuGH Urteil v. 6.12.2007, Rs. C-298/05 (*Columbus Containers*), Slg. 2007, S. I-10451, Rn. 50 f.

931 EuGH Urteil v. 12.9.2006, Rs. C-196/04 (*Cadbury Schweppes*), Slg. 2006, S. I-7995, Rn. 43 f.

932 EuGH Urteil v. 20.5.2008, Rs. C-194/06 (*OESF*), Slg. 2008, S. I-3747.

den Niederlanden vereinbart war (Folge: Erstattung), und Dividenden, ausgekehrt von Gesellschaften mit Sitz in einem Staat ohne entsprechende DBA-Regelung (Folge: keine Erstattung). Der EuGH bestätigte zunächst seine Reziprozitätsüberlegungen aus der Rs. *D*[933], hielt diese aber ausdrücklich auf den vorliegenden Fall einer unilateralen Steuervorschrift ohne abkommensrechtliche Veranlassung für nicht übertragbar.[934] Im Ergebnis führte er die fehlende horizontale Vergleichbarkeit der Situation eines Anteilseigners mit Beteiligungen an einer Gesellschaft mit Sitz in einem Mitgliedstaat, mit dem eine entsprechende DBA-Quellensteuerregelung vereinbart wurde, einerseits und an einer Gesellschaft mit Sitz in einem Mitgliedstaaten ohne entsprechende bilaterale Vereinbarung andererseits, dann doch in Anlehnung an die Rs. *D* auf die abkommensrechtlichen Unterschiede bezüglich der Quellensteueranrechnungsverpflichtung zurück.[935] Zumindest wenn eine Differenzierung zwischen Mitgliedstaaten nicht durch bilaterale Vereinbarung begründbar ist, soll es unter horizontaler Betrachtung zu einem Grundfreiheitseingriff kommen. In der Rs. *Kommission/Niederlande* judizierte der EuGH schließlich eine Verletzung der Kapitalverkehrsfreiheit in Bezug auf eine zwischen EU-Mitgliedstaaten und EWR-Staaten differenzierende Quellenbesteuerung ohne Rückgriff auf einen Inländergleichbehandlungsanspruch.[936]

Generalanwalt *Colomer* hatte in seinen Schlussanträgen in der Rs. *D* darauf verwiesen, dass dem grundfreiheitsrechtlichen Gleichbehandlungsanspruch gegenüber der Ausgewogenheit und Gegenseitigkeit des Systems der DBA der Vorrang einzuräumen sei.[937] Als Folge sollen zur Herstellung einer Gleichbehandlung die abkommensrechtlichen Vergünstigungen eines eigentlich nicht anwendbaren Abkommens auch auf andere Ausländer zu erstrecken sein. Die Mitgliedstaaten hätten ihm zufolge in den DBA „*andere Abmachungen zu finden, die ihren Zweck erfüllen, ohne die Bürger anderer Mitgliedstaaten zu benachteiligen und dadurch die Gemeinschaftsrechtsordnung zu verletzen. Dies verlangt der Grundsatz der Verhältnismäßigkeit*“[938]. Auch in den Rs. *Columbus Container*[939] und *Cadbury Schweppes*[940] lehnten die Generalanwälte eine unterschiedliche Behandlung der

933 EuGH Urteil v. 20.5.2008, Rs. C-194/06 (*OESF*), Slg. 2008, S. I-3747, Rn. 50f.

934 EuGH Urteil v. 20.5.2008, Rs. C-194/06 (*OESF*), Slg. 2008, S. I-3747, Rn. 54; GA *Bot* Schlussanträge v. 3.7.2007, Rs. C-194/06 (*OESF*), Slg. 2008, S. I-3747, Rn. 105ff.

935 EuGH Urteil v. 20.5.2008, Rs. C-194/06 (*OESF*), Slg. 2008, S. I-3747, Rn. 61ff.

936 EuGH Urteil v. 11.6.2009, Rs. C-521/07 (*Kommission/Niederlande*), Slg. 2009, S. I-167, Rn. 38f.; hier hätte wohl auch ein vertikales Vergleichspaar gebildet werden können: vgl. Rn.7.

937 GA *Colomer* Schlussanträge v. 26.10.2004, Rs. 376/03 (*D*), Slg. 2005, S. I-5821, Rn. 90ff.

938 GA *Colomer* Schlussanträge v. 26.10.2004, Rs. 376/03 (*D*), Slg. 2005, S. I-5821, Rn. 101.

939 GA *Mengozzi* Schlussanträge v. 29.3.2007, Rs. C-298/05 (*Columbus Containers*), Slg. 2007, S. I-10451, Rn. 125ff.

940 GA *Léger* Schlussanträge v. 2.5.2006, Rs. C-196/04 (*Cadbury Schweppes*), Slg. 2006, S. I-7995, Rn. 77ff.

grenzüberschreitenden Sachverhalte durch die erwähnte Kategorisierung der Auslandsinvestments je nach Steuerniveau des Zielstaates ab und befürworteten damit eine Meistbegünstigungspflicht. In der Rs. *Stauffer* verneinte Generalanwältin *Stix-Hackl* hingegen einen solchen Meistbegünstigungsanspruch.[941]

Der BFH sah frühzeitig – trotz anfänglich fehlender EuGH-Judikate – die Rechtslage als hinreichend unionsrechtlich geklärt an und entschied sich gegen eine aus den Grundfreiheiten folgende Meistbegünstigung.[942]

(2) Schrifttum

In der Literatur befürwortet die wohl herrschende Auffassung ein (zumindest selektives) steuerliches Meistbegünstigungsgebot.[943] Die Kritiker der die Meistbegünstigung ablehnenden EuGH-Judikate in Bezug auf Abkommensvorteile stören sich unter anderem an der argumentativen Verwendung der Gegenseitigkeit der DBA. Mit fortschreitender Integration und Harmonisierung würden sich die Interessen der Mitgliedstaaten angleichen und somit deren Ausgleich in bilateralen DBA zunehmend an Bedeutung verlieren.[944] Es wird zudem darauf hingewiesen, dass die festgestellte Gegenseitigkeit in den genannten Rs. *D* und *ACT Group Litigation* nicht auf einer wechselseitigen Verpflichtung beruhen könnte. Mangels Vermögensteuer in Belgien gewährten die Niederlanden bilateral eine Vergünstigung, deren Do-ut-des sich in einen rein hypothetischen Bereich verlagere. Auch die Vorteile in der Rs. *ACT Group Litigation* würden unabhängig davon gewährt, ob im umgekehrten Fall Anteilseigner von einer Entlastung von der wirtschaftlichen Doppelbesteuerung profitieren. Es sei fraglich, welche „*extravaganten DBA-Randnormen*" dann kein integraler Bestandteil einer Interessensabwägung sein könnten und somit für den Anwendungsbereich einer

941 GA *Stix-Hackl* Schlussanträge v. 15.12.2005, C-386/04 (*Stauffer*), Slg. 2006, S. I-8203, Rn. 98.

942 BFH Urteil v. 31.10.1990, II R 176/87, BStBl. II 1991, S. 161 ff., Tz. II.) 3.) a); Urteil v. 26.5.2004, I R 54/03, BStBl. II 2004, S. 767 ff., Tz. II.) 3.) c) bb) bbb); Urteil v. 9.11.2005, I R 27/03, BStBl. II 2006, S. 564 ff, Tz. C) 4.) b).

943 *Schönfeld*, in: Debatin/Wassermeyer, Doppelbesteuerung, Vor Art. 1 MA, Rn. 127 f.; *Scherer*, Doppelbesteuerung und Europäisches Gemeinschaftsrecht, S. 114; *Kokott*, in: Lehner, Grundfreiheiten im Steuerrecht der EU-Staaten, S. 1, 8 f.; *Thömmes*, in: Lehner, Steuerrecht im Europäischen Binnenmarkt, S. 81, 100 ff.; *Wassermeyer*, in: Lehner, Steuerrecht im Europäischen Binnenmarkt, S. 151, 162 ff.; *Cordewener*, Europäische Grundfreiheiten und nationales Steuerrecht, S. 836 ff.; *Jacobs*, Internationale Unternehmensbesteuerung, S. 262 ff.; *Troberg/Tiedje*, in: Von der Groeben/Schwarze, EUV und EGV, Vorb Art. 43-48 EG, Rn. 30; *Randelzhofer/Forsthoff*, in: Grabitz/Hilf, Das Recht der EU, Vor Art. 39-55, Rn. 258 f.; *Lang*, IStR 2005, S. 289, 295; *Küper*, Doppelbesteuerung und europarechtliche Meistbegünstigung bei Erbschaften und Schenkungen, S. 199.

944 *Jacobs*, Internationale Unternehmensbesteuerung, S. 264.

Meistbegünstigung verbleiben.[945] In der Literatur wird darauf aufbauend auch noch die Befürchtung geäußert, dass durch die gezielte Verlagerung von grundfreiheitsrechtlich bedenklichen Steuernormen auf die Abkommensebene eben jene aus der Reziprozitätsvermutung resultierende Immunität als Carte blanche ausgenutzt werden könnte.[946] Letztendlich wird die Meistbegünstigung auch aus politischen Gründen zur Durchsetzung der Binnenmarktneutralität gefordert, würde ihre konsequente Anwendung doch auf die Mitgliedstaaten willkommenen Druck zur Harmonisierung oder Rechtsvereinheitlichung ausüben.[947]

Die bisherige Ablehnung der Meistbegünstigung in der Judikatur des EuGH findet jedoch auch (zumindest bedingte) Zustimmung.[948] Gegen eine steuerliche Meistbegünstigung wird in erster Linie die Störung der Ausgewogenheit der DBA ins Feld geführt.[949] Eine Differenzierung innerhalb der grenzüberschreitenden Sachverhalte sei durch das Wesen von DBA als Verhandlungsergebnis gegenseitiger Interessenpositionen der Mitgliedstaaten gerechtfertigt. Die einzelnen Vorschriften könnten deshalb nicht isoliert, sondern nur in diesem Zusammenhang betrachtet werden. In der Meistbegünstigungsdiskussion ist deshalb im Hinblick auf Abkommensvorschriften selbst unter den Gegnern einer generellen Ablehnung der Meistbegünstigung die Ansicht weit verbreitet, dass – wie vom EuGH in der Rs. *D* möglicherweise ohnehin indiziert – zwischen grundfreiheitsrechtlich nicht überprüfbaren DBA-Verteilungsregelungen und „sonstigen" DBA-Bestimmungen ohne Verteilungsfunktion zu unterscheiden sei.[950] Bei allokativen Regelungen[951] komme demnach eine Anwendung des steuerlichen Meistbegünstigungsprinzips nicht in Betracht. Das Meistbegünstigungsprinzip sei

945 *Schuch*, in: Cordewener/Enchelmaier/Schindler, Meistbegünstigung im Steuerrecht der EU-Staaten, S. 151, 159.

946 *Schuch*, in: Cordewener/Enchelmaier/Schindler, Meistbegünstigung im Steuerrecht der EU-Staaten, S. 151, 157 f.; *Englisch*, in: Cordewener/Enchelmaier/Schindler, Meistbegünstigung im Steuerrecht der EU-Staaten, S. 163, 171 f.

947 *Schuch*, EC Tax Review 1996, S. 161, 165.

948 *Gosch*, DStR 2007, S. 1553, 1559 f.; *ders.*, IStR 2008, S. 413, 420; *Englisch*, in: Cordewener/Enchelmaier/ Schindler, Meistbegünstigung im Steuerrecht der EU-Staaten, S. 163 ff.; *Franck*, IStR 2007, S. 489, 497; *Lehner*, in: Vogel/Lehner, DBA, Einl., Rn. 268; *Wernsmann*, in: Schulze/Zuleeg/Kadelbach, Europarecht, § 30, Rn. 92 ff.

949 *Randelzhofer/Forsthoff*, in: Grabitz/Hilf, Das Recht der EU, Vor Art. 39-55, Rn. 259; *Lehner*, in: Vogel/Lehner, DBA, Einl., Rn. 268; *Hey*, in: Herrmann/Heuer/Rauppach, EStG/KStG, Einf. KStG, Rn. 122.

950 *Thömmes*, in: Lehner, Steuerrecht im Europäischen Binnenmarkt, S. 81, 100 ff.; *Cordewener*, Europäische Grundfreiheiten und nationales Steuerrecht, S. 836 ff.; *ders.*, in: Cordewener/Enchelmaier/Schindler, Meistbegünstigung im Steuerrecht der EU-Staaten, S. 123, 128 ff.

951 Zur Frage, welche DBA-Bestimmungen im Einzelnen meistbegünstigungsfest sind: *Cordewener*, Europäische Grundfreiheiten und nationales Steuerrecht, S. 837.; *Schuch*, in: Cordewener/Enchelmaier/Schindler, Meistbegünstigung im Steuerrecht der EU-Staaten, S. 151, 156.

zudem als Handwerkszeug zur Herstellung von Wettbewerbsgleichheit ohnehin ungeeignet, könne umgekehrt sogar zu noch stärkeren Wettbewerbsverzerrungen führen.[952] Unter Berücksichtigung der grenzüberschreitenden Gesamtbelastung, wie vom EuGH in jüngerer Rechtsprechung praktiziert, wäre eine Prüfungsspirale, die sich durch sämtliche DBA zwischen Mitgliedstaaten zieht, die Folge. Nur unter der Prämisse, dass die Anwendung des Meistbegünstigungsprinzips in eine (erzwungene) Rechtsvereinheitlichung der Mitgliedstaaten münden würde, könne man ihr eine Wettbewerbsgleichheit schaffende Kraft zusprechen. Aus Sicht der Kommission soll eine einheitliche Behandlung grenzüberschreitender Sachverhalte im Hinblick auf den Binnenmarkt wünschenswert, aber grundfreiheitsrechtlich nicht geboten sein.[953]

(3) Würdigung

Der Wortlaut des häufig im Hinblick auf eine grundfreiheitsrechtlich geforderte Meistbegünstigung ins Feld geführte Art. 18 UAbs. 1 AEUV („*Diskriminierung aus Gründen der Staatsangehörigkeit*") lässt auf ein weit verstandenes Verbot der Staatsangehörigkeitsdiskriminierung schließen, das als „*Sonderfall*"[954] auch eine Differenzierung zwischen ausländischen Steuerpflichtigen erfasst. Im Outbound-Sachverhalt liegt hingegen keine (Staatsangehörigkeits-)Diskriminierung vor. Aufgrund der Konvergenz der Grundfreiheiten und der bereits erwähnten einheitlichen primärrechtlichen Verpflichtung von Ansässigkeit- und Quellenstaat sollte ein mögliches Meistbegünstigungsprinzip jedoch von vornherein im Hinblick auf alle schutzbereichseröffnenden Grenzübertritte zu prüfen sein.[955] Der Marktteilnehmer kann zwar nach dem bereits erwähnten Urteil in der Rs. *Gilly* nicht entgegen der getroffenen Steuerverteilung die für ihn günstigere Besteuerung in Anspruch nehmen. Dies steht jedoch der Forderung nach einer Gleichbehandlung grenzüberschreitender Sachverhalte mit Bezug zu unterschiedlichen Mitgliedstaaten, insbesondere im Hinblick auf eine Entlastung von der Doppelbesteuerung, grundsätzlich nicht entgegen. Schließlich lässt sich auch unter einer Vergleichspaarbildung in diesem Verhältnis eine Benachteili-

---

952 *Englisch*, in: Cordewener/Enchelmaier/Schindler, Meistbegünstigung im Steuerrecht der EU-Staaten, S. 163, 177 ff.

953 Kommission Mitteilung v. 24.11.2003, KOM(2003) 726 endg., Ein Binnenmarkt ohne unternehmenssteuerliche Hindernisse, S. 12; Arbeitsdokument v. 23.10.2001, SEK(2001) 1681, Unternehmensbesteuerung im Binnenmarkt, S. 345, „*bis dato [...] noch nicht entschieden*"; Mitteilung v. 19.12.2006, KOM(2006) 823 endg., Direkte Steuern im Binnenmarkt, S. 6.

954 *Cordewener*, in: Cordewener/Enchelmaier/Schindler, Meistbegünstigung im Steuerrecht der EU-Staaten, S. 123.

955 *Schnitger*, Die Grenzen der Einwirkungen der Grundfreiheiten des EG-Vertrages auf das Ertragsteuerrecht, 295 f.

gung feststellen, die geeignet ist, von einem Grenzübertritt abzuhalten.[956] Die Beseitigung von Binnenmarktstörungen erfordert demnach grundsätzlich auch einen Anspruch auf Ausländergleichbehandlung. Für das vorliegend zu untersuchende Doppelbesteuerungsverbot gilt das zumindest dann, wenn der Mitgliedstaat durch die Vermeidung der Doppelbesteuerung im Verhältnis zu einem oder mehreren bestimmten Mitgliedstaaten eine generelle Akzeptanz eines Steuerverzichts zum Ausdruck gebracht hat.

Fraglich ist, ob der Anspruch auf Ausländergleichbehandlung auch (eigentlich nicht anwendbare) Abkommensvorteile betreffen kann. Die De-facto-Ausnahme sämtlicher abkommensrechtlicher Regelungen birgt, wie bereits bemerkt, argumentative Schwächen.[957] Der Anwendungsvorrang der Grundfreiheiten ist zumindest im Zusammenhang mit dem grundfreiheitsrechtlichen Anspruch auf Inländergleichbehandlung nicht durch bilaterale Maßnahmen disponibel. Allerdings ist zuzugeben, dass aufgrund der unterschiedlichen Interessen im Verhältnis zu den einzelnen Mitgliedstaaten bilaterale Abwägungsergebnisse nicht ohne Weiteres über die konkreten Beziehungen hinaus verallgemeinert werden können. Eine grundfreiheitsrechtliche Zuordnung von Besteuerungsrechten auf Grundlage des Meistbegünstigungsgedankens in Widerspruch zu einer bereits erfolgten, doppelbesteuerungsbeseitigende Aufteilung ist auf Grundlage der geschilderten *Gilly*-Doktrin ohnehin abzulehnen. Hat eine die Doppelbesteuerung vermeidende unioder bilaterale Steuerverteilung stattgefunden, müssen auch eventuelle Nachteile im horizontalen Vergleich aufgrund unterschiedlicher Distributionsergebnisse als bloße Abweichungen der nationalen Steuerordnungen hingenommen werden und können nicht mittels eines solchen grundfreiheitsrechtlich subventionierten Treaty Shopping konterkariert werden.[958] Im Fall der juristischen Doppelbesteuerung resultiert die nachteilige Wirkung demgegenüber nicht aus der unterschiedlichen Ausgestaltung der Besteuerung. Eine die übermäßige Besteuerung beseitigende Steuerverteilung hat für einen grenzüberschreitenden Sachverhalt gerade nicht stattgefunden. Dennoch kann eine Meistbegünstigung nicht mehr im Wege eines Anerkennungsgrundsatzes zur grundfreiheitsrechtlichen Steuerdistribution herangezogen werden. Die Frage einer sachgerechten zwischenstaatlichen Steuerverteilung steht in einem Zusammenhang mit dem Reziprozitätsgedanken des EuGH. Indem ein Mitgliedstaat einen Besteuerungsverzicht im Verhältnis zu einem ande-

956 EuGH Urteil v. 11.6.2009, Rs. C-521/07 (*Kommission/Niederlande*), Slg. 2009, S. I-167, Rn. 39.

957 *Enchelmaier*, in: Cordewener/Enchelmaier/Schindler, Meistbegünstigung im Steuerrecht der EU-Staaten, S. 93, 118, der hierin einen Zirkelschluss sieht; ebenso: *Cordewener*, in: Cordewener/Enchelmaier/Schindler, Meistbegünstigung im Steuerrecht der EU-Staaten, S. 224; *Englisch*, in: Cordewener/Enchelmaier/Schindler, Meistbegünstigung im Steuerrecht der EU-Staaten, S. 163, 171 f.

958 *Englisch*, StuW 2003, S. 88, 94.

ren Mitgliedstaat übt, kann nicht daraus geschlossen werden, dass dies aus seiner Sicht unionsweit zu sachgerechten und akzeptablen Ergebnissen führen muss. Dies würde die Unterschiede zwischen den jeweiligen bilateralen Wirtschaftsverhältnissen und Steuersystemen, die in den DBA zum Ausdruck kommen, unberücksichtigt lassen. Gegen eine unionsrechtlich gebotene Meistbegünstigung im Hinblick auf DBA lässt sich zudem die Gefahr einer binnenmarktschädlichen Verstärkung der Wettbewerbsverzerrungen einwenden. Da die DBA-Bestimmungen zur Vermeidung der Doppelbesteuerung innerhalb des erweiterten Binnenmarkts nach wie vor nicht unerheblich divergieren, könnten je nach Einzelfall abhängig von den involvierten Mitgliedstaaten grundverschiedene Steuerverteilungen resultieren. Die Meistbegünstigung kann so innerhalb der jeweiligen Teilmärkte empfindliche Wettbewerbsverzerrungen hervorrufen.

Bei unilateralen Begünstigungen ohne Abkommenshintergrund schlägt der Gleichbehandlungsanspruch hingegen durch. Der Mitgliedstaat hat seine Akzeptanz eines Steuerverzichts auch ohne bilaterale Gegenseitigkeit zum Ausdruck gebracht. Ohne eine zugrunde liegende Abkommensbestimmung sind verschiedene grenzüberschreitende Sachverhalte vergleichbar und eine Schlechterbehandlung regelmäßig nicht gerechtfertigt.[959] Bedenken aufgrund von Wettbewerbsverzerrungen sind ebenfalls weniger gravierend, da nationale Vorschriften häufig nur zwischen zwei Gruppen unterscheiden werden (beispielsweise in Bezug auf das Steuerniveau oder eine Auskunftsmöglichkeit in dem anderen Staat).

Die angeführten politischen Überlegungen für eine grundfreiheitsrechtliche Meistbegünstigung, insbesondere der hierdurch ausgeübte Abstimmungsdruck, überzeugen nicht. Das Teilmarktkonzept erfordert keine vollständige Binnenmarktneutralität. Es ist außerdem alles andere als gewiss, ob dies auch zu einer konstruktiven politischen Reaktion in Form einer Integration durch Rechtsangleichung führt.

cc) Leistungsfähigkeit und Praktikabilität

Einer Lösung mittels des Meistbegünstigungsprinzips steht zunächst die praktische Erwägung entgegen, dass in Fällen der Doppelbesteuerung nicht stets eine eindeutige Verantwortungszuweisung anhand des Meistbegünstigungsprinzips gelingen wird. Dies gilt insbesondere in Bezug auf Abkommensvorteile, die in mannigfaltiger bilateraler Ausgestaltung vorliegen können. Wenn etwa der Quellenstaat im Verhältnis zu bestimmten anderen Mitgliedstaaten auf eine Quellenbesteuerung verzichtet beziehungsweise diese teilweise beschränkt und zugleich der Ansässigkeitstaat bei vergleichbaren grenzüberschreitenden Sachverhalten

959 EuGH Urteil v. 11.6.2009, Rs. C-521/07 (*Kommission/Niederlande*), Slg. 2009, S. I-167.

selektiv eine Entlastung gewährt, ist man einer grundfreiheitsrechtlichen Letztverantwortung durch die Meistbegünstigung noch nicht nähergekommen. Soll der Ansässigkeitstaat entlasten oder der Quellenstaat verzichten oder zumindest seine Quellensteuer beschränken, und gegebenenfalls auf welchen Satz?

Zudem kann es bereits zu Schwierigkeiten bei der Einkünftequalifikation kommen. So kann es etwa im maßgeblichen bilateralen Verhältnis im Rahmen der Besteuerung eines Gastprofessors mangels DBA zu einer Doppelbesteuerung kommen, wohingegen die beiden involvierten Mitgliedstaaten in DBA mit wiederum anderen Mitgliedstaaten je nach bilateralem Verhältnis teilweise Sonderregelungen für Gastprofessoren vorsehen und dadurch alternativ ein Besteuerungsvorrecht des Herkunft- beziehungsweise Sitzstaats konstituieren oder eine Besteuerung im temporären Tätigkeitstaat bestimmen. Auf Grundlage einer grundfreiheitsrechtlichen Meistbegünstigung wäre nicht vorgegeben, welches Regime heranzuziehen ist, also zulasten wessen Mitgliedstaats eine Abkommenslücke zu schließen ist. Beide mitgliedstaatlich praktizierten Varianten (Besteuerung im vorübergehenden Tätigkeitstaat oder im Sitzstaat) würden zu einer Doppelbesteuerungsvermeidung führen.

Umgekehrt kann es für bestimmte Doppelbesteuerungskonstellationen auch an DBA-Bestimmungen fehlen. Insbesondere im Bereich der abkommensrechtlich noch unzureichend erschlossenen Erbschaft- und Schenkungsteuer kann es gar vollständig an geschlossenen DBA fehlen. Darüber hinaus kann der verantwortliche Mitgliedstaat mittels des Meistbegünstigungsprinzips nicht gefunden werden, wenn selbst die günstigste Behandlung nicht die Doppelbesteuerung vermeidet.[960] Das Meistbegünstigungsprinzip basiert auf der Feststellung einer Schlechterstellung unterschiedlicher grenzüberschreitender Sachverhalte innerhalb eines Teilmarkts unter einem horizontalen Vergleich. Begründet man die Benachteiligung durch die Doppelbesteuerung jedoch mit der Gesamtbelastung unter Binnenmarktperspektive, also im Verhältnis zu einem rein innerstaatlichen Sachverhalt, wird evident, dass eine Verantwortungszuweisung bei dieser Perspektive nicht zwingend eine Lösung garantiert.

Die Ausdehnung von bilateral vereinbarten Steuervergünstigungen würde den EuGH wiederum in die bereits angeführte Problematik führen, dass er unter Umständen sämtliche(!) einschlägigen DBA-Bestimmungen der Mitgliedstaaten zu der konkreten Doppelbesteuerungssituation als Ultima Ratio interpretieren müsste.

960 Wohl ebenso: *Küper*, Doppelbesteuerung und europarechtliche Meistbegünstigung bei Erbschaften und Schenkungen, S. 145 f.

dd) Schlussfolgerung

Maßstäbe für eine grundfreiheitsrechtliche Verantwortungszuweisung können sich bei einem Vergleich von grenzüberschreitenden Sachverhalten mit Bezug zu unterschiedlichen Mitgliedstaaten wegen der zwingenden Wahrung der Bilateralität der Steuerverteilung nur ergeben, wenn es sich um einen rein national gewährten Entlastungsmechanismus oder einen Quellensteuerverzicht ohne Abkommenshintergrund handelt. Aufgrund seiner geringen Praktikabilität wird das Meistbegünstigungsprinzip nur sehr bedingt Impulse für eine Verantwortungszuweisung setzen können. Denkbar sind Fälle, in denen ein Sitzstaat einen Steuerverzicht (zum Beispiel auf eine Quellensteuer) und damit eine Entlastung von der juristischen Doppelbesteuerung rein unilateral nur selektiv im erweiterten Binnenmarkt gewährt und sich nicht zugleich auch ein konkurrierender Entlastungsanspruch in dem anderen Mitgliedstaat im Wege der Meistbegünstigung ergibt.

e) Verteilungsmaßstab: Grundfreiheitsrechtliche Rechtsformneutralität

In Abwandlung des Vergleichspaars könnte ein mit dem Meistbegünstigungsprinzip eng verwandter Gleichbehandlungsgrundsatz zumindest partiell eine Verantwortungszuweisung bewirken. Die Rechtsformneutralität zielt auf eine rechts- und organisationsformunabhängige Besteuerung des grenzüberschreitenden Sachverhalts ab. So könnte in einem Fall, in dem gleich der Rs. *Kerckhaert und Morres* eine Doppelerfassung durch das Zusammentreffen von Quellen- und Dividendensteuer entsteht, ein Investment mittels einer Betriebstätte eine deutlich vorteilhaftere Behandlung erfahren, wenn die Betriebstätteneinkünfte in den Genuss einer Entlastung im Ansässigkeitstaat gelangen beziehungsweise keine Steuer im Quellenstaat erhoben wird.

aa) Grundfreiheitsrechtlicher Anspruch auf Rechtsformneutralität

(1) Rechtsprechung

Der grundfreiheitsrechtliche Anspruch auf Gleichbehandlung des rein inländischen und grenzüberschreitenden Sachverhalts, also bei vertikalem Vergleichspaar, ist rechtsformneutral. Die Niederlassungsfreiheit schützt auch die freie Wahl der Rechtsform (Art. 49 UAbs. 1 S. 2 AEUV). Der EuGH stellt in ständiger Rechtsprechung zutreffend fest, dass die Vergleichbarkeit von grenzüberschreitenden und rein inländischen Sachverhalten nicht bereits wegen der Rechtsformunterschiede ausgeschlossen ist, sondern nur, wenn die unterschiedlichen Organisationsformen im konkreten Fall ausnahmsweise tatsächlich nicht vergleichbar sind.[961] Die vergleichbare Situation ergibt sich jedoch regelmäßig bereits aufgrund derselben Steuerfolgen, die die Betriebstätte des beschränkt Steuerpflichtigen im Vergleich zu den gebietsansässigen Gesellschaften trifft.[962] Im Hinblick auf den Quellenstaat (Inbound-Fall) stellen die Diskriminierung des unbeschränkt Steuerpflichtigen und diejenige in Bezug auf die unterschiedlichen Rechtsformen einen „*einheitlichen Verstoß*" dar.[963]

Einer Rechtsformneutralität, bei der das ausschließliche Differenzierungsmerkmal zwischen zwei grenzüberschreitenden Sachverhalten die Rechtsform des Investments ist, hat der EuGH in den Rs. *X Holding BV*, *KBC Bank* und *Columbus Containers* für Outbound-Situationen hingegen eine klare Absage erteilt.[964] Ausländische Betriebstätten und gebietsfremde Tochtergesellschaften befänden sich in keiner vergleichbaren Situation, sodass eine nationale differenzierende Verlustnutzungsmöglichkeit (nur Betriebstättenverluste wurden berücksichtigt) grundfreiheitskonform sei. Den Mitgliedstaaten stehe es frei, Bedingungen und Höhe der unterschiedlichen Niederlassungsformen festzulegen.[965] Ähnliche Bedenken im Hinblick auf die mitgliedstaatlichen Befugnisse auf dem Gebiet der direkten Steuern äußerte bereits Generalanwalt *Maduro* in seinen Schlussanträgen in der Rs. *Marks & Spencer* (ebenfalls ein Outbound-Fall).[966]

(2) Schrifttum

In der Fachliteratur werden wiederum Positionen für und wider eine Rechtsformneutralität vertreten. Als Argument gegen eine Rechtsformneutralität, insbesondere im Zusammenhang mit der Frage der Verlustnutzung, wird der gravierende Unterschied bei der Rechtsubjektivität vorgebracht.[967] Die Tochtergesellschaft stelle ein eigenes Steuersubjekt dar, dessen Ergebnis grundsätzlich keinem ande-

---

961 EuGH Urteil v. 21.9.1999, Rs. 307/97 (*Saint-Gobain*), Slg. 1999, S. I-6161, Rn. 43; Urteil v. 23.2.2006, Rs. C-253/03 (*CLT-UFA*), Slg. 2005, S. I-1831, Rn. 14; Urteil v. 28.1.1986, Rs. C-270/83 (*Kommission/Frankreich*), Slg. 1986, S. 273, Rn. 22; ausführlich: GA *Léger* Schlussanträge v. 14.4.2005, Rs. C-253/03 (*CLT-UFA*), Slg. 2005, S. I-1831, Rn. 42 ff.

962 EuGH Urteil v. 14.12.2006, Rs. C-170/05 (*Denkavit*), Slg. 2006, S. I-11949, Rn. 36.

963 EuGH Urteil v. 271.9.1999, Rs. 307/97 (*Saint-Gobain*), Slg. 1999, S. I-6161, Rn. 44.

964 EuGH Urteil v. 25.2.2010, Rs. C-337/08 (*X Holding BV*), DStR 2010, S. 427 ff.; Beschluss v. 4.6.2009, verb. Rs. C-439/07 und 499/07 (*KBC Bank u. a.*), Slg. 2009 S. I-4409; Urteil v. 6.12.2007, Rs. C-298/05 (*Columbus Containers*), Slg. 2007, S. I-10451.

965 EuGH Urteil v. 25.2.2010, Rs. C-337/08 (*X Holding BV*), DStR 2010, S. 427 ff., Rn. 40; Beschluss v. 4.6.2009, verb. Rs. C-439/07 und 499/07 (*KBC Bank u. a.*), Slg. 2009 S. I-4409, Rn. 80 f.; Urteil v. 6.12.2007, Rs. C-298/05 (*Columbus Containers*), Slg. 2007, S. I-10451, Rn. 52 f.

966 GA *Maduro* Schlussanträge v. 7.4.2005, Rs. C-446/03 (*Marks & Spencer*), Slg. 2005, S. I-10837, Rn. 48 f.

967 *Herzig/Wagner*, DStR 2006, S. 1, 5 f.; *dies.*, Der Konzern 2006, S. 176, 180 (Fn. 47).

ren Steuersubjekt zugerechnet werde. Die unterschiedliche Entlastung von der internationalen juristischen Doppelbesteuerung bei beiden Rechtsformen sei auch Ausdruck der unterschiedlichen Behandlung der Investitionsformen im jeweiligen Teilmarkt.[968] Die rechtsformabhängige unterschiedliche steuerliche Behandlung könne nicht mittels der Grundfreiheiten überwunden werden.[969] Demgegenüber wird eingewendet, dass das Trennungsprinzip sowohl für positive als auch für negative Einkünfte mehrfache Durchbrechungen erfahre.[970] So würden einerseits die Hinzurechnungsbesteuerung und die Gruppenbesteuerung die Rechtsubjektivität der Kapitalgesellschaften im Hinblick auf die Einkünftezuordnung aushöhlen, und andererseits würde die fehlende Rechtspersönlichkeit der Betriebstätte durch die Annahme einer funktionalen Eigenständigkeit kompensiert, sodass der Rechtsformneutralität Vorrang einzuräumen sei.

(3) Würdigung

Dem EuGH ist auch bezüglich der Ablehnung einer verschiedene internationale Sachverhalte vergleichenden Rechtsformneutralität zuzustimmen. Die Integration mittels der Grundfreiheiten kann aufgrund der Steuerzuständigkeit der Mitgliedstaaten nicht auf die Ausgestaltungdes nationalen Steuerrechts einwirken und die Frage der Steuersubjektivität sowie die daran anknüpfenden Besteuerungsfolgen beeinflussen. Die Vergleichbarkeit der verschiedenen Organisationsformen wird durch die mitgliedstaatliche Steuerordnung vorgegeben. Einer Vergleichspaarbildung, ausschließlich basierend auf einer Differenzierung zwischen Gesellschaften einerseits und Betriebstätten andererseits, muss die Prüfung der konkreten faktischen Vergleichbarkeit beider Rechtsformen bezüglich der beanspruchten Steuerwirkung vorausgehen. Insbesondere im Hinblick auf den wohl einzig hier verbleibenden Anwendungsfall einer Doppelbesteuerung von nicht unter die Mutter-Tochter-Richtlinie fallenden Portfoliobeteiligungen ist zweifelhaft, ob solche im Streubesitz gehaltenen Anteile aufgrund ihres Kapitalanlagecharakters wirklich noch vergleichbar sind mit anderen Niederlassungsformen, wie die eine Betriebstätte konstituierende feste Niederlassung.[971]

---

968 *Schnitger*, Die Grenzen der Einwirkung der Grundfreiheiten des EG-Vertrages auf das Ertragsteuerrecht, S. 281.

969 *Herzig/Wagner*, DStR 2006, S. 1, 5f.; *Eisenbarth/Hufeld*, IStR 2010, S. 309, 311f.

970 *Scheunemann*, IStR 2005, S. 303, 304f.; *Schnitger*, Die Grenzen der Einwirkung der Grundfreiheiten des EG-Vertrages auf das Ertragsteuerrecht, S. 288.

971 S.o.: Teil 3: VI.) 2.) a) aa).

bb) Schlussfolgerung

In Übereinstimmung mit der eindeutigen Rechtsprechungslinie des EuGH ist ein grundfreiheitsrechtlicher Anspruch auf rechtsformneutrale Besteuerung im hier diskutierten Sinne abzulehnen, da er über eine Vermeidung der Abgabenkumulation hinaus auf eine Beseitigung bestehender nationalstaatlicher Besteuerungsunterschiede im Hinblick auf die Niederlassungs- und Rechtsform zielen würde.

VII.) Rechtfertigung

Sofern sich im Fall des Zusammenwirkens von im jeweiligen Teilmarkt rechtlich nicht differenzierenden und unterschiedslos wirkenden mitgliedstaatlichen Besteuerungsansprüchen ein grundfreiheitsverpflichteter Mitgliedstaat bestimmen lässt, sind dessen Rechtfertigungsmöglichkeiten aus zwingenden Interessen des Allgemeinwohls zu prüfen.

Zudem kann es auch infolge einer Diskriminierung oder Beschränkung innerhalb einer Rechtsordnung, etwa im Rahmen der Abgrenzung der Betriebstätteneinkünfte, zu einer kumulativen Mehrbelastung kommen.[972]

1.) Territorialitätsprinzip, Wahrung der Aufteilung der Steuerbefugnis

Sofern es bereits an einer die Doppelbesteuerung effektiv vermeidenden Steuerverteilung fehlt oder diese nicht respektiert wird, kann die Ausgewogenheit der Aufteilung der Besteuerungsbefugnisse dem grundfreiheitsverpflichteten Mitgliedstaat nicht als Legitimationsansatz für die eingetretene Abgabenkumulation dienen. In Bezug auf den für die Mehrbelastung nicht verantwortlichen Mitgliedstaat fehlt es nach hier vertretener Ansicht bereits an einer zurechenbaren eingriffsbegründenden Beschränkung. Wollte man ihm alternativ eine Rechtfertigungsmöglichkeit, etwa im Hinblick auf die Wahrung einer bilateralen Steueraufteilung, eröffnen, würden sich die vorstehend genannten Schwierigkeiten der Abkommensinterpretation auf die Rechtfertigungsebene verlagern.

Dass aus der Besteuerung entsprechend dem unionsrechtlich anerkannten Territorialitätsprinzip nach dem Verständnis des EuGH gerade die klassische Doppelbesteuerungssituation resultiert, darf nicht dahingehend interpretiert werden, dass die Doppelbesteuerungsfolge bei einer entsprechenden Besteuerung stets grund-

972 S.o.: Teil 3: II.) 1.).

freiheitsrechtlich gerechtfertigt wäre. Die auch anhand äquivalent-theoretischer Überlegungen ausgerichtete Steuerdistribution bei der Bestimmung des Grundfreiheitsverpflichteten ist vielmehr als Konkretisierung eines am Territorialitätsprinzip orientierten Besteuerungsrechts zu verstehen. Das Territorialitätsprinzip kann den Mitgliedstaat nicht seiner Entlastungsverpflichtung entheben. In den Fällen des unilateralen Abweichens von bestehenden DBA soll nach einer Ansicht in der Literatur[973] ohnehin zweifelhaft sein, ob sich der derogierende Mitgliedstaat noch auf eine Rechtfertigungsmöglichkeit berufen kann, da nach den vom EuGH an eine Rechtfertigung von Eingriffen in die Grundfreiheiten gestellten Anforderungen die in die Grundfreiheiten eingreifende Norm klar, bestimmt und transparent sein muss.[974]

Ein entsprechender Legitimationsansatz kommt hingegen im Rahmen der Einkünftekorrektur bei der Betriebstättengewinnermittlung in Betracht. Die Fälle sind durch eine Diskriminierung oder Beschränkung in einem Teilmarkt, eine bereits erfolgte mitgliedstaatliche Steueraufteilung und vor allem die Besonderheit der Eigenständigkeitsfiktion der Betriebstätte gekennzeichnet. Deshalb dürften die vom EuGH bereits im Zusammenhang mit der Gewinnabgrenzung von verbundenen Unternehmen judizierten Grundsätze übertragbar sein, wonach eben jene Steuerverteilung nicht durch drittunübliche Geschäfte umgangen werden darf.[975]

2.) Wahrung der Kohärenz der Steuersysteme

Eine Rechtfertigung zur Wahrung der Kohärenz der Steuersysteme wird regelmäßig in Ermangelung eines unmittelbar mit der Mehrbelastung zusammenhängenden Steuervorteils fehlschlagen. Zumindest theoretisch könnte ein entsprechendes Legitimationsanliegen dann durchgreifen, wenn der steuerbelastenden Vorschrift des für die Doppelbesteuerung verantwortlichen Mitgliedstaats ein hinreichend konnexer, unter Umständen zeitverschobener, kompensatorisch wirkender Steuervorteil entgegensteht.

973 So wohl: *Gosch*, IStR 2008, S. 413, 421; kritisch: *Forsthoff*, IStR 2006, S. 509, 511.

974 EuGH Urteil v. 28.4.1998, Rs. C-118/96 (*Safir*), Slg. 1998, S. I-1897, Rn. 32; Urteil v. 14.4.2000, C-54/99 (*Scientology*), Slg. 2000, S. I-1335, Rn. 21 f.; Urteil v. 4.6.2002, Rs. C-483/99 (*Kommission/Frankreich*), Slg. 2002, S. I-4781, Rn. 50; zu den Anforderungen an die Konsistenz der eingriffsbegründenden Norm, vgl.: EuGH Urteil v. 21.10.1999, Rs. C-67/98 (*Zenatti*), Slg. 1999, S. I-7289, Rn. 36; Urteil v. 21.9.1999, Rs. C-124/97 (*Läräa*), Slg. 1999, S. I-6067, Rn. 37; Urteil v. 24.3.1994, Rs. C-275/92 (*Schindler*), Slg. 1994, S. I-1039, Rn. 56.

975 EuGH Urteil v. 21.1.2010, Rs. C-311/08 (*SGI*), Slg. 2010, S. I-487; Einzelheiten, s.u.: Teil 4: II.) 2.) c).

3.) Missbrauchsbekämpfung, Steueraufsicht und -beitreibung

Schließlich lassen sich prinzipiell auch keine Gründe der Missbrauchsbekämpfung oder Steuerkontrolle anführen, die eine Abgabenkumulation im Binnenmarkt nach Art. 26 AEUV rechtfertigen könnten. Ein zu einer unentlasteten Mehrfacherfassung führender Steuerbefehl dürfte grundsätzlich nicht geeignet sein, die Einmalerfassung von Einkünften sicherzustellen. Bilaterale oder unilaterale Switch-over- oder Subject-to-tax-Bestimmungen, die ausschließlich zum Ausgleich einer Nicht- beziehungsweise Minderbesteuerung im anderen Mitgliedstaat führen, stellen im Hinblick auf das grundfreiheitsrechtliche Verbot der juristischen Doppelbesteuerung stets das mildere Mittel dar. Zudem ist unter Geltung der Amtshilferichtlinie im EU-Binnenmarkt gemäß Art. 26 AEUV die Erforderlichkeit einer Extensivierung des Besteuerungsanspruchs über grundfreiheitsrechtlich bestimmbare Besteuerungsgrenzen hinaus abzulehnen.[976] Lediglich bei einem Eingriff in die Grundfreiheiten des EWR-Abkommens oder bei Drittstaatensachverhalten im Rahmen der Kapitalverkehrsfreiheit, kann sich eine diesbezügliche Rechtfertigungsmöglichkeit eröffnen.[977] Sollte in Ermangelung verlässlicher Informationen über die steuerliche Behandlung in dem anderen Staat eine einmalige steuerliche Erfassung nicht gewährleistet werden können, kann die eine höhere Abgabenlast verantwortende nationale Vorschrift ausnahmsweise geeignet und erforderlich sein, missbräuchliches Verhalten zu verhindern. Anhand objektiver Umstände müsste erkennbar sein, dass die entsprechende nationale Regelung missbrauchstypisierende Sachverhalte erfasst und dem Steuerpflichtigen die Möglichkeit belässt, durch Nachweis einer ausländischen Steuerbelastung eine Einmalbesteuerung herbeizuführen.[978] Bei abkommensrechtlich vorgesehenen Auskunftsmöglichkeiten dürfte es hingegen auch in diesen Fällen an der Erforderlichkeit fehlen.

---

976 EuGH Urteil v. 28.10.1999, Rs. C-55/98 (*Vestergaard*), Slg. 1999, S. I-7641, Rn. 26; Urteil v. 3.10.2002, Rs. C-136/00 (*Danner*), Slg. 2002, S. I-8147; Urteil v. 14.2.1995, Rs. C-279/93 (*Schumacker*), Slg. 1995, S. I-225, Rn. 45; Urteil v. 14.9.2006, Rs. C-386/04 (*Stauffer*), Slg. 2006, S. I-8203, Rn. 50; im Hinblick auf Auskunftsmöglichkeiten im Verhältnis zu Drittstaaten: *Schnitger*, IStR 2005, S. 493, 494.

977 *Schönfeld*, in: Flick/Wassermayer/Baumhoff, AStG, Vor § 34c, Rn. 40; EuGH Urteil v. 11.6.2009, Rs. C-521/07 (*Kommission/Niederlande*), Slg. 2009, S. I-4873, Rn. 44ff.; Urteil v. 19.11.2009, Rs. C-540/07 (*Kommission/ Italien*), Slg. 2009, S. I-10983, Rn. 70ff.; s.u.: Teil 4: II.) 3.).

978 EuGH Urteil v. 21.1.2010, Rs. C-311/08 (*SGI*), Slg. 2010, S. I-487, Rn. 71, m.w.N.

VIII.) Zwischenergebnis zu Teil 3

Die Problematik der juristischen Doppelbesteuerung, also der Fall des Zusammenwirkens unterschiedslos anwendbarer und wirkender Steuervorschriften bei einem Steuersubekt, stößt an die Grenzen der Leistungsfähigkeit der Grundfreiheiten. Deshalb ist die Frage nach einem entsprechenden Doppelbesteuerungsverbot differenzierend zu beantworten.

Einerseits sprechen gute Gründe dafür, die ungemilderte Abgabenlast nicht per se als grundfreiheitskonformes Gebrauchmachen der mitgliedstaatlichen Steuerkompetenz zu betrachten. Die durch die Abgabenkumulation hervorgerufene höhere Belastung des grenzüberschreitenden Sachverhalts führt zu einer erheblichen Binnenmarktstörung. Ein über die Kästchengleichheit hinausgehendes Verständnis des grundfreiheitsrechtlichen Schutzgehalts für das Gebiet der direkten Steuern ist deshalb geboten. Die zur Feststellung der benachteiligenden Belastungswirkung des grenzüberschreitenden Sachverhalts erforderliche synthetische Gesamtmarktperspektive findet in der Rechtsprechung des Gerichtshofs ebenso Anklang wie der unionsrechtliche Grundsatz der leistungsbezogenen Einmalbesteuerung. Die Zuständigkeit der Mitgliedstaaten für den Bereich der direkten Steuern erfordert nicht, wie der EuGH und weite Teile der Lehre vertreten, sich ausschließlich auf die Selbstzurückhaltung der Mitgliedstaaten zu verlassen. Der EuGH bietet in seinen Judikaten selbst ausreichend Beispiele einer grundfreiheitsrechtlichen Steuerdistribution.

Andererseits wird ein grundfreiheitsrechtliches Verbot der juristischen Doppelbesteuerung hingegen häufig an der vielerseits zu Recht betonten Herausforderung einer Verantwortungszuweisung, also auf der zwischenstaatlichen Verteilungsebene, scheitern. Denn die im Rahmen der grenzüberschreitenden Betrachtung festgestellte Belastungsungleichheit muss zur Durchsetzung eines grundfreiheitsrechtlichen Schutzes mit Aspekten der zwischenstaatlichen Verteilungsgerechtigkeit in Einklang gebracht werden. Dabei kann der grundfreiheitsrechtlich erfasste Nachteil der Abgabenkumulation aber nicht allein auf Basis der Grundfreiheiten einer Lösung zugeführt werden. Da den Marktfreiheiten als an einen Souverän adressierte Gleichheitsrechte unmittelbar keine Steuerpriorität zu entnehmen ist, müsste sich der EuGH zur Anwendung ihres koordinationsrechtlichen Gehalts sachgerechter Hilfsnormen oder Ersatzmaßstäbe zur zwischenstaatlichen Verantwortungs- und somit Steuerzuordnung bedienen. Wegen der fehlenden Individualäquivalenz der Steuern setzt Sachgerechtigkeit insbesondere eine durch die beteiligten Mitgliedstaaten konkret anerkannte Aufteilung des Steuersubstrats voraus, an der sich diese grundfreiheitsrechtlich festhalten lassen müssen.

In diesem Zusammenhang steht eine konkret getroffene bilaterale Steuerverteilung im Hinblick auf Sachgerechtigkeits- und somit Akzeptanzgesichtspunkte außer Frage. Der Mitgliedstaat, der hiervon abweicht, setzt sich einem grundfreiheitsrechtlichen Kontradiktionsvorwurf aus. Dies hätte in der Rs. *AMID* eine alternative Lösung des EuGH sein können. Einzig eine abkommensrechtliche Interpretation der Hilfsnormen bleibt dem EuGH verwehrt. Die grundfreiheitsrechtliche Durchsetzung bilateral vereinbarter Abkommensbestimmungen würde somit wegen der fehlenden Zuständigkeit des Gerichtshofs in der Spruchpraxis eine zuverlässige, externe Interpretation des Abkommens erfordern. Die extrem schwierige und zwischen den Vertragsparteien beziehungsweise den Finanzverwaltungen oftmals nur im Wege der Verständigung zu erarbeitende Abkommensanwendung stellt deshalb die praktische und prozessuale Schwachstelle dieses Ansatzes dar.

Das sekundäre Unionsrecht, insbesondere die Mutter-Tochter-Richtlinie, die Zins- und Lizenzgebührenrichtlinie sowie die Fusionsrichtlinie bieten keine auf Grundlage der Grundfreiheiten heranzuziehenden Maßstäbe. Mangels Regelungslücken erlauben sie keine mitgliedstaatlich akzeptierte Analogie. Die kontrovers diskutierte Doppelbesteuerungskonstellation bei der Mehrfacherfassung von Portfoliobeteiligungen lässt sich damit ebenso wenig einer Lösung zuführen wie eine Mehrfacherfassung von Dividendeneinkünften natürlicher Personen.

Dem Vorrang einer Quellenbesteuerung ist aufgrund globaläquivalenter Überlegungen grundsätzlich eine allgemeine Akzeptanz abzusprechen. Lässt sich jedoch im maßgeblichen bilateralen Verhältnis ausnahmsweise eine ausgeübte Quellenbesteuerung eines Mitgliedstaats feststellen, sprechen gute Gründe dafür, dieses Recht auch dem anderen Mitgliedstaat zuzusprechen und dem erstgenannten Mitgliedstaat eine Berücksichtigungspflicht aufzuerlegen. In der Rs. *Damseaux* hätte sich eine entsprechende Anrechnungsverpflichtung mit diesem Argumentationsansatz begründen lassen können, zumal das Quellensteuerecht Frankreichs sogar in dem DBA fixiert war.

Zumindest betreffend rein unilateral gewährte Entlastungen im Verhältnis zu bestimmten Staaten muss sich ein Mitgliedstaat auf eine gleichwertige Behandlung sämtlicher grenzüberschreitender Sachverhalte im erweiterten Binnenmarkt verweisen lassen.

Um der Komplexität des Steuerrechts Rechnung zu tragen, scheint eine Anlehnung an die Empfehlungen des OECD-Steuerausschusses naheliegend. Ebenso wie die mitgliedstaatlichen DBA selbst, haben die OECD-Muster in einem halben Jahrhundert Entwicklungsgeschichte Maßstäbe der Abgrenzung entwickelt, die einem allgemeinen internationalen Konsens nahekommen. Dennoch fehlt ihnen aufgrund des bloßen Empfehlungscharakters die für eine grundfreiheitsrechtliche

Steuerverteilung erforderliche Bilateralität, im Sinne einer konkret mitgliedstaatlich anerkannten Zuordnungsfolge.

Das kompetenzausgleichende Korrektiv einer konkreten mitgliedstaatlichen Anerkennung der grundfreiheitsrechtlich zu treffenden Steuerverteilung verbietet pauschale Berücksichtigungspflichten. Die Frage nach einem grundfreiheitsrechtlichen Verbot der juristischen Doppelbesteuerung ist deshalb dahingehend zu beantworten, dass sich dieses nur in den Fällen einstellen kann, in denen die Problematik der Verantwortungszuweisung über den grundfreiheitsrechtlichen Gleichbehandlungsanspruch durch einen Rückgriff auf eine mitgliedstaatliche Anerkennung gelöst werden kann. Damit befindet sich jedoch eine Vielzahl der Doppelbesteuerungskonstellationen auf Grund fehlender Verteilungskriterien jenseits der Grenze des mittels der Grundfreiheiten Durchsetzbaren. Hier kann das Problem nur durch Rechtsangleichung auf politischem Wege einer Lösung zugeführt werden.

Rechtfertigungsansätze für feststellbare Grundfreiheitseingriffe können nur ausnahmsweise wegen des Erfordernisses einer effektiven Steuerkontrolle im Verhältnis zu Drittstaaten verfangen.

Teil 4: Grundfreiheitswidrigkeit der internationalen wirtschaftlichen Doppelbesteuerung

Nachfolgend wird in Teil 4 der Steuerzugriff durch mehrere Mitgliedstaaten bei unterschiedlichen Steuersubjekten aber im Hinblick auf dieselbe Steuerart einer grundfreiheitsrechtlichen Würdigung zugeführt. Im Unterschied zum Themenkomplex der internationalen juristischen Doppelbesteuerung (Teil 3) wird sich im Zusammenhang mit der internationalen wirtschaftlichen Doppelbesteuerung wesentlich häufiger unter isolierter Betrachtung eine Schlechterstellung der Binnenmarkttätigkeit durch nationale Steuervorschriften innerhalb eines Teilmarkts feststellen lassen. Infolge dieses verstärkten Eingriffspotentials rückt das Rechtfertigungsanliegen der Mitgliedstaaten mehr in den grundfreiheitsrechtlichen Fokus.

I.) Eingriffsbegründende Schlechterstellung

1.) Rechtlich differenzierende oder unterschiedlich wirkende Steuerregelungen

a) Nachteilige Wirkung für grenzüberschreitenden Sachverhalt

Steuerlichen Mehrbelastungen bei internationalen Sachverhalten aufgrund einer verifizierbar benachteiligenden steuerlichen Behandlung innerhalb einer mitgliedstaatlichen Rechtsordnung ist regelmäßig eine binnenmarktschädliche Wirkung zuzusprechen.[979]

aa) Dividendenbesteuerung

Der Grenzübertritt kann innerhalb einer Rechtsordnung aufgrund einer rechtlichen Differenzierung eine Benachteiligung erfahren, wenn ihm eine Entlastung

---

979 GA *Geelhoed* Schlussanträge v. 29.6.2006, Rs. C-524/04 (*Thin Cap Group Litigation*), Slg. 2007, S. I-2107, Rn. 68; Kommission Mitteilung v. 23.10.2001, KOM(2001) 582 endg., Konsolidierte Körperschaftsteuer-Bemessungsgrundlage, S. 44.

von der wirtschaftlichen Doppelbesteuerung vorenthalten wird, in deren Genuss ein rein inländischer Sachverhalt in vergleichbarer Situation kommt. Dies betrifft etwa die Besteuerung von Einkünften aus grenzüberschreitenden Beteiligungen an Gesellschaften. An der Vermeidung einer internationalen Abgabenkumulation aufgrund einer zweifachen Besteuerung desselben Wertschöpfungsvorgangs auf Gesellschafts- und Anteilseignerebene haben die beteiligten Mitgliedstaaten im Fall der In- beziehungsweise Outbound-Beteiligung aus fiskalischen Gründen naturgemäß ein eher verhaltenes Interesse. Die nationalen Steuerordnungen sind bei ihrer Ausgestaltung häufig von der Vorstellung geprägt, dass der durch die Gesellschaft erwirtschaftete und an den Anleger ausgeschüttete Mehrwert einmal in voller Höhe der eigenen nationalen Besteuerung unterliegen müsse oder dass zumindest Entlastungen für nicht vereinnahmte Steuern systemwidrig seien. Die Gefahr einer mehrfachen Belastung ausgeschütteter Unternehmensgewinne, die ausschließlich grenzüberschreitende Beteiligungen trifft, macht nach Ansicht des EuGH entsprechende staatenübergreifende Engagements im Vergleich zu ihrem rein inländischen Pendant weniger attraktiv. Sie stelle für die ausschüttende Gesellschaft als passiven Marktteilnehmer wegen der abschreckenden höheren Steuerlast ein Hindernis bei der Kapitalbeschaffung dar und bewirke bei den Anteilseignern solcher Beteiligungsverhältnisse den nachteiligen Effekt einer geringeren Nachsteuerrendite.[980] Diesbezügliche Ausführungen des EuGH dürfen jedoch nicht zu der Annahme verleiten, dass sich die benachteiligende Wirkung aus Sicht des Gerichtshofs aus dem unentlasteten Zusammenspiel von zwei nationalen Besteuerungsfolgen (Körperschaft- und Dividendenbesteuerung) ergibt. Vielmehr wird die hier diskutierte Fallgruppe generell nur durch einen Blick auf den Teilmarkt des die differenzierende Regelung verwendenden Mitgliedstaats einer Eingriffsbegründung zugeführt. Im Rahmen des Belastungsvergleichs sollen laut EuGH keine weiteren ertragsteuerlichen Lasten zu berücksichtigen sein, die etwa aufgrund eines Betriebstättenbezugs möglicherweise ausschließlich den rein inländischen Sachverhalt treffen können (beispielsweise eine Gewerbeertragsteuer oder regionale Ertragsteuern).[981] Entsprechende Beschränkungen im Zusammenhang mit Beteiligungseinkünften können tatbestandlich sowohl von der Kapitalverkehrsfreiheit gemäß Art. 63 AEUV beziehungsweise Art. 40 EWR-Abkommen[982] erfasst sein als auch in

980 EuGH Urteil v. 12.12.2006, Rs. C-446/04 (*FII Group Litigation*), Slg. 2006, S. I-11753, Rn. 64.

981 EuGH Urteil v. 20.10.2011, Rs. C-284/09 (*Kommission/Deutschland*), DStR 2011, 2038 ff., Rn. 71.

982 EuGH Urteil v. 7.9.2004, Rs. C-319/02 (*Manninen*), Slg. 2004, S. I-7477; Urteil v. 8.11.2007, Rs. C-379/05 (*Amurta*), Slg. 2007, S. I-09569; Urteil v. 3.6.2010, Rs. C-487/08 (*Kommission/Spanien*), noch nicht veröffentlicht (Quelle: http://eur-lex.europa.eu); Urteil v. 19.11.2009, Rs. C-540/07 (*Kommission/Italien*), Slg. 2009, S. I-10983; Urteil v. 6.3.2007, Rs. C-292/04 (*Mei-*

den Schutzbereich der Niederlassungsfreiheit nach Art. 49 AEUV beziehungsweise Art. 31 EWR-Abkommen[983] fallen.[984] Derartige Unterschiede in der steuerlichen Behandlung könnten letztendlich dazu führen, dass der Erwerb und das Halten von Beteiligungen oder die Gründung und die Aufrechterhaltung einer Tochtergesellschaft in einem anderen Mitgliedstaat vollständig unterbleiben.[985] Beschränkungen der Grundfreiheiten stellen sich neben einer höheren Steuerlast auch aufgrund von Liquiditätsnachteilen, etwa infolge einer fehlenden Gutschrift für den grenzüberschreitenden Sachverhalt, ein.[986] Dem zusätzlich typischerweise bei Durchführung des Anrechnungsverfahrens entstehenden, nicht übermäßigen, Verwaltungsaufwand im Vergleich zur Dividendenfreistellung hat der EuGH bereits die Eingriffsqualitäten abgesprochen.[987] Die Finanzverwaltung soll sich die notwendigen Auskünfte von dem Steuerpflichtigen vorlegen lassen können, ohne sich hierbei der Möglichkeit eines Amtshilfeverfahrens bedienen zu müssen.[988] Den Nachweisen darf jedoch nicht aus rein formalistischen Gründen die Anerkennung abgesprochen werden.[989] Im Hinblick auf das mitgliedstaatliche Methodenwahlrecht und die Zuständigkeit der Mitgliedstaaten für den Bereich der direkten Steuern ist ein gewisser systemimmanenter Mehraufwand zwar grundsätzlich hinzunehmen. Es darf durch unverhältnismäßige Anforderungen an eine Entlastung jedoch nicht zu einer Relativierung des aus den Grundfreiheiten resultierenden Gleichbehandlungsanspruchs kommen. Materielle oder verfahrenstechnische Beschränkungen von Entlastungsmechanismen in nationalen Vorschriften können im Hinblilck auf den Effektivitätsgrundsatz ebenso die

---

licke u.a.), Slg. 2007, S. I-1835; Urteil v. 15.7.2004, Rs. C-315/02 (*Lenz*), Slg. 2004, S. I-7063; Urteil v. 6.6.2000, Rs. C-35/98 (*Verkooijen*), Slg. 2000, S. I-4071; Urteil v. 12.12.2006, Rs. C-446/04 (*FII Group Litigation*), Slg. 2006, S. I-11753; Urteil v. 11.6.2009, Rs. C-521/07 (*Kommission/Niederlande*), Slg. 2009, S. I-4873; Beschluss v. 23.4.2008, Rs. C-201/05 (*CFC and Dividend Group Litigation*), Slg. 2008, S. I-2875; Urteil v. 15.9.2011, Rs. C-310/09 (*Accor SA*), BeckRS 2011, 81361; EFTA-Gerichtshof v. 23.11.2004, Rs. E-1/04 (*Fokus Bank*), IStR 2005, S. 55 ff.

983 EuGH Urteil v. 14.12.2006, Rs. C-170/05 (*Denkavit*), Slg. 2006, S. I-11949; Urteil v. 18.6.2009, Rs. C-303/07 (*Aberdeen*), Slg. 2009, S. I-5145; Urteil v. 19.11.2009, Rs. C-540/07 (*Kommission/Italien*), Slg. 2009, S. I-10983 (zu Art. 31 EWR-Abkommen).

984 Details zu den Schutzbereichen und dem Konkurrenzverhältnis s.o.: Teil 1: II.) 6.).

985 EuGH Urteil v. 18.6.2009, Rs. C-303/07 (*Aberdeen*), Slg. 2009, S. I-5145, Rn. 41.

986 EuGH Urteil v. 12.12.2006, Rs. C-446/04 (*FII Group Litigation*), Slg. 2006, S. I-11753, Rn. 84.

987 EuGH Urteil v. 12.12.2006, Rs. C-446/04 (*FII Group Litigation*), Slg. 2006, S. I-11753, Rn. 53; Urteil v. 10.2.2011, verb. Rs. C-436/08 und C-437/08 (*Haribo und Österr. Salinen AG),* noch nicht veröffentlicht (Quelle: http://eur-lex.europa.eu), Rn. 90 ff.;

988 EuGH Urteil v. 10.2.2011, verb. Rs. C-436/08 und C-437/08 (*Haribo und Österr. Salinen AG),* noch nicht veröffentlicht (Quelle: http://eur-lex.europa.eu), Rn. 100.

989 EuGH Urteil v. 30.6.2011, Rs. C-262/09 (*Meilicke u.a.*), EuZW 2011, S. 642 ff, Rn. 46, zu den Vorgaben der §§ 44, 45 KStG i.d.F. vor der Änderung durch das StSenkG.

Grundfreiheiten berühren, insbesondere wenn sie dem Anteilseigner eine Steuergutschrift bei ausländischen Beteiligungen de facto unmöglich machen. Exemplarisch sind in diesem Zusammenhang die Vorlage einer Körperschaftsteuerbescheinigung entsprechend den Vorgaben der §§ 44, 45 KStG, § 36 Abs. 2 Nr. 3 S. 4 lit. b) EStG i. d. F. vor der Änderung durch das StSenkG oder eine fehlende Korrekturvorschrift bei Bestandskraft (§ 175 Abs. 2 S. 2 AO) zu nennen.[990]

Die Mitgliedstaaten sind außerhalb des bereits sekundärrechtlich harmonisierten Bereichs (insbesondere der Mutter-Tochter-Richtlinie) bei der methodischen Wahl der Entlastungsmechanismen an keine unionsrechtlichen Vorgaben gebunden.[991] Die Frage, ob *unterschiedlich* gewährte Entlastungssysteme für in- und ausländische Kapitalerträge aus Beteiligungen beschränkend wirken, hängt letztendlich von der gewählten Betrachtung ab. Der EuGH sieht hierin keine „*Verletzung*" der Niederlassungsfreiheit, sofern ein unterschiedsloser Steuersatz Anwendung findet und die Vorbelastung – bis zum Höchstbetrag der im Inland festgesetzten Steuer – exakt eliminiert wird.[992] Bei einem isolierten Blick auf die steuerlichen Folgen beim Dividendenempfänger in dessen Sitzstaat kann sich eine eingriffsbegründende Schlechterstellung einstellen, wenn die ausländische Körperschaftsteuer niedriger ist und somit eine höhere Dividendenbesteuerung als bei den freigestellten Inlandsbeteiligungen eintritt. Zudem kann sich die Anrechnungsmethode ohne Gewährung einer Vortrags- oder Erstattungsmöglichkeit in Verlustsituationen gegenüber einer Freistellung als nachteilig darstellen, wenn im Fall eines Verlusts im Sitzstaat des Anteilseigners durch die ausländischen Dividendeneinkünfte der Verlust beziehungsweise Verlustvortrag geringer ausfällt und damit die Steuer in späteren Veranlagungszeiträumen höher ist als im Fall von der Bemessungsgrundlage ausgenommener inländischer Dividenden.[993] Bei einer höheren ausländischen Körperschaftsteuer kann es je nach Anrechnungsbetrag auch an einer effektiven Entlastung von der tatsächlich ein-

990 EuGH Urteil v. 30.6.2011, Rs. C-262/09 (*Meilicke u. a.*), EuZW 2011, S. 642 ff, Rn. 55 ff.; *Tiedtke/Szcesny*, GmbHR 2007, S. 1086 ff.; a. A.: *Scherer*, DStR 2008, S. 1274 ff.; zur Möglichkeit einer Durchbrechung der Bestandskraft: *Friedrich/Nagler*, DStR 2005, S. 404 ff.

991 EuGH Urteil v. 3.6.2010, Rs. C-487/08 (*Kommission/Spanien*), noch nicht veröffentlicht (Quelle: http://eur-lex.europa.eu), Rn. 40.

992 EuGH Urteil v. 12.12.2006, Rs. C-446/04 (*FII Group Litigation*), Slg. 2006, S. I-11753, Rn. 43, 46, 48 f., ohne seine Prüfungsebene preiszugeben; ebenso: EuGH Urteil v. 20.5.2008, Rs. C-194/06 (*OESF*), Slg. 2008, I-3747, Rn. 39; Beschluss v. 23.4.2008, Rs. C-201/05 (*CFC and Dividend Group Litigation*), Slg. 2008, S. I-2875, Rn. 38; *Jacobs*, Internationale Unternehmensbesteuerung, S. 239.

993 In diesem Sinne auch: EuGH Beschluss v. 4.6.2009, verb. Rs. C-439/07 und 499/07 (*KBC Bank u. a.*), Slg. 2009 S. I-4409, Rn. 39 f.; Urteil v. 10.2.2011, verb. Rs. C-436/08 und C-437/08 (*Haribo und Österr. Salinen AG*), noch nicht veröffentlicht (Quelle: http://eur-lex.europa.eu), Rn. 154 ff.

getretenen Körperschaftsteuervorbelastung fehlen. Davon zu unterscheiden ist die Frage, welcher Anrechnungsbetrag bei einer *gleichwertigen* Anwendung der Anrechnungsmethode anzusetzen ist. Bezweckt die nationale Vorschrift die Eliminierung der Körperschaftsteuervorbelastung, kann in der Anrechnung einer niedrigeren ausländischen Körperschaftsteuer bereits keine Schlechterstellung zu sehen sein. Korrespondierend muss eine nicht gewährte vollständige Entlastung von einer höheren ausländischen Körperschaftsteuer (etwa in Form von Vorträgen oder Erstattungen), trotz perfekt unterschiedsloser Anrechnungsbeträge, eine Benachteiligung des Auslandssachverhalts bewirken.

bb) Einkünftekorrekturen

Eine weitere Fallgruppe, die durch das Risiko einer internationalen wirtschaftlichen Doppelbesteuerung gekennzeichnet ist, ist die fremdvergleichsbezogene Einkünftekorrektur bei Leistungsbeziehungen innerhalb eines internationalen Unternehmensverbunds.[994] Die diskriminierende oder beschränkende Wirkung der rechtlich einseitig zulasten von grenzüberschreitenden Sachverhalten eingreifenden Berichtigung von Einkünften ergibt sich regelmäßig aus einer Gewinnerhöhung. Dies kann beispielhaft die Folge eines jenseits der Fremdüblichkeit nicht gewährten Ausgabenabzugs oder einer Hinzurechnung fiktiver Gewinne sein.[995] In diesem Zusammenhang rückt insbesondere auch die Verwendung von nationalen Unterkapitalisierungsvorschriften in den Blickpunkt.[996] Hierin liegt ein Hemmnis einer binnenmarktweiten Tätigkeit.[997] Der daraus resultierende Nachteil einer erhöhten Körperschaftsteuerbemessungsgrundlage auf der Ebene der Tochtergesellschaft wird im Anwendungsbereich der Mutter-Tochter-Richtlinie mangels Qualifikation als den Gesellschafter treffende Quellensteuer im Sinne des Art. 5 der Mutter-Tochter-Richtlinie nicht durch das sekundärrechtliche Quellensteuerverbot vermieden.[998] Sofern sich bei Verrechnungspreiskon-

994 Entsprechend besteht die Gefahr einer juristischen Doppelbesteuerung bei der Betriebstättengewinnermittlung aufgrund der Selbstständigkeitsfiktion der Betriebstätte (Art. 7 Abs. 2 OECD-MA); vgl. OECD-Council, Report on the Attribution of Profits to Permanent Establishments, v. 22.7. 2010, S. 12; BMF Schreiben v. 25.8.2009, IV B 5.S 1341/07/10004, BStBl. I 2009, S. 888 ff, Tz. 2.2 (Änderung des sog. Betriebstättenerlasses).

995 EuGH Urteil v. 12.12.2002, Rs. 324/00 (*Lankhorst-Hohorst*), Slg. 2002, S. I-11779, Rn. 45; Urteil v. 13.3.2007, Rs. C-524/04 (*Thin Cap Group Litigation*), Slg. 2007, S. I-2107, Rn. 92; Urteil v. 17.1.2008, Rs. C-105/07 (*Lammers & Van Cleef*); Slg. 2008, S. I-173, Rn. 34; Urteil v. 21.1.2010, Rs. C-311/08 (*SGI*), Slg. 2010, S. I-487, Rn. 42 f.

996 Übersicht bei: *Kessler/Obser*, IStR 2004, S. 187 ff.; *Zielke*, StuW 2009, S. 63, 72.

997 GA *Geelhoed* Schlussanträge v. 29.6.2006, Rs. C-524/04 (*Thin Cap Group Litigation*), Slg. 2007, S. I-2107, Rn. 68; zur abweichenden Auffassung.

998 EuGH Urteil v. 26.6.2008, Rs. C-284/06 (*Burda*), Slg. 2008, S. I-4571, Rn. 60 ff.

flikten die Möglichkeit eröffnet, eine Verständigung zur Einkünfteabgrenzung auf Grundlage von Abschnitt 3 Artikel 6 des Schiedsübereinkommens herbeizuführen, kann dennoch ein grundfreiheitsrelevanter Nachteil in Form von zusätzlichem Verwaltungsaufwand und Liquiditätsnachteilen auftreten. Dasselbe muss auch im Hinblick auf langjährige Verständigungsverfahren auf Basis von DBA-Bestimmungen entsprechend Art. 25 OECD-MA gelten. Der Eingriff lässt sich ebenfalls aufgrund der rechtlich differenzierenden Regelungen bereits innerhalb einer Rechtsordnung feststellen und betrifft die aktive und passive Niederlassungs- oder Kapitalverkehrsfreiheit.[999] Eine auf einer rechtlichen Differenzierung beruhende Benachteiligung kann sich zudem durch Maßnahmen des Ansässigkeitstaats der Muttergesellschaft einstellen, wenn etwa eine im Hinblick auf Einkünftekorrekturen gewährte Entlastung ausschließlich dem rein inländischen Sachverhalt vorbehalten bleibt. So etwa, wenn eine Umqualifizierung von nicht fremdüblichen Zinszahlungen in steuerfreie Dividenden im Rahmen von unterschiedslos anwendbaren Unterkapitalisierungsvorschriften zum Nachteil grenzüberschreitender Dividenden unterbleibt.

b) Vergleichbare Situation

aa) Dividendenbesteuerung

(1) Sitzstaat des Anteilseigners

Eine Beschränkung der Grundfreiheiten liegt nur dann vor, wenn die Ungleichbehandlung Situationen betrifft, die objektiv vergleichbar sind.[1000] Aus der Sicht des Sitzstaates des Anteilseigners sind Steuerpflichtige mit Beteiligungen an inländischen Gesellschaften und solche mit Auslandsbeteiligungen im Hinblick auf die Vermeidung der wirtschaftlichen Doppelbesteuerung vergleichbar.[1001] Sowohl Dividenden im rein nationalen Kontext als auch bei grenzüberschreitenden Beteiligungen unterliegen oftmals einer Besteuerung auf der Ebene der Gesellschaft und des Anteilseigners. Der EuGH stellte in der Entscheidung in der Rs. *Manninen* jedoch fest, dass die vergleichbare Situation einer Outbound-Investition und einer rein innerstaatlichen Investition im Hinblick auf die Vermeidung der

999 Ausführlich: EuGH Urteil v. 21.1.2010, Rs. C-311/08 (*SGI*), Slg. 2010, S. I-487, Rn. 44 ff.

1000 Gemäß Art. 65 Abs. 1 AEUV wird die Frage der Vergleichbarkeit in der EuGH-Rechtsprechung bei einer Prüfung der Kapitalverkehrsfreiheit im Rahmen der Rechtfertigung aufgeworfen.

1001 EuGH Urteil v. 7.9.2004, Rs. C-319/02 (*Manninen*), Slg. 2004, S. I-7477, Rn. 32 ff.; Urteil v. 12.12.2006, Rs. C-446/04 (*FII Group Litigation*), Slg. 2006, S. I-11753, Rn. 87, 91; Urteil v. 15.7.2004, Rs. C-315/02 (*Lenz*), Slg. 2004, S. I-7063, Rn. 32.

wirtschaftlichen Doppelbesteuerung dann nicht gegeben sei, „*wenn die Steuerregelung des Mitgliedstaats, in dem Kapital angelegt wird, bereits die Gefahr einer Doppelbesteuerung der in Form von Dividenden ausgeschütteten Gewinne von Gesellschaften [...] verhindert*“[1002]. Exemplarisch wurde eine Besteuerung genannt, bei der auf ausgeschüttete Gewinne keine Abgaben auf Unternehmensebene lasten. Die durch den Gerichtshof im Rahmen der Vergleichsprüfung geäußerten Überlegungen in Richtung einer erforderlichen Körperschaftsteuervorbelastung unter grenz- und personenübergreifenden Sichtweise dürften der Besonderheit des Anrechnungssystems geschuldet sein, dem zur Erreichung der Entlastungswirkung eine konkrete Bestimmung der Körperschaftsteuerlast immanent ist. Da nur eine tatsächlich eingetretene Vorbelastung angerechnet werden soll,[1003] kann die Frage nach einem grundfreiheitsrechtlichen Gleichbehandlungsanspruch beziehungsweise dessen Umfang ausnahmsweise nur unter Beachtung des Gesamtgeschehens beantwortet werden. Im Zusammenhang mit einem Freistellungssystem im Sitzstaat des Anteilseigners geht der EuGH (bislang) davon aus, dass dem tatsächlichen Vorliegen einer steuerlichen Vorbelastung der Gesellschaft im anderen Mitgliedstaat für die Bestimmung eines Eingriffs keine Bedeutung zukommt.[1004] Zwar berücksichtigen auch pauschale Entlastungsmechanismen, wie etwa ein Freistellungssystem oder eine Schedulenbesteuerung mit vergleichsweise niedrigerem Steuertarif, eine Körperschaftsteuervorbelastung. Ein Gesamtbelastungsvergleich unter Zugrundelegung des höheren mitgliedstaatlichen Besteuerungsniveaus scheitert jedoch – jenseits der Anrechnungssysteme – an den nicht harmonisierten Steuerrechtsordnungen der Mitgliedstaaten, die jeweils dieselbe Wertschöpfung, aber verschiedene Steuersachverhalte bei unterschiedlichen Steuersubjekten auf völlig unterschiedliche Weise erfassen.[1005] Die unterbliebene oder geringere Unternehmensbesteuerung im Sitzstaat der Gesellschaft vermag nicht die Nachteile durch eine gleichheitswidrige Besteuerung auf Anteilseignerebene, also bei einer anderen Person und durch einen anderen Staat, zu kompensieren. Deshalb stimmt auch der Vorstoß von Generalanwältin *Kokott* in der Rs. *Haribo und Österr. Salinen* bedenklich, die Vergleichbarkeit der Situationen im Hinblick auf die Anwendung des Entlastungsmechanismus (in diesem Fall der Methodenwechsel zur Anrechnungsmethode) zu verneinen, um dadurch den Steuervorteil exakter auf die Körper-

1002 EuGH Urteil v. 7.9.2004, Rs. C-319/02 (*Manninen*), Slg. 2004, S. I-7477, Rn. 34; a. A. wohl: EuGH Urteil v. 6.6.2000, Rs. C-35/98 (*Verkooijen*), Slg. 2000, S. I-4071, Rn. 61.

1003 EuGH Urteil v. 12.12.2006, Rs. C-446/04 (*FII Group Litigation*), Slg. 2006, S. I-11753, Rn. 51.

1004 EuGH Urteil v. 15.7.2004, Rs. C-315/02 (*Lenz*), Slg. 2004, S. I-7063, Rn. 41 ff.

1005 *Cordewener*, FR 2005, S. 345, 352; s.u.: Teil 4: I.) 2.) a).

schaftsteuervorbelastung in dem anderen Mitgliedstaat anpassen zu können.[1006] Als Ansässigkeitstaat kommt Deutschland in Bezug auf Ausschüttungen von im Unions-/EWR-Ausland ansässigen Gesellschaften den Anforderungen der Mutter-Tochter-Richtlinie und der Grundfreiheiten durch die bedingungslose Freistellung nach § 8b KStG prinzipiell hinreichend nach. Daneben kommt es, unbeschadet konkreter Abkommensvorteile, zur unterschiedslosen Anwendung des entlastenden Teileinkünfteverfahrens oder der Abgeltungsteuer bei gleichzeitiger Anrechnung ausländischer Quellensteuer gemäß § 34c, § 32d Abs. 5 EStG.

(2) Sitzstaat der ausschüttenden Gesellschaft

Ausländische Anteilseigner sollen hingegen nach der Rechtsprechung des EuGH im Hinblick auf ihr Interesse an der Vermeidung der wirtschaftlichen Doppelbesteuerung bei Beteiligungserträgen mit ihrem inländischen, unbeschränkt steuerpflichtigen Pendant grundsätzlich nicht vergleichbar sein, sodass den Quellenstaat der Dividendeneinkünfte (also den Sitzstaat der ausschüttenden Gesellschaft) keine grundfreiheitsrechtliche Verpflichtung zur gleichwertigen Entlastung trifft.[1007] Die Gesellschaft soll unterschiedslos einer Unternehmensbesteuerung in ihrem Sitzstaat unterliegen können, auch wenn sich dies auf das Investment der ausländischen Anteilseigner im Vergleich zu den rein inländischen Gesellschaftern mangels Entlastung negativ auswirke.[1008] Der EuGH qualifiziert eine einseitig ausländischen Anteilseignern verweigerte Entlastung im Gesellschaftsitzstaat aufgrund der fehlenden Vergleichbarkeit als grundfreiheitskonforme Benachteiligung.[1009] Der Sitzstaat der Gesellschaft muss folglich aus der Warte der Grundfreiheiten ein Anrechnungsguthaben an inländische Anteilseigner grundsätzlich nicht auch dem ausländischen Anteilseigner gewähren. Der Rechtsprechung des EuGH lässt sich hierbei durch Ablehnung der Vergleichbarkeit aus Sicht des Sitzstaates der Gesellschaft eine Zuordnungstendenz betreffend das Steuersubstrat zulasten des Sitzstaats des Anteilseigners entnehmen, sodass ausschließlich diesen grundfreiheitsrechtlich eine Pflicht zur Gleichbehandlung trifft. Schwierigkeiten bereiten bei dieser Feststellung jedoch die unterschiedlich ausgestalteten Entlastungssysteme innerhalb des erweiterten Binnenmarkts. Während etwa in der Rs. *Fokus Bank* die Körperschaftsteuer in Norwegen die nach Anrechnung

1006 GA *Kokott* Schlussanträge v. 11.11.2010, verb. Rs. C-436/08 und C-427/08 (*Haribo und Österr. Salinen AG)*, noch nicht veröffentlicht (Quelle: http://eur-lex.europa.eu), Rn. 4.4

1007 EuGH Urteil v. 12.12.2006, Rs. C-374/04 (*ACT Group Litigation*), Slg. 2006, S. I-11673, Rn. 57 ff.; Urteil v. 26.6.2008, Rs. C-284/06 (*Burda*), Slg. 2008, S. I-4571, Rn. 89.

1008 EuGH Urteil v. 26.6.2008, Rs. C-284/06 (*Burda*), Slg. 2008, S. I-4571, Rn. 84, 94 f.

1009 EuGH Urteil v. 12.12.2006, Rs. C-374/04 (*ACT Group Litigation*), Slg. 2006, S. I-11673, Rn. 57 ff.; Urteil v. 26.6.2008, Rs. C-284/06 (*Burda*), Slg. 2008, S. I-4571, Rn. 89.

verbleibende Definitivbelastung darstellte,[1010] diente das Steuerguthaben im deutschen Anrechnungsverfahren nach § 27 Abs. 1 KStG, § 20 Abs. 1 Nr. 1, § 36 Abs. 2 Nr. 3 EStG i. d. F. bis zur Änderung durch das StSenkG der Anwendung des persönlichen Einkommensteuertarifs auf der Ebene des Anteilsinhabers. Die Körperschaftsteuer bezweckte de facto eine bloße Vorauszahlung auf die persönliche Einkommensteuerschuld des Anlegers. Bereits aus der Teilmarktperspektive des Sitzstaates der ausschüttenden Gesellschaft führt somit die einseitige Versagung der Entlastung bei grenzüberschreitenden Beteiligungen zu einer unterschiedlichen Dividendenbesteuerung bei in- und ausländischen Anteilseignern. Der ausländische Anteilseigner unterliegt nämlich bereits durch die seitens des Sitzstaats der Gesellschaft nicht erstattete Körperschaftsteuer einer vielfach über dem persönlichen Einkommensteuersatz liegenden Quellensteuer. Unter diesen Vorzeichen sprechen gewichtige Gründe für eine bereits im Sitzstaat der Gesellschaft eintretende Beschränkung der Grundfreiheiten. Es ist fraglich, ob sich bei einer zweigeteilten Besteuerung die Interessen des in- und des ausländischen Anteilseigners, betreffend die Vermeidung einer kumulierten Belastung mit Körperschaft- und Dividendensteuer, tatsächlich grundlegend unterscheiden. Eine Besteuerung findet in unterschiedlicher Form auf der Ebene beider beteiligter Steuersubjekte statt; die Doppelbesteuerung ist das Ergebnis dieses zweigeteilten Steuerzugriffs. Dass für den ausländischen Anteilseigner aus der Sicht des Sitzstaates des Anteilseigners ein vergleichbares Interesse an der Vermeidung der wirtschaftlichen Doppelbesteuerung vorliegen soll, aus der Sicht des Sitzstaates der Gesellschaft hingegen nicht, vermag nicht zu überzeugen.[1011] Die Vergleichbarkeit scheint dem Gerichtshof vielmehr als Instrument der Steuerdistribution zu dienen. Er setzt auf dieser Prüfungsebene seine im Hinblick auf die Unternehmensgewinne angestellten äquivalenz-theoretischen Überlegungen durch, wonach das Besteuerungsrecht eines Mitgliedstaats betreffend Einkünfte der in seinem Hoheitsgebiet ansässigen Steuersubjekte, in diesem Fall also die der Gesellschaft, nicht durch die Gewährung einer Entlastung zugunsten eines anderen Mitgliedstaats verschoben werden dürfen.[1012] Da es sich bei der Entlastung um eine unabhängig von bestimmten Leistungsfähigkeitsgesichtspunkten und auf konkrete Einkünfte bezogene Steuervergünstigung handelt, ist auch der vom EuGH zur argumentativen Stützung der Unvergleichbarkeit bemühte *Schu-*

1010 EFTA-Gerichtshof v. 23.11.2004, Rs. E-1/04 (*Fokus Bank*), IStR 2005, S. 55 ff., Rn. 10.

1011 Ansatzweise: EFTA-Gerichtshof v. 23.11.2004, Rs. E-1/04 (*Fokus Bank*), IStR 2005, S. 55 ff., Rn. 30.

1012 EuGH Urteil v. 12.12.2006, Rs. C-374/04 (*ACT Group Litigation*), Slg. 2006, S. I-11673, Rn. 59.

macker-Grundsatz nicht im Sinne einer vorrangigen Anrechnungsverpflichtung des Staates des Anteilseigners heranzuziehen.[1013]

Diese fehlende Schärfe im Zusammenhang mit der einseitig versagten Gewährung von Entlastungen im Sitzstaat der ausschüttenden Gesellschaft relativiert sich in der Spruchpraxis des Gerichtshofs oftmals dadurch, dass besagter Staat im Wege einer zweistufigen Besteuerung neben der Körperschaftsteuer auf der Ebene der Gesellschaft auch die ausgeschütteten Dividenden auf der Ebene des ausländischen Anteilseigners einer (Brutto-) Quellenbesteuerung unterwirft. Die Vergleichbarkeit der Situationen von in- und ausländischen (beschränkt steuerpflichtigen) Anteilseignern soll sich nämlich zumindest dann einstellen, wenn der Sitzstaat der Gesellschaft neben der Erhebung der Körperschaftsteuer auch eine Dividendenquellenbesteuerung auf der Ebene des beschränkt steuerpflichtigen ausländischen Anteilseigners durchführt. In einem solchen Fall nähert sich auch aus Sicht des EuGH die vermeintlich unterschiedliche Lage beider Situationen an, da bereits durch die alleinige Besteuerung des Sitzstaates der Gesellschaft eine wirtschaftliche Doppelbesteuerung droht (Körperschaftsteuer und Quellensteuer auf Dividenden), an deren Vermeidung ein vergleichbares Interesse bestehe.[1014] Im Schrifttum werden aufgrund der Unterschiede in der Quellenbesteuerung einerseits und der Welteinkommensbesteuerung andererseits Einwände gegen eine Vergleichbarkeit des ausländischen beschränkt steuerpflichtigen Anteilseigners mit einem inländischen Gesellschafter erhoben.[1015] Diese an die für persönliche Steuerabzugsbeträge ergangene EuGH-Rechtsprechung angelehnte Ansicht ist jedoch abzulehnen. Dass der ausländische, beschränkt steuerpflichtige Gesellschafter im Rahmen der Quellenbesteuerung regelmäßig (aber nicht notwendig) einem fixierten Steuertarif im Sinne einer (unionsrechtlich ohnehin bedenklichen) Bruttobesteuerung unterliegt, wohingegen der inländische Anteileigner gemäß dem Welteinkommensprinzip nach einem progressiven Steuertarif herangezogen wird, spielt für die Frage der Vergleichbarkeit keine Rolle.[1016] Unabhängig von der unterschiedlichen Ausgestaltung der Besteuerungsattribute liegt das Tertium Comparationis im Hinblick auf die Leistungsfähigkeit in dem

1013 So: EuGH Urteil v. 12.12.2006, Rs. C-374/04 (*ACT Group Litigation*), Slg. 2006, S. I-11673, Rn. 60.

1014 EuGH Urteil v. 14.12.2006, Rs. C-170/05 (*Denkavit*), Slg. 2006, S. I-11949, Rn. 35; Urteil v. 8.11.2007, Rs. C-379/05 (*Amurta*), Slg. 2007, S. I-9569, Rn. 38 f.; Urteil v. 12.12.2006, Rs. C-374/04 (*ACT Group Litigation*), Slg. 2006, S. I-11673, Rn. 68; Urteil v. 18.6.2009, C-303/07 (*Aberdeen*), Slg. 2009, S. I-5145, Rn. 43 f.

1015 *Spengel/Jaeger/Müller*, IStR 2000, S. 257, 259; *Kube/Straßburger*, IStR 2010, S. 301, 305.

1016 EFTA-Gerichtshof v. 23.11.2004, Rs. E-1/04 (*Fokus Bank*), IStR 2005, S. 55 ff., Rn. 29; *Englisch*, Intertax 2005, S. 200, 204; *ders*, Dividendenbesteuerung, S. 326 ff.; *Herzig*, in: Schön, GedS Knobbe-Keuk, S. 627, 636 f.; *Desens*, IStR 2003, S. 613, 620 f.; im Ergebnis ebenso: *Schön*, in: Schön, GedS Knobbe-Keuk, S. 743, 775.

mit der Körperschaftsteuer vorbelasteten Beteiligungsverhältnis. Eine solche Integration von Unternehmens- und Dividendenbesteuerung in der Rechtsordnung eines Mitgliedstaats unterliegt dem grundfreiheitsrechtlichen Gleichbehandlungsgrundsatz. Als Quellenstaat erhebt Deutschland grundsätzlich eine Kapitalertragsteuer nach § 50d Abs. 1 S. 1 EStG. Etwaige Abkommensvorteile, zum Beispiel in Form eines Schachtelprivilegs, werden erst im Nachgang erstattet (§ 50d Abs. 1 S. 2 EStG), was jedoch wegen des vergleichbaren Verfahrens in § 36 Abs. 2 Nr. 2, Abs. 4 EStG zumindest generell zu keinen grundfreiheitsrelevanten Liquiditätsnachteilen führen dürfte.[1017] Im Anwendungsbereich und unter den Bedingungen der Mutter-Tochter-Richtlinie wird nach § 43b EStG auf eine Quellenbesteuerung gänzlich verzichtet. Es verbleibt somit eine Diskriminierung ausländischer Beteiligungssachverhalte im Fall von nicht unter den Anwendungsbereich der Mutter-Tochter-Richtlinie oder eine ausreichende abkommensrechtliche Quellensteuerreduzierung fallenden Streubesitzdividenden.[1018] Insoweit wird die nach § 31 Abs. 1 S. 1 KStG und § 43 Abs. 1 Nr. 1, § 43a Abs. 1 Nr. 1 EStG erhobene Quellensteuer in Höhe von 25 Prozent, beziehungsweise nach Erstattung von zwei Fünfteln gemäß § 44a Abs. 9 EStG in Höhe von 15 Prozent, definitiv. Der an der Quelle erhobenen Kapitalertragsteuer kommt abgeltende Wirkung zu (§ 32 Abs. 1 Nr. 2 KStG). Inländische Anteilseigner profitieren hingegen von der Anrechnungs- und Erstattungsmöglichkeit nach § 36 Abs. 2 Nr. 2, Abs. 4 EStG. Zusätzlich zum Effekt der Kumulativwirkung kann eine Dividendenbruttobesteuerung infolge starrer Steuertarife und fehlender Ausgabenabzugsmöglichkeiten diskriminierend wirken.[1019]

bb) Einkünftekorrekturen

Im Zusammenhang mit Abgrenzungsregelungen ist die Situation einer in einem Mitgliedstaat ansässigen Gesellschaft mit gesellschaftsrechtlichen Verflechtungen in anderen Mitgliedstaaten mit der Situation einer Gesellschaft in einer rein inländischen Unternehmensgruppe vergleichbar.[1020] Die durch die Gewinnerhöhung bewirkten Nachteile für die Gesellschaft im internationalen Unternehmens-

1017 Vgl. Art. 10, Nr. 18 f. und Art. 1, Nr. 26.2 OECD-MA zum Rückerstattungsverfahren im Rahmen der Freistellungsmethode.

1018 EuGH Urteil v. 20.10.2011, Rs. C-284/09 (*Kommission/Deutschland*), DStR 2011, 2038, Tz. 56 ff.

1019 EuGH Urteil v. 3.10.2006, Rs. C-290/04 (*Scorpio*), Slg. 2006, S. I-9461; hingegen zur grundsätzlichen Zulässigkeit einer einseitigen, belastungsgleichen Quellensteuer: EuGH Urteil v. 22.12.2008, Rs. C-282/07 (*Truck Center*), Slg. 2008, S. I-10767.

1020 Unklar bei: EuGH Urteil v. 13.3.2007, Rs. C-524/04 (*Thin Cap Group Litigation*), Slg. 2007, S. I-2107, Rn. 59.

verbund können auch nicht unter Erweiterung des Vergleichsmaßstabs durch Verweis auf die subjektübergreifende Belastung der rein inländischen Unternehmensgruppe relativiert werden. Das entsprechende mitgliedstaatliche Vorbringen hat der EuGH zu Recht zurückgewiesen.[1021] Wegen der nicht harmonisierten Steuerordnungen kann die durch die Rechtsordnung eines Mitgliedstaats hervorgerufene nachteilhafte Wirkung nicht unter dem Blickwinkel eines inländischen Vergleichskonzerns entfallen.[1022] Zudem hat Generalanwältin *Kokott* zutreffend bemerkt, dass die Gruppenbetrachtung in Bezug auf eine Gesellschaft mit mehr als einem Anteilseigner aufgrund der eintretenden quotalen Asymmetrie ohnehin nicht zielführend sei.[1023] Die Teilmarktperspektive ist bei festgestellten differenzierenden nationalen Maßnahmen im Rahmen der *Eingriffsprüfung* selbst dann maßgeblich, wenn dies unter einer Gesamtmarktbetrachtung zu weißen Einkünften führt. Der in § 8b Abs. 1 S. 2 und 3 KStG i.d.F. JStG 2007 zum Ausdruck kommende Gedanke, wonach die Umqualifizierung von Zinserträgen auf der Ebene der Muttergesellschaft von einer fehlenden Abzugsfähigkeit und damit Besteuerung bei der Tochtergesellschaft abhängig ist, ist für die grundfreiheitsrechtliche Eingriffsprüfung irrelevant, sodass eine einseitige Versagung der entlastenden Steuerfreistellung wegen fehlender Vorbelastung dennoch eine grundsätzlich verbotene Beschränkung begründet.[1024]

2.) Rechtlich nicht differenzierende und unterschiedslos wirkende Steuerregelungen

a) Schlechterstellung unter Gesamtbelastungsvergleich

Bei der Vermeidung der wirtschaftlichen Doppelbesteuerung im Rahmen grenzüberschreitender Beteiligungsverhältnisse erschöpft sich die grundfreiheitsrechtliche Problematik regelmäßig in der Prüfung einer gleichwertigen Ausgestaltung der Entlastungsmechanismen für den grenzüberschreitenden Sachverhalt innerhalb einer Rechtsordnung. Das klassische System der unentlasteten Dividendenbesteuerung, das auch bei rein innerstaatlichen Beteiligungsverhältnissen eine wirtschaftliche Doppelbesteuerung in Kauf nimmt, lässt sich noch in Irland bei Ausschüttungen an Anteilseigner, die keine Kapitalgesellschaften sind, fin-

1021 EuGH Urteil v. 21.1.2010, Rs. C-311/08 (*SGI*), Slg. 2010, S. I-487, Rn. 52 f.
1022 S.u.: Teil 4: I.) 2.) a).
1023 GA *Kokott* Schlussanträge v.10.9.2009, Rs. C-311/08 (*SGI*), Slg. 2010, S. I-487, Rn. 45.
1024 *Schnitger*, IStR 2004, S. 635, 637; *Schön*, IStR 2004, S. 289, 300.

den.[1025] Aufgrund der sehr niedrigen irischen Körperschaftsteuer ist der Effekt jedoch vergleichbar mit Systemen, die eine begünstigte Dividendenbesteuerung (Halbeinkünfteverfahren oder Schedulentarif) auf Ebene des Anteilseigners vorsehen. Ansonsten vermeiden sämtliche Mitgliedstaaten die wirtschaftliche Doppelbesteuerung bei inländischen Beteiligungsverhältnissen durch entsprechende Entlastungsmechanismen.

Bedeutung erlangt das Zusammenwirken zweier unterschiedslos ausgestalteter Rechtsordnungen hingegen bei Einkünftekorrekturen, die aufgrund ihrer fehlenden Abstimmung im Fall einer grenzüberschreitenden Tatigkeit zu einer kumulativen Belastung führen können. Das mittlerweile wohl durch den EuGH revidierte[1026] Urteil in der Rs. *Lankhorst-Hohorst*[1027] wurde von vielen Mitgliedstaaten dahingehend interpretiert, dass insbesondere jene nationalen Steuervorschriften grundfreiheitsrechtliches Konfliktpotential besitzen, die ausschließlich auf grenzüberschreitende Sachverhalte anwendbar sind. Die Mitgliedstaaten suchten teilweise die unionsrechtliche Heilung in der Ausweitung des Anwendungsbereichs Einkünfte abgrenzender Vorschriften auf nationale Sachverhalte. Entsprechend wurde auch die Regelung des § 8a KStG i.d.F. des ProtErklG angepasst.[1028] Damit rückt die Wirkung aus der fehlenden zwischenstaatlichen Koordinierung solcher Vorschriften ins Visier des Unionsrechts. Die unterschiedslos anwendbaren Korrekturvorschriften bewirken zwar innerhalb der beteiligten Rechtsordnungen keine Schlechterstellung, bei einer fehlenden Gegenberichtigung in dem anderen Mitgliedstaat kann jedoch ein kumulativer Steuerzugriff auf denselben Ertragswert folgen.[1029] Eine wirtschaftliche Doppelbesteuerung droht etwa bei Unterkapitalisierungsvorschriften im Zusammenhang mit grenzüberschreitenden Finanzierungen, wenn der Zinsaufwand auf Ebene der Tochtergesellschaft in deren Sitzstaat nicht abzugsfähig ist und gleichzeitig der Anteilseigner in seinem Sitzstaat Zinseinkünfte zu versteuern hat. Die seitens des Sitzstaats der Tochtergesellschaft gewährte Entlastung mittels einer Umqualifizierung in steuerfreie Dividendeneinkünfte läuft ohne zwischenstaatliche Abstimmung im grenzüberschreitenden Sachverhalt leer, da die Empfängergesellschaft nicht mehr seiner Besteuerungshoheit unterliegt. Fraglich ist, ob der Sitzstaat der Tochtergesell-

1025 Kommission Mitteilung v. 19.12.2003, KOM(2003) 810 endg., Besteuerung von Dividenden natürlicher Personen im Binnenmarkt, S. 9.

1026 Vgl. EuGH Urteil v. 13.3.2007, Rs. C-524/04 (*Thin Cap Group Litigation*), Slg. 2007, S. I-2107.

1027 EuGH Urteil v. 12.12.2002, Rs. C-324/00 (*Lankhorst-Hohorst*), Slg. 2002, S. I-11779.

1028 Die Vorschrift stand ungeachtet von Doppelbesteuerungseffekten auch in ihrer konkreten Ausgestaltung im Verdacht, grundfreiheitswidrig zu sein. Vgl. hierzu etwa die Außerachtlassung von ausländischen Wirtschaftsgütern in § 8a Abs. 2 S. 5 KStG i. d. F. des ProtErklG.

1029 Ausführlich hierzu: *Schnitger*, IStR 2004, S. 635, 637 f.

schaft grundfreiheitsrechtlich gehindert ist, unterschiedslos für rein inländische und staatenübergreifende Sachverhalte den Zinsabzug auf der Ebene der Tochtergesellschaft zu beschränken, ohne für beide eine Entlastung vorzusehen beziehungsweise diese unilateral gewähren zu können.

In der Literatur wird vertreten, dass Abgrenzungsregelungen trotz fehlender rechtlicher Differenzierung auf grenzüberschreitende Sachverhalte innerhalb eines Teilmarkts eine faktisch unterschiedliche Wirkung zeitigen können, sodass sich eigentlich bereits hieraus im Rahmen der Kästchengleichheit ein Eingriff des korrigierenden Mitgliedstaats folgern ließe.[1030] Denn bei Einkünftekorrekturen fehle es in Bezug auf internationale Sachverhalte in aller Regelmäßigkeit an einer korrespondierenden Gegenberichtigung. Entsprechende Einwände wurden etwa im Hinblick auf den früheren § 8a KStG i.d.F. des ProtErklG vorgebracht. Die aus der Umqualifizierung der Zinszahlungen in Dividenden resultierende wirtschaftliche Doppelbesteuerung treffe typischerweise Cross-border-Konzernfinanzierungen, da die zusätzlich zur unterschiedslosen Abzugsbeschränkung vorgesehene Entlastung mittels einer Reklassifizierung in steuerfreie Dividenden letztendlich nur bewirke, dass inländische Beteiligungsverhältnisse keiner zusätzlichen Steuerlast unterliegen. In der Rs. *Thin Cap Group Litigation* forderte Generalanwalt *Geelhoed* (erfolglos), die Entlastung in dem anderen Mitgliedstaat als Voraussetzung einer verhältnismäßigen Korrekturvorschrift zu etablieren.[1031] Aufgrund des Umstands, dass die korrekturbedingte Doppelbesteuerungswirkung bei inländischen Unternehmensgruppen regelmäßig ausgeschlossen ist und somit ein typischerweise dem internationalen Sachverhalt anhaftendes Phänomen darstellt, lehnten auch Generalanwältin *Kokott* und der EuGH in der Rs. *SGI* eine kompensatorische Gesamtbetrachtung der verbundenen Kapitalgesellschaften ab.[1032] Eine Beschränkungswirkung ergab sich bei dieser Vorlagefrage zwar bereits aufgrund der rechtlich differenzierenden Gewinnberichtigungen innerhalb des belgischen Steuersystems. Dem Aspekt der wirtschaftlichen Doppelbesteuerung wurde jedoch zumindest eingriffsbegründende Bedeutung zugemessen, indem er argumentativ einen grundfreiheitsrelevanten Nachteil illustrieren sollte.

Einerseits ist festzuhalten, dass Einkünfteabgrenzungsregelungen und entsprechende Gegenberichtigungen in der Praxis der Mitgliedstaaten eine derart unterschiedliche Ausprägung erfahren haben, dass ein Mitgliedstaat jenseits

---

1030 *Frotscher*, DStR 2004, S. 377, 385; *Körner*, IStR 2004, S. 253, 260; *Kessler/Eicker/Obser*, IStR 2004, S. 325, 328 f.; *Obser*, IStR 2005, S. 799, 800 f.; *Köhler/Eicker*, DStR 2004, S. 672, 673 f.; für eine „*Gesamtschuld*" hingegen: *Thömmes*, DB 2002, S. 2397, 2402.

1031 GA *Geelhoed* Schlussanträge v. 29.6.2006, Rs. C-524/04 (*Thin Cap Group Litigation*), Slg. 2007, S. I-2107, Rn. 69.

1032 GA *Kokott* Schlussanträge v.10.9.2009, Rs. C-311/08 (*SGI*), Slg. 2010, S. I-487, Rn. 46 f.; EuGH Urteil v. 21.1.2010, Rs. C-311/08 (*SGI*), Slg. 2010, S. I-487, Rn. 53.

bilateraler Vereinbarungen nicht zwingend von der Möglichkeit einer gleichwertigen Kompensation in anderen Rechtsordnungen ausgehen kann. Auf der anderen Seite dürfte unzweifelhaft sein, dass sich aus dem Umstand einer diskriminierungsfrei ausgestalteten Abzugsbeschränkung allein noch kein Grundfreiheitseingriff ableiten lässt, da die Mitgliedstaaten grundsätzlich frei sind, ihre nationalen Steuersysteme ohne Rücksicht auf die Besteuerung in anderen Mitgliedstaaten auszugestalten. Der grundfreiheitsrechtliche Vorwurf könnte sich somit nur aus der vermeintlich einseitig gewährten Entlastung ergeben. Im Unterschied zu Fällen, bei denen es zu einer Benachteiligung innerhalb eines Teilmarkts kommt, kann der umqualifizierende Mitgliedstaat dem Zinsempfänger aufgrund fehlender territorialer Steuerhoheit gar keine gleichwertige steuerliche Entlastung gewähren. Die eintretende exzessive Steuerwirkung ist vielmehr Folge aus dem Zusammenwirken nicht differenzierender und unterschiedslos wirkender Steuernormen zweier Staaten[1033]. Wollte man dem Mitgliedstaat des Vergütungsschuldners grundfreiheitsrechtlich dazu verpflichten, die Besteuerungsfolgen auf Ebene eines ausländischen Vergütungsempfängers zu koordinieren, wäre dies nur im Hinblick auf eine Benachteiligung in Form einer feststellbaren übermäßigen Steuerlast zu begründen. Diese könnte wiederum ausschließlich im Hinblick auf eine supranationale Gesamtbelastungswirkung verifiziert werden.[1034] Dabei kann sich der Nachteil nur unter personenübergreifender Berücksichtigung der Steuerfolgen für das im anderen Mitgliedstaat ansässige Subjekt einstellen. Zwar hat der Gerichtshof bereits im Rahmen der Rechtfertigungsprüfung Ansätze zugunsten einer auf zwei Steuersubjekte bezogenen Gesamtmarktperspektive erkennen lassen.[1035] Dennoch, ein staatenübergreifender Gesamtbelastungsvergleich in Anlehnung an die zur Thematik der internationalen juristischen Doppelbesteuerung[1036] entwickelten Erkenntnisse ist wegen der Pluralität der Steuersubjekte in divergierenden Rechtsordnungen nicht möglich. Die Gesamtbelastung müsste sich unter Gleichheitsaspekten an dem (höchstmöglichen) Besteuerungsniveau des rein inländischen Vergleichssachverhalts messen lassen.[1037] Da sich die integrierte, subjektübergreifende Gruppenbesteuerung jedoch bei verschiedenen, territorial auseinanderfallenden Personen vollzieht, würde der grundfreiheitsrechtliche Anspruch dazu führen, dass im Zusammenhang mit dem Belastungsvergleich die Grenze der Mitgliedstaaten überschritten beziehungsweise verschoben wird.

1033 *Schnitger*, IStR 2004, S. 635, 638.

1034 *Obser*, IStR 2005, S. 799.

1035 S.u.: Teil 4: II.) 1.) a).

1036 S.o.: Teil 3: II.) 2.) b).

1037 EuGH Urteil v. 12.5.1998, Rs. C-336/96 (*Gilly*), Slg. 1998, S. I-2793, Rn. 46 ff.

Beispiel:
Die Muttergesellschaft MG im Mitgliedstaat M1 hält sämtliche Anteile an der Tochtergesellschaft TG im Mitgliedstaat M2. Der Zinsaufwand von TG in Höhe von 100 besteht aus Zinszahlungen an MG, die in Höhe von 50 nicht fremdüblich sind. Diese 50 sind aufgrund einer rechtlich nicht differenzierenden nationalen Vorschrift in M2 nicht abzugsfähig. M1 sieht eine Umqualifizierung in steuerfreie Dividendeneinkünfte, anders als M2, nicht vor und besteuert die Zinsen in Höhe von 50 als Zinseinkünfte bei MG. M2 und M1 haben denselben Steuertarif in Höhe von 20 Prozent. In M1 unterliegen Zinsen einer allgemeinen Zinsabzugsbeschränkung, wonach vorliegend bei einem entsprechenden Vorgang auf Ebene einer inländischen Tochtergesellschaft nur Zinsen in Höhe von 30 abzugsfähig wären. Der vergleichsweisen Tochtergesellschaft würde für die nicht abzugsfähigen Zinsen ein entsprechender Zinsvortrag gewährt werden.

Vergleicht man nun die tatsächlich eingetretene Besteuerung mit einem (fiktiven) rein inländischen Sachverhalt in M2, stellt sich ein Nachteil ein, da die nicht abzugsfähigen Zinszahlungen in Höhe von 50 im grenzüberschreitenden Sachverhalt einer Steuerlast in Höhe von 10 unterliegen (Besteuerung in M1). In M2 wäre der Zinsabzug unter den getroffenen Annahmen steuerneutral geblieben. Vergleicht man die Gesamtsteuerlast hingegen mit einem (fiktiven) rein inländischen Sachverhalt in M1, tritt vorbehaltlich einer späteren Nutzung des Zinsvortrags zunächst eine Substanzbesteuerung auf den nicht abzugsfähigen Zinsaufwand in Höhe von 70 ein. Die Steuer hierauf auf der Ebene der fiktiven inländischen Tochtergesellschaft beträgt 14, unterstellt man, dass eine Verrechnung der positiven Zinseinkünfte mangels eigener Finanzierung im Rahmen einer Zinsschranke nicht möglich ist. Je nach Ausgestaltung der Zinsschranke könnte sich diese Wirkung im Laufe der Zeit perpetuieren oder wieder ausgleichen. Unter Umständen ergibt sich im Rahmen des grenzüberschreitenden Beteiligungssachverhalts, bei dem zumindest ein hälftiger Zinsabzug möglich ist, eine günstigere Gesamtsteuerlast. In Abhängigkeit von der Vergleichspaarbildung kann bei dem grenzüberschreitenden Sachverhalt eine vor- oder nachteilhafte Steuerwirkung gegenüber der rein nationalen Beteiligungskonstellation eintreten. Eine unionsweite Einmalbesteuerung lässt sich ohne eine Gesamtbetrachtung jedoch nicht verifizieren. Die wirtschaftliche Doppelbesteuerung ist im Fall des Zusammenwirkens unterschiedslos wirkender Rechtsordnungen letztendlich als bloße Folge der unterschiedlichen und nicht harmonisierten Steuersysteme anzusehen.[1038] Bei identischer steuerlicher Behandlung in beiden beteiligten Mitgliedstaaten würde die wirtschaftliche Doppelbesteuerung entfallen, da es zu einer gleichlaufenden Anwendung von Regelungen über Gesellschafterfremdfinanzierung, Verrechnungspreise, Dividenden-

1038 *Schnitger*, IStR 2004, S. 635, 637 f.; *Lang*, IStR 2006, S. 550, 555.

besteuerung usw. käme und somit stets eine Entlastung gewährt wird. Wie bereits bei der Erörterung der internationalen juristischen Doppelbesteuerung aufgezeigt wurde, führt die aus den nicht harmonisierten Steuerordnungen resultierende Wirkung auch nicht zu einer grundfreiheitsrechtlichen Koordinierungspflicht der Mitgliedstaaten.[1039] Ansonsten würde ein Mitgliedstaat für die Rechtsordnung eines anderen Mitgliedstaats verantwortlich gemacht werden können.[1040]

Gegenteiliges lässt sich auch nicht der Entscheidung in der Rs. *Marks & Spencer* entnehmen, in der der EuGH die Eigenständigkeit der Steuersubjekte durchbricht, indem er unter Einnahme einer Gesamtmarktperspektive eine Pflicht zur grenzüberschreitenden Berücksichtigung finaler Verlusten ausländischer Tochtergesellschaften feststellt.[1041] Ungeachtet der Frage, ob der EuGH durch die Entscheidung in der Rs. *X Holding BV*[1042] nicht bereits wieder von der Binnenmarktfinalität abgerückt ist, sind zwei Aspekte zu beachten. Zum einen dürften auch im Unternehmensverbund die Erkenntnisse aus der Rs. *Wannsee* greifen, sodass eine Berücksichtigungspflicht ohnehin nur bei faktischen Verlusten und nicht auf Grund in der Rechtsordnung des Sitzstaats der Tochtergesellschaft angelegter Verlustbeschränkungen greift. Zum anderen offerierte die Entscheidung in der Rs. *Marks & Spencer* dem EuGH einen Eingriff durch eine Schlechterstellung innerhalb eines Teilmarkts. Die nationalen Vorschriften, die etwa im Wege einer Gruppenbesteuerung ohnehin schon eine subjektübergreifende Verlustnutzung vorgesehen haben, sind für finale Verlustsituationen auf Unions- oder EWR-Sachverhalte auszudehnen. Aus der im Rahmen der Binnenmarktfinalität angestellten Gesamtbetrachtung lassen sich demzufolge keine Argumente für eine eingriffsbegründende Berücksichtigung von *personen-* und staatenübergreifenden Steuerfolgen gewinnen.

Schließlich beruhen auch die aus Zurechnungs- und Subjektdivergenzkonflikten folgenden kumulativen Steuerzugriffe auf der unterschiedlichen steuerlichen Zurechnung von Einkünften oder der innerhalb der Mitgliedstaaten voneinander abweichenden Qualifikation der Steuersubjekte. Im Hinblick auf eine Koordinierung sind diesbezüglich ebenfalls die Grenzen der Integration durch die Grundfreiheiten erreicht.

b) Grundfreiheitsrechtliche Verantwortungszuweisung

Unterstellt man ungeachtet der vorstehenden Bedenken dennoch eine vergleichsweise höhere Gesamtbelastung für die Binnenmarkttätigkeit, stellt sich hilfs-

1039 S.o.: Teil 3: V.) 2.) b) dd).

1040 EuGH Urteil v. 23.10.2008, Rs. C-157/07 (*Wannsee*), Slg. 2008, S. I-8061, Rn. 50.

1041 EuGH Urteil v. 13.12.2005, Rs. C-446/03 (*Marks & Spencer*), Slg. 2005, S. I-10837.

1042 EuGH Urteil v. 25.2.2010, Rs. C-337/08 (*X Holding BV*), DStR 2010, S. 427 ff.

weise die Frage der mitgliedstaatlichen Verantwortung und damit der grundfreiheitsrechtlichen Steuerdistribution.

aa) Verantwortung durch extensiven Besteuerungszugriff

Im Fall einer fehlenden bilateralen Ausgleichsregelung wird vertreten, den eine faktische Beschränkung herbeiführenden Mitgliedstaat unionsrechtlich in die Pflicht zu nehmen.[1043] Eine auch nur faktische Schlechterstellung innerhalb eines Teilmarkts ist nach hier vertretener Auffassung zwar nicht zu erkennen. Unter der Prämisse eines – ebenfalls abzulehnenden – Gesamtbelastungsnachteils soll dennoch untersucht werden, ob möglicherweise entsprechend dem Verursacherprinzip dem Mitgliedstaat die grundfreiheitsrechtliche Verantwortung beizumessen ist, der ohne bilaterale Abstimmung sein Besteuerungsrecht extensiv abgegrenzt hat. Das führt zu der Frage, wann ein Mitgliedstaat mit einer steuerlichen Berücksichtigung seiner durchgeführten Einkünftekorrekturen in einem anderen Mitgliedstaat rechnen darf beziehungsweise wann er eine solche aufgrund einer akuten Doppelbesteuerungsgefahr im Abkommensweg sicherstellen muss. Unterliegt eine Gesellschaft in einem Mitgliedstaat einem Abzugsverbot für bestimmte Vergütungen oder werden ihr fiktive Zinserträge hinzugerechnet, kann je nach Konstellation ein gesteigertes Risiko bestehen, dass eine korrespondierende Behandlung im anderen Mitgliedstaat unterbleibt, da dort eine Besteuerung der nicht abzugsfähigen Vergütungen erfolgt oder ein Abzug nicht gezahlter Zinsen unbekannt ist. Dieser Ansicht scheint der EuGH in der Rs. *SGI* in Bezug auf die dortigen Verwaltungsgebühren und fiktiven Zinszahlungen nicht abgeneigt zu sein.[1044] Sollten hingegen Verrechnungspreiskorrekturen ohne Diskriminierung oder Beschränkung Anwendung finden, könnte der preisberichtigende Mitgliedstaat auf Grundlage des Schiedsübereinkommens und der häufig entsprechend Art. 9 Abs. 2 OECD-MA umgesetzten bilateralen Anerkennungspflicht wohl davon ausgehen, dass eine übermäßige Steuerwirkung (wenn auch eventuell mit grundfreiheitsrelevanten administrativem Aufwand und Liquiditätsnachteilen) ebenfalls bei dem ausländischen Zahlungsempfänger vermieden werden wird. Dem die Abgrenzungsregelung verwendenden Mitgliedstaat aufgrund einer vermeintlichen faktischen Diskriminierung stets die vorrangige Verantwortlichkeit zuzusprechen, erweist sich folglich als zu einseitig. Auf Basis des Fremdvergleichsmaßstabs vorgenommene Gewinnkorrekturen sind durchaus international

---

1043 *Frotscher*, DStR 2004, S. 377, 385; *Körner*, IStR 2004, S. 253, 260; *Kessler/Eicker/Obser*, IStR 2004, S. 325, 328 f.; *Obser*, IStR 2005, S. 799, 800 f.; *Köhler/Eicker*, DStR 2004, S. 672, 673 f.; für eine „*Gesamtschuld*" hingegen: *Thömmes,* DB 2002, S. 2397, 2402; a. A.: *Schnitger*, IStR 2004, S. 635, 638; *Schön*, IStR 2004, S. 289, 299; *Schießl*, NJW 2005, S. 849, 852.

1044 EuGH Urteil v. 21.1.2010, Rs. C-311/08 (*SGI*), Slg. 2010, S. I-487, Rn. 53.

anerkannt. Selbst Unterkapitalisierungsvorschriften finden sich, wenn auch sehr uneinheitlich, in vielen Mitgliedstaaten.[1045] Zudem unterliegen sie einer ständigen Veränderung. Soll vermieden werden, zur Eingriffsbegründung im Einzelfall die Risikoneigung von nationalen Steuervorschriften zu bestimmen oder die mitgliedstaatliche Erwartung einer Gegenberichtigung in der Besteuerung des anderen Mitgliedstaats auf ihre Berechtigung hin zu bewerten, muss sich eine Verantwortungszuweisung wiederum allgemein anhand von Hilfsnormen ableiten lassen. Allgemein anerkannte und regelmäßig in der Abkommenspraxis herangezogene Besteuerungsgrundsätze können dann freilich das Für oder Wider einer sehenden Auges herbeigeführten faktischen Benachteiligung des grenzüberschreitenden Sachverhalts indizieren. Eventuell ergeben sich auch Anhaltspunkte aus der konkreten Abkommenssituation.

bb) Existierende effektive, bilaterale Steuerverteilung

Lässt sich eine abkommensrechtliche Verpflichtung feststellen, nach der der andere Mitgliedstaat eine Gegenkorrektur für durchgeführte Einkünftekorrekturen zu bewirken hat, liegt es scheinbar wiederum auf der Hand, den hiervon abweichenden beziehungsweise den die Voraussetzungen der Abkommensvorschriften nicht erfüllenden Mitgliedstaat in der grundfreiheitsrechtlichen Verantwortung zu sehen.

Hinsichtlich der Umqualifizierung von Zins- in Dividendeneinkünfte können DBA mehr oder weniger explizite Bestimmungen vorsehen.[1046] Die Unterschiede in den innerstaatlichen Steuerrechtsordnungen der Mitgliedstaaten können bereits auf Ebene der DBA einer bilateralen Abstimmung zugeführt worden sein. Dennoch eintretende Doppelbesteuerungskonflikte beruhen in dieser Konstellation auf einem unterschiedlichen Verständnis betreffend die Anwendung eben dieser Abkommensbestimmungen. Die Interpretationsdivergenzen können dabei vielschichtig sein. Es kann bereits fraglich sein, ob die konkreten Unterkapitalisierungsregelungen überhaupt noch eine abkommensrechtliche Qualifikation als Dividenden zulassen. Selbst wenn dies zu bejahen ist, wird auch die Frage einer Qualifikationsverkettung, also einer Gegenberichtigung über den Methodenartikel, im Fall einer Umqualifizierung unter dem Artikel betreffend die Dividendeneinkünfte in der Abkommenspraxis nicht stets einheitlich beurteilt.[1047] Soweit es auf der übergeordneten bilateralen Ebene zu Auslegungsschwierigkeiten kommt, können diese jedoch aufgrund der bereits bei der internationalen juristischen Dop-

1045 Ausführliche Übersicht bei: *Zielke*, StuW 2009, S. 63, 72.

1046 Vgl. Dividendenbegriff in Art. 10 Abs. 3 DBA Deutschland-Österreich: *„ähnliche Vergütungen wenn beim Schuldner nicht abzugsfähig"*.

1047 *Kessler*, IStR 2004, S. 810, 812 f. m. w. N.

pelbesteuerung herausgearbeiteten kompetenzrechtlichen Bedenken nicht durch eine grundfreiheitsrechtlich geprägte Abkommensinterpretation des EuGH gelöst werden, selbst wenn eine Zuordnungsentscheidung auf Basis einer Abkommensinterpretation möglich wäre.[1048] Eine Auslegung des jeweiligen DBA oder des möglicherweise qualifikationsentscheidenden nationalen Rechts durch den EuGH ist ohne explizite Unterwerfung unter seine Spruchgewalt nicht möglich.

Auch im Zusammenhang mit eventuell unterschiedslos anwendbaren Verrechnungspreiskorrekturen wäre eine grundfreiheitsrechtliche Verantwortungszuweisung aus genannten Gründen nicht möglich. Zudem ist fraglich, ob bilaterale Vorgaben stets als praktikable Richtlinien fungieren können. Zwar dürften häufig Gegenberichtigungspflichten in den DBA der Mitgliedstaaten entsprechend Art. 9 Abs. 2 S. 1 OECD-MA normiert sein. Da die bilaterale Gegenberichtigungspflicht aber oftmals unter dem Vorbehalt eines Konsenses der Mitgliedstaaten über die Leistungsqualifikation und die angemessene Höhe steht (vgl. Art. 9 Abs. 2 S. 2, letzer Hs. OECD-MA),[1049] kann sie bereits mangels hinreichender Bestimmtheit nicht als grundfreiheitsrechtliche Hilfsnorm dienen. Selbst unter Heranziehung der weiterhin ein Ermessen einräumenden, revidierten OECD-Verrechnungspreis-Richtlinien[1050] ergibt sich keine zu einem allein zulässigen Wert führende Verrechnungspreisbestimmung. Dass trotz entsprechender abkommensrechtlicher Regelungen eine Doppelbesteuerung infolge der unterschiedlichen Beurteilung des Ob und der Höhe einer Verrechnungspreiskorrektur eintreten kann, zeigt nicht zuletzt die Notwendigkeit des Schiedsübereinkommens und des sich hierauf beziehenden Verhaltenskodex. Der EuGH wäre im Ergebnis aufgerufen, ersatzweise grundfreiheitskonforme Verrechnungspreise festzulegen.

cc) Fehlende effektive, bilaterale Steuerverteilung

Ergänzend zu den bereits herausgearbeiteten Bedenken im Hinblick auf den bloßen Empfehlungscharakter und die Judizierbarkeit bei einer ersatzweisen Heranziehung der OECD-Empfehlungen als grundfreiheitsprägende Hilfsnormen soll kurz noch auf die Leistungsfähigkeit dieses Lösungsansatzes im Kontext mit den Einkünftekorrekturen eingegangen werden.

Für den praktisch relevanten Fall der Unterkapitalisierung ist fraglich, ob eine Steuerdistribution in Anlehnung an Art. 9, 10 Abs. 3 und 11 Abs. 6 OECD-MA erfolgen kann. Art. 11 Abs. 6 OECD-MA beschränkt unter den Zinsartikel fallende Vergütungen zwischen nahestehenden Personen auf das fremdübliche Maß

1048 S.o.: Teil 3: VI.) 1.) b) bb).

1049 Art. 9, Nr. 6 OECD-MK.

1050 OECD, OECD Transfer Pricing Guidelines for Multinational Enterprises and Tax Administrations, 22.7.2010.

(vgl. Art. 11 Nr. 32 OECD-MK). Die in Art. 10 Abs. 3 OECD-MA in Verbindung mit der Kommentierung in Art. 10 Nr. 25 OECD-MK aufgenommene Empfehlung sieht eine Zuordnung bestimmte Voraussetzungen erfüllender Zinszahlungen an Gesellschafter zum Dividendenartikel vor. Art. 23 A oder Art. 23 B OECD-MA empfehlen im Weiteren, dass der Mitgliedstaat des Zahlungsempfängers die wirtschaftliche Doppelbesteuerung in Bezug auf abkommensrechtlich als Dividenden qualifizierte Zinsen vermeidet (Art. 23 Nr. 68 OECD-MK). Problematisch wird eine hilfsweise Heranziehung dieser Grundsätze, wenn nationale Unterkapitalisierungsvorschriften nach den Empfehlungen der OECD bereits keine Dividendeneinkünfte im Sinne von Art. 10 Abs. 3 OECD-MA darstellen. In der Konsequenz müsste dies die grundfreiheitsrechtliche Verantwortung des die nicht OECD-konforme Einkünftekorrektur verwendenden Mitgliedstaats bedeuten. Zudem ist eine Subsumtion unter diese Bestimmung mit weiteren Problemen behaftet. Nach Art. 10 Abs. 3 OECD-MA erfolgt eine Umqualifizierung nur bei aus Gesellschaftsanteilen stammenden Einkünften, die aus Sicht des Staates, in dem die ausschüttende Gesellschaft ansässig ist, Beteiligungseinkünften steuerlich gleichgestellt sind. Dies war bereits im Hinblick auf die Regelungen in § 8a KStG i. d. F. des ProtErklG für entsprechend Art. 10 Abs. 3 OECD-MA ausgestaltete Abkommen umstritten und führt bei der Abkommensinterpretation wieder in das nationale Recht.[1051] Selbst die Reichweite der den OECD-Empfehlungen entnommenen Qualifikationsverkettung wird generell in der Abkommenspraxis nicht einheitlich beurteil.[1052] Wie vorstehend gezeigt, ist auch der grundsätzlichen Gegenberichtigungspflicht nach Art. 9 Abs. 2 OECD-MA mangels Bestimmtheit die Eignung als Hilfsnorm abzusprechen. Der EuGH müsste auch zur grundfreiheitsrechtlichen Lösung dieser Konflikte eigenständig ein mehr oder minder autonomes Regime entwickeln.

II.) Rechtfertigung

Nach den vorstehenden Ausführungen kann sich eine grundsätzlich verbotene Diskriminierung oder Beschränkung der Grundfreiheiten durch eine differenzierende steuerliche Behandlung oder eine benachteiligende Wirkung innerhalb einer mitgliedstaatlichen Rechtsordnung einstellen. Fraglich ist, inwieweit nationale Regelungen trotz der eintretenden Doppelbesteuerungseffekte durch zwingende Gründe des Allgemeininteresses gerechtfertigt sein können.

1051 *Wassermeyer*, in: Debatin/Wassermeyer, Doppelbesteuerung, Art. 10 MA, Rn. 114, m. w. N.
1052 *Kessler*, IStR 2004, S. 810, 812 f. m. w. N.

1.) Wahrung der Kohärenz der Steuersysteme

a) Dividendenbesteuerung

Nach der Rechtsprechung des EuGH muss eine nationale Vorschrift, um die Kohärenz der anwendbaren Steuersysteme zur gewährleisten, einen unmittelbaren Zusammenhang zwischen einer steuerlichen Benachteiligung und einem ausgleichenden Steuervorteil aufweisen.[1053] Nationalen Vorschriften, deren Regelungsintention sich offensichtlich nur entfernt mit der Problematik der wirtschaftlichen Doppelbesteuerung befasst, die also erkennbar andere Ziele verfolgen, ist von vornherein ein innerer Zusammenhang abzusprechen. Eine solche Vorschrift lässt sich etwa anhand der Freibetragsregelung in der Rs. *Weidert und Paulus* verdeutlichen, die den Dividendenfreibetrag nicht zuletzt aus Gründen der Wirtschaftsförderung zu gewähren schien.[1054] Ansonsten stellt sich bei der Besteuerung von Dividendeneinkünften die essentielle Frage, ob die Unternehmensbesteuerung auf der Ebene der ausschüttenden Gesellschaft in deren Sitzstaat und die Dividendenbesteuerung auf der Ebene des Anteilseigners in dessen Sitzstaat einen hinreichenden Bezug aufweisen. Der EuGH scheint diesbezüglich zu differenzieren. In den Rs. *Lenz* und *Verkooijen* wurde der Versuch der Rechtfertigung, die Kohärenz des nationalen Steuersystems erfordere eine Zusammenschau der Steuerbelastung auf der Ebene der Gesellschaft und auf der Ebene des Anteilseigners innerhalb einer Rechtsordnung, unter Hinweis auf das Erfordernis, dass Vor- und Nachteil bei demselben Steuerpflichtigen, in derselben Rechtsordnung und betreffend dieselbe Steuer eintreten müssten, abgelehnt.[1055] Eine zweigeteilte Dividenden- und Unternehmensbesteuerung soll demnach keinen unmittelbaren Zusammenhang aufweisen, sodass auch der Frage nach der tatsächlichen Höhe einer ausländischen Körperschaftsteuervorbelastung keine Bedeutung zukommt. Der EuGH hat indes in der Rs. *Haribo und Österr. Salinen AG* eine Konnexität zwischen Steuerbefreiung und Körperschaftsteuervorbelastung insoweit anerkannt, dass sie zumindest zu einem Methodenwechsel zur Aufholung einer fehlenden Vorbelastung berechtigen soll.[1056] Mittlerweile scheint der EuGH

1053 S.o.: Teil 1: II.) 9.) b) dd).

1054 EuGH Urteil v. 15.7.2004, Rs. C-242/03 (*Weidert und Paulus*), Slg. 2004, S. I-7379, Rn. 13, 19, 22 f.

1055 EuGH Urteil v. 15.7.2004, Rs. C-315/02 (*Lenz*), Slg. 2004, S. I-7063, Rn. 36; Urteil v. 6.6.2000, Rs. C-35/98 (*Verkooijen*), Slg. 2000, S. I-4071, Rn. 57 f.

1056 EuGH Urteil v. 10.2.2011, verb. Rs. C-436/08 und C-437/08 (*Haribo und Österr. Salinen AG*), noch nicht veröffentlicht (Quelle: http://eur-lex.europa.eu), Rn. 89; ebenso: GA *Kokott* Schlussanträge v. 11.11.2010, verb. Rs. C-436/08 und C-437/08 (*Haribo und Österr. Salinen AG),* noch nicht veröffentlicht (Quelle: http://eur-lex.europa.eu), Rn. 41.

wenigstens unter Geltung eines Anrechnungssystems Unternehmens- und Dividendenbesteuerung als eine aufgeteilte, kohärente Besteuerung derselben Wertschöpfung auf zwei verschiedenen Ebenen zu betrachten. Demnach soll zwischen dem Nachteil der Körperschaftsteuer und dem Vorteil durch deren Anrechnung bei dem Anteilseigner ein unmittelbarer Zusammenhang bestehen, auch wenn diese Wirkungen bei zwei Steuersubjekten in unterschiedlichen Mitgliedstaaten eintreten.[1057] Ziel des infrage stehenden Anrechnungsverfahrens sei es, die wirtschaftliche Doppelbesteuerung des (einheitlichen) Vorgangs zu vermeiden.[1058] Nach Ansicht des EuGH ist es in diesem Fall jedoch zur Wahrung der Kohärenz nicht erforderlich, die Entlastung auf Dividendeneinkünfte aus inländischen Quellen zu beschränken.[1059] Trotz der generellen Anerkennung eines systemimmanenten Zusammenhangs von Unternehmens- und Dividendenbesteuerung schließt der Gerichtshof dadurch letztendlich eine Kohärenzrechtfertigung für diese Fälle aus, denn das Erfordernis einer differenzierenden Regelung wird somit unter Kohärenzgesichtspunkten nie gegeben sein. Diesen Bezug zumindest im Fall eines exakten Vorteilsausgleichs zu bejahen hat auch im Schrifttum Zustimmung gefunden.[1060]

Ähnliche Tendenzen lassen sich der Rechtsprechung auch im Hinblick auf die benachteiligende Versagung einer Entlastung von der wirtschaftlichen Doppelbesteuerung durch den Mitgliedstaat der ausschüttenden Gesellschaft entnehmen: Dem Vorteil einer Befreiung von der Quellensteuer als Erhebungsform der Dividendenbesteuerung kann keine unmittelbare steuerliche Belastung bei demselben Steuersubjekt gegenübergestellt werden. Eine solche Befreiung dient innerstaatlich letztendlich als Mittel zur Vermeidung der wirtschaftlichen Doppelbesteuerung und kann nur in diesem Kontext betrachtet werden. Der Nachteil der nicht gewährten Befreiung von einer Quellensteuer in Bezug auf beschränkt steuerpflichtige Anteilseigner kann grundsätzlich auch nicht mit anderweitigen Vergünstigungen in dessen Sitzstaat gerechtfertigt werden.[1061] Etwas anderes soll nach der Rechtsprechung des EuGH jedoch für den Fall einer bilateral vereinbarten und tatsächlich den Nachteil kompensierenden Steuervergünstigung gel-

1057 GA *Kokott* Schlussanträge v. 18.3.2004, Rs. C-319/02 (*Manninen*), Slg. 2004, S. I-7477, Rn. 61, 64; EuGH Urteil v. 7.9.2004, Rs. C-319/02 (*Manninen*), Slg. 2004, S. I-7477, Rn. 45.

1058 GA *Kokott* Schlussanträge v. 18.3.2004, Rs. C-319/02 (*Manninen*), Slg. 2004, S. I-7477, Rn. 58 ff.; EuGH Urteil v. 7.9.2004, Rs. C-319/02 (*Manninen*), Slg. 2004, S. I-7477, Rn. 43 f.; Urteil v. 6.3.2007, Rs. C-292/04 (*Meilicke u. a.*), Slg. 2007, S. I-1835, Rn. 29.

1059 EuGH Urteil v. 7.9.2004, Rs. C-319/02 (*Manninen*), Slg. 2004, S. I-7477, Rn. 45 f.; Urteil v. 6.3.2007, Rs. C-292/04 (*Meilicke u. a.*), Slg. 2007, S. I-1835, Rn. 28; Urteil v. 15.7.2004, Rs. C-315/02 (*Lenz*), Slg. 2004, S. I-7063, Rn. 38.

1060 *Englisch*, IStR 2004, S. 680, 685; *Hey*, StuW 2004, S. 193, 197.

1061 EuGH Urteil v. 6.6.2000, Rs. C-35/98 (*Verkooijen*), Slg. 2000, S. I-4071, Rn. 61.

ten.[1062] Ein solcher kohärent bilateraler Nachteilsausgleich soll der Rechtsordnung des diskriminierenden oder beschränkenden Mitgliedstaats, also dem Sitzstaat der ausschüttenden Gesellschaft, zuzurechnen sein. Diesen Aspekt, den der Gerichtshof bislang keinen der etablierten Rechtfertigungsgründe zuordnen wollte, würde unter dem abzulehnenden subjektübergreifenden Belastungsvergleich bereits zu einem Wegfall des beschränkenden Nachteils führen.[1063] Da die Benachteiligung in einem Mitgliedstaat in unmittelbarem Zusammenhang mit der bilateral vereinbarten steuerlichen Vergünstigung in einem anderen Mitgliedstaat gesetzt wird, scheint sich die Legitimationswirkung zunächst ebenfalls aus Kohärenzüberlegungen abzuleiten. Eine Berücksichtigung der im Sitzstaat der ausschüttenden Gesellschaft gezahlten Quellensteuern auf die Dividenden im Rahmen der Besteuerung der Dividendeneinkünfte im Sitzstaat des Anteilseigners dient zwar primär der Vermeidung der *juristischen* Doppelbesteuerung der Dividendeneinkünfte. Da nach der Rechtsprechung des EuGH der Sitzstaat der ausschüttenden Gesellschaft ohne zusätzlich Erfassung der Ausschüttung mangels Vergleichbarkeit grundsätzlich nicht verpflichtet ist, dem ausländischen Anteilseigner eine unterschiedslose Entlastung von der wirtschaftlichen Doppelbesteuerung zu gewähren, wird durch die effektive Beseitigung der Dividendenquellensteuer folglich auch die grundfreiheitsinkonforme *wirtschaftliche* Doppelbesteuerung innerhalb dieses Teilmarkts wieder kompensiert.[1064] Der Sitzstaat des Anteilseigners muss demnach zum Zwecke einer effektiven Eliminierung (und damit zur Entlastung des Sitzstaates des Anteilseigners) zusätzlich zur Anrechnung der ausländischen Dividendenquellensteuer keine Entlastung von einer etwaigen höheren Körperschaftsteuer, etwa durch weitere Abzüge oder einen Erstattungsbetrag, vorsehen.

Der EuGH scheint bedingt dazu bereit zu sein, im Rahmen einer grenz- und personenübergreifenden Gesamtschau einen inneren Zusammenhang zwischen subjektdivergierenden Besteuerungsstufen anzuerkennen. Ziel ist es, auf individueller Ebene dem Prinzip der leistungsgerechten Einmalbesteuerung Rechnung zu tragen und somit die Belastungsgleichheit des Marktteilnehmers zu gewährleisten. Die in der Rechtsprechung des Gerichtshofs anzutreffende Kohärenzrechtfertigung führt jedoch gerade bei den Beteiligungssachverhalten zu Widersprüchen. Aus Sicht des

---

1062 EuGH Urteil v. 8.11.2007, Rs. C-379/05 (*Amurta*), Slg. 2007, S. I-9569, Rn. 79; a. A.: EFTA-Gerichtshof Urteil v. 23.11.2004, Rs. E-1/04 (*Fokus Bank*), IStR 2005, S. 55 ff., Rn. 37.

1063 Vorbringen Spaniens in: EuGH Urteil v. 3.6.2010, Rs. C-487/08 (*Kommission/Spanien*), noch nicht veröffentlicht (Quelle: http://eur-lex.europa.eu), Rn. 55 .

1064 Würde der Sitzstaat der ausschüttenden Gesellschaft die Körperschaftsteuervorbelastung auf die seinerseits erhobene Dividendensteuer selbst anrechnen, käme es aus Sicht des EuGH zu einer (teilweisen) Eliminierung der *wirtschaftlichen* Doppelbesteuerung. Dass durch die Dividendenbesteuerung des Sitzstaats des Anteilseigners in diesem Fall erneut eine doppelte Belastung eintritt, würde dann zu einem Problem der *juristischen* Doppelbesteuerung der Dividendeneinkünfte führen.

Sitzstaates stellen sich je nach Entlastungsmechanismus unterschiedliche Ergebnisse bei der Feststellung des unmittelbaren Zusammenhangs ein. Abhängig vom Entlastungssystem wird die Relevanz einer körperschaftsteuerlichen Vorbelastung verschieden bewertet.[1065] Diese Friktionen lassen sich eventuell dann erklären, wenn die Körperschaftsteuer im Rahmen von Anrechnungssystemen als bloße quellenbezogene Erhebungsform der Dividendenbesteuerung zu verstehen ist. Auch wenn Einkommen- und Körperschaftsteuer formal eine zweigeteilte Erhebung vorsehen, stellen sie sich dann im Gesamtsystem als Ergebnis einer einheitlichen Besteuerung des Anteilseigners dar.. Zudem ist der Anrechnungsmethode wegen der exakten Entlastung bereits eine Bestimmung der Körperschaftsteuervorbelastung inhärent. Die kohärenzbedingte Berücksichtigung einer Steuervorbelastung bei einem anderen Subjekt bei Geltung der Anrechnungsmethode lässt sich dennoch den Aussagen aus den Rs. *Lenz* und *Verkooijen* nicht in befriedigender Weise zuführen, da auch andere Entlastungssysteme die integrierte Besteuerung einer Wertschöpfung mildern sollen. Wegen der unterschiedlichen Steuerfolgen in den Mitgliedstaaten ist ein konzernweiter Gesamtbelastungsvergleich, wie gezeigt, ohnehin nicht möglich. Die Grundfreiheiten können somit prinzipiell nur anordnen, dass ein Entlastungsmechanismus in einem Teilmarkt unterschiedslos angewendet werden muss, und gegebenenfalls, bis zu welchem Höchstbetrag. Der EuGH nivelliert diese systembedingten Unterschiede in seiner Rechtsprechung im Ergebnis zwar dadurch, dass die Kohärenzrechtfertigung auch unter Geltung des Anrechnungssystems de facto kaum durchgreifen dürfte. Denn schließlich wird eine Beschränkung der Entlastung auf Inlandssachverhalte als nicht erforderlich angesehen. Die abweichende Bewertung des unmittelbaren Zusammenhangs der einzelnen Besteuerungsstufen je Mechanismus erklärt dies jedoch nicht. Um dem Prinzip der Belastungsgleichheit zumindest im Hinblick auf die Vermeidung weißer Einkünfte auch im Rahmen einer pauschalen Freistellung Geltung zu verschaffen, hat der EuGH die Möglichkeit eines Methodenwechsels grundfreiheitsrechtlich bestätigt (Switch-over).[1066]

Schließlich scheint auch der Rechtfertigungsansatz des kohärent bilateralen Vorteilsausgleichs keinen exakten Gesambelastungsvergleich zu verfolgen. Eine Neutralisierung des Nachteils durch die diskriminierende Versagung einer Entlastung von der Körperschaftsteuer im dividendenbesteuernden Sitzstaat der ausschüttenden Gesellschaft soll etwa abzulehnen sein, wenn im Sitzstaat des Anteilseigners die wirtschaftliche Doppelbesteuerung mittels einer Freistellung

---

1065 *Tenore*, EC Tax Review 2010, S. 74, 83; *Cordewener*, FR 2005, S. 345, 355 f.

1066 EuGH v. 10.2.2011, verb. Rs. C-436/08 und C-437/08 (*Haribo und Österr. Salinen AG),* noch nicht veröffentlicht (Quelle: http://eur-lex.europa.eu), Rn. 76 ff.

vermieden wird.[1067] Es kommt dann zwar zu keiner mehrfachen Erfassung der Dividendeneinkünfte, die Belastungswirkung durch die wirtschaftliche Doppelbesteuerung im Sitzstaat der ausschüttenden Gesellschaft wird jedoch nach Ansicht des EuGH nicht kompensiert. Kommt der bilateral verpflichtete Mitgliedstaat seiner Entlastungsverpflichtung somit nicht nach, sodass es an einer effektiven Entlastung mangelt, soll die unilaterale Schlechterstellung innerhalb des Teilmarkts der ausschüttenden Gesellschaft nicht unter dem Aspekt des kohärent bilateralen Vorteilsausgleichs gerechtfertigt werden können. Dem ist unter Beachtung des Legitimationsanliegens der Kohärenz zuzustimmen, wenn der Dividendenempfänger zur Vermeidung eines Kaskadeneffekts, etwa im Rahmen eines Schachtelprivilegs, steuerbefreit ist. In diesem Fall wird die Wertschöpfung erst im Fall der letzten Ausschüttung erfasst und somit unter einer Gesamtmarktperspektive eine integrierte Unternehmens- und Dividendenbesteuerung durchgeführt. Solange es jedoch an einer solchen Besteuerung auf der letzten Stufe fehlt, kann es trotz Freistellung beim Dividendenempfänger durch die Quellensteuer zu einer belastungsgleichen und einen inneren Zusammenhang aufweisenden Besteuerung kommen.[1068]

b) Einkünftekorrekturen

Ein unmittelbarer Zusammenhang mit einem die nachteilige Behandlung ausgleichenden Steuervorteil lässt sich im Bereich der Einkünftekorrekturen nicht feststellen. Der Abzugsbeschränkung oder Gewinnhinzurechnung stehen zumindest bei demselben Steuerpflichtigen keine Steuervorteile entgegen.[1069] Eine kohärente Vorteilsgewährung, zum Beispiel in Form einer Steuerbefreiung oder eines Ausgabenabzugs, kann überhaupt nur im Rahmen der Besteuerung eines anderen, an dem Sachverhalt beteiligten Steuersubjekts erfolgen. Der EuGH zeigt sich auch hier gegenüber einem lückenlosen und bilateral vereinbarten Vorteilsausgleich aufgeschlossen.[1070]

1067 EuGH Urteil v. 19.11.2009, Rs. C-540/07 (*Kommission/Italien*), Slg. 2009, S. I-10983, Rn. 38; ausführlich, s.u.: Teil 4: II.) 2.) b) bb).

1068 A.A.: EuGH Urteil v. 20.10.2011, Rs. C-284/09 (*Kommission/Deutschland*), DStR 2011, 2038 ff., Rn. 59 ff.

1069 EuGH Urteil v. 12.12.2002, Rs. C-324/00 (*Lankhorst-Hohorst*), Slg. 2002, S. I-11779, Rn. 42.

1070 EuGH Urteil v. 13.3.2007, Rs. C-524/04 (*Thin Cap Group Litigation*), Slg. 2007, S. I-2107, Rn. 69 .

c) Sonstige einseitig benachteiligende Steuerfolgen

Bei Unterhaltsleistungen dürfte das in der Rs. *Schempp* vorgelegte und vom EuGH als für grundfreiheitskonform befundene mitgliedstaatliche Anliegen, einen steuermindernden Abzug für Unterhaltszahlungen (§ 10 Abs. 1 Nr. 1 EStG) nur bei einer korrespondierenden Besteuerung des Unterhaltsempfängers in dessen Sitzstaat zu gewähren,[1071] auf einen hinreichend engen Zusammenhang von Sonderausgabenabzug und Besteuerung bei dem Dividendenempfänger hindeuten. Sieht man entgegen der Ansicht des EuGH in der Rs. *Schempp* in dem verwehrten Sonderausgabenabzug eine Beschränkung des allgemeinen Freizügigkeitsrechts gemäß Art. 21 AEUV,[1072] wäre dieser gerechtfertigt. Demgegenüber vermögen etwa der Betriebsausgabenabzug oder eine andere Steuervergünstigung und die korrespondierende Besteuerung eines möglichen Ertrags bei einem anderen Steuersubjekt keinen Zusammenhang zu begründen, der ein einseitiges Abzugsverbot legitimieren könnte.[1073]

2.) Territorialitätsprinzip, Wahrung der Aufteilung der Besteuerungsbefugnis und Verhütung der Steuerumgehung

a) Legitimationskraft

Eine auf das Anliegen der Verteilungsgerechtigkeit zwischen den Mitgliedstaaten gestützte Legitimation einer einseitigen Anwendung von Entlastungsmechanismen ausschließlich zugunsten rein innerstaatlicher Sachverhalte konnte beim EuGH bislang zumindest im Zusammenhang mit Dividendeneinkünften nicht explizit zum Erfolg führen[1074], klang jedoch im Zusammenhang mit Einkünftekorrekturen bereits an. Die Differenzierung zwischen einer Vorbelastung mit in- oder ausländischer Körperschaftsteuer und die Thematik der Einkünftekorrekturen betreffen jedoch jeweils auch die globaläquivalente zwischenstaatliche Zuordnung von Einkünften der beteiligten Steuersubjekte nach dem Territorialitätsprinzip und verdeutlichen eine grundfreiheitsrechtliche Steuerverteilung auf zwischenstaatlicher Ebene. In der Rs. *ACT Group Litigation* stellte der EuGH im Rahmen der Vergleichsprüfung fest, dass eine Entlastungsverpflichtung des Sitz-

1071 EuGH Urteil v. 12.7.2005, Rs. C-403/03 (*Schempp*), Slg. 2005, S. I-6421.

1072 EuGH Urteil v. 12.7.2005, Rs. C-403/03 (*Schempp*), Slg. 2005, S. I-6421, Rn. 46.

1073 EuGH Urteil v. 10.3.2005, Rs. C-39/04 (*Laboratoires Fournier*), Slg. 2005, S. I-2057, Rn. 21; Urteil v. 4.12.2008, Rs. C-330/07 (*Jobra*), Slg. 2008, S. I-9099, Rn. 34.

1074 Ablehnend: EuGH Urteil v. 10.2.2011, verb. Rs. C-436/08 und C-437/08 (*Haribo und Österr. Salinen AG*), noch nicht veröffentlicht (Quelle: http://eur-lex.europa.eu), Rn. 123 f.

staates der ausschüttenden Gesellschaft in Bezug auf Körperschaftsteuervorbelastungen dessen Recht beschränken würde, Einkommen zu besteuern, das durch eine in seinem Hoheitsgebiet ausgeübte wirtschaftliche Tätigkeit erzielt wird.[1075] Anstatt auf die vermeintlich nicht vorhandene Vergleichbarkeit von in- und ausländischen Anteilseignern im Hinblick auf die Körperschaftsteuervorbelastung aus Sicht des Sitzstaates der Gesellschaft abzustellen, erscheint es vorzugswürdig, im Rahmen der Rechtfertigung einer Grenzziehung anhand des unionsrechtlich anerkannten Territorialitätsprinzips oder einer konkreten Steuerdistribution den Vorrang einräumen. Dabei ist die bei grenzüberschreitenden Beteiligungssachverhalten erfolgte Aufteilung des Steuersubstrats durch die beteiligten Mitgliedstaaten grundfreiheitsrechtlich anzuerkennen, etwa entsprechend Art. 7 Abs. 1 OECD-MA und Art. 10 OECD-MA, wonach die Unternehmensgewinne im Sitzstaat der Gesellschaft und die Dividendeneinkünfte grundsätzlich im Sitzstaat des Anteilseigners besteuert werden. Die personen- und staatenübergreifende Kohärenzprüfung berücksichtigt ohnehin bereits die mitgliedstaatliche Steuerzuteilung.

b) Dividendenbesteuerung

aa) Sitzstaat des Anteilseigners

So gelangt man auch aufgrund der territorialen Zuordnung der durch das Unternehmen erzielten Einkünfte zum Gesellschaftsitzstaat zu dem Ergebnis einer unterschiedslos zu gewährenden Entlastungsverpflichtung des Sitzstaates des Anteilseigners, während die Diskriminierung durch eine nicht gewährte Entlastung von der Körperschaftsteuer im Sitzstaat der Gesellschaft grundsätzlich gerechtfertigt ist. Dies würde sich auch mit der Erkenntnis decken, dass sich der Sitzstaat des Anteilseigners bei der Besteuerung gebietsansässiger und nach dem Welteinkommensprinzip besteuerter Gesellschafter zur Versagung von Steuervorteilen ohnehin nicht auf das Prinzip der territorialen Besteuerung berufen kann.[1076] Sofern ihm abkommensrechtlich ein Besteuerungsrecht in Bezug auf die Dividenden zusteht, was der Regelfall sein dürfte, kann er weder aus dem Territorialitätsprinzip noch aus der getroffenen Steuerverteilung Einwände erheben, da die Ausübung des Besteuerungsrechts unterschiedslos zu erfolgen hat. Bei Anwendung des Anrechnungsverfahrens mit exakter Eliminierung der Körperschaftsteuervorbelastung müsste die ausländische Körperschaftsteuer in

1075 EuGH Urteil v. 12.12.2006, Rs. C-374/04 (*ACT Group Litigation*), Slg. 2006, S. I-11673, Rn. 59.

1076 EuGH Urteil v. 7.9.2004, Rs. C-319/02 (*Manninen*), Slg. 2004, S. I-7477, Rn. 38.

der im Sitzstaat der Gesellschaft tatsächlich entrichteten Höhe berücksichtigt werden, sodass sich bei niedrigerer ausländischer Körperschaftsteuerbelastung ein geringeres Anrechnungsguthaben und im umgekehrten Fall auch eine höhere Steuergutschrift ergeben kann. Dies müsste selbst dann gelten, wenn daraus ein Anrechnungsüberhang, etwa in Form einer Steuergutschrift oder eines Anrechnungsvortrags, resultiert. Der EuGH scheint zwar generell das grundfreiheitsrechtlich zu gewährende Anrechnungsguthaben in Anlehnung an Art. 4 Abs. 1 zweiter Spiegelstrich der Mutter-Tochter-Richtlinie auf das „*Steuerniveau*" des Anteilseigners, also der von ihm gezahlten Steuer im Mitgliedstaat seiner Ansässigkeit, beschränken zu wollen.[1077] Dies dürfte auch der herrschenden Auffassung im Schrifttum entsprechen.[1078] Allerdings hat der EuGH die Anrechnungspflicht des Sitzstaats des Gesellschafters bei Verwendung unterschiedlicher Entlastungssysteme jüngst erweitert. So soll der Vortrag eines Anrechnungsüberhangs grundfreiheitsrechtlich doch erforderlich sein, wenn dem Dividendenempfänger verlustbedingt kein Anrechnungspotential zur Verfügung steht. Dies gilt zumindest für den Fall, in dem Beteiligungserträge von ausländischen Gesellschaften unter Verwendung der Anrechnungsmethode entlastet werden, während für Dividenden inländischer Gesellschaften eine Freistellung erfolgt, da es ansonsten an einer gleichwertigen Entlastung fehlt.[1079] Während im Fall eines geringeren Anrechnungsguthabens infolge einer niedrigeren ausländischen Körperschaftsteuer trotz der unterschiedlichen Anrechnungsbeträge aufgrund des Ziels einer exakten Entlastung bereits keine Schlechterstellung resultiert, ist eine hinter der tatsächlich angefallenen Vorbelastung zurückfallende Kompensation unter dem Gesichtspunkt der Steueraufteilung (oder der Wahrung der Kohärenz) nicht zu rechtfertigen.[1080] Dies führt zu einer vermeintlich im Widerspruch mit der Rs. *Gilly* stehenden Herabschleusung der Körperschaftsteuerbelastung auf das Niveau des Sitzstaats des Anteilseigners.[1081] Während bei der Frage nach

1077 EuGH Urteil v. 12.12.2006, Rs. C-446/04 (*FII Group Litigation*), Slg. 2006, S. I-11753, Rn. 52; Urteil v. 23.4.2008, Rs. C-201/05 (*CFC and Dividend Group Litigation*), Slg. 2008, S. I-2875, Rn. 38; Urteil v. 30.6.2011, Rs. C-262/09 (*Meilicke u. a.*), EuZW 2011, S. 642 ff., Rn. 32 f.; vgl. auch: GA *Kokott* Schlussanträge v. 18.3.2004, Rs. C-319/02 (*Manninen*), Slg. 2004, S. I-7477, Rn. 61, wonach im Rahmen einer kohärenten Regelung sogar gewährleistet sein muss, „*dass der Vorteil dem einen Steuerpflichtigen nur dann zugute kommt, wenn der Nachteil bei dem anderen Steuerpflichtigen auch tatsächlich und in demselben Umfang eintritt*".

1078 *Rust*, DStR 2009, S. 2568; *Schnitger*, FR 2004, S. 1357, 1365; *Kofler*, Doppelbesteuerungsabkommen und EG-Recht, S. 1030 f.

1079 EuGH v. 10.2.2011, verb. Rs. C-436/08 und C-437/08 (*Haribo und Österr. Salinen AG),* noch nicht veröffentlicht (Quelle: http://eur-lex.europa.eu), Rn. 154 ff.

1080 A.A.: *Englisch*, IStR 2004, S. 680, 685.

1081 *Schnitger*, FR 2004, S. 1357, 1365; *Kofler*, Doppelbesteuerungsabkommen und EG-Recht, S. 1030 f.

dem Anrechnungshöchstbetrag im Zusammenhang mit der juristischen Doppelbesteuerung das anwendbare Steuerniveau zur Diskussion steht, handelt es sich vorliegend um einen nach nationalem Recht gewährten Vorteil, der an eine entsprechende Rechengröße anknüpft und unterschiedslos innerhalb des Teilmarkts zu gewähren ist.[1082] Zudem ist zweifelhaft, ob unter diesem Gesichtspunkt die Schlechterstellung grenzüberschreitender Dividendeneinkünfte durch einen zur Vermeidung weißer Einkünfte und damit der Belastungsgleichheit dienenden Switch-over zur Anrechnungsmethode gerechtfertigt werden kann.[1083] Hingegen besteht über eine unterschiedslose Freistellung hinaus bereits unter Gleichheitsaspekten keine Pflicht zur Kompensation von Körperschafsteuervorbelastung auf Dividenden, wenn die gesamte Steuerlast ihre Ursache im Sitzstaat der Gesellschaft findet.[1084] Schließlich präzisierte der EuGH die Anrechnung dahingehend, dass die Körperschaftsteuervorbelastung bei fehlendem Nachweis so exakt wie möglich zu bestimmen ist und nicht pauschal (in Deutschland etwa in Höhe von 3/7 der Dividende) oder im Wege der Schätzung bestimmt werden kann.[1085]

bb) Sitzstaat der ausschüttenden Gesellschaft

Fraglich ist, ob der Rechtfertigungsgrund der Wahrung der Steuerverteilung den „*etwas konturlosen Rechtfertigungsgrund der ‚steuerlichen Kohärenz*‘“[1086] ebenfalls in der schwierigen Fallgruppe einer diskriminierenden Versagung der Entlastung von der wirtschaftlichen Doppelbesteuerung bei grenzüberschreitenden Sachverhalten, die alleine aufgrund der Besteuerung im Sitzstaat der Gesellschaft eintritt, ersetzen kann. Der EuGH lässt diesen Rechtfertigungsansatz ausdrücklich nicht zu.[1087] Wie gezeigt, gelangt er dennoch in seinen Judikaten in den Rs. *Denkavit* und *Amurta* bei der kohärent bilateralen Kompensationsverpflichtung zu einer Berücksichtigung der Aufteilung der Besteuerungsbefugnisse der Mitgliedstaaten.[1088] Der EuGH hebt durch das Erfordernis einer bilateralen

1082 A.A.: EuGH Urteil v. 12.12.2006, Rs. C-446/04 (*FII Group Litigation*), Slg. 2006, S. I-11753, Rn. 52.

1083 Bejahend: EuGH Urteil v. 10.2.2011, verb. Rs. C-436/08 und C-437/08 (*Haribo und Österr. Salinen AG*), noch nicht veröffentlicht (Quelle: http://eur-lex.europa.eu), Rn. 76 ff.

1084 EuGH Urteil v. 20.5.2008, Rs. C-194/06 (*OESF*), Slg. 2008, I-3747, Rn. 41 f.; Beschluss v. 4.6.2009, verb. Rs. C-439/07 und 499/07 (*KBC Bank u. a.*), Slg. 2009 S. I-4409, Rn. 81.

1085 EuGH Urteil v. 30.6.2011, Rs. C-262/09 (*Meilicke u. a.*), EuZW 2011, S. 642 ff., Rn. 27, 35.

1086 GA *Geelhoed* Schlussanträge v. 29.6.2006, Rs. C-524/04 (*Thin Cap Group Litigation*), Slg. 2007, S. I-2107, Rn. 87.

1087 EuGH Urteil v. 20.10.2011, Rs. C-284/09 (*Kommission/Deutschland*), DStR 2011, 2038 ff., Rn. 75 ff.

1088 EuGH Urteil v. 8.11.2007, Rs. C-379/05 (*Amurta*), Slg. 2007, S. I-9569, Rn. 79 ff.; Urteil v. 14.12.2006, Rs. C-170/05 (*Denkavit*), Slg. 2006, S. I-11949, Rn. 45 ff.

Abstimmung in seiner Rechtsprechung zur systemimmanenten Kohärenz die steuerdistributive Abstimmung zwischen zwei Steuerrechtsordnungen als wichtigen Aspekt dieses Legitimationsansatzes hervor. Es lässt sich deshalb mit guten Gründen vertreten, die legitimierende Wirkung der Wahrung der getroffenen Steuerverteilung in der Form, in der er auch als Rechtfertigungsansatz in der Rs. *SGI* zum Ausdruck gekommen ist, als Kern des mitgliedstaatlichen Anliegens zu betonen. Dies würde zu einem Paradigmenwechsel von der Kohärenzbetrachtung eines Gesamtsystems der Besteuerungsfolge auf der Ebene des Marktteilnehmers zur Berücksichtigung der zwischenstaatlichen Ebene der beteiligten Mitgliedstaaten führen. Statt der bei mehreren Beteiligten ohnehin schwer feststellbaren persönlichen Belastungsgleichheit werden Aspekte der Steuerverteilung angesprochen. Entgegen der Auffassung des EuGH kann einem auf die Steuerverteilung Bezug nehmenden Rechtfertigungsvorbringen auch nicht per se entgegengehalten werden, dass die inländischen Muttergesellschaften nach nationalem Recht ohnehin von der Dividendenbesteuerung befreit seien.[1089] Der Gerichtshof übersieht nämlich, dass der Hintergrund einer solchen Steuerbefreiung im nationalen Recht regelmäßig der Charakter des Dividendenempfängers als Zwischengesellschaft ist. Es ist abkommensrechtlich durchaus möglich und üblich, der integrierten Unternehmens- und Dividendenbesteuerung durch Antizipieren des zweiten Besteuerungsschritts (Besteuerung des „letzten" Anteilseigners) in Form von DBA-Quellensteuerrechten Rechnung zu tragen. Schließlich kann der Sitzstaat der Gesellschaft auf den Anteilseigner, der keine Zwischengesellschaft mehr ist, aus völkerrechtlichen Gründen nicht mehr zugreifen.

Der dividendenbesteuernde Sitzstaat der Gesellschaft kann eine einseitig verwehrte Entlastung von der Körperschaftsteuervorbelastung jedoch nur unter Verteilungsaspekten rechtfertigen, wenn er auch eine diesbezüglich Verpflichtung des Sitzstaats des Anteilseigners bilateral begründet hat.[1090] Dabei ist fraglich, ob die bilaterale Vereinbarung einer Entlastungspflicht eines Mitgliedstaats, die zur Kompensation der nicht gewährten Entlastung von der wirtschaftlichen Doppelbesteuerung in einem anderen Mitgliedstaat führen soll, auch tatsächlich eine Kompensationswirkung herbeiführen muss. In der Rs. *Denkavit* sah der EuGH einen Ausgleich aufgrund der fehlenden tatsächlichen Kompensationsmöglichkeit als Folge der Steuerfreistellung der Dividenden im Sitzstaat des Anteilseigners, trotz entsprechender Regelung einer Anrechnung in dem DBA, als nicht gegeben.[1091] In der nachfolgenden Rs. *Amurta* bezog sich der EuGH auf die *Möglichkeit* einer

---

1089 EuGH Urteil v. 18.6.2009, Rs. C-303/07 (*Aberdeen*), Slg. 2009, S. I-5145, Rn. 66ff.

1090 EuGH Urteil v. 14.12.2006, Rs. C-170/05 (*Denkavit*), Slg. 2006, S. I-11949, Rn. 42; Urteil v. 8.11.2007, Rs. C-379/05 (*Amurta*), Slg. 2007, S. I-9569, Rn. 62.

1091 EuGH Urteil v. 14.12.2006, Rs. C-170/05 (*Denkavit*), Slg. 2006, S. I-11949, Rn. 54f.

Kompensation des DBA,[1092] in Kenntnis, dass nach dem geschilderten Sachverhalt aufgrund der Steuerfreistellung im Sitzstaat des Anteilseigners gerade keine Anrechnung der Quellensteuer erfolgen konnte.[1093] Spätestens nach der Entscheidung in der Rs. *Kommission/Italien* dürfte jedoch klar sein, dass der Gerichtshof in seiner Spruchpraxis davon ausgeht, dass die betreffende DBA-Bestimmung im Zusammenhang mit den nationalen Vorschriften des Sitzstaates des Anteilseigners auch tatsächlich einen Ausgleich gewährleisten muss.[1094] Möchte man die genannten Eingriffe einer Rechtfertigung zuführen, die ihre Legitimationskraft aus der getroffenen Steuerverteilung zieht, sind zwei Aspekte zu unterscheiden.

Zum einen ist die legitimierende Steuerverteilung zu untersuchen. Da unter Geltung des Territorialitätsprinzips beide Mitgliedstaaten die Dividendeneinkünfte im Rahmen der zweigeteilten Unternehmensbesteuerung steuerlich erfassen können, kann nicht dem grundfreiheitsrechtlich anerkannten Territorialitätsprinzip, sondern nur einer bilateralen Steuerdistribution Legitimationskraft zukommen. Dabei ist zur Rechtfertigung unter dem Gesichtspunkt der Wahrung der Aufteilung der Besteuerungsbefugnisse neben einer durchgeführten, völkervertraglich fixierten Steuerdistribution zur Sicherstellung der Einmalerfassung der Dividendeneinkünfte keine zusätzliche Bestimmung zur Entlastung von der Körperschaftsteuervorbelastung zu verlangen. Bilaterale Vereinbarungen könnten eine vollständige Kompensation von der Körperschaftsteuervorbelastung in dem Sitzstaat des Anteilseigners, etwa mittels einer Anrechnung ohne Höchstbetragsregelung, also mit Erstattungs- oder Vortragsmöglichkeit, vorsehen.[1095] Zwar führt die Vermeidung der juristischen Doppelbesteuerung unter der Geltung von Höchstbetragsregelungen nicht zwingend zugleich zu einer umfänglichen Entlastung von der Körperschaftsteuervorbelastung.[1096] Der Sitzstaat der dividendenauskehrenden Gesellschaft hat aufgrund der territorialen Zuordnung der Unternehmenseinkünfte zu seinen Gunsten jedoch weder selbst noch mittels einer bilateralen Vereinbarung eine Entlastung von der vollen Körperschaftsteuervorbelastung sicherzustellen. Er muss nur für die Neutralisation der in seinem Teilmarkt entstandenen und durch ihn verantworteten wirtschaftlichen Doppelbesteuerung

1092 EuGH Urteil v. 8.11.2007, Rs. C-379/05 (*Amurta*), Slg. 2007, S. I-9569, Rn. 78, 83f.

1093 EuGH Urteil v. 8.11.2007, Rs. C-379/05 (*Amurta*), Slg. 2007, S. I-9569, Rn. 73.

1094 EuGH Urteil v. 19.11.2009, Rs. C-540/07 (*Kommission/Italien*), Slg. 2009, S. I-10983, Rn. 38; ebenso: EuGHUrteil v. 20.10.2011, Rs. C-284/09 (*Kommission/Deutschland*), DStR 2011, 2038ff., Rn. 68.

1095 Die Entlastung wird in der Regel durch den Sitzstaat der ausschüttenden Gesellschaft gewährt: EuGH Urteil v. 14.11.2006, Rs. C-513/04 (*Kerckhaert und Morres*) Slg. 2006 S. I-10967, Rn. 7f.; Urteil v. 12.12.2006, Rs. C-374/04 (*ACT Group Litigation*), Slg. 2006, S. I-11673, Rn. 19.

1096 Der EuGH scheint die unterschiedlichen Entlastungswirkungen in seinen Entscheidungen in den Rs. *Denkavit* und *Amurta* nicht strikt zu trennen.

Sorge tragen. Folglich genügt eine Anrechnungsverpflichtung des Sitzstaats des Dividendenempfängers unter Höchstbetragsgrenzen als legitimierende Steuerverteilung.

Zum anderen stellt sich die Frage, ob eine tatsächliche Kompensationswirkung im nationalen Recht des anderen Mitgliedstaats eintreten muss. Genügt eine bilaterale Vereinbarung, die aufgrund der nationalen Vorgaben des anderen Mitgliedstaats ergebnislos bleibt, etwa weil die Anrechnung wegen einer Dividendenfreistellung im nationalen Recht des Sitzstaats des Anteilseigners scheitert? Der Rechtfertigungsgrund der Wahrung der getroffenen Steuerverteilung fußt auf der zwischenstaatlich vereinbarten Steueraufteilung. Dann müsste selbst in Fällen fehlender interpersonaler Belastungsgleichheit, wenn etwa aufgrund einer Steuerbefreiung im Sitzstaat des Ausschüttungsempfängers keine kompensatorische Wirkung eintreten kann, eine Rechtfertigung unter dem Gesichtspunkt der getroffenen Steuerverteilung gangbar sein.[1097] Allerdings betont der EuGH zutreffend, dass ein Mitgliedstaat zur Rechtfertigung „*keine Einwände aus dem DBA herleiten kann*", um seinen unionsrechtlichen Pflichten zu entgehen.[1098] Demnach wäre der kompensatorische Effekt Voraussetzung. Eine solche Kompensation wäre dennoch weitgehender als die in den Rs. *Marks & Spencer* und *Lidl Belgium* statuierte Binnenmarktfinalität im Hinblick auf die Verlustnutzung. Sie würde auch der Aussage in der Rs. *Wannsee* entgegenstehen, wonach ein fehlender Vorteil, der aus der nationalen Rechtsordnung eines anderen Mitgliedstaats resultiert, nicht die Rechtfertigung auf Grundlage der Wahrung der Steuerverteilung beeinträchtigt.[1099] Denn dann müsste, selbst wenn etwa aufgrund einer Steuerbefreiung im Sitzstaat des Ausschüttungsempfängers keine kompensatorische Wirkung eintreten kann, eine Rechtfertigung unter dem Gesichtspunkt der getroffenen Steuerverteilung gangbar sein.[1100]

Der Judikatur des Gerichtshofs ist die Grenze zwischen unzulässigen Einwänden aus einem Abkommen und einer legitimierenden Berufung auf die Steuerverteilung noch nicht mit aller Klarheit zu entnehmen. Im Hinblick auf den Schutz der Steueraufteilung dürfte eine Kompensation der unterbliebenen Entlastung nicht Voraussetzung des Rechtfertigungsanliegens sein. Bei einer integrierten zweistu-

1097 *Kube/Straßburger*, IStR 2010, S. 301, 308; a.A. wohl: *Englisch*, Aufteilung der Besteuerungsbefugnisse, S. 120f.

1098 EuGH Urteil v. 14.12.2006, Rs. C-170/05 (*Denkavit*), Slg. 2006, S. I-11949, Rn. 53; Urteil v. 8.11.2007, Rs. C-379/05 (*Amurta*), Slg. 2007, S. I-9569, Rn. 55, 59; EFTA-Gerichtshof v. 23.11.2004, Rs. E-1/04 (*Fokus Bank*), IStR 2005, S. 55ff., Rn. 31.

1099 Vgl. EuGH Urteil v. 23.10.2008, Rs. C-157/07 (*Wannsee*), Slg. 2008, S. I-8061, Rn. 50, m.w.N.; zur Übertragung des Kompensationsgedankens: *Kofler*, IStR 2011, 668, 672.

1100 *Kube/Straßburger*, IStR 2010, S. 301, 308 ; a.A. wohl: *Englisch*, Aufteilung der Besteuerungsbefugnisse, S. 120f.

figen Besteuerung der Unternehmenseinkünfte im Sitzstaat der ausschüttenden Gesellschaft in Form eines Teileinkünftesystems kann die Versagung der Entlastung in diesem Staat geeignet sein, die getroffene Aufteilung herbeizuführen. Die Unternehmensbesteuerung in dem Mitgliedstaat, in dem die ausschüttende Gesellschaft ihren Sitz hat, bleibt als Folge in Übereinstimmung mit der bilateral getroffenen Verteilung des Steuersubstrats vollständig erhalten, eine Entlastung muss nur seitens des Sitzstaates des Dividendenempfängers unterschiedslos gewährt werden. Dieser Ansicht scheint im Ergebnis auch der Bundesfinanzhof in einem zur Dividendenausschüttung an eine in der Schweiz ansässige Muttergesellschaft ergangenen Urteil zuzuneigen.[1101] Verlangt man dennoch, dass die Benachteiligung aufgrund der bilateralen Vereinbarung effektiv vermieden wird, wofür auch die Gewährung einer einmaligen Entlastung im Binnenmarkt in den Fällen der Verlustnutzung und bei den persönlichen und familienbezogenen Steuerabzügen spricht, ergeben sich die benannten Schwierigkeiten einer Ermittlung der Gesamtmarktbelastung. Denn erweitert man den Belastungsvergleich auf die Besteuerung des Dividendenempfängers, kommt es durch die Dividendenfreistellung in seinem Sitzstaat im Zweifel zu einer günstigeren Gesamtsteuerlast des Binnenmarktsachverhalts als im Vergleich zu einer grundfreiheitsrechtlich gebotenen Anrechungsgutschrift, die eine Besteuerung des Dividendenempfängers in seinem Sitzstaat voraussetzen würde.[1102] Betrachtet man noch weitgehender die gesamte Beteiligungskette, lässt sich unter Umständen weiter feststellen, dass nur die Zwischengesellschaft steuerbefreit war und die einseitig benachteiligende Quellensteuer im Sitzstaat der ausschüttenden Gesellschaft in Zusammenschau mit der Besteuerung des letzten Anteilseigners doch zu einer zusätzlichen Belastung geführt hat. Wie bereits gezeigt, lässt sich aufgrund der nicht harmonisierten Steuersysteme der Mitgliedstaaten ein Vergleichssachverhalt schwer finden, weshalb dem EuGH nichts anderes verbleibt, als nur einen Teilaspekt der gesamten, integrierten Unternehmens- und Dividendenbesteuerung zu beleuchten.[1103]

Im Fall einer rechtfertigenden Steueraufteilung wäre eine fehlende Entlastung von der wirtschaftlichen Doppelbesteuerung aufgrund der Abgeltungswirkung nach § 32 Abs. 1 Nr. 2 KStG bei der gegenwärtigen Dividendenbesteuerung von Inbound-Portfoliobeteiligungen wegen der internationalen Abstimmung der Quellenbesteuerung in zwischen Deutschland und den Staaten im erweiterten Binnenmarkt geschlossenen DBA aus Gründen der Wahrung der ausgewogenen Verteilung der Besteuerungsbefugnisse gerechtfertigt, auch wenn es im Sitzstaat

1101 BFH Urteil v. 22.4.2009, I R 53/07, IStR 2009, S. 559 ff.

1102 *Kube/Straßburger,* IStR 2010, S. 301, 307 f.; *Rust,* DStR 2009, S. 2568, 2576, Endnote 61.

1103 *Cordewener,* FR 2005, S. 345, 356.

des Anteilseigners zu keiner effektiven Entlastung kommt.[1104] Auf Grundlage der gegenwärtigen, teilmarktbezogenen Rechtsprechung des EuGH fehlt es hingegen an der erforderlichen kompensatorischen Wirkung.[1105]

Existiert keine ausreichende bilaterale Verpflichtung zur Entlastung für den Sitzstaat des Dividendenempfängers und scheidet eine anderweitige Rechtfertigung für den Sitzstaat der ausschüttenden Gesellschaft aus, ist fraglich, bis zu welcher Höhe eine Anrechnungsgutschrift unterschiedslos zu gewähren ist. Unterstellt man, dass in einem Anrechnungssystem die (reduzierte) Quellendividendensteuer in der Regel niedriger ausfällt als die dividendenanteilige Körperschaftsteuer, wird teilweise die Zulässigkeit eines Anrechnungshöchstbetrags vertreten.[1106] Sollen dem Sitzstaat der Körperschaft die aus deren Tätigkeit resultierenden Erträge aufgrund der territorialen Steuerhoheit verbleiben, ist im Fall eines Anrechnungsverfahrens zur Vermeidung der wirtschaftlichen Doppelbesteuerung in der Tat eine unterschiedslose Entlastung maximal in Höhe der erhobenen Dividendensteuer zu gewähren. Somit wäre ein beschränktes Anrechnungsguthaben auf Basis des hier bevorzugten Legitimationsansatzes hinzunehmen, und zwar auch für einen dem früheren deutschen Anrechnungssystem entsprechenden Mechanismus, der durch die Anrechnung eigentlich eine Eliminierung der gesamten Körperschaftsteuervorbelastung bezweckt.

c) Einkünftekorrekturen

Im Zusammenhang mit Einkünftekorrekturen wurde in der jüngeren Rechtsprechung mittlerweile ein ausdrücklicher Bezug zur zwischenstaatlichen Steuerzuordnung hergestellt. Die in der Rs. *OY AA* im Hinblick auf einen ausschließlich für inländische Gesellschaften der Unternehmensgruppe anwendbaren Konzernausgleich getroffene Aussage, wonach es den grenzüberschreitend tätigen Steuerpflichtigen nicht möglich sein soll, beliebig Steuersubstrat zwischen den Mitgliedstaaten zu verlagern,[1107] ist auf nationale Regelungen zur Einkünftekorrektur auszuweiten. Dementsprechend stellte der EuGH in der Rs. *SGI* fest, „*dass es zu einer Beeinträchtigung der ausgewogenen Aufteilung der Besteuerungsbefugnis zwischen den Mitgliedstaaten kommen kann, wenn den gebietsansässigen Gesellschaften erlaubt würde, ihre Gewinne in Form von außergewöhnlichen*

1104 *Kube/Straßburger,* IStR 2010, S. 301 ff.; a. A.: *Rust,* DStR 2009, S. 2568 ff.; EuGH Urteil v. 20.10.2011, Rs. C-284/09 (*Kommission/Deutschland*), DStR 2011, 2038 ff., Rn. 75 ff.

1105 EuGH Urteil v. 20.10.2011, Rs. C-284/09 (*Kommission/Deutschland*), DStR 2011, 2038 ff., Rn. 68.

1106 *Cordewener* FR 2005, S. 358; *Schnitger,* FR 2004, S. 1357, 1369; *ders.* FR 04, S. 1369; a. A.: *Schnitger,* FR 2005, S. 360, 361.

1107 EuGH Urteil v. 18.7.2007, Rs. C-231/05 (*Oy AA*), Slg. 2007, S. I-6373, Rn. 55 f.

oder unentgeltlichen Vorteilen auf mit ihnen verflochtene Gesellschaften, die in anderen Mitgliedstaaten niedergelassen sind, zu übertragen“[1108]. Dies betrifft die nicht dem Fremdvergleichsgrundsatz entsprechenden Gestaltungen zwischen nahestehenden Personen.[1109] Der grundfreiheitsrechtlichen Legitimationswirkung des Fremdvergleichsmaßstabs ist zuzustimmen, da sie letztendlich ein geeignetes und gemäß Art. 7 und 9 OEDC-MA international anerkanntes Mittel zur Wahrung der zwischenstaatlichen Zuordnung von Unternehmensgewinnen darstellt. Sie bewirkt eine dem Territorialitätsprinzip entsprechende, missbrauchsfreie Besteuerung innerhalb der Teilmärkte des Binnenraums. Dies gilt auch im Hinblick auf am Fremdvergleichsmaßstab ausgerichtete Unterkapitalisierungsvorschriften.[1110] Einer nicht an das Kriterium der Drittüblichkeit anknüpfenden Einkünfteabgrenzung ist hingegen eine grundfreiheitsrechtliche Rechtfertigung zur Wahrung der Steuerzuteilung zu versagen.[1111]

Dem neben der Steuerverteilung legitimierenden Aspekt einer typisierenden Missbrauchsverhinderung ist beim Anschein einer Einkunftsverlagerung zumindest im Rahmen der Verhältnismäßigkeitsprüfung noch Bedeutung beizumessen. Die diskriminierenden oder beschränkenden nationalen Regelungen dürfen nicht über das hinausgehen, was zur Erreichung des damit verfolgten, berechtigten Ziels erforderlich ist. Die Vermeidung von vom Fremdvergleichsmaßstab abweichenden Gestaltungen im Unternehmensverbund oder zwischen sonstigen nahestehenden Personen ist, wie bereits gezeigt, grundsätzlich ein legitimes Ziel zur Wahrung der Steuerverteilung und der Verhütung von Steuerumgehungen.[1112] Da der EuGH hierzu auch weniger bestimmte und typisierende nationale Maßnahmen zulässt, ist dem Marktteilnehmer zumindest die Möglichkeit einzuräumen, ohne übermäßige Verwaltungszwänge wirtschaftliche Gründe für die Anerkennung der getroffenen Gestaltung nachzuweisen.[1113] Die Einkünftekorrekturen dürfen zudem nicht über das für die Herstellung der Drittüblichkeit erforderliche Maß hinausgehen.[1114]

1108 EuGH Urteil v. 21.1.2010, Rs. C-311/08 (*SGI*), Slg. 2010, S. I-487, Rn. 63.

1109 GA *Kokott* Schlussanträge v. 10.9.2009, Rs. C-311/08 (*SGI*), Slg. 2010, S. I-487, Rn. 67 ff.

1110 Im Ergebnis ebenso: *Kube* IStR 2003, S. 325 ff.; a. A.: GA *Mischo* Schlussanträge v. 26.9.2002, Rs. C-324/00 (*Lankhorst-Hohorst*), Slg. 2002, S. I-11779, Rn. 82.

1111 Ausführlich, s.o.: Teil 1: V.) 2.) e).

1112 S.o.: Teil 1: V.) 2.) e).

1113 EuGH Urteil v. 21.1.2010, Rs. C-311/08 (*SGI*), Slg. 2010, S. I-487, Rn. 71.

1114 EuGH Urteil v. 21.1.2010, Rs. C-311/08 (*SGI*), Slg. 2010, S. I-487, Rn. 72.

d) Sonstige einseitig benachteiligende Steuerfolgen

Fraglich ist, ob eine über die Missbrauchstypisierung hinausgehende Berichtigung von Einkünften, etwa durch Abzugsbeschränkungen zulasten des grenzüberschreitenden Sachverhalts, stets durch ein im Zusammenhang mit der Wahrung der Steuerverteilung stehendes Anliegen gerechtfertigt sein kann. Im Rahmen eines drittüblichen Leistungsaustauschs können benachteiligende Berichtigungen nicht grundfreiheitsrechtlich legitimiert werden. Die in der Rs. *Schempp* judizierte Versagung eines Abzugs von Unterhaltskosten für in einem anderen Mitgliedstaat lebenden geschiedenen Ehegatten[1115] könnte beispielsweise nicht durch ein völkergewohnheits- oder abkommensrechtlich begründetes Besteuerungsrecht Deutschlands legitimiert werden, wenn für rein inländische Sachverhalte eine entsprechende Steuervergünstigung vorgesehen ist. Denn innerhalb der jeweiligen Teilmärkte ist das Besteuerungsrecht unterschiedslos auszuüben. Der EuGH lehnte bereits einen Eingriff wegen der fehlenden Besteuerung des Unterhalts in Österreich ab, die dazu führt, dass Unterhaltszahlungen an einen im Ausland lebenden Empfänger ohne Besteuerung nicht vergleichbar sind mit Unterhaltszahlungen an die geschiedene Ehefrau in Deutschland. Anstelle dieser Vergleichbarkeitsüberlegungen könnte auch bereits eine Schlechterstellung bezweifelt werden, da das scheinbar zusätzliche Erfordernis einer Besteuerung im Ausland lediglich das in Deutschland geltende Korrespondenzprinzip unterschiedslos auf grenzüberschreitende Sachverhalte übertragen soll.[1116] Auch eine einseitige Besteuerung von ausländischen Versicherungserträgen mit der Folge einer wirtschaftlichen Doppelbesteuerung ausschließlich zulasten des grenzüberschreitenden Sachverhalts, wie sie in der Rs. *Safir* erfolgt ist,[1117] kann nicht mit dem Besteuerungsrecht betreffend den Versicherungsnehmer gerechtfertigt werden. Anders als im Zusammenhang mit der Nichtanwendbarkeit von Gruppenbesteuerungmechanismen ist das Element einer missbräuchlichen oder zumindest beliebigen Verlagerung von Erträgen durch den Steuerpflichtigen in solchen Fällen von tragender Bedeutung für die Rechtfertigung.

1115 EuGH Urteil v. 12.7.2005, Rs. C-403/03 (*Schempp*), Slg. 2005, S. I-6421.

1116 S. hierzu das Vorbringen von Herrn Schempp: EuGH Urteil v. 12.7.2005, Rs. C-403/03 (*Schempp*), Slg. 2005, S. I-6421, Rn. 37.

1117 EuGH Urteil v. 28.4.1998, Rs. C-118/96 (*Safir*), Slg. 1998, S. I-1897.

3.) Missbrauchsbekämpfung, Steueraufsicht und -beitreibung

Im Zusammenhang mit einer benachteiligenden Dividendenquellenbesteuerung im Sitzstaat der Gesellschaft (hier: eine Versagung der unterschiedslosen Freistellung) hat der EuGH bei einem Eingriff in die Kapitalverkehrsfreiheit nach Art. 40 EWR-Abkommen und die Niederlassungsfreiheit nach Art. 31 EWR-Abkommen auch unter dem Aspekt der Bekämpfung der Steuerhinterziehung eine Rechtfertigungsmöglichkeit erkannt.[1118] Gleiches muss bei einem Drittlandsbezug im Rahmen der Kapitalverkehrsfreiheit nach Art. 63 AEUV gelten.[1119] Mangels Anwendbarkeit der Amtshilferichtlinie und etwaiger fehlender abkommensrechtlicher Regelungen kann eine Diskriminierung in solchen Fällen aufgrund der fehlenden Auskunftspflichten, insbesondere im Hinblick auf die Befreiungsvoraussetzungen, zur Vermeidung der Steuerarbitrage geeignet und erforderlich sein. Bei einem reinen Unionsbezug vermag ein solcher Einwand, wie gezeigt, nicht durchzugreifen. Ein entsprechendes Vorbringen kann außerdem nicht erfolgreich sein, sofern sich aus der Abkommenspraxis ergibt, dass die zur Gewährung der Steuervergünstigung verlangten Informationen im internationalen Drittstaatenkontext verzichtbar sind, da sie in einem DBA ohnehin nicht vorausgesetzt werden und es somit an einer kohärenten und systematischen Überwachung fehlt.[1120] Zu beachten ist freilich, dass im Verhältnis zu Drittstaaten auch die Mutter-Tochter-Richtlinie nicht gilt und sich die wirtschaftliche Doppelbesteuerungswirkung im Rahmen der Erfassung von Beteiligungserträgen mithin noch intensivieren kann.

III.) Zwischenergebnis zu Teil 4

Im Vergleich zur internationalen juristischen Doppelbesteuerung ist für die Problematik der mehrfachen Erfassung von Erträgen bei unterschiedlichen Steuersubjekten ein Eingriff in Form einer Schlechterstellung innerhalb einer Rechtsordnung charakteristisch. Dies betrifft insbesondere die Versagung einer Entlastung von der wirtschaftlichen Doppelbesteuerung bei Beteiligungseinkünften aus

---

1118 EuGH Urteil v. 11.6.2009, Rs. C-521/07 (*Kommission/Niederlande*), Slg. 2009, S. I-4873, Rn. 44 ff.; Urteil v. 19.11.2009, Rs. C-540/07 (*Kommission/Italien*), Slg. 2009, S. I-10983, Rn. 70 ff.

1119 EuGH Urteil v. 28.10.2010, Rs. C-72/09 (*Rimbaud*), noch nicht veröffentlicht (Quelle: http://eur-lex.europa.eu), Rn. 40 ff.; EuGH Urteil v. 10.2.2011, verb. Rs. C-436/08 und C-437/08 (*Haribo und Österr. Salinen AG),* noch nicht veröffentlicht (Quelle: http://eur-lex.europa.eu), Rn. 67 ff.

1120 EuGH Urteil v. 11.6.2009, Rs. C-521/07 (*Kommission/Niederlande*), Slg. 2009, S. I-4873, Rn. 51; GA *Kokott* Schlussanträge v. 11.11.2010, verb. Rs. C-436/08 und C-437/08 (*Haribo und Österr. Salinen AG),* noch nicht veröffentlicht (Quelle: http://eur-lex.europa.eu), Rn. 98 ff.

ausländischen Quellen oder für den ausländischen Anteilseigner. Zudem erfährt bei grenzüberschreitenden Sachverhalten die Steuerbemessungsgrundlage oftmals eine benachteiligende steuerliche Korrektur in Form von Abzugsbeschränkungen und Hinzurechnungen. Bei der Feststellung der eingriffsbegründenden Schlechterstellung innerhalb eines Teilmarkts können Steuerentlastungen auf der Ebene eines anderen Steuersubjekts ebenso wenig entlastend berücksichtigt werden wie eine fehlende Steuervorbelastung bei diesem. Eine Rechtfertigung aus zwingenden Gründen des Allgemeininteresses ist unter dem Gesichtspunkt der Wahrung der auf der zwischenstaatlichen Steuerverteilung und dem unionsrechtlich anerkannten Territorialitätsprinzip möglich. Die durch den Genuine Link zum Staatsterritorium bedingte oder aus einer konkreten Steuerverteilung resultierende Besteuerungshoheit eines Mitgliedstaats für bestimmte Einkünfte können für diese Beschränkungen eine Rechtfertigungsmöglichkeit eröffnen. Die Legitimationskraft der zwischenstaatlichen Zuteilungsregelungen muss jedoch Einschränkungen auf Basis eines Verhältnismäßigkeitsvorbehalts erfahren. Im Zusammenhang mit Einkünftekorrekturen bieten sich die Anforderungen des EuGH an eine typisierende Missbrauchsvermeidung an. Bei Beteiligungssachverhalten könnte eine effektive Einmalberücksichtigung der Vorbelastung auf der Ebene der ausschüttenden Gesellschaft als grundfreiheitsrechtliche Schranken-Schranke ausgestaltet werden. Die dabei durch den EuGH judizierte bilaterale Gesamtmarktkohärenz verfolgt ebenfalls das Ziel einer effektiven Einmalberücksichtigung entsprechender Entlastungsmechanismen. Die Schwierigkeit liegt in dem hierfür erforderlichen interpersonellen und binnenmarktweiten Belastungsvergleich. Dieser führt hier bereits auf Rechtfertigungsebene zu Widersprüchen.

Bei der Eingriffsbegründung im Zusammenhang mit einer ungeminderten mehrfachen Erfassung einer Wertschöpfung durch nicht differenzierende und unterschiedslos wirkende Steuerordnungen mehrerer Mitgliedstaaten kommt es dann endgültig zum Schwur. Weder der Teilmarktansatz noch die Gesamtmarktbelastung können aufgrund der Subjektpluralität zuverlässig einen Belastungsnachteil aufzeigen. Obwohl es sich um eine integrierte Wertschöpfung handelt, besteht die wirtschaftliche Doppelbesteuerung aus zwei personenverschiedenen nationalen Besteuerungsachverhalten in unterschiedlichen Mitgliedstaaten mit nicht harmonisierten Steuersystemen. Eine Lösung über die Integrationswirkung der Grundfreiheiten scheitert daran, dass eine etwaige höhere Steuerbelastung unter einer personen- und staatenübergreifenden Perspektive letztendlich auch aus den nationalen Besteuerungsunterschieden resultiert. Eine unionsrechtliche Pflicht zur Berücksichtigung und Anpassung unterschiedsloser Besteuerungsfolgen an das System eines anderen Mitgliedstaats kann nicht mittels einer grundfreiheitsrechtlichen Koordinierung statuiert werden. Zusätzlich unterliegt eine grundfreiheitsrechtlich erforderliche Zuordnung von Steuersubstrat in den problematischen Fällen der Einkünftekorrekturen anhand von Hilfsmaßstäben, insbesondere den OECD-Empfehlungen und existierenden bilateralen Konfliktnormen, neben den bereits bekannten Schwächen auch keiner hinreichend bestimmten Vorprägung.

Teil 5: Exkurs – Implikationen zur Vermeidung der internationalen Doppelbesteuerung aus ex-Art. 293 2. Spiegelstrich EG

Ex-Art. 293 2. Spiegelstrich EG war die einzige primärrechtliche Bestimmung, die die Vermeidung der internationalen Doppelbesteuerung im Binnenmarkt explizit erwähnte. Nach ex-Art. 293 2. Spiegelstrich EG leiten die Mitgliedstaaten Vertragsverhandlungen zur Beseitigung der Doppelbesteuerung ein. Zugleich zeigte ex-Art. 293 2. Spiegelstrich EG auch multilaterale Abkommen zwischen den Mitgliedstaaten als Lösungsmöglichkeit zur Vermeidung der Doppelbesteuerung auf völkerrechtlicher Ebene auf, von der jedoch bislang nur im Rahmen des Schiedsübereinkommens Gebrauch gemacht wurde. Nachfolgend soll kurz auf einen möglichen Einfluss von ex-Art. 293 2. Spiegelstrich EG für die Vermeidung einer mehrfachen Erfassung von Einkünften und auf etwaige Änderungen durch den ersatzlosen Wegfall infolge des Vertrages von Lissabon eingegangen werden.

I.) Auswirkungen auf das Kompetenzgefüge

Ex-Art. 293 2. Spiegelstrich EG sollte das Kompetenzgefüge zwischen den Mitgliedstaaten und der Europäischen Union unberührt lassen. Dieser Artikel stellte keine Kompetenznorm zum Abschluss von DBA zugunsten der Mitgliedstaaten dar.[1121] Wie bereits gezeigt, bleiben die Mitgliedstaaten diesbezüglich trotz der europäischen Verträge weiterhin zuständig. Umgekehrt konnte aus dem Erforderlichkeitsvorbehalt in ex-Art. 293 2. Spiegelstrich EG auf keinen generellen Vorrang der unionsrechtlichen Harmonisierungsmaßnahmen geschlossen werden, wonach den Mitgliedstaaten nur eine subsidiäre Kompetenz zur Vermeidung einer mehrfachen Belastung zukäme.[1122] Ex-Art. 293 2. Spiegelstrich EG sollte aber schließlich auch nicht das Ende der unionsrechtlichen Anstrengungen sta-

1121 *Schweitzer*, in: Grabitz/Hilf, Das Recht der EU, Art. 293 EGV, Rn. 5; *Hatje*, in: Schwarze, EU-Kommentar, Art. 293 EGV, Rn. 4; *Leible*, in: Streinz, EUV/EGV, Art. 293 EG, Rn. 1; *Bröhmer*, in: Callies/Ruffert, EUV/EGV, Art. 293 EG, Rn. 4; Kommission Mitteilung v. 9.6.2005, DOC(2005) 2306, Doppelbesteuerungsabkommen und Recht der Europäischen Gemeinschaft, Rn. 1.

1122 *Schwartz/Mölls*, in: Von der Groeben/Schwarze, EUV und EGV, Art. 293 EG, Rn. 4, 44.

tuieren, die Doppelbesteuerung im binnenmarktübergreifenden Wirtschaftsverkehr abzuschaffen.[1123] Insbesondere sollte die unionsrechtliche Harmonisierung im Bereich der direkten Steuern (jetzt: Art. 115 AEUV) durch ex-Art. 293 2. Spiegelstrich EG keine weitere Beschränkung erfahren.[1124] Sie setzt durch das Kriterium des unmittelbaren Auswirkens ohnehin hinreichende Wettbewerbsverzerrungen voraus.

II.) Verpflichtungsgehalt des ex-Art. 293 2. Spiegelstrich EG

Die Zielvorgabe des ex-Art. 293 2. Spiegelstrich EG und der hindernisbefreite Binnenmarkt waren unmittelbar miteinander verbunden.[1125] Wie gezeigt, kann die Doppelbesteuerung eine Störung darstellen, die den Binnenmarkt in nicht unerheblicher Weise behindert. Zugunsten der Marktteilnehmer und sämtlicher Unionsbürger sollte die Beseitigung der internationalen Doppelbesteuerung angestrebt werden, wobei diese Aufforderung ausweislich des Wortlauts und aufgrund des Binnenmarktzusammenhangs nur zwischen den Mitgliedstaaten der Europäischen Union untereinander zu gelten schien.

Der genaue Verpflichtungsgehalt der Bestimmung war nicht unumstritten. Der EuGH und die Generalanwälte schienen ex-Art. 293 2. Spiegelstrich EG jegliche Verpflichtung im Hinblick auf eine Vermeidung der Doppelbesteuerung abzusprechen.[1126] Dies fand auch in der Literatur Zustimmung.[1127] Der Gehalt dieser Regelung wurde dabei jedoch teilweise zumindest im Sinne eines beschränkten Gebots interpretiert, wonach die Mitgliedstaaten verpflichtet seien, Verhandlungen entsprechend der Zielvorgabe einzuleiten.[1128] Teilweise wurde auch vertreten, dass der Vorschrift des ex-Art. 293 2. Spiegelstrich EG, solle ihr nicht bloß eine rein

1123 EuGH Urteil v. 5.11.2002, Rs. C-208/00 (*Überseering*), Slg. 2002, S. I-9919, Rn. 54; *Hatje*, in: Schwarze, EU-Kommentar, Art. 293 EGV, Rn. 9.

1124 Kommission Mitteilung v. 9.6.2005, DOC(2005) 2306, Doppelbesteuerungsabkommen und Recht der Europäischen Gemeinschaft, Rn. 14, 38; *Bröhmer*, in: Callies/Ruffert, EUV/EGV, Art. 293 EG, Rn. 4.

1125 GA *Colomer* Schlussanträge v. 26.10.2004, Rs. C-376/03 (*D*), Slg. 2005, S. I-5821, Rn. 78.

1126 GA *Colomer* Schlussanträge v. 20.11.1997, Rs. C-336/96 (*Gilly*), Slg. 1998, S. I-2793, Rn. 34; EuGH Urteil v. 12.5.1998, Rs. C-336/96 (*Gilly*), Slg. 1998, S. I-2793, Rn. 15; zu ex-Art. 293 1. Spiegelstrich EG: EuGH Urteil v. 11.7.1985, Rs. 137/84 (*Mutsch*), Slg. 1985, S. 2681, Rn. 11.

1127 *Brombach-Krüger*, Ubg 2008, S. 324, 325; *Reith*, Internationales Steuerrecht, S. 104.

1128 *Wassermeyer*, in: Debatin/Wassermeyer, Doppelbesteuerung, Vor Art. 1 MA, Rn. 15; *Lehner*, in: Vogel/Lehner, DBA, Einl., Rn. 264; *Hatje*, in: Schwarze, EU-Kommentar, Art. 293 EGV, Rn. 10; *Bröhmer*, in: Callies/Ruffert, EUV/EGV, Art. 293 EG, Rn. 3; so wohl auch: *Schweitzer*, in: Grabitz/Hilf, Das Recht der EU, Art. 293 EGV, Rn. 1; *Schwartz/Mölls*, in: von der Groeben/Schwarze, EUV und EGV, Art. 293 EG, Rn. 19.

deklaratorische Funktion beigemessen werden, auch ein verpflichtendes Element zur effektiven Vermeidung der internationalen Doppelbesteuerung zuzuerkennen sei.[1129]

Der Wortlaut der Bestimmung („*[...] leiten die Mitgliedstaaten untereinander Verhandlungen ein [...]*") sprach für eine Pflicht, die zumindest mitgliedstaatliche Maßnahmen zur Einleitung von Vertragsverhandlungen erforderte. Eine darüber hinausgehende Abschlussverpflichtung in Bezug auf ein DBA war der Norm expressis verbis jedoch nicht zu entnehmen. Gegen eine solche Verpflichtung zum Abschluss eines multilateralen DBA ist anzuführen, dass sich auch dieser Bestimmung die Einzelheiten, nach denen eine Beseitigung der Doppelbesteuerung zu erfolgen hat, nicht entnehmen ließen.[1130] Insbesondere wurden keine Aussagen zu Verteilungsfragen und Anknüpfungskriterien getroffen.[1131] Zudem wäre ein vermeintlicher Handlungsauftrag auf die in ex-Art. 293 2. Spiegelstrich EG genannten völkerrechtlichen Verträge begrenzt. Einem Mitgliedstaat kann die Abschlussverweigerung eines komplexen Vertrages, wie einem multinationalen DBA mit 26 anderen Staaten, jedoch nicht als Vertragsverletzung vorgeworfen werden. Die Wahl eines multilateralen DBA oder eines anderen Instrumentariums als Mittel zur Vermeidung der Doppelbesteuerung kann unionsrechtlich nicht vorgeschrieben werden. Will man die mitgliedstaatliche Kompetenz wahren, muss als Alternative etwa die Möglichkeit einer nur unilateralen Vermeidung der Doppelbesteuerung oder der Abschluss eines bilateralen DBA verbleiben, ohne dem Vorwurf des Vertragsbruchs oder der Unions-Illoyalität ausgesetzt zu sein. Als Folge dieses zutreffenden Verständnisses verblieb aus ex-Art. 293 2. Spiegelstrich EG ein sehr beschränktes Gebot zur Einleitung von Vertragsverhandlungen. Die Kommission hätte dafür Sorge tragen müssen, dass die Mitgliedstaaten die erforderlichen Verhandlungen initiieren (Art. 17 Abs. 1 S. 1 EUV) und unter Umständen gerichtlich durchsetzen müssen. Dies führte freilich wenig befriedigend zu einer überschießenden, primärrechtlichen Zielvorgabe, der keine entsprechende Verpflichtung gegenüberstand. Den Mitgliedstaaten war nur die Weigerung, überhaupt in Verhandlungen einzutreten, unionsrechtlich vorzuwerfen. Deren Ausarbeitung oder die Umsetzung von Ergebnissen konnte hingegen sanktionslos unterbleiben, sofern man hierin nicht bereits aufgrund des besonderen Fortschritts der Verhandlung einen Verstoß gegen die Unionsloyalität (Art. 4 Abs. 3 EUV) erblicken wollte.

1129 *Kokott*, BB 2007, S. 913, 914 f.; *Schweitzer*, in: Grabitz/Hilf, EUV/EG, Art. 293 EG, Rn. 1, 5: „*Mussvorschrift*"; *Schwartz*, in: Von der Groeben/Thiesing/Ehlermann, Kommentar zum EU-/EG-Vertrrag, Art. 220, Rn. 19; *Beul*, IStR 1997, S. 1, 3.

1130 *Kofler*, Doppelbesteuerungsabkommen und EG-Recht, S. 384.

1131 EuGH Urteil v. 14.11.2006, Rs. C-513/04 (*Kerckhaert und Morres*) Slg. 2006 S. I-10967, Rn. 22.

Ob das Gebot in ex-Art. 293 2. Spiegelstrich EG auch auf die Verhandlung von bilateralen DBA zur Vermeidung der Doppelbesteuerung zielte, lässt sich dem Wortlaut nicht exakt entnehmen. Der EuGH und die ganz überwiegende Meinung im Schrifttum gingen jeweils von ihrem Standpunkt im Hinblick auf den Verpflichtungsgehalt davon aus, dass sich die Aufforderung beziehungsweise Zielvorgabe, Verhandlungen einzuleiten, ausschließlich auf den Abschluss begleitenden Unionsrechts in Form eines multilateralen und sämtliche Mitgliedstaaten involvierenden Abkommens bezog.[1132] Für diese enge Sichtweise wurde vorgebracht, dass jeweils zwischen den Mitgliedstaaten bilateral geschlossene DBA aufgrund der Gefahr inhaltlich abweichender Regelungen und Lücken im Zweifel nicht dieselbe Vereinheitlichung erreichen könnten wie ein zwischen allen Mitgliedstaaten geschlossenes multilaterales Abkommen.[1133] Im Hinblick auf eine effiziente Vereinheitlichungswirkung stellen bi- oder multilaterale Abkommen ohne Beteiligung sämtlicher Mitgliedstaaten zwar ein Minus gegenüber einem multilateralen, zwischen allen Mitgliedstaaten geschlossenen Abkommen zur Vermeidung der Doppelbesteuerung dar. Durch eine Erweiterung der Pflicht auch auf den Abschluss bilateraler Abkommen hätte das Ziel der Vermeidung der Doppelbesteuerung im Ergebnis unter Umständen sogar effektiver verfolgt werden können.[1134] Denn um ein konkretes Doppelbesteuerungsproblem im Verhältnis zwischen zwei Mitgliedstaaten zu lösen, erscheint der Versuch der bilateralen Lösung zwischen den betroffenen Steuerhoheiten flexibler und damit erfolgsversprechender. Wegen des geringen Verpflichtungsumfangs des ex-Art. 293 2. Spiegelstrich EG war der Wirkungsgrad der Norm im Hinblick auf das verfolgte Ziel dennoch auch bei einer Einbeziehung bilateraler DBA als sehr gering einzustufen.

III.) Unmittelbare Anwendbarkeit

Zudem scheiterte ein auf ex-Art. 293 2. Spiegelstrich EG basierendes effektives Doppelbesteuerungsverbot daran, dass die Bestimmung nach ständiger Recht-

1132 EuGH Urteil v. 14.11.2006, Rs. C-513/04 (*Kerckhaert und Morres*), Slg. 2006 S. I-10967, Rn. 21 f.; Urteil v. 5.7.2005, Rs. C-376/03 (*D*), Slg. 2005, S. I-5821, Rn. 50 m.w.N.; Urteil v. 12.5.1998, Rs. C-336/96 (*Gilly*), Slg. 1998, S. I-2793, Rn. 23 ff.; *Schwartz/Mölls*, in: Von der Groeben/Schwartze, EUV/EGV, Art. 293 EGV, Rn. 18, 84; a.A.: *Bröhmer*, in: Callies/Ruffert, EUV/EGV, Art. 293 EG, Rn. 5.

1133 *Schwartz/Mölls*, in: Von der Groeben/Schwartze, EUV/EGV, Art. 293 EGV, Rn. 18, 84; a.A. wohl: *Wassermeyer*, in: Debatin/Wassermeyer, Doppelbesteuerung, Vor Art. 1 MA, Rn. 15.

1134 *Bröhmer*, in: Callies/Ruffert, EUV/EGV, Art. 293 EG, Rn. 5.

sprechung des EuGH keine unmittelbare Wirkung entfaltete.[1135] Dem Einzelnen sollten hieraus keine subjektiven Rechte erwachsen, insbesondere kein Anspruch auf eine bestimmte Aufteilung der Besteuerungsbefugnisse. Der EuGH stellte fest: *„Auch wenn die Beseitigung der Doppelbesteuerung innerhalb der Gemeinschaft also zu den Zielen des Vertrages gehört, ergibt sich aus dem Wortlaut dieser Bestimmung, dass diese dem einzelnen nicht aus sich heraus Rechte gewähren kann, auf die er sich vor den nationalen Gerichten berufen kann*"[1136]. Demnach steckte ex-Art. 293 2. Spiegelstrich EG zwar den Rahmen für die von den Mitgliedstaaten einzuleitenden Verhandlungen ab.[1137] Es fehlte jedoch an der für die unmittelbare Anwendbarkeit primären Unionsrechts erforderlichen Genauigkeit und Unbedingtheit der Bestimmung in ex-Art. 293 2. Spiegelstrich EG.[1138] Da es sich bei der Regelung der Vermeidung der Doppelbesteuerung in ex-Art. 293 2. Spiegelstrich EG primär um eine allgemein gehaltene Zielvorgabe mit geringem Verpflichtungsgehalt handelte, ließ sich eine unmittelbare Anwendbarkeit hieraus nicht begründen.[1139] Das zuvor herausgearbeitete primärrechtliche Minimalgebot wäre als objektive Verpflichtung der Mitgliedstaaten zumindest noch mittels eines Vertragsverletzungsverfahrens (Art. 258 AEUV) justitiabel gewesen.[1140] Es wurde zudem vertreten, dass trotz fehlender unmittelbarer Anwendbarkeit über das Instrumentarium der unionsrechtlichen Staatshaftung durch ex-Art. 293 2. Spiegelstrich EG ein Schutz vermittelt werden könne.[1141] Es ist jedoch zweifelhaft, ob sich subjektive Haftungsansprüche ohne eine unmittelbare Anwendbarkeit von ex-Art. 293 2. Spiegelstrich EG einstellen können.[1142]

1135 EuGH Urteil v. 12.5.1998, Rs. C-336/96 (*Gilly*), Slg. 1998, S. I-2793, Rn. 15; zu ex-Art. 293 1. Spiegelstrich EG: EuGH Urteil v. 11.7.1985, Rs. 137/84 (*Mutsch*), Slg. 1985, S. 2681, Rn. 11; zu ex-Art. 293 4. Spiegelstrich EG: EuGH Urteil v. 10.2.1994, Rs. C-398/92 (*Mund & Fester*), Slg. 1994, S. I-467, Rn. 11.

1136 EuGH Urteil v. 12.5.1998, Rs. C-336/96 (*Gilly*), Slg. 1998, S. I-2793, Rn. 16; Urteil v. 14.11.2006, Rs. C-513/04 (*Kerckhaert und Morres*), Slg. 2006 S. I-10967, Rn. 22; Urteil v. 6.12.2007, Rs. C-298/05 (*Columbus Containers*), Slg. 2007, S. I-10451, Rn. 27.

1137 EuGH Urteil v. 12.5.1998, Rs. C-336/96 (*Gilly*), Slg. 1998, S. I-2793, Rn. 15.

1138 GA *Colomer* Schlussanträge v. 20.11.1997, Rs. C-336/96 (*Gilly*), Slg. 1998, S. I-2793, Rn. 34.

1139 EuGH Urteil v. 12.5.1998, Rs. C-336/96 (*Gilly*), Slg. 1998, S. I-2793, Rn. 15 ff.

1140 *Schwartz/Mölls*, in: Von der Groeben/Schwarze, EUV und EGV, Art. 293 EG, Rn. 29.

1141 *Dautzenberger*, IWB 5/1997, Fach 11, Gruppe 2, 299, 301 f.; *Randelzhofer/Forsthoff*, in: Grabitz/Hilf, Das Rech der EU, Vor Art. 39-55, Rn. 254 f.

1142 Zu dem Erfordernis der Verletzung eines subjektiven Rechts: EuGH Urteil v. 8.10.1996, Rs. C-178/94 (*Dillenkofer*), Slg. 1996, S. I-4845, Rn. 31 ff.; *Ruffert*, in: Callies/Ruffert, EUV/AEUV, Art. 340 AEUV, Rn. 55 f.

IV.) Voraussetzung (Erforderlichkeit)

Im Hinblick auf den (verbliebenen) materiellrechtlichen Verpflichtungsgehalt der Bestimmung in ex-Art. 293 2. Spiegelstrich EG erlangte das Merkmal der Erforderlichkeit („*soweit erforderlich*“) Bedeutung. Die Mitgliedstaaten waren nur dann zur Einleitung von Verhandlungen über ein multilaterales Doppelbesteuerungsabkommen verpflichtet, soweit dieses zur Vermeidung der Doppelbesteuerung erforderlich war. Daran fehlte es, wenn Harmonisierungsmaßnahmen nach Art. 115 AEUV bereits eine Einmalbesteuerung sichergestellt haben.[1143] Bei der Frage der Erforderlichkeit sollte nach hier vertretener Auffassung auch die Abkommensdichte bilateral geschlossener DBA Berücksichtigung finden. Die Verpflichtung im Hinblick auf die Einleitung von Vertragsverhandlungen bei bilateralen DBA hatte zwar nur ergänzenden Charakter und stellt im Hinblick auf die geringere Vereinheitlichungswirkung kein vollwertiges Substitut für den Abschluss eines multilateralen DBA dar. Dennoch sollten die bilateralen Anstrengungen der Mitgliedstaaten nicht gänzlich aberkannt werden, können im Wege der bilateralen Abstimmungen doch bereits erhebliche Erfolge bei der effektiven Vermeidung der internationalen Doppelbesteuerung erzielt werden. Unilaterale Vorschriften waren hingegen auf Grund der fehlenden zwischenstaatlichen Abstimmung nicht zu berücksichtigen.

V.) Zwischenergebnis zu Teil 5

Ex-Art. 293 2. Spiegelstrich EG lieferte für die Frage nach einem rechtsverbindlichen Verbot der internationalen Doppelbesteuerung im Binnenmarkt nur sehr bedingt Impulse, betonte aber die Vermeidung der Abgabenkumulation als wesentlichen Binnenmarktaspekt. An den primärrechtlichen Vorgaben hat sich durch die Aufhebung der Bestimmung mit dem Vertrag von Lissabon wenig geändert. Die Vermeidung einer Mehrfachbesteuerung ist als Ziel de lege lata immer noch dem ungestörten Funktionieren des Binnenmarkts gemäß Art. 26 AEUV zu entnehmen. Auch in kompetenz- und materiellrechtlicher Hinsicht dürften sich keine Änderungen eingestellt haben. Verneinte man mit den Unionsorganen eine durchsetzbare Verpflichtung aus ex-Art. 293 EG, ergibt sich für die Spruchpraxis des EuGH ohnehin keine Änderung. Entnahm man der Vorschrift richtigerweise eine im Wege des Vertragsverletzungsverfahrens durchsetzbare Verpflichtung zur Einleitung von Vertragsverhandlungen, blieb diese so

1143 *Schwartz/Mölls*, in: Von der Groeben/Schwartze, EUV/EGV, Art. 293 EGV, Rn. 88; *Leible*, in: Streinz: EUV/EGV, Art. 293 EG, Rn. 17.

weit hinter der eigentlichen Zielvorgabe zurück, dass sich mit dem Vertrag von Lissabon keine bemerkbare rechtliche Verschlechterung eingestellt hat. Die Aufhebung ist dennoch ein falsches Zeichen an die Mitgliedstaaten und die Unionsorgane, denn sie steht der Beseitigung von Hindernissen für den Binnenraum und den diesbezüglichen Bemühungen der Kommission diametral entgegen.[1144]

1144 *Lehner*, IStR 2005, S. 397 f.

Ergebnis und Ausblick

I.) Ergebnis

Der Binnenmarkt der Europäischen Union besteht aus 27 Teilmärkten mit größtenteils nicht harmonisierten und koordinierten Systemen der direkten Besteuerung. Als Folge werden die Gewinne und Verluste des Steuerpflichtigen durch zwischenstaatliche Verteilung fragmentiert. Mit Zugang zu den einzelnen Teilmärkten setzt sich der Marktbürger den dort anzutreffenden Besteuerungsfolgen aus; eine ungünstigere, aber unterschiedslose Besteuerung infolge der Zuordnung zu einem Teilmarkt ist als zulässiger Nachteil hinzunehmen. Steuerliche Vorteile eines Auslandsengagements dürfen zwar grundsätzlich nicht Anlass zu einer Diskriminierung oder Beschränkung geben, müssen jedoch im Sitzstaat auch nicht im Wege der Freistellung bewahrt werden. Durch den Gleichbehandlungsanspruch der Marktfreiheiten kann keine Konvergenz der nationalen Steuersysteme bewirkt werden.

Die prinzipiell unionsrechtlich unbeanstandete Steuerallokation zwischen den Mitgliedstaaten wird jedoch in einigen Fällen durch den grundfreiheitsrechtlichen Gleichheitssatz durchbrochen oder zumindest modifiziert. Auf Basis dieses Gleichbehandlungsanspruchs muss es einem Marktbürger schließlich auch möglich sein, sich gegen eine mit dem Binnenmarktkonzept nicht mehr vereinbare Doppelbesteuerung zu wehren, die auf einem parallelen, unabgestimmten Steuerzugriff der involvierten Mitgliedstaaten beruht und zu einer binnenmarktweiten übermäßigen Steuerbelastung führt. Im Hinblick auf die Steuerautonomie der Mitgliedstaaten gilt dieses Verdikt der Grundfreiheitsrelevanz der Abgabenkumulation zumindest dann, wenn die Benachteiligung nicht aus den bloßen Unterschieden der Steuerordnungen resultiert. Zur Bestimmung eines Verpflichteten des Gleichbehandlungsanspruchs kann ein Mitgliedstaat jedoch nur an einer bereits akzeptierten Steuerverteilung festgehalten werden. Soweit sich für eine solche, den grundfreiheitsrechtlichen Vorwurf konstituierenden Akzeptanz keine Anhaltspunkte finden lassen, lässt sich die Doppelbesteuerung hingegen keiner Lösung zuführen.

Neben den durch Subjektidentität gekennzeichneten Doppelbesteuerungskonstellationen ohne entsprechende zuordnungsweisende Vorprägung (insbesondere im Bereich der Besteuerung von Nachlässen, Erbschaften und Schenkungen) kann auch die wirtschaftliche Doppelbesteuerung im Fall eines Zusammenwirkens von in den Teilmärkten nicht diskriminierenden Vorschriften keiner grundfreiheitsrechtlichen Lösung zugeführt werden. Solange in den Mitgliedstaaten unterschiedliche Steuersysteme nebeneinander bestehen, verbleibt das Risiko, dass ein Ertragswert personenübergreifend in mehreren Staaten erfasst wird.

II.) Ausblick

Ein grundfreiheitsrechtliches Doppelbesteuerungsverbot erweist sich somit im Ergebnis doch nicht als vollumfängliche Lösung der mehrfachen Erfassung von Einkünften. Der zur Zuordnung von Steuersubstrat anhand der Grundfreiheiten erforderliche Prüfungsaufwand des Gerichtshofs ist zudem nicht zu unterschätzen. Aufgrund der daraus drohenden Rechtsprechungsinkongruenz und zur Herbeiführung einer Lösung für die grundfreiheitsrechtlich nicht greifbaren Doppelbesteuerungsfälle ist eine weitergehende Rechtsangleichung und -vereinheitlichung im Wege des politischen Konsenses voranzutreiben. Es sollen kurz einige der jüngst diskutierten Lösungsvorschläge vorgestellt und bewertet werden.

1.) Sekundäres Unionsrecht

Eine weiter voranschreitende sekundärrechtliche Beseitigung kumulativer Steuerzugriffe wäre zwar auf den Binnenmarkt gemäß Art. 26 AEUV beschränkt, hätte aber den Vorteil für sämtliche Mitgliedstaaten (und auch künftig beitretende), verbindliche Maßstäbe vorzugeben. Soweit ersichtlich, wird seitens der Kommission auf sekundärrechtlicher Grundlage gegenwärtig nur vereinzelt an Richtlinienvorschlägen gearbeitet, die die doppelte Besteuerung grenzüberschreitender Investitionen reduzieren sollen.

Im Rahmen der Neufassung der OGAW-Richtlinie (OGAW IV-Richtlinie[1145]) hätte sich ebenfalls die Chance geboten, die in den Rs. *Denkavit* und *Fokus Bank* zutage tretende Quellensteuerproblematik zumindest für die von der Richtlinie erfassten Anlageorganismen zu beseitigen. Auch die geplante Umstellung des Kapitalertragsteuersystems in Deutschland durch das am 8.4.2011 im Bundestag verabschiedete OGAW IV-Umsetzungsgesetz nimmt sich dieser Problematik nicht an.[1146]

1145 Richtlinie 2009/65/EG des Europäischen Parlaments und des Rates v. 13.7.2009 zur Koordinierung der Rechts- und Verwaltungsvorschriften betreffend bestimmte Organismen für gemeinsame Anlagen in Wertpapieren (OGAW), Abl. L 302, S. 32 ff.

1146 Entwurf der Bundesregierung für ein Gesetzes zur Umsetzung der Richtlinie 2009/65/EG zur Koordinierung der Rechts- und Verwaltungsvorschriften betreffend bestimmte Organis-

Im Jahr 2001 wurde die Idee einer gemeinsamen konsolidierten Körperschaftsteuerbemessungsgrundlage laut und seitdem in einer Reihe von Dokumenten der Kommission immer wieder verfochten;[1147] eine eigene Arbeitsgruppe „Gemeinsame Konsolidierte Körperschaftsteuerbemessungsgrundlage" erarbeitete hierzu bereits Einzelheiten.[1148] Ein konkreter Richtlinienentwurf sollte bereits im Laufe des Jahres 2008 vorgestellt werden[1149], am 16.3.2011 war es schließlich so weit.[1150] Der Vorschlag wird jedoch seitens der Bundesrepublik Deutschland aus Furcht vor Steuerausfällen nicht unterstützt.[1151] Der neue Steuer-Kommissar *Algirdas Semeta* hatte noch im Jahr 2010 vor dem Parlament der Europäischen Union eine schnelle Umsetzung angekündigt. Der Richtlinienentwurf stellt ein System binnenmarktweit gültiger Regeln für die Berechnung der Bemessungsgrundlage zur Verfügung. Grenzüberschreitend tätige Unternehmen sollen größenunabhängig die Möglichkeit haben, optional diese vereinheitlichte Steuerbemessung anzuwenden.[1152] Dabei sieht der Entwurf ein eigenes Regime zur Berechnung des steuerlichen Ergebnisses vor, wie etwa Regelungen zur Abzugsfähigkeit von Ausgaben, Abschreibungen, Verlustnutzung und Drittüblichkeit. In einem Konzern sollen die Bemessungsgrundlagen aller Unternehmen konsolidiert und auf die Konzernmitglieder aufgeteilt werden. Unionsweit tätige Konzerne haben eine einzige Finanzverwaltung als Anlaufstelle. Die Harmonisierung betrifft nur die Bemessungsgrundlage, die Rechnungslegung und der Steuersatz sollen weiterhin durch die Mitgliedstaaten festgelegt werden. Der Vorschlag der Kommission dürfte sich damit im Rahmen der Lissabon-Entscheidung des Bundesverfassungsgerichts bewegen, wonach die wesentlichen Bereiche demokratischer Gestaltung,

---

men für gemeinsame Anlagen in Wertpapieren, v. 24.1.2011, BT-Drucks. 17/4510).

1147 Kommission Mitteilung v. 23.10.2001, KOM(2001) 582 endg, Ein Binnenmarkt ohne steuerliche Hindernisse, S. 13.; Mitteilung v. 19.12.2006, KOM(2006) 823 endg., Direkte Steuern im Binnenmarkt, S. 3, 8; Bericht v. 4.3.2008, CCCTB/WP/64/de.

1148 Kommission Bericht v. 4.3.2008, CCCTB/WP/64/de; Bericht v. 2.7.2008, CCCTB/WP/68/de; Arbeitsunterlage v. 26.7.2007, CCCTB/WP057\doc\de; Arbeitsunterlage v. 11.9.2007, CCCTB\WP\058\doc\de; Arbeitsunterlage v. 13.11.2007, CCCTB/WP060\doc\de; Arbeitsunterlage v. 13.11.2007, CCCTB/WP061\doc\de.

1149 Zu den Hintergründen der Verzögerung: *Spengel/Oestreicher*, DStR 2009, S. 773, 777.

1150 Kommission Richtlinienvorschlag v. 16.3.2011, SEK(2011) 315, Gemeinsame konsolidierte Körperschaftsteuer-Bemessungsgrundlage.

1151 Antwort der Bundesregierung auf die kleine Anfrage v. 5.5.2011, Bundestag Drucksache.17/5748.

1152 Für einen Überblick über die Vorschläge, siehe: Kommission Richtlinienvorschlag v. 16.3.2011, SEK(2011) 315, Gemeinsame konsolidierte Körperschaftsteuer-Bemessungsgrundlage, Begründung.

zu der auch die Staatseinnahmen gehören, nicht unbegrenzt übertragen werden können.[1153]

Zumindest im Rahmen ihres Anwendungsbereichs würde die gemeinsame konsolidierte Körperschaftsteuerbemessungsgrundlage helfen, die internationale Doppelbesteuerung von Gewinnen und die Nichtberücksichtigung von Verlusten, etwa aufgrund eines Verlustausgleichs innerhalb des Konzerns, zu vermeiden. Durch die Konsolidierung und die Aufteilung des Konzernerfolgs unter den Mitgliedstaaten könnten Doppelbesteuerungssituationen als Folge von Verrechnungspreis- oder Unterkapitalisierungsvorschriften einer Lösung zugeführt werden. Eine Aufteilung der stillen Reserven wurde ebenfalls vorgesehen, so dass bei Umstrukturierungen oder einer Sitzverlegung die Gefahr einer Abgabenkumulation anlässlich einer Schlussbesteuerung entfallen soll. Im Hinblick auf die Vermeidung der internationalen Doppelbesteuerung liefert eine gemeinsame konsolidierte Körperschaftsteuerbemessungsgrundlage mit einer formelmäßigen Steueraufteilung wichtige Impulse.[1154] Da sich der persönliche Anwendungsbereich des Richtlinienentwurfs auf bestimmte Gesellschaften beschränkt, in Deutschland etwa die dem Körperschaftsteuerrecht unterliegenden Personen, bietet er jedoch auch nur eine partielle Lösung.[1155] Eine vollumfängliche Entlastung von Doppelbesteuerungssituationen durch sekundärrechtliche Maßnahmen ist gegenwärtig wohl nicht in Sicht.

2.) Multilaterales DBA, EU-Musterabkommen

Seit Längerem wird in der Literatur die Möglichkeit des Abschlusses eines multilateralen DBA zwischen sämtlichen Mitgliedstaaten entsprechend den Zielvorgaben von ex-Art. 293 2. Spiegelstrich EG diskutiert.[1156] Diese Lösung wurde auch frühzeitig von der Kommission propagiert, und es wurde ein entsprechender Vertragsentwurf erarbeitet.[1157] Die Idee wurde zwar zwischenzeitlich nicht aktiv

1153 BVerfG Urteil v. 30.6.2009, 2 BvE 2/08 – 2 BvE 5/08 - 2 BvR 1010/08 - 2 BvR 1022/08 - 2 BvR 1259/08 - 2 BvR 182/09 (*Lissabon*), EuZW 2009, S. 552 ff., Tz. 249, 252.

1154 Zur Kritik im Hinblick auf die mögliche Intensivierung des Steuerwettbewerbs und andere offene Fragen vgl.: *Spengel/Oestreicher*, DStR 2009, S. 773, 777.

1155 Kommission Mitteilung v. 19.12.2006, KOM(2006) 823 endg., Direkte Steuern im Binnenmarkt, S. 4.

1156 *Schindler*, in: Cordewener/Enchelmaier/Schindler, Meistbegünstigung im Steuerrecht der EU-Staaten, S. 201 ff.

1157 Kommission Arbeitsunterlage v. 9.6.2005, DOC(2005) 2306, Doppelbesteuerungsabkommen und Recht der Europäischen Gemeinschaft, Rn. 32.

weiterverfolgt, aber bis dato auch nicht aufgegeben.[1158] Gegenwärtig steht der Abschluss eines multilateralen DBA wohl eher nicht im Mittelpunkt der seitens der Unionsorgane angestellten Überlegungen. Alternativ zu einem multilateralen DBA wird auch überlegt, ein europäisches Musterabkommen mit Mindestvorgaben dem künftigen Abschluss bilateraler DBA zugrunde zu legen.[1159] Es dürfte jedoch mit einigen rechtlichen Schwierigkeiten verbunden sein, ein solches europäisches Musterabkommen für bilaterale Vertragsverhältnisse mit Mitteln der Unionsrechts in eine rechtsverbindliche sekundärrechtliche Form zu gießen, um über den von der Kommission bevorzugten bloßen Empfehlungscharakter hinauszugelangen.

Inhaltlich könnten sich beide Vertragsvarianten stark an den OECD-Musterabkommen unter Berücksichtigung der dargestellten unionsrechtlich gebotenen Modifikationen orientieren. Politische, rechtliche und praktische Argumente lassen sich für und wider beide Lösungen finden. Ein multilaterales DBA, das die bilateralen DBA vollständig ersetzt, könnte sich angesichts von 27 Mitgliedstaaten sowohl im Hinblick auf den Abschluss als auch künftig notwendige Änderungen als schwerfälliges, kompromissgeprägtes und folglich juristisch ungenaues Instrumentarium herausstellen. Die Bilateralität scheint in dem immer noch heterogenen Binnenmarkt eine passgenauere Abstimmung zu ermöglichen. Hingegen dürften beispielsweise Dreieckssachverhalte in einem multilateralen DBA besser zu lösen sein, sodass die Doppelbesteuerung im Ergebnis effektiver vermieden werden könnte.[1160] Das nach ex-Art. 293 2. Spiegelstrich EG abgeschlossene multilaterale DBA oder auf europäischen Musterabkommen basierende DBA sollten zum Schutz vor Doppelbesteuerungseffekten durch Interpretationsdivergenzen per Schiedsklausel (Art. 273 AEUV) der Rechtsprechung des EuGH unterstellt werden. Ob die Mitgliedstaaten gegenwärtig dazu bereit sind, ist zweifelhaft. Bereits im Zusammenhang mit dem Schiedsübereinkommen dürfte der Umstand der fehlenden Auslegungskompetenz des EuGH bei der Entscheidung für ein

1158 Kommission Arbeitsdokument SEK(2001) 1681, Unternehmensbesteuerung im Binnenmarkt, S. 387; Arbeitsunterlage v. 9.6.2005, DOC(2005) 2306, Doppelbesteuerungsabkommen und Recht der Europäischen Gemeinschaft, Rn. 39 ff.; Mitteilung v. 24.11.2003, KOM(2003) 726 endg., Ein Binnenmarkt ohne unternehmenssteuerliche Hindernisse, S. 11 f.

1159 *Pistone*, in: Cordewener/Enchelmaier/Schindler, Meistbegünstigung im Steuerrecht der EU-Staaten, S. 193 ff.; vgl. auch: Kommission Arbeitsdokument SEK(2001) 1681, Unternehmensbesteuerung im Binnenmarkt, S. 389 f.; Arbeitsunterlage v. 9.6.2005, DOC(2005)2306/A, Doppelbesteuerungsabkommen und Recht der Europäischen Gemeinschaft, Rn. 44 ff., mit konkreter Kommentierung des OECD-MA; Mitteilung v. 24.11.2003, KOM(2003) 726 endg., Ein Binnenmarkt ohne unternehmenssteuerliche Hindernisse, S. 11 f.

1160 Kommission Arbeitsunterlage v. 9.6.2005, DOC(2005) 2306, Doppelbesteuerungsabkommen und Recht der Europäischen Gemeinschaft, Rn. 42.

multilaterales Abkommen und gegen eine Richtlinie nicht ganz unerheblich gewesen sein.

3.) Rechtsunverbindliche Koordinierung, Soft Law

Der Schwerpunkt der unionsrechtlichen Bemühung liegt mittlerweile darin, die Koordinierung der Steuersysteme der Mitgliedstaaten zu forcieren, ohne sich jedoch hierbei verbindlicher Rechtsinstrumente zu bedienen. Dieser Ansatz, den auch die Kommission in jüngerer Zeit favorisiert,[1161] erfordert insbesondere eine verstärkte Zusammenarbeit und freiwillige Abstimmung der Mitgliedstaaten. Ergebnis muss dabei nicht zwingend ein bi- oder gar multilateraler völkerrechtlicher Vertrag sein; auch unilaterale Maßnahmen als Folge einer Koordination können zur Beseitigung der binnenmarktschädlichen Wirkung beitragen. Seitens der Europäischen Union sind auch Empfehlungen gemäß Art. 288 UAbs. 5, AEUV denkbar, etwa im Hinblick auf das bereits erwähnte europäische Musterabkommen, das als Vorlage bilateraler Abkommen fungieren sollte,[1162] oder betreffend unilateraler Maßnahmen. Die Kommission hat auch angekündigt, die Mitgliedstaaten durch „*Leitlinien*" unterstützen zu wollen.[1163] Im Jahr 2010 hat die Kommission zur Erarbeitung möglicher Konzepte für die Beseitigung steuerlicher Hindernisse bei grenzüberschreitenden Tätigkeiten, insbesondere im Hinblick auf die Doppelbesteuerung, Konsultationen durchgeführt.[1164] Der jüngste Vorschlag, die Doppelbesteuerung von Risikokapital für kleine und mittlere Unternehmen (sog. KMU) zu beseitigen, findet ebenfalls nicht mehr in Form einer sekundärrechtlichen Regelung Eingang in die „EU 2020"-Strategie.[1165] Der unterschiedlichen Besteuerung der finanzierenden Fonds und ihrer Manager je

---

1161 Kommission Mitteilung v. 19.12.2006, KOM(2006) 823 endg.; Direkte Steuern im Binnenmarkt; Mitteilung v. 19.12.2006, KOM(2006) 825 endg., Wegzugsbesteuerung; Mitteilung v. 19.12.2006, KOM(2006) 824 endg., Verlustnutzung.

1162 Arbeitsunterlage v. 9.6.2005, DOC(2005) 2306, Doppelbesteuerungsabkommen und Recht der Europäischen Gemeinschaft, Rn. 47 f.

1163 Kommission Mitteilung v. 19.12.2006, KOM(2006) 823 endg., Direkte Steuern im Binnenmarkt, S. 6.

1164 Kommission, Summary Report, commission's consultation on double taxation conventions and the internal market: Factual examples of double taxation cases; Summary Report, commission's public consultation on possible amendments to the council directive on a common system of taxation applicable to interest an royalty payments made between associated companies of different member states; Summary of replies to the public consultation on cross-border inheritance tax obstacles within the EU and possible solutions, http://ec.europa.eu/taxation_customs/common/consultations/tax/index_de.htm

1165 Kommission, Report of Expert Group on removing tax obstacles to cross-border Venture Capital Investments, v. 30.04.2010, http://ec.europa.eu/venture-capital/index_en.htm.

nach Steuerordnung des Mitgliedstaats soll im Wege der gegenseitigen mitgliedstaatlichen Anerkennung der Steuerklassifizierung von Risikokapital entgegengewirkt werden.

III.) Schlusswort

Die Politik meinte den EuGH nach einer Reihe von Urteilen mit empfindlicher Auswirkung für die Staatskassen der Mitgliedstaaten zur Räson rufen zu müssen. Als Folge zeigt sich eine deutliche Zurückhaltung in den Judikaten des Gerichtshofs, mitgliedstaatliche Steuervorschriften für grundfreiheitswidrig zu erklären. Es kann nur vermutet werden, ob dies den EuGH auch in letzter Konsequenz davon abgehalten hat, ein unionsrechtliches Doppelbesteuerungsverbot für Recht zu befinden. Der Rückzug des Gerichtshofs und die vorgenannten Koordinierungsbemühungen der Kommission unter Einsatz von Soft Law und Empfehlungen scheinen die aktuelle, kompetenzschonende Linie der Unionsorgane im Kampf gegen die internationale Doppelbesteuerung zu werden. Dabei steht zu befürchten, dass selbst für eine Abstimmung ohne verbindliche Vorgaben die notwendigen Anreize fehlen, solange der EuGH keine Impulse setzt, ohne dabei seine Kompetenzen und die Grenze der Integration durch die Grundfreiheiten zu überschreiten. Ob und wieweit die im Zusammenhang mit der Euro-Krise propagierte europäische Wirtschaftsregierung auch zu einer weiteren Koordinierung der Besteuerung führt, ist momentan nicht absehbar. Neben einem hoffentlich doch noch erfolgreichen erneuten Anlauf zur europaweiten Konsolidierung von Unternehmenseinkünften wird die maßgeblichen Akzente bei der Beseitigung der Doppelbesteuerung auch künftig die Arbeit der OECD setzen. Nicht zuletzt die unionsrechtliche Akzeptanz und argumentative Heranziehung der OECD-Empfehlungen sowie die daran angelehnten DBA-Bestimmungen der Mitgliedstaaten zeigen, dass auch auf bilateraler Ebene ein Schwerpunkt weiterer Bemühungen liegen muss. In diesem Kontext ist es wichtig, dass die bislang in der bilateralen Praxis vernachlässigten, aber ebenso binnenmarktrelevanten Bereiche der direkten Steuern zunehmend in das Blickfeld der Mitgliedstaaten rücken. Insbesondere bei Erbschaften und Schenkungen droht das Doppelbesteuerungsproblem aufgrund fehlender DBA und einer mangelnden mitgliedstaatlichen Wahrnehmung bis auf Weiteres ungelöst zu bleiben.

Literaturverzeichnis

Ahmann, Karin-Renate: Das Ertragsteuerrecht unter dem Diktat des Europäischen Gerichtshofs? Können wir uns wehren?, DStZ 2005, S. 75 ff.

Altvater, Christian: Niederlassungsfreiheit vs. nationaler Besteuerungsbefugnisse: Eine (Trend-)Analyse der aktuellen EuGH-Rechtsprechung, DB 2009, S. 1201 ff.

Arndt, Hans-Wolfgang / Fischer, Kristian / Fetzer, Thomas: Europarecht, Heidelberg, 10. Auflage, 2010

Bächle, Ekkehard / Rupp, Thomas / Ott, Johann-Paul / Knies, Jörg-Thomas: Internationales Steuerrecht, Finanzen und Wirtschaft Band 14, Stuttgart, 2. Auflage, 2008

Balmes, Frank / Grammel, Ralf / Sedemund, Jan: Berücksichtigung von Betriebsstättenverlusten trotz Freistellungsmethode, BB 2009, S. 1474 ff.

Banks, Karen: The application of the fundamental freedoms to Member State tax measures: Guarding against protectionism or second-guessing national policy choices?, ELR 2008, S. 482 ff.

Baßler, Johannes: Zu den „Steuerspezifika" der Grundfreiheiten des EG-Vertrags, IStR 2005, S. 822 ff.

Becker, Helmut / Höppner, Horst-Dieter / Grotherr, Siegfried / Kroppen, Heinz-Klaus (Hrsg.): DBA-Kommentar, Herne, Loseblatt, Stand: Oktober 2009

Beiser, Reinhold: Das arm's length-Prinzip beim Güter- und Leistungstransfer zwischen Stammhaus und Betriebsstätten im Gemeinschaftsrecht, BB 2008, S. 2724 ff.

–: Verrechnungspreise im Gemeinschaftsrecht, IStR 2008, S. 587 ff.

–: Kohärenz und Steuersymmetrie im Gemeinschaftsrecht, IStR 2009, S. 236 ff.

Beul, René: Beschränkung europäischer Niederlassungsfreiheit und Art. 220 EGV, IStR 1997, S. 1 ff.

Birk, Dieter (Hrsg.): Handbuch des europäischen Steuer- und Abgabenrechts, Herne, 1995

Blümich, Walter (Hrsg.): Einkommensteuergesetz, Körperschaftsteuergesetz, Gewerbesteuergesetz (Kommentar), München, Loseblatt, Stand: Mai 2011

von Brocke, Klaus: Lidl Belgium und die praktischen Folgen, DStR 2008, S. 2201 ff.

Brombach-Krüger, Monika: Treaty Override aus europarechtlicher und verfassungsrechtlicher Sicht, Ubg 2008, S. 324 ff.

Bron, Jan: Das Treaty Override im deutschen Steuerrecht vor dem Hintergrund aktueller Entwicklungen, IStR 2007, S. 431 ff.

–: Das van Hilten-Urteil des EuGH und die (Un-)Anwendbarkeit der Wegzugsbesteuerung im Verhältnis zu Drittstaaten, IStR 2006, S. 296 ff.

Bruns, Silke: Generalthema I: Diskriminierungsverbote auf dem Scheideweg internationaler Besteuerung, IStR 2008, S. 526 ff.

Calliess, Christian / Ruffert, Matthias (Hrsg.): EUV / AEUV, Das Verfassungsrecht der Europäischen Union mit Europäischer Grundrechtscharta, München, 4. Auflage, 2011

Cordewener, Axel: Europäische Grundfreiheiten und nationales Steuerrecht, Köln, 2002

–: Seminar A: Der Einfluss von EU-Nichtdiskriminierungsregeln auf Nicht-EU-Staaten, IStR 2008, S. 536 ff

–: Deutsche Unternehmensbesteuerung und europäische Grundfreiheiten, DStR 2004, S. 6 ff.

–: Auslandsverluste und EG-Grundfreiheiten: Kurskorrektur am falschen Fall? – Kritische Anmerkungen zum Vorlagebeschluss des BFH vom 13.11.2002, IStR 2003, S. 413 ff.

–: Körperschaftsteueranrechnung für Gebietsfremde versus Kapitalverkehrsfreiheit – Zum Gutachten des EFTA-Gerichtshofs in Sachen Fokus Bank ASA, FR 2005, S. 345 ff.

Corderwener, Axel / Enchelmaier, Stefan / Schindler, Philipp (Hrsg.): Meistbegünstigung im Steuerrecht der EU-Staaten, München, 2006

Cordewener, Axel / Schnitger, Arne: Europarechtliche Vorgaben für die Vermeidung der internationalen Doppelbesteuerung im Wege der Anrechnungsmethode, StuW 2006, S. 50 ff.

Dautzenberg, Norbert: Unternehmensbesteuerung im EG-Binnenmarkt – Problembereiche und Perspektiven, Köln, 1996

–: Verpflichtung der Mitgliedstaaten zur Beseitigung der Doppelbesteuerung nach den EG-Grundfreiheiten und Art. 220 EGV, IWB 5/1997, Fach 11, Gruppe 2, S. 299 ff.

–: Doppelbesteuerung und EG-Vertrag: Die Anrechnungsmethode als gemeinschaftsrechtlicher Mindeststandard? – Zur Übertragbarkeit des EuGH-Urteils vom 5.5.1982 Rs.15/81 auf die direkten Steuern, DB 1994, S. 1542 ff.

Debatin, Helmut / Wassermeyer, Franz (Hrsg.): Doppelbesteuerung, Kommentar zu allen deutschen Doppelbesteuerungsabkommen, München, Loseblatt, Stand: Mai 2011

Desens, Marc: Die Besteuerung des Anteilseigners bei grenzüberschreitenden Gewinnausschüttungen – Überblick und Grundprobleme, IStR 2003, S. 613 ff.

Ehlers, Dirk / Schoch, Friedrich (Hrsg.): Rechtsschutz im Öffentlichen Recht, Berlin, 2009

Eisenbarth, Markus / Hufeld, Ulrich: Die grenzüberschreitende Verlustverrechnung in der Konsolidierungsphase – Das Verfahren „X-Holding" und die Grenzen der negativen Integration, IStR 2010, S. 309 ff.

Elicker, Michael: Die „steuerrechtliche Kohärenz" in der Rechtsprechung des Europäischen Gerichtshofes – Zugleich eine Einordnung der Entscheidung vom 11.3.2004 „de Lasteyrie", IStR 2005, S. 89 ff.

Englisch, Joachim: Wettbewerbsgleichheit im grenzüberschreitenden Handel, Tübingen, 2007

–: Aufteilung der Besteuerungsbefugnisse – Ein Rechtfertigungsgrund für die Einschränkung der EG-Grundfreiheiten?, IFSt Schrift Nr. 449, Bonn, 2008

–: Dividendenbesteuerung – Europa- und verfassungsrechtliche Vorgaben im Vergleich der Körperschaftsteuersysteme Deutschlands und Spaniens, Köln, 2005

–: Einige Schlussfolgerungen zur Grundfreiheitskompabilität des § 1 AStG – zugleich Anmerkung zum Urteil des EuGH in der Rs. SGI, IStR 2010, S. 139 ff.

–: Europarechtswidrigkeit des finnischen Körperschaftsteueranrechnungsverfahrens, Anmerkung zum Urteil vom 7.9.2004 – C-319/02, IStR 2004, S. 680 ff.

–: The European Treaties' Implications for Direct Taxes, Intertax 2005, S. 310 ff.

–: Zur Dogmatik der Grundfreiheiten des EGV und ihren ertragsteuerlichen Implikationen, StuW 2003, S. 88 ff.

–: Shareholder Relief and EC Treaty Law – Supranational ‚Aims and Effects'?, Intertax 2005, S. 200 ff.

–: Anmerkung zum EuGH-Urteil vom 15.5.2008, C 414-/06 (Lidl Belgium), IStR 2008, S. 400 ff.

–: Anmerkung zum EuGH-Urteil vom 14.11.2006, C-513/04 (Kerckhaert und Morres), IStR 2007, S. 66 ff.

Faltlhauser, Kurt: Kritische Anmerkungen zur Rechtsprechung des Europäischen Gerichtshofs im Bereich der Unternehmensbesteuerung, in: Kirchhof, Paul / Graf Lambsdorff, Otto / Pinkwart, Andreas (Hrsg.): Perspektiven eines modernen Steuerrechts: Festschrift für Hermann Otto Solms, Berlin, 2005, S. 153 ff.

Farme, Paul: EC law and national rules on direct taxation: a phoney war?, EC Tax Review 1998, S. 13 ff.
Flick, Hans / Wassermeyer, Franz / Baumhoff, Hubertus (Hrsg.): Außensteuerrecht Kommentar, Köln, Loseblatt, Stand: Oktober 2010
Forsthoff, Ulrich: Treaty Override und Europarecht, IStR 2006, S. 509 ff.
–: EuGH versus Europäischer Gesetzgeber – oder Freiheiten über alles? (Rs C-471/04 Keller Holding), IStR 2006, S. 222 ff.
*Franck, Jens-*Uwe: § 20 Abs. 2 AStG auf dem Prüfstand der Grundfreiheiten – Anmerkung zu den Schlussanträgen des Generalanwalts Mengozzi in der Rechtssache C-298/06 (Columbus), IStR 2007, S. 489 ff.
Friedrich, Katja / Nagler, Jürgen: Bricht EU-Recht die Bestandskraft nach nationalem Verfahrensrecht? – Anmerkung zum BFH-Beschluss I R 83/04 (DStR 2004, 2005) und zum Beitrag von Gosch (DStR 2004, 1988), DStR 2005, S. 404 ff.
Frenz, Walter (Hrsg.): Handbuch Europarecht, Band 1: Europäische Grundfreiheiten, Berlin, 2004
Frotscher, Gerrit: Internationales Steuerrecht, München, 3. Auflage, 2009
–: Die rechtlichen Wirkungen des § 8a KStG n.F., DStR 2004, S. 377 ff.
–: Zur Vereinbarkeit der „Betriebsstättenbedingung" bei Sitzverlegung und grenzüberschreitender Umwandlung mit den Grundfreiheiten, IStR 2006, S. 65 ff.
Fuchs, Maximilian / Preis, Ulrich (Hrsg.): Sozialversicherungsrecht – Lehrbuch für Studium und Praxis, Köln, 2. Auflage, 2009

Gassner, Wolfgang / Lang, Michael / Lechner, Eduard (Hrsg.): Doppelbesteuerungsabkommen und EU-Recht – Auswirkungen auf die Abkommenspraxis, Wien, 1996
Gebel, Dieter: Besteuerung von Immobilien in Spanien und Gemeinschaftsrecht – Diskriminierung auf beiden Seiten, RIW 2001, S. 115 ff.
Germelmann, Claas Friedrich: Konkurrenz von Grundfreiheiten und Missbrauch von Gemeinschaftsrecht – Zum Verhältnis von Kapitalverkehrs- und Niederlassungsfreiheit in der neueren Rechtsprechung, EuZW 2008, S. 596 ff.
Glanegger, Peter / Güroff, Georg (Hrsg.): Kommentar zum Gewerbesteuergesetz, München, 7. Auflage, 2009
Gosch, Dietmar: Entwicklung und Rezeption der Rechtsprechung des EuGH aus Sicht des BFH, Ubg 2009, S. 73 ff.
–: Vielerlei Gleichheiten – Das Steuerrecht im Spannungsfeld von bilateralen, supranationalen und verfassungsrechtlichen Anforderungen, DStR 2007, S. 1553 ff.

–: Über das Treaty Overriding – Bestandsaufnahme – Verfassungsrecht – Europarecht, IStR 2008, S. 413 ff.

–: Kapitalertragsteuer bei beschränkt steuerpflichtiger Kapitalgesellschaft: Erstattungsanspruch – Abgeltungswirkung – Gemeinschaftsrechtmäßigkeit, BFH/PR 2009, S. 333 ff.

–: Gemeinschaftsmäßigkeit und Verfassungsmäßigkeit der sog. Wegzugsteuer nach § 6 AStG a.F. nicht ernstlich zweifelhaft, BFH/PR 2009, S. 34 f.

Grabitz, Eberhard / Hilf, Meinhard (Hrsg.): Das Recht der Europäischen Union (Kommentar), München, Loseblatt (Vorauflage)

Grabitz, Eberhard / Hilf, Meinhard / Nettesheim, Martin (Hrsg.): Das Recht der Europäischen Union (Kommentar), München, Loseblatt, Stand: Mai 2011

von der Groeben, Hans / Schwarze, Jürgen (Hrsg.): Kommentar zum Vertrag über die Europäische Union und zur Gründung der Europäischen Gemeinschaft, Baden-Baden, 6. Auflage, 2003

von der Groeben, Hans / Thiesing, Jochen / Ehlermann, Claus-Dieter (Hrsg.): Kommentar zum EU-/EG-Vertrag, Baden-Baden, 5. Auflage, 1997

Gürsching, Lorenz / Stenger, Alfons (Hrsg.): Bewertungsrecht – BewG/ErbStG (Kommentar), Köln, Loseblatt, Stand: Oktober 2011

Haase, Florian: Steuerliche Wahlrechte bei DBA-Dreieckssachverhalten, BB 2010, S. 673 ff.

Hahn, Hartmut: Rechtsvergleichende Anmerkungen zum Thema „Betriebsstättenverluste" – zugleich eine Besprechung des Urteils der luxemburgischen Cour administrative vom 10.8.2005, IStR 2010, S. 157 ff.

–: Grenzüberschreitende Berücksichtigung von Betriebsstättenverlusten? – Bemerkungen zu einer neu entfachten Diskussion, IStR 2002, S. 681 ff.

Hechtner, Frank: Die Anrechnung ausländischer Steuern im System der Schedule nach den Änderungen durch das JStG 2009, BB 2009, S. 76 ff.

Hermann, Carl / Heuer, Gerhard / Rauppach, Arndt (Hrsg.): Kommentar zum Einkommensteuer- und Körperschaftsteuergesetz, Köln, Loseblatt, Stand: September 2011

Herzig, Norbert: Körperschaftsteuersystem und Europäischer Binnenmarkt, in: Schön, Wolfgang (Hrsg.): Gedächtnisschrift für Brigitte Knobbe-Keuk, Köln, 1997, S. 627 ff.

Herzig, Norbert / Wagner, Thomas: EuGH-Urteil „Marks & Spencer" – Begrenzter Zwang zur Öffnung nationaler Gruppenbesteuerungssysteme für grenzüberschreitende Sachverhalte, DStR 2006, S. 1 ff.

–: EuGH-Urteil Marks & Spencer – Grenzüberschreitende Verlustverrechnung in der Gruppe, Der Konzern 2006, S. 176 ff.

Hey, Johanna: Die EuGH-Entscheidung in der Rechtssache Marks & Spencer und die Zukunft der deutschen Organschaft, GmbHR 2006, S. 113 ff.

–: Perspektiven der Unternehmensbesteuerung in Europa, StuW 2004, S. 193 ff

Heydt, Volker: Das Verbot der Doppelbesteuerung – ein rechtsverbindlicher Bestandteil des Binnenmarkts, EuZW 2000, S. 33 ff.

Hindelang, Steffen: Gestufte Freiheitsverbürgung? – Art. 63 Abs. 1 AEUV (Ex-Art. 56 Abs. 1 EG) im Drittstaatenkontext, IStR 2010, S. 443 ff.

Hinnekens, Luc: AMID: The Wrong Bridge or a Bridge Too Far? An analysis of a Recent Decision of the European Court of Justice, ET 2001, S. 206 ff.

Hoffmann, Michael: Die Grundfreiheiten des EG-Vertrags als koordinationsrechtliche und gleichheitsrechtliche Abwehrrechte, Baden-Baden, 2000

de Hosson, Fred: The slow and lonesome Death of the Arbitration Convention, Intertax 2003, S. 482 f.

Hübschmann, Walter / Hepp, Ernst / Spitaler, Armin (Hrsg.): Kommentar zur Abgabenordnung und Finanzgerichtsordnung, Köln, Loseblatt, Stand: Mai 2011

Isenbaert, Mathieu: The Contemporary Meaning of ‚Sovereignty‘ in the Supranational Context of the EC as Applied to the Income Tax Case Law of the ECJ, EC Tax Review 2009, S. 264 ff.

Jacob, Friedhelm / Nosky, Jürgen: Die Auslegung von Doppelbesteuerungsabkommen kann gegen Grundfreiheiten verstoßen – zugleich Besprechung des Beschlusses des Bundesfinanzhofes vom 19.12.2007, in diesem Heft S. 367, IStR 2008, S. 358 ff.

Jacobs, Otto H.: Internationale Unternehmensbesteuerung, deutsche Investitionen im Ausland; ausländische Investitionen im Inland, München, 6. Auflage, 2007

Jarass, Hans D.: Elemente einer Dogmatik der Grundfreiheiten II, EuR 2000, S. 705 ff.

Kessler, Wolfgang: Weiterentwicklung des Deutschen und Internationalen Steuerrechts – Teil I, IStR 2004, S. 810 ff.

Kessler, Wolfgang / Eicke, Rolf: Gedanken zur grenzüberschreitenden Verlustnutzung nach Lidl Belgium, IStR 2008, S. 581 ff.

Kessler, Wolfgang / Eicker, Klaus / Obser, Ralph: Die Gesellschafter-Fremdfinanzierung im Lichte der Kapitalverkehrsfreiheit, IStR 2004, S. 325 ff.

Kessler, Wolfgang / Philipp, Moritz: Zur gemeinschaftsrechtlichen Notwendigkeit der inländischen Berücksichtigung „finaler“ Verluste aus EU-Betriebsstätten – Anmerkungen zur BFH-Judikatur und deren Folgefragen, IStR 2010, S. 865 ff.

Kirchhof, Paul (Hrsg.): Kommentar zum Einkommensteuerrecht, Köln, 10. Auflage, 2011

–: Der Auftrag des Grundgesetzes zur Erneuerung des Steuerrechts, Stbg 1998, S. 385 ff.
Kluge, Volker: Das Internationale Steuerrecht, Gemeinschaftsrecht, Außensteuerrecht, Abkommensrecht, München, 4. Auflage, 2000
Köhler, Stefan / Eicker, Klaus: Aktuelles Beratungs-Knowhow Internationales Steuerrecht – § 8a KStG n.F.: Eckpunkte der grenzüberschreitenden Relevanz, DStR 2004, S. 672 ff.
–: Wichtige EuGH-Entscheidungen zur Hinzurechnungs- und Wegzugsbesteuerung – Anmerkungen zu den EuGH-Urteilen vom 7.9.2006 „N" und 12.9.2006 „Cadbury Schweppes", DStR 2006, S. 1871 ff.
Körner, Andreas: Europarecht und Wegzugsbesteuerung – das EuGH-Urteil „Lasteyrie du Saillant", IStR 2004, S. 424 ff.
–: § 8a KStG n.F. – Darstellung, Gestaltungsmöglichkeiten, Europarechtskonformität – Teil II, IStR 2004, S. 253 ff.
Kofler, Georg: Doppelbesteuerungsabkommen und Europäisches Gemeinschaftsrecht, Schriftenreihe zum Internationalen Steuerrecht Band 47, Wien, 2007
–: Treaty Override, juristische Doppelbesteuerung und Gemeinschaftsrecht, SWI 2006, S. 62 ff.
–: Seminar D: Doppelbesteuerung und EU-Recht, IStR 2011, S. 668 ff.
Kokott, Juliane: Ist der EuGH – noch – ein Motor für die Konvergenz der Steuersysteme?, BB 2007, S. 913 ff
Kube, Hanno: Grundfreiheiten und Ertragskompetenz – die Besteuerung der grenzüberschreitenden Konzernfinanzierung nach dem Lankhorst-Urteil des EuGH, IStR 2003, S. 325 ff.
–: Dividendenbesteuerung im Binnenmarkt – Zur Gemeinschaftsrechtskonformität der deutschen Vorschriften über die Besteuerung von Streubesitzdividenden, IStR 2010, S. 301 ff.
–: Die Gleichheitsdogmatik des europäischen Wettbewerbsrechts – zur Beihilfenkontrolle staatlicher Ausgleichsleistungen, EuR 2004, S. 230 ff.
–: Grenzüberschreitende Verlustverrechnung und die Zuordnung von Verantwortung, IStR 2008, S. 305 ff.
Kube, Hanno / Straßburger, Benjamin: Dividendenbesteuerung im Binnenmarkt – Zur Gemeinschaftsrechtskonformität der deutschen Vorschriften über die Besteuerung von Streubesitzdividenden, IStR 2010, S. 301 ff.
Küper, Antonia: Doppelbesteuerung und europarechtliche Meistbegünstigung bei Erbschaften und Schenkungen – Schützt der EG-Vertrag vor abkommensrechtlicher Ungleichbehandlung bei deutsch-ausländischen Erbschaftsteuerfällen?, Schriften zum Steuerrecht 2, Berlin, 2004

Lamprecht, Philipp: Betriebsstättenverluste, Verlustvortragsrecht und Aufteilung der Besteuerungsbefugnisse nach dem Urteil des EuGH in der Rs. KR Wannsee, nachfolgend S. 769, IStR 2008, S. 766 ff.

Lang, Michael: Wohin geht das Internationale Steuerrecht?, IStR 2005, S. 289 ff.

–: Doppelte Verlustberücksichtigung und Gemeinschaftsrecht – am Beispiel der Betriebsstättengewinnermittlung, IStR 2006, S. 550 ff.

Lasars, Wolfgang: Internationale Zusammenarbeit wider der Steuervermeidung, IStR 2006, S. 566 ff.

Lavrelashvili, Nina / Müller, Fabian Rolf: Ausländische Immobilienverluste – Der EuGH hebelt das Abkommensrecht aus, PIS 2008, S. 317 ff.

Lehner, Moris: Grundfreiheiten im Steuerrecht der EU-Staaten, Münchener Schriften zum Internationalen Steuerrecht Heft 23, München, 2003

–: Das Territorialitätsprinzip im Licht des Europarechts, in: Gocke, Rudolf / Gosch, Dietmar / Lang, Michael (Hrsg.): Körperschaftsteuer, Internationales Steuerrecht, Doppelbesteuerung – Festschrift für Franz Wassermeyer zum 65. Geburtstag, München, 2005, S. 241 ff

–: Entwicklungslinien europäischer Steuerpolitik und Steuerrechtsprechung, in: Pitschas, Rainer / Uhle, Arndt (Hrsg.): Wege gelebter Verfassung in Recht und Politik – Festschrift für Rupert Scholz zum 70. Geburtstag, Berlin, 2007, S. 1047 ff.

–: Steuerrecht im europäischen Binnenmarkt – Einfluss des EG-Rechts auf die nationalen Steuerrechtsordnungen, Veröffentlichung der Deutschen Steuerjuristischen Gesellschaft e.V. Nr. 19, Köln, 1996

–: Der Einfluss des Europarechts auf die Doppelbesteuerungsabkommen, IStR 2001, S. 329 ff.

–: Beseitigt die neue Verfassung für Europa die Verpflichtung der Mitgliedstaaten zur Vermeidung der Doppelbesteuerung?, IStR 2005, S. 397 f.

Loukota, Helmut: Gebietet EU-Recht einen DBA-Anrechnungsbetrag?, SWI 2006, S. 250 ff.

Loukota, Helmut / Jirousek, Heinz: Doppelbesteuerung und Gemeinschaftsrecht, SWI 2007, S. 295 ff.

Lüdicke, Jürgen / Hummel, Lars: Zum Primat des primären Gemeinschaftsrechts, IStR 2006, S. 694 ff.

Maunz, Theodor / Dürig, Günter (Hrsg.): Grundgesetz Kommentar, München, Loseblatt, Stand: Mai 2011

von Maydell, Bernd / Ruland, Franz / Becker, Ulrich (Hrsg.): Sozialrechtshandbuch (SRH), Baden-Baden, 4. Auflage, 2008

Mayr, Gunter: Moderne Konzernbesteuerung im Lichte der EuGH-Rechtsprechung, BB 2008, S. 1312 ff.

Menhorn, Matthias: Anrechnungshöchstbeträge gem. § 34c EStG noch gemeinschaftskonform?, IStR 2002, S. 15 ff.
Mennel, Annemarie / Förster, Jutta (Hrsg.): Steuern in Europa, Amerika und Asien, Herne, Loseblatt, Stand: Juni 2011
Mensching, Oliver / Bauer, Andreas F.: Die geplante Neufassung des § 8a KStG: Auswirkungen auf Finanzierungsstrukturen und Unternehmenskauf, BB 2003, S. 2429 ff.
Mössner, Jörg Manfred / Kellermann, Dieter: Grenzenlose Steuern – Fiktion oder Wirklichkeit?, DVBl. 1995, S. 968 ff.
Müller, Wolfgang / Müller, Sebastian: Begrenzte Möglichkeiten einer grenzüberschreitenden Verlustanrechnung – eine Nachbetrachtung der EuGH-Entscheidung in der Rs. Marks & Spencer, GmbHR 2006, S. 301 ff.
Musil, Andreas / Fähling, Lars: Neue Entwicklungen bei den europarechtlichen Rechtfertigungsgründen im Bereich des Ertragsteuerrechts, DStR 2010, S. 1501 ff.

Obser, Ralph: § 8a KStG im Inbound-Sachverhalt – eine EG-rechtliche Beurteilung, IStR 2005, S. 799 ff.

Pott, Hans-Michael: Zur Leistungsfähigkeit von DBA – Neue Sicht unter dem Unionsrecht?, IStR 2010, S. 131 ff.
Prinz, Ulrich : Gesetzgeberische Wirrungen um Grundsätze der Betriebsstättenbesteuerung, DB 20096, S. 807 ff.

Rainer, Anno: Anmerkung zu den Schlussanträgen vom 14.2.2008 – C-414/06 (Lidl Belgium), IStR 2008, S. 183 ff.
Rehfeld, Lars: Aktivitätsvorbehalte in DBA-Methodenartikeln im Lichte der Niederlassungsfreiheit, DStR 2010, S. 1809 ff.
Rehm, Helmut / Feyerabend, Hans-Jürgen / Nagler, Jürgen: Die Renaissance der grenzüberschreitenden Verlustverrechnung!, IStR 2007, S. 7 ff.
Rehm, Helmut / Nagler, Jürgen: Die EuGH-Rechtssachen C-436/08 Haribo und C-437/08 Österreichische Salinen – Beschlüsse des Unabhängigen Finanzsenats Linz vom 29.9.2008, RV/0611-L/05 und RV/0493-L/08, IStR 2009, S. 129 ff.
–: Anmerkung zum EuGH-Urteil vom 15.5.2008, Rs. C-414/06 (Lidl Belgium), GmbHR 2008, S. 709 ff.
–: Anmerkung zum BFH-Urteil vom 17.7.2008, I R 84/04, GmbHR 2008, S. 1174 ff.
–: Neues von der grenzüberschreitenden Verlustverrechnung!, IStR 2008, S. 129 ff.

–: Anmerkung zum BFH-Urteil vom 26.11.2008, I R 7/08, IStR 2009, S. 244 ff.
–: Ist § 8a KStG aF weltweit nicht mehr anwendbar?, IStR 2005, S. 261 ff.
Reichl, Alexander / Wittowski, Ansas: Das EuGH-Urteil in der Rs. Rewe Zentralfinanz: Neues zur grenzüberschreitenden Verlustverrechnung!?, IStR 2007, S. 385 ff.
Reimer, Ekkehar: Das Anerkennungsprinzip im Europäischen Ertragsteuerrecht, FR 2007, S. 217 ff.
Reith, Thomas: Internationales Steuerrecht, Handbuch zum Doppelbesteuerungs- und Außensteuerrecht und zu Gestaltungen grenzüberschreitender Investitionen, München, 2004
Rüd, Eberhard: DBA und Rechtsanwendungsmethodik – verdeckte Gewinnausschüttung und treaty overriding, IStR 2010, S. 725 ff.
Rust, Alexander: Anforderungen an eine EG-rechtskonforme Dividendenbesteuerung, DStR 2009, S. 2568 ff.

Saß, Gert: Verbotene Steuerdiskriminierung inländischer Betriebsstätten aufgrund der Niederlassungsfreiheit in der EU, DB 1999, S. 2381 ff.
Schaumburg, Harald: Internationales Steuerrecht, Außensteuerrecht, Doppelbesteuerungsrecht, Köln, 3. Auflage, 2011
Scherer, Thomas B.: Doppelbesteuerung und Europäisches Gemeinschaftsrecht – Auswirkungen des Gemeinschaftsrechts auf die Anwendung der Doppelbesteuerungsabkommen und des Außensteuerrechts, München, 1995
–: Anrechnung von EU-Körperschaftsteuer in der Praxis – Nationale Umsetzung der Urteile des EuGH in den Rechtssachen Manninen und Meilicke, DStR 2008, S. 1274 ff.
Scheunemann, Marc: Europaweite Verlustberücksichtigung im Konzern: Steine statt Brot durch die Schlussanträge des Generalanwalts Maduro vom 7.4.2005 im Fall Marks & Spencer?, IStR 2005, S. 303 ff.
Schießl, Harald: Europäisierung der deutschen Unternehmensbesteuerung durch den EuGH, NJW 2005, S. 849 ff.
Schilcher, Michael / Weninger, Patrick (Hrsg.): Fundamental Issues and Practical Problems in Tax Treaty Interpretation, Schriftenreihe zum internationalen Steuerrecht, Wien, 2008
Schmidt, Ludwig (Hrsg.): Kommentar zum Einkommensteuergesetz, München, 30. Auflage, 2011
Schnitger, Arne: Die Grenzen der Einwirkung der Grundfreiheiten des EG-Vertrages auf das Ertragsteuerrecht, Wissenschaftliche Schriften zur Wirtschaftsprüfung, Idw-Verlag, 2006
–: Die Rechtsprechung des EuGH zur Berücksichtigung der persönlichen Verhältnisse, eine Sackgasse?, IStR 2002, S. 478 ff.

–: Mögliche Wirkungsgrenzen der Grundfreiheiten des EG-Vertrages am Beispiel des § 8a KStG – Zugleich Anmerkung zu dem Beitrag von Kessler/Eicker/Obser, IStR 2004, 325 ff., IStR 2004, S. 635 ff.
–: Grenzüberschreitende Körperschaftsteueranrechnung und Neuausrichtung der Kohärenz nach dem EuGH-Urteil in der Rs. Manninen, FR 2004, S. 1357 ff.
–: Die Kapitalverkehrsfreiheit im Verhältnis zu Drittstaaten – Vorabentscheidungsersuchen in den Rs. van Hilten, Fidium Finanz AG und Lasertec, IStR 2005, S. 493 ff.
–: Die Entscheidung des EuGH zu den „Open-Skies"-Abkommen, IWB 1/2004, Fach 11, Gruppe 2, S. 599 ff.
Schön, Wolfgang, Europäische Kapitalverkehrsfreiheit und nationales Steuerrecht, in: ders. (Hrsg.): Gedächtnisschrift für Brigitte Knobbe-Keuk, Köln, 1997, S. 743 ff.
–: Unternehmensbesteuerung und Europäisches Gemeinschaftsrecht, in: Herzig, Norbert / Günkel, Manfred / Niemann, Ursula (Hrsg.): Steuerberater-Jahrbuch 2003/2004, Köln, 2004, S. 27 ff.
–: Besteuerung im Binnenmarkt – die Rechtsprechung des EuGH zu den direkten Steuern, IStR 2004, S. 289 ff.
–: Freie Wahl zwischen Zweigniederlassung und Tochtergesellschaft – Grundsatz des Europäischen Unternehmensrechts, EWS 2000, S. 281 ff.
–: Hinzurechnungsbesteuerung und Europäisches Gemeinschaftsrecht. DB, 2001, S. 940 ff.
Schön, Wolfgang / Schindler, Philipp: Seminar D: Zur Besteuerung der grenzüberschreitenden Sitzverlegung einer Europäischen Aktiengesellschaft, IStR 2004, S. 571 ff.
Schönfeld, Jens: Hinzurechnungsbesteuerung und Europäisches Gemeinschaftsrecht, Köln, 2005
–: Doppelbesteuerung und EG-Recht, StuW 2006, S. 79 ff.
–: Hinzurechnungsbesteuerung zwischen Steuerwettbewerb und Europäischen Grundfreiheiten, StuW 2005, S. 158 ff.
Schulze, Reiner / Zuleeg, Manfred / Kadelbach, Stefan (Hrsg.): Europarecht, Baden-Baden, 2. Auflage, 2010
Schwarze, Jürgen (Hrsg.): EU-Kommentar, Baden-Baden, 2. Auflage, 2009
Schwenke, Michael: Kapitalertragsteuer bei Streubesitzdividenden gemeinschaftswidrig?, IStR 2008, S. 473 ff.
–: Die Kapitalverkehrsfreiheit im Wandel? – Eine erste Analyse neuer Entwicklungen in der Rechtsprechung des EuGH, IStR 2006, S. 748 ff.
Sedemund, Jan: Europäisches Ertragsteuerrecht, Praxis Europarecht, Bonn, 2008
Seer, Roman: Grenzen der Zulässigkeit eines treaty overridings am Beispiel der Switch-Over-Klausel des § 20 AStG, IStR 1997, S. 481 ff., 520 ff.

Seiler, Christian / Axer, Georg, Die EuGH-Entscheidung im Fall „Lidl Belgium" als (Zwischen) Schritt auf dem Weg zur Abstimmung von nationaler Steuerhoheit und europäischem Recht, IStR 2008, S. 838 ff.

Spengel, Christoph / Jaeger, Claudia / Müller, Katja: Europarechtliche Beurteilung des Gesetzesentwurfs zur Senkung der Steuersätze und zur Reform der Unternehmensbesteuerung, IStR 2000, S. 257 ff.

Spengel, Christoph / Matenaer, Sebastian: Grenzüberschreitende Verrechnung von Betriebsstättenverlusten – ein kritischer Vergleich der EuGH-Rechtsprechung, IStR 2010, S. 817 ff.

Spengel, Christoph / Oestreicher, Andreas: Gemeinsame (konsolidierte) Körperschaftsteuerbemessungsgrundlage in der EU und Umsetzungsfragen, DStR 2009, S. 773 ff.

Streck, Michael (Hrsg.): Kommentar zum Körperschaftsteuergesetz, München, 7. Auflage, 2008

Streinz, Rudolf: Europarecht, Heidelberg/München, 8. Auflage, 2008

Ders. (Hrsg.): Kommentar zum Vertrag über die Europäische Union und Vertrag zur Gründung der Europäischen Gemeinschaft, München, 2003

Tenore, Mario: Taxation of cross-border dividends in the European Union from past to future, EC Tax Review 2010, S. 74 ff.

Terra, Ben J. M. / Wattel, Peter J.: European Tax Law, London, 5. Auflage, 2008

van Thiel, Servaas: Removal of income tax barriers to market integration in the European Union: litigation by the Community citizens instead of harmonization by the Community legislature?, EC Tax Review 2003, S. 4 ff.

Thömmes, Otmar: Konzernfinanzierung und Europäisches Recht, DB 2002, S. 2397 ff.

Tiedtke, Klaus / Mohr, Martin: Die Grundfreiheiten als zulässiger Maßstab für die direkten Steuern, EuZW 2008, S. 424 ff.

Tiedtke, Klaus / Szczesny, Michael: Die Auswirkungen der Meilicke-Entscheidung des EuGH zur Anrechnung ausländischer Körperschaftsteuer – Nachträgliche Steuerbescheinigung kein rückwirkendes Ereignis gemäß § 175 AO, GmbHR 2007, S. 1086 ff.

Tipke, Klaus: Die Steuerrechtsordnung, Band I, Köln, 2. Auflage, 2000

Tipke, Klaus / Lang, Joachim (Hrsg.): Steuerrecht, Köln, 20. Auflage, 2009

Vogel, Klaus: Völkerrechtliche Verträge und innerstaatliche Gesetzgebung, IStR 2005, S.29 ff.

Vogel, Klaus / Lehner, Moris (Hrsg.): Doppelbesteuerungsabkommen der Bundesrepublik Deutschland auf dem Gebiet der Steuern vom Einkommen und

Vermögen, Kommentar auf der Grundlage der Musterabkommen, München, 5. Auflage, 2008

Wachter, Thomas: Erweitert unbeschränkte Erbschaftsteuerpflicht und Europarecht, FR 2005, S. 1068 ff.

Waldhoff, Christian: Kann es im europäischen Steuerrecht ein Anerkennungsprinzip geben?, IStR 2009, S. 386 ff.

Wassermeyer, Franz: Die Fortentwicklung der Besteuerung von Auslandsbeziehungen, Anmerkungen zu den derzeitigen Überlegungen zur Reform des Außensteuerrechts, IStR 2001, S. 113 ff.

Watrin, Christoph: EuGH: Keine Sofortverrechnung ausländischer Betriebsstättenverluste – Das Urteil in der Rs. Lidl Belgium aus betriebswirtschaftlicher Sicht, IStR 2008, S. 637 ff.

Wattel, Peter: Corporate tax jurisdiction in the EU with respect to branches and subsidiaries; dislocation distinguished from discrimination and disparity; a plea for territoriality, EC Tax Review 2003, S. 194 ff.

Weber, Dennis: In Search of a (New) Equilibrium Between Tax Sovereignty and the Freedom of Movement Within the EC, Intertax 2006, S. 585 ff.

Weggemann, Hans: EG-rechtliche Aspekte steuerlicher Meistbegünstigung im Abkommensrecht, IStR 2003, S. 677 ff.

Wellens, Andreas: Nichtabziehbare Betriebsausgaben bei Drittlandsdividenden – Kapitalverkehrsfreiheit contra Niederlassungsfreiheit, DStR 2007, S. 1852 ff.

Wernsmann, Rainer: Steuerliche Diskriminierungen und ihre Rechtfertigung durch die Kohärenz des nationalen Rechts – Zur Dogmatik der Schranken der Grundfreiheiten, EuR 1999, S. 754 ff.

Wernsmann, Rainer / Nippert, Allit: Altersbesteuerung beim Wegzug und Europäisches Gemeinschaftsrecht, FR 2005, S. 1123 ff.

–: Gemeinschaftsrechtliche Vorgaben für die grenzüberschreitende Verlustberücksichtigung im Konzern, FR 2006, S. 153 ff.

Wertenbruch, Wilhelm (Hrsg.): Bochumer Kommentar zum Sozialgesetzbuch, Allgemeiner Teil, Berlin und New York, 1979

de Werth, Jan: Abzugsfähigkeit von Betriebsstättenverlusten aus anderen EU-Mitgliedstaat bei DBA-Freistellung – Anmerkung zu dem Urteil vom 15.5.2008 – C-414/06 (Lidl Belgium), IStR 2008, S. 400 ff.

–: Deutsche Gewerbesteuer und europäisches Beihilferecht – Anmerkung zum Urteil des EuGH vom 11.9.2008, C-428-434/06 UGT Rioja u. a., IStR 2008, S. 732 ff.

Winandy, Jean-Pierre: Deutsche Betriebsstättenverluste müssen in Luxemburg zum Abzug zugelassen werden, IStR 2005, S. 594 ff.

Wunderlich, Nina: Direkte Steuern und Grundfreiheiten der EU, EuR 2007, Beiheft 3, S. 1 ff.

Wunderlich, Nina / Blaschke, Christof: Die Gewährleistung der Kapitalverkehrsfreiheit in Bezug auf Drittstaaten – Neuere Entwicklungen in der Rechtsprechung des EuGH, IStR 2008, S. 754 ff.

Zielke, Rainer: Internationale Steuerplanung mit Gesellschafter-Fremdfinanzierung in der Europäischen Union, Norwegen und der Schweiz, StuW 2009, S. 63 ff.

Finanz- und Steuerrecht in Deutschland und Europa

Herausgegeben von Klaus-Dieter Drüen, Hanno Kube
und Rainer Wernsmann

Band 1 Gordon Dreher: Das Alterseinkünftegesetz. Systematische Darstellung und verfassungsrechtliche Zweifelsfragen. 2007.

Band 2 Nils Meyer-Sandberg: Die Duale Einkommensteuer als Modell ungleicher Besteuerung von Arbeit und Kapital. 2008.

Band 3 Alexander Pfab: Die Behandlung von Bildungsaufwendungen im deutschen Einkommensteuerrecht. 2008.

Band 4 Christian Johannes Müller: Einnahmeverzicht im Einkommensteuerrecht – insbesondere durch verbilligte Wohnungsüberlassung an nahe Angehörige. 2009.

Band 5 Melanie Falkner: Die Einkunftserzielungsabsicht als subjektives Besteuerungsmerkmal. Eine Analyse subjektiver Tatbestandsmerkmale im Steuerrecht. Zugleich ein Beitrag zur Liebhaberei im Steuerrecht. 2009.

Band 6 Steffen Ott: Die Vertreterbetriebsstätte nach OECD-MA. 2009.

Band 7 Christoph Wagner: Steuergleichheit unter Standortvorbehalt? Verfassungsrechtliche Grenzen einer ungleichen Einkommensbesteuerung von Kapital und Arbeit. 2010.

Band 8 Andreas Goetze: Die Ersetzung der sieben Einkunftsarten des EStG durch eine einzige. Zur Gleichheit aller Erwerbsgrundlagen in einem vereinfachten Steuerrecht. 2010.

Band 9 Hanno Kube: Der bundesstaatliche Finanzausgleich. Verfassungsrechtlicher Rahmen, aktuelle Ausgestaltung, Entwicklungsperspektiven. 2011.

Band 10 Katharina Brauer: Abgrenzung der Lebensmittellieferung von der Restaurationsdienstleistung im Umsatzsteuerrecht. 2011.

Band 11 Marc Schubert: Die Verfassungswidrigkeit der Erbschaft- und Schenkungsteuer und die verfassungsrechtlichen Anforderungen an eine Neuregelung. 2011.

Band 12 Martin Rehberg: Der Zuzug und Wegzug von Kapitalgesellschaften in gesellschafts- und steuerrechtlicher Hinsicht. 2011.

Band 13 Dirk Wünschig: Perspektiven eines europarechtskonformen Gemeinnützigkeits- und Zuwendungsrechts. Eine Untersuchung nach „Stauffer" und „Persche" bei gleichzeitiger Kritik an der Neufassung des Gemeinnützigkeitsrechts nach dem Jahressteuergesetz 2009. 2011.

Band 14 Sebastian Grimm: Die negative Konkurrentenklage im Steuerrecht. 2011.

Band 15 Arne von Freeden: Minder- und Mehrabführungen nach § 14 Abs. 4, § 27 Abs. 6 KStG. Ausgleichspostenlösung und Einlagelösung. 2011.

Band 16 Anne Keller: Rechtsschutz gegen Maßnahmen der steuerlichen Außenprüfung. 2011.

Band 17 Larissa Maier-Bledjian: Sondervermögen des Bundes. 2011.

Band 18 Philipp Riedl: Die internationale Doppelbesteuerung im EU-Binnenmarkt. 2012.

www.peterlang.de